中国人民大学农业与农村发展学院
人大农经精品书系

中国新型农业经营主体发展的逻辑：内在机制与实践案例

钟 真 ◎ 著

中国财经出版传媒集团
经济科学出版社
Economic Science Press

图书在版编目（CIP）数据

中国新型农业经营主体发展的逻辑：内在机制与实践案例/钟真著．—北京：经济科学出版社，2020.1

（人大农经精品书系）

ISBN 978-7-5218-1270-1

Ⅰ.①中⋯　Ⅱ.①钟⋯　Ⅲ.①农业经营－经营管理－研究－中国　Ⅳ.①F324

中国版本图书馆 CIP 数据核字（2020）第 022201 号

责任编辑：申先菊　赵　悦
责任校对：蒋子明
版式设计：齐　杰
责任印制：邱　天

中国新型农业经营主体发展的逻辑：内在机制与实践案例

钟　真　著

经济科学出版社出版、发行　新华书店经销

社址：北京市海淀区阜成路甲 28 号　邮编：100142

总编部电话：010-88191217　发行部电话：010-88191522

网址：www.esp.com.cn

电子邮件：esp@esp.com.cn

天猫网店：经济科学出版社旗舰店

网址：http://jjkxcbs.tmall.com

固安华明印业有限公司印装

787×1092　16 开　53.75 印张　700000 字

2020 年 1 月第 1 版　2020 年 1 月第 1 次印刷

ISBN 978-7-5218-1270-1　定价：235.00 元

（图书出现印装问题，本社负责调换。电话：010-88191510）

（版权所有　侵权必究　打击盗版　举报热线：010-88191661

QQ：2242791300　营销中心电话：010-88191537

电子邮箱：dbts@esp.com.cn）

前　言

长期以来，"大国小农"一直是中国农业的基本格局。回望过去70年，中国农业一直在"分"和"统"两个"极端"的中间寻找着属于自己的最佳均衡点。无论是在计划经济体制下发展形成的"三级所有、队为基础"的农业经营模式，还是改革开放之后在市场经济体制下探索确立的"家庭承包经营为基础、统分结合的双层经营体制"的农村基本经营制度，都是在寻找符合中国国情的最优农业经营制度。

中华人民共和国成立之初，农业经营的主力军是经过土地改革后实现"耕者有其田"的农民家庭。但是，私有化条件下的小农户总体上缺乏足够的生产资料和生产技术，农业生产效率极低。这与中华人民共和国成立初期快速恢复城市建设和实现工业化起步的战略需求也是不相匹配的。为此，1951年中央发布《关于农业生产互助合作的决议（草案）》，鼓励农民在私有财产的基础上进行互助合作和成立互助组。但为了克服资本主义的自发趋向，把农民引导到互助合作的轨道上来，并逐步过渡到社会主义。中共中央于1953年开始，连续做出合作社化的相关决议，强力推进集体所有制形成。截至1956年底，全国绝大多数地区已经基本完成了初级形式的农业合作化，大多数省（区、市）实现了高级形式的合作化。截至1957年底，除部分还没有进行土地改革的少数民族地区之外，全国个体农户的比例只剩3%，生产队一级的基层集体所有全面提高。至此，我国农村的集体所有制初步形成，集体所有制和部分集体所有制的合作经济已经在农业经济中占据了绝对优势地位。换言之，集体所有制基础上的农业合作经营全面取代了土改后基于私有制的家庭经营。

按照当时中央的思路，人民公社是合作社发展的必然趋势，因此要积极推进从生产队小集体所有制向人民公社大集体所有制转变。于是1958年8月，中共中央做出了《关于在农村建立人民公社问题的决议》。该决议指出："人民公社的组织规模以一乡一社、2000户左右农户较为合适，并给出了小社并大社进而升级为人民公社的做法和步骤。"中央试图以人民公社的形式，使社会主义集体所有制向全民所有制过渡，从而全面实现全民所有制。此后，农村基本核算单位上调至人民公社，实现了农村生产资料的完全公有化、农村经济活动的高度集中统一化、农民收入分配的极大平均化。这实际上走向了一个极端，农业经营主体已经从基于合作的小集体上升为大集体，诱发了大量经济和社会重大问题。

为此，农业基本核算单位再次下放。1959年8月，中共中央政治局通过了上海会议纪要《关于人民公社的十八个问题》，首次明确了人民公社的三级所有制，即人民公社所有制、生产大队（原高级社）所有制和生产队所有制，其中生产大队所有制为主导。并于1960年11月发布《关于农村人民公社当前政策问题的紧急指示信》，强调了以生产队为基础的三级所有制是当时人民公社的根本制度。1962年2月中央发布的《关于改变农村人民公社基本核算单位问题的指示》和1962年9月公布的《农村人民公社工作条例修正草案》（即人民公社"六十条"）都再次明确，人民公社的基本核算单位是生产队，生产队有权决定自己的生产计划，生产队实行独立核算，自负盈亏，直接组织生产，组织收益分配。此后一直到1978年启动农村改革前，我国农村一直实行"三级所有，队为基础"的集体所有制度（除个别地方略有调整之外）。在此期间，我国农业经营主体实际上稳定在生产队这个小集体层面。

当然，在改革开放之前的国家农业经济架构之中，除了农村集体以外，农垦系统、供销社系统等国有或集体所有制下的企业或经济组织在农业生产经营中也发挥了重大作用。但总体而言，计划经济体制下农民在农业生产经营中的主体地位没有得到体现，农业生产积极性受到极大约束。

改革开放以后，农业经营的主体从农村集体逐步复归农户家庭，并于1991年十三届八中全会通过的《中共中央关于进一步加强农业和农村工作的决定》把20世纪80年代探索形成的这套经营体制正式表述为"统分结合的双层经营体制"，标志着我国农村基本经营制度正式确立。但随着"分"的红利的充分释放，"统"的功能的持续弱化，"统分结合"的不平衡发展带来的问题开始显现。特别是进入21世纪之后，我国农业现代化同工业化、城镇化、信息化的步伐差距逐渐拉大，农业老龄化、妇女化、弱质化趋势越来明显，"谁来种地，地怎么种"的问题日益凸显。为此，培育新型农业经营主体的话题进入了学界研究视野，并很快被政策制定部门提上议事日程。党的十九大确立的习近平新时代中国特色社会主义思想从实施乡村振兴战略的高度，将"巩固和完善农村基本经营制度""发展多种形式的适度规模经营、培育新型农业经营主体、健全农业社会化服务体系"等作为在新时代更好地解决"小规模经营如何实现农业现代化"的重要任务。根据这40多年实践摸索所积累的经验看，我们仅依靠集体所有制下的农户承包经营不可能实现农业农村现代化，而只有充分结合"统"的功能，平衡"统"与"分"，不断创新和完善"统分结合"的具体实现形式，才能走出一条中国特色的农业农村现代化之路。

展望未来，在宪法规定的农村基本经营制度的架构下和农业农村优先发展的战略导向下，农业发展的政策环境和市场环境将更加优化，各类新型农业经营主体必将百花齐放、满园春色！他们在农业农村现代化建设中所发挥的作用将更加强大，肩负的使命将更加重大。他们承载着亿万农民实现农业农村现代化的梦想，走在中国特色社会主义的大路上！

目 录

综 合 篇

第一章 改革开放以来新型农业经营主体的成长、演化与走向 / 3
　第一节 新型农业经营主体发展的政策性脉络 …………… 4
　第二节 当前新型农业经营主体的发展态势 ……………… 14
　第三节 完善新型农业经营主体支持政策体系的建议 …… 26

第二章 谁在从事农业规模经营
　——新型农业经营主体及其成长特征分析 / 31
　第一节 新型农业经营主体经营特征 ……………………… 32
　第二节 新型农业经营主体核心成员特征 ………………… 34
　第三节 新型农业经营主体成长特征 ……………………… 41
　第四节 本章小结 …………………………………………… 49

第三章 土地流转与新型农业经营主体发展 / 50
　第一节 新型农业经营主体的土地流转 …………………… 50
　第二节 新型农业经营主体的土地整治 …………………… 61
　第三节 新型农业经营主体的土地利用意愿 ……………… 63
　第四节 本章小结 …………………………………………… 69

第四章 劳动配置与新型农业经营主体发展 / 72
　第一节 不同主体类型的劳动力配置 ……………………… 72
　第二节 不同生产经营环节的劳动力配置 ………………… 75

1

第三节　不同来源地与工作方式的劳动力配置 …………………… 82
　　第四节　新型农业经营主体劳动力配置效果 …………………… 85
　　第五节　本章小结 …………………………………………………… 95

第五章　资本投入与新型农业经营主体发展 / 97
　　第一节　农业经营主体的固定资本投入 ………………………… 97
　　第二节　农业经营主体的资金借贷 ……………………………… 111
　　第三节　本章小结 ………………………………………………… 117

第六章　社会化服务与新型农业经营主体发展 / 119
　　第一节　农业社会化服务供求情况 ……………………………… 120
　　第二节　新型农业经营主体的带动作用与自身影响 …………… 138
　　第三节　农业社会化服务的政策性支持与未来发展意愿 ……… 144
　　第四节　本章小结 ………………………………………………… 150

专 题 篇

第七章　社会资本有利于新型农业经营主体转入土地吗？ / 155
　　第一节　理论分析 ………………………………………………… 155
　　第二节　变量选择与描述 ………………………………………… 159
　　第三节　实证结果与分析 ………………………………………… 166
　　第四节　本章小结 ………………………………………………… 178

第八章　规模与契约如何影响了新型农业经营主体的农地整治？ / 181
　　第一节　理论分析 ………………………………………………… 183
　　第二节　变量选择与描述 ………………………………………… 185
　　第三节　实证结果与分析 ………………………………………… 191
　　第四节　本章小结 ………………………………………………… 200

第九章　劳动投入结构会影响新型农业经营主体的经营收益吗？ / 202
　　第一节　理论分析 ………………………………………………… 203

第二节　变量选择与描述 ·················· 205
　　第三节　实证结果与分析 ·················· 208
　　第四节　本章小结 ······················ 213

第十章　经营规模有利于缓解新型农业经营主体的信贷约束吗？/ 215
　　第一节　理论分析 ······················ 216
　　第二节　变量选择与描述 ·················· 224
　　第三节　实证结果与分析 ·················· 237
　　第四节　本章小结 ······················ 247

第十一章　新型农业经营主体有利可图吗？/ 249
　　第一节　新型农业经营主体的成本与收益 ········· 249
　　第二节　新型农业经营主体对收支的主观评价 ······· 260
　　第三节　农业经营主体产出水平的案例分析 ········ 264
　　第四节　本章小结 ······················ 275

第十二章　新型农业经营主体何以出现异化现象？/ 277
　　第一节　理论分析 ······················ 278
　　第二节　新型农业经营主体异化的程度及影响 ······· 284
　　第三节　新型农业经营主体异化的根源分析 ········ 287
　　第四节　本章小结 ······················ 296

案　例　篇

案例说明 / 301

案例集 / 303

参考文献 ······························ 822
后记 ································ 845

综合篇

第一章

改革开放以来新型农业经营主体的成长、演化与走向

农业经营主体的多样化，是农业向现代化演进过程中的必然现象（陈锡文，2013）。在工业化、城镇化的带动下，我国正在经历一个前所未有的农业劳动力大规模向城镇和非农产业转移的进程。伴随这一进程的是，农业经营方式在家庭经营这一基本形式的基础上，逐步演绎出了多种多样的经营形式；农业经营主体也从以同质性的小规模农户为主，不断发育出各种类型的规模经营主体。在市场机制和政府政策的双重影响下，各类农业经营主体都得到了长足发展，但其成长轨迹亦呈现出显著的中国特色。当前，我国正处在深入推进农业供给侧结构性改革的关键时期，新型农业经营主体已然强势崛起，并在现代农业建设中日益发挥举足轻重的作用。在此态势下，系统梳理改革开放40多年来新型农业经营主体成长的政策性脉络，并全面检视其发展现状、问题与趋势，对于完善新型农业经营主体支持政策体系、加快推进中国特色农业现代化意义重大。

第一节 新型农业经营主体发展的政策性脉络

一、市场与政策影响下的农业经营主体

改革开放以后，家庭联产承包责任制的推行使农业经营的主体从农民集体回归到了农户家庭。这一制度创新成功地解决了农业生产中的监督和激励问题，极大地促进了粮食产量和农业经济的快速增长（林毅夫，1992）。但是，随着经济市场化的深入，千家万户的小生产与千变万化的大市场对接问题开始显现，各地开始探索实践多种解决办法。20世纪90年代初，山东省率先提出"农业产业化"的概念，其核心是产供销、贸工农、经科教紧密结合的"一条龙"经营体制。1995年12月11日的《人民日报》基于山东经验发表了《论农业产业化》的长篇社论。这使农业产业化的思想在全国得到了广泛传播。1997年"农业产业化"正式进入官方政策文件。其目的主要是为了推动产业链的纵向一体化，解决产销衔接等问题（严瑞珍，1997）。其中，主要的支持对象就是农业企业。而依托农业企业为核心形成的诸如"公司+农户""公司+中介组织+农户"等订单式的经营模式得到了大范围推广。1996年农业部成立了"农业产业化办公室"，并自2000年开始评选国家重点农业产业化龙头企业。截至2016年底，共评选出了国家重点农业产业化龙头企业1242家。

而随着市场化深入发展，企业与农户之间的订单农业也开始出现问题。其集中表现在契约的不稳定性和极高的违约率。已有研究表明，"公司+农户"模式的生存时间一般并不长久，契约约束的脆弱性和协

调上的困难是这种组织的内在缺陷（周立群，曹利群，2001）。一方面，由于双方订立的契约常常是不完全的，造成了机会主义行为、敲竹杠风险等履约困难（刘凤芹，2003）。尽管在理论上可以通过专用性投资和市场在确保契约履行过程中的作用等方法找到最优的农业契约方式（周立群，曹利群，2002；聂辉华，2013），但在现实中成功的案例不多。另一方面，由于缔约双方的市场力量常常是不均衡的或低水平均衡的，所以双方履约要么难以实现，要么付出高昂的交易成本（马九杰，徐雪高，2008）。此外，由于合作剩余的分配机制常常与双方契约资本配置结构相关（米运生，罗必良，2009），缺乏资本的小农户在利益分配中常常处于被动和不利地位，企业侵犯农民利益的现象屡见不鲜。

为此，尽快提高农民组织化程度、增强农民市场话语权的呼声日盛，并逐步成为社会共识。2003年全国人大开始研究制定农民合作组织的相关法律，并于2006年10月颁布了《中华人民共和国农民专业合作社法》（以下简称《合作社法》）。该法自2007年7月1日施行以来，农民专业合作社迅猛发展，截至2017年7月底，在工商部门登记的农民专业合作社达到193.3万家，是2007年的74倍，年均增长60%；实有入社农户超过1亿户，约占全国农户总数的46.8%[①]。然而，这一"形势喜人"的数字应该慎重看待，尤其不能放大合作社对农民的实际带动能力（潘劲，2011）。现实中，由于农户间的异质性和现行的政策环境的影响，所谓"假合作社""翻牌合作社""精英俘获""大农吃小农"等不合意现象大量存在，合作社内部治理、收益分配等制度安排与运行机制问题十分突出（徐旭初，2012）。而真正具备"所有者与惠顾者同一"这一合作社本质特征的农民专业合作社凤毛麟角，大部分仍与大户、公司或"公司+农户"等其他类型的经营形式十分接近，以

---

① 引自《中华人民共和国〈农民专业合作社法〉实施十周年座谈会在京召开》，载于《农民日报》2017年9月5日，第1版。

至于有些学者提出了"中国到底有没有真正的合作社"的质疑（邓衡山、王文灿，2014）。

正是由于大部分农民合作社常常掌控于大户、公司等少数核心成员，大量针对合作社的政策利好最终并没有惠及大多数农民成员。于是政策支农的重点对象又很快拓展到了具有一定规模的、懂经营善管理的农户身上。专业大户、家庭农场遂得到了政府实质性重视。实际上，2008年中共十七届三中全会的报告在阐述"健全严格规范的农村土地管理制度"时就提出"有条件的地方可以发展专业大户、家庭农场、农民专业合作社等规模经营主体"。彼时，《合作社法》刚刚施行一年有余，农民合作社正被寄予厚望而处于如火如荼的发展中，专业大户和家庭农场并未引起各界广泛关注。直到2013年，专业大户、家庭农场作为新型农业经营主体的重要类型在当年的中央"一号文件"中得到强调之后，两者（特别是家庭农场）便成为从中央到地方政策文件中出现的高频词汇。2014年农业部还专门出台了《农业部关于促进家庭农场发展的指导意见》，对农场管理、土地流转、社会化服务等方面提出了专门的探索和扶持意见。由此，早在20世纪80年代就出现在官方文件中并为大众熟知的"种田能手""养殖大户"等主体在新时期被赋予新的市场与政策含义后，再次进入人们的视野，并在近年得到快速发展。据农业部统计，2016年全国经营50亩以上的规模农户已经达到341万户，经营耕地面积超过3.5亿亩[①]；家庭农场达到87.7万个，其中在县级以上农业部门纳入名录管理的达到44.5万家，比2015年增长了30%，平均经营土地面积达到了215.1亩，比2015年扩大了42%（张红宇等，2017）。

一般认为，家庭农场区别于普通农户的根本特征，就是以市场交换

---

① 引自《农业部：全国承包耕地流转比例已超过三分之一》，央广网，http://news.cnr.cn/native/city/20161117/t20161117_523274803.shtml。

为目的，进行专业化的商品生产，而非满足自身需求；区别于农业企业的根本特征，就是以自有劳动为主，依靠家庭劳动力就能够基本完善经营管理（高强等，2013，2014）。它兼有家庭经营和企业经营的优势，可以弥补专业大户和农民合作社的不足。可以预见，未来在我国土地承包经营权确权颁证工作完成后，家庭农场的融资等市场化能力将进一步提升。然而，随着规模经营主体的多样化发展，围绕经营规模展开的关于家庭农场的界限、范围等问题成了各界讨论的焦点。已有研究表明，家庭农场的规模要受到经济发展水平、技术进步、制造业—农业工资比及劳动—资本价格比的影响（郭熙保，冯玲玲，2015）。换言之，合意的家庭农场不可能随意扩张，它至少应该是存在上下限的或有条件的。理论上讲，家庭农场规模的下限是家庭成员的生计需要，家庭农场规模的上限是现有技术条件下家庭成员所能经营的最大面积；同时家庭农场的发育需要政府的支持和特定的社会条件（朱启臻等，2014）。因此，黄宗智（2014）就认为，美国"大而粗"的农场模式不符合当前中国农业的实际，而自20世纪90年代以来已经相当广泛兴起的适度规模的、"小而精"的真正家庭农场才是中国农业正确的发展道路。

综上可见，经过40多年的发展，中国农业的经营主体已然由改革初期相对同质性的农户家庭经营占主导的格局转变为现阶段的多类型经营主体并存的格局（陈锡文，2013）。这一演变过程不仅是因为市场化程度的不断深化，也不单是源于政府的政策推动，而是在市场与政策的双重影响下农民对农业经营方式自主选择的结果。

二、新型农业经营体系中的农业经营主体

21世纪以来，我国农业现代化同工业化、城镇化、信息化的步伐差距逐渐拉大，农业老龄化、妇女化、弱质化趋势越来明显，"谁来种地，

地怎么种"的问题日益凸显（张晓山，2006；孙中华，2011）。黄祖辉等（2010）学者较早使用了"新型农业经营主体"的概念，将多种类型的规模经营主体统和在一个框架下来研究转型中的中国农业；并认为，专业大户、家庭农场、农民专业合作社和农业企业是中国现阶段农业发展的中坚力量，它们体现了改造传统农业的历史规律性，引领着现代农业的发展方向，符合提升农业现代性的基本要求。但"新型农业经营主体"的概念被提出的时间毕竟还不长，系统和深入的研究还较为薄弱。多数研究尚集中在逻辑性理论探讨（顾益康，2008；楼栋，孔祥智，2013；郑风田，焦万慧，2013；张照新，赵海，2013；等等）、趋势性调查总结（黄祖辉，陈龙等，2010；于亢亢，朱信凯，2012；张云华，郭铖，2013；等等）和实践性政策分析（韩长赋，2013；郭庆海，2013；孔祥智，2014；等等）等方面。而学术界的这些讨论则显示，发展更有效率的农业经营组织、创新农业经营体制机制的要求日益迫切。

党的十八大以来，中共中央关于"新型农业经营体系"的政策性表述如表1-1所示。基于上述宏观背景和各地有益的探索实践，党的十八大正式提出要构建集约化、专业化、组织化、社会化相结合的新型农业经营体系。2013年中央农村工作会议和中央"一号文件"对此做出了相应的年度部署。至此，"新型农业经营主体"一词从学术研究领域"正式"扩展至官方政策视野之中。

表1-1　党的十八大以来中央关于"新型农业经营体系"的政策性表述一览

时间	来源	主要表述	点评
2012年11月	党的十八大报告	要构建集约化、专业化、组织化、社会化相结合的新型农业经营体系	官方正式提出
2012年12月	2013年中央农村工作会议	在坚持农户作为农业生产经营主体的基础上，创新发展专业大户、家庭农场、专业合作社、农业产业化等生产经营形式	落实党的十八大提出的"四化结合"的新型经营体系

续表

时间	来源	主要表述	点评
2012年12月	2013年中央"一号文件"	充分发挥农村基本经营制度的优越性,着力构建集约化、专业化、组织化、社会化相结合的新型农业经营体系	构建新型农业经营体系开始全面部署
2013年11月	中共十八届三中全会决定	坚持家庭经营在农业中的基础性地位,推进家庭经营、集体经营、合作经营、企业经营等共同发展的农业经营方式创新	明确构建原则
2013年12月	2014年中央农村工作会议	要构建以农户家庭经营为基础、合作与联合为纽带、社会化服务为支撑的立体式复合型现代农业经营体系	明确构建目标
2014年1月	2014年中央"一号文件"	坚持家庭经营为基础与多种经营形式共同发展……要以解决好地怎么种为导向加快构建新型农业经营体系	明确构建导向
2014年11月	《关于引导农村土地经营权有序流转发展农业适度规模经营的意见》	坚持农村土地集体所有,实现所有权、承包权、经营权三权分置,引导土地经营权有序流转……发挥家庭经营的基础作用,探索新的集体经营方式,加快发展农户间的合作经营,鼓励发展适合企业化经营的现代种养业,加大对新型农业经营主体的扶持力度,加强对工商企业租赁农户承包地的监管和风险防范,培育多元社会化服务组织,开展新型职业农民教育培训	明确将促进土地流转作为构建新型农业经营体系的核心抓手
2015年2月	2015年中央"一号文件"	鼓励发展规模适度的农户家庭农场,完善对粮食生产规模经营主体的支持服务体系。引导农民专业合作社拓宽服务领域,促进规范发展,实行年度报告公示制度,深入推进示范社创建行动。推进农业产业化示范基地建设和龙头企业转型升级。引导农民以土地经营权入股合作社和龙头企业。鼓励工商资本发展适合企业化经营的现代种养业、农产品加工流通和农业社会化服务	明确了阶段性任务
2015年2月	《农业部关于进一步调整优化农业结构的指导意见》	加快构建新型农业经营体系,发挥新型农业经营主体在调整优化农业结构中的示范带动作用	明确新型农业经营主体在"调结构"中的作用

9

续表

时间	来源	主要表述	点评
2015年7月	《国务院办公厅关于加快转变农业发展方式的意见》	培育壮大新型农业经营主体。推进多种形式的农业适度规模经营。大力开展农业产业化经营。加快发展农产品加工业。创新农业营销服务。积极开发农业多种功能	明确新型农业经营主体在"转方式"中的作用
2015年10月	国家"十三五"规划纲要	加快转变农业发展方式,发展多种形式适度规模经营,发挥其在现代农业建设中的引领作用……构建培育新型农业经营主体的政策体系	明确"十三五"时期新型农业经营主体的定位和政府工作重点
2015年12月	2016年中央"一号文件"	发挥多种形式农业适度规模经营引领作用。坚持以农户家庭经营为基础,支持新型农业经营主体和新型农业服务主体成为建设现代农业的骨干力量,充分发挥多种形式适度规模经营在农业机械和科技成果应用、绿色发展、市场开拓等方面的引领功能	明确新型农业服务主体和社会化服务体系的重要性
2016年10月	《全国农业现代化规划(2016—2020)》	多种形式土地适度规模经营占比达到40%。加快建立新型经营主体支持政策体系,扩大新型经营主体承担涉农项目规模,建立新型经营主体生产经营信息直报制度。实施农业社会化服务支撑工程,扩大农业生产全程社会化服务创新试点和政府购买公益性服务机制创新试点范围,推进代耕代种、病虫害统防统治等服务的专业化、规模化、社会化	明确了新型经营主体的发展目标和支持政策体系建设的具体任务
2016年12月	2017年中央"一号文件"	大力培育新型农业经营主体和服务主体,通过经营权流转、股份合作、代耕代种、土地托管等多种方式,加快发展土地流转型、服务带动型等多种形式规模经营	明确了将经营主体与服务主体并重来推进农业规模经营的方向
2017年10月	党的十九大报告	构建现代农业产业体系、生产体系、经营体系,完善农业支持保护制度,发展多种形式适度规模经营,培育新型农业经营主体,健全农业社会化服务体系,实现小农户和现代农业发展有机衔接	明确了培育新型农业经营主体在新时代中国特色农业现代化中的功能定位

综 合 篇

续表

时间	来源	主要表述	点评
2018年2月	2018年中央"一号文件"	统筹兼顾培育新型农业经营主体和扶持小农户……培育各类专业化市场化服务组织，推进农业生产全程社会化服务，帮助小农户节本增效……注重发挥新型农业经营主体带动作用，打造区域公用品牌，开展农超对接、农社对接，帮助小农户对接市场	明确了新型农业经营主体在实施乡村振兴战略中如何带动小农户的具体措施
2019年2月	2019年中央"一号文件"	坚持家庭经营基础性地位，赋予双层经营体制新的内涵。突出抓好家庭农场和农民合作社两类新型农业经营主体	从农村基本经营制度的高度再次强调了农业经营主体多样化的重要性

资料来源：2012—2019年相关政策文件整理所得。

2013年11月，中共十八届三中全会进一步强调，农业经营方式的创新应坚持家庭经营在农业中的基础性地位，推进家庭经营、集体经营、合作经营、企业经营等多种经营形式共同发展。这为新型农业经营体系的构建明确了原则。随后召开的2014年中央农村工作会议将所要构建的新型农业经营体系进一步具体描述为：以农户家庭经营为基础、合作与联合为纽带、社会化服务为支撑的立体式复合型现代农业经营体系。这为新型农业经营体系的构建明确了目标。即在这一体系中，经营主体的层次来源是多方位的，并将全面覆盖农业产业链的各个环节；各经营主体的经济性质是多元化的，所发挥的功能作用是相互加强和可融合的，而不是相互排斥或界限分明的。在此基础上，2014年"一号文件"又提出"要以解决好地怎么种为导向加快构建新型农业经营体系"。这为新型农业经营体系的构建明确了导向。换言之，"地谁来种"和"地怎么种"两个问题虽然都十分重要，但后者应更为重要，即重点在如何推动有效的农业经营方式的形成，而不是过多关注经营者的身份问题，这也体现了政策的务实性。2014年11月，中办、国办联合发布了《关于引导农村土地经营权有序流转发展农业适度规模经营的意见》，从引导土地有序流转和促进适度规模经营的角度，在主体培育、生产支持、服务提供、监督引导等多个方面提出了具体思路。这为新型农业经营体系的构建明确了核心抓手。2015年"一号文件"从改革的角度，对家庭农场、农民合作社、产业化龙头企业等主体的发展及其社会化服务的开展提出了有针对性的措施。这为新型农业经营体系的构建明确了阶段性任务。

从党的十八大到2015年中央"一号文件"的官方文件看，"谁来种地，地怎么种"的问题已经找到答案。但随着居民消费结构升级、资源环境约束趋紧、国内外农产品市场深度融合和经济发展速度放缓等，部分农产品供求结构性失衡、农业发展方式粗放、农业竞争力不强、农民持续增收难度加大等问题在"十二五"中后期开始凸显，即"怎么种好地"的问题又成为各界关注的重点。于是，国家在农业领域开始聚焦"转方式、调结构"，而新型农业经营主体在"转方式、调结构"中被赋予重要的功能和政策期待。2015年10月国家出台的"十三五"规划纲要明确了新型农业经营主体的定位，即现代农业建设中的引领地位；也明确了政府相应的工作重点是建立培育新型农业经营主体的政策体系。至此，农业政策的逻辑重点从"支持谁"正式转换到了"怎么支持"上来。2016年中央"一号文件"在部署年度任务的同时，将新型服务主体提高到与新型经营主体等同的地位，即都是建设现代农业的骨干力量。这实际上是强调了新型农业经营体系中生产和服务两大子体系的重要性（钟真等，2014）。同年10月国务院发布的《全国农业现代化规划（2016—2020）》进一步明确了"十三五"期间新型经营主体的发展目标和支持政策体系建设的具体任务，特别是强调要通过完善新型经营主体的政策支持体系来推进农业生产的全程社会化服务。2017年的中央"一号文件"则对从培育新型经营主体与服务主体的角度推进多种形式的农业规模经营进行了重点部署。党的十九大报告则从全局高度，将培育新型农业经营主体作为在新的历史时期更好地解决"小规模经营如何实现农业现代化"这一改革初期就提出的现实问题的一个重要途径，明确了其在"构建现代农业产业体系、生产体系、经营体系"中的功能定位。在习近平总书记新时代中国特色社会主义理论的指引下，2018年的中央"一号文件"按照实施乡村振兴战略的目标和原则，提出要"统筹兼顾培育新型农业经营主体和扶持小农户……培育各类专业化市场化服务组织，推进农业生产全程社会化服务，帮助小农户节本增效……注重发挥新型农业经营主体带动作用，打造区域公用品牌，开展农超对接、农社对接，帮助小农户对接市场……"这表明，中国的农业政策制定者已经充分认识到要推动一个由数亿小农户构成的农民大国走向农业现代化，仅寄希望于打造一批规模化、高效率的新型农业经营主体来替代小农户是不可能的，更重要的是让新型农业经营主体在农业生产经营、社会化服务等多领域多层面发挥带动引领作用，促进小农户和现代农业发展有机衔接。2019年的中央"一号文件"从农村基本经营制度的高度再次强调了农业经营主体多样化的重要性，指出"坚持家庭经营基础性地位，赋予双层经营体制新的内涵。突出抓好家庭农场和农民合作社两类新型农业经营主体……"可见，统筹兼顾新型农业经营主体与小农户的发展，必将与新型农业社会化服务体系的健全和农业支持保护制度的完善等措施一道，为实现新时代中国特色农业现代化起到深刻的理论指导和积极的实践指引作用。

可以预见，在新型农业经营体系的官方架构下，各类新型农业经营主体发展的支持政策将更加完备，而其在农业现代化建设中所肩负的主体责任和在农业供给侧结构性改革中发挥的导向作用也将变得更为关键。

第二节 当前新型农业经营主体的发展态势

从上述我国新型农业经营主体发展演变的脉络来看,各类新型农业经营主体实现了巨大的成长,对各个时期的农业发展起到了重要作用。但也应看到在市场和政策环境等因素的影响下,新型农业经营主体自身发展也存在诸多问题,其经济社会功能的发挥还面临不少挑战。为了较好地把握当前新型农业经营主体的发展态势,本章利用笔者牵头的两次较大规模的实地调研所获得的数据——2017年对河北省等5省(区、市)15县的调研(后面简称"5省(区、市)调研")和2018年对山西省等3省(区、市)6县(后面简称"3省调研")[①]——就新型农业经营主体的生产经营现状和存在的问题进行了初步分析。

一、发展现状

第一,基于土地流转的规模经营渐已成势。新型农业经营主体不同于普通农户的首要特点就是规模经营,而实现规模经营的一个重要途径就是土地流转。根据农业部的数据,截至2015年底,全国土地经营权流转面积4.47亿亩,占家庭承包经营面积的33.3%;转出耕地的农户

[①] 2016年调查的5省(区、市)分别是河北省、山东省、安徽省、陕西省和吉林省,每个省(区、市)选择3个县,共访问了15个县的481家不同类型的农业经营主体,其中普通农户占23%,家庭农场或专业大户占35%,农民合作社占33%,农业企业占9%。后面如不做特殊说明,数据资料均来源于此次调研。2018年调研的3省(区、市)分别为山西省、黑龙江省和安徽省3省(区、市),共访问了6个县的106家不同类型的农业经营主体,其中普通农户占9%,家庭农场或专业大户占30%,农民合作社占42%,农业企业占19%。但由于这一次调研的研究课题尚在进行中,数据尚未全面整理出来,故本书后续章节没有将该次调研数据纳入,在统计数据方面将与本章存在差异,特此说明。

6329.5万户，占承包耕地农户的27.5%；其中，转入合作社0.97亿亩，占21.8%；转入企业0.42亿亩，占9.5%；转入农户2.62亿亩，占58.6%。① 而转入土地的农户绝大部分就成为专业大户或家庭农场。课题组调研数据显示，样本中85.3%的新型经营主体存在不同程度的转入土地；其中，专业大户或家庭农场的平均土地经营规模为454.5亩，农民合作社、农业企业的平均土地经营规模分别为1497.5亩和2382.0亩。

第二，农业劳动投入结构发生明显变化。伴随新型农业经营主体的成长，土地流转对农业剩余劳动力的挤出效应十分明显，客观上推动了农业劳动投入结构的调整，促进了新的农业劳动力市场的形成。一方面，农业雇工成为农业规模经营中劳动力来源的主流。74.7%的新型经营主体以雇用劳动为主。即便是专业大户或家庭农场，全年农业生产所使用的劳动量中自有劳动和雇用劳动投入比也高达1∶12.8。另一方面，农业生产各环节的劳动分工在规模经营条件下全面深化。不仅耕种、饲喂、收获等作业环节和田间植保、卫生防疫等日常环节的专业化程度因机械化率和服务市场化水平的提升而大大提高，新型经营主体在这两个环节的人工完成率已经下降到30%左右，而且包装、仓储、装卸、运输等物流环节和行政管理、财务管理等覆盖全程的相关业务都得到了充分的拓展和有效的分工，63.2%的新型经营主体在这些方面均有专门的"岗位"设置。

第三，农业投资水平上升到新的高度。在惠农政策的刺激下，新型农业经营主体逐步成为农业领域民间资本投资的重要载体。在农业装备方面，样本新型经营主体中进行温室大棚、养殖棚舍、仓库厂房等农用场所建设比例为68.1%，购置中大型农机具的比例高达89.4%，租赁

---

① 引自农业部《对农业部十二届全国人大四次会议第6329号建议的答复》http://www.moa.gov.cn/govpublic/NCJJTZ/201608/t20160810_5234645.htm。

农用场所或农机具等设施设备的比例也达到47.6%，以上三方面的投资额平均每户（家）达到386.4万元。在土地整治方面，新型经营主体中有41.9%进行过地块平整，有37.3%进行过水利设施建设，有46.6%进行过田间道路建设，有38.9%开展过土壤改良（如深耕、施用农家肥改土等）；以上四种土地整治类型中进行过一项及以上的比例接近85%，平均每亩整治总费用接近15万元。从负债情况看，新型农业经营主体平均负债130.3万元，其中56.7%的经营主体负债主要来自银行，29.2%的经营主体负债则主要来自亲朋。

第四，农业社会化服务供给与需求"双增长"。新型农业经营主体兼具生产和服务的双重功能，因而他们既是农业社会化服务的需求者，也是农业社会化服务的提供者。从服务供给角度看，新型农业经营主体作为公共农业服务机构的补充，能够更及时、有效、全面地提供多种农业社会化服务。样本数据显示，能够且已经提供技术服务、农资服务、销售服务、信息服务的新型农业经营主体比例已经达到77.7%、54.8%、53.2%和47.3%；能够提供作业服务、质量服务、物流服务、品牌服务的新型经营主体比例也增加到30%左右，但已经提供这些服务的比例尚在20%左右；此外，能够提供和已经提供金融服务和基建服务的比例都还不高，但能够实际提供这两项服务的经营主体比例也已经上升到10%以上。在服务对象的规模上，新型经营主体平均服务农户数量为880户（各项服务覆盖的农户数就高不就低，不重复计算）。从服务需求角度看，50%以上的新型农业经营主体对于上述技术服务等十项农业社会化服务都有强烈需求。其中，需求比例最大的前三项服务分别为技术服务（91.5%）、信息服务（84.2%）和金融服务（78.9%）。新型农业经营主体对这些服务的需求不仅远大于普通农户，而且服务类型和质量的要求在不断提高。

第五，农业高成本与低利润格局日趋固化。由于要素价格的上涨及其投入结构的变化，新型农业经营主体的生产成本持续上升。样本数据显示，新型农业经营主体的平均年经营成本为238.5万元，是当地普通农户年农业成本的60倍以上。从亩均成本看，粮食作物与经济作物的成本差异较大，前者约为每亩1718元，后者约为每亩4225元，而当地普通农户的相应成本分别为新型经营主体的58%和75%。其中，工资性成本上升最快，专业大户或家庭农场、农民合作社、农业企业的平均工资性开支占亩均成本的比重分别达到了17.8%、19.1%和18.2%，而普通农户则主要依靠自有劳动，其亩均工资性开支的比重不足5%；土地成本日趋刚性，各类新型经营主体普遍需要流转土地，其土地使用成本平均比普通农户高出615元，这与各地平均土地流转价格十分接近；物质与服务费用在农业总成本中的比重最大，但新型农业经营主体（2988元/亩）与普通农户（2689元/亩）的差异不大。从收益上看，新型农业经营主体的高投入并没有普遍带来高回报。由于收益增加整体上没有"跑赢"成本上升，新型农业经营主体的利润率普遍不高。从平均年度收益看，尽管专业大户或家庭农场、农民合作社、农业企业的经营收入分别达到了116.9万元、568.9万元、5440.2万元，是当地普通农户的数十倍甚至数百倍，但是其平均利润率不到25%，远低于普通农户的44.7%。从亩均利润看，各类新型经营主体在经济作物上存在较强优势，平均利润为每亩6286元，约为普通农户的1.9倍，但在粮食作物上则普遍亏损，各类新型经营主体平均每亩亏损498.1元，而普通农户则平均每亩获利264.6元。

第六，来自政府的支持不断加强。在政府顶层设计下，一系列针对新型经营主体的政策措施不断出台和落实。各级政府在财政、信贷、保险、用地、项目扶持、人才培训等方面给予了有力的支持，并通过创建示范性新型经营主体（如示范家庭农场、农民专业合作社示范社、农业产业化示范基地、农业示范服务组织等）、支持新型经营主体相互融合并依法组建行业组织或联盟等方式积极引导新型农业经营主体的发展方向。调研发现，样本新型农业经营主体中有56.2%获得过政府现金资助，有26.4%获得过实物支持，有34.0%承担过政府示范性推广项目，平均每个新型经营主体获得以上三种政府支持方式累计价值（经折算）达到58.7万元，是普通农户获得惠农支持力度的35倍以上。总体而言，新型经营主体的政策扶持体系已经初步建立并正在逐步完善之中。

二、主要问题

总体而言，新型农业经营主体发展还处于初级阶段，各地发展很不平衡，面临的问题挑战较多（陈晓华，2014）。与其他很多调查研究类似，课题组此次实地调研也发现，新型农业经营主体普遍存在规模偏小、发育不足、人才缺乏、融资困难、运行不规范、带动力不强等诸多问题。但这些问题多为针对新型经营主体本身的内在问题，具有一定的"共性"特点。而课题认为，当前不同新型经营主体的个性问题和各类经营主体发展面临的宏观问题更加值得关注。概括来说，主要有以下几个方面。

第一，家庭农场过度规模化。《农业部关于促进家庭农场发展的指导意见》指出，"家庭农场经营者主要是农民或其他长期从事农业生产的人员，主要依靠家庭成员而不是依靠雇工从事生产经营活动……家庭农场发展是一个渐进过程，要靠农民自主选择，防止脱离当地实际、违背农民意愿、片面追求超大规模经营的倾向，人为归大堆、垒大户。"但调查发现，在多种因素的综合作用下，家庭农场的经营规模普遍过大，绝大多数家庭农场完全无法以家庭自有劳动为主进行生产经营，而需要大规模雇工来完成。样本中，家庭农场的平均土地规模达到508.3亩，比普通农户大了近30倍；其中，同时存在转入又转出土地家庭农场比例达到7.2%。这说明，家庭农场的实际经营方式已经突破家庭经营的基本范畴，而更多地偏向于企业化经营，并且已经出现一小部分家庭农场的土地经营规模超出了其经营能力的现象。比照国际经验，即便是发达国家的家庭农场，尽管总体数量在减少，平均规模也大于我国，但仍然由小规模家庭农场占绝对比重（杜志雄，肖卫东，2014；周应恒等，2015）。而我国家庭农场规模过大的原因与政府引导政策不无关系。从各省出台的家庭农场认定办法看，多数地区对家庭农场的经营规模仅做了下限要求。比如，辽宁省规定粮食种植业家庭农场租期或承包期在5年以上的土地经营规模应达到100亩以上；① 河北省规定粮食种植业家庭农场承包期或租赁期在5年以上的土地面积一年两熟地区应达到50亩以上，一年一熟地区应达到100亩以上。② 仅有少数省（区、市）在示范性家庭农场认定标准中设定了土地规模上限。比如，江苏省规定粮食种植业省级示范家庭农场土地规模在100～300亩之间；③ 上海市规定粮食种植业市级示范家庭农场种植面积在100～200亩之间。④ 但在具体操作中，"锦上添花"式的政策导向极易产生过度规模化的家庭农场。

第二，农民合作社虚化和异化严重。经过2007年以来的十余年的培育发展，我国农民专业合作社数量"井喷式"增长，但是真正符合"所有者与惠顾者同一"这一本质规定的农民合作社却很少，"名实不符"现象十分普遍（邓衡山等，2016）。课题组调研发现，这种现象突出表现为两种形式。一是合作社的虚化，即合作社作为具有法人地位的

---

① 引自《辽宁省关于促进家庭农场健康发展的指导意见》，http://www.cnnclm.com/fuchi/liaoning/3034.html。

② 引自《河北省农业厅关于促进家庭农场发展的意见》，http://www.moa.gov.cn/sjzz/jgs/gzjl/201508/t20150828_4809115.htm。

③ 引自《江苏省农业委员会关于建立示范家庭农场名录制度的通知》，http://www.cae-in.com/index.php/Index/Showcontent/index/bh/025/id/101965。

④ 引自《上海市农委关于本市开展市级示范家庭农场评定工作的通知》，http://www.shac.gov.cn/xxgk/xxgkml/snwgzyw/nycyh/201512/t20151224_1602012.html。

市场主体在生产经营管理上没有充分体现出一个正式经济组织的基本功能。样本合作社中，有52.8%近三年没有以合作社名义专门为社员提供过社会化服务，有46.8%成立至今没有召开过成员（代表）大会，有35.6%近三年没有开展任何生产经营活动，几乎成了"僵尸合作社"。二是合作社异化，即合作社的经营方式因其内部治理结构和外部发展环境的特殊性而表现出非合作社的特点。样本合作社中，约有78.0%因合作社决策权受到主要成员控制而表现为主要成员的经营特征。其中，大户领办的合作社经营形式常常表现为家庭经营，约占43.1%，公司领办的常常表现为企业经营，约占23.1%，村委会或政府领办的则常常表现为集体经营或非营利性特点，约占7.1%，有近5%的合作社因投资结构多元化而表现出混合经营的特点。仅有约22%的合作社在成员和股份构成、经营模式、收益分配等方面较为接近合作社的本质规定，但其中仍有一半左右的合作社，其最主要的功能是发挥了"集中收购—销售"的中间商作用。

第三，农业企业离农倾向明显。在宏观经济下行、粮食价格走低等市场因素和农业结构调整、三产融合等政策因素的影响下，农业企业脱离农业生产经营一线的倾向日益明显。从产业链环节看，样本中直接从事种植、养殖的农业企业比重仅为35.6%，以农机作业、农资供应等生产性服务业为主的农业企业比例约为20%，而以农产品加工、仓储运输、销售等产业链后端环节为主的农业企业比重达到60%以上（部分农业企业兼营产前、产中、产后多种业务）。从产业分布看，主要涉及粮食、蔬菜水果、畜牧、水产等第一产业的农业企业仅占40%，而开展观光、旅游、餐饮、住宿等第三产业业务的农业企业比例达到了55%以上，约有15%的农业企业已经在工程建设、房地产开发、生活物资销售等非农领域开拓了业务，还有一小部分企业基本放弃了农业业务。这表明，企业经营在农业生产中并不一定占有优势，主要农产品供给还得重点依靠家庭经营、合作经营等方式来保障，而在涉农的二、三产业上，农业企业具备更强的竞争力，农业价值链的延伸与增值需要充分依靠企业经营。

第四，规模经营的成本刚性化和风险显性化并存。新型农业经营主体的成长，不仅扩大了农业对生产要素的需求，也增强了农业对要素市场的依赖。在城镇化、工业化的加速过程中，各类要素价格系统性上涨的趋势对新型农业经营主体的发展带来了"不可逆"的挑战。由于绝大多数新型经营主体都依赖土地流转实现规模经营，故土地租金成为农业规模经营者刚性开支。样本新型经营主体的平均土地流转成本为每亩582元，且比三年前平均提高了18%。类似地，由于新型经营主体以雇工劳动为主，不断上涨的劳动投入成本已经成为新型农业经营主体不可回避的成本。样本新型经营主体支付农业雇工的平均日工资为每天148元，比三年前提高了约33%。规模化的经营必然需要更大的农业投资，但新型农业经营主体因农民缺乏抵押物等各种信贷约束而常常难以满足不断增长的融资需求。样本有57%的新型经营主体的负债来自正规金融机构，但其借贷额度占负债总额的平均比例仅为42%，说明新型农业经营主体超过一半的资金需求来自民间借贷。而调研数据显示，新型经营主体接受的民间借贷年利率平均达到了14.3%，普遍高于同期其所能获得的正规金融机构9.4%的借贷年利率。

与此同时，规模化农业生产经营所面临的不确定性和限制性因素明显增加（钟真，孔祥智，2015）。一方面是重要农产品价格波动加剧，新型农业经营主体应对难度加大。除了主粮价格的可预期性较高之外，猪肉、棉花、油料、食糖和部分重要蔬菜价格近年来涨跌频繁。但由于新型农业经营主体的专业化、规模化、集约化水平较普通农户高得多，因而其农业生产经营风险的集中化程度也要高得多，导致其难以像普通农户那样通过多样化经营有效分散农业生产经营风险（姜长云，

2014）。调查发现，近三年发生过因农产品价格下跌而没有及时调整主营品种生产规模的新型经营主体达到68.3%，其中自认为经营收益因此而受到"严重影响"的占到了40.8%。另一方面，农业资源偏紧和生态环境恶化对新型农业经营主体的制约不断加大。由于新型农业经营主体经营规模大，农业面源污染、耕地质量下降、地下水超采等问题对农业产出的一个较小的边际影响都会对其综合效益产生较大影响。样本新型农业经营主体中，自认为受到农业资源环境条件"明显约束"的占到了52.6%，其中经营收益因此而受到"严重影响"的占到了36.8%。

第五，现有政策支持重点与新型农业经营主体的经营特征尚不匹配。诚然，诸如国家扶持的相关款项落实不到位、乱收费现象仍然存在、农业保险制度不完善等不利于新型农业经营主体的发展壮大的政策性问题还很多（汪发元，2015），但总体上这些问题可以在不断增加的政策性投入中得到缓解。相比而言，针对新型经营主体的政策匹配性问题比政策投入问题更为突出。从调研的情况看，现有政策的不匹配主要体现在以下两个方面。一是政策支持对象尚不匹配。目前大多数强农惠农政策仍然是重点针对普通农户而制定的。即便很多中央文件要求政策向新型经营主体倾斜，但在财政等具体政策落实上多数是遵循"存量稳定、增量倾斜"的原则进行的。换言之，对新型农业经营主体的政策扶持重点需要依靠增量支农资金来解决。这与新型农业经营主体在现阶段所能发挥的功能和发展需求是不相匹配的。调查显示，在有转入土地的新型农业经营主体中，有75.3%没有获得国家农业补贴（"三补合一"的补贴资金），而是发放给原承包户，其中并没有因此而要求转出户降低土地流转费用（或要求后不成功）的占到了55.6%。二是政策支持内容尚不匹配。目前农业补贴等政策主要是针对农业生产投入的支持，而对于耕、种、收、田间植保等作业环节和相关服务性业务的支持则相对较少。这与新型农业经营主体成长带来的社会化服务供求"双增长"

局面是不相匹配的。样本新型农业经营主体中,在信息服务、金融服务、作业服务、物流服务、品牌服务、基建服务上获得过政府政策性支持的比例仅为44.8%、30.2%、28.9%、19.6%、18.8%和22.9%。究其原因,主要还是与政策支持的思路尚未全面转型有关。多数情况下,针对新型农业经营主体的支持手段仍然是延续过去普惠式强农惠农的政策惯性,以物质支持为主的"多予"已经式微;现阶段更多地需要以体制机制创新为主的"赋权"来化解规模经营主体有效支持不足的问题。

三、发展趋势

一是新型农业经营主体吸纳就业和促进增收的功能将持续提升。已有研究已经表明,新型农业经营主体在过去一个时期的发展已经表现出很强的就业效应和收入效应(鲁钊阳,2016)。随着新型农业经营主体的不断成长,农业产业链分工将进一步细化,农业用工的市场化程度将进一步提高。这个过程不仅将创造大量的新增农业劳动岗位,提升农业劳动力素质,扩大农业就业,还能促进农民的工资性收入和农业经营性收入的双增长。样本数据显示,新型农业经营主体平均雇工数达到12人,66.0%来自本村范围,平均雇工投工量达到966个工日,平均日工资为113元;同时,新型农业经营主体通过相关社会化服务帮助普通农户平均降低生产成本16.7%,平均提高农产品价格45.8%,平均增加最终销量143.7%,促进被辐射农户平均每户增收约为4286元。可以预见,在各类新型农业经营主体的发展带动下,农业对农民而言将越来越具有吸引力;特别是对于年轻人而言,农业将逐渐成为他们就业或创业的可选项甚至是优先项,而不是获得收入的必选项(钟真,2014)。

二是各类新型农业经营主体之间的融合将进一步加强。目前,新型农业经营主体已经借助土地流转等方式实现了较大的经营规模，但在发展中仍然面临经营实力较弱、发展资金短缺、议价能力和产品竞争力偏低等问题，越来越多的新型农业经营主体对于选择进一步的合作与联合表现出强烈愿望。中央出台的《关于完善农村土地所有权承包权经营权分置办法的意见》也指出，"支持新型经营主体相互融合，鼓励家庭农场、农民专业合作社、农业产业化龙头企业等联合与合作，依法组建行业组织或联盟。"样本数据中，45.6%的专业大户或家庭农场、33.3%的农业企业均以成员身份参与多种类型的合作经济组织，而28.2%的农民合作社参加了农民合作社联合社。进一步地，相当一部分新型农业经营主体兼具多种身份。在家庭农场或专业大户、农民合作社、农业企业三种身份中，有25.6%的新型农业经营主体同时拥有两种身份，有2.6%同时拥有三种身份，平均每个主体拥有1.3个身份。这说明，在当下政策和市场环境下，新型农业经营主体之间融合发展的特征已经开始显现。

　　三是农业社会化服务主体和服务市场将快速成长。随着新型农业经营主体的崛起，农业领域对社会化服务的需求无论在数量上还是质量上都有了大幅度提高。这势必使农业社会化服务的供给主体得到锤炼，使农业社会化服务的市场化水平进一步提升。样本数据显示，新型农业经营主体对于技术服务等10项农业社会化服务都有强烈需求，但是真正接受过这10项农业社会化服务的比例均明显低于需求比例。其中，接受过技术服务的比例最高，达81.42%，其次是农资服务和信息服务，分别占比52.89%和44.78%；接受过这3项服务的比例均低于其需求比例约10个百分点。而销售服务、物流服务、信息服务、品牌服务、质量服务、作业服务以及基建服务需求比例高出实际接受过的比例均在35个百分点以上。这说明大量的农业社会化服务仍处于供不应求的状态，农业社会化服务的市场前景与政策空间潜力巨大。样本数据还显示，有偿提供和付费接受上述10项农业社会化服务的新型农业经营主体的平均比例分别达到了58.6%和68.4%，其中有意愿成为专门提供农业社会化服务主体的比例接近30%。以农机化服务为例，一方面，农机服务组织快速发展，到2015年底，全国农机合作社已经达到5.65万家，比上年增加14.34%，服务总面积达到7.12亿亩，约占全国农机化作业总面积的12%，服务农户数量3887万户；另一方面，农业服务市场规模也迅速扩大，2015年农机化经营总收入达到5521.98亿元，同比增长3%，已经大幅度超过农机工业企业主营业务收入4523.6亿元。[①] 为此，农业部、国家发改委、财政部于2017年8月联合印发的《关于加快发展农业生产性服务业的指导意见》指出，"要着眼满足普通农户和新型经营主体的生产经营需要，立足服务农业生产产前、产中、产后全过程，充分发挥公益性服务机构的引领带动作用，重点发展农业经营性服务……"可见，在今后一个时期，农业社会化服务体系将在经营性服务上实现长足发展，并伴随公益性服务的改革完善而进一步适应我国现代农业发展的趋势。

四是新型农业经营主体的分化将开始加快。各类新型经营主体的数量已经增长到了一个较高的水平，但进入政策扶持"序列"的时间各有长短，发展程度也参差不齐，分化在所难免，也顺理成章。分化主要表现为以下两个方面。一方面，同一种类型的新型农业经营主体之间的异质性在快速增强。在政府和市场的双重影响下，经营者的身份背景、业务内容、盈利方式等方面越来越多元化；同时，因在政府扶持上所占先机不一样，在市场竞争中呈现"强者愈强、弱者愈弱"的"马太效应"日益明显。样本数据中，家庭农场或专业大户、农民合作社、农业企业三类主体中成本利润率（固定设施投资按年度损耗折算）最高的

---

① 农业部农业机械化管理司编：《2015年全国农业机械化统计年报》，内部资料。

20%与最低的20%的均值相差分别达到了10.2倍、8.6倍和19.3倍。另一方面,不同类型的新型农业经营主体正在进行深度"排列组合"。越来越多的新型农业经营主体因投资结构、管理方式等因素的影响逐渐偏离其主体所特有的经营方式,朝着与其内部治理特征相符合的方向发展;同时也有越来越多的主体从兼具多种经营方式和覆盖多种经营业务回归到与自身主体特征相适合的经营方式和经营领域。具体来看,家庭农场或专业大户的经营在专业化和多样化两个方向上同时演进;大量由主要成员控制的"空壳"合作社将逐步演化为家庭农场或农业企业,大量没有业务活动的"僵尸合作社"将退出历史舞台;农业企业的一、二、三产业融合特征愈加明显,并呈现出专注于营销、加工、物流仓储、国际贸易、休闲观光等二、三产业的发展趋势。样本数据显示,调查时新型农业经营主体对外宣称的"第一身份"与其在生产经营中体现出来的"实际身份"相一致的比例约为68.8%。[①] 其中,开始经营至今两种身份出现过不一致,但现在一致的比例有33.3%;而目前两种身份不一致的主体中(31.2%),过去是一致的比例达到了20%以上。可以预见,随着农业供给侧改革和农业市场化的推进,新型农业经营主体的分化步伐还将进一步加快。

第三节 完善新型农业经营主体支持政策体系的建议

随着土地、劳动、资本和技术等生产要素的充分流动和市场机制的不断完善,家庭经营、合作经营、企业经营和集体经营等方式共同发展

---

① 如家庭农场一般与家庭经营相一致,合作社一般与合作经营、集体经营相一致,农业企业一般与企业经营、集体经营相一致等。

的局面将继续向纵深推进,在二轮承包基础上形成的小规模农户经营格局将进一步加快转型的步伐。结合新型经营主体发展的历史脉络、当前态势与未来走向,我们提出如下四点政策建议。

第一,农业适度规模经营应紧紧依靠新型农业经营主体,但在政策上需适当控制过度规模化的经营方式。美、欧、日、韩等发达国家和地区的农业发展经验表明,扩大经营规模是提高农业产量和效益的重要途径(汪发元,2015)。我国农业现代化亦应紧紧依靠新型农业经营主体的成长来实现农业经营规模的扩大。但是大量研究已经表明,农业经营规模并非越大越好,而是有一个最优或适度区间(Barrett et al., 2010)。事实也表明,过大的经营规模不仅产出效率会下降,还可能产生农业资源要素浪费、经营成本刚性和风险集中化等负面影响。因此,在政策上必须要主动作为,适当控制过度规模化情况的发生。特别是对于家庭农场的扶持,应持审慎态度,不宜大力扶持那种名为家庭经营、实为雇用经营的家庭农场,它既不利于我国农业基本经营制度的稳定与完善,也与中国特色的现代农业经营体系的基本特点不相吻合(黄祖辉,2014)。建议:在出台相关扶持政策时,对新型农业经营主体设定规模下限,按照实际情况因地制宜地设定合理的规模上限;明确向市场释放一个信号,即政府支持适度规模经营,但不鼓励规模越大越好。

第二,农业现代化道路的方向有待转型,推进农业适度规模经营的重点应从土地规模化转向服务规模化。以土地要素集中和规模化为主线的农业适度规模经营已然成为当前农业现代化的主要抓手。但随着大规模土地流转中出现的诸多问题和相关制度创新红利的降低,如何进一步推进农业现代化,无论从理论视角上还是政策方向上都需要做出相应的调整。从中央文件看,尽管"多种形式的适度规模经营"已经提了很多年,但无论是家庭经营、合作经营、企业经营、集体经营还是其他经营形式,地方政府具体的抓手仍多为"土地流转"。这种狭义的理解和操作方式无形中让以土地流转相关的农业政策承担过多的期待，也增加了人们对农业适度规模经营的质疑。事实上，基于土地流转的规模经营仅仅是农业规模经营的一种类型。而越来越多的诸如"土地托管"等旨在通过加强产前、产中、产后的农业社会化服务来提高农业生产效率、实现规模效益的经营模式被广泛采纳，这表明基于强化社会化服务的农业适度规模经营亦是一条适合中国国情的新的农业现代化实现路径。但这并不意味着对基于土地流转推进农业适度规模经营政策思路的否定（因为一定程度上农业社会化服务对农业经营效益的促进作用在土地流转的配合下效果更佳，但土地流转不是实现农业规模效应的必要前提），而是提供了一个新的可行的农业现代化转型方向和政策着力点。建议：农业支持政策重点从聚焦农业生产环节转移到更多关注农业经营全过程的社会化服务上来，从支持新型农业经营主体提高土地等要素投入水平转移到更多支持他们提供更全面、更优质的农业社会化服务上来。这种调整不仅符合当前农业供给侧结构性改革所要求的转变农业发展方式的基本思路，还将大大减轻现行农地政策特别是出台不久的"农地三权分置"的政策压力。

第三，稳健推进新型农业经营主体的培育和成长，坚持激励与监管并重、扶持与规制并行。过去一个时期，新型农业经营主体尽管发展迅速，但在一定程度上存在"无序"的态势，相当一部分主体或组织被虚化或异化，政府对此应负有一定的责任（黄祖辉，傅琳琳，2015）。在新的历史时期，新型农业经营主体的培育有必要加强宏观引导和微观治理。一方面，在经营主体的内部管理与运行机制上，政策既要给予充分的激励，又要给予足够的监管。建议：对政府"培育清单"中的新型农业经营主体按照是否具有市场自立性为主要标准进行定期"体检"，实现支持对象"可进可出"；重点引导新型农业经营主体在农业现代化的薄弱环节发挥作用；并且在扶持项目的设计上，应适当提高获取项目的竞争性，即谁能干、谁干得好，就支持谁。另一方面，在业务领域和发展方向上，政策既要有具体的支持措施，也要有明确的规制手段。建议：根据不同类型新型农业经营主体的组织特征，引导和调控好新型农业经营主体的发展方向。针对家庭经营类主体，既要强化对家庭农场等专业家庭经营组织的扶持，也要引导兼业农户特别是以农为主的兼业农户发展现代农业；针对合作经营类主体，要重点使其成为克服家庭经营类组织局限性的纽带和桥梁；针对企业经营类，应坚持扬长避短、趋利避害的政策导向，引导其进入适宜企业化经营的领域，避免其争夺小农的利益（张红宇，2015）。尤其要合理运用农业股份合作制和土地股份合作制，处理好农业家庭经营和企业经营的关系，防止新型农业主体培育中的主体异化和虚化。此外，鉴于新型经营主体在快速融合态势下，"一个主体多种身份"的情况较为普遍，不建议以主体身份作为政策扶持的主要标准，防止国家补贴"垒大户"现象的发生，而应重点以主体开展的具体业务类型来确定扶持方式与力度。

第四，按照农业供给侧结构性改革的思路重塑新型经营体系的政策框架，有针对性地完善新型农业经营主体的发展支持体系。由于农业资源的限制性日益加强，以土地、劳动、资本等要素密集型措施推进农业现代化并不符合当前农业发展方式转型的基本要求，也不符合农业供给侧结构性改革的基本原则。完善新型农业经营主体的政策支持体系需进一步强化顶层设计。在支持对象上，要统筹各类农业经营主体，促进适度规模经营为导向的多种经营方式共同发展。这就要求不能用过去面向普通农户的惠农思路来指导制定新型农业经营主体的支持政策，而应根据新型经营主体相较于普通农户的优势来设置鼓励引导政策，也不能把不同类型的新型农业经营主体的关系割裂对待。国际经验表明，家庭农场可以发起组织或参加合作社，也可以将一部分生产性服务外包给合作社或涉农企业；而国内当下的情况是，三者都可以是工商注册的法人，政策阶段性扶持重点对象的差异造成了不同经营主体之间的人为分割与不均衡发展。因而在未来的政策设计上，应尽快扭转上述两种局面，不断创新符合新型农业经营主体发展的体制机制，引导建立不同类型新型农业经营主体之间的良性互动关系。在支持内容上，应采取"共性"与"个性"相结合的扶持策略。针对补贴、保险、信贷、用地等各类主体的共性需求，应以制定非排他的普惠型扶持政策为主。针对不同新型农业经营主体的特殊需求，应以制定有明确目标群体的特惠型扶持政策为主。如家庭经营类主体应重点解决其流动资金、设施用地、作业服务对接等问题；合作经营类主体应重点推动其规范化运行、合理化分配等；企业类经营应重点探索工商企业租种、托管耕地的准入监管办法和"非农化""非粮化"等经营风险的防范措施。

第二章

谁在从事农业规模经营
——新型农业经营主体及其成长特征分析

21世纪以来,中国农业老龄化、妇女化、弱质化趋势越来越明显,"谁来种地,地怎么种"的问题日益凸显(张晓山,2006)。一些学者较早地发现,专业大户、家庭农场、农民合作社、农业企业等新型农业经营主体通过引进先进生产要素,可以提高集约化水平和生产率水平,缓解劳动力短缺等问题,使得农业重新变得有利可图,因而这些相较于普通农户而言规模化程度更高的新型经营主体可能成为中国农业发展的中坚力量(黄祖辉等,2010;孔祥智,2014)。正是基于在优化农业资源要素配置、确保主要农产品的有效供给、提高农业国际竞争力等方面的功能,新型农业经营主体得到了来自政府的重点关注和强力支持(张红宇,2015,2016)。自2013年中央"一号文件"提出"新增补贴向专业大户、家庭农场、农民合作社等新型生产经营主体倾斜"以来,随后的中央"一号文件"不断强调新型农业经营主体的重要性,并提出了多种形式的支持措施。

目前,各类新型农业经营主体在农业产前、产中、产后各领域快速成长,但一些研究发现,当前新型农业经营主体发展及其支持政策也存在着诸多问题和挑战(于亢亢等,2012;钱克明等,2013;郑风田等,2017;王文龙,2017)。事实上,各类新型农业经营主体在具体的农业生产经营实践中具有不同的功能定位，但在宏观上又呈现出不同于普通农户的一个有机整体，既相互依存又相互促进（王慧敏等，2014；孟丽等，2015）。如果不能在这种"差异性"和"统一性"相结合的框架下，充分认识和把握究竟是什么样的人或组织在从事规模化的农业生产经营——新型农业经营主体发展的内、外部特征，那么无论是理论研究还是政策制定都将缺少足够的针对性和有效性。为此，本章将各类新型农业经营主体置于同一框架下，基于5省（区、市）调研的数据，试图回答究竟是谁在从事农业规模化经营，特别是总结出新型经营主体核心成员的个人、家庭和社区特征及其成长发展的阶段性特征，以期更清晰地勾勒出当前新型农业经营主体的发展格局，为有针对性地进行理论研究和政策分析提供有益参考。

第一节 新型农业经营主体经营特征

一是新型农业经营主体的经营内容逐渐多样化，但仍以果蔬粮食种植为主。样本中从事蔬菜水果生产的新型经营主体占43.7%，从事粮食种植的占总体的33.3%，从事畜牧养殖的占15.4%，从事药材、花卉、苗木、育种等特种种植的占15.1%，从事水产养殖、林业、休闲服务业等其他业务的新型经营主体数量都很少，占比均为2%左右。其中，有20.4%的经营主体同时从事2项业务，5.4%的农户同时从事3项以上业务，样本经营主体平均同时经营1.3种业务。在经营多项业务的主体中，绝大部分依然以蔬菜、水果和粮食等传统农业产业生产为主。说明新型农业经营主体的发展并未偏离农产品供给保障的基本目标。

二是新型农业经营主体从业时间总体较短，但市场法人意识强烈。

从经营时间来看,尽管个别经营主体成立于改革开放之初或刚刚成立不久(2016年调查当年),但绝大多数成立于2004年中央开始连续颁布涉农中央"一号文件"之后。其中,75.4%的新型经营主体成立于2007年《中华人民共和国农民专业合作社法》颁布之后,63.8%成立于2012年党的十八大召开之后(见图2-1)。这说明政策因素对新型经营主体的发展具有明显的促进作用。同时,作为市场主体,新型农业经营主体的法人意识强烈,有77.43%都进行工商注册,95%以上都在当地农业主管部门进行了备案。

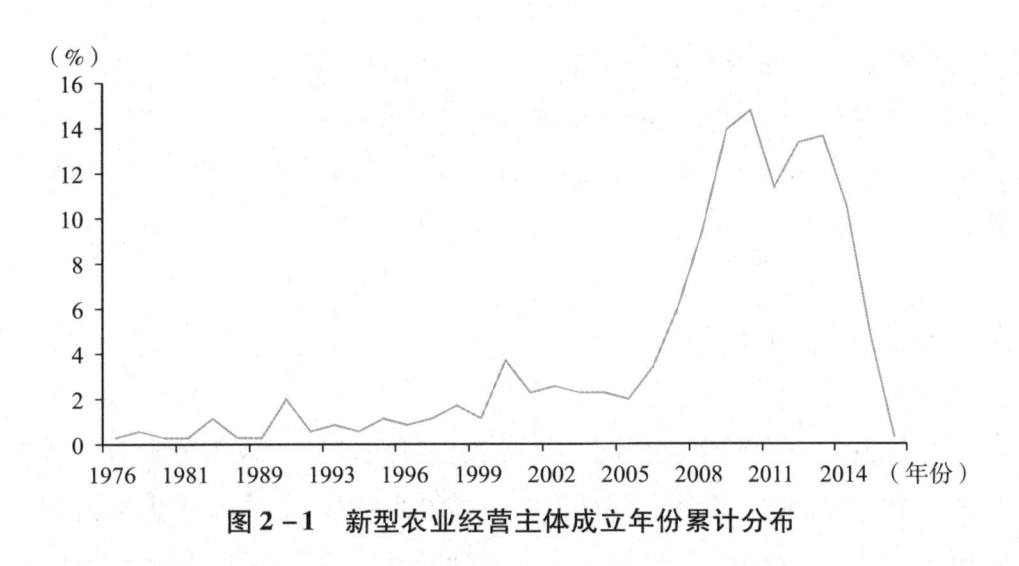

图2-1 新型农业经营主体成立年份累计分布

三是新型农业经营主体的身份日趋多元化,但主体间联合与合作程度较高。在家庭农场或专业大户、农民合作社、农业企业等新型农业经营主体类型中,有25.6%的样本主体同时拥有两种身份,有近5%的样本主体同时拥有三种身份,平均每个主体拥有1.3个身份。这一方面与扶持培育各类新型经营主体的政策有关,兼具多种身份可以更好地获取多种形式的政府支持;另一方面,与不同类型的新型经营主体之间为追求共同利益而进行联合与合作的需要有关。样本主体中,46.6%的新型经营主体作为成员加入了农民合作社或联合社。在这些加入农民合作社的主体中，家庭农场或专业大户占比超过六成。还有约10%的新型经营主体领办了农民合作社或联合社。这表明新型农业经营主体之间的合作化程度要高于普通农户。

第二节 新型农业经营主体核心成员特征

家庭农场或专业大户的户主、农民合作社的理事长、农业企业的负责人等都对相应新型农业经营主体的发展起着关键作用。本书将这些人员视为新型农业经营主体的核心成员。他们的个人、家庭、社会关系以及所在社区的特征都将深刻地影响新型经营主体的经营决策和发展路径。

一、个人特征

一是核心成员年轻化程度高，受教育时间较长。从年龄来看，样本主体核心成员的平均年龄为48.7岁，尽管50岁以上的比例仍然占到了近40%，但40~50岁年龄段占据了绝对比重，且30~40岁年龄段的比重也达到了16.1%，说明新型经营主体的老龄化问题并没有普通农户那么严重。同时，大部分核心成员都具有初中及以上学历，占到总数的91.5%，其中大专以上的占到了18.7%，而小学及以下的仅占8.5%（见图2-2、图2-3）。

二是核心成员本地化程度高，党员干部身份明显。从户口类型来看，有84.33%的样本主体的核心成员拥有农业户口，基本都是农民出身。因而他们的本地人特征突出，外来经营者占比不到4%。同时，核

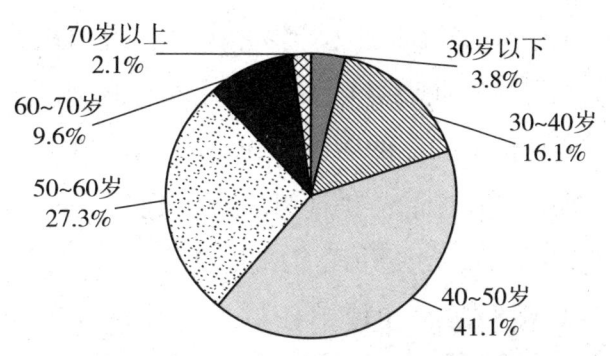

图 2-2 核心成员年龄分组情况

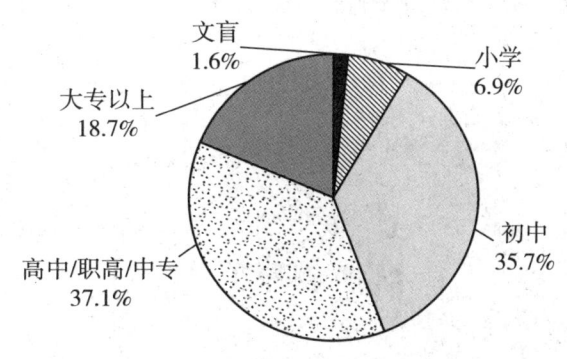

图 2-3 核心成员受教育程度

心成员中的党员占比达到了 40.32%，村干部占比也达到 16.82%（见表 2-1），这说明新型经营主体的核心成员一般在当地农村基层社区中具备一定的政治地位或社会影响力。

表 2-1　　　　　新型农业经营主体核心成员个人特征

特征	占比（%）	特征	占比（%）
男性	94.70	村干部	16.82
已婚	94.47	党员	40.32
本地人	96.08	农业户口	84.33

三是核心成员职业化程度高，过往经历较为丰富。样本主体的核心成员中有 73.7% 全部参与农业生产经营，有 17.7% 是部分参与，而仅有

35

不足10%基本不直接参与农业生产经营。从当前的其他职业来看，70.5%的核心成员没有农业以外的其他职业，有其他职业的也多在本地就业为主，如从事自营工商业的占到9.3%，本地非农企业打工占3.3%，短期农工、林工或为农林产品经销商打工等占到2.3%，等等。从过往经历来看，有46.7%的核心成员并没有农业以外的特殊经历，但超过一半的核心成员拥有特殊经历，如曾担任村干部或在外工作过的分别占到10%以上，曾参军或外出打工的分别占到6%以上。此外，在政府、企业、事业单位退休或工作过的也有5%以上（见图2-4、图2-5）。

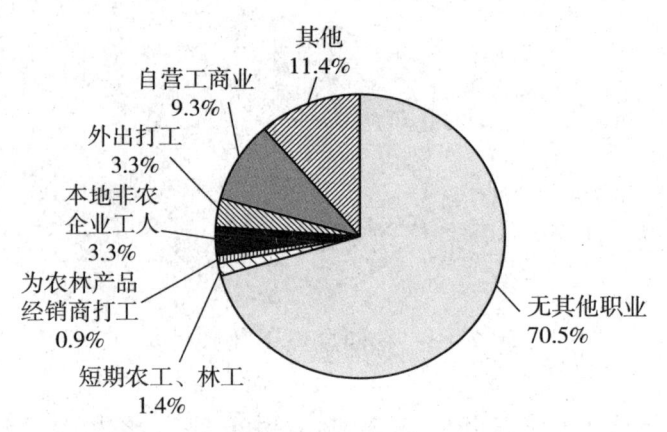

图2-4 核心成员当前其他职业情况

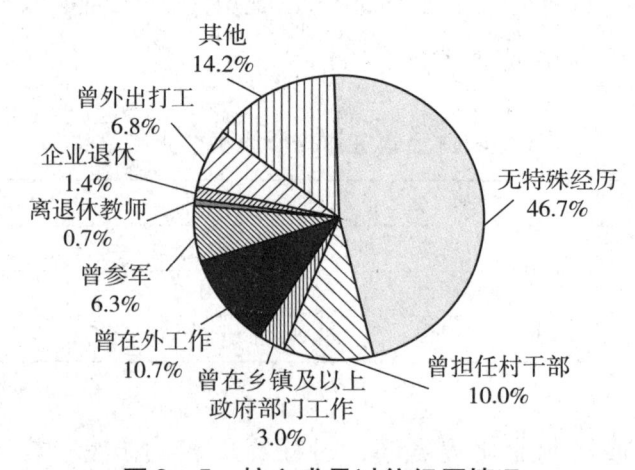

图2-5 核心成员过往经历情况

二、家庭特征

一是家庭多为两世同堂，农业劳动供给能力偏弱。从家庭规模来看，核心成员的家庭人数主要集中在 3~4 人，占样本总体的近 70%，4 人以上的约占 17.4%，少于 3 人的占比为 12.6%。从代际结构来看，两世同堂占据主导，约占样本的 3/4，只有一代人或者有三代人的家庭各占 12%，而有四代人及以上的情况十分罕见。这说明当前新型农业经营主体基本不能依靠家庭自有劳动进行较大规模的农业生产，因而雇工将在较长一个时期成为农业劳动投入的主要方式。

二是家庭整体受教育水平较高，但家庭成员最低受教育程度仍不乐观。总体看，样本主体家庭整体受教育年限平均为 11.3 年，即为高中水平。其中，家庭成员的最高教育程度为大专及以上的样本比重达到了 53.2%，但家庭成员最低教育程度为小学及以下的比重仍占到近一半。这说明从事农业规模经营的家庭整体受教育水平参差不齐，新型经营主体文化素质水平仍处在转型期。

三是家庭非农收入水平较高，消费能力旺盛。新型农业经营主体核心成员的家庭非农收入较高，人均非农收入超过了 50000 元。其中约 36600 元来自自营工商业，占比 70.5%，工资性收入约 11500 元，占比 22.1%，房屋出租等财产性收入和农业补贴等转移性收入占比均不到 3%。说明从事农业规模化经营的主体大多数都有较好的非农收入来源，这有利于在家庭内部形成一个良性的"工农协调机制"，一定程度上可以有效支持农业规模经营在起步阶段或风险抵御时期的资金需求。同时，核心成员家庭的消费也十分强劲，人均消费支出达到了约 26000 元。其中，尽管食物支出比重最大，但仅为 29.2%，从恩格尔系数的一般经验看，核心成员的家庭已经达到很高的富裕水平（见表 2-2）。

表2-2　　　　　2015年家庭人均非农收入与消费情况

人均非农收入类别	均值（元/年）	收入占比（%）	人均消费支出类别	均值（元/年）	支出占比（%）
自营工商业收入	36613	70.5	食物消费	7585	29.2
工资性收入	11462	22.1	衣着消费	2927	11.3
财产性收入	1478	2.8	教育费	2917	11.2
转移性收入	1505	2.9	医疗费	1852	7.1
其他收入	865	1.7	通信费	1073	4.1
非农总收入	51925		水电费	1219	4.7
			人情支出	3832	14.8
			其他支出	4545	17.5
			消费总支出	25952	

三、社会关系特征

一是核心成员社会人脉资源较广，来自同行业亲朋的关系对自身发展帮助最大。课题组考察了核心成员社会网络中与政府、企事业单位、同行业者等9种社会关系，以及这些社会关系对其生产经营的帮助程度。结果显示：大部分经营主体核心成员拥有的社会关系种类数集中在1~5种之间，约占样本的70%，仅有约9%的新型经营主体成员没有上述社会关系。其中，存在"从事相同或相近产业的亲朋"这一社会关系的最多，占到67.0%；其次为"自营工商业者"和"村干部"，分别为46.5%和43.6%。从社会关系对新型经营主体发展的帮助程度看，样本核心成员平均主观评价排在前三的分别为"从事相同或相近产业的亲朋""乡镇以上政府官员"和"自营工商业者"，平均得分为3.40分、3.07分和2.89分（见表2-3）。可见，无论是否同业，同行相助在新型农业经营主体发展中越来越重要；而与村干部和政府的关系中，显然，后者因政策支持等因素对新型农业经营主体发展的正向影响更大。

表 2-3　　　　　　　　　核心成员的社会关系情况

社会关系类别	存在这种社会关系的样本比重（%）	帮助程度（1~5 分程度依次提高）
乡镇以上政府官员	31.7	3.07
事业单位人员	36.6	2.06
私营企业主	35.9	2.76
企业管理人员	29.8	2.64
企业普通人员	41.9	2.03
银行工作人员	22.6	2.67
村干部	43.6	2.67
从事相同或相近产业的亲朋	67.0	3.40
自营工商业者（非同业的生意人）	46.5	2.89

注："帮助程度"是由受访者对相应关系给自身发展的帮助程度主观打分，再求均值得到。

二是核心成员重视社会资本投资，社会关系对其破解发展制约具有积极作用。一个良好的社会关系有利于新型农业经营主体破解在发展中面临的诸多"市场失灵"问题，因而其核心成员平时十分注重自身社会网络建设与维护。以"人情支出"为例，核心成员家庭各类消费支出中，"人情支出"占人均消费总支出的 14.8%，远高于衣着、教育、医疗等其他消费，仅次于食物消费比重（见表 2-2）。从调查情况看，从事农业规模化经营的家庭不仅普遍重视社会资本投资，而且一般都具有良好的社会关系质量。以借钱的难易程度为例，大多数新型农业经营主体借钱并不困难，其中 63.3% 的核心成员表示在借钱方面不存在困难，有 25.1% 认为有点难，而只有 11.7% 认为自己借钱很难（见图 2-6）。但结合表 2-3 的数据来看，核心成员的社会关系中存在"银行工作人员"的亲朋比例是最低的。这说明，足够强大的社会关系很可能维持了一个相对有效的民间金融市场，进而缓解了新型农业经营主体在正规金融市场上的信贷约束。

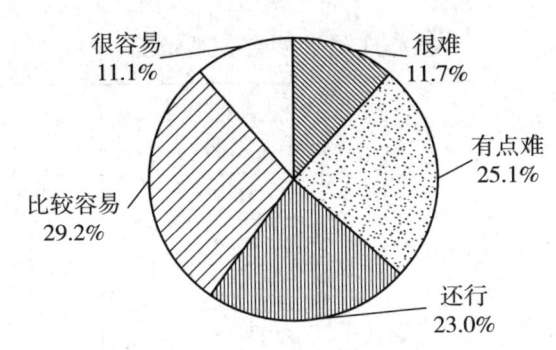

图 2-6 核心成员借钱难易程度

（很容易 11.1%，很难 11.7%，有点难 25.1%，还行 23.0%，比较容易 29.2%）

四、所在社区特征

一是核心成员所在村庄经济发展较好，农民收入较高。样本核心成员所在社区均为农村。村中人均耕地面积为2.33亩，但村中企业数量平均达到了6.8家，人均年收入为14785.9元，明显高于同年全国农民人均可支配收入12363元，其中有63.8%的村庄农民人均年收入在所在乡镇排名前三位。这说明，孕育和承载新型农业经营主体的村庄在经济上处于中上层次。

二是核心成员所在村庄区位优势明显，交通总体便利。样本核心成员所在村庄大部分地处平原，约占55.3%，便于农业规模化经营。同时，村庄与重要交通节点均在1小时交通圈之内。例如，最近的省道或国道的平均距离为9.1千米，与最近县城的平均距离为16.8千米，与最近的高速公路入口平均距离为16.4千米，与业务相关的农产品市场平均距离为38.8千米（见表2-4）。

表 2-4　　　　　　　　核心成员所在村庄特征

特征	均值（或占比）	特征	均值（或占比）
主要地形为平原	55.3%	人均年收入	14785.9元
少数民族聚居地	1.5%	人均年收入在乡镇排名前三位	63.8%

续表

特征	均值（或占比）	特征	均值（或占比）
信教比例	6.0%	最近的省道或国道的平均距离	9.1千米
村庄有较为出名的人	26.0%	与最近县城的平均距离	16.8千米
村中企业	6.8家	与业务相关的农产品市场平均距离	38.8千米
人均耕地面积	2.3亩	与最近的高速公路入口平均距离	16.4千米

三是核心成员所在村庄社会稳定，软实力相对较高。样本核心成员所在村庄的少数民族聚居地比重和村民信教比例都较低，基本不涉及农产品生产过程中的习俗或习惯的禁忌，这不仅有利于政策实施和公共物品供给的公平性，也有利于新型农业经营主体的市场拓展。同时，26.0%的样本核心成员认为其所在村庄在文化、科技、经济等领域有较为出名的人，并对村庄总体发展具有积极意义。这说明，新型农业经营主体所在的基层外部环境有利于新型农业经营主体的孕育和发展。

第三节 新型农业经营主体成长特征

一、初创阶段

一是新型农业经营主体能够成功创立的最重要因素是有利于农业发展的自然条件，而非核心成员的社会关系。从调研的情况看，促成新型农业经营主体成功迈出第一步的因素很多，平均每个样本主体都有2种以上成功创立的原因，其中"当地有农业发展的自然基础""有农业生产经营的技术或经验""当时市场形势有利""有政府的优惠政策与支持""个人社会关系较好"五种原因是其提及最多的因素。为了能够更好地体现出不同原因的重要性，课题组通过打分排序（scoring and ranking）的方式进行了进一步分析。[①] 结果表明，自然条件、技术经验、市场形势排在前三位，而政府支持、社会关系相对而言并不是十分重要（见图 2-7）。这与很多认为政府支持与个人关系对新型农业经营主体成长十分重要的观点（张扬，2014；汪发元，2015；韩振国等，2015；等等）是不一致的。从具体要素的贡献看，35.9%的新型农业经营主体认为土地要素在初期成立过程中发挥了首要作用，26.6%的样本主体则认为是资金，占比20%的样本主体认为是企业家才能（即核心成员的能力），而认为劳动力和社会资本发挥了首要作用的样本比重均不足10%。这意味着社会资本在新型农业经营主体初创阶段的作用不应被过分高估。

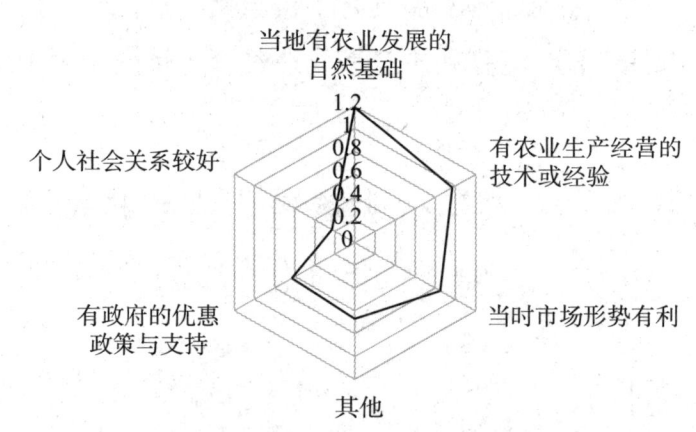

图 2-7　新型农业经营主体起步阶段能够成功的原因

[①] 打分排序的做法如下：先要求被访者从包括"其他"在内的上述六个因素中按照重要性的高低选出前三种的主要原因；然后在数据处理的过程中，对排首位的原因赋值为3，排第二位的原因赋值为2，排第三位的原因赋值为1；最后计算每个选项的得分均值并排序。结果如下："当地有农业发展的自然基础"为1.19分，"有农业生产经营的技术或经验"为0.97分、"当时市场形势有利"为0.95分，"有政府的优惠政策与支持"为0.63分，"个人社会关系较好"为0.22分，"其他"为0.63分（包含了个人兴趣、合作社等先行者引导、农业相对稳定等原因）。

二是新型农业经营主体初创阶段的制约因素主要是资金、技术和土地，而市场、劳动力和政府对其制约最小。对于样本主体反映的在初创阶段面临的各种制约因素，课题组按照前述打分排序的方法进行处理。结果发现，新型农业经营主体在创立过程中面临的最主要问题是"资金约束"（得分为 1.63 分），其次分别是"技术供给不足"（得分为 0.64 分）和"土地流转困难"（得分为 0.47 分），而"销路不畅或市场不好""劳动力不够""有关部门不支持配合"等问题的得分均不足 0.3 分，特别是"有关部门不支持配合"的得分仅为 0.07 分（见图 2-8）。可见，政府因素在新型经营主体初创阶段并没有造成太大的困难，反而是资金、技术、土地这三个要素供给不足造成了阻碍。这说明当前政府支持在主观上落实相对到位，但在具体的金融、土地、技术等政策上尚缺少足够的有效措施，一定程度上制约了新型农业经营主体的成功起步。

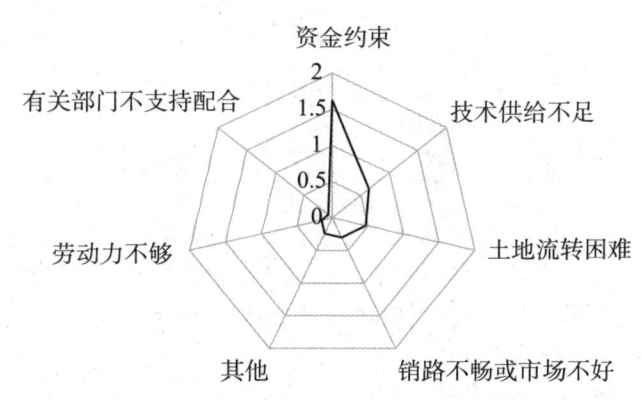

图 2-8 新型农业经营主体起步阶段面临的问题

二、当前现状

一是多数新型农业经营主体尚未进入成熟阶段，实际经营方式仍以家庭经营为主。按照组织生命周期，课题组将样本主体发展过程划分为初创、起步、发展、成熟、衰退五个阶段。根据核心成员的自我评价和调查人员的判断,大部分主体已经度过初创期并处于起步期或发展期,约占65.2%;只有18.9%的样本主体进入相对稳定的成熟期;此外,有少数样本主体已经进入衰退期,经营者正打算转产或退出(见图2-9)。目前,新型农业经营主体的经营形式呈现多样化趋势,家庭经营、合作经营、集体经营、企业经营、混合经营等方式同时存在。但从实际经营方式看,家庭经营仍然是最主要的经营方式,约占样本比重的53.6%。其次是合作经营和企业经营,分别占到了22.44%和17.95%。而集体经营和混合经营的占比较小,合计不足6%。这说明,尽管新型农业经营主体普遍实现了规模化经营,但家庭经营方式依然具有强大的生命力。

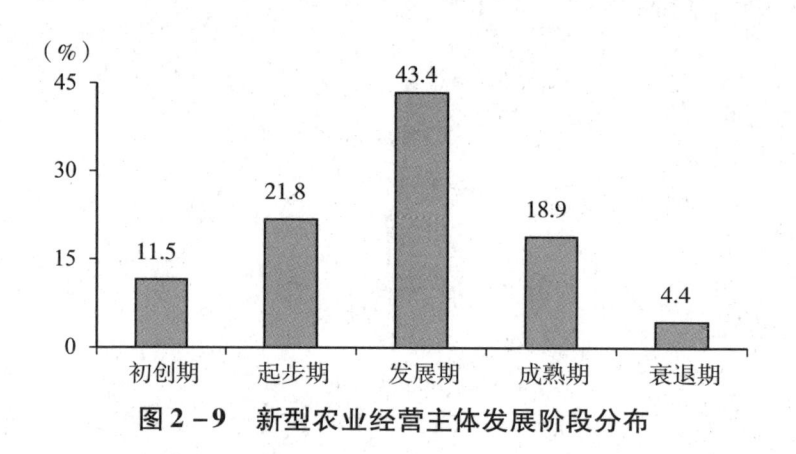

图2-9 新型农业经营主体发展阶段分布

二是新型农业经营主体的发展呈现多要素驱动,土地要素对盈利贡献最大。新型农业经营主体创建之后的发展过程中,土地、劳动力、资金、技术、企业家才能、社会关系、政府支持、家人的支持、当地农业发展的自然环境诸多要素都发挥了不同程度的作用,平均每个经营主体认为促进自身发展的关键因素达到了2.41个。按照前述打分排序法进行计算,可以发现:土地和技术是最主要的驱动因素,两者重要性得分都超过了1分；其次是资金、政府支持和企业家才能，重要性得分都在0.5分以上；然后是自然环境、劳动力和家人的支持，重要性得分在0.3~0.4分之间；社会关系的重要性相对较低，重要性得分仅为0.23分。从新型农业经济主体的盈利来源看，有44.6%的样本主体认为土地对盈利的贡献最大，有25.5%的样本主体认为资金是盈利最大贡献因素，其后依次是企业家才能、劳动力和社会关系（见图2-10）。这表明，与初创期的影响因素相比，农业发展的自然基础没有那么重要了，而土地、技术、资金等与农业直接相关的生产要素成为影响发展的关键因素。

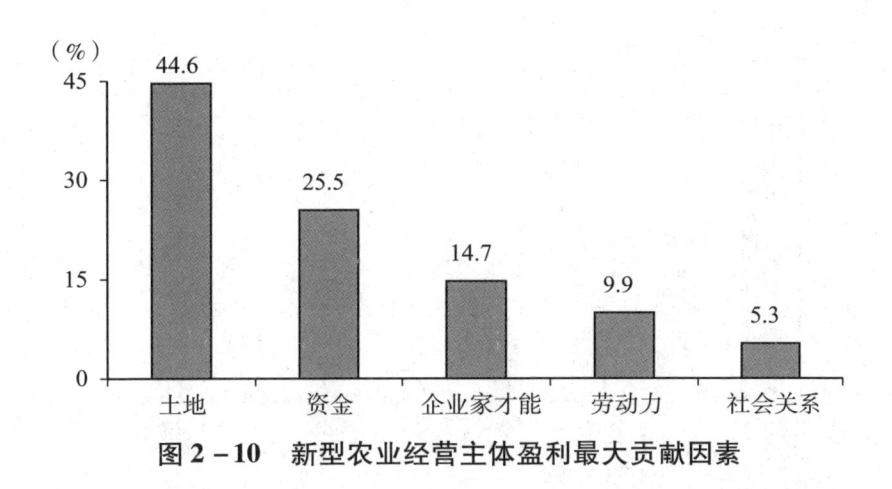

图2-10 新型农业经营主体盈利最大贡献因素

三是新型农业经营主体当前面临多种挑战，缺少资金是最大困难。从调查情况看，新型农业经营主体平均面临的困难数量超过了2个，说明当前经济社会环境下从事规模化农业经营并不容易。进一步的打分排序分析表明，缺少资金是其当前发展中面临的最重要的问题，得分均值为1.73分。这个分值远高于其他困难的重要性得分。这说明资金问题是一个较为集中的普遍性问题，但与核心成员借钱难度不大并不矛盾。因为借钱难度小并不意味着资金使用成本低，即便是亲朋拆借也需要搭上高昂的"人情成本"，且新型农业经营主体较大规模的投资常常超出非正规金融市场的供给能力，依然需要求助于正规金融机构，此时多为农民"出身"的农业规模经营者也将面临较大的信贷约束。排在第二位的困难是土地规模过小，其得分均值为0.89分，说明尽管新型经营主体的总体规模有所扩大，但仍不能全面满足其发展需要。按照重要性得分，后续依次为"缺乏核心技术""政府支持不够""劳动力不足""市场销路不好""缺少社会资源""管理不善"等困难（见图2-11）。总体而言，这些困难主要来自政府和市场（包括要素市场和产品市场）两大方面，而经营者自身的生产管理水平的问题尚未对其当前发展造成明显的障碍。

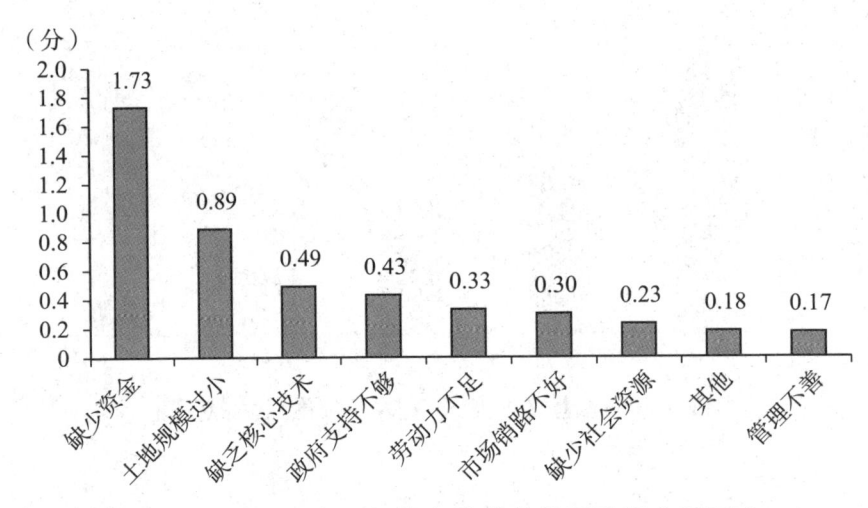

图2-11 新型农业经营主体当前发展阶段主要困难

三、未来意愿

一是新型农业经营主体规模扩张的意愿强烈，但年龄过大和精力不足是主要限制。整体来看，大部分经营主体都有扩大经营规模的意愿，"比较愿意"和"很愿意"的比重之和约70%。其中，多数主体希望通过自主追加投资（如向银行贷款或争取政府项目支持等）的方式扩大经营规模，约占六成；而试图通过联合或合作（如吸纳其他市场主体入股或参加合作社）等方式扩大经营规模的主体相对较少，约占四成（见图2-12）。对于"不愿意"和"不大愿意"扩大经营规模的经营主体，课题组进一步调查了其原因。数据汇总结果显示，主要原因是年龄过大和精力不足两大方面。正如前面所述，新型经营主体核心成员大多数已经处于40~60岁这一年龄段，一般认为已经超过了"创业"的黄金时期，相对而言更加渴望事业、家庭和生活的稳定，因而他们继续扩大经营规模的预期风险常常大于预期收益。其次是资金不足的原因。前面分析表明，很多经营主体发展的起步阶段面临的首要问题就是资金短缺，如果这个问题没有得到很好的解决，那么在后续的发展中资金短缺也可能会抑制其进一步扩大生产经营规模的意愿。

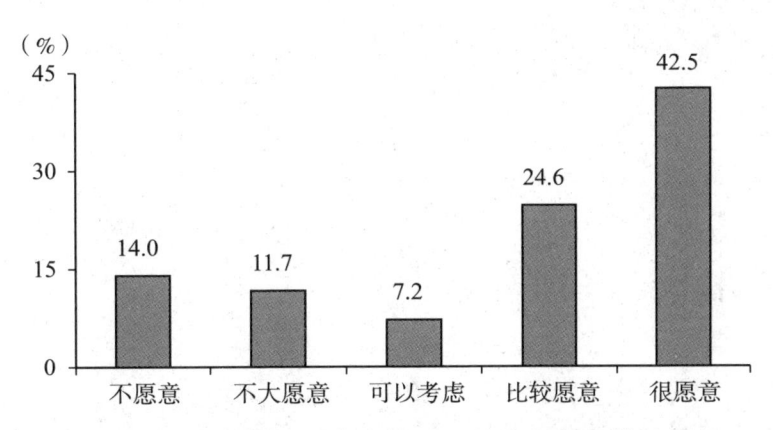

图2-12 新型农业经营主体对于扩大经营规模的愿望

二是核心成员自己乐于务农，却不愿意后代从事农业经营。大部分样本主体的核心成员明确表示愿意长期专门从事当前农业经营或成为专业化程度更高的职业农民，比重高达86.5%（见图2-13）。自身意愿与对下一代的期望之间的巨大差异表明，在劳动辛苦程度、经营风险挑战、投入产出周期、社会阶层评价等因素的共同作用下，当前农业的比较收益总体依然偏低。在可预见的将来，农业从业人员将大幅减少。但这是否会带来"中国农业后继无人"的困境呢？对此，分别有28.1%和36.5%的样本主体"完全不同意"和"很不同意"，只有19.2%和9.5%的样本主体"比较同意"和"十分同意"，还有6.7%的受访者认为无法判断。可见，大多数新型农业经营主体并不接受这种说法。那么，"未来谁来经营农业""怎么经营农业"？从经营方式看，首先认为合作经营将成为主导方式的样本主体最多，约占31.3%；其次是认为多种经营方式并存的局面将成为主流，约占27.9%；最后是认为家庭经营仍将占据主导地位，约占21.8%；认为集体经营或企业经营将成为主要农业经营方式的较少，样本占比都不到10%。这表明，新型农业经营主体特别是其核心成员对中国未来农业发展的总体预期是乐观的，但"子承父业"式的农业发展模式在未来可能会发生深刻的转变。

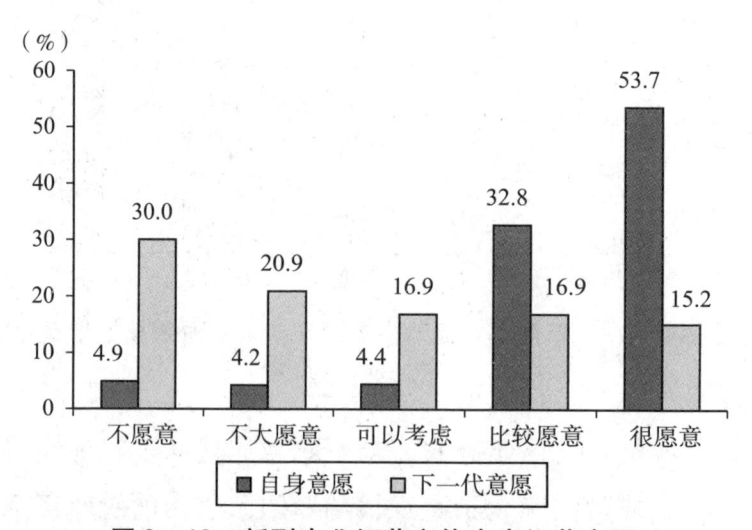

图 2-13 新型农业经营主体未来经营意愿

第四节 本章小结

综上分析，当前新型农业经营主体的内、外部特征基本得到了清晰勾勒。在核心成员方面，年轻化、本地化、职业化趋势日益明显，其所在家庭的文化、收入、消费等水平普遍较高，具备良好的社会关系网络，所在村庄区位、经济和社会发展优势明显。在成长发展方面，有利于农业发展的自然条件比核心成员的社会关系等因素更有利于初创阶段的成功起步；多数主体的发展尚未进入成熟阶段，且呈现出多要素驱动与多样化挑战并存的特点；其规模扩张意愿较强，而"代际传承"意愿不高，但对未来农业发展预期总体乐观。

当然，新型农业经营主体也面临着诸如资金短缺、技术不足、年龄过大或精力不济，以及代际传承困境等问题。为此，新时代推进中国特色的农业现代化，不仅需要在战略上充分认识各类新型农业经营主体作为现代农业发展中坚力量的重要意义，还应在战术上准确把握他们不同于普通农户的基本特征，并完善相关的政策措施。例如，新型农业经营主体培育应优先重视农业资源禀赋优势的地区；新型农业经营主体的培训等能力提升措施应考虑到其已经具备较高的科学文化素质、专业化水平和较强的消费能力；针对初创期的主体应重点给予资金、技术方面的政策支持，对处于发展期的主体，除了金融政策支持以外，还应重点帮助解决土地使用方面的问题；更为重要的是，应着眼于长远，营造一个有利于年轻人参与农业创业创新的社会氛围和政策环境，支持年轻一代有兴趣、有动力从事现代农业经营。

第三章

土地流转与新型农业经营主体发展

新型农业经营主体在耕种面积、经营种类、管理方式等方面存在着较大差异,但与传统农业经营者的经营方式相比,一个重要的共同之处就在于土地经营规模扩大了。而新型农业经营主体的迅猛发展正是与21世纪以来快速推进的土地流转相伴随。要全面检视新型农业经营主体的发展,首先需要详细考察其土地流转及其土地利用的相关情况。为此,本章重点对新型农业经营主体的土地流转、土地整治、土地利用意愿等情况进行现状分析。

第一节 新型农业经营主体的土地流转

从5省(区、市)调研的数据看,新型农业经营主体中进行土地流转的比例达到77.19%,而未流转土地的农户或主体所占比例仅为22.81%。这说明在新型农业经营主体发展的过程中,土地流转发挥了很重要的作用。

一、土地转入转出面积及租金情况

根据数据分析,从新型农业经营主体土地转入情况来看(见表3-1),

转入土地面积均值为624.85亩,其中占比较大的为家庭农场,占比达到41.1%,平均转入土地约408.47亩;农民合作社在新型农业经营主体转入土地中占比达到32.1%,平均转入土地922.71亩;普通农户和农业企业平均转入土地面积为12.6亩和1580.46亩,占比分别为16.8%和10%。

表3-1　　　　　　　　新型农业经营主体土地转入转出情况

转入土地情况	均值（亩）	占比（%）	转出土地情况	均值（亩）	占比（%）
普通农户	12.6	16.8	普通农户	13.24	82.0
家庭农场	408.47	41.1	家庭农场	43.4	12.8
农民合作社	922.71	32.1	农民合作社	175.0	5.2
农业企业	1580.46	10.0	农业企业	0	0
转入土地面积	624.85	—	转出土地面积	24.88	—

从新型农业经营主体土地转出情况来看（见表3-1），转出土地面积均值为24.88亩,其中存在转出土地情况主要主体为普通农户,占比高达82.0%,平均转出土地约13.24亩;而家庭农场和农业合作社平均转出土地面积为43.4亩和175.0亩,占比分别为12.8%和5.2%。就统计结果而言,新型农业经营主体存在不同程度转出土地的现象,造成这种情况的主要原因在于,部分新型农业经营主体没有充分考虑自身实际条件,无法经营那么多土地,只能选择转入之后再转出,这在一定程度上存在过度流转的嫌疑。

从新型农业经营主体土地转入租金情况来看（见表3-2），转入土地每亩租金均值为648.28元,其中占比较大的为家庭农场,占比达到47.47%,平均转入土地每亩租金约597.88元;农民合作社在新型农业经营主体转入土地中平均转入土地每亩租金706.73元;普通农户和农业企业平均转入土地每亩租金分别为567.90元和737.96元。

表 3-2　　　　　新型农业经营主体土地转入转出租金情况

转入土地情况	均值（元）	占比（%）	转出土地情况	均值（元）	占比（%）
普通农户	567.90	8.54	普通农户	801.48	82.00
家庭农场	597.88	47.47	家庭农场	252.00	12.80
农民合作社	706.73	33.86	农民合作社	613.33	5.20
农业企业	737.96	10.13	农业企业	0	0
转入土地租金	648.28	—	转出土地租金	749.37	—

从新型农业经营主体土地转出租金情况来看（见表3-2），转出土地每亩租金均值为749.37元，其中存在转出土地情况主要主体为普通农户，占比高达82.00%，平均转出土地每亩租金约801.48元；而家庭农场和农业合作社平均转出土地每亩租金为252.00元和613.33元，占比分别为12.80%和5.20%。

二、土地流转时间

从土地流转时间来看，新型经营主体流转土地的时间主要集中在2008—2015年，其中2012年达到顶峰。流转频率在2008年有爆发式增长，2015年之后出现明显的下滑。部分经营主体土地流转时间非常早，1990年就已经进行流转，但是89.5%的新型农业经营主体土地流转时间集中在2003—2015年（见图3-1）。

从土地流转时间的变化可以看出，在2008年中共十七届三中全会提出土地承包经营权流转管理与服务和建立健全土地承包经营权流转市场之后，土地流转速度明显加快，但经过几年大规模农地流转，农民对于农地流转价格、流转方式、流转合同、流转期限等都会有更多的新认识，在流转农地时也会更加谨慎和规范，并且地方政府在中央的指导下，会放慢农地流转的速度和规模，尤其是不再急于出台地方性的用财政资金扶持农地流转的政策措施之后。

图 3-1　土地流转时间

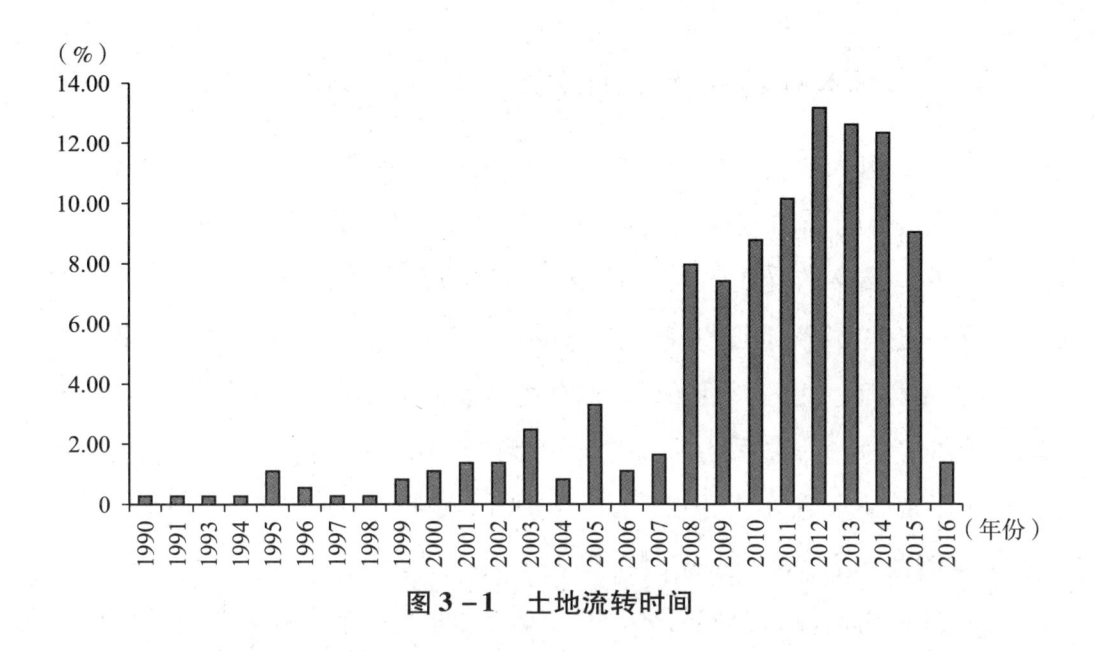

三、土地流转方式

从土地流转方式来看（见图 3-2），租入是土地流转的主要方式。约有 74.2% 的受访者采取这种土地流转的方式，有 19.1% 的受访者的土地流转的方式为转包；仅有 4.4% 的受访者通过土地入股的方式进行土地流转；另外，还有 2.3% 的受访者采取其他方式进行土地流转。主要原因是农民通过租入或转包的方式，收取一定的资金，有一定的最低保障收入，可以从土地中脱离出去，从事非农职业。

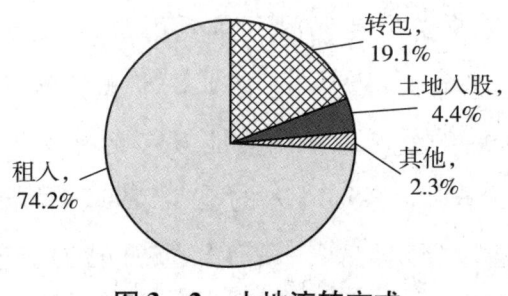

图 3-2　土地流转方式

（一）租入或转包土地的情况

在土地租入或转包的过程中，92%的受访者表示没有经过土地交易所，只有8%的受访者在土地流转过程中有土地交易所的介入。

此外，38%的受访者在土地租入或转包过程中与转出土地者没有亲友关系；还有32%的受访者在土地租入或转包过程中与转出土地者在一个村集体内；此外，还有23%的受访者在土地租入或转包过程中与转出土地者为熟人关系；只有4%的受访者在土地租入或转包过程中与转出土地者是亲戚关系。72%的受访者租入或转包的土地位于本村，剩下28%的受访者的土地在外村。

在租入或转包的合同形式方面，90%的受访者采用了书面合同的形式，只有10%的受访者仅仅采用了口头的合同。在合同担保方面，只有23%的受访者在土地租入或转包过程中进行了担保，其中，超过一半的受访者担保人为村干部，其他担保人还包括村委会、亲戚和熟人等，但所占比重都较小。

在合同签订时间上，与经营主体土地流转时间大体一致，从1990年开始，但签订土地流转合同的时间集中在2008年至2013年，占到总数的75.1%。其中89.36%的主体合同签订期限是固定的，只有10.64%的主体合同期限不固定。

在流转土地过程中是否需要支付租金方面，98.8%的受访者表示需要租金，只有1.2%的受访者表示不需要租金。而其中有97.86%的受访者的租金是通过现金支付的，只有1.83%的受访者的租金是通过实物支付，还有0.31%的受访者采用其他方式支付。

在租金支付方式上，45.14%的受访者选择先付清租金，另有45.77%的受访者选择分期付款，只有8.78%的受访者选择收获后付清租金。在分期付款的受访者中，选择一年一付的高达93.75%，其他分期付款的受访者只占到 6.25%。其中租金一次性付清的占 91.17%，未一次性付清的理由主要是资金困难。在租金的现金来源方面，81.76%来自自家储蓄，6.76%来自银行贷款，3.38%来自亲朋好友借款，另外的资金来源还包括信用社或合作银行贷款、其他私人借款、企业资金、社员筹资等，共占 8.1%。对于未采用现金支付的主体而言，85.71%的受访者承认是因为缺乏资金。

（二）作价入股土地的情况

从土地流转方式来看，通过作价入股方式进行土地流转的农业主体样本较少，仅占全部样本的 4.4%。其中，在采用作价入股方式进行土地流转的农业主体中，农业合作社所占比重最大，达到 72%，家庭农场占比达到 20%，仅有 8% 是普通农户，而样本中没有农业企业通过这种方式流转土地。

在土地入股的批准主体方面，66.67%的受访者没有得到任何主体的批准，20.83%的受访者认为需要得到政府的批准，还有 12.5%的受访者在土地入股的过程中需要得到合作社理事或村委会的批准。另外，有 91.67%的主体在土地入股过程中没有通过土地交易所，只有 8.33%的土地入股通过土地交易所实现。

在土地作价入股的方式上，54.17%的农业经营主体以承包经营权入股，33.33%的农业经营主体以一定期限的经营权入股，还有 12.5%的农业经营主体以其他方式入股。

在土地作价金额方面（见图 3-3），调查样本中的农业经营主体平均每年每亩土地作价金额为 850 元。其中 52.17%的农业经营主体平均每年每亩土地作价金额为 501~1000 元，26.09%的农业经营主体平均每年每亩土地作价金额为 0~500 元。

图 3-3 土地作价金额

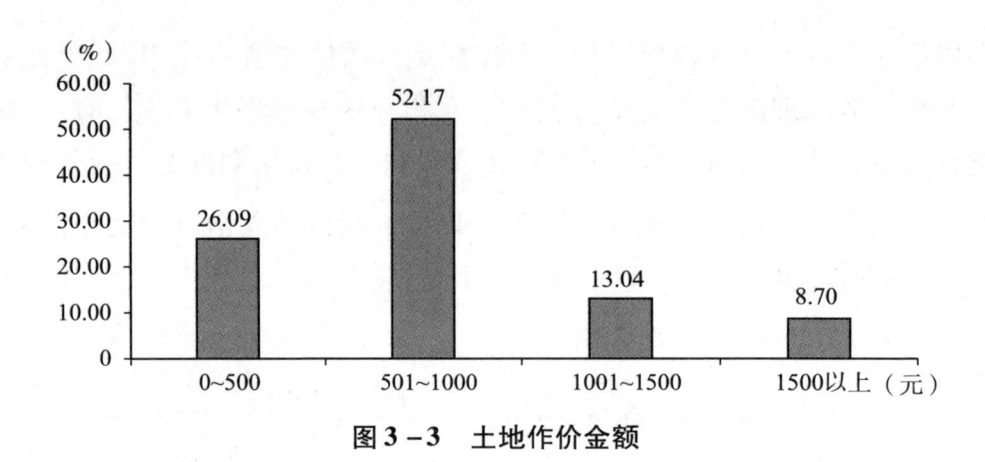

从土地入股的期限上看，样本平均土地入股的年数为14.25年，其中土地入股年数在10年之内的农业经营主体数量占到43.75%，年数为10~20年的农业经营主体数量占到37.5%，土地入股年数在20年以上的农业经营主体数量占到18.75%。

在土地入股的面积方面，样本平均土地入股的面积为618.7亩，其中土地入股面积在100亩之内的农业经营主体数量占到52.17%，入股面积为100~1000亩的农业经营主体数量占到30.44%，土地入股面积在1000亩以上的农业经营主体数量占到17.39%。

在股份可否转移的问题上，73.91%的农业经营主体认为不可转移；在股份可否退出的问题上，70.83%的农业经营主体认为可以退出。

从股份的分配方式上看（见图3-4），样本中农业经营主体选择盈余分红的数量最多，达到66%，选择保租分红和固定分红的农业经营主体数量一致，都占到17%。

根据样本数据分析，盈余分红的比例平均为46.44%。选择盈余分红这种股份分配方式的主要原因为谈判的结果，其他原因还包括借鉴其他地区做法和政府要求。

采用固定分红这种股份分配方式的农业经营主体中，平均每亩每年分红为457.5元。选择这种分配方式的原因为谈判的结果。

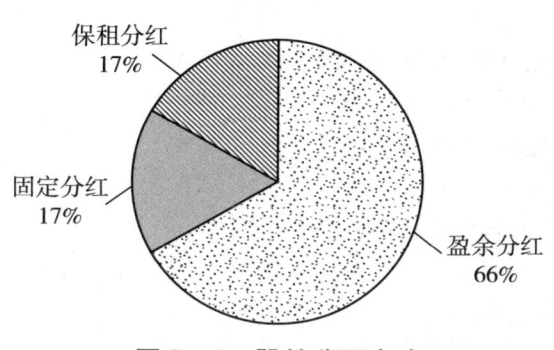

图3-4 股份分配方式

采用保租分红这种股份分配方式的农业经营主体中,租金+分红平均数为625元。选择这种股份分配方式的最主要原因为谈判的结果,其他极少数原因包括借鉴其他地区做法等。

四、土地流转用途

从土地流转用途来看(见图3-5),受访者进行土地流转的主要用途在于种植粮食和蔬菜水果,其次,特种种植和畜牧业也占有一定比例。约有33.73%的受访者流转的土地主要用途为种植粮食;28.94%的受访者流转的土地主要用途为种植蔬菜水果;14.24%的受访者流转的土地主要用途为特种种植,包括花卉苗木、中草药等;流转的土地主要用途为畜牧业的受访者约有8.40%;流转的土地主要用途为林业、水产业、休闲服务业、农业生产性服务业、育种的受访者所占比例较少,共占10.65%;还有4.05%的受访者选择了其他用途,包括批发市场、试验田等。

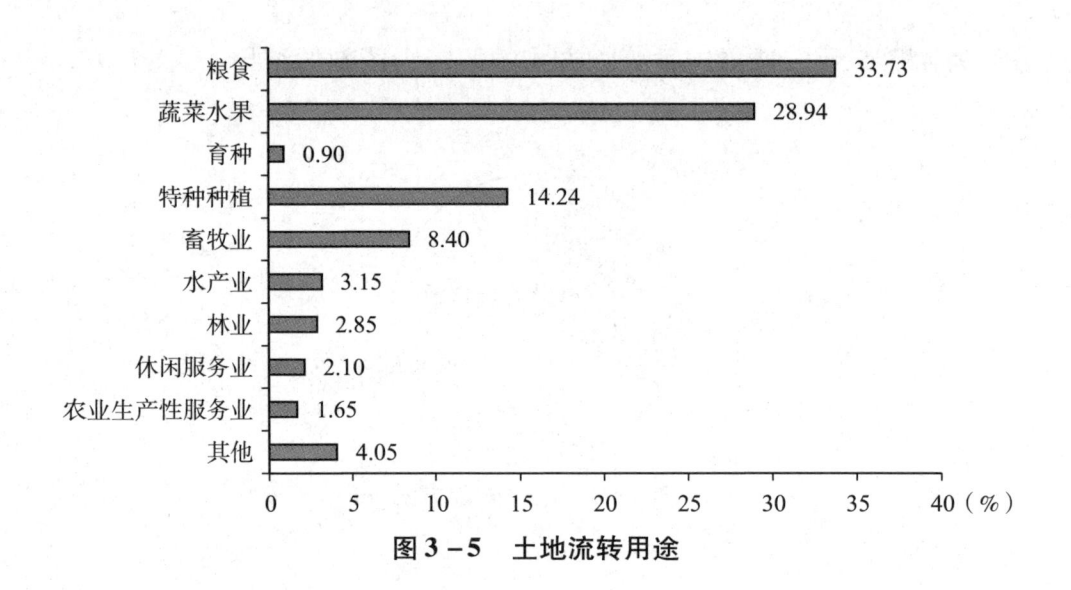

用途	百分比
粮食	33.73
蔬菜水果	28.94
育种	0.90
特种种植	14.24
畜牧业	8.40
水产业	3.15
林业	2.85
休闲服务业	2.10
农业生产性服务业	1.65
其他	4.05

图 3-5 土地流转用途

五、土地流转"三补贴"归属

从土地流转"三补贴"归属情况来看，近六成受访者认为补贴应归农户所有，近两成受访者认为补贴应归新兴农业经营主体或其成员。具体而言，58%的受访者表示流转的土地"三补贴"归原承包农户所有；9%的受访者表示流转的土地"三补贴"归转入的专业大户或家庭农场所有；流转土地的"三补贴"归属还包括转入合作社的所有成员、转入合作社的理事长、转入企业的老板和其他，但所占比例较少，共占8%。此外，还有25%的受访者没有得到流转的土地"三补贴"（见图3-6）。

六、建设用地或农业设施用地情况

根据样本数据分析，大多数农业经营主体都拥有建设用地或农业设施用地，用地主要来源于土地流转和自己的耕地或林地。具体来说，拥

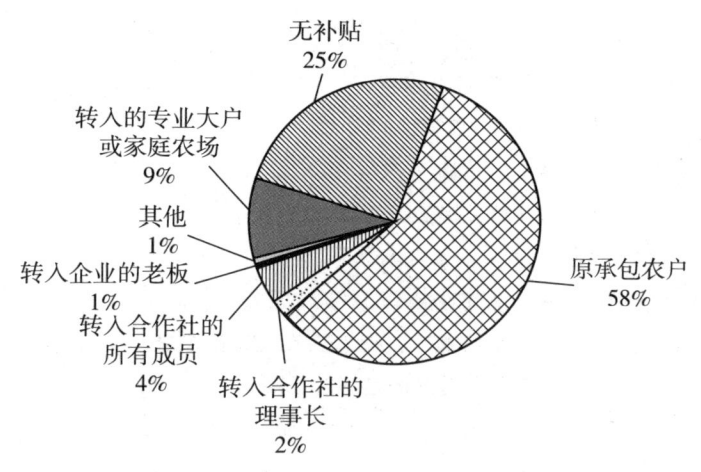

图 3-6 土地流转"三补贴"归谁所有

有办公、厂房、物流仓库等建设用地的农业经营主体占比达到 71.82%。这些用地的来源分布较广，其中有 32.22% 的农业经营主体通过一定比例的流转土地得到，流转土地的平均比例为 34%；22.80% 的农业经营主体的该类用地来源于（社长或老板）自家耕地或林地；农业经营主体租用集体建设用地的比例为 13.98%，租用集体荒地的比例为 5.78%，租用农户宅基地的比例为 3.34%，农业经营主体通过租赁土地得到该类用地的比例共为 23.1%，租赁价格平均每亩 868.24 元，租赁面积平均为 49.78 亩；农业经营主体无偿使用集体建设用地的比例为 3.04%，无偿使用集体荒地的比例为 2.74%，无偿使用农户宅基地的比例为 1.22%，农业经营主体通过无偿使用土地得到建设用地的比例共为 7%；另外，还有 14.89% 的农业经营主体通过其他方式获得该类用地，其中主要包括两种方式，使用自家宅基地和向政府购买土地（见图 3-7）。

七、土地流转难度

在土地流转难易程度方面，比较当时和现在的土地流转难易程度，

租用农户宅基地 3.34
无偿使用农户宅基地 1.22
租用集体荒地 5.78
无偿使用集体荒地 2.74
租用集体建设用地 13.98
无偿使用集体建设用地 3.04
（社长或老板）自家耕地或林地 22.80
一定比例的流转土地 32.22
其他 14.89

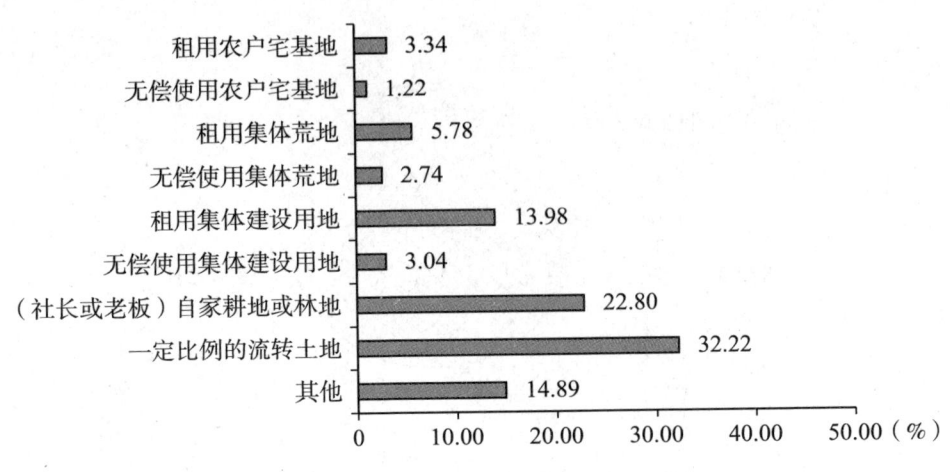

图3-7 农业经营主体建设用地来源

能够有效分析土地流转难度的变化。通过问卷中的有序分段研究，我们对农业经营主体过去和现在流转土地的难易程度做了一个定量测评（见表3-3），其中共分为五个程度，程度1表示很难，程度5表示很容易，以此类推。通过对样本数据进行分析，可以看出：一是现在流转土地比较困难；二是由于土地越来越紧张，导致现在比之前流转土地更加困难；三是经营规模较大的农业经营主体相对于普通农户来说，流转土地规模更大，难度也更大。通过计算，目前平均每亩每年租金需要755元。土地流转难度增加的主要原因包括：土地越来越少且升值趋势明显，农民对土地流转价格的期望值越来越高。

表3-3 流转土地难易程度

项目	程度1（%） 当时	程度1（%） 现在	程度2（%） 当时	程度2（%） 现在	程度3（%） 当时	程度3（%） 现在	程度4（%） 当时	程度4（%） 现在	程度5（%） 当时	程度5（%） 现在
普通农户	3.48	5.28	3.48	4.36	3.25	3.44	6.73	5.28	3.48	2.98
家庭农场	6.26	10.55	6.03	14.22	5.10	2.52	13.69	7.80	6.96	2.29
农民合作社	9.51	12.16	7.89	7.34	4.41	3.90	7.89	7.57	3.25	1.83
农业企业	2.09	4.13	1.86	1.15	1.39	0.46	1.86	1.61	1.39	1.15
合计	21.35	32.11	19.26	27.06	14.15	10.32	30.16	22.25	15.08	8.26

第二节 新型农业经营主体的土地整治

一、新型农业经营主体的土地经营面积

从不同类型农业经营主体经营土地面积来看，普通农户平均经营土地面积为10.95亩，其中直接经营面积平均为9.33亩；家庭农场总经营土地面积和直接经营土地面积的平均数分别为571.16亩、454.46亩；农民合作社平均经营土地面积为1721.52亩，其中直接经营土地面积达到1491.45亩；农业企业总经营土地面积和直接经营土地面积的平均数分别为1708.39亩、1359.01亩。

从不同地区土地经营面积来看，吉林省的农业经营主体平均经营土地面积最大，达到1737亩，其中平均有1616亩土地为农业经营主体直接经营；而河北省农业经营主体平均经营土地面积为1129亩，直接经营土地面积平均达到894亩，在5省（区、市）中排第二位；安徽省和陕西省农业经营主体在平均经营土地面积上相差不大，分别为818亩和724亩，直接经营土地面积平均数分别为712亩和633亩；山东省农业经营主体经营的土地面积在5省（区、市）之中最少，平均为299亩，而直接经营的土地面积平均仅为245亩（见图3-8）。

二、直接经营土地的整治情况

就土地整治整体而言，普通农户进行过地块平整、水利设施整治、田间道路修建、改良土壤等土地整治行为的比例和投入远低于家庭农场、

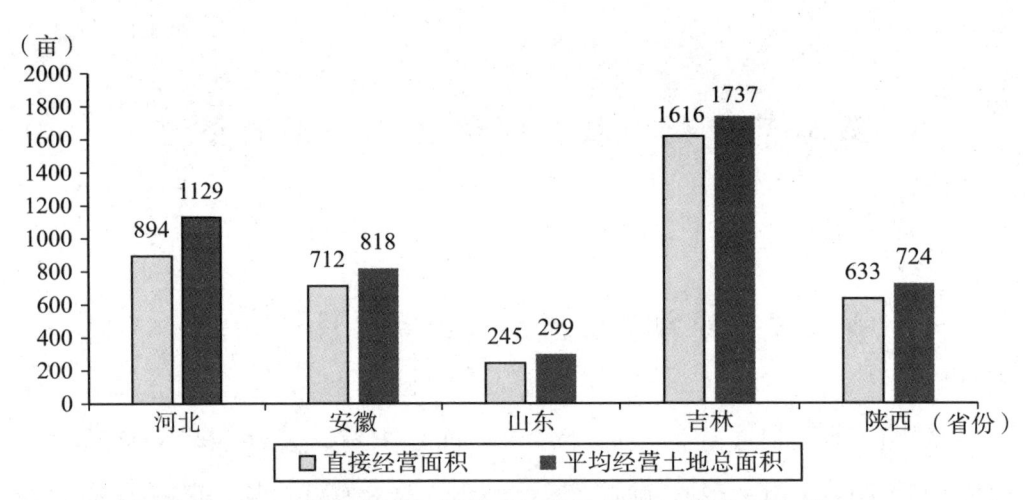

图 3-8 不同地区新型农业经营主体土地经营面积情况

农民合作社与农业企业等新型农业经营主体。下面从不同土地整治类型出发，具体分析不同农业经营主体在地块平整、水利设施整治、田间道路修建、改良土壤方面的行为（见表 3-4）。

表 3-4　　　　　　　　　土地整治情况

	类型	普通农户	家庭农场	农民合作社	农业企业
地块平整情况	进行过地块平整（%）	42.72	60.49	55.24	66.67
	平均涉及面积（亩）	8.16	250.40	719.76	482.62
	平均涉及总费用（万元）	0.57	22.81	41.91	27.29
水利设施建设情况	进行过水利设施建设（%）	40.59	60.74	62.41	71.79
	平均涉及面积（亩）	10.32	384.42	850.13	1681.26
	平均涉及总费用（万元）	0.84	24.23	21.34	28.09
田间道路建设情况	进行过田间道路建设（%）	18.00	57.14	48.23	56.76
	平均涉及面积（亩）	5.42	360.53	943.73	1665.19
	平均涉及总费用（万元）	0.64	16.27	18.11	25.27
土壤改良情况	进行过土壤改良（%）	49.48	62.18	61.03	56.76
	平均涉及面积（亩）	9.67	475.33	1621.37	3704.86
	平均涉及总费用（万元）	0.53	16.56	16.94	41.23

在地块平整方面，农业企业进行过地块平整的比例最高，约占66.67%，其次是家庭农场和农民合作社，约占60.49%和55.24%，总体而言，三者差别并不大，降幅保持在5.80%左右。而普通农户进行地块平整的比例较低，仅为42.72%，较新型农业经营主体有较大差距。

在水利设施建设方面，农业企业十分重视修建水利设施，约有71.79%的农业企业进行过水利设施建设，远远超过农民合作社62.41%和家庭农场60.74%的比例。普通农户进行水利设施建设的比例最低，仅为40.59%。

在田间道路建设方面，家庭农场进行田间道路建设的比例超过农业企业，但两者差别并不大，分别为57.14%和56.76%。农民合作社进行田间道路建设的比例相对较低，约为48.23%，与家庭农场和农业企业有较大差距。普通农户受自身人力、物力、财力等条件的限制，进行田间道路整治的比例仅为18.0%，远远低于新型农业经营主体。

在土壤改良方面，家庭农场进行过土壤改良的比例最高，约为62.18%，农民合作社仅次于家庭农场，占比达到61.03%，农业企业在改良土壤方面的比例低于地块平整和水利设施建设，约为56.76%。普通农户进行土壤改良的比例为49.48%，这个比例虽低于新型农业经营主体，但高于其自身在地块平整、水利设施建设和田间道路建设方面的占比。

第三节 新型农业经营主体的土地利用意愿

一、土地政策认知

土地权属方面，大部分受访者认为土地属于国家，占比达到53%；

还有18%的受访者认为土地应该属于农民个人；此外，认为土地属于农户的受访者占到13%；认为土地属于村委会的受访者占到10%；认为土地属于村民小组和县、乡政府的受访者所占比重较小，分别为4%和2%。因此，我们可以看出，新型农业经营主体的受访者认为土地属于国家的比重超过了半数。

针对长期在外从事非农工作的人，48%的受访者认为不应该交回土地承包权；但也有45%的受访者认为这些人应该交出土地承包权；此外，还有7%的受访者表示不清楚。而针对去世和外嫁人员是否应该交回土地承包权的调查中，63%的受访者认为应该交回土地承包权；仅仅有28%的受访者认为这些人不应该交出土地承包权；此外，还有9%的受访者表示不清楚。

在针对受访者是否了解"农地三权分置（所有权、承包权、经营权）"说法的调查中，59%的受访者表示听说过这种说法，有41%的受访者表示没听说过农地"三权分置"的说法。

二、土地利用意愿

（一）土地经营规模

由于不同农业经营类型的种植面积和收益差距较大，因此，此部分把经营内容分为粮食作物（小麦、水稻、玉米等）和经济作物（蔬菜水果、花卉苗木等），并从四种不同主体类型的角度考察农业经营主体管理土地的意愿。

对于种植粮食作物（小麦、水稻、玉米等）的普通农户来说，每户平均种植面积为131.95亩是最理想的，这种情况下，每亩地平均利润为609.54元；平均最少经营面积为38.25亩才能实现盈利；土地经营面积平均为 228.33 亩以下才管得过来。对于家庭农场来说，平均种植面积为 879.64 亩是理想状态，实现平均利润每亩 488.42 元；最小经营 435.64 亩；最大经营 1543.82 亩。对于农民合作社来说，平均种植面积为 5528.74 亩是理想状态，实现平均利润每亩 627.28 元；最小经营 3419.05 亩；最大经营 9560.81 亩。对于农业企业来说，平均种植面积为 2750.00 亩是理想状态，实现平均利润每亩 953.33 元；最小经营 1025.00 亩；最大经营 5500.00 亩（见表 3-5）。

表 3-5　　　　　　　　　粮食作物经营面积意愿

项目	理想状态 面积（亩）	理想状态 每亩利润（元）	最小经营（亩）	最大经营（亩）
普通农户	131.95	609.54	38.25	228.33
家庭农场	879.64	488.42	435.64	1543.82
农民合作社	5528.74	627.28	3419.05	9560.81
农业企业	2750.00	953.33	1025.00	5500.00

对于种植经济作物（蔬菜水果、花卉苗木等）的普通农户来说，每户平均种植面积为 13.29 亩是最理想的，这种情况下，每亩地平均利润为 5528.26 元；平均最少经营面积为 7.05 亩才能实现盈利；土地经营面积平均为 24.71 亩以下才管得过来。对于家庭农场来说，平均种植面积为 510.62 亩是理想状态，实现平均利润每亩 5572.74 元；最小经营 222.54 亩；最大经营 784.37 亩。对于农民合作社来说，平均种植面积为 2878.94 亩是理想状态，实现平均利润每亩 5611.83 元；最小经营 914.56 亩；最大经营 4590.86 亩。对于农业企业来说，平均种植面积为 4744.74 亩是理想状态，实现平均利润每亩 7412.5 元；最小经营 1065.53 亩；最大经营 8397.06 亩（见表 3-6）。

表 3-6　　　　　　　　经济作物经营面积意愿

项目	理想状态 面积（亩）	理想状态 每亩利润（元）	最小经营（亩）	最大经营（亩）
普通农户	13.29	5528.26	7.05	24.71
家庭农场	510.62	5572.74	222.54	784.37
农民合作社	2878.94	5611.83	914.56	4590.86
农业企业	4744.74	7412.5	1065.53	8397.06

（二）租入土地期限

对不同农业经营主体能够接受的最低土地租入期限的调查显示，超过半数的农业经营主体能够接受的最低土地租入期限为10年之内，并且基本上随着年限的增加，农业经营主体接受土地租入的意愿逐步降低（见表3-7）。

表 3-7　　不同经营主体农户能够接受的最低土地租入期限　　单位：%

项目	1~5年	6~10年	11~15年	16~20年	21~30年	30年以上
普通农户	2.81	1.88	0.63	1.56	0.63	0
家庭农场	14.06	12.81	6.56	6.56	5.94	1.56
农民合作社	11.56	8.75	5.94	3.33	3.13	0.94
农业企业	1.56	1.25	2.19	3.13	2.19	0.63
合计	30.42	24.69	15.31	14.58	11.88	3.13

（三）流转土地抵押贷款

对于流转土地的抵押贷款情况，可以从农业经营主体是否能、是否有、是否愿意将流转土地抵押贷款三个方面来考察（见表3-8）。

表 3-8　　　　　　　　流转土地的抵押贷款意愿　　　　　　单位：%

项目	流转来的土地能不能抵押贷款			愿不愿意抵押流转土地获得贷款		有没有抵押流转土地获得贷款	
	能	不能	不清楚	愿意	不愿意	有	没有
普通农户	7.10	13.55	3.44	9.87	14.16	0.00	23.79
家庭农场	22.15	10.75	2.37	28.11	7.08	1.98	33.48
农民合作社	17.85	12.69	1.29	23.61	8.15	0.88	30.84
农业企业	4.52	3.87	0.43	6.87	2.15	0.44	8.59
合计	51.61	40.86	7.53	68.45	31.55	3.30	96.70

一是流转来的土地能不能抵押贷款的问题。51.61%的农业经营主体认为流转的土地可以用来抵押贷款，7.53%的农业经营主体表示不清楚，还有40.86%的农业经营主体认为不能将流转的土地进行抵押贷款。通过比较普通农户和规模经营主体可以看出，规模经营主体倾向于支持流转土地进行抵押贷款，而超过半数的普通农户认为不能将流转的土地进行抵押贷款。认为不能将流转的土地进行抵押贷款的原因按重要性排序依次为法律不允许、金融机构不接受、出租方不愿意，其他原因主要包括农户认为不属于自己的地无法进行抵押（见图3-9）。

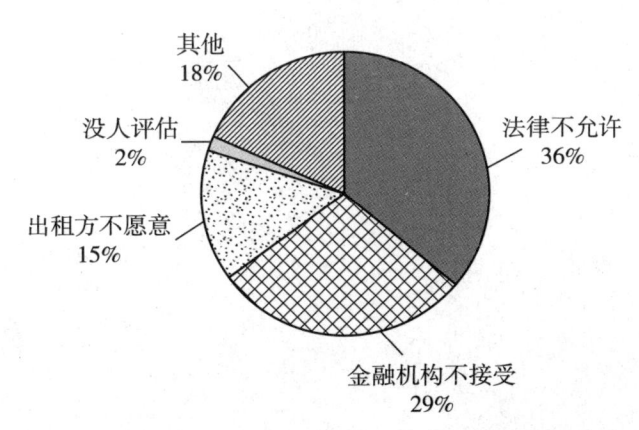

图 3-9　农户认为流转土地不能抵押贷款的原因

二是有没有将流转来的土地进行抵押贷款的问题。只有3.30%的农业经营主体将流转的土地经营权用来抵押获得贷款，其他96.70%的农业经营主体从未将流转的土地进行抵押贷款。农村承包土地的经营权抵押贷款正在全国试点推行中，通过抵押获得融资贷款的金融机构主要包括信用合作社、邮储银行、本地银行等；贷款金额平均为26万元；贷款期限平均为1年；贷款利率平均每年8.7%。

三是愿不愿意将流转来的土地进行抵押贷款的问题。68.45%的农业经营主体愿意将流转的土地用来抵押贷款，还有31.55%的农业经营主体不愿意将流转的土地进行抵押贷款。通过普通农户和规模经营主体的对比可以看出，规模经营主体由于规模较大、面临的资金问题较为严峻，愿意将流转土地进行抵押贷款，而大多数普通农户不愿意将流转的土地进行抵押贷款。不愿意将流转土地进行抵押贷款的原因按重要性排序依次为：不是自己的地占30%；怕出现土地纠纷占22%；知道银行不愿意占10%；评估价值低占8%；抵押率低占6%；通过农地抵押贷款获得的额度少，不够用占2%；其他原因主要包括不缺资金、程序烦琐、风险太大等，占22%（见图3-10）。

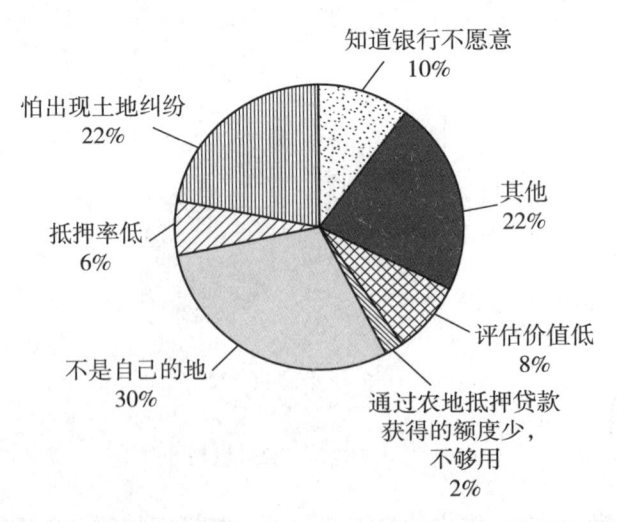

图3-10 农户不愿意将流转土地用来抵押贷款的原因

通过数据分析我们可以发现，普通农户由于观念和现实的原因，不想也不能通过抵押流转土地获得贷款，而规模农业经营主体缺少从银行获得贷款的渠道。抵押流转土地获得贷款存在的问题包括三个方面：一是土地承包经营权需进一步明确产权关系，这是市场交易的前提。目前农村正在推进土地确权工作，但还处于试点阶段。二是需要政府主导建立一个土地流转的服务平台。现在农村土地流转多数是农民自发行为，农民之间直接签订流转协议，缺少一个登记经营权的平台，而没有登记就不能抵押。三是对经营权还缺乏科学的价格评估机制。由于目前土地流转价格均为农户自发协商确定，流转价格缺乏科学完善的价格评估指标体系。

第四节 本章小结

一、基本判断

第一，土地流转推动了新型农业经营主体的发展。土地流转在新型农业经营主体的培育与发展中发挥着土地资源再配置的作用，成为新型农业经营主体培育或生成的重要内生因素；同时土地流转扩大了新型农业经营主体的经营规模，成为保障新型农业经营主体盈利的关键因素。

第二，新型农业经营主体推进土地集约化、规模化经营。从以上分析可以看出，家庭农场、农民合作社和农业企业相对于普通农户来说普遍具有更大的经营规模，并且在单位土地上投入了更多生产资料，使用更先进的生产技术和管理水平，极大地推进了土地集约化、规模化经营。

第三，目前土地流转难度不断加大。特别是由于农户分散的流转意愿与新型经营主体对土地集中连片需求间的矛盾，在土地经营权自愿流转的前提下，很可能存在一整块土地中的个别农户不同意流转的情况。目前土地流转难度加大体现在三个方面：一是现在流转土地比较困难；二是现在比之前流转土地更加困难；三是经营规模较大的农业经营主体相对于普通农户来说，流转土地规模更大，难度也更大。

第四，新型农业经营主体对土地整治起到了积极作用。相对于普通农户来说，家庭农场、农业合作社、农业企业等新型农业经营主体资金较为雄厚、土地流转规模较大，有利于推进地块平整、水利设施、田间道路、改良土壤的集中整治。

二、相关建议

第一，应继续加大对新型农业经营主体的扶持力度。继续发展农村经济合作组织，大力鼓励扶持地方农业龙头企业、家庭农场及农民专业合作社。在流转区域上，应考虑到土壤适宜耕种作物情况，努力提高土地的使用效率。在传统农业的基础上，注重可持续发展理念，引入生态农业来确保农业生态环境的有效使用及改善，优化农业产业结构。在流转形式上，积极扩展土地流转手段，转包、转让、租赁、入股等多种形式并存，扩大土地流转规模。

第二，应健全土地流转机制，推动土地流转市场化。针对目前市场上新型农业经营主体在土地流转过程中遇到的困难，可从以下两方面着手。一方面，需要了解不同意流转农户的真实需求，注重提高农户的非农收入水平，以降低农户对土地的依赖性；另一方面，可以探索在对农地进行确权的基础上，建立农地产权流转交易中心，以实现土地流转信息的公开和透明，推动土地流转的市场化。既为新型农业经营主体获得农地经营权提供便利，以减少信息搜索和谈判成本，也为维护农户的土地流转权益提供保障。

第三，要让农地权利主体充分享有应有的权利和义务。一是承包农户：既可以用土地承包经营权证书抵押贷款，发展生产，也可以保留承包权，采用租赁、入股、信托等多种方式流转经营权。经营权流转后，要在其承包经营权证书上载明流转信息。二是土地流入者：凭借农地经营权证书，既可以抵押贷款，也可以享受新型农业经营主体的各项惠农政策。三是农地所有者：要更好地发挥村民委员会在土地流转过程中的作用。首先，是协调作用，即协调农户和土地流入者之间的关系，维护双方的合法权益，鉴证流转合同签订；其次，是助推作用，即在保证依法、自愿和有偿的原则下，村民委员会可以以"反租倒包"的形式，将农户的农地经营权租赁过来，再流转给种植大户或家庭农场等农业经营主体；最后，是做好基础工作，即对流转后的土地进行地籍测量，多出的土地由集体依法支配，用于发展集体经济（於忠祥，2014）。

第四章

劳动配置与新型农业经营主体发展

新型农业经营主体在规模化、专业化经营的同时，对劳动力数量和质量的需求也大大提高。绝大多数情况下，仅仅依靠农户自有劳动已经无法完成其必要的生产经营活动，劳动力市场则成为他们满足劳动需求的重要依靠。面对更为复杂的劳动力配置，新型经营主体是如何呈现出不同于传统农户的劳动力配置行为呢？为此，本章将重点从不同类型的经营主体、不同生产经营环节、不同劳动力来源和工作方式等视角对新型农业经营主体的劳动力配置情况进行描述和分析。

第一节 不同主体类型的劳动力配置

一、劳动力投入总体状况

从劳动投工量来看，新型经营主体的投工量要远远大于普通农户，一定程度上反映了经营规模的差异。虽然总体的投入人数均值为10人，只有农民合作社和农业企业的投入人数均值高于总体均值，分别为11人和9人，但是投工量差异非常大。普通农户、家庭农场的投工量远远低于总体平均水平，但由于每年投入时间的差距，导致农业企业的投工量超出农民合作社达 300 多工日（见表 4-1）。

表 4-1　　　　　　　　　劳动力投入总体状况

项目	投工量（工日）	工资占比（%）	日工资均值（元）	平均年龄（岁）	来自本村（%）
总体	1500	92.35	99	45	71.73
普通农户	63	31.67	86	48	89.29
新型经营主体	1445	93.95	101	44	58.96
家庭农场	452	85.33	105	46	77.89
农民合作社	1755	96.51	100	45	66.77
农业企业	2129	100.00	98	42	32.23

从工资状况来看，几乎所有的新型经营主体都会发放正式的工资，而普通农户并不十分重视工资的发放。总体上，发放工资占比情况与投工量状况呈正向比例关系，所有主体中，依然是普通农户与家庭农场的比例低于平均水平。其中，普通农户发放工资的比例只有 31.67%，这说明主体的经营规模影响其对劳动力的需求量，进而影响雇用关系的正规性。从日工资水平来看，总体日工资均值为每人 99 元，工资支付水平最高的经营主体是家庭农场和农民合作社，农业企业的日工资均值低于平均水平，为每人 98 元，这与农业企业投工量最大有关，其日工资水平虽低于农民合作社与家庭农场，但是工人的工作时间一年均值达到 237 天，远远高于总体均值的 150 天以及其他主体的年投入天数。

从年龄状况来看，各主体之间的差异不是很大，新型经营主体的平均年龄要比普通农户年轻 4 岁。其中，农业企业的劳动力年龄均值最小为 42 岁，普通农户的劳动力平均年龄最大，达到 48 岁，调研中发现，这与其雇用人数少、自家投工比例大相关，而自家投工的普通农户又多是未去打工的留守劳动力，这就拉高了其劳动力投入的平均年龄。家庭农场与农民合作社的劳动力在年龄方面差异不是很明显。

从劳动力来源地状况看，几乎所有的普通农户都是在本村经营的，但是超过一半的新型经营主体来自本村，这体现出新型经营主体劳动力来源的包容性更强一些。总体来看，尽管71.73%的劳动力来自本村，但是不同主体之间存在差异。普通农户中本村劳动力占比为89.29%，远远高于总体平均水平。家庭农场与农民合作社则有七成左右的劳动力来自本村，相比之下，合作社的外来劳动力占比更高一些。与其他主体不同，农业企业有近70%的劳动力来源地为非本村。

二、劳动力投工类型特点

从劳动力来源看，农民合作社以自家投工为主，其投工量占比为52.71%。其他经营主体的劳动力分配都是以雇用工人为主，尤其是农业企业，雇工投工量占比达到了近95%，这与农业企业的劳动力工作岗位固定、雇用关系规范化有关，也与上文中农业企业劳动力来源多为外地的结论相呼应。由于"地广人稀"，家庭农场的雇工投工量占比也达到了近90%。具体从雇工的类型配置来看，除了农民合作社以短期雇工为主外，其他经营主体都是以长期雇工为主。

从劳动力性别配置看，普通农户、家庭农场、农业企业都是以男性劳动力为主，尤其是普通农户，男、女劳动力投工量之比达到了近5∶1，家庭农场与农业企业的男、女投工量之比差别不大，农业企业的男性投工占比稍高一些。农民合作社则与其他主体不同，女性劳动力的投工量平均达到了2013工日，要明显多于男性的1210工日（见表4-2）。这说明，农民合作社在劳动投入的性别问题上，可能更有利于充分吸纳农村女性劳动力就业。

表4-2　　　　　　　不同投工类型的劳动力投工量　　　　　单位：工日

项目	劳动力来源 雇工 短期	劳动力来源 雇工 长期	劳动力来源 自家投工	自家投工量占投工总量比（%）	性别 男	性别 女
总体	1354	2345	1225	24.87	1175	1716
普通农户	58	216	127	31.58	154	35
新型经营主体	1944	7366	2051	23.26	4396	1231
家庭农场	351	878	157	11.31	480	280
农民合作社	3157	1842	5571	52.71	1210	2013
农业企业	2323	4646	426	5.76	2706	1400

第二节　不同生产经营环节的劳动力配置

总的来看，新型经营主体在各个环节的投工量都远远大于普通农户，其中作业环节、日常环节劳动力投工量最大，物流环节与财务环节投工量最小，行政环节介于中间。从不同主体来看，普通农户、家庭农场的投工量分布规律与总体配置状况基本一致，普通农户在各环节的投工量都是各主体中最小的。农民合作社、农业企业则有自己的分布规律：农民合作社在作业环节与日常环节的投工量最多，并且远超于总体平均水平，日常环节比作业环节投入的劳动量更多，而农业企业状况则相反。农民合作社在物流环节的投工量仅次于日常作业环节，行政与财务环节投工量相对其他环节较少，但也高于家庭农场与普通农户。农业企业劳动力则集中分布在作业环节与物流环节，日常环节的投工量占比不如其他主体分量大，行政与财务环节的投工量却是各主体中最多的。每一个环节的劳动力具体配置特点如表4-3所示。

表 4-3　　　　　　　不同环节投工量主体差异　　　　单位：工日

项目	作业环节	日常环节	物流环节	行政环节	财务环节
总体	3296	3307	257	1213	316
普通农户	109	444	70	164	84
新型经营主体	4715	3506	2366	877	390
家庭农场	978	755	215	378	160
农民合作社	5642	7988	2715	738	410
农业企业	7526	1775	4169	1515	601

一、作业环节

作业环节是经营主体基本生产经营活动的最重要部分，调查中是指耕种、饲喂、收获等具体的种植养殖活动。在该环节，普通农户的投工量较小，自家投工比例高，且偏好男性劳动力；但新型经营主体则投工量较大，劳动力性别差异小，工资发放率高。

从投工量来看，各经营主体的劳动力投入差别很大，农民合作社与农业企业均在总体平均水平之上。由于生产规模和投工时间的限制，普通农户和家庭农场的投工量相对较小，反映出在该环节不同主体对于劳动力雇用需求的差别。具体从雇用人数来看，该环节各主体雇用总人数有 934 人，是所有环节中劳动力需求人数最多的一个环节。

从投工类型来看，按劳动力来源划分，自家投工占比可以显示该环节劳动力雇用状况，农业企业对于雇工的需求最高，其次是家庭农场，而农民合作社在该环节多选择自家投工。按性别划分，农业企业和普通农户存在严重的性别失衡现象，对男性劳动力需求较高，而家庭农场与农民合作社则处于相对平衡的状态，对女性劳动力需求稍高一些。

从工资状况来看，除了普通农户的雇工工资发放比较低，其余主体在该环节均基本实现工资发放全覆盖，日工资水平也相差无几，均在

100 元左右。作业环节劳动力的平均年龄水平在 48 岁,农业企业的劳动力年龄相对年轻化(见表 4-4)。

表 4-4　　　　　　　　　作业环节劳动力配置情况

项目	投工量（工日）	自家投工占比（%）	男性投工占比（%）	有工资占比（%）	日工资水平（元）	平均年龄（岁）
总体	3296	37.98	39.70	93.92	100	48
普通农户	109	37.03	85.71	30.00	98	50
新型经营主体	4715	29.19	57.06	97.20	95	47
家庭农场	978	21.90	45.99	93.61	101	49
农民合作社	5642	59.14	48.77	98.00	91	47
农业企业	7526	6.53	76.41	100.00	92	44

二、日常环节

日常环节即农作物田间植保、卫生防疫等较为琐碎繁杂的日常工作。该环节普通农户的投工量仍远低于新型经营主体,却比作业环节高很多。普通农户将更多的人和时间分配在日常环节。新型经营主体和普通农户在该环节都没有明显的性别偏好,普通农户工资发放率仍低于新型经营主体,却高于作业环节。

该环节多为人工完成,机械化程度较低,所以其投工量是各个环节中最大的。从不同主体来看,农民合作社的投工量达到了近 8000 工日,这与其规模大、人手较少相关,仅靠自家投工无法完成大规模的植保工作,加之该环节的机械化水平并不太高,所以对劳动力的雇用需求是最高的。而普通农户则最少,从节约生产成本的角度看,农户更倾向于自己进行田间植保工作,只有特别的疫病防治才会雇用工人。农业企业比家庭农场在该环节的投工量稍高,但差别不大。

从投工类型来看：劳动力来源方面，自家投工占比在该环节明显高于作业环节，其中农民合作社有七成以上的劳动力是自家投工的，雇用劳动力占比较低。与此相反的是农业企业和家庭农场，农业企业在该环节全部为雇用劳动力，而家庭农场也有近九成为雇用长、短期工人。性别方面，该环节男女比例基本平衡，农民合作社与农业企业对于女性劳动力的需求偏高，普通农户和家庭农场对于男性劳动力的需求偏高。

从工资状况来看，普通农户在该环节支付工资比例与作业环节相比高出一半，但仍是各个主体中支付工资比例最低的。工资发放占比与日工资水平呈反比关系，农业企业虽然全员发放工资，但是其日工资水平最低，这与不同主体在该环节的劳动强度有直接关系。各主体的劳动力年龄差别比较小，分布也较为平均（见表4-5）。

表4-5　　　　　　　　日常环节劳动力配置情况

项目	投工量（工日）	自家投工占比（%）	男性投工占比（%）	有工资占比（%）	日工资水平（元）	平均年龄（岁）
总体	3307	49.35	45.84	94.94	98	48
普通农户	444	41.95	59.46	63.33	126	45
新型经营主体	3062	42.89	52.73	85.25	106	46
家庭农场	755	11.39	53.64	93.51	98	48
农民合作社	7988	75.34	45.10	98.91	95	46
农业企业	1775	0.00	37.30	100.00	75	45

三、物流环节

物流环节具体包括农产品的包装、运输、仓储、装卸等。普通农户在该环节投入的人力非常少，由于规模限制，大部分都选择自己直接卖给商贩，没有物流环节。新型经营主体则偏好在该环节更多雇用女性劳动力来完成，且雇用的工资水平远在普通农户之上。

该环节的总体投工量在各个环节中是最少的，只有257工日，这主要与普通农户及家庭农场对于物流的劳动力需求量太少有关，农民合作社与农业企业对于物流人员的需求仍比较高。生产模式越趋于规模化和市场化，对于物流人员的需求量就越大，像普通农户与家庭农场这种独立经营的主体，鲜少对农产品进行统一的包装、配送，几乎都是直接与商贩对接。

从投工类型来看：劳动力来源方面，普通农户在自家投工中的占比是最高的，而农民合作社与农业企业大多选择雇用长期工人进行物流运输，自家投工占比相对较低，这与其统一的管理方式相关，很多农民合作社都提供农产品销售服务，该服务就包含了帮助社员进行物流运输。性别方面，物流环节总体上男性劳动力占比高一点，但是各主体性别差异不大，农民合作社倾向于雇用女性劳动力进行包装、仓储，普通农户则更多选择男性劳动力进行运输、装卸。

该环节总体上有工资的劳动力占比是各个环节中最高的，农民合作社与农业企业甚至达到了工资完全覆盖，普通农户仍为支付占比最低的主体，但是从日工资水平来看，各个主体差异不大。该环节年龄要明显低于作业环节、日常环节，农业企业仍为各个主体中劳动力平均年龄最低的，这说明物流环节的工人普遍年轻化（见表4-6）。

表4-6　　　　　　　　　物流环节劳动力配置情况

项目	投工量（工日）	自家投工占比（%）	男性投工占比（%）	有工资占比（%）	日工资水平（元）	平均年龄（岁）
总体	257	11.20	51.10	95.62	102	44
普通农户	70	36.94	52.27	52.32	79	45
新型经营主体	2366	12.56	41.95	95.69	102	44
家庭农场	215	22.32	44.13	87.08	103	48
农民合作社	2715	8.51	36.22	100.00	103	43
农业企业	4169	6.86	45.51	100.00	100	41

四、行政环节

行政环节主要是指各主体对于农业生产中的一些公共事务进行治理、管理和执行。由于规模化管理所需管理人员较少，新型经营主体在该环节的投工量较低，且偏好男性管理者。普通农户反而较之前环节投工量增加，但是女性管理者居多，因多为自家投工，所以几乎没有工资。

该环节总体投工量在各个环节中处于中间地位，主体对于行政管理人员的劳动力需求量仍然比较大。从不同主体来看，农业企业在该环节的投工量最大，高于总体平均水平，农民合作社与家庭农场次之，普通农户仍然是投工量最小的，但与其他环节相比则较大。

从投工类型来看：劳动力来源方面，自家投工占比与其他环节相比处于较低水平，这与该环节的特殊性相关。因为行政管理在经营主体的各个运营环节中占据十分关键的指引地位，管理工作需要经验，对主体运营状况要有比较详细的了解，所以对于长期雇工的需求比较高，选择雇用短工有其特殊原因，统计记录包括对高素质管理团队的暂时需求，因人员调动临时填补的需求等。性别差异方面，总体上男性劳动力占比较高，尤其是家庭农场对于男性行政管理劳动力的需求最高，农业企业的情况则相反，女性管理人员占比较高。

从工资状况来看，该环节有工资人数占比较其他环节偏低，其中普通农户很少为行政管理人员支付工资，即使是农民合作社的工资支付占比也并没有达到全覆盖，这说明各主体中都存在较多的自己人作为雇工。该环节的劳动力平均年龄也低于前三个环节，只有普通农户的行政管理人员年龄远高于平均水平，这是由于普通农户的管理人员多为家中年龄较大的家庭成员（见表4-7）。

表4-7　　　　　　　　　行政环节劳动力配置情况

项目	投工量（工日）	自家投工占比（%）	男性投工占比（%）	有工资占比（%）	日工资水平（元）	平均年龄（岁）
总体	1213	13.41	57.76	88.75	106	43
普通农户	164	35.06	42.68	10.00	79	52
新型经营主体	877	24.67	54.46	86.25	109	42
家庭农场	378	21.66	73.17	77.50	108	44
农民合作社	738	19.03	58.33	93.74	108	40
农业企业	1515	33.33	32.17	87.50	112	41

五、财务环节

财务环节主要是指对经营主体财务活动与财务关系的管理，进行记账、利润分配等会计、出纳的日常工作。新型经营主体与普通农户在该环节有着明显的劳动力来源差异，普通农户倾向于自家投工自己管账，而新型经营主体则偏好雇用女性专业人员来负责会计业务，其平均年龄也低于普通农户。

该环节投工量较低，主要是由于劳动力投入时间较少，需求人数也较少。从不同主体来看，农业企业是各主体中投工量最大的，农民合作社也高于总体平均水平，家庭农场与普通农户在该环节投工量则低于总体平均水平。

从投工类型来看：劳动力来源方面，总体上接近一半的调研主体选择自家投工进行财务管理，其中普通农户有一半的财务管理人员是自家投工的，家庭农场也达到了近40%，这是因为调查中的农户都为自主经营，财务管理意识还普遍较差，对于自己每年的财务状况了解不够详细。农业企业与农民合作社则以长期雇工为主，可以看出他们在财务管理方面的重视程度之高。而家庭农场在规模上比普通农户大，相对正规,但是自主性比农民合作社与农业企业要强,多选择自家人进行财务管理。性别差异方面,该环节总体上趋于女性化管理,家庭农场和农业企业则男性劳动力较多。

从工资状况来看,总体上该环节是所有环节中工资支付人数占比最低的,但是普通农户实现了所有劳动力的工资支付,农民合作社与家庭农场则在总体支付占比以下。该环节的日工资水平是各个环节中最高的,这是由于那些雇用财务管理者多为有专业知识技能的财会人员,劳动力成本相对较高。同时该环节的劳动力年龄也是各个环节中最低的,农民合作社与农业企业的劳动力年龄均在40岁及以下(见表4-8)。

表4-8 财务环节劳动力配置情况

项目	投工量（工日）	自家投工占比（%）	男性投工占比（%）	有工资占比（%）	日工资水平（元）	平均年龄（岁）
总体	316	40.95	35.50	86.94	113	42
普通农户	84	49.00	46.11	100.00	80	45
新型经营主体	309	28.03	44.25	89.11	107	40
家庭农场	160	39.96	50.00	82.29	101	42
农民合作社	410	15.59	28.02	85.04	128	40
农业企业	601	28.55	54.74	100.00	93	38

第三节 不同来源地与工作方式的劳动力配置

一、劳动力来源地的差异

不论是从环节差异,还是从主体差异和性别差异来看,本村劳动力都是主体劳动力雇用的主要来源，占比均达到50%以上，其次是邻近村劳动力占一部分。给不同区域劳动力来源赋分，来自本村得1分，邻近村2分，依据远近依次累加直到外省（区、市）得5分，加权比例得分如表4-9所示，得分越高则说明劳动力来源地差异性越大，就近雇用的劳动力占比越低。

表4-9　　　　　　　　　　劳动力来源地差异

项目		本村（%）	邻近村（%）	本乡镇其他村（%）	本县其他乡镇（%）	本省市（%）	外省市（%）	得分（分）
环节差异	行政环节	71.73	3.59	6.33	10.97	3.59	3.80	1.82
	财务环节	66.67	4.87	7.54	15.57	3.65	1.70	1.90
	作业环节	72.71	12.99	6.88	5.35	1.64	0.44	1.52
	日常环节	75.49	12.86	4.69	4.08	1.66	1.21	1.47
	物流环节	67.75	13.25	9.50	7.50	1.50	0.50	1.63
投工类型	短期雇工	64.60	18.36	9.29	6.64	0.66	0.44	1.62
	长期雇工	55.00	11.78	7.78	16.44	6.22	2.78	2.15
	自家投工	91.78	2.08	3.69	1.32	0.19	0.95	1.19
	男	73.49	9.19	6.45	7.16	2.03	1.67	1.60
	女	69.00	11.79	7.16	8.59	2.53	0.93	1.67

在生产经营环节差异上，财务环节得分最高为1.90分，劳动力差异性是所有环节中最强的，本村劳动力占比是所有环节占比中最低的（66.67%），来源于其他乡镇的劳动力占比则最高（15.57%）。正如第二节财务环节统计分析结论所言，该环节劳动力类型主要是长期雇工，通过对主体的询问了解到，该环节的劳动力多为有正规财会基础的专业人员，这些原因共同导致该环节的劳动力差异性最强。得分较高的是行政环节（1.82分），该环节劳动力来源除了本村外在其他乡镇的占比仅次于财务环节，但是其他环节得分与这两个环节拉开了一定距离，主要原因

是这两个环节对劳动力素质要求较高，作业环节、日常环节、物流环节的劳动力不必像行政与财务管理人员一样有一定的相关专业知识背景。

从投工类型差异来看，自家投工差异性最低（1.19分），本村占比达到了91.78%，此类劳动力参考意义不大，在此我们只对长、短期雇工进行来源地的差异性分析。长期雇工的区域流动性（2.15分）远远高于短期雇工（1.62分），这是由该种类型工人在本乡镇内所有占比（74.56%）远远低于短期雇工（92.25%），以及在其他乡镇、省市占比（25.44%）远高于短期雇工（7.74%）共同决定的。短期雇工工作时间有限，寻找较远地区的劳动力成本过高，而长期雇工受时间因素影响小于短期雇工，导致其差异性要强于短期雇工。性别差异导致的劳动力来源地差别不大，女性劳动力的差异性（1.67分）稍高于男性（1.60分），但是不论男女，劳动力占比均随距本村距离增加而递减。

二、劳动力工作方式的差异

从不同环节来看，所有环节采取分片承包的占比都很低（均不超过5%），行政环节和财务环节的劳动力主要以固定岗位为主，这与其工作性质以及劳动力多为长期雇工有关，固定劳动内容的工作方式次之，统计显示该部分劳动力多为自家投工。作业环节、日常环节、物流环节的劳动力以固定劳动内容但不固定岗位为主，占比均在55%以上，这些环节工作方式的流动性要大于行政与财务环节，同样与前面得出此环节劳动力多为短期雇工相一致。

从投工类型的差异来看，长期雇工多以固定岗位的工作方式为主（61.20%），只有部分长工是指定劳动内容的（34.78%）。而短期雇工与自家投工则多以固定劳动内容的工作方式为主，灵活性和流动性相对长期雇工较大一些。劳动力工作方式流动性的性别差异依然不大，但是女性的工作方式较男性更灵活一些(见表4-10)。

表4-10　　　　　　　　劳动力工作方式差异　　　　　　　单位:%

项目		分片承包	固定岗位	不固定岗位指定劳动内容	其他
环节差异	行政环节	2.78	60.04	36.75	0.43
	财务环节	1.95	68.61	28.95	0.49
	作业环节	3.74	28.16	67.66	0.44
	日常环节	3.91	30.78	65.00	0.31
	物流环节	2.02	39.04	58.19	0.76
投工类型	来源 短期雇工	2.69	34.34	62.51	0.45
	来源 长期雇工	3.57	61.20	34.78	0.45
	来源 自家投工	3.09	30.47	65.96	0.48
	性别 男	3.55	42.37	53.61	0.48
	性别 女	2.50	40.14	56.93	0.43

第四节　新型农业经营主体劳动力配置效果

劳动力的需求与供给状况一定程度上决定了经营主体的农业生产效率。新型农业经营主体对劳动力的需求状况可以从基于现有经营状况的理想化估计得出，农业劳动力的供给状况则可以从劳动力投入意愿及其难度来考察。对劳动力的供需比较分析结果表明，劳动力成本上升是劳动力需求下降的主要原因，主、客观投入意愿存在下降的可能是劳动力供给减少的主要原因。基于这种现象，机械化作为劳动力的有效替代手段为经营主体所采用，对调查地区机械化水平的统计则进一步证实了这一点。

一、劳动力需求情况

劳动力需求方面,经营主体的具体情况参差不齐。在现有的经营状况下,拥有的劳动力数量并不一定能满足主体现阶段的经营需求。理想状态下,主体对于劳动力的需求人数在 0~5000 人不等,过半(54.27%)的主体认为 10 人以下就能够完成所有的生产环节(见图 4-1),规模比较大的经营主体则需要更多的人来完成生产,占比较高的劳动力需求人数有 15 人(4.38%)、20 人(5.47%)、30 人(3.94%)、50 人(3.06%),而对于 50 人以上的劳动力需求仅占主体的 14%,这其中有 11% 的需求人数是 100 人以上。在管理方面,有58.7% 的主体认为 2 人以下就可以完成,92.7% 的调查主体认为 10 人以下就可以完成所有的管理工作。在直接生产方面,有 61% 的劳动力需求人数分布在 10 人以下,除此之外,对于 15 人、20 人、30 人的需求占比较高,与上面总体的需求人数分布规律一致。不难看出,经营主体对于劳动力需求人数集中在小规模,这说明主体追求较低的管理运营成本,避免人数的冗杂带来额外的纠纷。

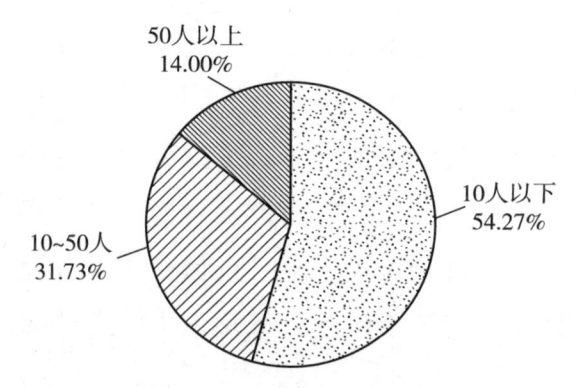

图 4-1 理想状态下劳动力需求人数分布比例

为了进一步解释劳动力需求人数的分布情况,分主体进行统计汇总,结果表明(见表4-11),劳动力需求人数与主体经营规模成正比,经营规模越大,对劳动力的需求人数越多。(1)普通农户对于劳动力的需求人数为0～32人,除去比较特殊的个别农户不需要劳动力,普通农户这个主体对于理想状态劳动力人数的需求均值为3人,这其中管理人数的均值为1人,直接生产的人数需求为3人。(2)家庭农场对劳动力的需求人数为1～400人,该主体的人数分布比较平均,无极端值存在,劳动力需求均值为16人,一般的家庭农场主认为在管理方面需要2人,直接生产的环节需要15人。(3)作为主体中占比最高的农民合作社,除了特殊的一家农民合作社(陕西眉县)需要5000人以外,其他参与调查的农民合作社劳动力需求均值为97人,远远超过了家庭农场的劳动力平均需求人数。由于农民合作社不同于家庭农场,有自己的内部治理结构,所以管理人员的需求均值为7人,直接参与生产的劳动力需求均值也达到了91人。虽然统计结果与上一部分总体劳动力需求人数分布占比的统计看似相悖,但这是综合了不同规模的农民合作社之后得到的结论。农民合作社在几个主体中占比最高,所以其数量分布对总体劳动力需求的数量分布有很大影响。有近77%的农民合作社对劳动力的需求人数在80人以下,但是,由于存在一些规模比较大的合作社,其所需劳动力数量达到100～1000人,剔除了劳动力需求为5000人的农民合作社之后,该部分农民合作社占比为22%,正是这些农民合作社的存在才使得主体平均值高达90多人。(4)对于农业企业来说,剔除了特殊的理想状态下劳动力需求为1500人的企业之后,劳动力需求人数的均值高达119人,这与农民合作社情况类似,存在30%的劳动力需求人数为100～700人的大型农业企业拉高了此部分主体的均值。但是其需求人数以及15人的管理人数均值均大于农民合作社,说明在劳动力需求方面,农业企业需要的劳动力比农民合作社要多一些,这是由于在直接生产的环节农业企业与农民合作社的需求均值大约都是90人，所以多出来的那一部分劳动力需求基本来自管理方面。

表4-11　　　　　不同主体劳动力需求人数均值比较　　　　　单位：人

项目	最少人数	最多人数	均值（剔除极端值）		
			总需求人数	管理人数	直接生产人数
普通农户	0	32	3	1	3
新型经营主体	1	2300	77	8	67
家庭农场	1	400	16	2	15
农民合作社	1	5000	97	7	91
农业企业	1	1500	119	15	95

二、劳动力供给情况

劳动力的供给状况受劳动力的投入意愿影响，其中主观投入意愿即经营主体对于自己劳动能力的评估，若评估较高则有可能放弃从事农业而减少一部分劳动力供给。具体来说，就是假设主体不从事农业而另寻非农职业的难易度以及预估薪金水平；客观投入意愿则通过填写人对雇用他人难易程度的评价来间接得出。

从统计结果来看，综合所有主体对转行非农职业难易度的评价（见图4-2），认为重新找到非农职业很难和较难的主体占到调查总数的45.66%，有33.79%的主体认为放弃农业另寻出路较为容易，剩下20.55%的主体认为转换职业的难度一般。为了更好地探究比例分布的原因，从农业生产的推力和转行非农生产的拉力两个角度来评估经营主体的主观投入意愿，分主体进行行业转换难易度的占比统计，若从事农业生产的推力和转行的拉力都很大，则说明主体的主观投入意愿不强，该主体作为劳动力供给减少的可能性很大。

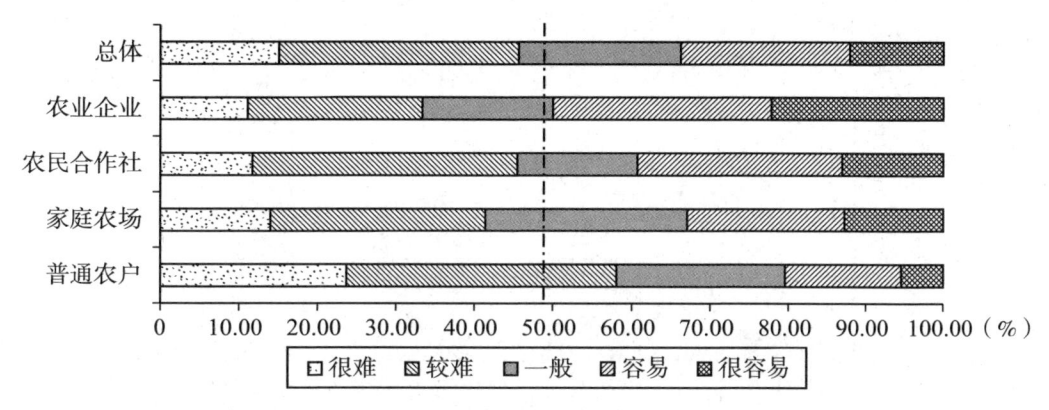

图4-2 不同主体对获取非农职业的难易度评价

数量最少的普通农户中有58.07%的人认为放弃农业另谋职业比较困难（见图4-2），超出总体平均困难水平的占比十多个百分点，只有5.38%的农户认为另寻非农职业非常容易，这与其他主体相比较占比是最低的，也远远低于该指标在总体水平中的占比（12.10%），这与普通农户对土地依赖性过大紧密相关。与其他主体不同，从主要收入来源看（见表4-12），普通农户主要依靠农业生产（67.27%）和外出打工（22.73%），收入存在极大的不稳定性，尤其是外出打工的收入来源占比最高，这部分农户更加难以放弃家中作为最后保障的固定的农业生产，让他们彻底放弃农业的机会成本远大于其他的经营主体。而普通农户对于自己从事非农行业的年收入预估也是最不乐观的，仅为2.77万元（见图4-3），所以对于该主体来说，从事农业生产的推力很小，放弃农业进而转行非农行业的拉力很小且风险很大，所以他们的主观投入意愿是很强的，其带来农业劳动力供给增加的可能性也是最大的。

家庭农场对于获取非农职业难易度的评价占比与总体占比规律基本一致（见图4-2），评价为较难和很难的占比为41.46%，甚至低于总体平均占比水平，从该主体的主要收入来源看（见表4-12），农业生产占据核心地位（86.14%）。同时对于非农职业获取的难度评价明显

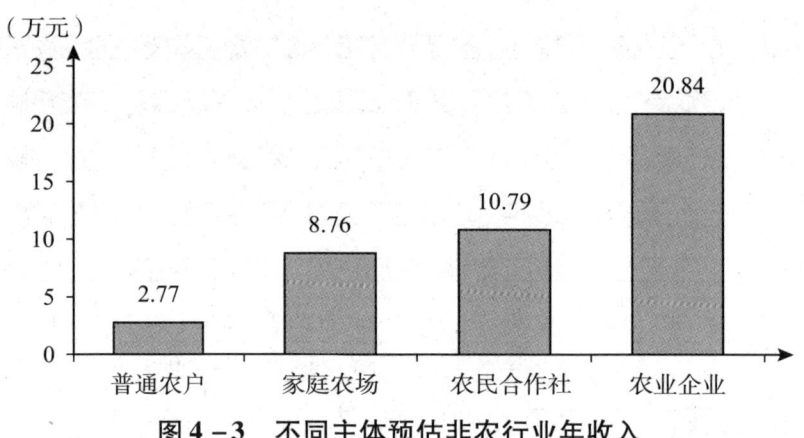

图 4-3 不同主体预估非农行业年收入

低于普通农户，且认为转行容易的农场主占到32.81%。这说明家庭农场经营者虽然将重心全都倾斜在农业生产上，但是，由于他们规模较大，资金较普通农户更充裕，转行非农职业的机会成本并不像普通农户那么高。其对于转行年收入预估在8.76万元（见图4-3），远远高于普通农户，若有合适的机会使得农场主从事非农产业的收益大于农业收益，他们转行的自由性是比较大的，所以农场主的主体投入意愿取决于他们在农业生产和非农职业之间的收入权衡。

合作社认为从事非农职业的难易占比都大于家庭农场（见图4-2），呈现两极分布的态势，这与调查的农民合作社综合能力差距悬殊相关，综合能力较强的农民合作社其自信远高于空壳农民合作社或者刚刚起步的农民合作社。从收入来源分析（见表4-12），农民合作社也是以农业生产为主要收入来源，在社会化服务、外出打工、自营工商业方面分布较为平均。农民合作社总体对非农年收入的预估为10.79万元（见图4-3），比家庭农场的预估水平高出一些，这说明农民合作社自我预估的平均经营能力要优于家庭农场，其主观投入意愿取决于每个农民合作社的具体经营能力，以及能力较强的农民合作社在农业与非农业收入之间的收益权衡。

表 4-12　　　　　　　主要收入来源的不同主体占比　　　　　单位：%

项目	农业生产	农业社会化服务	非农业打工	自营工商业	其他
普通农户	67.27	3.64	22.73	6.36	0
新型经营主体	65.00	5.07	14.42	13.35	2.00
家庭农场	86.14	0.60	7.83	4.82	0.60
农民合作社	75.50	7.28	8.61	5.96	2.65
农业企业	34.15	7.32	26.83	29.27	2.44

相对于其他主体，农业企业的主观投入意愿是最低的。仅有33.33%的农业企业认为转行非农行业有困难（见图4-2），这在所有主体中占比最低，而认为容易的占到一半，远高于平均水平的33.79%，其中有22.22%的农业企业甚至认为重新从事非农行业非常容易，说明对于农业企业来说转行的自由度非常大，这和该主体收入来源的多样性紧密相关。虽然从事农业生产依然是农业企业的主要收入来源，但是自营工商业（29.27%）和非农业打工（26.83%）的收入占比和农业生产相差无几，这种收入来源分布的离散化使得农业企业对于农业生产的依赖性并没有农民合作社以及家庭农场那么高（见表4-12）。同时，对于从事非农行业的年收入预估达到约20万元（见图4-3），远远高于其他主体的估计水平，非农行业对于农业企业的拉力是非常大的，农业生产利润空间远不如非农产业，所以从事农业产业的推力也是很大的。综合以上几点，农业企业的低主观投入意愿决定了该主体的劳动供给增加的可能性不如其他主体。

课题组对那些认为放弃农业转而从事非农行业很容易，却又依然坚持从事农业的主体进行了进一步原因探究。主体对于给出的原因选项进行选择性排序，采用赋值法对原因进行计算统计（见表4-13），排在第一（频次1）的原因赋值3分，排在第二（频次2）的赋值2分，排在第三（频次3）的赋值1分。经过加权计算，得出排名前三的原因分别是感觉农业可以挣钱、长期务农比较熟悉以及对农业有兴趣，这与前面分析相吻合，即主体是在权衡农业和非农行业收益之后得出农业相对收益较高，才选择继续从事农业的。除此之外，还有很多主体继续务农而不转行是因为长期从事农业比较熟悉了，重新开始新的事业对于主体来说进入成本高于他们对该事业的收入预期，所以多数主体即使有能力从事非农职业，也不想放弃农业。对农业有兴趣也是调查主体所选择的主要原因之一，这说明现在的农业劳动力在从事农业产业的时候已经不仅仅是为了养家糊口解决基本需要，同时也从侧面说明其中有一些素质比较高的劳动力供给。

表4-13　　　　　　　　　　务农原因加权计算排序

原因	频次1单位	占比（%）	频次2单位	占比（%）	频次3单位	占比（%）	分数（分）	得分排序
照顾家人	39	14.72	15	8.02	20	19.42	167	4
长期务农比较熟悉	64	24.15	30	16.04	14	13.59	266	2
不想离开农村	16	6.04	24	12.83	9	8.74	105	6
不让土地荒废	4	1.51	16	8.56	14	13.59	58	7
对农业有兴趣	50	18.87	48	25.67	14	13.59	260	3
感觉农业可以挣钱	60	22.64	44	23.53	32	31.07	300	1
其他	32	12.08	10	5.35	0	0.00	116	5

客观投入意愿从经营主体对于雇用工人的难易程度，以及进一步雇用工人的难易程度来侧面评估，若主观投入意愿比较强，则证明劳动力比较主动，那么主体雇用的难度就会较低。从调查统计结果来看（见图4-4），虽然总体上增加了扩大雇用规模的难度，这也和分主体统计的情况相一致，但是有近半的主体认为雇用劳动力相对容易（52.23%）。不同主体对于雇用工人的难易度评价占比分布相似，普通农户、家庭农

场、农民合作社对于雇工的难度评价基本一致,认为存在困难的都多于30%,但是农民合作社认为很困难的占比在这三者中是最高的(13.61%),这与农民合作社对于雇用劳动力的要求与数量更高有关,而相对经营较为灵活的普通农户与家庭农场雇用多以短工为主,所以他们对于雇工的相对容易程度评价占比都高于50%。农业企业认为雇工存在困难的占比是四个主体中最低的,这说明农业企业在雇人方面的能力存在优势,劳动力也更倾向于流入农业企业,但是认为雇用劳动力很难的农业企业占比也是最高的(15.38%),甚至高于总体平均水平,这与农业企业对于雇工素质要求相对较高有关,但是对于进一步雇用的难度,农业企业是唯一认为难度没有增加的主体,这也从侧面反映出样本企业主对于经营能力的自信要大于其他主体。综上来看,不论是总体还是分主体评价,都有过半的主体认为雇用劳动力相对不容易,尤其是对于农民合作社来说,雇用型的劳动力供给增加的可能性也相对较小。

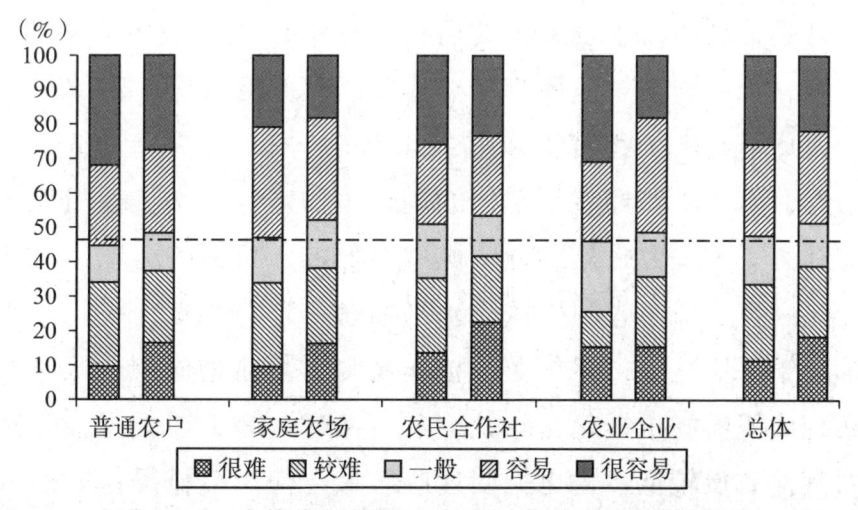

图 4-4 主体雇用及进一步雇用劳动力难易度评估

三、劳动力替代情况：机械化水平

经营主体的机械化水平与劳动力投入有着密切的替代关系，并且农业机械对劳动力替代性在不同粮食品种之间、不同主体之间以及不同地区之间表现出不同的差异性。这里用不同环节的机械化面积与主体耕地面积的比值计算得出机械化水平。经统计汇总可以发现各主体机械化水平主要有三方面的差异。（1）从主体差异来看，农业企业的机械化水平在各个环节都是最低的，这是由于该主体拥有的土地面积中用于耕作的很少，所以与其他以耕、种、收为主要业务的主体不具有可比性。农民合作社的平均机械化水平是最高的，这与农民合作社统一管理有关，说明农民合作社在机械化生产效率上占有很大的优势，未来对于劳动力的数量需求有可能会降低。普通农户与家庭农场的机械化水平相差不大，耕地与播种环节农户的机械化水平稍高于农场，收获环节则相反。（2）从作物差异来看，玉米的机械化水平在各个环节都是最高的，小麦紧随其后，平均机械化水平比玉米低了约8个百分点，水稻则在耕地环节基本实现全覆盖机械化（74.27%），而在种、收环节则极大程度上依靠人工劳动（28.11%）。（3）从不同区域来看，除了收获环节，吉林的调查主体已经基本实现机械化，该地区劳动力需求人数也是所有区域中最低的，机械的劳动力替代程度最高。陕西省与山东省的机械化水平在各个环节均低于平均水平，两地虽都处于平原地区，但是受种植作物与人均耕地面积的限制，无法完全实现大规模的机械化，除此之外，两省均是人口大省，劳动力成本相对其他省份较低，这也促使这些区域在使用机械操作方面的动力受阻（见表4-14）。

表 4-14　　　　　　　　机械化水平情况　　　　　　　　单位：%

项目		各环节机械化水平			样本量占比
		耕地机械化	播种机械化	收获机械化	
主体差异	普通农户	77.71	69.00	67.13	23.00
	新型经营主体	78.00	68.08	67.25	25.67
	家庭农场	77.25	62.25	73.12	43.00
	农民合作社	96.70	91.74	69.27	28.00
	农业企业	59.34	50.25	59.35	6.00
作物差异	小麦	78.68	75.69	75.69	32.00
	水稻	74.27	28.11	28.11	13.00
	玉米	86.71	83.88	83.88	41.00
区域差异	吉林	99.00	99.00	80.90	25.00
	安徽	79.30	30.90	76.00	12.00
	山东	63.30	58.21	55.46	17.00
	陕西	56.30	46.83	39.22	17.00
	河北	85.56	82.80	84.50	28.00
总体水平		81.76	71.20	69.87	100.00

第五节　本章小结

　　总的来看，新型经营主体劳动力配置不仅存在主体差异，也存在着环节差异。一方面，经营主体的规模越大，相对应的劳动力投工量越大，即农业企业、农民合作社为投工量最多的主体，家庭农场、普通农户低于各个主体的平均水平。另一方面，作业环节、日常环节的劳动力投工量是各环节中最大的，说明目前大多数经营主体对生产劳动力还存在很大的依赖性；物流环节的投工量相对较小，在包装、仓储、运输上还未能实现较大规模的统一，规模较小的主体对于物流环节的劳动力需求很小，规模化、市场化程度仍然较低；行政、财务环节的劳动力配置还存在很强的自主性和随意性，为了节省劳动力成本，主动雇用专业人员进行管理的主体非常少。同时，农业生产正在朝着依靠更多机械投入替代劳动力投入的方向发展，但行政管理等方面的劳动力投入的缺乏也是一个值得关注的问题。

针对目前劳动力配置的主体差异现状，新型经营主体相对于传统的小农户而言将需要更多的劳动力资源，因此有必要扩大劳动力区域流动范围，增加劳动力投工类型的多样性，改变自家投工占比较高的僵化局面，才能为新型农业经营主体的效率提升注入更多活力。对于环节差异而言，提升农业劳动力素质成为新型经营主体必须要解决的难题，特别是规范化的经营主体，仍然需要专业的管理团队。从各地的实践来看，绝大多数的家庭农场、农民合作社都是在文化素质较高、管理能力较强、技术水平较优的新型职业农民的带领下创办和成长起来的，因而培育和壮大新型职业农民队伍将有益于新型农业经营体系的构建和农业经营体制机制的创新。此外，由于机械化替代劳动力的现象已经普遍存在，且给生产效率带来很大的提升，所以应该大力提高各类经营主体的农机水平，一方面，增加农机购置补贴的广度和深度，另一方面，加大对农机的投资研发力度，促进机械化、信息化等现代技术融入新型农业经营主体的生产经营过程，进一步优化劳动力配置的效果。

第五章

资本投入与新型农业经营主体发展

当前，我国农村金融服务仍很难适应农业农村经济发展需求的问题已经成为各界共识。新型农业经营主体的资金投入问题同样面临诸多困境和挑战。本章试图从新型农业经营主体的固定资产投资和资金借贷两个方面，通过对农业经营主体的资本投入情况进行分析来呈现新型农业经营主体发展中资本投入的主要特点。需要强调的是，由于样本新型农业经营主体所从事的具体产业异质性很强，造成他们在农药、化肥等流动资本方面的投资差异很大，同时设施设备等固定资本投入一定程度上能较好地反映新型农业经营主体的资本投入特征，为此，本章没有将样本新型农业经营主体的流动资本投入情况纳入分析中。

第一节 农业经营主体的固定资本投入

一、自有设施设备

(一) 农用场所

1. 建设主体

在所调查的经营主体中，建设农用场所的普通农户、家庭农场、农民合作社和农业企业分别占所属经营主体类型的 29.6%、76.8%、80.0% 和 79.0%（见图 5-1）。由此可见，相较于普通农户，新型农业经营主体会更加普遍地进行农用场所建设。此外，进行农用场所建设的农业经营主体的年收入主要集中在 100 万元以上，占到 42.6%。

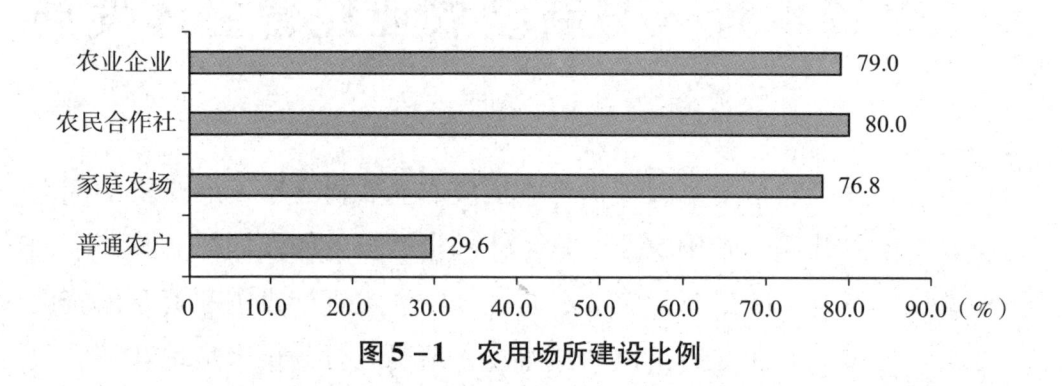

图 5-1 农用场所建设比例

2. 建设类型

在建设类型方面，主要以仓库厂房、温室大棚、养殖棚舍为主。具体来说，新型农业经营主体所建设的农用场所中，有 261 个仓库厂房、87 个温室大棚、70 个养殖棚舍、37 个经营性房屋、6 个存储场所和 5 个加工厂房。可见，仓库厂房是最为普遍的农用场所，相对来说需求最大（见图 5-2）。

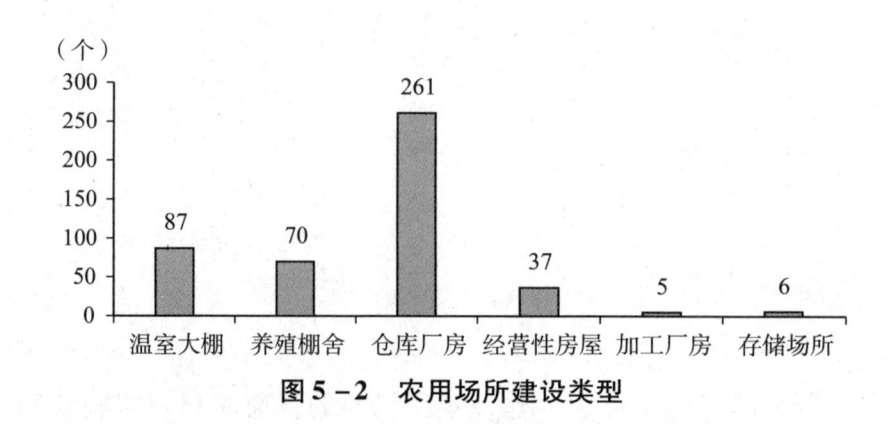

图 5-2 农用场所建设类型

3. 建设年份

在建设的农用场所中，有53%建设于2012年以后，有32%建设于2007—2011年，还有约14%建设于2007年之前。另外根据资料可知，农用场所的平均建设时间在2010年，经营主体的平均成立时间在2008年，因此农用场所多数是在农业经营主体成立2年左右时建设（见图5-3）。

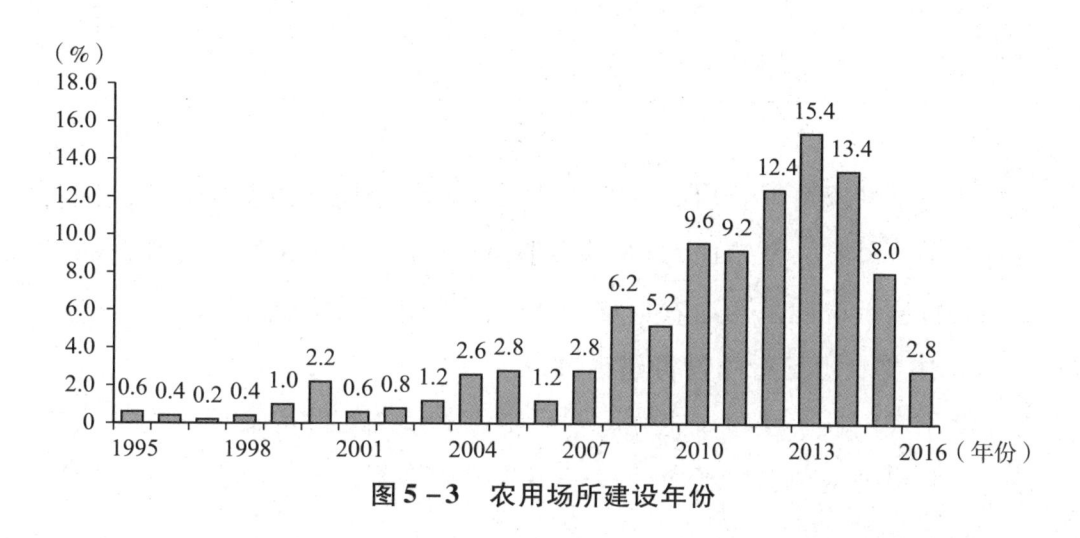

图5-3 农用场所建设年份

4. 建设资金来源

在建设资金来源方面，有85.0%来自自有资金，有7.0%来自银行借贷，有6.0%来自民间借贷，还有2.0%来自政府支付。

按经营主体类型来看：有83.0%的普通农户的建设资金来自自有资金，有10.6%是来自民间借贷，还有4.2%是来自政府支持；84.0%的家庭农场的建设资金来自自有资金，有7.6%是来自民间借贷，有5.8%是来自银行贷款，还有1.0%是来自政府支持；82.0%的农民合作社的建设资金来自自有资金，有8.2%是来自民间借贷，有5.4%是来自银行贷款，还有3.8%是来自政府支持；90.5%的农业企业的建设资金来自自有资金，有1.6%是来自民间借贷，有6.3%的农业企业的建设资金来自银行贷款,还有1.6%是来自其他企业或组织(见表5-1)。

表5-1　　　　　　　　　　建设资金来源　　　　　　　　　　单位:%

项目	自有资金	民间借贷	银行贷款	政府支持	其他
普通农户	83.0	10.6	0.0	4.2	2.2
家庭农场	84.0	7.6	5.8	1.0	1.6
农民合作社	82.0	8.2	5.4	3.8	0.6
农业企业	90.5	1.6	6.3	0.0	1.6

从以上情况可以看出,农业经营主体的农用场所建设资金大多来自自有资金;没有一个普通农户的农用场所建设资金是来自银行贷款,这在很大程度上说明了普通农户难以从金融机构获得贷款。

5. 主要农用场所的投资建设情况

由于农用场所在建设主体、建设费用和使用年限等方面具有一定差异,因此单独呈现农用场所建设最多的三种类型。

(1) 温室大棚。

A. 建设主体

在建设温室大棚的农业经营主体中,有51%为家庭农场,28%为农民合作社,13%为农业企业,8%为普通农户。家庭农场占据温室大棚建设的半数,这与家庭农场更多地进行农作物生产性活动有关(见图5-4)。

B. 建设费用

在温室大棚建设费用中,有60%集中在50万元以下,18.6%集中在50万~100万元之间,17.1%集中在100万~500万元之间,还有4.3%大于500万元。具体的分布情况如图5-5所示。

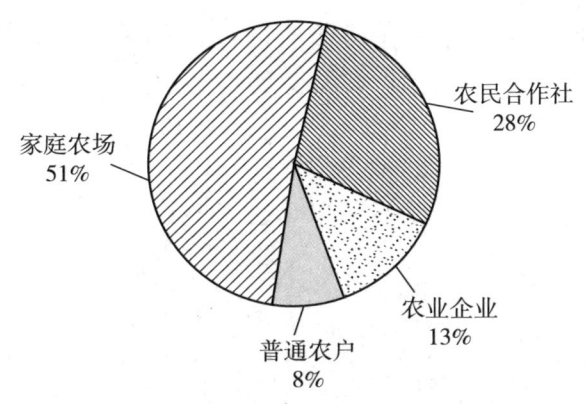

图 5-4 温室大棚建设主体

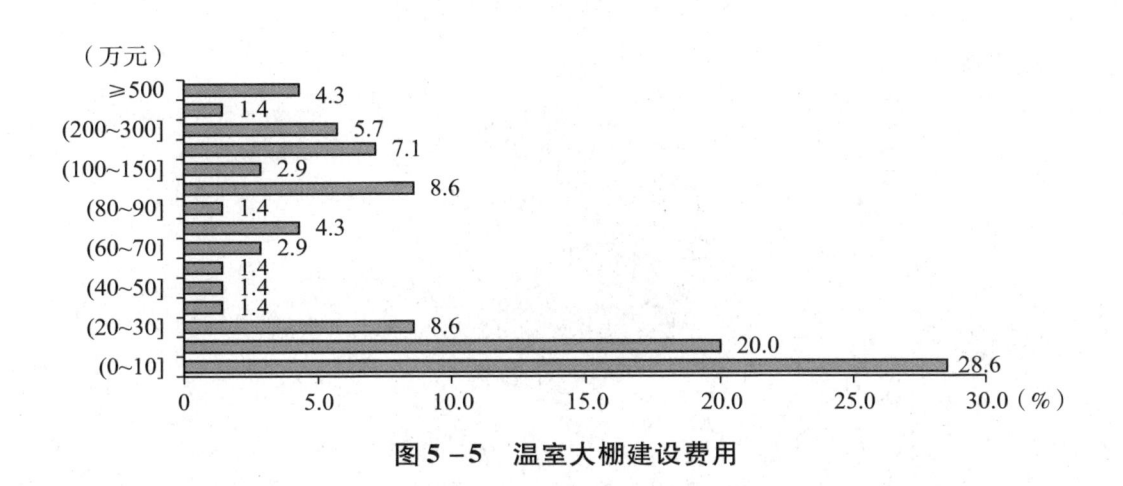

图 5-5 温室大棚建设费用

C. 使用年限

在已建设的温室大棚中，48%的使用年限在 10 年以内，43%为 10~20 年，还有 9%在 20 年以上（见图 5-6）。由此可以得知温室大棚的使用年限相对较短。

（2）养殖棚舍。

A. 建设主体

从养殖棚舍的建设主体来看，43%为家庭农场，27%为农民合作社，10%为农业企业，20%为普通农户。普通农户在建设温室大棚中的比例占到了20%，这与普通农户兼业性经营相关（见图5-7）。

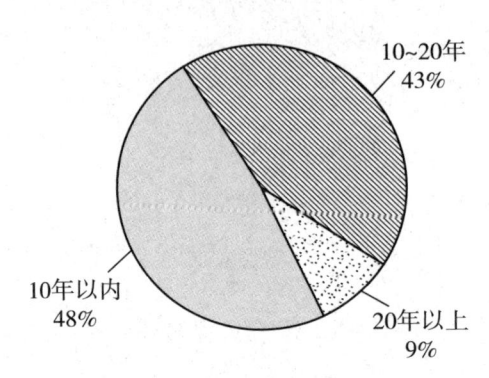

图5-6 温室大棚使用年限

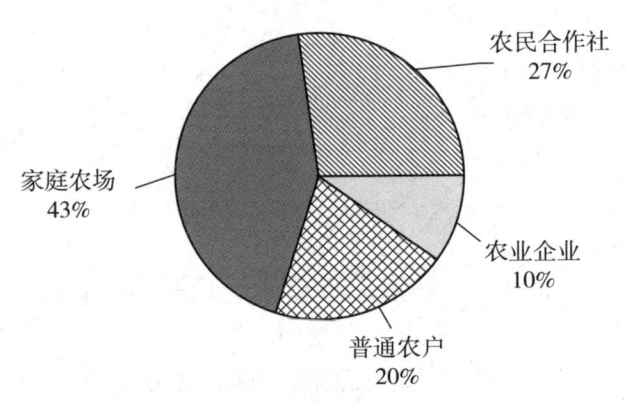

图5-7 养殖棚舍建设主体

B. 建设费用

建设养殖棚舍的费用中，53.1%集中在50万元以下，18.3%集中在50万~100万元之间，20.6%在100万~500万元之间，还有8%在500万元以上。更加具体的分布情况如图5-8所示。

C. 使用年限

养殖棚舍的使用年限集中在10~20年，占比53%；10年以内占比25%，20年以上占比22%。养殖棚舍的使用年限相较于温室大棚要长一些，多数集中在 10~20 年（见图 5-9）。

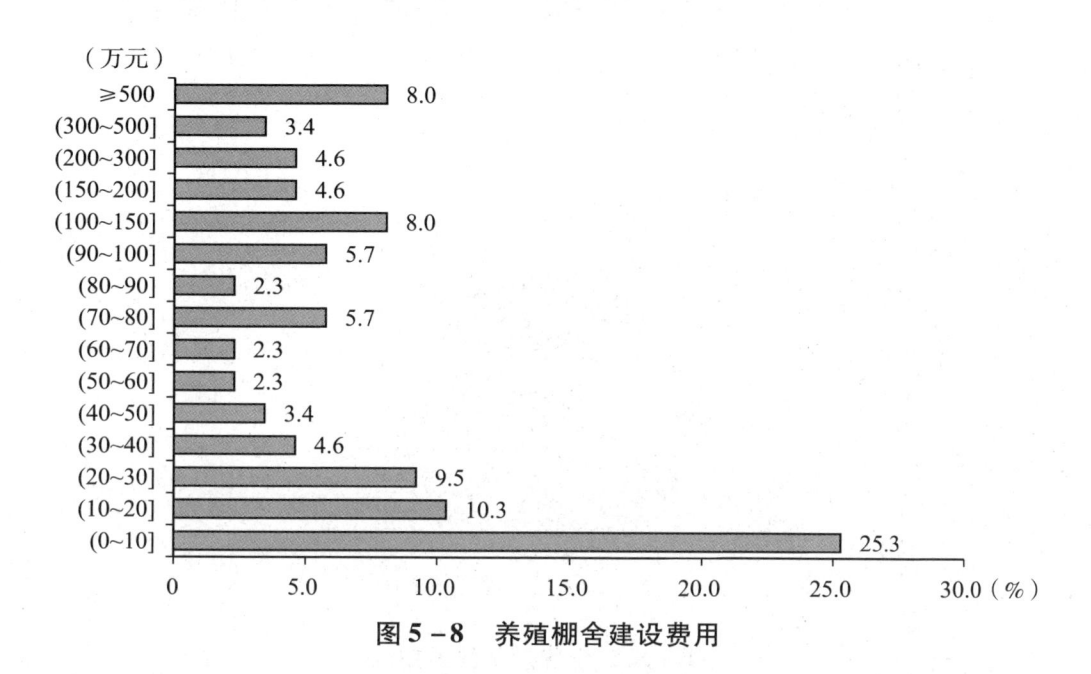

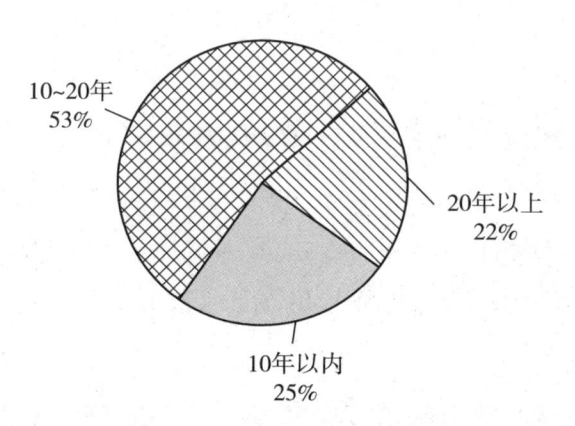

图 5-8 养殖棚舍建设费用

区间（万元）	百分比（%）
≥500	8.0
(300~500]	3.4
(200~300]	4.6
(150~200]	4.6
(100~150]	8.0
(90~100]	5.7
(80~90]	2.3
(70~80]	5.7
(60~70]	2.3
(50~60]	2.3
(40~50]	3.4
(30~40]	4.6
(20~30]	9.5
(10~20]	10.3
(0~10]	25.3

图 5-9 养殖棚舍使用年限

- 10~20年：53%
- 20年以上：22%
- 10年以内：25%

(3) 仓库厂房。

A. 建设主体

从仓库厂房的建设主体来看，41% 为家庭农场建设，39% 为农民合作社建设，12%为农业企业建设，8%为普通农户建设。相较于农民合作社在温室大棚和养殖棚舍的建设主体所占比例，农民合作社仓库厂房建设主体所占比例有了近10%的提升，这与农民合作社更多参与农产品加工、储藏有关（见图5-10）。

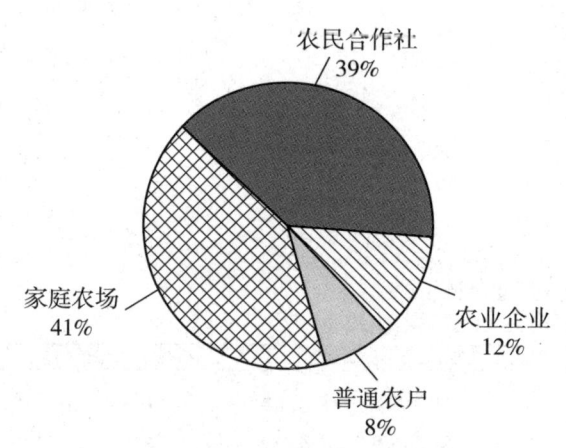

图5-10 仓库厂房建设主体

B. 建设费用

仓库厂房的建设费用主要集中在50万元以下，占65.6%；50万～100万元占比为13.4%，100万～500万元占比为11.8%，500万元以上占比9.2%。可以看出，相对于温室大棚与养殖棚舍，有更多的仓库厂房建设的费用在10万元以内（见图5-11）。

C. 使用年限

仓库厂房的使用年限在20年以上的占43%，10～20年的占40%，10年以内的占17%。不难看出，仓库厂房的使用年限大于温室大棚与养殖棚舍，有更多的仓库厂房的使用年限在20年以上（见图5-12）。

图 5-11 仓库厂房建设费用

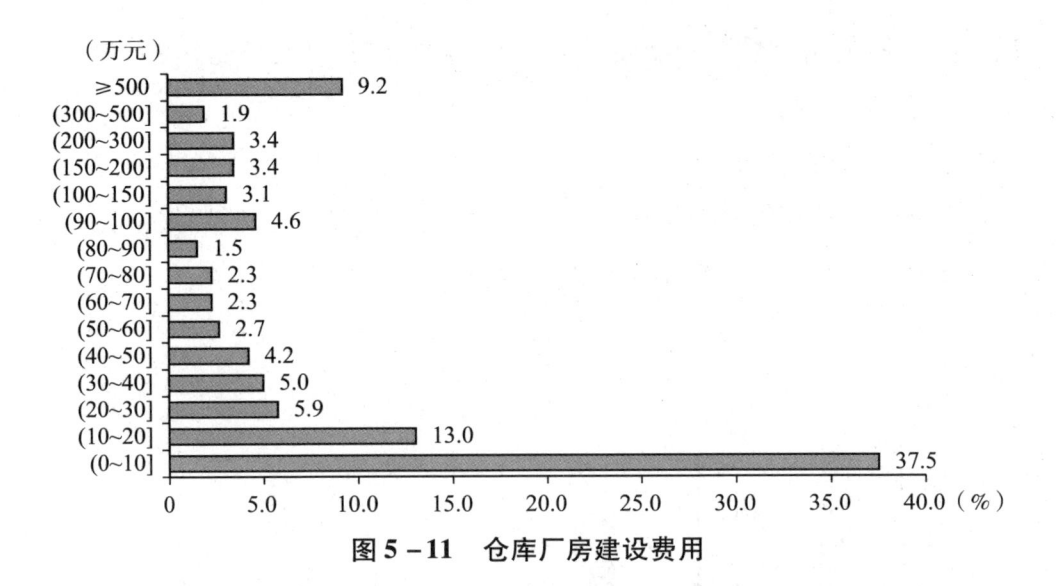

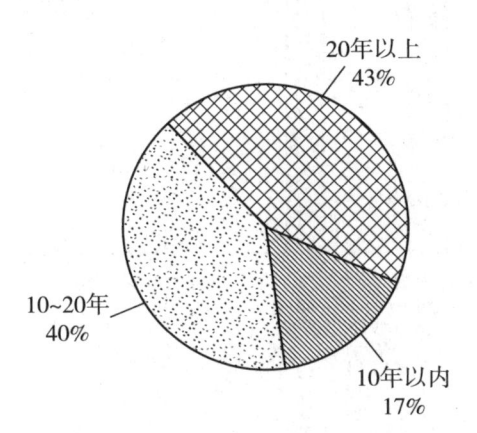

图 5-12 仓库厂房使用年限

（二）农机具

1. 购置主体

在所调查的经营主体中，购置农机具的普通农户、家庭农场、农民合作社和农业企业分别占所属经营主体类型的 55.7%、87.5%、81.3% 和 65.1%。

相对于建设农用场所，有更多的普通农户购置了农机具。这与农机具在生产中的基础性、重要性以及农机具价格相对便宜有关。

2. 农机具类型

在所调查的农业经营主体所购置的农机具中,有216辆拖拉机,211辆农用运输车辆,181架农具(播种、犁地等),65台收割机,28台烘干机,18台喷药器,10台加工设备(见图5-13)。

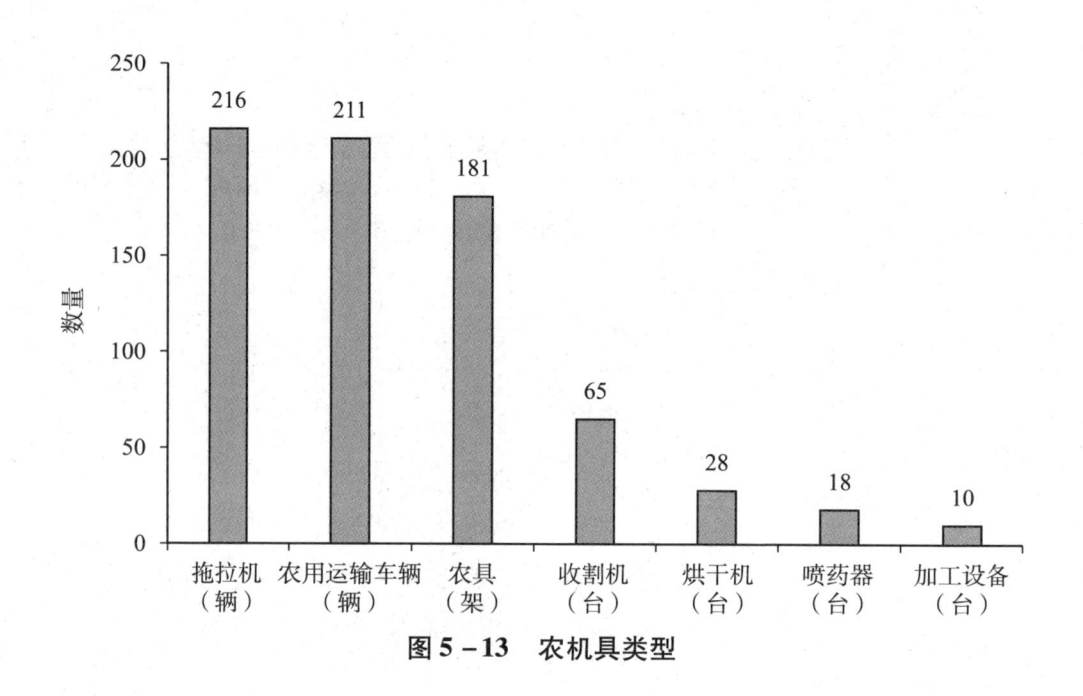

图5-13 农机具类型

3. 购置年份

调查结果显示,有55.5%的农机具购置于2012年以后,有34.5%购置于2007—2011年,还有10%购置于2007年之前。农机购置的平均时间在2010年,农业经营主体的建立时间平均在2010年,因此农业经营主体通常在成立2年左右时购置农机具(见图5-14)。

4. 资金来源

在购置资金来源方面,有90.9%来自自有资金,2.9%来自银行贷款,2.8%来自民间借贷,还有2.4%来自政府支付(以下数据可重复

图 5-14 农机具购置年份

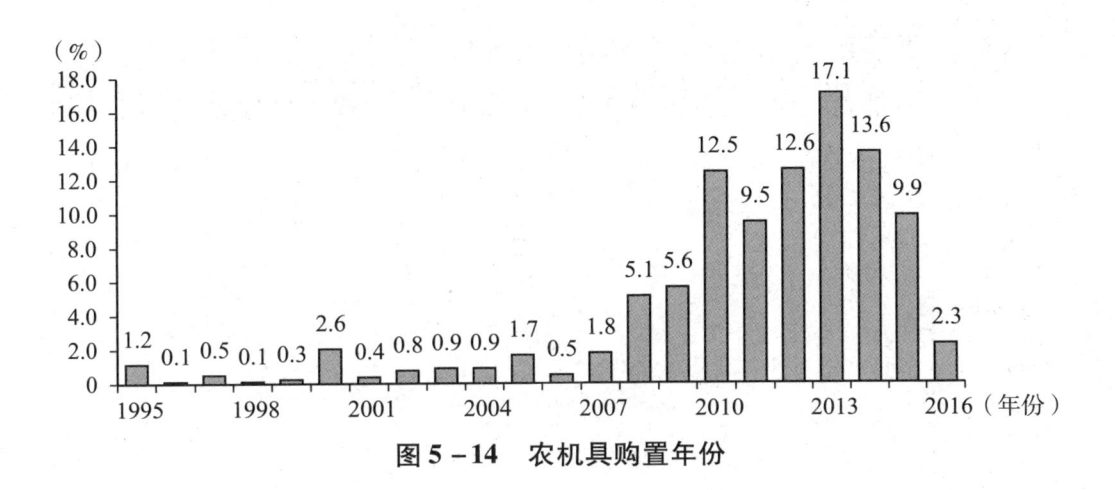

计算）。其中，96.0%的普通农户的购置资金来自自有资金，有3.5%来自政府支持，还有0.9%来自其他渠道；95.0%的家庭农场的购置资金来自自有资金，有1.9%是来自民间借贷，有2.9%是来自银行贷款，还有0.6%是来自其他渠道；84.0%的农民合作社的购置资金来自自有资金，有5.6%来自民间借贷，有3.7%来自银行贷款，有4.8%来自政府支持，还有1.9%来自其他渠道；93.7%的农业企业的购置资金来自自有资金，有4.8%来自银行贷款，还有2.0%来自政府支持。可见，相对于农用场所，购置农机具的资金更多来自自有资金，这与农机具的价格相对便宜、多数农业经营主体可以凭借自有资金购买有关（见表5-2）。

表 5-2　　　　　　　　　购置资金来源　　　　　　　　　单位：%

项目	自有资金	民间借贷	银行贷款	政府支持	其他
普通农户	96.0	0	0	3.5	0.9
家庭农场	95.0	1.9	2.9	0	0.6
农民合作社	84.0	5.6	3.7	4.8	1.9
农业企业	93.7	0	4.8	2.0	0

5. 购置费用

农机具的购置费用主要集中在 10 万元以内，占到了总数的 71.6%，50 万元以内更是占到了 90.6%，50 万元以上占到了 9.4%（见图 5-15）。

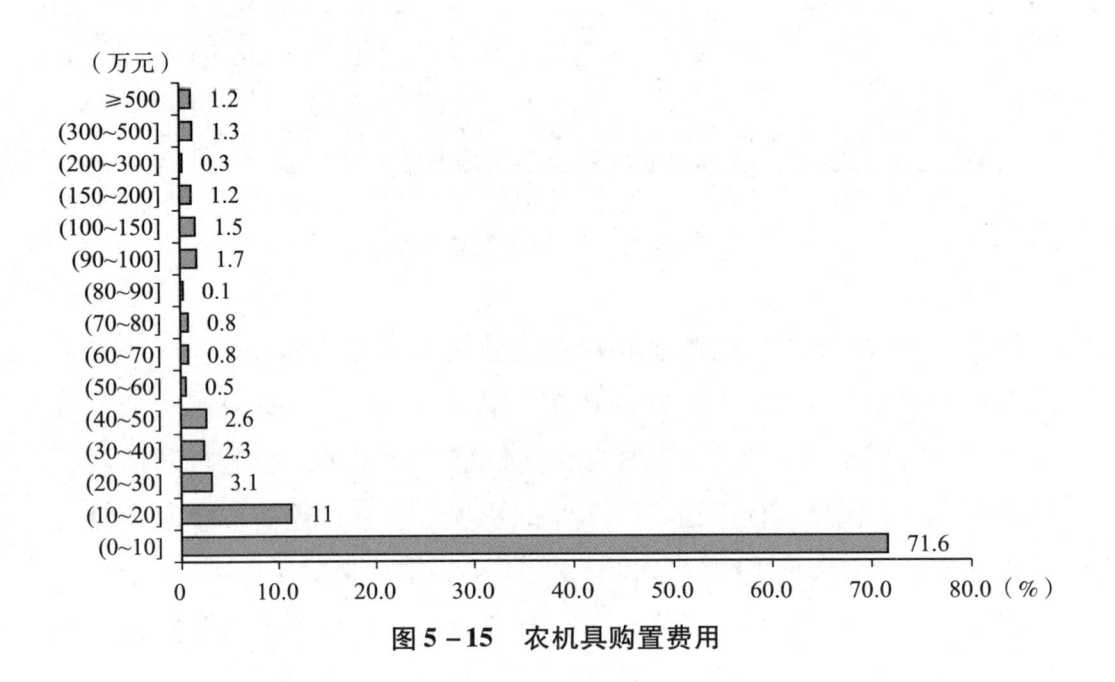

区间（万元）	百分比(%)
≥500	1.2
(300~500]	1.3
(200~300]	0.3
(150~200]	1.2
(100~150]	1.5
(90~100]	1.7
(80~90]	0.1
(70~80]	0.8
(60~70]	0.8
(50~60]	0.5
(40~50]	2.6
(30~40]	2.3
(20~30]	3.1
(10~20]	11
(0~10]	71.6

图 5-15 农机具购置费用

二、租赁设施设备

（一）农用场所

1. 租赁类型和租赁主体

有 10.2% 的农业经营主体进行了农用场所的租赁，其中养殖棚舍、仓库厂房租赁较为普遍。具体来看，分别有 2.6% 的普通农户、17.3% 的家庭农场、14.8% 的农民合作社和 9.3% 的农业企业进行了农用场所的租赁，可以看出，新型农业经营主体相对于普通农户来说，租赁农用场所的比例更高。

2. 租赁费用

农用场所的租赁费用主要在 5 万元以内，占到总数的 74.6%，还有部分租赁费用在 5 万~10 万元、10 万~100 万元以及 100 万元以上，分别占总数的 10.2%、8.5% 和 6.8%（见图 5-16）。

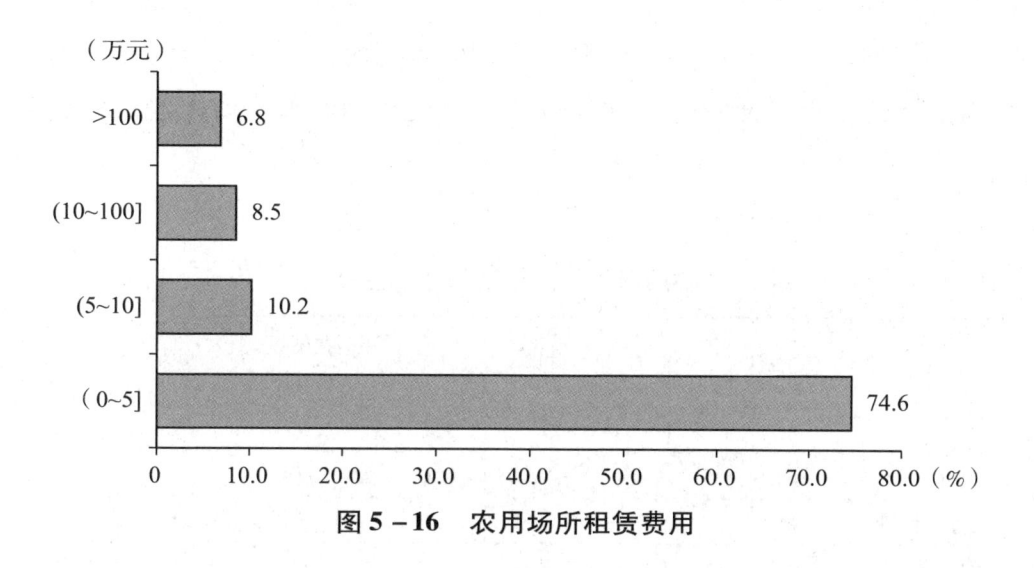

图 5-16 农用场所租赁费用

3. 租金来源

从调查结果来看，租赁农用场所的资金主要来自自有资金，占到了 94%，还有少量来自民间借贷和银行贷款（见图 5-17）。

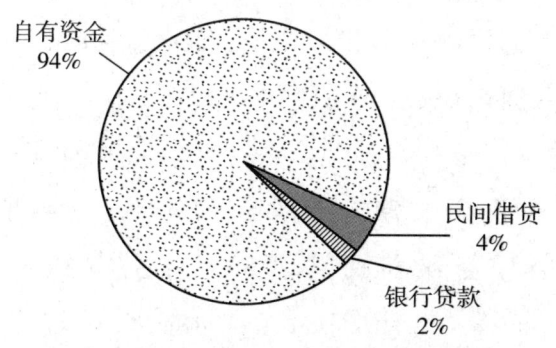

图 5-17 农用场所租赁资金来源

(二)农机具

1. 租赁类型和租赁主体

调查数据显示,有 29 家普通农户、23 家家庭农场、12 家农民合作社和 4 家农业企业进行了农机具租赁,可以发现普通农户是最多参与农机具租赁的,这与农机具购置部分的情况是有所不同的,也与租赁价格相对购置价格更加便宜,且部分普通农户仅在生产季节使用农机具有关(见表 5-3)。

表 5-3　　　　　　　　农用场所租赁类型和租赁主体　　　　　　单位:家

项目	拖拉机	收割机	农具	烘干机	农用运输车辆	其他	合计
普通农户	8	7	3	2	3	6	29
家庭农场	6	9	3	0	5	0	23
农民合作社	4	2	3	0	3	0	12
农业企业	1	0	3	0	0	0	4
合计	19	18	12	2	11	6	68

2. 租赁费用

农用场所的租赁费用主要在 5 万元以内,占到总数的 76.8%,租赁费用 5 万~10 万元的占总数的 7.2%,10 万~100 万元的占 10.1%。100 万元以上的占到 5.8%(见图 5-18)。

3. 租金来源

农机具租赁的资金来源主要是自有资金,占到了 93.4%,还有少部分是来自银行贷款和民间借贷,分别占到了 4.9% 和 1.7%(见图 5-19)。

(万元)

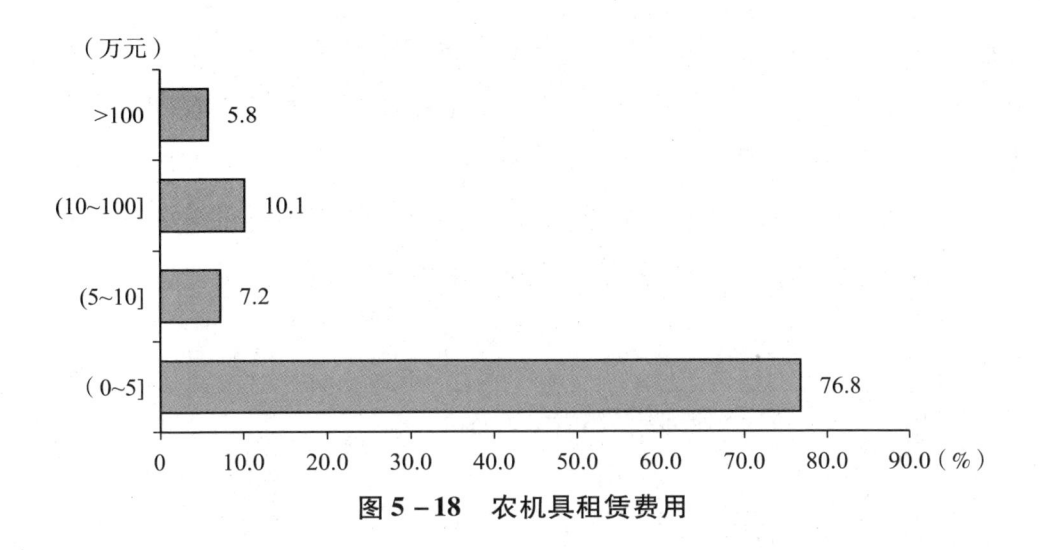

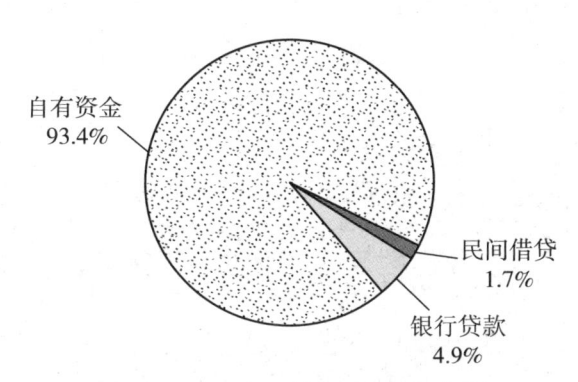

>100　5.8
(10~100]　10.1
(5~10]　7.2
(0~5]　76.8

图 5-18　农机具租赁费用

自有资金 93.4%
民间借贷 1.7%
银行贷款 4.9%

图 5-19　农机具租赁资金来源

第二节　农业经营主体的资金借贷

一、负债总体情况

样本数据显示，有 49.9% 的农业经营主体背有负债，其中 78.8% 是为了农业生产活动。负债主要集中在 10 万元以下、10 万~20 万元及

500万元以上，分别占总数的22.5%、16.7%和9.2%（见图5-20）。负债在10万元以下和10万~20万元的主体主要是家庭农场，占总数的51.1%，其次是农民合作社和普通农户，分别占24.5%和23.4%。负债在500万元以上的主要是农业企业，占68.2%，还有部分农民合作社及极少数家庭农场，分别占到了22.8%和9.1%。

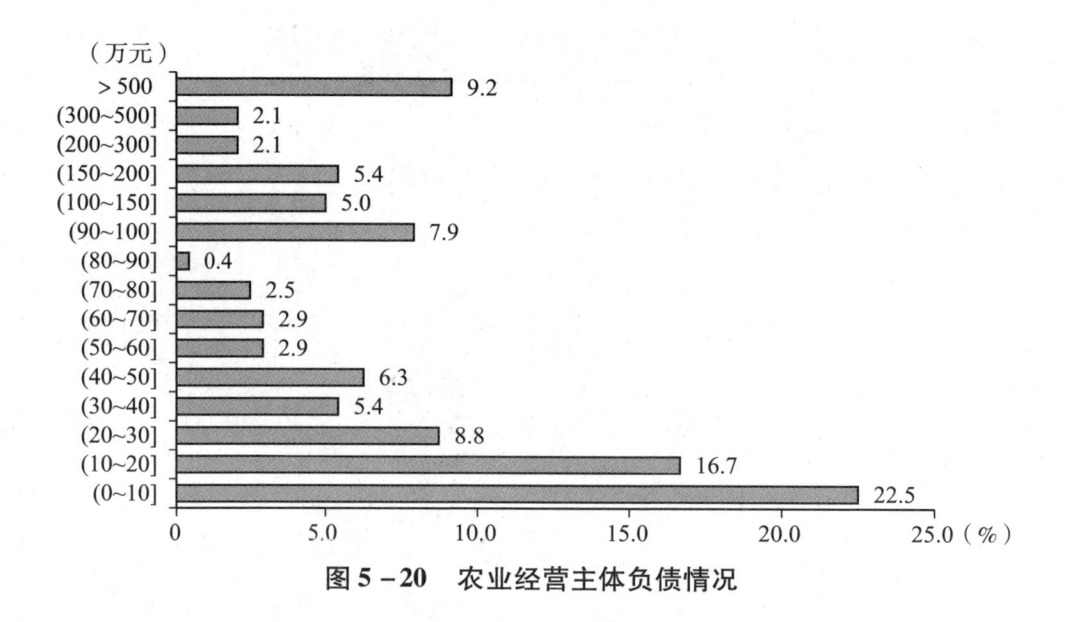

负债区间（万元）	占比（%）
>500	9.2
(300~500]	2.1
(200~300]	2.1
(150~200]	5.4
(100~150]	5.0
(90~100]	7.9
(80~90]	0.4
(70~80]	2.5
(60~70]	2.9
(50~60]	2.9
(40~50]	6.3
(30~40]	5.4
(20~30]	8.8
(10~20]	16.7
(0~10]	22.5

图5-20　农业经营主体负债情况

农业经营主体的负债主要来自银行和亲戚朋友，分别占到总数的56%和34%，还有少部分负债来自高利贷、上游供货商的应付款（见图5-21）。

二、贷款基本特点

调查情况显示，有43.55%的农业经营主体2012—2016年没有进行过贷款，56.45%的农业经营主体发生过贷款。

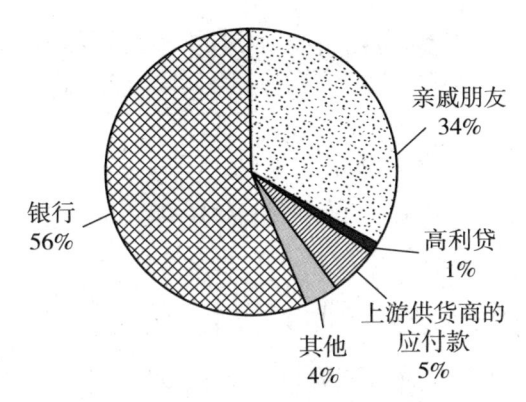

图 5-21 农业经营主体负债来源

1. 贷款主体

从贷款主体来看，分别有 57.7%、51.2% 和 45.2% 的家庭农场、农业企业和农民合作社近五年来进行过贷款，然而只有 14.8% 的普通农户近五年来进行过贷款，与新型农业经营主体的贷款率形成鲜明的对比，这说明普通农户相比新型农业经营主体更难在金融机构获得贷款（见图 5-22）。

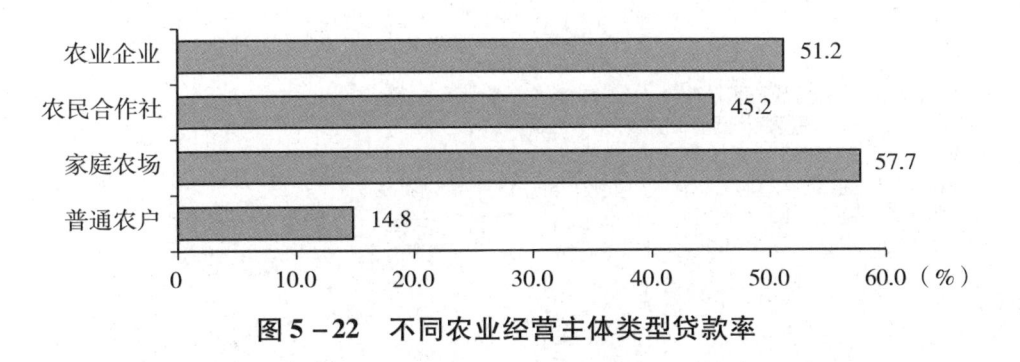

图 5-22 不同农业经营主体类型贷款率

2. 贷款利率

5 省（区、市）调查结果显示，全国正规金融贷款利率平均每年 9.3%，省份之间也有一定差距：河北为每年 9.7%，山东为每年 10.6%，安徽每年 8.8%，陕西每年 9.6%，吉林每年 7.8%。

民间贷款的利率全国平均为每年 14.3%，其中河北为每年 13.6%，山东为每年14.6%,安徽为每年12.7%,陕西为每年14.7%,吉林为每年15.9%。

亲戚朋友贷款利率全国平均为每年11.1%,其中河北为每年11.1%,山东为每年9.6%,安徽为每年10.9%,陕西为每年11.3%,吉林为每年13.5%。

高利贷利率全国平均为每年37.3%,其中河北为每年36.9%,山东为每年37%,安徽为每年27%,陕西为每年36.2%,吉林为每年39%。

3. 贷款金额

近五年来发生过贷款的农业经营主体平均贷款金额为264.2万元,平均期限为2.2年。具体来看,农业经营主体的贷款金额主要分布在50万元以内,占到了总数的66.8%;50万~100万元占到13.5%;100万~1000万元占到14.7%;还有4.9%的农业经营主体的贷款金额在1000万元以上(见图5-23)。

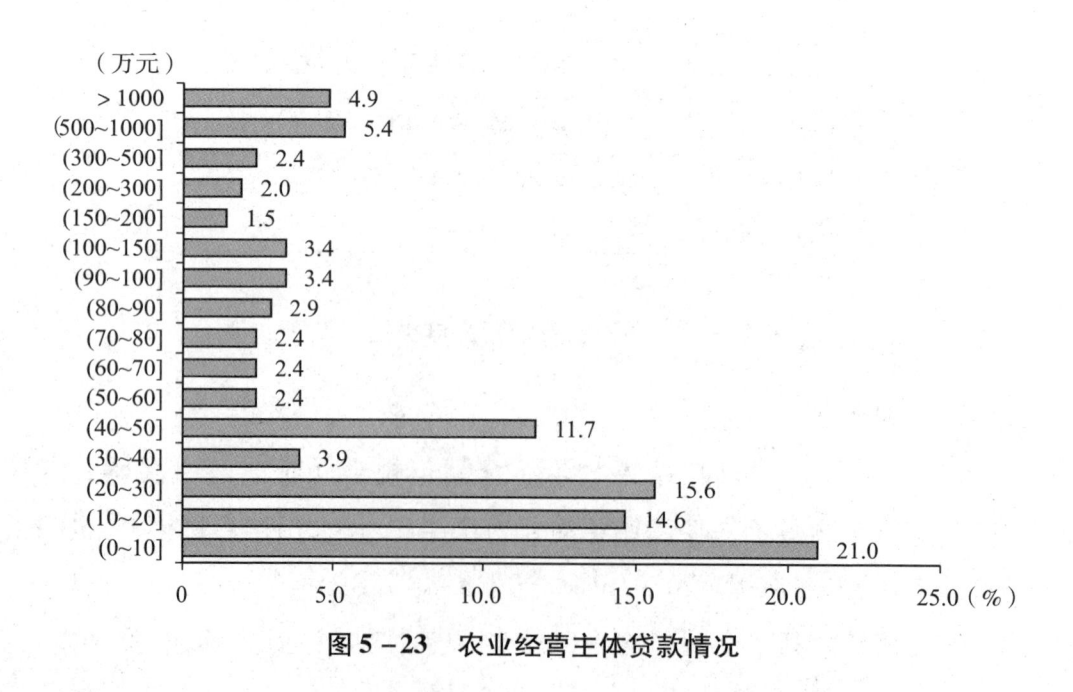

贷款金额(万元)	比例(%)
>1000	4.9
(500~1000]	5.4
(300~500]	2.4
(200~300]	2.0
(150~200]	1.5
(100~150]	3.4
(90~100]	3.4
(80~90]	2.9
(70~80]	2.4
(60~70]	2.4
(50~60]	2.4
(40~50]	11.7
(30~40]	3.9
(20~30]	15.6
(10~20]	14.6
(0~10]	21.0

图5-23 农业经营主体贷款情况

4. 贷款来源

贷款来源主要有农村信用社、农业银行、邮储银行、村镇银行和其他商业银行。其中农村信用社是最大来源，占到了 53%（见图 5-24）。

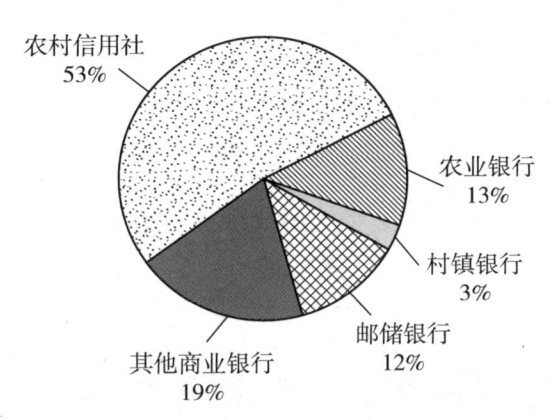

图 5-24 农业经营主体贷款来源

5. 贷款名义

在贷款名义部分，有 70.5% 的主体是以个人名义进行贷款，有 11.4% 按合作社名义进行贷款，还有 13.8% 是按企业名义进行贷款。但是这里也出现了一些问题，有部分家庭农场在进行贷款时不知道自己所属性质，所以只能按个人名义进行贷款，贷款额却不能完全满足其需求，这也与目前没有专门的法律法规来设置家庭农场的认定标准有关。

6. 贷款种类

从调查情况来看，农业经营主体的贷款种类主要是信用贷款、抵押贷款和第三方担保贷款，分别占总数的 38%、34% 和 22%，成员联保贷款只占到了 5%，这表明农户认知和申请方便程度还存在着一些问题，需要进行宣传与发展（见图 5-25）。

抵押贷款
34%

第三方担保贷款
22%

成员联保贷款
5%

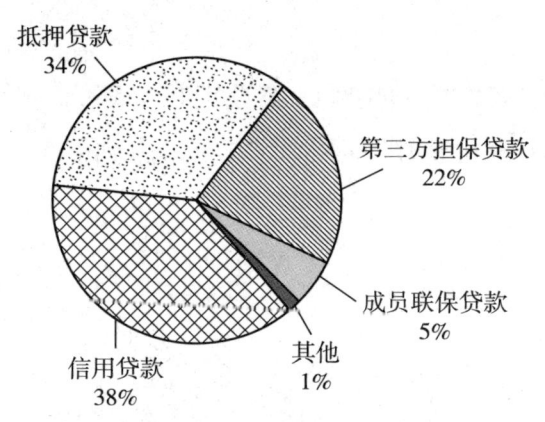

其他
1%

信用贷款
38%

图 5-25　农业经营主体贷款种类

7. 贷款用途

调查数据表明，农业经营主体的贷款种类主要有购买生产资料、收购农户产品、建设仓储设施或加工、购置运输设备、建造办公场所、建设生产基地、合作社日常运作和一些非农业用途。最常见的用途是购买生产资料，占到了 57.1%，超过总数 10% 的用途还有收购农户产品和建设仓储设施或加工，分别是 13.6% 和 11.1%（见图 5-26）。

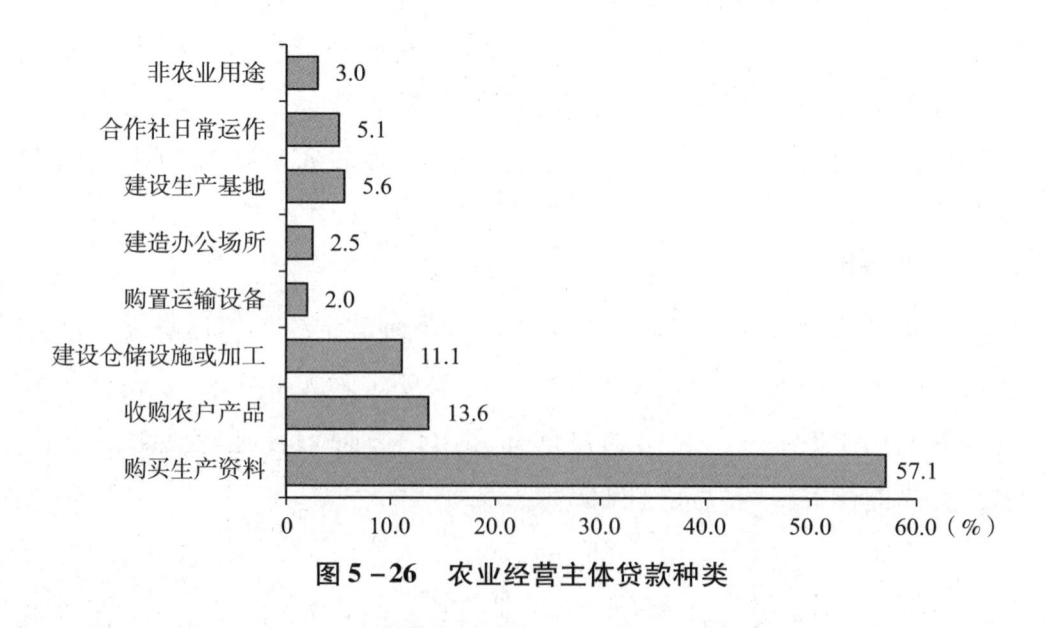

用途	百分比
非农业用途	3.0
合作社日常运作	5.1
建设生产基地	5.6
建造办公场所	2.5
购置运输设备	2.0
建设仓储设施或加工	11.1
收购农户产品	13.6
购买生产资料	57.1

图 5-26　农业经营主体贷款种类

第三节 本章小结

一、基本判断

一是新型农业经营主体在固定资产部分投资明显高于普通农户。根据一些专家学者的论证，农业固定资产投资与农民收入存在正相关关系。调查显示，新型农业经营主体的固定资产投资大于普通农户，因此可以说发展新型农业经营主体有助于提高农业从业者的收入。

二是农业经营主体难以从银行获得贷款。根据对农业经营主体固定资产投资的资金来源的调查，银行贷款在投资资金来源中所占的比例是极小的，普通农户通过银行贷款进行固定资产投资的更是几乎为零。这在某种程度上说明农业经营主体缺少从银行获得贷款的渠道和方式。

三是家庭农场性质认定不统一影响其融资能力。在调查中，不同省份地区甚至相同地区的家庭农场的性质差别很大，有的家庭农场登记为个体工商户，有的登记为个人独资企业，有的登记为有限责任公司。不同的性质也造成了家庭农场融资水平和规模的差距。目前很多学者都认为家庭农场应该具有企业化的法人特征，应到工商行政管理部门注册，以进行规范管理和运营。

四是农用场所、农机具租赁市场尚未得到开发。相比修建农用场所和购置农机具高额投入，租赁方式具有价格低、由"直接购买"变"先租后买"等优势，能够大幅度减轻一次性投入压力，是缓解农业经营主体资金压力、借款难的一条出路。然而由于缺乏广泛认知，法律法规也没有相关的内容，进入农用场所、农机具租赁市场的主体十分稀少，使得租赁市场尚未得到充分开发。

二、相关建议

第一，积极引导农业经营主体加大固定资产投资。政府应加大对那些旨在提高农业综合生产能力的固定资产投资项目的政策（如对购置农机进行补贴）和资金支持力度。此外，还应加强对农村固定资产投资的信息服务和政策引导，切实提高投资效率。

第二，做好农业经营主体金融服务。对于农业经营主体出于发展目的的贷款，有关部门及金融机构应积极支持，根据其经营情况合理确定农业经营主体的利率水平和额度，适当延长贷款期限，积极拓宽抵质押担保物范围。同时可以开通农业经营主体贷款绿色通道，简化审贷流程，提高效率，确保其合理信贷需求得到满足。

第三，探索家庭农场"企业化"道路。目前大多数家庭农场登记为个体工商户，相对企业形式而言，个体工商户具有登记条件低、办理简单、管理宽松的优势，但是需要在金融机构贷款时受到的限制也会多一些。多数学者认为企业形式更符合家庭农场的规模化经营的需求，采用企业形式设立家庭农场可以推进家庭农场的规模化经营，使组织规范化，提升产品的品牌效应，所以各地在培育和发展家庭农场时应积极探索家庭农场企业化。

第四，积极培育农业固定资产租赁市场。一方面，要加强宣传推介。既要向金融机构宣传农用场所、农机具租赁的市场潜力，推动金融机构开发农用场所、农机具租赁市场，又要向农民群众宣传相关知识和理念，为他们租赁农用场所、农机具，提供技术、法律、经济等咨询服务，帮助他们规避市场风险。另一方面，加强政策扶持。抓紧制定内容具体、便于操作、简便易行的租赁操作办法，支持金融机构、农机企业、独立租赁公司开展租赁业务。同时，应借鉴美、日等国做法，制定扶持政策，鼓励保险公司尽快开展相关业务。

第六章

社会化服务与新型农业经营主体发展

发达国家的成功经验表明，农业发展得益于成熟完善的农业社会化服务（殷秀萍，王洋，郭翔宇，2013）。农业社会化服务是农业生产力发展的结果，是世界农业发展的共同趋势，也是推进中国特色农业现代化发展的重要举措（黄映晖，孙世民，史亚军，2010）。完善、高效、健全和规范的农业社会化服务体系是各资源要素的"黏合剂"，可以实现各要素科学配置、重组和复合，增强农业"造血"功能和发展功能，推进农业经营风险释放，化解与协同小农生产方式与社会化生产的尖锐冲突，是建设现代化农业的关键所在。随着农业劳动力老龄化、弱质化、妇女化等问题的出现，多种形式的新型农业经营主体将迅速成长，成为我国农业现代化发展的重要力量。其重要性不仅体现在相对较大的经营规模、较好的物质装备条件与经营管理水平、较高的农业产出效率，还体现在较强的农业社会化服务功能和对普通农户的辐射带动作用（钟真，谭玥琳，穆娜娜，2014）。新型农业经营主体的发展会促进农业社会化服务的深化和强化，而农业社会化服务系统的完善反过来又能提高新型农业经营主体生产经营水平。因此，兼具生产与服务双重功能的新型农业经营主体在构建新型农业经营体系的过程中发挥着关键作用（楼栋，孔祥智，2013）。

然而，研究发现，学术界对新型农业经营主体的农业社会化服务相关的研究还不多，且为数不多的文献也多停留在思辨性的理论探讨和宏观性的政策分析等层面。而对诸如新型农业经营主体的农业社会化服务需求与供给状况如何，新型经营主体通过农业社会化服务在降低农业生产经营成本、增加农业生产经营收益方面对农户的带动情况如何，政府对此给予何种支持与引导，新型农业经营主体的农业社会化服务对自身产生了什么影响以及新型农业经营主体接受和提供农业社会化服务的满意度与意愿如何等，还缺乏细致的微观调查与分析。为此，本章试图从各类新型农业经营主体的微观视角出发来回答上述问题。

第一节 农业社会化服务供求情况

农业社会化服务是为农业产前、产中、产后各个环节提供农业生产经营的有形的或无形的服务，具体包括技术服务、农资服务、销售服务、物流服务、信息服务、品牌服务、金融服务、质量服务、作业服务、基建服务及其他各项服务（谭智心，孔祥智，2009）。其中技术服务包括技术指导、技术培训和直接技术应用服务等；农资服务包括农资供应、农资代购、农资选购指导、农业机械销售等；销售服务是指农产品的直接收购、代销等；物流服务是指农产品的运输、存储、包装、装卸、流通加工等；信息服务是指提供技术、市场、政策、土地流转等各种相关信息资讯；品牌服务是指品牌打造宣传、品牌资质共享等；金融服务是指为解决资金困难或规避风险而提供的贷款、担保、保险等服务；质量服务是指为提高农产品质量，保障其安全而提供的检测、认证、督导等服务；作业服务是指耕种收农机服务、统防统治、疫病防治等；基建服务是指提供农田水利、乡间道路等农村基础设施建设相关服务。

一、新型农业经营主体的农业社会化服务需求

(一) 农业社会化服务需求及满足情况

随着农业现代化的发展,农业经营主体尤其是新型农业经营主体对于各项农业社会化服务的需求越来越大。从调查数据来看,新型农业经营主体需要的农业社会化服务比例远高于接受过的农业社会化服务比例,过半数的新型农业经营主体对于技术服务等具体10项农业社会化服务都有需求,其中技术服务的需求比例最大,有91.52%的新型农业经营主体都有技术服务的需求,其次是信息服务和农资服务,分别占比84.16%和78.89%。虽然被调查的新型农业经营主体对于这10项农业社会化服务的需求比较大,但是真正接受过10项农业社会化服务的比例均低于需求比例。其中,接受过技术服务的比例最高,达81.42%,其次是农资服务和信息服务,分别占比52.98%和44.78%。此外,销售服务、物流服务、信息服务、品牌服务、质量服务、作业服务以及基建服务需求比例和实际接受过的比例差距均在35个百分点以上。上述情况说明,这7项农业社会化服务提供的数量不足以满足新型农业经营主体生产经营所需,在未来应该适当提高这7项服务的数量和质量(见图6-1)。

(二) 农业社会化服务的来源

新型农业经营主体接受各项农业社会化服务的来源包括农资供应商、专业服务公司、普通农户、专业大户或家庭农场、合作社或协会、农业企业、村委会、科研单位、金融机构、政府部门以及其他。从调查结果来看,农业经营主体农业社会化服务来源有很大一部分来自政府,

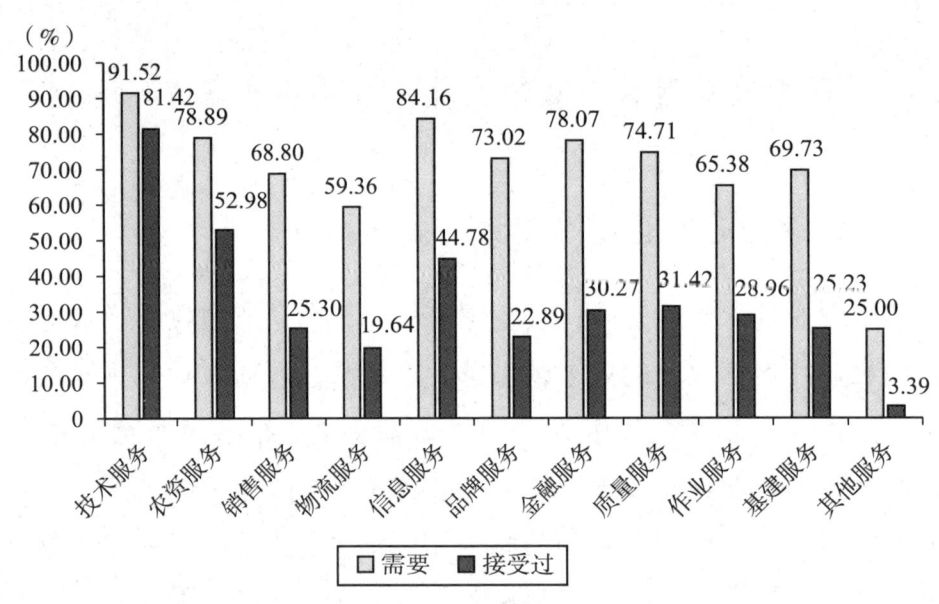

图6-1 农业社会化服务需求及满足情况

其中包括信息服务（66.44%）、质量服务（61.39%）、技术服务（53.82%）、品牌服务（51.32%）、作业服务（36.56%）以及比例最高的基建服务（75.00%）。由此可见，政府部门对于农田水利、乡间道路等农村农业基础设施建设等相关服务发挥了重要的作用，对新型农业经营主体提供技术培训、信息咨询等方面也起到了重要的作用。主要由政府提供的这些农业社会化服务具有公益性、非营利性和外部性等特点，因此部分农业社会化服务由政府提供能产生较好的效果。

此外，51.43%的新型农业经营主体的农资服务由农资供应商提供，说明大部分新型农业经营主体还是自己去农资销售商处购买农资，或者由农资供应商提供上门指导服务，仍为最传统的农资获得方式；而有9.14%通过合作社或协会获得农资服务，说明一些新型农业经营主体通过加入合作社统一采购农资来获得农资服务；16.67%的新型农业经营主体的销售服务由合作社或协会提供，由此可见，已经有相当一部分加入合作社来统一销售农产品，通过合作社实现小农户与大市场的连接；

物流服务方面，有26.98%由专业服务公司提供，有15.87%由农业企业提供；73.27%的金融服务由金融机构提供；有36.56%通过政府获得作业服务、有27.96%由普通农户提供（见表6-1）。

表6-1　　　　　　　　　农业社会化服务来源　　　　　　　单位：%

项目	农资供应商	专业服务公司	普通农户	专业大户家庭农场	合作社或协会	农业企业	村委会	科研单位	金融机构	政府部门	其他
技术服务	7.64	6.18	1.82	3.27	4.73	2.55	0	14.91	5.09	53.82	0
农资服务	51.43	2.86	1.14	0.57	9.14	5.71	0	1.14	1.14	24.00	2.86
销售服务	1.28	11.54	2.56	5.13	16.67	20.51	1.28	2.56	0	26.92	11.54
物流服务	4.76	26.98	17.46	3.17	7.94	15.87	0	0	0	15.87	7.94
信息服务	2.01	6.71	2.01	3.36	7.38	6.04	0.67	0.67	0.67	66.44	4.03
品牌服务	2.63	15.79	0	1.32	14.47	6.58	1.32	0	2.63	51.32	3.95
金融服务	0	0.99	3.96	0	2.97	0	0	0	73.27	16.83	1.98
质量服务	1.98	4.95	0.99	0	9.9	7.92	0	7.92	1.98	61.39	2.97
作业服务	6.45	9.68	27.96	4.30	9.68	1.08	0	2.15	1.08	36.56	1.08
基建服务	1.19	8.33	3.57	0	3.57	1.19	5.95	0	0	75.00	1.19

总的来说，新型农业经营主体获得农业社会化服务的渠道多样化，既可以通过一些营利性主体获得专业的农业社会化服务，也可以通过一些非营利性组织获得一些公益性的农业社会化服务，还可以通过加入合作组织来获得兼有营利性和公益性的农业社会化服务。在提供农业社会化服务的组织中，政府发挥了相当重要的作用，对于所调查的十多项农业社会化服务都有一定程度的供给，尤其是在技术服务、信息服务和基建服务中发挥了十分重要的作用。此外，合作社或协会对于一些主体来说也提供了很多重要的农业社会化服务，主要包括销售服务和品牌服务。专业服务公司在物流服务、品牌服务和销售服务中也发挥了重要的作用。

(三) 接受农业社会化服务的成本

1. 是否收费

从调查情况来看,新型农业经营主体获得的大部分农业社会化服务是免费的,其中94.56%的新型农业经营主体可以获得免费信息服务,有87.65%所获得基建服务不收费,有83.27%可免费获得技术服务,有80.52%获得销售服务不收取费用。由此可见,大部分新型农业经营主体可以免费获得一些公益性的农业社会化服务,而获得专业性比较强(例如金融服务、作业服务、物流服务以及农资服务)的农业社会化服务需要支付一定费用(见图6-2)。

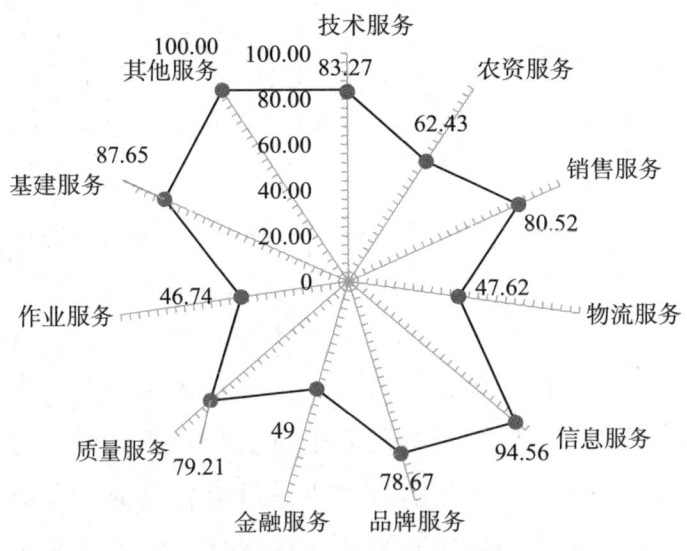

图6-2 接受农业社会化服务不收费比例(%)

2. 收费方式

新型农业经营主体获取非免费的农业社会化服务的支付方式一般为一次一结,但由于农业生产获得收益具有一定的周期性,所以也有一部分无预付定期结算或者赊销扣除。其中一次一结比例较高的为作业服务

(93.33%)、物流服务(87.88%)、销售服务(81.25%);金融服务无预付定期结算比例较高(46.94%),因为农业经营主体获得贷款等金融服务一般为定期还款结息;质量服务无预付定期结算比例也比较高(23.81%);赊销后扣除这一结款方式运用在质量服务(4.76%)、技术服务(2%)和农资服务(1.56%)中,主要是合作社社员通过合作社销售农产品,在结算货款时扣除获得的农业社会化服务费用。基建服务收取的费用较大,所以有7.69%的主体通过一定数量的现金预付后进行结算这一方式获得基础建设服务(见图6-3)。

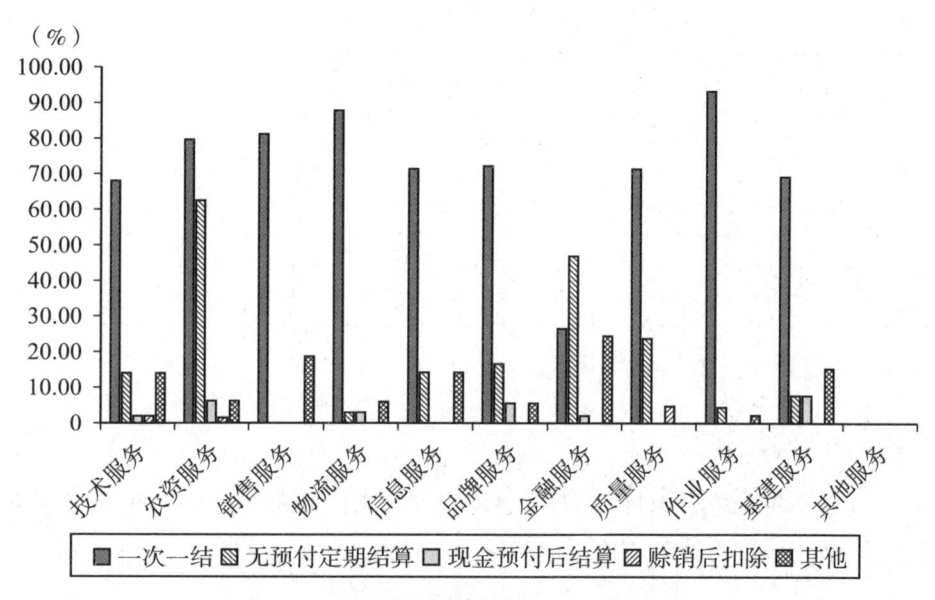

图6-3 接受农业社会化服务收费方式

3. 年度花费与政府支持

新型农业经营主体获得农业社会化服务年均花费远大于政府支持的均值。其中政府支持较大的是基建服务,均值为401739元,其次是技术服务45447元、农资服务15191元、品牌服务10671元、金融服务3347元、质量服务3157元以及信息服务1240元,其余农业社会化服务,政府支持均不超过 1000 元。由此可见,农业经营主体获得农业社会化服务方面,政府支持的力度还有很大的提升空间。总体而言,新型农业经营主体农业社会化服务政府支持平均为 48244 元。

年度花费中最高的为基建服务,达 879212 元,其次为农资服务 815758 元、物流服务 356469 元、金融服务 239353 元、销售服务 91735 元、作业服务 78171 元以及技术服务 72989 元,其余农业社会化服务年均花费都在 10000 元左右。其中,新型农业经营主体农业社会化服务年度花费均值达 258569 元(见表 6-2)。

表 6-2　　　　农业社会化服务年度花费与政府支持　　　　单位:元

项目	技术服务	农资服务	销售服务	物流服务	信息服务	品牌服务	金融服务	质量服务	作业服务	基建服务
年度花费均值	72989 (251966)	815758 (1858934)	91735 (240038)	356469 (1615014)	6924 (21956)	17734 (46844)	239353 (530123)	27346 (64750)	78171 (166974)	879212 (879212)
政府支持均值	45447 (627385)	15191 (145751)	751 (4820)	32.6 (284)	1240 (4406)	10671 (92795)	3347 (18827)	3157 (26080)	864 (3586)	401739 (2168755)

注:括号内为标准差。

4. 主体间比较

农业社会化服务主体间比较来看,新型农业经营主体的年度花费远高于普通农户(见表 6-3)。其中,普通农户年度花费为 18157 元,农资服务花费最多,达 16991 元,其次是基建服务 869 元。新型经营主体中农业企业花费最多,高达 669852 元,其中物流服务花费最多达 236744 元,其次是农资服务 173255 元和金融服务 137209 元;农民合作社年度花费达 495601 元,其中农资服务花费最多,达 272167 元,其次是基建服务 138329 元以及金融服务 16602 元;位列第三的是家庭农场,年度花费达 73396 元,其中农资服务 49308 元,金融服务 11830 元,作业服务 5073 元。

表6-3　　　　　　农业社会化服务年度花费主体间比较　　　　　　单位：元

项目	技术服务	农资服务	销售服务	物流服务	信息服务	品牌服务	金融服务	质量服务	作业服务	基建服务	总计
普通农户	10	16991	17	21	0	8	39	0	202	869	18157
家庭农场	2629	49308	145	676	72	55	11830	994	5073	2614	73396
农民合作社	7642	272167	5068	21001	774	2521	29411	2086	16602	138329	495601
农业企业	82186	173255	28139	236744	0	181	137209	7674	2139	2325	669852

可以发现，在农业社会化服务方面，新型经营主体相较于普通农户年度花费要多，且在金融服务、基建服务、物流服务方面，新型经营主体的花费远高于普通农户。由此可见，新型经营主体对农业社会化服务的需求高于普通农户，因此农业生产经营也比普通农户更为高效和现代化。

经营主体接受农业社会化服务的政府支持金额约为主体年度花费的一半（见表6-4），可见政府支持力度较大，尤其是对农业企业的支持力度较大，均值达799623元，其中基建服务达524883元，由此可见政府对于农业企业基础设施建设的重视，此外政府对农业企业技术服务支持达242790元，品牌服务支持达23720元，而农业企业品牌服务花费为0，可见在品牌服务方面，农业企业从政府处获得较多支持。由于新型农业经营主体年度花费高于普通农户，因此新型农业经营主体获得的政府支持也远高于普通农户。总体而言，政府在农业社会化服务方面，

表6-4　　　　　接受农业社会化服务年度政府支持主体间比较　　　　　单位：元

项目	技术服务	农资服务	销售服务	物流服务	信息服务	品牌服务	金融服务	质量服务	作业服务	基建服务	总计
普通农户	106	106	4	0	17	17	0	17	17	1860	2144
家庭农场	2504	1197	53	17	451	696	559	2066	305	36194	44042
农民合作社	4533	17182	448	6	749	788	825	530	378	154691	180130
农业企业	242790	1604	465	0	232	23720	5813	0	116	524883	799623

对于基建服务的支持力度最大,农民合作社获得政府支持力度较大的是农资服务,均值达 17182 元,家庭农场获得基建服务的政府支持力度最大,达 36194 元。

(四) 农业社会化服务效果

通过问卷,让新型农业经营主体对所获得的农业社会化服务打分(1~5分)来对目前所接受的农业社会化服务进行满意度调查,最满意打 5 分,最不满意打 1 分,依次递减。从调查结果来看,大部分新型农业经营主体对目前所获得的农业社会化服务较为满意,约 80% 对所获得的农业社会化服务打 4~5 分。总体来说,目前各个组织提供的农业社会化服务对新型农业经营主体帮助较大,对于农业生产的提质增效作用明显,新型农业经营主体较为满意。

但也有一部分新型农业经营主体对于目前所接受的品牌服务、金融服务和信息服务较为不满。主要表现在目前所提供的农业社会化服务数量不足、不足以满足新型农业经营主体的需求、年度花费较高以及政府支持力度不够这几个方面。

被调查新型经营主体对这具体 10 项农业社会化服务打分,按照各个分数所占的比例,对于 10 项服务加权平均后给其赋分,并按照分数高低进行排序(见表 6-5),取值为 1~5 分,以此来判断新型农业经营主体所接受的各项农业社会化服务效果,加权平均分越高,表示新型农业经营主体所接受的该项农业社会化服务效果越好。

表 6-5　　农业社会化服务效果加权平均分及排序

项目	服务效果加权平均分(分)	排序
技术服务	4.1464	1
农资服务	4.1203	2

续表

项目	服务效果加权平均分（分）	排序
销售服务	4.0147	7
物流服务	4.1188	3
信息服务	4.0087	8
品牌服务	3.9354	10
金融服务	3.9639	9
质量服务	4.0750	5
作业服务	4.0357	6
基建服务	4.1100	4

从服务效果加权平均分来看，新型农业经营主体对大部分农业社会化服务效果都较为满意，大部分社会化服务效果平均分达4分，其中对于技术服务的效果最为满意，高达4.1464分，其次是农资服务4.1203分和物流服务4.1188分；效果得分较低的为品牌服务3.9354分、金融服务3.9639分以及信息服务4.0087分。通过加权平均分来衡量农业社会化服务效果，可见目前新型经营主体对大部分农业社会化服务都比较满意，但仍有提高服务质量和增加服务数量的空间，尤其是品牌服务、金融服务和信息服务等。

二、农业经营主体农业社会化服务的供给

新型农业经营主体在提供农业社会化服务方面也发挥着重要的功能，兼具生产主体和服务主体的双重特征。新型农业经营主体体现了改造传统农业的历史规律性，引领现代农业的发展方向，符合提升农业现代化的基本要求，是现阶段农业发展的中坚力量，也是当前农业社会化服务的重要来源。

（一）农业社会化服务供给能力与提供情况

新型农业经营主体作为政府等公共机构提供农业社会化服务的补充，能够更及时、有效地提供多种农业社会化服务。从调查结果来看，新型农业经营主体能够提供的社会化服务和已经提供的社会化服务（见图6-4）比例相差不大，说明新型农业经营主体在能力范围内十分愿意提供农业社会化服务。其中77.68%的新型农业经营主体能够且已经为其他主体提供了技术服务，其次有超过一半的新型农业经营主体能够且已经为其他主体提供农资服务和销售服务，另外有约46.93%的新型农业经营主体能够且已经为其他主体提供了信息服务。能够提供的比例和已经提供的比例差距比较大的是物流服务，有27.84%的新型农业经营主体认为自己能够提供物流服务，而实际为其他主体提供物流服务的只有18.75%。

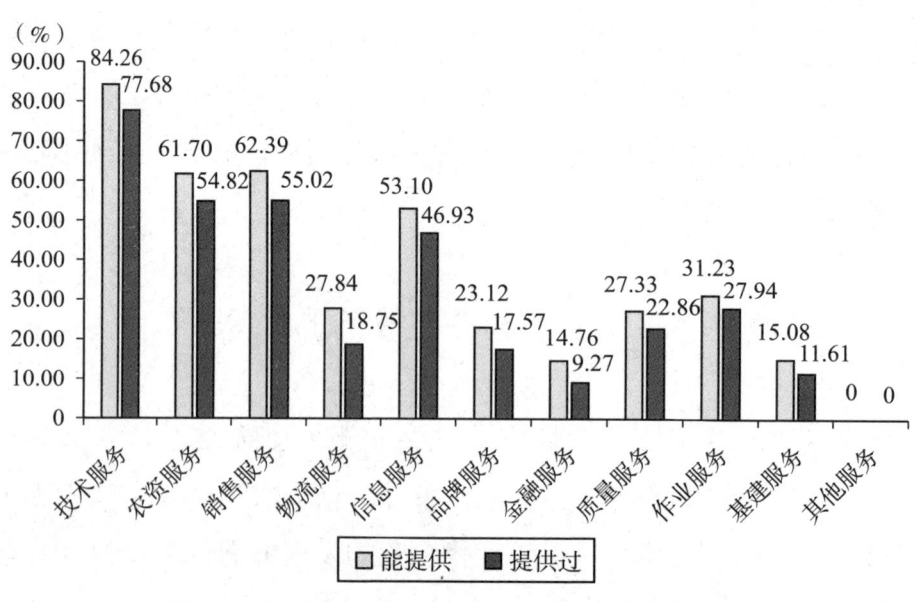

图6-4 农业社会化服务供给能力与提供情况

(二) 农业社会化服务对象及范围

1. 服务对象与数量

新型农业经营主体提供农业社会化服务的对象（见表6-6）主要是普通农户，每一项农业社会化服务对象，普通农户所占比例都超过了50%，由此可见，新型农业经营主体通过农业社会化服务对普通农户有明显的带动作用。其中，78.43%的经营主体提供技术服务、77.01%提供农资服务、76.44%提供销售服务、69.64%提供物流服务、74.50%提供信息服务、73.97%提供质量服务、81.40%提供作业服务的对象是普通农户。此外，调查结果显示，新型农业经营主体社会化服务的另一个主要对象是合作社或协会，32.14%的金融服务、21.43%的物流服务、26.42%的品牌服务、21.62%的基建服务对象均为合作社或协会。可见，新型农业经营主体通过提供农业社会化服务对普通农户起到了很强的带动作用，充分发挥了新型农业经营主体的辐射带动作用，也给新型农业经营主体带来了一部分除农业生产以外的农业社会化服务收入。

表6-6　　　　　　　　农业社会化服务对象　　　　　　　　单位：%

项目	农资供应商	专业服务公司	普通农户	家庭农场	合作社或协会	农业企业	政府部门	其他	平均服务户数（户）
技术服务	0.78	0.78	78.43	4.31	12.94	0.78	0	1.57	638
农资服务	1.15	0	77.01	3.45	17.24	0	0	1.15	1288
销售服务	1.15	0	76.44	1.72	17.82	1.15	0	1.72	540
物流服务	0	1.79	69.64	1.79	21.43	0	0	5.36	995
信息服务	0.67	0	74.50	3.36	17.45	0.67	0	3.35	1246
品牌服务	1.89	0	62.26	3.77	26.42	1.89	0	3.77	1152
金融服务	0	0	64.29	0	32.14	0	0	3.57	211
质量服务	4.11	0	73.97	1.37	17.81	1.37	0	1.37	2538
作业服务	1.16	0	81.40	1.16	13.95	0	0	2.33	1064
基建服务	2.70	8.11	59.46	2.70	21.62	0	2.70	2.70	1714

新型农业经营主体服务对象较多,服务数量也比较可观。其中,提供质量服务平均服务户数最多,高达2538户。基建服务次之,平均服务户数达1714户。此外,金融服务平均服务户数仅有211户,可见新型农业经营主体提供金融服务(主要指生产资金借贷)的能力还十分有限。作业服务、信息服务、品牌服务以及农资服务的平均服务户数都超过1000户,说明这四项服务的普惠性强。

2. 服务区域范围

从服务半径来看,新型农业经营主体提供农业社会化服务范围主要集中在本村、本乡镇和本县,分别占比36.43%、32.01%和23.46%(见图6-5),所以服务半径在本县范围内占总体的91.9%。可见,新型农业经营主体的服务范围主要集中在自己生产经营所在的县、乡镇,辐射半径比较小。在若干县、本省及全国范围内提供农业社会化服务的新型农业经营主体不到10%。在调查过程中,有部分农机合作社会利用各省农忙时间的时间差,前往其他省份提供农机服务,这就是部分新型农业经营主体提供全国范围内农业社会化服务的例子。

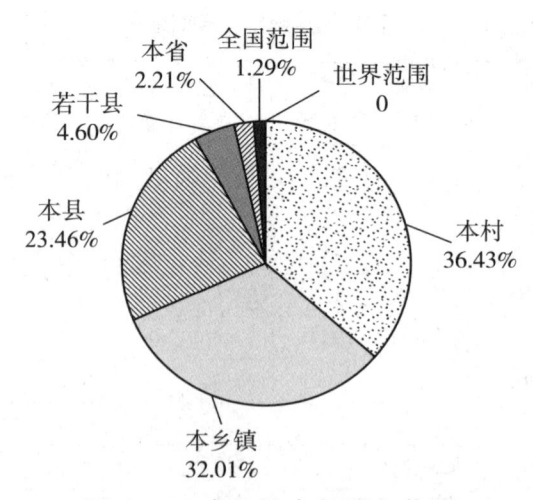

图6-5 农业社会化服务范围

（三）农业社会化服务收益

1. 是否收费

新型农业经营主体提供公益性农业社会化服务较多，包括技术服务、信息服务、品牌服务、金融服务、质量服务以及基建服务，其收费比例都小于10%（见图6-6），其中收费比例较高的是农资服务和作业服务。新型经营主体提供的农资服务和作业服务是较为常见的有偿服务，具体包括农资代购、耕种收土地的托管以及半托管、统防统治等服务。通过对比新型农业经营主体接受农业社会化服务（见图6-2）和提供农业社会化服务的收费情况可知，接受农业社会化服务的收费比例总体高于提供农业社会化服务的收费比例。这表明，一方面，新型农业经营主体提供公益性社会化服务比较多，无偿为其他经营主体提供农业社会化服务，辐射带动周边农业生产主体发展；另一方面，新型农业经营主体自身所需的社会化服务一般是专业的、有偿的社会化服务。

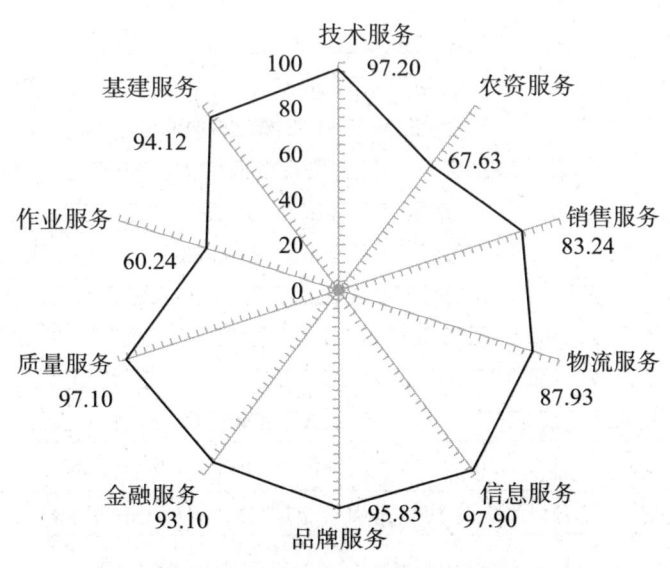

图6-6 提供农业社会化服务不收费比例（%）

技术服务 97.20
农资服务 67.63
销售服务 83.24
物流服务 87.93
信息服务 97.90
品牌服务 95.83
金融服务 93.10
质量服务 97.10
作业服务 60.24
基建服务 94.12

2. 收费方式

新型农业经营主体提供农业社会化服务的收费方式主要为一次一结，其中基建服务、物流服务以及品牌服务一次一结比例高达100%。另外较常见的收费方式为无预付定期结算，其中质量服务的无预付定期结算达33.33%，信息服务为25%，技术服务为14.29%。而农资服务和技术服务主要为赊销后扣除这一收费方式，分别占比16.98%和14.29%，这与新型农业经营主体接受农业社会化服务的结算方式（见图6-3）呈现出较为一致的结果。可见技术服务和农资服务采用赊销后结算这一结算方式较为普遍，主要表现为合作社社员接受合作社提供的农资统一采购和技术服务，在农产品销售环节中扣除农资服务费用和技术服务费用，合作社再将剩余的款项与社员进行结算。采用赊销后结算这一支付方式，对合作社而言，方便又高效，而且有利于强化合作社的凝聚力；对普通社员而言，不用为购买农业生产资料资金和技术服务资金而发愁，可以说是一举多得（见图6-7）。

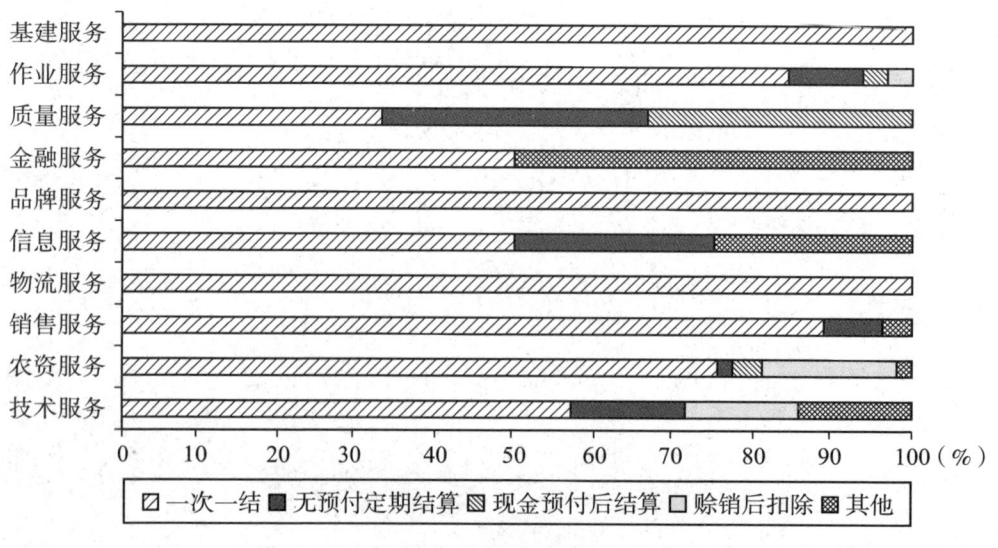

图6-7 提供农业社会化服务收费方式

3. 年度收益与政府支持

新型农业经营主体提供农业社会化服务平均年度收益与政府支持均值（见表 6-7）差值较大，大于接受农业社会化服务平均支出与政府支持的均值差（见表 6-2）。其中，对于新型农业经营主体提供物流服务、金融服务和基建服务，可以说几乎没有政府支持。由此可见，政府对于新型农业经营主体提供农业社会化服务的资金支持力度不够大，这在一定程度上会削弱新型农业经营主体提供农业社会化服务的积极性。新型农业经营主体提供农业社会化服务年度收益均值最大的为销售服务（1045167元），其次分别为农资服务（746916元）和作业服务（343640元），这些有偿的农业社会化服务能够给新型农业经营主体带来一笔可观的收入。对于新型农业经营主体提供农业社会化服务，政府支持力度较大的是农资服务，均值达21603元，信息服务均值为17421元、技术服务均值2767元以及销售服务均值1312元。而其余的质量服务、品牌服务和作业服务等，政府支持均值仅为几百元。调查结果中，基建服务的年度收益与政府支持均为0，这与其收费方式为一次一结有一定的关系，调查当年可能新型农业经营主体基建服务收益为0，但并不意味着新型农业经营主体没有提供基建服务，只是收益未体现在调查的年度中。

表 6-7　　农业社会化服务年度收益与政府支持　　单位：元

项目	技术服务	农资服务	销售服务	物流服务	信息服务	品牌服务	金融服务	质量服务	作业服务	基建服务	总计
年度收益均值	27070 (139673)	746916 (2235668)	1045167 (1045167)	11946 (29254)	39233 (195977)	6571 (13501)	1200 (2939)	2935 (7537)	343640 (825319)	0 (0)	2224678
政府支持均值	2767 (15057)	21603 (194863)	1312 (10750)	0 (0)	17421 (159027)	57 (416)	0 (0)	819 (4288)	416 (416)	0 (0)	44395

注：括号内为标准差。

4. 主体间比较

新型农业经营主体提供农业社会化服务的年度收益（见表6－8）远高于普通农户。在新型农业经营主体中，农民合作社的年度收益最高，达440196元，说明农民合作社提供有偿的农业社会化服务项目较多。其中农资服务高达269148元，通过合作社提供的农资服务，一方面，社员能有效降低生产成本；另一方面，能加强合作社与社员的联系，提高生产标准化程度。此外，合作社为社员提供信息服务和金融服务一般是免费的，所以合作社这两项服务的年度收益为0。其次是农业企业，年收益达317450元，其中销售服务高达159304元，说明农业企业提供农产品收购、代销服务较多，这与农业企业的品牌、信誉有直接关系，农业企业对其他经营主体提供品牌服务、金融服务和质量服务的收费都是非常少的，所以年度收益均值为0。而家庭农场提供的销售服务和农资服务其收益也不少，分别为110820元、113562元。值得注意的是，普通农户提供农业社会化服务的收益十分少，一部分原因是其供给社会化服务能力有限，另外，普通农户为周边农户提供社会化服务一般是免费的，如技术交流、信息交流等。

表6－8　　农业社会化服务年度收益主体间比较　　单位：元

项目	技术服务	农资服务	销售服务	物流服务	信息服务	品牌服务	金融服务	质量服务	作业服务	基建服务	总计
普通农户	0	786	8	8	0	0	0	0	1017	0	1819
家庭农场	2420	113562	110820	324	2120	95	14	96	27391	0	256842
农民合作社	1355	269148	89290	645	0	296	0	41	79421	0	440196
农业企业	0	132558	159304	6	23257	0	0	0	2325	0	317450

通过对比表6－3和表6－8可知，普通农户、农业企业的农业社会化服务年度花费远大于年度收益，而家庭农场的农业社会化服务年度收

益远高于年度花费,农民合作社收支相当。由此可见,在农业经营主体中,普通农户、农业企业主要是农业社会化服务的接受者,家庭农场是农业社会化服务的主要提供者,而农民合作社既是重要的接受者也是重要的提供者。

在提供农业社会化服务所获政府支持方面,普通农户获得的政府支持几乎为0,这不利于激发普通农户成为专业的农业社会化服务提供者。而现实中一些农技人员、农资提供者也是普通农户,如果政府对其支持力度较小,不利于这些人转型成为专业农业社会化服务提供者。政府对于农业企业社会化服务提供的支持力度较大,达46114元,其中信息服务支持高达36046元,由此可见,政府为农业企业生产经营提供了不少技术、市场、政策等相关信息咨询。为农民合作社提供较多支持的是农资服务,达13096元,为家庭农场提供较多的是农资服务和信息服务,分别为4760元、3223元(见表6-9)。

表6-9　各经营主体提供农业社会化服务所获政府支持比较　　单位:元

项目	技术服务	农资服务	销售服务	物流服务	信息服务	品牌服务	金融服务	质量服务	作业服务	基建服务	总计
普通农户	0	0	0	0	0	0	0	0	0	0	0
家庭农场	771	4760	297	0	3223	6	0	103	62	0	9222
农民合作社	221	13096	0	0	3	0	0	193	193	0	13706
农业企业	4651	2325	3023	0	36046	69	0	0	0	0	46114

通过对比表6-4和表6-9可知,政府为各经营主体(包括普通农户、家庭农场、农民合作社以及农业企业)提供农业社会化服务的资金支持力度远远小于其接受农业社会化服务的资金支持力度。这表明政府为各农业经营主体提供农业社会化服务的引导和支持力度较小,不利于其发展。

第二节 新型农业经营主体的带动作用与自身影响

一、提供农业社会化服务的带动作用

(一) 带动途径

新型农业经营主体在提供农业社会化服务的过程中,辐射带动了周边其他农业生产经营主体,具有一定的带动作用。主要表现以下三个方面。

第一,降低了农业生产成本。总体而言,在降低成本方面,新型农业经营主体通过农资服务、信息服务、作业服务等农业社会化服务有效地帮助其他经营主体降低生产成本,就小农户而言,降低成本的幅度可达16.4%。第二,提高了农产品价格。新型农业经营主体通过提供质量服务、品牌服务、信息服务等能够帮助其他主体有效提高农产品的质量,进而表现为农产品价格的提高。通过提供农业社会化服务,新型农业经营主体能够带动其他主体并使其生产经营农产品的价格平均提高45.8%,由此可见,新型农业经营主体通过提供社会化服务在提高农产品价格方面带动作用大,效果明显。第三,增加了农产品销量。增加农产品销量主要表现为两个方面。一方面,通过提供技术服务等可以提高农产品产量,总体而言,服务后产量提高了40.7%;另一方面,可以提供销售服务来带动其他主体增加销量,平均而言,通过新型农业经营主体销售的产量占服务后产量的102.2%,占未获服务产量的143.7%,这一比例高于100%是因为新型农业经营主体会帮助一些普通农户销售

农产品，而这些普通农户并没有接受新型农业经营主体提供的其他社会化服务。

(二) 带动效果

问卷中，我们通过新型农业经营主体对各项农业社会化服务在降低成本、提高农产品价格和增加销量这三个维度进行打分来衡量各项农业社会化服务的具体带动效果。其中 0 分为无作用，11 分表示作用最大，10 分作用次之，以此类推。通过对打分进行加权平均计算得到最终得分和排序（见表 6-10）。从结果来看，技术服务在降低成本、提高价格和增加销量这三个维度中带动作用得分均排名第一，可见技术服务的带动作用最为明显，效果最好，得到新型农业经营主体的一致认可。其次是农资服务和销售服务，在降低成本、提高价格和增加销量这三个打分维度中排名第二、第三。总体来说，带动作用最为明显的是与农业生产经营关系最为密切，且最基础的技术服务、农资服务和销售服务。因此新型农业经营主体日后提供农业社会化服务过程中应继续以这三项服务为基础和重点，政府也应该加强对这三项农业社会化服务的支持和引导。

表 6-10　农业社会化服务带动作用加权平均分及排序

项目	降低成本加权平均分（分）	排序	提高价格加权平均分（分）	排序	增加销量加权平均分（分）	排序
技术服务	6.17	1	4.96	1	5.22	1
农资服务	4.39	2	2.86	3	3.12	2
销售服务	3.32	3	3.44	2	2.84	3
物流服务	1.01	9	0.89	8	0.83	7
信息服务	2.65	4	2.35	4	2.14	4
品牌服务	0.99	10	1.10	7	0.75	8

续表

项目	降低成本加权平均分（分）	排序	提高价格加权平均分（分）	排序	增加销量加权平均分（分）	排序
金融服务	0.46	11	0.39	10	0.370	10
质量服务	1.32	8	1.22	5	0.950	6
作业服务	1.69	6	1.20	6	1.340	5
基建服务	1.65	7	0.52	9	0.644	9
其他服务	1.78	5	0	11	0	11

注：加权平均分单位为分，取值为0~11分，按照得分高低进行排序。

在降低农业生产经营成本方面，带动作用排名第四的是信息服务，由此可见，不论是政府提供的还是经营主体间相互交流交换的技术、市场、政策、土地流转等相关信息，对于降低生产成本都有十分重要的作用。为此，应该畅通农业生产经营信息渠道，提供更为有效、透明的生产信息、政策信息，减少信息不对称带来的不良后果。在提高农产品价格方面，信息服务也发挥了重要的作用，排名第四。排名第五、第六的分别是质量服务和作业服务。可见专业的检测、认证、监督等能提高和保障农产品的质量安全的质量服务对于提高农产品价格发挥了重要的作用。随着消费者对高品质的绿色、无污染农产品需求的不断增加，农产品需求从单纯的量的追求转变为对质的要求，因此农业生产过程中的质量服务发挥了越来越重要的作用。在增加销量方面，信息作用依旧发挥了重要作用，排名第四。排名第五、第六的分别是作业服务和质量服务。其中耕种收环节机械化的作业服务对于增加产量、增加销量发挥了重要的作用。随着农业生产机械化水平的提高，农业生产的效率大幅提高，解放了不少农业劳动力，对于农业现代化发展有重要推动作用。新型农业经营主体通过农业机械化在提高自身农业生产效率的同时，创新地通过为其他主体提供农业机械租赁或者提供土地托管或半托管的作业服务，既方便其他主体又为自己创收。

(三) 主体间比较

1. 降低农业生产成本

在降低成本方面（见表6-11），农业企业的服务金额最大为3683759元，比农户自己解决便宜程度最高，达20%。由此可见，农业企业在降低成本方面提供农业社会化服务能力强，辐射带动能力大。而降低成本金额最大的为农民合作社3995404元，其次是家庭农场1441279元，可见家庭农场和农民合作社提供的农业社会化服务能够帮助其他主体实实在在降低成本的金额大，因此新型农业经营主体在降低成本方面发挥了重要的带动作用。

表6-11　　　　农业社会化服务降低成本的主体间比较

项目	服务金额（元）	比农户自己解决便宜程度（%）	降低成本金额（元）
总体	827248	16	1441279
普通农户	33912	17	15540
家庭农场	827248	16	1441279
农民合作社	929969	18	3995404
农业企业	3683759	20	346665

2. 提高农产品价格

在提高农产品价格方面（见表6-12），通过提供农业社会化服务，农产品品质提高了，其价格自然而然也就提高了，其中农业企业因其提供的品牌服务、质量服务能够有效提高农产品的附加值，所以价格提高百分比最高，达52%。其次是家庭农场，价格提高百分比为43%，再次是农民合作社，价格提高百分比为24%。相比于普通农户，新型农业经营主体在提高农产品价格方面发挥了更为重要的带动作用。

表6-12　　　　农业社会化服务提高价格带来影响的主体间比较

项目	价格提高百分比（%）	通过增产增加的收益（元）	通过销售服务增加的收益（元）
总体	43	6748413	686350
普通农户	9	10908	12370
家庭农场	43	43427	34568
农民合作社	24	56521	401038
农业企业	52	75000000	75000000

注：通过增产增加的收益为（服务后价格-未获服务价格）×服务后产量，通过销售服务增加收益为（服务后价格-未获服务价格）×通过经营主体销售的数量。

3. 增加农产品销量

增加销量的两个维度中，农民合作社在产量提高百分比方面发挥了显著的带动作用，产量提高百分比达144%，主要是因为农民合作社可以统一购买高质量、低价格的农资，统一提供先进的生产技术指导，并且有些农民合作社还能提供质量服务、作业服务等。农民合作社为社员提供这些统一的农业社会化服务，通过标准化生产有效提高了农产品的产量。而农业企业在销售服务方面发挥了显著的带动作用，通过农业企业销售的农产品数量占服务后的比例高达1380.7%（见表6-13）。

表6-13　　　　农业社会化服务增加销量的主体间比较　　　　单位：%

项目	产量提高百分比	通过经营主体销售的数量占服务后的比例
总体	40	1033.8
普通农户	16	176.4
家庭农场	42	1018.9
农民合作社	144	137.4
农业企业	4	1380.7

注：产量提高百分比为（服务后产量-未获服务产量）/未获服务的产量。

4. 总体带动效果

新型农业经营主体通过提供社会化服务带动其他主体增收主要体现在两个方面：一是降低生产成本；二是通过提高农产品价格和增加销量实现销售额增加。本书通过（农产品服务后的价格×服务后产量－农产品未获服务价格×未获服务产量）这一值来衡量接受农业社会化服务给主体带来的销售额增加效益（见表6-14）。

表6-14　农业社会化服务总体带动效果的主体间比较

项目	降低成本（元）	增加销售额（元）	平均增收总效益（元/户）
总体	1441279	8268763	20229
普通农户	15540	12650	245
家庭农场	1441279	225080	9918
农民合作社	3995404	2576633	42675
农业企业	346665	82200000	1919689

注：平均增收总效益=（降低成本+增加销售额）/主体数。

从经营主体提供社会化服务总体带动效果来看，通过社会化服务带动农业生产经营主体增收效果较为明显，达20229元/户。其中农业企业因规模效应，平均增收总效益最明显，达1919689元/户；其次是农民合作社，平均增收总效益为42675元/户；家庭农场平均增收总效益为9918元/户；相比之下，普通农户社会化服务总体带动效果远低于新型农业经营主体的带动效果，平均增收总效益仅为245元/户。

二、接受和提供社会化服务对自身发展的影响

无论是接受农业社会化服务还是提供农业社会化服务对于新型农业经营主体自身来说都有一定影响，主要表现为对农产品产量、农产品质量的促进作用，最终表现为对农业收入的促进作用。

(一) 接受社会化服务的影响

通过问卷调查发现,新型农业经营主体接受农业社会化服务对自身影响较大。其中有 78.57% 认为接受农业社会化服务对产量有促进作用,有 77.24% 认为对质量有促进作用,81.74% 的新型农业主体认为对农业收入有促进作用。通过接受农业社会化服务,新型农业经营主体估计自己的产量平均增加 11.97%,质量提高程度达 14.02%,农业收入提高程度平均达 13.38%。

(二) 提供社会化服务的影响

新型农业经营主体通过提供社会化服务对其他主体有明显的带动作用,而对其本身或多或少也有一定的影响。问卷结果显示,新型农业经营主体提供社会化服务对自身的作用小于接受农业社会化服务对自身的影响。有 51.82% 认为提供社会化服务对自身产量有促进作用,有 46.80% 认为对自身质量有促进作用,有 59.27% 认为对自身农业收入有一定促进作用。提供农业社会化服务对新型农业经营主体自身而言,产量提高约为 11.85%,质量提高程度约为 12.22%,收入平均提高程度为 11.96%。

第三节 农业社会化服务的政策性支持与未来发展意愿

一、政府对农业社会化服务的支持

农业发展受到自然风险和市场风险双重影响,加上农业发展存在外部性和弱质性，因此，无论是新型农业经营主体本身的生产经营，还是农业社会化服务体系的建设都离不开政策性扶持和引导。政府提供的无论是有形实物或资金支持还是无形的政策支持，对于农业经营主体的农业生产积极性、社会化服务提供意愿情况都有明显的影响。

（一）政策文件支持

为加快农业生产方式转变、促进农业现代化发展需求，国家出台了相应的政策文件支持新型农业经营主体发展。一些地方政府积极响应和配合国家要求，出台了符合地方实际情况的扶持新型农业经营主体的专门文件。从我们的访问结果来看，74.5%的新型农业经营主体知道当地有专门的支持新型农业经营主体发展的文件，其中通过政府宣传了解的达到63.78%，其次是通过电视知道的，占15.75%，通过报纸、亲朋介绍和村委会知道的各占5%左右，还有6.69%通过其他渠道（比如合作社、农经网）了解一些专门支持新型农业经营主体发展的文件。从调查结果来看，七成的新型农业经营主体对于支持其发展的政策有一定的了解，地方政府的政策宣传、落实仍有待提高，对于新型农业经营主体的支持力度还有提高空间。

（二）现金补贴奖励

政府的现金补贴或奖励对新型农业经营主体发展和农业社会化服务（体系）的建立和完善有直接的影响作用。从调查结果来看，55.90%的新型农业经营主体接受过政府的现金补贴或奖励，累计获得资金补助平均达83.5万元，其中最高的为一家农业企业获得土地整治费用补贴达2000万元，最少的为0，主要是因为政府承诺给予现金奖励，而截至调查时该主体还未收到这笔现金奖励。由此可见，政府的现金补贴与奖励不够及时，这会挫伤新型农业经营主体的积极性，也会减弱现金补贴或奖励的激励作用与效果。

（三）实物支持奖励

除了现金补贴与奖励外，另一种较为常见的政策性支持是政府提供实物支持与奖励。其中，有26.76%的新型农业经营主体表示接受过政府的实物支持与奖励，实物有化肥、农膜、农机具等。累计实物补贴估价平均达12.63万元，其中最高的达200万元，最低的价值300元。

（四）示范推广项目

由于新型农业经营主体的示范带动作用明显，因此部分新型农业经营主体会承担政府的示范推广项目，从调查结果来看，有33.80%承担过这些示范推广项目，平均投资规模为155.5万元，其中最高达5600万元。

二、未来提供农业社会化服务意愿

新型农业经营主体未来提供农业社会化服务的意愿首先取决于当前获取农业社会化服务的充分程度。从新型农业经营主体获取社会化服务的满意程度来看（见图6-8），超过一半的被调查经营主体对于目前获取农业社会化服务的充分程度表示不是特别满意，认为现在获得的农业社会化服务一般、较差甚至很不够。农业社会化服务的充分程度将直接影响农业生产的现代化和效率，也将直接影响到农业产值和农业生产经营主体的收益。目前新型农业经营主体的农业社会化服务的需求尚未得到满足，仍有提升空间，无论是新型农业经营主体、政府还是专门的农业社会化服务提供机构，都应该提供更多、更优质、更符合生产经营需求的农业社会化服务，并建立起完善的农业社会化服务体系，为农业现代化发展提供坚实的基础和保证。

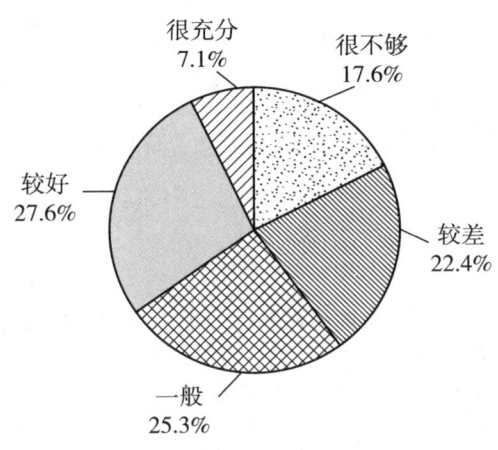

图 6-8 获取社会化服务的满意程度

另外,还受到周边亲友的影响。从调查情况看,新型农业经营主体的亲戚朋友提供农业社会化服务是其得到农业社会化服务的重要途径之一,也是新型农业经营主体提供农业社会化服务能力与意愿的重要影响因素。从调查结果来看,仅有四成新型农业经营主体的亲戚朋友能够提供农业社会化服务,其中为专业户的占 27.30%(见图 6-9)。

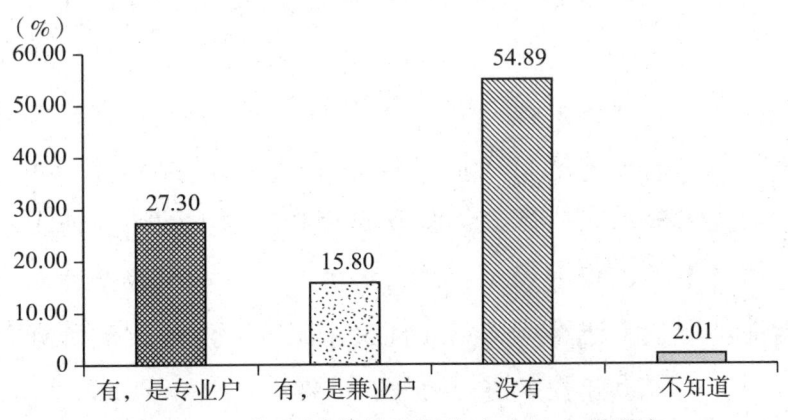

图 6-9 亲朋好友是否提供农业社会化服务

最后，取决于经营主体自身的能力与意愿。通过问卷中的有序分段研究，我们对农业经营主体提供农业社会化服务的能力与主观意愿（见表6-15）进行定量测评。其中，能力中分为五个程度，程度1表示完全不行，程度2表示不行，程度3表示只能维持，程度4表示还可以，程度5表示完全可以；主观意愿也分为五个程度，程度1表示不愿意，程度5表示很愿意，以此类推。

表6-15　　　　　　　提供农业社会化服务能力与意愿　　　　　　　单位：%

项目	程度1	程度2	程度3	程度4	程度5
能否提供更多社会化服务	4.82	11.05	10.48	53.82	19.83
是否愿意成为提供社会化服务专业户	11.56	5.49	10.40	30.06	42.49

注：能否提供中程度1表示完全不行，程度5表示完全可以；是否愿意中程度1表示不愿意，程度5表示很愿意。以此类推。

从提供农业社会化服务能力来看，比目前能够提供更多农业社会化服务占七成，说明新型农业经营主体提供农业社会化服务能力较强。而从主观意愿来看，愿意成为农业社会化服务的专业户的主体占比约七成，这说明新型农业经营主体提供农业社会化服务的能力和意愿都比较强。

问卷中对主观意愿不强，也即不愿意成为提供农业社会化服务专业户的新型农业经营主体进行了进一步的原因分析（见表6-16）。其原因主要包括成为提供农业社会化服务的专业户赚不到钱、缺乏人才、资金不足、信息不足、缺乏技术、精力不足、没有专门服务补贴、风险太大以及其他。每个不愿意成为农业社会化服务专业户的被调查对象可选择三个原因，按照重要程度进行排序。

表 6-16　新型农业经营主体进一步提供农业社会化服务的限制因素

项目	频次	频次排序	赋分后得分（分）	赋分后排序
赚不到钱	19	3	54	3
缺乏人才	16	5	41	4
资金不足	24	2	55	2
信息不足	17	4	26	5
缺乏技术	13	6	23	6
精力不足	34	1	93	1
没有专门服务补贴	11	7	23	6
风险太大	5	9	9	9
其他	6	8	18	8

注：赋分后排序为得分从高到低。

这九个原因中被选中频次最高的是精力不足，第二是赚不到钱，第三是资金不足。对于选中的三个原因，按重要程度赋值 3 分、2 分、1 分，然后得到赋分后得分，用赋分后得分来分析各项原因的重要程度，其中精力不足得分最高为 93 分，第二为资金不足 55 分，第三为赚不到钱 54 分。可见，精力不足是限制新型农业经营主体成为提供农业社会化服务专业户的主要原因，也是最重要的原因，如果不受到自身精力的限制，会有更多的新型农业经营主体愿意成为提供农业社会化服务的专业户。而是否赚到钱和资金不足也是限制的主要原因和重要因素。如果提供农业社会化服务能够给新型农业经营主体带来可观的收益，并且有充足的资金来提供更多农业社会化服务，那么有较多的新型农业经营主体也很愿意提供更多农业社会化服务，甚至成为提供农业社会化服务的专业户。赋分前后 9 个原因中排名前三的原因一致，其他原因排序也差别不大，由此可见，限制新型农业经营主体提供农业社会化服务的原因的重要性和紧迫性较为一致。另外，选择其他原因的主要包括提供农业社会化服务不对口或者自身不感兴趣等。

第四节 本章小结

一、基本判断

第一，新型农业经营主体社会化服务需求较大且尚未得到满足，其农业社会化服务供给意愿较为强烈。具体而言，需求方面：新型农业经营主体农业社会化服务的需求较大，目前政府、经营主体及其他专业服务机构所提供的农业社会化服务不能满足其需求，仍需要提供更多、更符合生产实际需求的农业社会化服务来满足农业生产需求，目前新型农业经营主体获得农业社会化服务的渠道多样，其中政府在供给农业社会化服务方面发挥了重要的作用，总体来说，新型农业经营主体对于所接受的农业社会化服务满意度较高；供给方面：新型农业经营主体社会化服务供给能力与意愿差距不大，在其能力范围内，新型农业经营主体愿意且能够提供的农业社会化服务项目多，但是服务范围较为狭窄，一般为农业生产经营所在的县、乡镇。

第二，新型农业经营主体社会化服务收支与政府支持差距较大。新型农业经营主体接受农业社会化服务和供给农业社会化服务不收费比例远高于收费比例，意味着当前公益性社会化服务多于专项收费型社会化服务，收费方式多为一次一结。此外，值得注意的是，无论是社会化服务的供给还是需求，政府支持远不及新型农业经营主体农业社会化服务的开支与收益，说明政府对于农业社会化服务的支持力度有待提高。

第三，主体比较凸显新型农业经营主体优势。无论在农业社会化服务的供给意愿与能力、需求还是花费、收益方面，新型农业经营主体都远高于普通农户。因此新型农业经营主体是农业社会化服务主要的需求者和接受者，是农业社会化服务体系的重要组成部分，政府对于新型农业经营主体接受和供给农业社会化服务的支持力度也大于对普通农户的支持力度。

第四，新型农业经营主体提供农业社会化服务的带动作用明显，对自身也产生了一定的积极影响。在降低农业生产经营成本、增加农业生产经营收益方面，新型农业经营主体通过提供农业社会化服务对其他主体发挥了重要的带动作用，尤其是对普通农户的带动作用。而通过提供农业社会化服务，对于新型农业经营主体本身也产生了积极的影响，对其农产品产量、价格和农业收入都有正向促进作用。

第五，政府支持与引导对新型农业经营主体提供农业社会化服务有一定影响。从调查结果来看，地方政府支持新型农业经营主体发展的文件宣传力度仍有提高空间，政策落实不够到位，对于新型农业经营主体的现金补贴或奖励、实物支持与奖励力度较大，但主要集中在对农业企业和农民合作社的支持，其中一些新型经营主体还承担了政府的示范推广项目。

第六，新型农业经营主体认为目前所接受的农业社会化服务不够充分，其未来提供农业社会化服务的意愿能力较强。新型农业经营主体目前获取社会化服务不够充分，但是对进一步提供更多农业社会化服务的意愿和能力较强，限制进一步提供社会化服务的主要因素是自身精力和资金限制。

二、相关建议

第一，发挥新型经营主体优势，提供更多优质高效的农业社会化服务。新型农业经营主体作为农业社会化服务需求的主要组成部分，对于所需农业社会化服务的种类和迫切性最有发言权,因此新型农业经营主体提供的农业社会化服务也能更好地迎合农业经营主体的需求。此外,新型农业经营主体应充分发挥好自己的规模优势和辐射带动影响能力,提供更多优质、高效的农业经营主体迫切需要的农业社会化服务,在促进其他经营主体发展农业现代化的过程中,也增加了自身农业经营收入。

第二,政府科学引导、有力扶持,促进农业社会化服务体系形成与运行。政府除了作为公益性农业社会化服务提供的主体外,还要积极而科学地引导和支持新型农业经营主体提供农业社会化服务,建立起高效、完善的农业社会化服务体系,为农业现代化发展提供坚实的基础。

第三,财政部门加大资金支持,为农业社会化服务提供坚实物质保障。部分农业社会化服务具有公益性和正外部性,需要有充足的资金来保证这一部分农业社会化服务有效提供。此外,其他社会化服务的有效供给也离不开资金的支持。财政部门应加大对农业社会化服务的资金支持力度,将资金有效运用到农业社会化服务体系的建立和完善中,为农业现代化发展提供坚实的保障。

专题篇

第七章

社会资本有利于新型农业经营主体转入土地吗?

随着城镇化的快速发展,农村劳动力向城镇大量转移,农业从业人员数量锐减,致使农村的土地流转不可避免。但我国当前的农地流转市场机制不完善,流转管理和服务体系不健全,普遍存在流转利益纠纷问题。那么,20多年来农村高达1/3以上的土地是如何顺利完成流转的呢?在我国传统的乡村环境中,以亲缘、地缘、学缘、业缘等关系建立起来的社会网络是否仍然在起作用呢?为此,本章将从该角度回答社会资本是否有利于新型农业经营主体转入土地,以期为揭示新型农业经营主体的土地流转机制提供有益参考。

第一节 理论分析

一、文献回顾

社会资本的研究领域一般可以分为宏观和微观两个方面。在宏观上,大量研究表明,社会资本对提高社会的经济绩效、推动和维护民主化进程（Paxton，2002）、消除贫困（张爽等，2007；周晔馨，2012）、降低犯罪率（Cote & Healy，2001；Halpern，2001）、抵抗自然灾害的负向冲击以平滑消费（Carter & Maluccio，2003）、保证社会的可持续发展等起着不可或缺的作用。普特南（Putnam，1993）的研究表明，一个地区可得到的社会资本越多，该地区的经济和民主政治越繁荣，内在的机制关键是社会资本具有降低交易成本的作用。福山（Fukuyama，2000）也发现非正式的社会关系所需要的交易成本要比正式的社会网络关系低得多，这恰恰是社会资本所发挥的经济功能。而信任可降低交易成本、促进合作，并减少干预或纠正不诚实行为的需求成本（James，2005）。在微观上，社会资本能够分担风险（张爽等，2007），促进平滑消费（易行健等，2012），促进民间或正规借贷（杨汝岱等，2011；Kinnan & Townsend，2012），促进创业、提高工资水平（周晔馨，2012，2013；王晶，2013），是影响家庭经济活动的重要因素之一。同时，社会资本能显著改善家庭福利（Grootaert，2001）。特别是在健康方面，社会资本既可以直接对居民的健康状况产生影响，还能够通过其"分担风险"（Fafchamps & Guberrt，2007；Munshi & Rosenzweig，2010）、"提高收入"（Grootaert，1999；Narayan & Pritchett，1999）和"促进就业"（Montgomery，1991；Munshi，2006）的作用，减弱收入不平等对健康的影响效果。

关于影响土地流转因素的讨论，目前已相对较多，并主要围绕土地制度及产权关系、农地市场因素、农户家庭禀赋特征等方面展开（限于篇幅，不再展开综述）。但是，关于社会资本对土地流入的影响，讨论还不深入。已有文献主要集中于以下两个方面。一是从社会资本化解信息不对称的角度来分析。如杨卫忠（2015）发现，当搜寻、解读和利用土地经营权流转政策信息的成本过高，却能够从社会网络中获取相关信息时，农户具有高度的土地流转决策，表现出"羊群行为"。土地流转政策的落实可通过"示范效应"来实现，土地流转可通过建立与完善信息传播渠道与中介服务机构进行引导。二是从社会资本降低交易费用的角度来解读。如陈浩（2016）基于中国家庭追踪调查的研究，发现礼金支出越高，与邻居、亲朋交往越频繁，有族谱或家谱的农户租出土地的概率越高。参与正式组织的农户更倾向于转入土地。以亲缘、血缘和地缘关系为基础的"特殊信任"是推动土地租出者走向合作的行动逻辑，但更高的社会地位和更广的关系网络对土地转入者利用资源和获取信息进而进入土地流转市场的作用更显著。

综合来看，大多数学者假设农户是理性经济人，在土地交易的过程中遵循利润最大化的原则，用收益成本分析法分析农户的流转行为，但事实上，我国目前土地流转市场流转机制并不完善，加之农户无法做到完全理性，他们的行为不仅受到土地制度、市场因素等影响，还会受到特定环境中的规则规范和心理认知的影响。因此本书从社会资本的角度探讨其在土地流转过程中发挥的作用在理论和实践上具有重要意义。

二、拟验证的假说

大量事实表明，社会资本在乡村经济活动中的作用显得尤为突出。人与人之间的友善关系以及高度信任大大降低了在土地流转过程中的交易费用。结合交易成本理论以及实际调研的信息收集，本章将从土地流转的几个阶段分析社会资本对交易成本的节约（见图7-1）。

1. 在寻找租出方阶段

在寻找租出方阶段主要付出的是信息的搜寻成本，而这种成本主要是由信息不对称造成的。信息经济学家认为由信息不对称带来的逆向选择和道德风险会导致市场失灵，那么在土地交易市场中表现为农户流转决策和流转面积的异常变化。然而在我国传统乡村这样一个特殊的社会

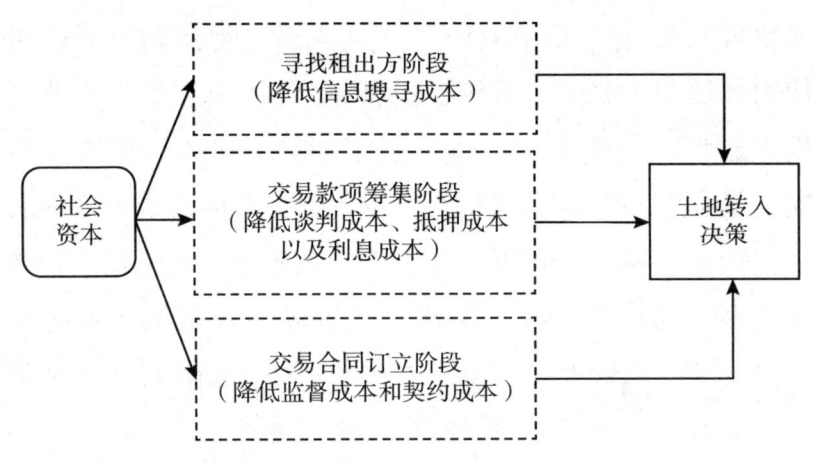

图 7-1 社会资本与土地流转的关系

网络内，人和人之间是一种面对面的关系，以亲缘和地缘为核心的社会网络使得成员彼此之间有较高的信任度，人和人之间存在普遍的信任度和较高的了解程度，因此在寻找卖主的过程中，会延缓信息不对称造成的搜寻成本的提高。由此可见，农村社会资本在信息获取方面可以有效地降低交易成本。

2. 在交易款项的筹集阶段

在交易款项的筹集阶段需要付出的是向陌生人证明自己信誉度和还债能力的谈判成本，向银行借贷的抵押成本和向民间借高利贷的利息成本。这一系列看似高昂的交易成本在农村这样一个社会群体内却可以有效地避免。因为款项的筹集完全可以发生在亲戚朋友和熟人之间，亲朋好友是互相了解和信任的，这样就节省了谈判的时间和精力。由于血缘和亲缘的关系，筹集的资金成本会非常低甚至是零成本。由此可见，农村社会资本可以通过节约谈判成本、抵押成本和利息成本促进土地流转。

3. 在订立土地转让合同阶段

在订立土地转让合同阶段主要发生的是监督成本和契约成本。在乡村，人们在过去的合作中建立起了彼此都习惯的合作方式甚至成为彼此的合作伙伴，使得土地交易合同的订立不再需要经过特殊的部门或中介机构，而是继续遵循过去契约订立的规则，顺利地完成流转交易。在这个过程中，降低了监督成本和契约成本。同时，由于彼此之间的信任和认可，有效地降低了违约风险，增加了在交易过程中的可预见性，某种程度来说在交易过程中产生的风险也可以视为一种交易成本。

基于此，本章提出如下假说。

H1：农村社会资本可以通过降低交易成本促进土地转入。

第二节　变量选择与描述

一、因变量

（一）土地租入决策

衡量土地流转决策的指标有四种选择，即转入、不租出；租出、不转入；既转入也租出；既不租出也不转入。通过我们的调研样本可以发现，只有37户选择租出土地，只占样本量的7.7%。而剩下92.3%的主体要么选择转入土地要么既不转入也不租出土地。这可能是由于我们样本的80%是新型经营主体，为了实现规模经营，他们更倾向于转入土地而不是租出土地。因此考虑到样本的特殊性，本章只研究农户转入土地的行为，即如果一个主体既租出又转入土地，我们视该种行为为转入行为；如果一个主体只租出但没有转入土地，我们视该种行为为没有转入行为，由此分类得到的结果如表7-1所示。为验证前述的假说是否成立，我们选择农户的转入决策作为因变量，即是否转入土地，如果主体转入土地，$W=1$，否则$W=0$。

表7-1　　　　　　　　　不同主体土地转入决策情况

项目	转入户数	不转入户数	土地转入率（%）
普通农户	25	72	25.8
家庭农场	112	12	90.3
农民合作社	139	54	72.0
农业企业	58	9	86.6
合计	334	147	69.4

（二）土地流转规模的衡量

衡量土地流转规模的指标是土地的流转面积，本书将土地的转入面积作为第二个因变量。本章分地区研究了社会资本的各个层次对土地流转面积的影响，以进一步分析这种影响的地区间差异。表7-2展现了不同地区土地转入面积的差异。

表7-2　　　　　　　　　不同地区土地转入面积差异

地区	省份	户均土地转入面积（亩）	土地转入率（%）
华北	河北省	551.9	74.5
	山东省	336.9	74.0
东北	吉林省	1121.3	53.3
西北	陕西省	329.2	59.4
南方	安徽省	450.3	83.0

二、自变量

（一）解释变量

对社会资本的测量主要参照"个体层次的社会资本"和"集体层次的社会资本"的分类方法。结合调研实际对变量进行选取，将社会资本划分为社会网络、信息获取、社会影响力、信任以及集体行动与合作5个维度，共10个变量。其中前3个维度属于个体层次的社会资本，后2个维度属于集体层次的社会资本。除此之外，为了控制社会资本对土地流转的影响，本书增加了两类控制变量：一是农户及家庭特征变量，主要包括年龄、人均土地面积、受教育程度、参与农业经营生产程度；二是村庄层面的特征变量，主要包括每亩土地的转入价格、地形地貌以及所属地区。各变量的指标选择如下。

1. 个体层次社会资本中不同维度的指标选择

社会网络的测量指标有农户每年每个家庭红白喜事随礼的支出额（$X11$）、家庭中村干部的人数（$X12$）、家庭中党员的人数（$X13$）。布迪厄曾经指出，个人拥有社会资本的多少取决于两个因素：一是"行动者可以有效地加以运用的联系网络的规模的大小"；二是网络中每个成员"以自己的权力所占有的资本的多少"。后来的研究者如蒙哥马利（Montgomery，1992）、林（Lin，1999）和国内学者（边燕杰，李煜，2001；赵延东，2003）主要用网络成员的多少以及这些成员的联系的紧密程度衡量第一个因素，用网络成员的职业类型和社会地位衡量第二个因素。此外，红白喜事随礼是中国传统乡村社会一直保留下来的风俗习惯，具有普遍性，因此礼金支出是作为衡量成员间紧密程度的较好的指标。本书为了降低数据的绝对数值，对随礼支出额的数值取了对数。

信息获取的测量指标有是否接受过信息服务（$X21$）、与业务相关的农产品市场距离（$X22$）。这里的"信息服务"是指技术、市场、政策、土地流转等各种相关信息资讯。若接受过信息服务，$X21=1$；否则$X21=0$。与业务相关的农产品市场距离通过衡量农户交通的便利程度间接地反映其接受信息的便利程度，这是因为农户的很多信息（如价格、需求）更多的是在交易市场中获取，因此可以作为信息获取的衡量指标。

社会影响力维度的衡量指标有提供社会化服务的数量（$X31$）以及经济带动作用（$X32$）。本书的社会影响力主要是指某一个主体对另外一个主体的带动作用。在问卷中，这种带动作用主要体现在所提供的社会化服务的数量，问卷总共列出了10种社会化服务的数量，包括技术服务、农资服务、销售服务、物流服务、信息服务、品牌服务、金融服务、质量服务、作业服务以及基建服务，基本涵盖了所有的社会化服务。经济带动作用指的是通过对比提供社会化服务前后农户产量和销量的变化情况，计算出的农户增加的收益。

2. 集体层次社会资本中不同维度的指标选择

信任维度用"借钱是否容易"指标（$X4$）进行测量。在制度经济学视角下，信任可以降低交易费用，提高经济运行效率，弥补正式制度的不足。信任可以减少信息的非对称性，维持高效的市场运行（金俐，2002）。张维迎、柯荣住（2002）认为，信任是市场经济得以健康运转的基石。胡必亮（2004）曾以标会为例，分析了村庄成员的相互信任对于标会运行的作用。洪名勇（2007）指出，信任是市场经济健康运转的基石，信任程度的差异不仅影响当期租赁协议的选择，同时信任还与租赁价格有关。根据借钱的难易程度，问卷设计了五个不同的维度，分别是1难、2还行、3容易。数值越高，表示该主体在村中的信任度越高。

集体行动与合作方面，本书选择了村中的信教比例（$X51$）和是否加入合作社（$X52$）作为衡量指标。选择村中的信教比例作为集体行动与合作的衡量指标是因为宗教具有降低不确定性、加强人们之间相互认知的作用。之所以将是否加入合作社作为衡量组织与合作的指标，是因为自2007年《中华人民共和国农民专业合作社法》正式颁布实施以来，我国农民专业合作社的发展取得了长足进步，合作社数量迅猛增加，入社农户不断增多。近年来，我国农民专业合作社广泛分布于粮油种植、蔬果种植、特种种植、畜牧养殖、水产养殖、林业经营以及农机服务等多个行业，为入社成员农户提供农资采购、产品销售、信息交流和技术指导等服务，在提高农民组织化程度、维护农民市场权利、增强农业竞争能力、推进农业现代化步伐等方面发挥着越来越重要的作用。因此这两个指标可以反映村集体的行动能力和合作能力。

（二）控制变量

根据以往的文献可知，要素价格及县域农业生产环境等因素均会影响农户流转土地行为，在此基础上考虑样本数据的可获得性。本书选择了两类控制变量：一是农户及家庭特征变量，主要包括年龄、人均土地面积、受教育程度、农业生产经营收入以及参与农业经营生产程度；二是村庄层面的特征变量，主要包括每亩土地的转入价格、地形地貌以及所属地区。

户主的年龄（age）反映了农民从事高强度农业生产的能力。近年来我国城镇化步伐的加快导致大量的农村年轻劳动力涌入城市，寻找就业机会，农村留守劳动力的平均年龄逐年增加。年龄的增长会造成劳动生产率减弱，致使部分进行小农经营的农民无力继续耕种自家土地，从而选择将土地流转给有能力耕种土地的人从事规模经营。

人均土地面积（$landarea$）反映了人均拥有土地的数量。对所掌的资料分析得知,家庭耕地面积越小,农户转入土地的决策越大,转出土地的决策越小;农户家庭耕地面积越大,农户转入土地的决策越小,转出土地的决策越大。

受教育程度(*edu*)反映了农户的文化程度,文化程度越高的人对目前农业政策的信息越敏感,其对规模化经营的认识度越高,因此更倾向于转入土地以实现土地资源配置的高效率。

农民人均收入(*income*)反映了农民年净收入的人均水平。农民收入可分为非农就业收入和农业经营性收入两部分。农民收入对规模经营的影响,取决于两部分收入间此消彼长的相互作用。首先,农户的非农收入与规模经营程度存在着反向对应关系,即非农收入所占比例越低,规模经营程度越高;其次,农户的农业经营性收入与规模经营程度存在着正向对应关系,即农业经营性收入所占比例越高,规模经营程度越高。这种交互影响可以进一步表现为"V型"影响,在农民收入较低的初期,农民收入越高,规模经营程度越低,随着农民收入水平的提高,会出现一个拐点,当农民收入水平到达拐点右侧时,规模经营程度随着农民收入水平的提高而提高。根据张群等(2012)的研究,我国目前的农民人均收入水平已经到达拐点右侧,对于规模经营表现为正向影响。

参与农业经营生产程度(*participation*)是按照该项指标所得数据测算出的百分比,0代表个体几乎不参与劳动生产,1代表有时参与劳动生产,2代表经常参与劳动生产。将每个家庭成员的指标加总取平均后除以经常劳动的指标2,即可得到该家庭参与劳动生产的程度。其反映了一个农户家庭投入在农业生产劳动的时间比重,以家庭为单位衡量了从事农业劳动的时间比重。从经济学的角度分析,在农业生产中,投入的时间成本越多的主体,其丧失的用于从事非农劳动的时间就越少,也就是说,丧失了本来可以从非农就业中获取的收益。因此这种机会成本的增加导致主体有一种潜在的激励要流转土地以实现规模经营，这样通过提高土地利用率来增加收入，弥补因丧失非农劳动时间而带来的机会成本。

转入价格（lp）反映了农户流转土地的成本。土地流转价格影响了土地流转市场的供求关系，从而影响了农户土地流转的行为。本书为了降低数据的绝对数值，对土地每亩租入价格的数值取了对数。

地形地貌（dx）影响了土地种植的难易程度。山区地带的农户更愿意租出土地选择外出打工，因此大部分农户把仅有的土地流转给合作社或者专业大户，这样的决策导致山区地带的土地流转供过于求，转入成本的降低使得专业大户、农民合作社和农业企业更愿意转入土地，以实现规模经营。本书中数值1代表山区，数值2代表丘陵，数值3代表平原。

$D1$、$D2$、$D3$ 为地区虚拟变量。本研究以华北地区为参照组，当 $D1$ 的数值取1时代表东北地区，取0时为其他地区；同样 $D2$ 代表西北地区；$D3$ 代表南方地区。

具体涉及的上述各指标名称和具体测量标准如表7-3所示。

表7-3　　　　　　　　　　变量描述性统计

变量类型	变量名称	平均值	标准差	最小值	最大值
被解释变量	是否转入土地（W）	0.694	0.461	0	1
	转入亩数（Y）	502.7	1390	0	15000
社会网络	每年随礼支出额（$X11$）	10702	13016	0	80000
	家中村干部的数量（$X12$）	0.216	0.482	0	3
	家中党员的数量（$X13$）	0.628	0.822	0	4
信息获取	是否接受过信息服务（$X21$）	1.590	0.492	1	2
	与业务相关的农产品市场距离（$X22$）	27.59	59.65	0	600

续表

变量类型	变量名称	平均值	标准差	最小值	最大值
社会影响力	提供社会化服务的数量（X31）	2.378	2.262	0	9
	经济带动作用（X32）	36146	355013	0	$5.250e+06$
信任	借钱是否容易（X4）	3.027	1.193	1	5
集体行动与合作	村中信教比例（X51）	5.886	13.47	0	95
	是否加入合作社（X52）	0.773	0.419	0	1
农户及家庭特征变量	人均土地面积（landarea）	2.312	5.298	0	100
	受教育程度（edu）	3.661	0.928	1	5
	参与农业经营生产程度（participation）	0.518	0.299	0	3
	户主的年龄（age）	47.98	10.32	8	95
村庄层面的特征变量	农民人均收入（income）	1954	15966	0	255000
	地形地貌（dx）	1.755	0.88	1	3
	土地转入价格（lp）	679.4	615.0	2	10000
	D1（东北地区）	0.12	0.33	0	1
	D2（西北地区）	0.29	0.45	0	1
	D3（南方地区）	0.23	0.42	0	1

第三节 实证结果与分析

一、模型设定

当研究社会资本对土地流转决策的影响时，由于因变量的取值为0或1，因此我们选择使用Probit模型进行回归。又因为本书的自变量社会资本被划分为5个维度共10个指标，所以为了清楚地分析每一个维度对土地流转决策的影响并找出差异性，我们选择了层次回归法。层次回归法相当于对每层的变量进行单独的分析。其基本思想是将感兴趣的变量放在最后一步进入模型，以考察在排除了其他变量的贡献的情况下，该变量对回归方程的贡献。如果变量仍然有明显的贡献，那么我们可以做出该变量确实具有其他变量所不能替代的独特作用的结论。

根据上述分析，本书设计了如下模型：

$$W^n = \beta_0 + \delta_{ij}^n X_{ij}^n + \beta_1 V^n + \beta_2 Z^n + \cdots\cdots + \varepsilon^n \qquad (7-1)$$

这里的 W^n 是我们关注的被解释变量，即第 n 个经营主体是否转入土地的决策。变量 X_{ij}^n 是我们关注的解释变量，即社会资本的 5 个维度共 10 个指标。而变量 V^n 和 Z^n 分别是家庭和村庄层面的控制变量。由于我们重点研究的解释变量是社会资本，因此后一步放入模型，当 $\delta=0$ 时，该模型中只有控制变量被称为模型（1）。当 $\delta \neq 0$ 且 $i=1$，2，3 时，模型中只存在控制变量和个体层次的社会资本，被称为模型（2），以单独观察个体层次社会资本对土地流转决策的影响。同理，当 $\delta \neq 0$ 且 $i=4$，5 时，模型中只存在控制变量和集体层次的社会资本，被称为模型（3），以单独观察集体层次社会资本对土地流转决策的影响。当 $\delta \neq 0$ 且 $i=1$，2，3，4，5 时，模型中存在全部的解释变量和控制变量，被称为模型（4），分析社会资本整体对土地流转决策的影响。

当我们研究社会资本对土地流转面积的影响时，由于一部分因变量的取值为 0，为解决该方面限制性因素的影响问题，本书采用 Tobit 模型进行数据分析。

二、估计结果分析

（一）社会资本对是否转入土地的影响

依据上述分析，我们使用 Probit 模型对社会资本与土地流转决策之间的关系进行回归,结果显示似然比检验 LR 为 123.20,对数似然比为 219.68,本书的回归结果均通过 Stata/SE 12.0 软件估计得出,统计结果显著($p=0.000$),结果如表 7-4 所示。

表 7-4　　　　　　社会资本对土地流转决策的分层回归

项目	变量类型及变量名称	(Ⅰ)	(Ⅱ)	(Ⅲ)	(Ⅳ)
社会网络	每年随礼支出额($X11$)		0.063*** (0.02)		0.067*** (0.02)
	家中村干部的数量($X12$)		0.014 (0.05)		0.008 (0.05)
	家中党员的数量($X13$)		0.007 (0.03)		0.023 (0.03)
信息获取	是否接受过信息服务($X21$)		0.171*** (0.05)		0.150*** (0.05)
	与业务相关的农产品市场距离($X22$)		-0.0006 (0.0004)		-0.0006 (0.0004)
社会影响力	提供社会化服务的数量($X31$)		0.027** (0.01)		0.030*** (0.01)
	经济带动作用($X32$)		-3.22e-09 (5.6e-08)		-1.43e-08 (5.45e-08)
信任	借钱是否容易($X4$)			0.066*** (0.03)	0.069*** (0.03)
集体行动与合作	村中信教比例($X51$)			0.0008 (0.00160)	0.001 (0.002)
	是否加入合作社($X52$)			-0.202*** (0.04)	-0.202*** (0.04)

续表

项目		变量类型及变量名称	（Ⅰ）	（Ⅱ）	（Ⅲ）	（Ⅳ）
控制变量	农户及家庭特征变量	受教育程度（edu）	0.092*** (0.02)	0.077*** (0.03)	0.091*** (0.02)	0.072*** (0.03)
		参与农业经营生产程度（participation）	0.215*** (0.08)	0.273*** (0.09)	0.268*** (0.08)	0.308*** (0.09)
		户主的年龄（age）	-0.006*** (0.002)	-0.005** (0.002)	-0.006*** (0.002)	-0.005** (0.002)
		农业生产经营收入（income）	0.017 (0.016)	-0.002 (0.02)	0.022 (0.01)	0.002 (0.02)
	村庄层面的特征变量	人均土地面积（landarea）	0.013 (0.01)	0.012 (0.01)	0.011 (0.01)	0.010 (0.0111)
		地形地貌（dx）	0.060 (0.05)	0.115** (0.05)	0.056 (0.05)	0.095* (0.05)
		土地转入价格（lp）	-0.031*** (0.01)	-0.035*** (0.01)	-0.030*** (0.01)	-0.031*** (0.01)
		D1	-0.141 (0.09)	-0.129 (0.10)	-0.148 (0.09)	-0.141 (0.10)
		D2	-0.140** (0.06)	-0.117* (0.06)	-0.124** (0.06)	-0.108* (0.06)
		D3	0.082 (0.06)	0.037 (0.06)	0.102* (0.06)	0.061 (0.06)
	常数项		-0.224 (0.578)	-2.730*** (0.877)	0.567 (0.631)	-1.959** (0.938)
	观测值		481	454	481	454
	p 值		0	0	0	0
	似然比检验 LR		78.16	103	98.49	123.20
	对数似然比		-257.94***	-229.78	-246.83	-219.68
	伪 R^2		0.132	0.18	0.17	0.22

注：*、**、*** 分别表示在10%、5%和1%的统计水平上显著。括号内数字为标准误；括号外的数值为估计系数，即 dW/dx 的值。

实证结果显示，社会资本维度中年随礼支出额、是否接受信息服务、提供社会化服务的数量、借钱是否容易、是否加入合作社以及控制变量中受教育程度、参与农业经营生产程度、户主的年龄、地形地貌、所属地区均对土地流转决策有显著影响。具体来看，结果Ⅰ显示农户及家庭特征变量中受教育程度、参与农业经营生产程度对土地流转决策都具有显著的正向影响，而户主的年龄对土地流转决策具有显著的负向影响。村庄层面的特征变量中地形地貌以及土地转入价格对土地流转有显著影响，但人均土地面积和每亩土地价格没有显著影响。这些因素的影响对土地流转决策的影响是比较稳健的，并没有因为后续模型变量的加入而改变显著性，并且系数的变化幅度不大，只有年龄变量在第四个模型中的显著性有所降低。结果Ⅱ显示个体层次社会资本中年随礼支出额、是否接受过信息服务以及提供的社会化服务数量显著影响土地流转决策。结果Ⅲ显示集体社会资本维度中借钱的难易程度和加入合作社的情况对土地流转决策有显著影响。而村中信教比例没有显著影响。最后，通过结果Ⅳ我们发现，当把所有的变量全部放入模型后，各个变量的显著性基本没有发生变化。样本似然比检验的卡方值（LR chi^2）为112.25，其显著性检验值分别为0.0000，说明模型整体检验在1%水平上显著，且伪R^2值、似然比检验以及对数似然比均大于前面3个结果。随后本书对结果Ⅳ进行了异方差和正态检验，结果显示均通过检验，说明结果Ⅳ能够合理地解释各项因素对土地流转决策的影响。

具体结论有以下三个方面。

（1）个体层次社会资本中年随礼支出额、是否接受过信息服务以及提供的社会化服务数量显著影响土地流转决策。

该结果说明：第一，由于中国社会是一个传统的人情社会，红白喜事一直以来是我国乡村的风俗习惯而且一直保留至今，红白喜事作为人情往来方式的一种间接地反映了主体的社会人脉。每年随礼支出额越多，代表其拥有的社会人脉和关系资源越多，对村中其他人的了解程度相对较高，那么在流转土地时更容易找到合适的卖主。如果涉及筹集资金，就更容易借到资金，通过数据我们发现，年随礼支出额每增加 1 元，土地转入的可能性增加 0.067 倍的随礼支出额的倒数。第二，家中党员或村干部的数量越多，其拥有的政策信息资源越多，党员或村干部在一定程度上也代表了该主体在村中的身份和地位，在流转土地时有很大的资源和人脉优势，但影响效果并不显著。第三，在信息获取维度中，是否接受过信息服务是影响土地流转决策的重要因素。这里的"信息服务"指技术、市场、政策、土地流转等各种相关信息资讯。接受信息服务有利于主体把握、经营与产业相关的政策信息，及时对信息作出预测和判断，有利于主体做出理性的经营决策。由数据可以看出，接受信息服务的人要比没有接受过信息服务的主体转入土地的可能性增加15%。第四，与业务相关的农产品市场的距离越远，所能接收到的关于农产品的市场信息越少，从而影响主体土地流转的决策。第五，提供的社会化服务数量每增加一项，主体转入土地的可能性增加3%。提供的社会化服务较多的主体，在村民心目中会树立较高的威信和信任度，在土地交易中，这种威信的存在会大大降低谈判成本，因为从村民的角度，他们一定会将自己的土地流转给自己信任甚至是在最困难的时候为自己提供过帮助的人。作为回报，这些村民无论是以降低租金的方式还是简化合同流程的方式都会大大地降低转入方的交易成本。这样当主体面临是否转入土地的选择时，由于自身条件的优越性，会更倾向于选择转入土地。

（2）集体社会资本维度中借钱的难易程度和加入合作社的情况对土地流转决策有显著影响。而村中信教比例没有显著影响。

以上结果说明：第一，信任度越高的人在交易过程中可以减少道德风险和机会主义行为，从而降低交易成本，促进交易的顺利进行。而且在农村这样抬头不见低头见的社会，信任往往是人与人沟通的基础和前提。因此信任度越高的人越愿意流转土地，因为他们的交易成本相对于其他主体来说更低，更有实现规模经营的动力。数据显示借钱的容易程度每增加一个程度，主体转入土地的可能性增加6.9%。第二，是否加入合作社对土地流转的决策有负向的影响。本书认为这是因为农民合作社尚处于初级阶段，并不具备太强的影响力。首先，表现为带动能力弱、为周边农户提供土地流转服务的能力不足；其次，表现为服务面窄，农民合作社目前还不能提供完善的土地流转平台，反而有些合作社会对社员土地流转的行为进行约束和限制；最后，许多农民合作社内部管理极其不规范，人员素质较低、管理效率低下，国家给予合作社的优惠扶持政策（如税收优惠、土地流转优惠、农业补贴、专项扶持等）催生了许多名义上的"假合作社"，这些合作社虽然满足成立要求，但是并没有实际经营业务，其强农、惠农的功能也不能体现。

（3）农户及家庭特征变量中受教育程度、参与农业经营生产程度等控制变量对土地流转决策都具有显著的正向影响，而年龄对土地流转决策具有显著的负向影响。村庄层面的特征变量中地形地貌、所属地区以及土地转入价格对土地流转有显著影响，但人均土地面积和每亩土地价格没有显著影响。

以上结果说明：第一，受教育程度越高，代表其对目前农业政策的信息越敏感，对规模化经营的认识度越高，因此更倾向于转入土地以实现土地资源配置的高效率。主体每高一个文化教育程度就会增加7.2%转入土地的可能性。第二，一个家庭中投入农业生产劳动的程度每高一个百分点，便会增加30.8%转入土地的概率。从经济学的角度分析，这是因为在农业生产中投入的时间成本越多的主体，其丧失的用于从事非农劳动的时间就越少，也就是说，丧失了本来可以从非农就业中获取的收益。因此这种机会成本的增加导致主体有一种潜在的激励要流转土地以实现规模经营，这样通过提高土地利用率来增加收入，弥补由于丧失非农劳动时间而带来的机会成本。第三，年龄越大的主体更不愿意流转土地，从风险的角度看，流转土地的整个过程中会伴随着合同的订立风险、合同违约风险、借贷款风险以及交易双方可能的信用风险，而年龄越大的主体越可能是风险规避者，年龄越小的主体更可能是风险爱好者。加之我国土地流转市场机制不完善，缺乏公平、公正以及安全的交易环境，使得交易双方的矛盾一直存在。第四，山区地带的耕地少且相对于平原地区较难种植，因此大部分农户选择外出打工，把仅有的土地流转给合作社或者专业大户，这样的决策导致山区地带的土地流转供过于求，因此转入成本的降低使得专业大户、农民合作社和农业企业更愿意转入土地，以实现规模经营。第五，相比于东部、南方和华北地区，西北部地区的社会资本在土地转入过程中发挥的作用更大，南方地区较显著。第六，土地每亩的转入价格对土地流转的决策有显著负向影响，这符合经济学的一般规律，即转入土地的成本越高越不愿意转入土地。从数值上看，转入土地每亩租金每增加 1 元，主体流入土地的可能性便会降低 0.031 倍的土地租金额的倒数。总体来看，这些因素对土地流转决策的影响是比较稳健的，并没有因为其他变量的加入而改变显著性，并且系数的变化幅度不大，只有年龄变量在第四个模型中的显著性有所降低。

综上所述，社会资本对土地的转入决策有显著的促进作用。其中社会网络维度中的年随礼支出额显著性较高，是较好的代理变量。而信息获取程度较好地代表了农业经营主体信息的获取能力。提供社会化服务的数量在一定程度上反映了主体的社会影响力并且与主体土地流转决策密切相关。集体层次社会资本中的信任程度以及加入合作社的情况对土地转入影响效果明显。控制变量中受教育程度、参与农业经营生产程度对土地流转决策在 1% 的水平上有显著正向影响，而年龄、地形地貌对土地流转决策在 5% 水平上有显著影响。

（二）社会资本对土地转入规模的影响

根据上面的推断，我们期待社会资本能够对土地流转面积有正向的影响。表7-5给出了社会资本对土地流转面积的影响的估计结果，Tobit模型整体的拟合结果基本理想，似然比值为161.85，统计结果显著（$p=0.000$）。

表7-5　　　　　　　社会资本对土地转入规模的回归

变量类型	变量名称	（Ⅰ）	（Ⅱ）
社会网络	每年随礼支出额（$X11$）	0.666*** (0.16)	0.627*** (0.16)
	家中村干部的数量（$X12$）	-0.187 (0.34)	-0.206 (0.36)
	家中党员的数量（$X13$）	0.369 (0.22)	0.342 (0.22)
信息获取	是否接受过信息服务（$X21$）	0.804** (0.36)	0.779** (0.35)
	与业务相关的农产品市场距离（$X22$）	-0.005* (0.003)	-0.005* (0.003)
社会影响力	提供社会化服务的数量（$X31$）	0.30*** (0.08)	0.278*** (0.08)
	经济带动作用（$X32$）	$-5.09\text{e}-07$ ($4.77\text{e}-07$)	$-4.59\text{e}-07$ ($4.75\text{e}-07$)
信任	借钱是否容易（$X4$）	0.373* (0.19)	0.369* (0.19)
集体行动与合作	村中信教比例（$X51$）	0.004 (0.01)	0.003 (0.01)
	是否加入合作社（$X52$）	-1.549*** (0.40)	-1.685*** (0.4)

续表

变量类型		变量名称	（Ⅰ）	（Ⅱ）
控制变量	农户及家庭特征变量	受教育程度（edu）	0.781*** (0.20)	0.751*** (0.20)
		参与农业经营生产程度（participation）	1.970*** (0.57)	1.868*** (0.57)
		户主的年龄（age）	-0.060*** (0.02)	-0.06*** (0.018)
		农业生产经营收入（income）	0.193 (0.13)	2.523*** (0.90)
		农业生产经营收入的平方（$income^2$）		-0.399*** (0.15)
	村庄层面的特征变量	人均土地面积（landarea）	0.024 (0.03)	0.026 (0.03)
		地形地貌（dx）	0.276 (0.39)	0.209 (0.39)
		土地转入价格（lp）	-0.215*** (0.07)	-0.216*** (0.07)
		D1	-0.494 (0.61)	-0.546 (0.6)
		D2	-1.231*** (0.44)	-1.215*** (0.43)
		D3	0.229 (0.45)	0.231 (0.45)
常数项			-3.271 (2.200)	-4.461** (2.23)
观测值			454	454
p 值			0	0
似然比检验 LR			161.85	168.67
对数似然比			-929.20	-925.80
伪 R^2			0.080	0.084

注：*、**、*** 分别表示在 10%、5% 和 1% 的统计水平上显著。括号内数字为标准误；括号外的数值为估计系数。

具体结论有以下三个方面。

(1) 个体层次的社会资本维度中每年随礼支出额、是否接受过信息服务、与业务相关的农产品市场距离、提供社会化服务的数量对农户土地流转的面积有显著的正向影响。其他指标不具有显著性。

结果说明：第一，社会网络越丰富的主体转入的土地越多。社会网络维度中的年随礼支出额的显著性较高，因此是社会网络较好的代理指标。从数值上来看，与红白喜事相关的年随礼支出额每增加1000元，主体转入的土地规模会扩大666亩，这体现了在乡村社会通过红白喜事随礼建立的社会网络关系更加稳固，且在土地流转的过程中发挥了一定的作用。而社会网络维度中带有政治因素的家中村干部数量和党员数量不具有显著性。说明在土地交易中，通过经济实力展现的社会网络要比通过政治关系构建的社会网络能发挥更大的作用。第二，接受过信息服务的人要比没有接受过信息服务的人转入更多的土地，说明信息服务的获取使得主体及时、准确地了解有关土地流转的相关政策，更倾向于转入更多的土地以实现规模经营。具体来说，接受过信息服务的人要比没有接受过信息服务的人多流转2.23亩。第三，提供社会化服务越多的主体倾向于转入更多的土地。主体每向公众多提供一个社会化服务数量，其转入的土地面积会多1.35亩。

(2) 集体层次的社会资本维度中信任程度和入社情况对土地流转面积有显著影响。

借钱的容易程度每增加一个程度，流转的土地面积会增加1.45亩。但如前面所述，信任程度对土地转入决策的影响更加显著，对土地转入规模的影响效果弱一些。是否加入合作社的系数为负，结果说明：从土地流转面积来看，没有加入农民专业合作社的主体比入社的主体多流转4.71亩土地。正如前面所述，可能与合作社带动能力弱、服务面窄、内部管理极其不规范、人员素质较低、管理效率低下等一系列问题有关。

（3）影响土地流转的其他因素均符合预期，可以看出，土地流转量的大小取决于受教育程度、参与农业经营生产程度、年龄、农业生产经营收入以及每亩土地的转入价格。受教育程度越高的主体会流入更多的土地。而家庭可用劳动力越多，越可能发生土地的转入。人均土地面积对土地流转的影响是正向的，但并不显著。村庄的人均土地面积在一定程度上衡量了土地的稀缺程度，本书的结果说明：人、地关系对土地的流转规模并没有显著的影响，但是人均土地面积越大的村庄其土地转入的规模越大。

此外，我们放入了$income^2$。回归结果如表7-5所示，$income$和$income^2$两者的回归系数都显著，前者的系数为2.523，后者的系数为-0.399，曲线呈倒"U"型的关系。这表明在一定范围内，随着收入的增加，土地的流转面积逐渐上升；但当收入超出一定范围时，土地的流转面积达到峰值后开始随收入的增加而下降。根据微观经济学的消费理论，人们的收入一般会有两大去向，消费和投资。而一般的家庭每年的消费额不会大幅度变化，基本趋于稳定，因此本书认为2015年农业经营收入的增加会增加投资，在该样本中表现为增加租出土地的面积，提高土地的利用率，以实现规模经营，获得更大的投资回报。说明高收入群体有着更高的土地流转和土地资源配置效率。但收入达到一定水平后，主体不再选择经营土地，可能向旅游观光、休闲农业等其他产业发展。需要指出的是，当把收入的平方放入Probit模型时，结果并没有出现类似Tobit模型的显著特征。说明当收入增长到一定程度时，主体可能会通过缩小土地的转入规模而将资金投资在其他产业，但并不会因此放弃土地的转入。

第四节 本章小结

一、主要结果

现阶段，中国农业经营主体的土地流转行为表面上看是一种经济行为，但实际上更多的是一种社会行为。在农村熟人社会中，农地流转行为并不完全以市场交换为准则，也不像企业行为那样遵循经济收益最大化的原则。在流转管理和服务体系不健全，尚缺乏土地流转信息平台的情况下，农户会通过动用他们的社会资源完成土地流转。本书通过对社会资本与土地流转之间关系的分析，发现社会资本对农业经营主体土地转入有积极的促进作用。具体而言，主要结果有以下几个方面。

（1）社会网络对土地转入的决策和规模均有显著影响。作为社会网络维度中显著变量的年随礼支出额是衡量社会网络较好的代理指标，随礼支出额越高的主体，转入土地的决策和规模越大。但是带有政治因素的家中村干部数量和家中党员数量对土地的转入决策和规模的影响效果均不显著。说明在土地交易中，主体的政治影响力没有起到决定性的作用，反而通过红白喜事随礼等传统活动构建起的社会网络在土地流转过程中能够发挥更大的作用。

（2）信息获取方式可以影响土地流转过程中的信息搜寻成本和信息不对称造成的道德风险。信息维度中是否接受过信息服务是较好的衡量指标，接受过信息服务的人更愿意作出转入土地的决策且转入的土地规模更大。

（3）社会影响力对土地转入的决策和规模均有显著的正向影响。

本研究中提供社会化服务的数量是较好的代理指标,具体表现为提供社会化服务数量越多的主体,其在本村村民心中树立的威信越高,更倾向于作出转入土地的决策。

(4) 信任在土地流转的过程中发挥着不可替代的作用。村民之间的信任和认可,有效地降低了违约风险,增加了在交易过程中的可预见性。而且信任对土地转入的影响不存在群体差异,不论是普通农户还是新型经营主体,信任都是在土地流转过程中必不可少的影响因素。

(5) 集体行动与合作维度中是否加入合作社对土地的转入有显著负向作用。说明合作社在一定程度上已经不能满足农民土地流转的需要,导致那些没有加入合作社的主体反而凭借自己的资源和能力流入土地以实现规模经营。

(6) 农户的禀赋与转入土地的决策和规模密切相关。受教育程度越高,参与劳动生产经营程度越高的农户,更愿意转入土地,且流转规模越大。而年龄较大的农户流转土地的决策较低,且流转规模也较小。农业生产经营收入对土地转入决策没有显著影响,但与土地转入规模呈现了倒"U"型曲线关系。村庄层面的特征变量中,地形地貌特征对土地转入决策有显著影响,主要表现为平原地区要比山区转入土地的决策更强,但这种地貌特征对土地的转入面积没有显著影响。土地流转的租金差异与农户流转土地的决策和规模有密切的联系,租金越低,农户转入的土地面积越大,流转决策越强烈,而且对二者的影响程度都在1%的水平上显著。

二、政策建议

本研究发现,社会资本对农业经营主体转入土地的决策和规模有显著的促进作用,因此政府必须重视农业经营主体的社会资本的积累和提升，构建和谐友好的村民关系，营造良好的乡村氛围。为此提出如下政策建议。

一是要构建和巩固社会网络体系，培育良好的交往微观环境。政府需尽力培育并加以改善，旨在巩固现有农村社会网络、便利社会、支持交换的微观环境。鼓励村民多沟通、多交流，通过各种各样的方式建立自己的社会网络，在此过程中，政府要发挥中介桥梁的作用，积极引导和促进村中社会网络体系的构建。

二是要加快构建土地流转信息平台。农村地区应加快构建土地流转信息平台，不断满足经营主体获取信息的需求，拓宽土地交易双方获得信息的渠道，降低进入土地流转市场的门槛，实现农村土地资源优化配置。同时对不同层次的农户有针对性地开展培训，有利于农户提高对土地规模化经营的认识，完善土地流转信息平台的建设。

三是要加强教育和相关政策的培训，积极倡导土地的规模化经营。推进农业推广人员下乡，加强对土地规模化经营知识的教育与普及，强化农村农业推广站点建设。同时，培训的方式要因地制宜、因人而异，教学手段可采用实地指导、小班授课、小组互助等多种灵活先进的方式。通过教育和培训相结合，组建技能卓越、知识丰富的人才队伍。

四是进一步加大政府对农业经营主体的支持力度，促进农业经营主体不断完善，从而为农业生产和服务提供更全面的服务。由此增强经营主体在村中的社会影响力，有利于其自身社会资本的积累和提升。并通过举办各种乡村活动维系村民之间的感情，通过成立多样化的组织增进其彼此之间的了解和认知。村民彼此之间的信任就是在每一次的交流协作中建立起来的，因此政府应当通过互助小组等方式搭建村民之间沟通了解的平台。

第八章

规模与契约如何影响了新型农业经营主体的农地整治？

土地整治有利于提高农用地产出率、降低生产成本、提高农民收入，还具备保护自然景观、改善环境等生态功能（鹿心社，2002；张正峰等，2003；谷晓坤等，2013），因而国家历来对此高度重视。2004年修订的《中华人民共和国土地管理法》规定"鼓励土地整理"；2017年国务院发布《全国国土规划纲要（2016—2030年）》明确提出"农村地区实施田水路林村综合整治和高标准农田建设工程"，国土资源部编制的《全国土地整治规划（2016—2020年）》中详细制定了农用地整理相关要求，鼓励农民群众自主开展土地整治，发挥农民主体作用；2019年中央"一号文件"中也再一次强调加强建设高标准农田和水利设施、保护和提升耕地质量的要求。一般而言，土地整治是指对低效能用地、不合理和未开发利用土地进行整理、开发、复垦、修复等活动的统称，狭义的土地整治是针对农业用地进行田、水、路、林、村的综合整治（郧文聚等，2008；严金明等，2016）。其中，高标准农田建设包括农田整治、水利设施、田间道路等配套设施建设（李少帅等，2012）。因而，本书所指农地整治主要包括地块平整、土壤改良、水利设施与田间道路建设四个方面。

由于农地整治具有一定的公共物品性质，政府常常是农地整治的主要投资主体,农民参与度不高(钟甫宁等,2009;高向军等,2011;程萍等,2014;汪文雄等,2015)。但单靠政府投资,不仅会使得农地整治资金来源方式过于单一,整治项目缺乏可持续性,还会导致农地整治过多体现政府意志而无法有效满足农业经营者的个性需求。因此,农地整治需要扩宽融资渠道,发挥农业经营者的主体作用,并鼓励社会各界投资(胡业翠等,2012;严金明等,2016)。已有研究表明,作为农地整治的直接受益者,农业经营者有效参与甚至成为主导者有助于农地整治绩效的提高(汪文雄等,2015;汪萍等,2016)。因此,增加农业经营者有关农地整治的投资既能拓宽融资渠道、构建多元化投资主体,又能激励其持续关注农地整治,提高项目参与程度,实现农地整治效益的最大化。综合来看,农业经营者向农地投资会受到家庭收入(王建洪等,2009)、非农就业机会(许庆等,2005;钱龙等,2018)和非农支出(辛翔飞等,2005;叶剑平等,2018)等因素的影响,而农地整治带有公共物品性质且其投资多属于长期投资,农业经营者的农地整治决策还容易受到农地经营规模与农地契约稳定性两大因素的影响。其中,农地契约稳定性能促进农业长期投资的观点为大多数学者所认同(Jacoby et al.,2002;黄季焜等,2012),但农地经营规模对农地整治的影响研究偏少且争论较大,尚未有统一的结论(Feder et al.,1992;辛翔飞等,2005;顾天竹等,2017;纪月清等,2017)。为此,在全国土地确权工作基本完成、中央明确第二轮土地承包到期后再延长30年的背景下,本书将重点对农地经营规模、农地契约期限等一系列契约特征与新型农业经营主体(以下简称"经营者")农地整治行为及其程度之间的关系进行实证分析,以期为新时期有效推进农地整治提供有益的参考。

第一节 理论分析

一、农地规模与农地整治

众多文献表明,农地整治初期投资大且不会随着参与人数的增加而提高,农地经营面积的扩大使得农地整治的单位投入成本降低(顾天竹等,2017;纪月清等,2017),故农地整治投资的规模效应明显。但不同于肥料等农业生产资料投资,农地整治具有一定公共物品性质且不易移动,随着经营规模的扩大,农地整治的公共物品溢出效应逐渐增强,公共物品"非排他性"使得经营者更愿意去享受他人农地整治所带来的效益(顾天竹等,2017)。尽管已有研究发现地块规模扩大能促进经营者单独投资决策(纪月清等,2017),但在其规模效应发挥作用之前,公共物品溢出效应的存在会抑制经营者有关农地整治的投资。因此可能会存在一个最优的农地规模水平:在未达到这个水平之前,溢出效应大于规模效应,即经营者农地整治投资可能性和投资程度不会随着经营规模的扩大而提高;在达到此水平之后,规模效应大于溢出效应,即随着经营规模扩大,经营者增加农地整治投资的可能性和投资程度不断提高。如果将农地整治投资可能性及投资程度统称为农地整治积极性,那么本书提出如下假说。

H1:农地经营规模与经营者农地整治积极性之间存在"U"型关系。

由于溢出效应与农地整治的公共物品性质紧密相关,而不同类型的农地整治又存在不同的公共物品特点,因而有必要按照公共物品性质的程度将农地整治进一步细分来考察经营规模对其所产生的影响。综合已有文献和实践来看，农地整治主要可分为可以改变农地形态和质量的土地类整治和可以提高农地使用便利性的设施类整治两类。前者如地块平整、土壤改良等项目，后者如田间道路、水利设施建设等项目。比较而言，土地类整治的排他性更强，即土地类整治的收益主要由经营者获得，而同期其他的经营者和后期接手的经营者分享其整治收益的可能性不大，因而政府给予补贴的可能性也相对更小；并且土地类整治与农业生产的关系更为密切，整治费用与农地经营规模高度正相关，按照 H1 的逻辑，农地经营规模在最优规模水平之前，经营规模越大的经营者进行土地类整治的积极性将更低。相反，设施类整治的公共物品性质更为明显，其他经营者在同期或后期获益的可能性更大，并且政府常常会因设施类整治的显著公共物品性质而给予经营者不同形式和程度的补贴，从而进一步带动经营者在设施类整治上的投资积极性；此外，设施类整治的费用常常不完全与农地经营面积成正比，其成本节约上的规模效应一般比上地类整治更为明显。据此逻辑，本书提出假说。

H2：农地经营规模越大，经营者土地类整治积极性比设施类整治积极性相对更低。

二、契约特征与农地整治

由于我国农地细碎化的现实，各种类型的农地流转十分普遍。而大量文献已经发现，农地流转的契约特征会通过影响农地契约稳定性进而对农地整治意愿和程度产生明显作用（刘丽等，2017；应瑞瑶等，2018；徐雯等，2018）。综合来看，农地契约特征包括契约时长、契约价格、契约对象、契约形式和契约条件等方面（邹宝玲等，2016）。其中，契约时长包括经营者能够使用经营农地的总时长与剩余时长；契约时间越长，经营者享有农地整治投资的收益权时间越长，有利于经营者开展农地整治并增加相关投资。契约价格即农地流转的租金，租金在一定程度上提高了农地契约的正式性程度，降低了流转双方违约可能性，间接增强了农地契约稳定性，对经营者进行农地整治具有正向激励作用；但租金过高并不利于提高经营者农地整治积极性，因为租金越高越会增加转入农地成本，从而提高了农地整治投资门槛。契约对象是指转入农地的经营者与原承包户之间的关系；相较而言，来自亲友或村集体的农地在契约稳定性上更加有保障，从而激励经营者进行农地整治。书面为主的契约形式以及农地有担保、获得批准或经过流转平台等契约条件均提升了转入农地的正式程度，同时以上情形也暗含着经营者所经营的农地受到了第三方的监督，这有效降低了农地整治投资收益的不确定性，有利于经营者开展农地整治并增加投资。据此，本书提出如下假说。

H3：农地契约特征将显著影响经营者农地整治积极性。

具体而言，契约时长对经营者农地整治积极性具有显著的正向影响；契约价格则具有显著负向影响；契约对象是亲友或村集体的，契约形式是书面合同的，契约条件中具备第三方担保、取得政府或村集体批准或者经过农地流转平台的，经营者农地整治积极性相对更高。

第二节 变量选择与描述

一、因变量

农地整治的整体行为是指地块平整、土壤改良以及水利设施、田间道路建设四项中至少进行过一项，农地整治的整体费用则是将四项整治项目每亩投入费用加总而得。样本数据显示，至少进行过一项农地整治行为的经营者高达81.80%，其中改良土壤整治项目开展最多，田间道路建设整治项目开展最少，相对于进行基础设施类整治，样本经营者开展土地类整治项目较多。在农地整治投入费用方面，样本经营者平均每亩投资4501.3元，其中水利设施建设项目投入费用最多，改良土壤项目投入资金最少，与农地整治行为不同的是，样本农户在设施类整治项目中投入费用要远高于土地类整治项目（见表8-1）。

表8-1　　　　　　　　农地整治行为与费用

农地整治行为	样本数	均值	标准差	农地整治费用	样本数	均值	标准差
整体行为（%）	434	81.80	0.39	整体费用（元/亩）	434	4501.30	14806.18
土地类（%）	430	74.42	0.44	土地类（元/亩）	434	1291.08	3097.26
地块平整（%）	432	55.09	0.50	地块平整（元/亩）	434	793.86	2546.95
改良土壤（%）	416	57.93	0.49	改良土壤（元/亩）	434	497.22	1536.42
设施类（%）	430	65.12	0.48	设施类（元/亩）	434	3210.22	13792.48
田间道路建设（%）	424	57.11	0.50	田间道路建设（元/亩）	434	1242.94	5450.84
水利设施建设（%）	429	45.75	0.50	水利设施建设（元/亩）	434	1967.28	11834.54

具体到不同类型的经营主体来看，家庭农场田间道路建设项目的开展比例最低，仅42.29%；农民合作社整治投入总费用最多，平均达到每亩5647.12元，且主要投入在田间道路和水利设施建设两个设施类整治项目上；在土地类整治中，地块平整项目为家庭农场投入最多，改良土壤项目则是农业企业投入最多（见表8-2）。从出资主体看，四项具体整治项目中家庭农场均为最主要的出资者；此外，合作社部分或全部成员是土地类整治的第二大力量，而政府则主要在设施类整治中扮演着第二投资者的角色（见表8-3）。

表 8-2　　各类经营主体的农地整治行为与费用

农地整治行为	家庭农场	农民合作社	农业企业	农地整治费用	家庭农场	农民合作社	农业企业
整体行为（%）	78.68	86.43	86.11	整体费用（元/亩）	4074.04	5647.12	3107.40
土地类（%）	71.88	76.98	82.86	土地类（元/亩）	1386.08	1100.51	1351.37
地块平整（%）	53.31	55.40	66.67	地块平整（元/亩）	840.37	752.53	621.30
改良土壤（%）	56.85	60.45	55.88	改良土壤（元/亩）	545.72	347.98	730.07
设施类（%）	61.33	69.57	75.00	设施类（元/亩）	2687.96	4546.61	1756.04
田间道路建设（%）	42.29	49.64	55.88	田间道路建设（元/亩）	1141.45	1445.95	1180.79
水利设施建设（%）	52.73	62.04	69.44	水利设施建设（元/亩）	1546.51	3100.66	575.25

表 8-3　　农地整治的主要出资主体　　　　　　　　　　　单位：%

出资主体	地块平整	改良土壤	田间道路建设	水利设施建设
家庭农场本身	51.75	53.33	37.43	38.49
合作社的理事长或主要成员	18.42	12.89	15.51	13.81
合作社的所有成员	12.28	18.22	12.83	11.30
农业企业的所有者	7.89	6.22	9.63	7.53
政府	6.14	5.78	21.93	24.69
非政府组织（NGO）	0.00	0.00	0.00	0.00
其他	3.51	3.56	2.67	4.18

二、自变量

（一）解释变量

农地经营规模方面，样本经营者平均经营1076.01亩农地，平均转入551.99亩农地，其中转入农地面积占农地经营面积平均为63.44%。

从不同类型的新型农业经营主体看,农业企业的农地经营面积、转入农地面积、农地转入比例均最高,家庭农场则相对最小,农民合作社居中(见表8-4)。

表8-4　　　　　　　　　　农地经营面积

项目	平均农地经营面积（亩）	平均转入农地面积（亩）	平均农地转入比例（%）
全样本	1076.01	551.99	63.44
家庭农场	321.37	205.41	61.02
农民合作社	2139.74	971.35	61.86
农业企业	2354.56	1443.09	87.61

农地契约特征方面,本书选取了时长、价格、形式、对象、条件5个维度来进行全面考察。由于党的十九大明确了农村土地二轮承包到期后继续延包30年,这使得样本经营者流转土地的时长大多数超过了二轮承包截止时间,流转总时长平均约30年,平均剩余时长近19年;其中家庭农场的流转时长和剩余时长均最长。约有73%的经营者转入农地需要支付租金且年租金平均每亩为533.13元,其中家庭农场需要支付租金的比例和租金水平都相对更低,而农业企业则最高。绝大部分经营者(约93%)的土地流转契约均以正式的书面契约为主,各类经营主体都极少有口头约定式的非正式契约。样本经营者中多以村集体(约52%)和陌生人(约42%)为主要契约对象,而流转农地来自亲友的比重约17%;其中,家庭农场的契约对象以村集体为最多,而农业企业则以陌生人为最多。有52.60%的样本经营者转入农地需要经过政府或村集体批准,而具备第三方担保的比例不足20%,并且经过流转平台签订契约的比例更是不足8%;其中,农业企业在以上三个契约条件上的比例均是最高的(见表8-5)。

表 8-5　　　　　　　　　　农地契约特征

变量	契约特征	样本平均	家庭农场	农民合作社	农业企业
契约时长	流转总时长（年）	30.04	36.00	18.25	24.77
	流转剩余时长（年）	18.66	20.98	13.58	18.23
契约价格	需要支付租金的比例（%）	73.52	67.40	79.59	91.89
	每年每亩租金（元）	533.13	483.52	586.38	710.88
契约形式	有正式契约形式的比例（%）	92.78	92.31	93.20	94.59
契约对象	契约对象为亲友的比例（%）	17.07	19.05	14.97	10.81
	契约对象为村集体的比例（%）	51.70	58.27	45.65	27.03
	契约对象为陌生人的比例（%）	41.94	33.51	48.31	65.71
契约条件	需要政府或村集体批准的比例（%）	52.60	47.19	55.00	83.33
	具备第三方担保的比例（%）	19.47	18.32	19.73	27.03
	经过流转平台签订契约的比例（%）	7.90	5.99	7.86	22.22

（二）控制变量

为了有效测度经营规模与契约特征对新型农业经营主体的农地整治积极性，本书进一步选取了政府支持、劳动和固定资产投资（除农地整治投资以外的）等要素投入、个人特征、经营主体类型、地形地貌和省份特征等指标作为控制变量。它们的描述性统计如表8-6所示。

表 8-6　　　　　　　　其他变量描述性统计

变量名	含义、赋值或单位	样本数	均值	标准差
政府支持	整治过程是否有政府现金或者项目支持；1=是，2=否	460	0.63	0.48
要素投入				
劳动投入量	农业劳动力投入情况，取 ln(time+1)；单位：ln 天	465	6.83	2.61

续表

变量名	含义、赋值或单位	样本数	均值	标准差
固定资产规模	自有固定资产情况，取 ln(assest + 1)；单位：ln元	465	12.77	1.05
个人特征				
农业外开支水平	受访前一年农业以外的其他开支，取 ln(nagriexp + 1)；单位：ln元	464	10.9	0.85
年龄	受访时的年龄；单位：岁	465	47.79	10.58
文盲	受访时最高教育水平是否为文盲；1=是，0=否	465	0.02	0.13
小学	受访时最高教育水平是否为小学；1=是，0=否	465	0.08	0.27
初中	受访时最高教育水平是否为初中；1=是，0=否	465	0.34	0.48
高中	受访时最高教育水平是否为高中/职高/中专；1=是，0=否	465	0.37	0.48
大专及以上	受访时最高教育水平是否为大专及以上；1=是，0=否	465	0.19	0.39
已婚	是否结婚；1=是，0=否	462	0.94	0.24
本地人	是否为本地人；1=是，0=否	465	0.96	0.19
党员	是否为党员；1=是，0=否	465	0.38	0.49
经历	是否有过其他非农经历；1=是，0=否	465	0.51	0.5
经营主体类型				
家庭农场	受访时是否为家庭农场；1=是，1=否	465	0.59	0.49
农民合作社	受访时是否为农民合作社；1=是，0=否	465	0.32	0.47
农业企业	受访时是否为农业企业；1=是，0=否	465	0.08	0.28
地理特征				
平原	所在地区为平原；1=是，0=否	462	0.55	0.50
山区	所在地区为山区及其他；1=是，0=否	462	0.15	0.35
丘陵	所在地区为丘陵；1=是，0=否	462	0.31	0.46

续表

变量名	含义、赋值或单位	样本数	均值	标准差
省份特征				
安徽	所在省份为安徽；1=是，0=否	465	0.18	0.39
河北	所在省份为河北；1=是，0=否	465	0.21	0.41
吉林	所在省份为吉林；1=是，0=否	465	0.13	0.34
山东	所在省份为山东；1=是，0=否	465	0.21	0.41
陕西	所在省份为陕西；1=是，0=否	465	0.26	0.44
工具变量Ⅳ	同一个乡镇内其他户人均土地面积；单位：亩/人	435	4.17	3.68

第三节 实证结果与分析

一、模型设定

为了重点考察农地经营规模和农地契约特征对新型农业经营主体农地整治的影响，本书设定如下计量模型。

$$\ln T_i = \beta_0 + \beta_1 Scale_i + \beta_2 Contract_i + \theta_j X_i + \mu_i \quad (8-1)$$

其中，i 表示第 i 个经营者；β_0 表示待估截距项，β_1、β_2 表示待估系数；θ_j 表示控制变量系数向量；μ_i 表示随机误差项。变量 $Scale_i$ 表示农地经营规模，包括经营者农地经营面积、农地经营面积的平方以及农地转入比例。其中，为减轻转入农地与经营面积之间存在多重共线性，本书用转入农地面积占经营面积的比重即农地转入比例来衡量转入农地情况；变量 $Contract_i$ 表示农地契约特征，包括契约时长、契约价格、契约对象、契约形式以及契约条件。变量 X_i 表示其他控制变量，包括劳动和资本两大生产要素、政府支持情况、个人特征、经营主体类型、地理特征以及省份特征。经营者农地整治包括农地整治行为与农地整治程度两个方面,当T_i衡量农地整治行为时,本书主要采用Probit模型进行分析;当T_i衡量农地整治程度即农地整治投入费用多少时,本书将使用Tobit模型进行估计。

二、内生性问题的讨论

理论上,农地经过整治后能一定程度改善地块分散、提升农地质量、强化农业生产的便利性,它能在农地流转中发挥积极的信号作用(郧文聚等,2010),经营者更容易转入农地(石峡等,2015),因此农地整治与经营规模之间很可能存在互为因果的内生性问题。为此,本书借鉴已有文献的做法,选取样本户所在乡镇的其他户人均土地面积作为工具变量进行回归分析(洪炜杰等,2018)。一般而言,同一乡镇内其他户的人均土地面积越多,经营者能转入的土地越多,经营规模会更大;但是其他户的人均土地面积并不直接影响样本户的农地整治行为和程度。因此,这一工具变量在理论上具有较好的外生性和一定的解释力。此外,根据一些文献的分析发现,政府支持也常常作为农户生产经营决策的一个内生变量。但是,由于本书所采用的是农地整治过程中是否获得政府现金或项目支持,因而总体上不存在政府视经营者农地整治效果而采取的"选择性支持"的情况发生,即有理由认为本书中政府支持因素并不会引起严重的内生性问题。

三、实证分析结果

(一) 农地整治行为的影响因素分析

本书采用Probit模型对全部样本的农地总体整治行为、土地类整治和设施类整治行为进行了回归。从表8-7的三个模型估计结果可以看到，无论是否划分整治类型，经营规模对农地整治行为的影响并不显著。尽管在契约特征中的若干指标的估计系数与假说相吻合，但考虑到经营规模面积与农地整治之间可能存在内生性，这一结果尚需使用工具变量估计法作进一步分析。为此，本书采用同一乡镇内其他户人均土地面积作为样本户农地经营面积的工具变量对上述模型进行了再次估计（IV-Probit）。结果显示，Wald内生性检验对应的p值均小于0.05，表明前、后两个模型在5%的显著水平上存在系统性的差别，并且IV在农地整治行为模型中具有1%的显著性水平，说明工具变量的选择是可以接受的如表8-7所示。

表8-7　　　　　　　　　农地整治行为回归结果

变量	模型（1）总体整治		模型（2）土地类整治		模型（3）设施类整治	
经营规模						
农地经营面积	-1.54e-05	(1.06e-04)	-1.45e-04	(1.59e-04)	2.12e-05	(8.94e-05)
农地经营面积的平方	2.67e-10	(6.57e-09)	1.18e-08	(1.69e-8)	-4.28e-09	(4.68e-09)
农地转入比例	-0.002	(0.004)	-0.001	(0.004)	3.99e-4	(0.004)
契约特征						
契约时长	-0.002	(0.020)	-0.015	(0.017)	-0.011	(0.017)
剩余时长	0.000	(0.025)	0.013	(0.021)	0.011	(0.021)
是否需要租金	1.933*	(1.018)	0.404	(0.801)	0.454	(0.791)
年亩均租金	-0.385***	(0.134)	-0.177*	(0.096)	-0.233**	(0.102)
是否为正式契约	0.410	(0.324)	0.285	(0.305)	0.639**	(0.303)
契约对象为亲友	0.004	(0.286)	0.288	(0.250)	-0.153	(0.249)
契约对象为村集体	-0.441*	(0.242)	-0.192	(0.204)	-0.574***	(0.218)
是否具备担保	0.448*	(0.259)	0.460**	(0.222)	0.348	(0.219)
是否需要批准	0.353	(0.224)	0.402**	(0.198)	0.379*	(0.197)
是否经过流转平台	-0.392	(0.317)	-0.407	(0.293)	-0.383	(0.284)

续表

变量		模型（1）		模型（2）		模型（3）	
		总体整治		土地类整治		设施类整治	
政府支持		0.321*	(0.190)	0.275	(0.172)	0.268	(0.175)
要素投入							
	劳动投入量	0.108**	(0.050)	0.110**	(0.049)	0.101*	(0.053)
	固定资产规模	-0.081	(0.140)	-0.041	(0.124)	-0.039	(0.118)
个人特征							
	农业外开支	-0.081	(0.136)	-0.222*	(0.119)	0.029	(0.123)
	年龄	-0.017*	(0.009)	-0.011	(0.008)	-0.023***	(0.009)
	小学	0.383	(0.684)	0.566	(0.660)	0.846	(0.768)
	初中	-0.143	(0.623)	-0.119	(0.601)	0.452	(0.729)
	高中	-0.290	(0.644)	-0.020	(0.618)	0.035	(0.734)
	大专及以上	-0.381	(0.680)	-0.151	(0.647)	0.287	(0.758)
	本地人	0.020	(0.492)	-0.359	(0.474)	-0.491	(0.508)
	党员	0.177	(0.201)	-0.008	(0.175)	0.253	(0.181)
	经历	0.165	(0.176)	0.072	(0.156)	0.499***	(0.163)
经营主体类型							
	农民合作社	0.240	(0.276)	0.131	(0.243)	0.234	(0.237)
	农业企业	-0.019	(0.401)	0.218	(0.376)	-0.112	(0.370)
地理特征							
	山区	0.170	(0.311)	0.090	(0.259)	-0.110	(0.254)
	丘陵	0.052	(0.256)	0.042	(0.224)	0.079	(0.222)
省份特征							
	河北	0.104	(0.338)	0.284	(0.290)	0.084	(0.300)
	吉林	-0.548	(0.435)	0.035	(0.390)	-1.644***	(0.404)
	山东	0.317	(0.345)	0.617**	(0.299)	0.208	(0.302)
	陕西	0.066	(0.428)	0.253	(0.372)	-0.001	(0.374)
	_cons	2.890	(2.600)	3.731	(2.318)	1.198	(2.369)
N		380		376		377	
伪 R^2		0.196		0.138		0.283	

注：*、**、***分别表示在10%、5%和1%的统计水平上显著；括号内数字为标准误。

从表8-8的三个模型的估计结果看,无论是总体整治行为,还是土地类或设施类整治行为,农地经营面积与它们均存在显著的"U"型关系,并且其转折点在8500亩左右。而样本中仅有0.04%的经营者经营规模达到8500亩,也就是说,绝大多数经营者处在转折点左侧范围,此时农地经营面积越大,农地整治可能性越小。值得注意的是,农地经营面积的影响虽然显著,但系数均非常小,二次项的系数几乎可忽略不计,具体来看,经营面积每增加1亩,经营者农地的各种整治行为发生概率的下降幅度不会超过0.1%。类似的,农地转入比例对总体整治行为和土地类整治行为发生概率具有微小的负向影响(每1个百分点的边际负向影响分别约为0.79%和0.73%),但对设施类整治的影响并不明显。可见,农地经营规模越大,农地转入比例越高,经营者进行农地整治的积极性反而越低。可能的原因是,在这个经营规模范围内,农地整治公共物品性质的溢出效应可能强过规模效应,当然这种负向影响的程度十分微弱。

表8-8　　　　　　使用工具变量后的农地整治行为回归结果

变量	模型(1) 总体整治		模型(2) 土地类整治		模型(3) 设施类整治	
经营规模						
农地经营面积	-0.001***	(2.77e-04)	-0.001***	(2.04e-04)	-0.001**	(2.81e-04)
农地经营面积的平方	3.58e-08***	(1.38e-08)	5.93e-08***	(1.68e-08)	3.17e-08**	(1.41e-08)
农地转入比例	-0.008**	(0.004)	-0.007**	(0.003)	-0.005	(0.004)
契约特征						
契约时长	-0.005	(0.017)	-0.010	(0.015)	-0.010	(0.016)
剩余时长	0.009	(0.022)	0.010	(0.018)	0.011	(0.020)
是否需要租金	2.262***	(0.841)	1.196*	(0.679)	1.087	(0.725)
年亩均租金	-0.305**	(0.127)	-0.148*	(0.084)	-0.195**	(0.094)
是否为正式契约	0.378	(0.299)	0.198	(0.264)	0.578*	(0.310)

续表

变量	模型（1）总体整治		模型（2）土地类整治		模型（3）设施类整治	
契约对象为亲友	-0.199	(0.246)	0.030	(0.217)	-0.297	(0.227)
契约对象为村集体	-0.435*	(0.258)	-0.170	(0.193)	-0.500**	(0.250)
是否具备担保	0.448**	(0.214)	0.530***	(0.184)	0.425**	(0.196)
是否需要批准	0.062	(0.224)	0.031	(0.198)	0.063	(0.210)
是否经过流转平台	-0.297	(0.292)	-0.360	(0.256)	-0.359	(0.264)
政府支持	0.131	(0.181)	0.105	(0.159)	0.125	(0.171)
要素投入						
劳动投入量	0.160***	(0.047)	0.176***	(0.043)	0.147***	(0.051)
固定资产规模	0.027	(0.127)	0.082	(0.108)	0.035	(0.116)
个人特征						
农业外开支	0.008	(0.129)	-0.070	(0.121)	0.117	(0.114)
年龄	-0.015	(0.009)	-0.010	(0.008)	-0.019**	(0.010)
小学	0.252	(0.582)	0.359	(0.556)	0.677	(0.679)
初中	-0.067	(0.530)	-0.037	(0.502)	0.354	(0.623)
高中	-0.273	(0.543)	-0.070	(0.512)	-0.075	(0.625)
大专及以上	-0.352	(0.580)	-0.174	(0.539)	0.122	(0.653)
本地人	0.278	(0.434)	-0.112	(0.412)	-0.209	(0.456)
党员	0.235	(0.173)	0.114	(0.150)	0.277*	(0.165)
经历	0.050	(0.156)	-0.015	(0.137)	0.333*	(0.180)
经营主体类型						
农民合作社	0.681**	(0.266)	0.673***	(0.228)	0.726***	(0.246)
农业企业	0.450	(0.377)	0.673**	(0.333)	0.334	(0.354)
地理特征						
山区	0.028	(0.261)	0.048	(0.222)	-0.070	(0.233)
丘陵	-0.034	(0.220)	-0.053	(0.192)	-0.013	(0.203)
省份特征						
河北	-0.126	(0.301)	0.044	(0.262)	-0.060	(0.284)
吉林	-0.159	(0.447)	0.361	(0.349)	-0.950*	(0.567)

续表

变量	模型（1）总体整治		模型（2）土地类整治		模型（3）设施类整治	
山东	-0.131	(0.356)	0.032	(0.321)	-0.083	(0.338)
陕西	-0.342	(0.395)	-0.274	(0.344)	-0.301	(0.374)
_cons	0.160	(2.641)	0.072	(2.286)	-1.115	(2.357)
N	363		360		360	
Wald test	0.028		0.005		0.036	

注：*、**、*** 分别表示在10%、5%和1%的统计水平上显著；括号内数字为标准误。

在契约特征中，年亩均租金和是否需要担保对于农地整治行为存在显著影响。租金过高，提高了经营者农地整治成本，抑制了经营者整治意愿；而转入农地拥有第三方作担保直接增强了农地稳定性，从而提高了经营者整治意愿。需要支付租金显著影响农地总体整治和土地类整治行为，但对设施类整治的影响不存在显著性。可能的原因是，农地需要租金提高了转入农地者的违约成本，它要求经营者更加"用心"进行农业生产经营，而经营者为了获得更好的经营收益，常常需要进行有效的土地整治工作，进而提高了其农地整治概率；但对于初期一次性投入较大的、公共物品性质更强的设施类整治，需要支付租金的"正向诱导"常常难以发挥作用，因为经营者更为关注短期的投入回报率。此外，具有正式的书面契约能显著提升经营者的设施类整治意愿，说明正式契约将一定程度上化解农地整治作为公共物品的"溢出效应"；契约对象为村集体会显著降低经营者农地总整治和设施类整治概率，其可能的原因，是村集体作为村庄提供公共物品的重要主体，经营者往往更多地选择"搭便车"而非帮助集体提供公共物品。

（二）农地整治程度的影响因素分析

为了进一步分析农地规模与契约特征对农地整治程度的影响，本书采用农地整治投入费用作为整治程度的衡量指标，并使用 Tobit 模型进行估计，估计结果如表 8-9 所示。其中模型左侧三列分别为农地总整治费用、土地类整治和设施类整治费用的回归结果，右侧三列是解决内生性后相应的估计结果。比较而言，纠正了内生性问题之后的结果与未纠正之前的结果差异不大，仅有总体整治费用模型中纠正内生性之后的农地经营面积二次项变得显著了，但系数也十分微小。

表 8-9　　　　　　　　　农地整治程度回归结果

变量	Tobit			IV-Tobit		
	总体整治	土地类整治	设施类整治	总体整治	土地类整治	设施类整治
经营规模						
农地经营面积	-0.000**	-0.001***	-0.000	-0.002*	-0.004**	-0.003*
	(0.000)	(0.000)	(0.000)	(0.001)	(0.002)	(0.002)
农地经营面积的平方	0.000	0.000**	0.000	0.000*	0.000**	0.000
	(0.000)	(0.000)	(0.000)	(0.000)	(0.000)	(0.000)
农地转入比例	-0.020**	-0.014	-0.020*	-0.035***	-0.042**	-0.039**
	(0.009)	(0.010)	(0.012)	(0.012)	(0.018)	(0.018)
契约特征						
契约时长	0.037	0.019	0.027	0.035	0.016	0.037
	(0.038)	(0.045)	(0.057)	(0.043)	(0.060)	(0.064)
剩余时长	-0.027	-0.009	-0.012	-0.019	-0.005	-0.023
	(0.046)	(0.055)	(0.065)	(0.053)	(0.076)	(0.077)
是否需要租金	4.606**	3.435	4.204	6.265**	7.219**	6.873*
	(1.828)	(2.133)	(2.644)	(2.462)	(3.437)	(3.706)
年亩均租金	-0.473**	-0.362	-0.505*	-0.483*	-0.491	-0.574*
	(0.215)	(0.253)	(0.291)	(0.248)	(0.347)	(0.341)
是否为正式契约	1.351*	1.508*	2.802**	1.275	1.387	2.792**
	(0.745)	(0.905)	(1.088)	(0.819)	(1.164)	(1.207)

续表

变量	Tobit 总体整治	Tobit 土地类整治	Tobit 设施类整治	IV-Tobit 总体整治	IV-Tobit 土地类整治	IV-Tobit 设施类整治
契约对象为亲友	-0.424 (0.552)	0.654 (0.649)	-1.051 (0.755)	-0.641 (0.627)	0.045 (0.880)	-1.334 (0.880)
契约对象为村集体	-0.792 (0.481)	-0.712 (0.570)	-0.951 (0.654)	-1.050* (0.542)	-0.713 (0.784)	-1.070 (0.768)
是否具备担保	0.669 (0.479)	1.105** (0.558)	0.980 (0.645)	1.077 (0.671)	2.069** (0.942)	1.736* (0.941)
是否需要批准	0.687 (0.474)	0.856 (0.554)	0.860 (0.649)	0.281 (0.595)	0.054 (0.798)	0.155 (0.833)
是否经过流转平台	-0.780 (0.678)	-1.530* (0.799)	-1.424 (0.931)	-0.684 (0.821)	-1.931 (1.191)	-1.604 (1.173)
控制变量①	控制					
_cons	-1.527 (5.190)	3.588 (6.063)	-9.399 (7.465)	-6.388 (6.860)	-6.532 (9.638)	-16.767 (10.418)
N	380	362	370	363	347	353
伪 R^2 检验法	0.058	0.046	0.087	0.082	0.009	0.080

注：*、**、***分别表示在10%、5%和1%的统计水平上显著；括号内数字为标准误。

从具体结果来看，经营面积与农地总整治费用和土地类整治费用之间存在微弱的"U"型关系，转折点均在1万亩左右；与设施类整治费用仅存在负向的线性关系，二次项系数并不显著。数据显示，农地经营面积每增加1亩，总整治费用约下降0.23%，土地类整治费用约下降0.42%，而设施类整治费用约下降0.30%。此外，农地转入比例对农地整治费用也存在明显的负向作用，但影响程度并不大。数据显示，转

---

① 大多数控制变量的显著性和方向的变化与农地整治行为大体一致，出于篇幅考虑，表格中不再展示。

入比例每增加1个百分点，农地总体整治费用约下降3.50%，土地类整治和设施类整治费用分别约下降4.19%和3.90%。从总体来看，农地经营规模在1万亩以下的范围内，经营规模扩张对农地整治积极性存在微弱的负向影响，并且土地类整治费用受到的负向影响相对更大。换言之，在这个阶段，随着农地经营规模的扩大，经营者对土地类整治的积极性比设施类整治相对更低。

契约特征中，需要租金对农地整治费用存在显著正向影响，但年亩均租金仅对总体整治费用和设施类整治费用存在负向影响。其原因与前述逻辑类似，即需要支付租金常常会激发经营者对土地整治工作的重视程度，但越高的租金确实会在短期资金投入等方面影响经营者对农地（特别是设施类）整治的积极性。书面的正式契约能显著增加经营者对设施类整治的投入；转入农地时具有担保虽然对总体整治费用影响不明显，但对细分之后的土地类整治费用和设施类整治费用均存在显著的正向影响；契约对象为村集体的情况将降低经营者的农地总体整治费用，但细分两个整治项目后均不显著。这说明契约形式、契约条件、契约对象对经营者农地整治积极性总体而言具有显著的影响。但值得强调的是，无论是否处理了内生性问题，契约时长对经营者农地整治积极性的影响均不明显。可见，本书的样本并不支持越长的契约越有利于提高经营者农地整治积极性的观点。

第四节 本章小结

基于上述分析，本书得出如下结论。第一，农地经营规模与经营者农地整治积极性之间确实存在"U"型关系，但对于绝大多数经营者而言，农地经营面积的扩大对其农地整治的积极性存在微弱的负向影响，并且农地转入比例越高的经营者开展农地整治的积极性也越低。换言之，在一般情况下，农地经营规模的扩大不仅不会有助于提高反而会轻微抑制经营者农地整治积极性。第二，尽管农地经营规模和转入比例对农地整治积极性总体上存在负向影响，但相对于设施类整治而言，经营规模越大、转入农地比例越高的经营者对土地类整治积极性越低。这说明，尽管土地类整治的公共物品性质不如设施类整治那么明显，但规模效应在土地类整治中的节本效果并没有强过"溢出效应"。第三，契约特征中，契约价格、契约形式、契约对象为村集体、转入农地时具有担保等契约特征对经营者农地整治积极性存在不同方向与程度的显著影响，但契约时长的影响均不明显。可见，本书的样本并不支持越长的农地契约越有利于提高经营者农地整治积极性的观点。

综上，前述三个假说得到了大部分验证，其相应的政策含义：一是扩大农地经营规模并不一定有利于提高经营者的农地整治积极性，在现有大多数情况下，经营者经营规模越大，其农地整治积极性反而存在越低的可能性。二是应把握不同类型农地整治的特殊性，根据土地类整治和设施类整治各自的经济学特点，综合考虑农地规模扩大形成的"规模效应"与公共物品性质带来的"溢出效应"的叠加效果，从而采取有针对性的策略和措施。三是在现有农地三权分置、二轮承包到期后继续延包等政策背景下，提高经营者农地整治积极性，有必要从农地契约相关的维度去寻找出路，比如，签订正规化书面合同、适当降低流转租金、协调村集体提供更多服务、鼓励为流转农地提供担保等，但延长契约期限并不一定有效。

第九章

劳动投入结构会影响新型农业经营主体的经营收益吗？

随着城乡融合进程加快推进，大量劳动力从农村向城镇转移，从农业向非农产业转移，农村劳动力结构发生重大转变。基于小农户的农业劳动力配置不能有效适应当前农村劳动力结构，有必要进行再配置以避免要素错配问题的出现（Hsieh & Klenow，2009；Adamopoulos et al.，2017），并发挥劳动力在提升全要素生产率和激发农业潜在收益方面的作用。而发展新型农业经营主体正是推动劳动力再配置的有效抓手。一般而言，普通农户生产经营规模小，以家庭劳动力投入为主，且劳动力由于数量较少，主要集中在作业与日常这两个产中环节。而新型农业经营主体规模较大，自家投工可能无法满足农业生产对于劳动力的需求，需要通过雇用劳动力、专业化分工来保证农业经营效率。同时，劳动力数量的增加又提高了新型经营主体对雇工在劳动强度方面的要求，增加了包括工资成本、监督成本和代理成本在内的直接或间接成本。那么，在传统农户"种地"向新型农业经营主体"种地"转型的过程中，变化了的劳动力投入结构能否提高农业经营主体的产出收益呢？其内在机制又是怎样的？为此，本章将劳动力投入结构划分为劳动力来源结构、劳动力作业结构以及劳动力作业强度三个维度来综合刻画劳动力再配置的全过程，深入考察劳动力投入结构对农业经营主体产出收益的影响，为理解新型农业经营主体价值创造的内在机制提供参考。

第一节 理 论 分 析

农业收入是衡量农业产出效益最为直观的指标。目前来看，学术界主要将农户收入划分为经营性收入、工资性收入、财产性收入和转移性收入（刘俊杰等，2015），专门着眼于农户农业收入的研究较少。相比改革开放之后的40多年，1985—2011年农业劳动力流动对经济增长的贡献率下降了15.34%（潘文卿，2001；伍山林，2016），农业劳动力向非农领域的转移吸引力下降。截至2018年，返乡下乡创业人员已经达到740万人，农业农村劳动力要素结构已经发生了翻天覆地的变化，农业农村产业不断涌现出新产业、新业态。在这种情况下，农业收入的内涵得到了升华，外延得到了拓展，研究农业收入具有重大的意义。从实际情况来看，农业收入主要包括经营性收入和工资性收入，主要体现了农业劳动力要素对产出效益的贡献，遵循按劳动力要素贡献分配的重要原则。为此，本书基于农户收入本身的多维性，聚焦农业生产领域的特殊性，采用农业收入来体现农业产出效益。

已有学者对农民农业收入的影响因素展开了多方面的研究，展示了土地规模、机械投入、制度设计等方面的重要性（李中，2013；周振等，2016；冒佩华，徐骥，2015）。从本质上来看，农业收入受到了土地要素、劳动力要素禀赋规模与结构的影响，传统生产要素组合的调整也推动了先进资本要素的投入。土地要素规模化的背景下，农地经营方式也发生了极大转变，农业社会化服务正在成为未来中国农业发展的重要经济增长点（钟真，2018），对劳动力要素结构与土地要素规模的适应性提出了更高的要求。因此，农业劳动力要素的再配置将对农业收入产生重要影响。目前，已有学者研究了劳动力要素对农业产出增长弹性的测算（Haley，1991；吴玉鸣，2010；林玉蕊，2007），不仅仅农业劳动力要素规模，劳动力要素个体特征的转变也会显著影响粮食生产技术效率（成德宁，杨敏，2015）。然而，现有研究对于农业劳动力要素的研究不够深入，主要从总体层面对农业劳动力规模、农业劳动力的个体特征变化进行研究，仅仅体现了劳动力要素的规模加总与个体特征，未能体现出劳动力要素再配置的过程，即劳动力要素的结构变迁过程。事实上，农业劳动力总体规模并不是至关重要的，外出务工反而会促使农户要素投入结构和种植结构调整，进而推动粮食生产（钟甫宁等，2016）。在城乡融合进程中，由于小农不具备规模化经营的能力，农业劳动力"从何而来"成为劳动力要素再配置过程中必须要解决的问题。因此，本书选择从劳动力来源结构的视角来全面反映劳动力要素再配置的过程，并使用雇工与投工之间的比例关系来反映不同农业经营主体的结构差异。

那么，农业劳动力来源结构中雇工比例是否越高越好呢？一部分学者认为，劳动力成本的攀升，使得农业经营过程中雇工不够划算，甚至会产生亏损（刘升，2014），并且容易产生作业监督难题，导致雇工经营相对于家庭经营反而单产更低（孙新华，2013）。另一部分学者却认为雇主虽然对雇工存在着监督成本，但成本很低，且农户之间道德约束强，雇工可以根据自身能力来进行合理分工以提高资源配置效率，从而肯定了农业雇工对于农业生产效益的促进作用（石弘华，杨英，2006），同时还可以优化生产结构和推进规模化进程（陈超，2012；王志刚，2011）。进一步地，劳动力来源结构确定后，"往哪投"更有利于农业收入的提高呢？从目前来看，带头人的经营能力与参与作业的生产能力都不可或缺，但一般农业经营主体的雇工人员主要集中在作业环节，① 因此作业环节雇工人员比例（即作业结构）更能体现劳动力来源结构在环节层面的变化。最后，"往哪投"这一投入方向确定后，就是投入强度的问题。鉴于"往哪投"中作业环节的重要性，作业环节的投入强度（即作业强度）也是劳动力来源结构在强度层面尤其需要考虑的。

本章的基本推断是，劳动力来源结构、劳动力作业结构、劳动力作业强度都会对农业经营主体的经营收益产生显著的影响；若按照雇工的比例、作业环节的投工比例和单位土地面积的投工量而言，三个维度都会产生正向影响。以上三方面假说从"种地"前、"即将种地"时以及"种地"时三大农业决策阶段分别考虑了劳动力要素"从哪投""往哪投""投多少"的问题，能够全面反映劳动力要素再配置对于农业收入所产生的作用。

第二节 变量选择与描述

一、被解释变量

本书的因变量是农业经营收入，采用农业经营主体在经营过程中所获得的收入来表示。农业经营收入既能反映农业经营主体的收入水平，也能反映要素配置优化过程中农业产出潜在效益水平。劳动力要素再配置过程中，优化劳动力要素结构能够提升要素配置效率，进而推动劳动

---

① 本书调研数据能够支撑这一基本特征。

力要素价值的显现。农业经营收入这一指标恰能反映农业经营主体内部劳动力要素投入后的综合价值。

二、解释变量

本书的核心自变量是来源结构、作业结构以及作业强度三大层面。为了弥补劳动力数量在衡量劳动力实际投入程度上的指标缺陷，本章使用劳动力工日加以衡量。来源结构用"雇工量[①]与总投工量（或工日）的比例"加以衡量，作业结构用"作业环节[②]投工量与总投工量（或工日）的比例"加以衡量，作业强度用"作业环节投工量与土地经营面积的比例"来加以衡量。

三、控制变量

本书选取地形特征、经营主体特征、村庄特征三方面作为控制变量。在地形特征方面，本书采用"是否位于平原""是否位于山地"综合考虑了平原、丘陵、山地三大地形。在经营主体特征方面，以"是否普通农户""是否家庭农场""是否合作社"来区分各类主要农业经营主体。在村庄特征方面，本书用"人均收入水平"以及"人均土地规模"控制了村庄经济水平与村庄土地要素规模。描述性统计分析具体如表9-1所示。

[①] 雇工量是指处于稳定状态的雇工，未统计来源不稳定、难以准确统计的短期雇工量，以确保劳动力要素投入结构的数据准确性。

[②] 作业环节包括样本里的狭义作业环节（即耕种收）以及日常环节，以全面覆盖耕种防收四项作业环节。

表 9-1 描述性统计分析

变量名称	变量含义和赋值	平均值	标准差	最小值	最大值
被解释变量					
农业经营收入	年农业经营收入（万元）	1954.192	15966.13	0	255000
关键解释变量					
按劳动力数量计算					
来源结构	雇工量与总投工量的比例	0.238	0.325	0	1
作业结构	作业环节投工量与总投工量的比例	0.149	0.253	0	1
作业强度	作业环节投工量与土地经营面积的比例	0.059	0.302	0	5.4
按劳动工日计算					
来源结构	雇工量与总投工量的比例	0.325	0.364	0	1
作业结构	作业环节投工量与总投工量的比例	0.191	0.286	0	1
作业强度	作业环节投工量与土地经营面积的比例	13.296	88.020	0	1728
控制变量					
地形特征					
平原	1=是；0=否	0.545	0.499	0	1
山地	1=是；0=否	0.297	0.458	0	1
经营主体特征					
普通农户	1=是；0=否	0.239	0.427	0	1
家庭农场	1=是；0=否	0.243	0.429	0	1
合作社	1=是；0=否	0.322	0.468	0	1
村庄特征					
人均收入水平	人均年收入（元）	13785.85	25551.88	0	500000
人均土地面积	人均土地面积（亩）	2.325	5.390	0	100

第三节 实证结果与分析

为全面反映劳动力要素再配置对于农业经营收入水平所产生的影响,本书分别从劳动力来源结构、劳动力作业结构、劳动力作业强度三个维度进行实证检验。

一、劳动力来源结构对农业经营收入的影响

劳动力来源结构对农业经营收入的影响的回归结果如表9-2所示。模型(1)~模型(2)汇报了来源结构(按数量)回归的结果。回归结果表明雇工数量比例对农业经营收入产生显著的正向影响,在对农业经营收入取对数后,回归结果一致。模型(3)~模型(4)汇报了来源结构(按工日)的回归结果,维持模型(1)~模型(2)的基本结论。总体来看,按工日计算后,来源结构对农业经营收入的正向影响会有所减弱。各类农业经营主体对农业经营收入产生显著的负向影响,说明普通农户、家庭农场、合作社可能不如农业企业等企业化管理模式下的雇工模式有效。山地地区可能由于适合发展特色农业,为提升农业附加值,需要更多雇工参与到农业经营过程中,因此雇工越多,农业经营收入越高。

表9-2　　　　劳动力来源结构对农业经营收入的影响

项目	模型(1) 农业经营收入	模型(2) 农业经营收入(取对数)	模型(3) 农业经营收入	模型(4) 农业经营收入(取对数)
来源结构(按数量)	8397*** (2626)	1.427*** (0.326)		

续表

项目	模型（1）农业经营收入	模型（2）农业经营收入（取对数）	模型（3）农业经营收入	模型（4）农业经营收入（取对数）
来源结构（按工日）			6182** (2389)	1.377*** (0.294)
平原	1922 (2326)	0.298 (0.289)	2001 (2336)	0.309 (0.288)
山地	784.8 (2478)	0.531* (0.307)	715.9 (2488)	0.522* (0.306)
普通农户	−4584* (2572)	−2.541*** (0.319)	−4617* (2625)	−2.434*** (0.323)
家庭农场	−5338** (2397)	−0.803*** (0.297)	−5653** (2401)	−0.811*** (0.296)
合作社	−4940** (2243)	0.312 (0.278)	−5123** (2251)	0.288 (0.277)
人均收入水平	0.00820 (0.0302)	0.000005 (0.000004)	0.00853 (0.0303)	0.000005 (0.000004)
人均土地面积	2.092 (141.6)	−0.00352 (0.0176)	−11.38 (142.4)	−0.00663 (0.0175)
常数项	2683 (2790)	3.863*** (0.346)	2802 (2852)	3.744*** (0.351)
R^2	0.049	0.304	0.041	0.308

注：*、**、***分别表示在10%、5%和1%的统计水平上显著；括号内数字为标准误。

二、劳动力作业结构对农业经营收入的影响

劳动力作业结构对农业经营收入的影响的回归结果如表9-3所示。模型（5）~模型（6）汇报了作业结构（按数量）回归的结果。回归结果表明作业结构会对农业经营收入产生显著的正向影响，即作业环节雇

工数量比例的增加,有利于农业经营收入的提升。模型(7)~模型(8)汇报了作业结构(按工日)的回归结果,虽然模型(7)回归结果并不显著,但在模型(8)(取对数)仍维持模型(7)~模型(8)的基本结论。由于工日相比数量在衡量上更为准确,所以作业结构对于农业经营收入的正向影响实际上是有所高估的,但差距并不十分明显。各类农业经营主体对农业经营收入产生显著的负向影响,并且普通农户的负向影响相对更为明显,反映了新型农业经营主体对于提升作业环节农业经营收入的影响是有积极作用的,而农业企业等其他专业化经营主体相比家庭农场、合作社在这一方面更为擅长。地形特征、村庄特征对农业经营收入未能产生显著影响,这很有可能是因为经营主体在选择进入村庄前或留在村庄前就已经将地形特征和村庄特征考虑在内,并做出理性的经济选择,以弱化这两大特征对于农业经营收入的影响。

表9-3　　　　　劳动力作业结构对农业经营收入的影响

项目	模型(5) 农业经营收入	模型(6) 农业经营收入(取对数)	模型(7) 农业经营收入	模型(8) 农业经营收入(取对数)
作业结构(按数量)	11949*** (3227)	1.542*** (0.404)		
作业结构(按工日)			2787 (2932)	1.295*** (0.362)
平原	1773 (2317)	0.283 (0.290)	1978 (2353)	0.290 (0.291)
山地	427.9 (2468)	0.480 (0.309)	493.1 (2511)	0.432 (0.310)
普通农户	-4728* (2531)	-2.648*** (0.317)	-6202** (2575)	-2.654*** (0.318)

续表

项目	模型（5） 农业经营收入	模型（6） 农业经营收入（取对数）	模型（7） 农业经营收入	模型（8） 农业经营收入（取对数）
家庭农场	-5846** (2365)	-0.918*** (0.296)	-6447*** (2396)	-0.967*** (0.296)
合作社	-4730** (2237)	0.327 (0.280)	-5138** (2269)	0.312 (0.281)
人均收入水平	0.00868 (0.0301)	0.000005 (0.000004)	0.00676 (0.0305)	0.000005 (0.000004)
人均土地面积	12.77 (141.1)	-0.00206 (0.0177)	4.548 (143.2)	-0.00297 (0.0177)
常数项	3085 (2718)	4.028*** (0.340)	4810* (2763)	4.041*** (0.342)
R^2	0.057	0.296	0.027	0.293

注：*、**、***分别表示在10%、5%和1%的统计水平上显著；括号内数字为标准误。

三、劳动力作业强度对农业经营收入的影响

劳动力作业强度对农业经营收入的影响的回归结果如表9-4所示。模型（9）~模型（10）汇报了作业强度（按数量）回归的结果。回归结果表明作业强度会对农业经营收入产生显著的正向影响，即作业环节每亩地劳动力投入工日越多，农业经营收入提升越明显。模型（11）~模型（12）汇报了作业结构（按工日）的回归结果，维持了模型（9）~模型（10）的基本结论。然而，采用按工日衡量的方法后，作业强度对于农业经营收入的影响被大大削弱，削弱程度明显高于来源结构和作业结构。这说明作业强度的提升需要理性，要平衡好一般劳动力的作业强度与特殊劳动力的作业强度。从表面上看，劳动力作业强度越高，农业经营收入增收效应越明显，但从实际来看，这一增收效应可能蕴含着

劳动力要素分配的"不公平"因素。在经营主体方面，普通农户本身最不利于农业经营收入的提高，说明普通农户向新型经营主体（尤其是农业企业等企业化主体）的转变，是有利于劳动力作业强度对农业经营收入的正向影响的。

表9-4　　　　　　劳动力作业强度对农业经营收入的影响

项目	模型（9）农业经营收入	模型（10）农业经营收入（取对数）	模型（11）农业经营收入	模型（12）农业经营收入（取对数）
作业强度（按数量）	25433*** (2401)	1.288*** (0.332)		
作业强度（按工日）			90.14*** (7.960)	0.00465*** (0.00111)
平原	834.6 (2125)	0.279 (0.293)	1007 (2091)	0.287 (0.292)
山地	-153.1 (2271)	0.461 (0.314)	-49.61 (2236)	0.465 (0.313)
普通农户	-4416** (2244)	-2.821*** (0.310)	-3787* (2215)	-2.786*** (0.310)
家庭农场	-4002* (2173)	-0.816*** (0.300)	-3867* (2140)	-0.806*** (0.299)
合作社	-2687 (2073)	0.468 (0.286)	-2794 (2040)	0.465 (0.285)
人均收入水平	0.0106 (0.0272)	0.000005 (0.000004)	0.00814 (0.0268)	0.000005 (0.000004)
人均土地面积	31.85 (127.9)	-0.00287 (0.0177)	29.74 (125.9)	-0.00294 (0.0176)
常数项	2800 (2430)	4.138*** (0.336)	2860 (2392)	4.139*** (0.334)
R^2	0.235	0.313	0.258	0.317

注：*、**、***分别表示在10%、5%和1%的统计水平上显著；括号内数字为标准误。

第四节 本章小结

本章着眼于农业部门的劳动力要素,从劳动力要素的来源结构、作业结构、作业强度三大维度来反映劳动力要素再配置对农业收入水平所产生的影响。研究结果表明:第一,劳动力要素的来源结构对农业经营收入具有显著正向影响。农业经营主体的总投工结构中雇工投工比例越高,农业经营收入越高。第二,劳动力要素的作业结构对农业经营收入产生积极影响。作业环节中雇工比例越高,农业经营收入越高。第三,劳动力要素的作业强度对农业经营收入产生积极影响,但按劳动力数量与按劳动力工日来衡量差距悬殊。第四,普通农户在劳动力要素配置过程中对农业经营收入的负向影响最为明显,新型农业经营主体在劳动力要素再配置过程中相比普通农户更具有优势。

以上结论蕴含着以下两点政策启示。

一是在劳动力成本日益提升的大背景下,优化劳动力要素配置是突破"高成本"的重要法宝,要突破劳动力要素配置的体制机制障碍。劳动力要素再配置通过降低劳动力成本,能够满足农业经营主体的劳动力投工需求,尤其是能够应对作业环节的大量用工需求。为了进一步发挥雇工的作用,需要创造良好的雇工环境,落实好农村信息化工程,缓解信息不对称问题。此外,农业劳动力要素可以划分为不同工种,比如"耕种防收"四大环节,每一个环节对于劳动力作业强度都提出了不同要求,需要通过完善专门的农业雇工人才交流市场,科学安排好不同农业劳动力的作业强度,提升作业强度的"有效性"。

二是要发挥好新型农业经营主体在优化劳动力要素配置方面的带头作用,尤其要引进企业化的雇工理念。采用"企业+农户""企业+合作社+农户"等多种新型经营主体组合模式，弥补补齐小农户在面对劳动力成本攀升背景时的不足，发挥好雇工的专业优势。专业化的社会分工模式是企业雇工的优势所在，通过劳动力要素的再配置降低交易成本，进而补齐攀升的劳动力成本。因此，劳动力要素再配置过程中尤其需要解决好劳动分工问题，并逐步探讨出最优的劳动分工模式，实现更为有效的劳动力要素再配置，充分释放劳动力要素配置推动农业经营效率的力量。

第十章

经营规模有利于缓解新型农业经营主体的信贷约束吗？

资本作为生产要素，在农户生产过程中起重要作用，对提高农户收入、改善农户生活具有重要意义。但我国过去在农村地区长期实行金融管制，正规金融机构直接或间接转移了农村地区的金融资产，导致了农村金融资源的匮乏，因而相比于城市居民，广大农村地区的农户获得金融资源的难度更大（温涛等，2005，2014）。那么，在专业化、市场化程度上更具优势的新型农业经营主体是否也面临同样问题呢？从调查的情况看，由于农业行业的高风险、抵押担保缺失、经营管理水平有限等原因，新型农业经营主体也面临贷款难、贷款贵的信贷约束问题。既然如此，如何才能缓解其信贷约束呢？很多学者将目光投向了经营规模。一些学者认为，经营规模较大的农户具有较强的生产能力和稳定的收入来源，更容易获得银行贷款（李锐等，2006）。但也有研究发现，由于农地的抵押功能无法实现，土地规模与经营者面临的信贷约束无显著关系（朱喜等，2004）。还有一些研究表明，农户实际耕地面积对农户单位土地贷款额具有显著的负向影响，即随着生产规模的扩大，农户更容易受到信贷约束（黄惠春等，2016）。此外，在非正规金融方面，有学者发现经营规模对农户非正规金融的借贷可得性无显著影响，因为非正规借贷更依赖于农户社会关系等因素而非对农户土地资产状况的调查

（唐文娟等，2017）。所以，扩大经营规模能否有助于降低各类农业经营主体的借贷难度，扩大其借贷规模？大规模的农业经营主体是否更容易从正规金融机构贷款？如果经营规模对农业经营主体的借贷无显著影响，那么究竟是什么因素影响了农业经营主体的借贷？这些问题都还有待探究。本章从经营主体的视角，将正规与非正规金融纳入同一框架，重点分析了经营规模对农业经营主体借贷结构、借贷难度和借贷规模的影响，以期为相关金融支持政策提供有益参考。

第一节 理 论 分 析

一、信贷约束的主要成因

本书借鉴了正规金融中信贷约束这一概念来分析农业经营主体的借贷机制。信贷约束是从资金需求方角度来说明其无法获得所需要的资金的情况（余泉生等，2014）。与其相对应的一个概念是信贷配给，信贷配给是从资金供给方角度对信贷约束的一个解释。信贷约束有多种情况，信贷配给只是导致信贷约束的原因之一，此外，信贷约束还受到需求方多种因素的影响。

从农业经营主体的借贷结构来看，当借贷来源为正规金融机构时，面临的信贷约束较小；从借贷难度来看，农业经营主体的借贷难度较小时，其信贷约束较小；从借贷规模来看，农业经营主体的实际借贷规模越大，其信贷约束越小。因此，综述农业经营主体信贷约束的概念和形成原因对分析其借贷结构、借贷难度和借贷规模有重要意义。

1981年，施蒂格利茨（Stiglitz）和韦斯（Weis）的《不完全信息市场中的信贷配给》的发表标志着信贷配给理论的成熟和完善，他们认为在不完全信息市场的情况下，银行方为了降低坏账损失，通常会采用限制供给的方法。因此信息不对称和逆向选择效应的存在是信贷配给形成的主要原因。但目前很多学者认为，信贷约束不仅来自金融部门的信贷配给，还来自需求者自身的风险规避、认知偏差和需求压抑等因素（谭燕芝等，2016）。卡特等（Carter et al.，2008）从信贷约束产生原因的角度将信贷约束分为供给型信贷约束和需求型信贷约束两个类型。其中需求型信贷约束主要源于两个方面：一是信贷合约的交易成本和风险成本过高，产生了交易成本配给和风险配给；二是金融机构对有效借贷人的甄别错误，信息不对称使得贷款需求者对金融机构的甄别机制产生认知偏差，导致了信贷需求者的"无信心申贷"。程郁等（2009）认为，金融机构的信贷配给是信贷约束的根本原因，长期的信贷配给不仅形成了对金融需求的直接约束，而且还会影响人们的行为预期和行为选择，从而导致了约束性制度下需求压抑的行为惯性，即需求型信贷约束。

关于我国农户信贷约束的形成原因，需要进行全方位的综合分析。第一，从信贷供给方角度来看，主要包括道德风险造成的农村金融市场的不完全性以及信息不对称导致的信贷配给。国有银行纷纷撤离农村领域，剩下的中国农业银行、农业发展银行以及信用合作社等正规金融机构信贷的有限供给，导致了农户借款受阻，无法满足农户的信贷需求。另外，我国政府在农村长期进行金融管制，打击抑制民间信贷活动，体制外的农村民间金融就受到政府的严厉管制，非正规金融供给也不足以满足农户的信贷需求。第二，从需求角度来看，金融机构提供服务的高交易成本与费用、农户自身的财富水平与财产收入水平所形成的有限责任约束，以及农户自身风险规避、认知偏差和需求抑制等导致了农户的需求型信贷约束。农业投资的高自然风险、农户经营的高市场风险、农村地区的低市场化程度和农村社会保障体系的不完善都是导致农户面临着较高的风险配给，造成需求型抑制的动因（邹建国等，2018）。有学者从抵押贷款的角度分析，认为农村土地和房屋不能作为银行可接受的抵押品才是造成农户贷款难的根本原因。因为我国银行对抵押品要求较高，除土地和房产外，银行对其他资产限制较大。而我国农村大部分的房产缺乏产权证明，土地使用权又受到极大限制，很难作为银行接受的抵押品（黄惠春，2016），这导致农户面临着严重的信贷约束。

二、经营规模与借贷结构

虽然目前我国农村存在农业银行、农村信用社等多种正规金融机构，但是仍有60%以上的农业经营主体依靠亲友借款满足其资金需求（程郁等，2009）。这是因为在农村信贷市场中，非正规金融凭借自身的成本和信息优势在一定程度上替代了正规金融，能够缓解农户所面临的正规信贷配给问题（殷浩栋等，2017；程恩江等，2010）。

非正规金融在我国农村长期存在的原因有多种。有学者认为，由于信息不对称和逆向选择效应，正规金融对抵押品的要求较高，导致许多农业经营主体不能满足要求，存在信贷配给，被迫选择非正规金融（林毅夫等，2005）。也有学者认为，农业经营主体自身的风险规避、认知偏差和需求压抑等因素导致了风险配给，使其主动放弃正规金融，并且由于替代作用选择非正规金融（Petrick，2002）。还有研究表明，农户选择非正规金融配给并非被选择，而是因为大部分非正规金融（例如向亲友借款）所需要支付的利息更低（Kochar，1997）。事实上，这三种观点相辅相成，是从正规金融的供给方和需求方两个不同角度分析了非正规金融替代正规金融的原因。因此有学者认为，农户选择非正规金融不仅是由于面临正规金融的信贷约束，也是基于自身资本禀赋、衡量借贷成本之后而做出的判断（殷浩栋，2017）。刘西川等（2014）认为，正规部门与非正规部门存在互补关系，且这种关系在贷款对象为富裕群体时更加明显。李锐等（2004）通过研究发现，经营规模较大的农户的借贷需求更强，虽然正规金融机构的利率较高，但还是更倾向于向正规金融机构借贷。

基于此，本书认为农户选择借贷来源可能是主动选择和被动选择综合的结果。对于小规模农户来说，其金融资本需求较小，非正规金融可以满足其借贷需求。在此基础上，一方面农户更容易受到正规金融的信贷配给，另一方面向亲友借款的利率更低，因此小规模农户更倾向于向非正规金融贷款。但是，当农户经营规模较大时，其金融资本需求较大，此时非正规金融能够提供的资本有限，同时正规金融机构的完全信贷约束减小，最终，经营规模较大的农户更倾向于向正规金融机构借贷。因此，本书提出以下假说。

H1：经营规模较大的农业经营主体更倾向于向正规金融机构贷款。

三、经营规模与借贷难度

难度就是指某一项目通过的难易程度。难度的判断方法有多种，其中主观评判法是根据个人的经验、观点等，直接对项目的难易程度做出主观判断的方法，这种方法高效便捷，且评判人员的专业性起着关键作用。借贷难度就是指农业经营主体从正规金融或非正规金融部门获得借贷的难易程度，因此本书选择了农业经营主体对自身通过借贷获得金融资本难度的评估来衡量其借贷难度。

前面提到，正规金融机构在发展中国家农村信贷市场上通常面临着较为严重的信息不对称问题，在这种情况下，正规金融机构努力通过由农业经营主体的某些个人特征和经营特征所传递的信号来辨别农户的还款水平。非正规金融机构对农业经营主体还款能力的辨别也同样依赖于这些个人特征与经营特征。而农业经营主体的经营规模这一因素能够较为直观地帮助放贷者识别放贷的风险，因为经营规模对农业经营主体的收入水平和稳定性有较大影响，会影响农业经营主体的还款能力，进而影响正规金融和非正规金融机构的放贷行为，影响农业经营主体的借贷难度。一般来说，经营规模大的农业经营主体拥有更高的收入水平和稳定性（李锐等，2004），这使得正规金融或非正规金融部门放贷者的风险较小，农业经营主体面临的完全信贷约束、交易成本配给和风险配给较小，更有申贷和偿贷的信心与能力（朱喜等，2006）。另外，经营规模较大的农业经营主体往往具有较强的风险偏好性（江激宇等，2016），他们的逐利动机较强，更相信自己能够通过正规或非正规途径获得所需贷款。并且，农业经营主体的经营规模和其信贷需求高度相关，经营规模较大的农业经营主体往往也有较高的信贷需求。尽管农业经营主体的信贷约束减小，但其借贷需求依然难以得到满足，农业经营主体会认为自身的借贷难度更大。

在调研中发现，农业经营主体在衡量自身借贷难度时，更注重完全信贷约束，即是否能够获得贷款，对于部分数量信贷约束和其信贷需求的满足程度关注程度较低。因此基于以上分析，本书提出以下假说。

H2：农业经营主体的经营规模越大，其借贷难度越小。

四、经营规模与借贷规模

（一）绝对借贷规模

农业经营主体的绝对借贷规模就是实际负债额，可以直接反映农业经营主体的借贷情况。经营规模会对农业经营主体的绝对借贷规模产生影响，是因为经营规模能够直观地帮助放贷者识别放贷的风险。

经营规模对农业经营主体的收入水平和稳定性有较大影响，进而对正规金融和非正规金融机构的放贷行为产生影响（李锐等，2004）。对于正规金融部门来说，尽管非农村产权抵押试点地区的农业经营主体难以将土地、农机等生产性资产作为银行抵押贷款的抵押物（于丽红等，2017），但是通过其他贷款形式，经营规模对于放贷者来说也是重要识别因素。并且对于非正规金融部门来说，放贷者与贷款者之间的信息不对称情况较轻（马小勇等，2011），农业经营主体的经营规模这一因素更容易被识别，能够体现农业经营主体的偿债能力。因此基于以上分析，本书提出以下假说。

H3：农业经营主体的经营规模越大，其绝对借贷规模越大。

目前大量研究表明，由于土地所有权归集体所有，在大部分地区的正规金融机构中，农户难以提供有效的抵押，因此农户经营土地面积与其获得的正规金融贷款没有显著关系（朱喜等，2004；赵捷，2016）。李锐等（2006）学者认为，土地规模较大的农户具有较强的经营能力和稳定的收入，对借贷数额具有显著的正向影响，更容易获得银行贷款。实际上两种观点并不冲突，尽管农户难以将土地作为抵押物进行抵押贷款，但是其较强的经营能力和稳定的收入能够体现在征信上，更容易获得信用贷款，因此更容易获得正规金融机构贷款。唐文娟等（2017）也认为，农户的土地规模对农户正规金融或非正规金融的信贷可得性有显著正向影响，也就是说，农户土地规模越大，越能获得正规或非正规的资金支持，但这一因素对非正规金融信贷可获得性的影响没有正规金融大。据此，本书提出如下假说。

H3a：土地规模越大，农业经营主体的绝对借贷规模越大。

传统观点认为，正规信贷与生产经营有关，其贷款政策也主要指向农业生产经营，一些发展中国家就将正规信贷与农业生产投资品、农业固定资产和土地经营规模紧密联系起来（刘西川，2007）。对于农户生产性固定资产规模对其借贷规模的影响来说，学界普遍认为，生产性固定资产净值越大的农户具有越强的生产能力和稳定的收入来源（王娟等，2016），因此能够从正规金融机构以及亲友等非正规金融途径获得越多贷款。郭红东等（2011）对农民专业合作社进行研究时也发现，固定资产规模大的农民专业合作社，从正规金融机构获得贷款的可能性较大。对于农业经营主体的流动资产投入来说，农户的生产性流动资产对借贷难度的影响机制与固定资产投入相似，即流动资产投入较大的农业经营主体可能拥有较强的生产和经营能力，能够获得更大规模的借贷金额。据此，本书提出如下假说。

H3b：投资规模越大，农业经营主体的绝对借贷规模越大。

（二）相对借贷规模

在分析农业经营主体的借贷获得情况时，除了实际获得的借贷规模外，还需要考虑到农业经营主体借贷需求的满足程度。因此，农业经营主体的借贷需求对其相对借贷规模有重要影响。

当农业经营主体经营规模扩大时，农业经营主体偿债能力增强，信贷约束减小，其绝对借贷规模扩大。但与此同时，农业经营主体本身的借贷需求也会增加，尽管大规模的农业经营主体能够获得更多贷款，但其获得借贷金额的增加仍然比不上需求的增加（黄惠春等，2016），因此农业经营主体的单位经营规模的负债额较小，其借贷需求的满足程度较低，相对借贷规模较小。据此，本书提出以下假说。

H4：农业经营主体的经营规模越大，其相对借贷规模越小。

由于在传统借贷模式下，当农户土地集中后，其信贷需求显著增加（李锐，2004），但此时农户缺少合适的抵押品，尽管农户能够获得更大规模的借贷数额，但大规模农户无法获得与其生产规模相匹配的贷款额，因此无法满足其信贷需求，反而会增加农户的信贷约束，农户的相对借贷规模减小。有研究印证了这一观点，黄惠春等（2016）发现，农户实际耕地面积对农户单位土地贷款额具有显著的负向影响，即随着生产规模的扩大，农户的相对借贷规模减小。根据以上分析提出如下假说。

H4a：土地规模越大，农业经营主体的相对借贷规模越小。

尽管固定资产投入较大的农业经营主体能够从正规金融机构以及亲友等非正规金融途径获得更大规模的贷款，但是，生产性固定资产越大的农户越倾向于扩大生产规模，而扩大生产需要资金支持，其信贷需求扩大。于丽红等（2017）对种粮大户借贷行为进行研究后同样发现，种粮大户生产性固定资产主要是拖拉机、收割机等农机具，目前中国大多数农村金融机构未开展农机具等动产抵押贷款业务，金融机构很难将这些资产作为抵押物对农户进行抵押贷款，因此生产性固定资产较多的种粮大户更容易受到部分数量约束，其相对借贷规模较小。对于流动资产投入来说，农户的生产性流动资产对相对借贷规模的影响机制与固定资产投入相似。流动资产投入较大的农业经营主体对贷款的需求更大，借贷规模的扩大小于借贷需求的增加。因此，尽管投资规模大的农业经营主体更容易获得借贷，但是对其需求的满足程度较低，相对借贷规模较小。综上，本书提出以下假说。

H4b：投资规模越大，农业经营主体的相对借贷规模越小。

以上若干假说之间的逻辑关系如图10-1所示。

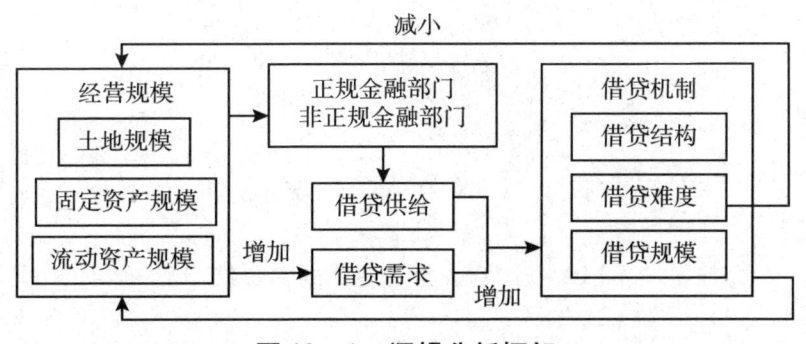

图10-1 逻辑分析框架

第二节 变量选择与描述

一、被解释变量

本书从不同角度分别对农业经营主体的借贷情况进行分析,所用到的被解释变量为以下五个:农业经营主体的借贷结构、借贷难度、总负债额、单位土地面积负债额和单位投资负债额。

(一)农业经营主体的借贷结构

本书首先对样本中农业经营主体的借贷结构进行了描述性统计分析(见图10-2)。通过统计发现,农业经营主体获得借贷的最主要来源为正规金融机构(59.56%),其次为亲戚朋友(36.00%),再次为民间借贷(3.11%),最后是高利贷(1.33%)。

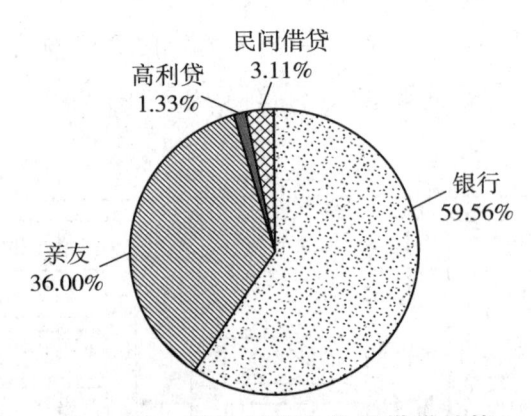

图10-2 农业经营主体的借贷结构

专题篇

本书根据农业经营主体的经营规模对其借贷结构进行了进一步细化，分析发现：总体来看，随着土地规模、固定资产投入规模和流动资产投入规模的扩大，农业经营主体从银行等正规金融机构进行借贷的比例逐渐增加，而从亲戚朋友等途径获得借贷的比例逐渐下降。也就是说，经营规模较大的农业经营主体更倾向于向正规金融机构进行贷款，这也与假说相符合（见图10-3、图10-4、图10-5）。

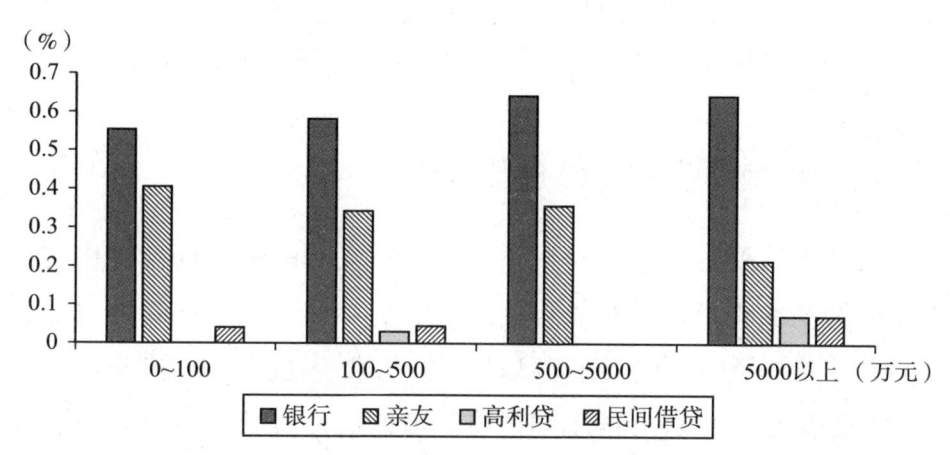

图10-3 不同土地规模农业经营主体的借贷结构

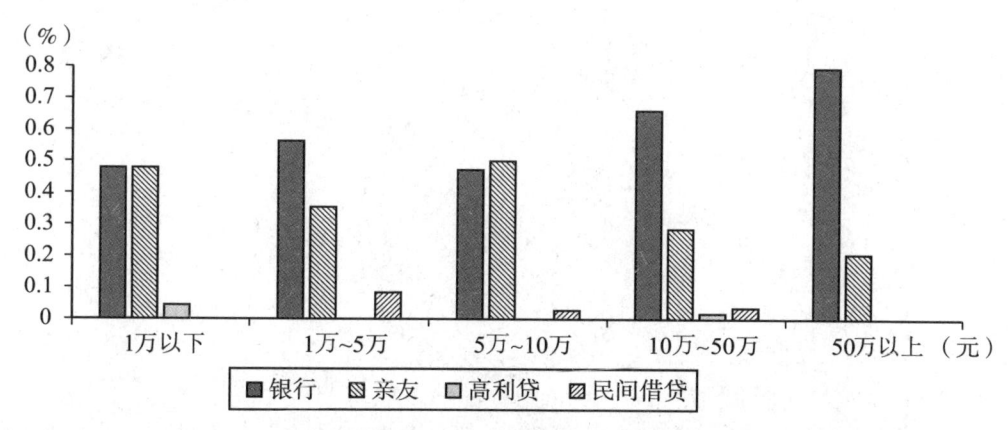

图10-4 不同固定资产投入规模农业经营主体的借贷结构

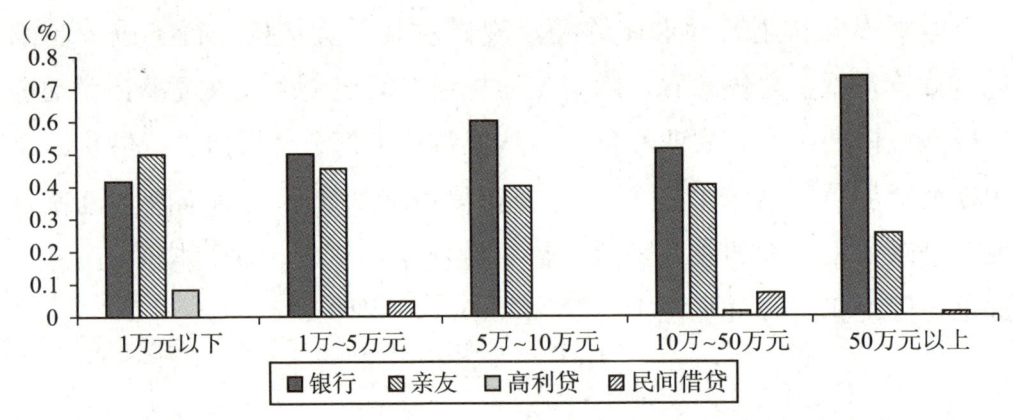

图 10-5 不同流动资产投入规模农业经营主体的借贷结构

(二) 农业经营主体的借贷难度

借贷难度可通过农业经营主体自身所感受到的从正规金融机构和非正规金融途径获得借款的难易程度来衡量。具体来说，问卷将农业经营主体借贷难度分为五个层级：很难、有点难、还行、比较容易、很容易。调研结果发现，这五层不同借贷难度的农业经营主体分别占总体的 11.70%、25.11%、22.98%、29.15% 和 11.06%（见图 10-6）。

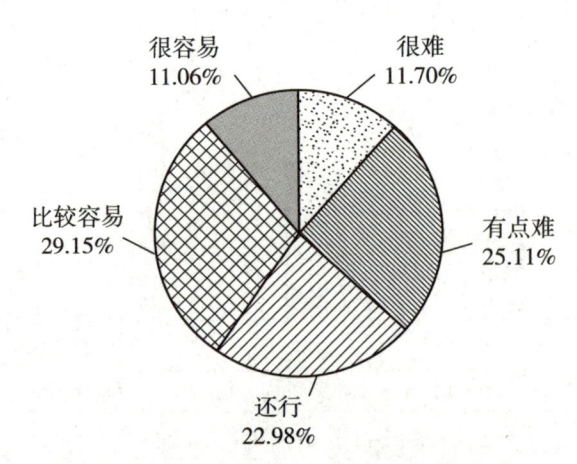

图 10-6 农业经营主体的借贷难度

接下来，本书分别以土地规模、固定资产投入规模、流动资产投入规模为依据，对不同经营规模下的农业经营主体的借贷难度分别做了进一步划分，进行了描述性统计分析。分析结果如下：不同土地规模下的农业经营主体的借贷难度差异性较小，其中土地面积为100~500亩的农业经营主体认为自己的借贷难度最大，土地面积为500~1000亩的农业经营主体认为自己的借贷难度最小；不同固定资产投入的农业经营主体自身感知的借贷难度差异性较大，其中固定资产投入为0.1万~1万元的农业经营主体认为自己的借贷难度最大，50万~100万元的主体认为自己的借贷难度最小；不同流动资产投入的农业经营主体自身感知的借贷难度差异性较小，无明显趋势（见表10-1）。

表10-1　　　　不同经营规模的农业经营主体的借贷难度

土地面积（亩）	平均借贷难度（%）	固定资产（万元）	平均借贷难度（%）	流动资产（万元）	平均借贷难度（%）
0~100	3.11	0~0.1	3.13	0~0.1	3.00
100~500	2.85	0.1~1	3.28	0.1~1	3.33
500~1000	3.11	1~5	2.86	1~5	3.15
1000~5000	3.00	5~10	2.95	5~10	3.08
5000以上	3.07	10~50	2.87	10~50	2.80
		50~100	2.85	50~100	3.13
		100以上	3.20	100以上	3.06

（三）农业经营主体的借贷规模

本书选用了绝对借贷规模和相对借贷规模两个指标来衡量农业经营主体的客观借贷情况。其中，绝对借贷规模侧重于实际借贷数额的获得情况，相对借贷规模侧重于其借贷需求的满足程度。

1. 绝对借贷规模——农业经营主体负债额

负债额就是农业经营主体实际获得的借贷数额，一定程度上可用于衡量其金融资本获得情况。农业经营主体平均负债额为 130.27 万元，但绝大多数农业经营主体负债额不足 100 万元。其中，负债额在 1 万元以下、1 万~10 万元、10 万~100 万元以及 100 万元以上的农业经营主体分别约占样本量的 48%、11%、28% 以及 13%（见图 10-7）。

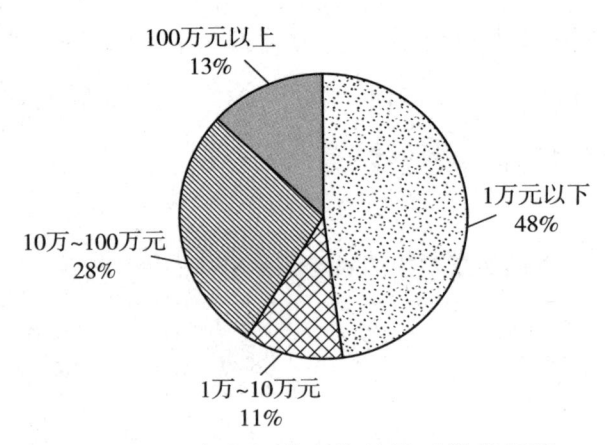

图 10-7 农业经营主体的绝对借贷规模

接下来，本书对不同经营规模下的农业经营主体的绝对借贷规模分别做了进一步划分，分析结果如下。不同土地规模下的农业经营主体的绝对借贷规模有较大差异。而且从总体上看，随着土地规模的扩大，农业经营主体的实际负债额呈增长趋势，这表示其绝对借贷规模扩大；不同固定资产投入的农业经营主体的绝对借贷规模有较大差异，并且，从总体上看，随着固定资产投入的增加，农业经营主体的实际负债额呈增长趋势，这表示其绝对借贷规模扩大；不同流动资产投入的主体绝对借贷规模有较大差异，其中，0.1 万元以下的农业经营主体绝对借贷规模最大；流动资产投入为 0.1 万~1 万元的农业经营主体的绝对借贷规模最小（见表 10-2）。

表 10 – 2　　　　　不同经营规模农业经营主体的绝对借贷规模

土地面积（亩）	平均负债额（万元）	固定资产（万元）	平均负债额（万元）	流动资产（万元）	平均负债额（万元）
0~100	103.70	0~0.1	11.02	0~0.1	381.58
100~500	71.70	0.1~1	11.16	0.1~1	1.17
500~1000	201.04	1~5	25.41	1~5	14.22
1000~5000	164.46	5~10	51.04	5~10	103.28
5000 以上	350.14	10~50	218.82	10~50	90.81
		50~100	281.04	50~100	71.09
		100 以上	599.78	100 以上	217.36

2. 相对借贷规模——单位经营规模负债额

不同经营规模的农业经营主体的借贷需求也不同，因此衡量总负债额不能很好地体现对其借贷需求的满足程度，而单位经营规模负债额能够更准确地表示不同经营规模的农业经营主体的借贷需求满足程度。因此本书选用了单位土地面积负债额和单位投资负债额来表示其相对借贷规模。

第一，单位土地面积负债额。单位土地面积负债额能够更准确地表示不同土地规模的农业经营主体的借贷获得情况，使得不同土地规模的农业经营主体在同一层级上进行比较。单位土地面积负债额越大，即相对借贷规模越大，表示其借贷满足程度越深。农业经营主体的平均单位土地面积负债额为 6260.28 元，其中单位土地面积负债额小于 100 元的农业经营主体最多，占总数的 45.95%（见图 10 – 8）。计算方法如下：单位土地负债额 = 负债总额/土地面积。

第二，单位投资负债额。对于从事非种植业，如养殖业、农业服务业等产业的农业经营主体来说，其生产经营和发展对土地要素的依赖性较弱，而对资本要素依赖性较强。因此，对于这一部分对土地要素依赖

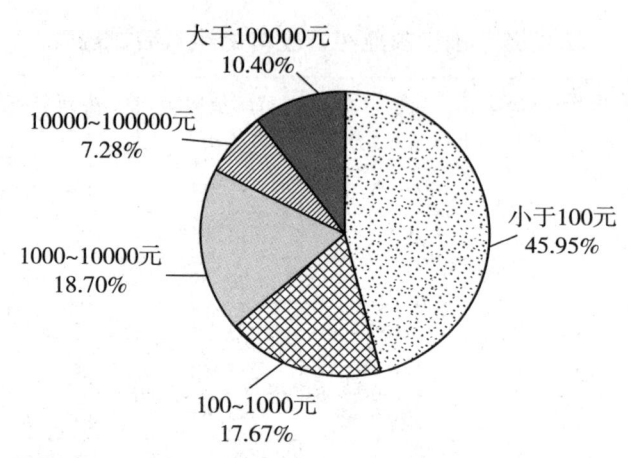

图 10-8　农业经营主体的单位面积土地负债额

性较弱的产业主体，用单位土地负债额来衡量其相对借贷规模就不够严谨了。因此，本书同时引入了"单位投资负债额"这一变量作为对农业经营主体相对借贷规模的完善和补充，能够更全面地衡量农业经营主体的借贷获得情况。农业经营主体的平均单位投资负债额为 14984.13 元，其中单位投资负债额在百元以下的农业经营主体最多，占总体的 45.32%（见图 10-9）。计算方法如下：单位投资负债额 = 负债总额/资本投入总额。

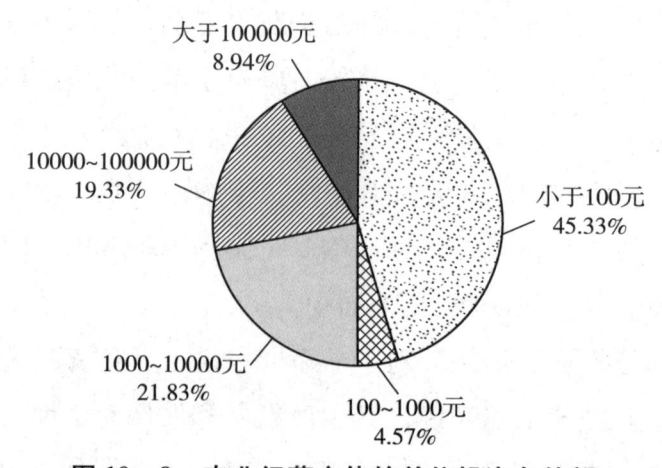

图 10-9　农业经营主体的单位投资负债额

接下来，本书以经营规模为依据，对不同经营规模下的农业经营主体的相对借贷规模做了划分，进行了描述性统计分析。分析发现：随着土地规模的扩大，农业经营主体的单位土地面积负债额减小，相对借贷规模下降，其借贷需求的满足程度下降。但是不同土地规模的单位投资负债额有较大差异，其中土地规模为5000亩以上的农业经营主体的单位投资负债额最大，而土地面积为1000~5000亩的主体单位投资负债额最小；不同固定资产投入的农业经营主体的单位土地面积负债额如表10-3所示，随着固定资产投入的增加，其单位土地面积负债额增加，相对借贷规模增加。不同固定资产投入的单位投资负债额有较大差异，其中固定资产投入在0.1万元以下的农业经营主体单位投资负债额最大，而1000~10000元的主体单位投资负债额最小；以流动资产投入规模为依据划分时，随着流动资产投入的增加，农业经营主体的单位面积土地负债额整体上呈先增后减的趋势，这表示其相对借贷规模先增后减。不同流动资产投入的农业经营主体单位投资负债额有较大差异，其中流动资产投入在0.1万元以下的农业经营主体单位投资负债额最大，投入为1000~10000元的主体单位投资负债额最小（见表10-4）。

表10-3　不同经营规模农业经营主体的单位土地面积负债额

土地面积（亩）	平均单位土地负债额（万元）	固定资产（万元）	平均单位土地负债额（万元）	流动资产（万元）	平均单位土地负债额（万元）
0~100	1.22	0~0.1	0.19	0~0.1	0.35
100~500	0.28	0.1~1	0.28	0.1~1	0.03
500~1000	0.27	1~5	0.22	1~5	0.66
1000~5000	0.07	5~10	0.63	5~10	0.36
5000以上	0.03	10~50	0.64	10~50	1.11
		50~100	0.84	50~100	0.61
		100以上	2.68	100以上	0.43

表 10-4　不同经营规模农业经营主体的单位投资负债额

土地面积（亩）	平均单位投资负债额（万元）	固定资产（万元）	平均单位投资负债额（万元）	流动资产（万元）	平均单位投资负债额（万元）
0~100	1.84	0~0.1	4.20	0~0.1	10.17
100~500	0.94	0.1~1	0.57	0.1~1	0.30
500~1000	1.17	1~5	0.90	1~5	0.92
1000~5000	0.59	5~10	1.08	5~10	1.21
5000以上	4.30	10~50	2.14	10~50	0.93
		50~100	0.98	50~100	0.63
		100以上	1.35	100以上	0.43

二、主要解释变量

主要解释变量包括农业经营主体的经营土地面积、固定资产投入和流动资产投入。

土地规模是指受访者目前经营的土地总面积。户均土地面积为1095.03亩，土地面积不足百亩的农业经营主体最多，占总体的43.66%，为方便进一步分析，缩小数量级，故取其自然对数作为主要解释变量。

固定资产投入是指过去一年农业经营主体自由设施设备的折旧和租赁设施设备租金之和，主要包括购买或租赁农用场所（温室大棚、养殖棚舍、仓库、厂房、经营性房屋等）和农机具（拖拉机、收割机、农具、农用运输车辆等）的投入。户均固定资产投入约为472万元。

流动资产投入是指过去一年进行生产经营发生的物质和服务费用投入，种植业主要包括购买种子、化肥、农药、燃料动力等费用，养殖业主要包括购买饲料、仔畜、医疗防疫等费用。户均流动资产投入约为1240万元。如表10-5所示。

表 10-5　　　　　　　　主要解释变量数据分布

土地面积（亩）	占比（%）	固定资产（万元）	占比（%）	流动资产（万元）	占比（%）
0~100	43.66	0~0.1	15.18	0~0.1	11.85
100~500	24.32	0.1~1	19.13	0.1~1	9.56
500~1000	11.23	1~5	21.83	1~5	13.10
1000~5000	14.35	5~10	11.85	5~10	7.90
5000 以上	6.44	10~50	16.63	10~50	26.82
		50~100	4.16	50~100	9.36
		100 以上	11.23	100 以上	21.41

三、其他控制变量

除经营规模外，农业经营主体的借贷也会受到其他多种因素影响，因此本书选用了当地正规金融机构的平均利率、社会关系、组织类型、个人特征、产业类型、其他收入和政策补贴、所在地区以及当地地形地貌作为控制变量，以保证回归结果的可靠性。

1. 当地正规金融机构的利率

利率也就是获得资本的价格，陈熹（2018）认为利率的高低直接决定了农户正规贷款意愿的强弱，贷款利率对农户需求型正规信贷约束有显著影响，因此本书选用正规金融机构的贷款利率作为控制变量。统计发现：农业经营主体所在地区的正规金融机构的平均年利率为9.48%，民间借贷的平均年利率为13.8%，亲朋好友借贷年利率平均为4.68%，高利贷年利率平均为38.88%。

2. 社会资本

本书将农业经营主体红白喜事随礼的数额作为反映其社会资本的变量。这是因为在农村地区，邻里关系是社会资本的重要方面，而红白喜事随礼作为邻里往来的组成部分，也就可以用来衡量农业经营主体的社会资本。

3. 组织类型

农业经营主体的组织类型可分为普通农户、家庭农场或专业大户、农民合作社、农业企业等。其中，普通农户共115户，占24%；家庭农场或专业大户共168户，占35%；农民合作社155户，占32%；农业企业共43户，占9%。由于现实中家庭农场和专业大户区分不明显，并且两类农业经营主体多表现为家庭经营的方式而不同于合作经营和企业经营，故本书将两者视为同类主体合并统计并加以分析。

4. 个人因素

包括年龄、受教育程度、是否为村镇干部、是否为本地人。其中，受访者平均年龄约为50岁，有16%的受访者为村镇干部，95%的受访者为本地人。

5. 产业类型

根据农业经营主体所从事的产业是否以土地要素为主要依托对象对其产业类型进行划分。其中，从事种植业等土地依赖性产业的经营主体占83.08%，从事养殖业等资本依赖性产业的经营主体占16.92%。

6. 其他收入和政策补贴

包括是否接受过政策补贴和农业经营主体的非农收入。其中，接受过政策补贴的农业经营主体占51.68%，未接受过补贴的主体占48.32%，农业经营主体的平均非农收入为165631.6元。

7. 地区变量

地区变量包括河北、安徽、山东、陕西和吉林五个省份，以河北省为基准，其他省份作为虚拟变量。如表10-6所示。

表10-6 变量定义及统计描述

项目	变量代码	变量名称	变量定义及描述	均值	标准差	观测值
被解释变量	Y1	借贷结构	主要借贷来源是否为正规金融机构（1=是；0=否）	0.563	0.497	238

续表

项目	变量代码	变量名称	变量定义及描述	均值	标准差	观测值
被解释变量	Y2	借贷难度	自身对借贷难度的感知（1 = 很难；2 = 有点难；3 = 还行；4 = 比较容易；5 = 很容易）	3.03	1.206	470
	Y3	绝对借贷规模	实际负债额（万元）	130.27	618.974	460
	Y4	土地负债额	单位土地的负债额（万元）	6260.28	49360.790	434
	Y5	资本负债额	单位资本投入的负债额（万元）	14984.13	94647.010	446
主要解释变量	Area	土地面积	经营的土地面积	1095.03	2978.484	473
	Fixed	固定资产投入	固定资产投资：包括温室大棚、养殖棚舍、仓库、厂房、经营性房屋等	4722990	35900000	481
	Current	流动资产投入	进行生产经营发生的物质和服务费用：包括种子费用、饲料费用、燃料动力费等	12400000	189000000	481
利率	Rate	利率	当地正规金融机构的利率（%）	9.48	2.141	477
社会资本	Social	社会资本	红白喜事随礼（1 = 1000元以下；2 = 1000～2000元；3 = 2000～3500元；4 = 3500～5000元；5 = 5000～10000元；6 = 1万～1.5万元；7 = 1.5万～3万元；8 = 3万元以上）	4.37	2.154	481
组织类型	Subject_1	家庭农场	是否为家庭农场（1 = 是；0 = 否）	0.35	0.477	481
	Subject_2	农民合作社	是否为农民合作社（1 = 是；0 = 否）	0.32	0.468	481

续表

项目	变量代码	变量名称	变量定义及描述	均值	标准差	观测值
组织类型	Subject_3	农业企业	是否为农业企业（1=是；0=否）	0.09	0.286	481
个人特征	Age	年龄	年龄（岁）	49.98	10.338	479
	Education	受教育程度	受教育程度（1=文盲；2=小学；3=初中；4=高中/职高/中专；5=大专及以上）	3.66	0.931	478
	Leader	村镇干部	是否为村镇干部（1=是；0=否）	0.16	0.368	479
	Local	本地人	是否为本地人（1=是；0=否）	0.95	0.210	479
其他收入及政策补贴	Nonfarm	非农收入	农业以外其他收入（元）	165631.60	978806.200	472
	Subsidy	政府补贴	是否获得过政府提供的现金补贴或奖励（1=是；0=否）	0.52	0.500	476
产业类型	Crop	产业类型	是否为种植业（1=是；0=否）	0.83	0.375	467
地区变量	Province_1	安徽省	是否位于安徽省（1=是；0=否）	0.18	0.382	481
	Province_2	吉林省	是否位于吉林省（1=是；0=否）	0.13	0.335	481
	Province_3	山东省	是否位于山东省（1=是；0=否）	0.21	0.406	481
	Province_4	陕西省	是否位于陕西省（1=是；0=否）	0.28	0.451	481
工具变量	Areazhen	镇人均土地面积	所在镇人均土地经营面积（亩）	2.6705	2.6221	465
	Fix_oth	其他户固定资产投入	同县其他农业经营主体的户均固定资产投入（元）	4732759	8754200	480
	Cur_oth	其他户流动资产投入	同县其他农业经营主体的户均流动资产投入（元）	12500000	30900000	480

第三节 实证结果与分析

一、模型设定

在方法上,许多学者通过 Probit、Logit 模型分析农户借贷行为影响因素(金烨等,2009)。在此基础上,部分学者构建了局部可观察或需求可识别的双变量 Probit 模型对农户正规金融信贷约束的需求和供给进行实证(朱喜等,2006)。过去大部分学者都是通过直接调查法精心设计问卷来确定农业经营主体的信贷约束以及借贷可得性,但通过这种方法所得到的结果均为二元变量,即是否受到信贷约束及是否能获得借款,这种结果无法进一步反映农业经营主体的贷款规模(马九杰,2004;于丽红等,2017;王娟等,2016)。

后来有部分学者引入贷款规模等连续变量来衡量农户信贷约束。阮(Nguyen,2007)将金融机构的贷款额作为因变量纳入供给方程,在需求识别的基础上,采用 Heckman 两阶段模型对越南农户实际贷款额的影响因素进行分析。刘西川等也运用 Heckman 两阶段模型对农户贷款规模的影响因素进行估计。黄惠春等构建了内生转换回归模型(Endogenous Switching Regression Model)对不同信贷配给情况下农户信贷规模的决定因素进行分类估计,并将单位土地正规金融贷款额纳入模型,以检验土地规模对农户信贷约束的影响。

最后,根据调查数据和理论分析结果,本书选择了 ordered Probit、IV-ordered Probit 和 IV - Tobit 模型分析经营规模对农业经营主体借贷结构、借贷难度和借贷规模的影响。

(一) 模型的基本形式

为考虑经营规模和其他变量对农业经营主体借贷获得情况的影响，本书设定模型如下。

$$Y = \alpha_0 + \beta_1 Area + \beta_2 Fixed + \beta_3 Current + \beta_4 X_1 + \beta_5 X_2 + \beta_6 X_3 + \beta_7 X_4 + \beta_8 X_5 + \beta_9 X_6 + \beta_{10} X_7 + \beta_{11} X_8 + \varepsilon$$

其中，X_1 表示当地正规金融机构的利率，X_2 表示社会关系，X_3 表示组织类型，X_4 表示受访者个人因素变量，X_5 表示其他收入和补贴变量，X_6 表示产业类型变量，X_7 表示地区控制变量，X_8 表示地形地貌，ε 表示随机干扰项。α_0 为常数项，$\beta_1 - \beta_{11}$ 分别为土地规模、固定资产投入规模、流动资产投入规模、利率、社会资本等解释变量的回归系数。

本书通过以下五个被解释变量从不同角度、不同层次来衡量农业经营主体的借贷获得情况：农业经营主体的借贷结构、借贷难度、负债额、单位面积土地负债额和单位投资负债额。

第一，借贷结构。农业经营主体的借贷结构也就是其主要借贷来源是否为正规金融机构，是二值选择模型，因此本书选择 Probit 模型。

第二，借贷难度。借贷难度是多值有序变量，因此本书选择 ordered Probit 模型来分析经营规模对农业经营主体的借贷难度的影响。

第三，负债额。农业经营主体是否存在借贷行为会影响其取值分布。如果有借贷行为，Y2 则等于其负债额；如果无借贷行为，则为零。分析数据发现，在相当多的观测点上被解释变量取值为零，属于单边归并数据，这种数据结构适用于 Tobit 模型进行分析。

第四，单位面积土地负债额和单位投资负债额的取值同样受到农业经营主体是否存在借贷行为的影响，属于单边归并数据，可进行归并回归。同理，适用于 Tobit 模型进行分析。

（二）内生性问题讨论

1. 产生内生性的可能原因

本书中借贷难度和借贷规模等因变量分别采用了有序 Probit 和 Tobit 模型进行估计。但在模型设计中，可能存在核心解释变量的内生性问题，导致一般模型回归结果可能与实际情况存在较大差异，不能给出合理解释。

（1）土地规模。有学者表示，信贷约束会抑制农户耕地经营规模的扩大（章元等，2017）。也就是说，当农业经营主体的借贷难度较小时，更容易获得资金，可能倾向于扩大自己的土地规模来进行进一步的生产经营活动。另外，农业经营主体实际获得的借贷金额越多，也就是借贷规模越大，越有可能扩大土地规模进行农业生产。此时，不仅土地规模会对农业经营主体的借贷难度和借贷规模产生了影响，借贷难度和借贷规模也可能对其土地规模产生反向影响，两者互为因果。

（2）投资规模。有学者发现，当农户遭到正规金融机构的信贷约束时，其生产性资产的投入有显著性的下降（李成友等，2018）。一方面，投资规模会对借贷难度和借贷规模产生影响，另一方面，借贷难度和借贷规模可能也对其投资规模产生影响，两者互为因果。因此，固定资产投入和流动性资产投入这两个变量可能存在内生性问题。

2. 工具变量的选取

为解决内生性问题，本书在普通 Ordered Probit 模型和普通 Tobit 模型中引入工具变量，利用 IV-ordered Probit 和 IV-Tobit 模型进行回归分析。

对于借贷难度，本书将运用 cmp（conditional mixed process estimator）拟合递归混合过程模型来处理有序 Probit 模型的内生性问题。有序 Probit 模型的内生性较难处理，而 cmp 模型是一类通用的 Stata 数据处理工具模型，具有多级随机效应和系数的条件混合过程估计，适用于

Oprobit 模型的内生性处理。

对于借贷规模，本书将使用 IV - Tobit 方法进行估计。尽管 MLE（最大似然估计）最有效率，但是在数值计算上不易收敛，特别是在多个内生解释变量的情形下，而本书涉及三个不同的内生解释变量，因此，本书使用两步法进行 IV - Tobit 模型回归。

本书选取了农业经营主体所在县的其他经营主体的户均土地经营面积来作为土地面积的工具变量。一方面，由于示范效应，如果农业经营主体所在地其他经营主体的土地规模较大，该农业经营主体可能也会扩大土地规模。另一方面，所在地其他农业经营主体的土地规模对该主体的借贷难度和借贷规模没有影响，与随机误差项不相关。因此，农业经营主体所在县的其他经营主体的土地规模可作为工具变量。

同样，本书选取农业经营主体所在县的其他经营主体的户均固定资产投入来作为固定资产投入的工具变量。一方面，由于示范效应，如果农业经营主体所在地其他经营主体的固定资产投入较多，那么该农业经营主体可能会效仿其他主体，增加自身的固定资产投入。另一方面，所在地其他农业经营主体的固定资产投入对该主体的借贷难度和借贷规模没有影响，该变量与随机误差项不相关。因此，农业经营主体所在县的其他经营主体的户均固定资产投入可作为固定资产投入的工具变量。

选取农业经营主体所在县的其他经营主体的户均流动资产投入来作为流动资产投入的工具变量。在进行生产性经营活动时，流动资本投入受到多种因素的影响。一方面，由于示范效应，如果农业经营主体所在地其他经营主体的流动资产投入较多，那么该农业经营主体可能会效仿其他主体，增加流动资产投入。另一方面，所在地其他农业经营主体的流动资产投入对该主体的借贷难度和借贷规模没有影响，与随机误差项不相关。因此，农业经营主体所在县的其他经营主体的户均流动资产投入可作为流动资产投入的工具变量。

二、回归结果

(一) 经营规模对借贷结构的影响

从回归结果看,农业经营主体的土地经营规模对借贷结构影响并不明显;但固定资产投入和流动资产投入规模对其借贷结构都有显著影响,即投资规模越大,农业经营主体越倾向于向正规金融机构贷款。尽管非正规途径借贷利率较低,但非正规金融部门能够提供的资本有限,因此投资规模较大的农业经营主体更倾向于向正规金融机构借贷;在不同组织类型中,农业企业更容易获得正规金融机构的贷款,这也是由于农业企业独有的优势。农业企业采用现代企业经营方式,进行专业分工协作,在管理水平和资信状况等方面更有优势,其信贷记录和信用记录可能更完善,因此相比于其他农业经营主体,农业企业更容易获得正规金融机构贷款。

(二) 经营规模对借贷难度的影响

在不考虑内生性的情况下,回归结果显示:在农业经营主体的经营规模中,土地规模、固定资产投入和流动资产投入三种经营规模变量对其借贷难度均无显著的影响。当农业经营主体的组织类型为农民合作社时,其借贷难度较高,认为自己更不容易获得借贷;获得过政策补贴的农业经营主体认为自己更容易获得借贷;社会关系、个人特征、产业类型等几个方面的变量对农业经营主体的借贷难度均无显著的影响。

当处理内生性后,能够发现:在农业经营主体的经营规模中,三种经营规模对农业经营主体的借贷难度均无显著影响。但在其他控制变量中,农业经营主体的社会资本越多,会认为自己的借贷难度越小;在不同组织类型中,家庭农场和专业大户以及农民合作社等经营主体认为自己的借贷难度更低；以种植业为主的农业经营主体的借贷难度更低；另外，借贷难度与受访者个人因素、非农收入及政策补贴等变量无显著相关关系。

实际上，受访者自身感知的借贷难度有较为强烈的主观性，每个人的偏好和预期不同，对借贷难度的认知也会有所差异。农业经营主体的借贷难度不能够完全说明其借贷情况。为此，下面将分别把农业经营主体负债额、单位土地负债额和单位资产投资负债额作为因变量，客观分析农业经营主体借贷的影响因素。

（三）经营规模对借贷规模的影响

1. 绝对借贷规模

在不考虑内生性的情况下，可以发现：农业经营主体的土地规模和固定资产规模对其负债额显著正向相关，即土地规模和固定资产投入规模越大，农业经营主体的绝对借贷规模越大。这是因为土地规模和固定资产规模较大的农业经营主体往往具有较强的经营能力和稳定的收入，银行等正规金融机构和亲友借款等非正规金融主体所面临的风险较小，这对农业经营主体实际能够获得的借贷额具有显著的正向影响；社会资本越大，农业经营主体的实际负债额越大。在正规金融中，金融机构放贷主要依靠信用记录和抵押物来判断放贷风险，与随礼情况相关性不大。但是在以亲友借款为主的非正规金融中，能否获得借款、获得多少借款更多的是依靠贷款者和借款者之间的信任程度和关系的亲密程度。一般来说，日常生活中红白喜事随礼越多，农业经营主体的社会资本越大，贷款者和借款者之间的信任程度和亲密程度就越深，此时能够获得更多亲友的借款；新型农业经营主体中，家庭农场和专业大户、农业企业的实际负债额显著高于普通农户。这是因为相比于普通农户，其信贷记录和信用记录更完善，银行监管成本和风险较低，新型农业经营主体更容易从正规金融机构获得较多金额的贷款。然而，当进行内生性处理后，土地规模、固定资产投入规模和流动资产投入规模对农业经营主体的借贷规模均无显著影响。也就是说，经营规模的扩大并不明显有助于农业经营主体增加其借贷数额。

2. 相对借贷规模

根据前述定义，相对借贷规模是为了消除因土地规模或投资规模异质性带来的系统性差别，以更加准确地衡量农业经营主体的平均借贷强度。从单位土地面积负债额来看，在不考虑变量内生性的情况下，农业经营主体的固定资产投入对其单位土地负债额有显著的正向影响。原因是农业经营主体的固定资产投入越多，说明其经济实力越雄厚或具有较高的收入稳定性，这对于借贷供给方而言是一个十分重要的信号。尽管在正规金融中，农用设施设备等主要固定资产难以作为有效抵押物进行抵押，但是这种信号足以让金融机构愿意放贷。并且，在信息不对称问题较小的非正规金融中，如果农业经营主体的固定资产投资大，就更容易获得亲友的信任从而获得借款。从单位资产投资负债额来看，若不考虑内生性问题，土地规模对农业经营主体的单位投资负债额有显著的正向影响。在其他条件不变的情况下，农业经营主体的土地规模对其单位投资负债额有显著正向影响。而其他衡量规模的两个指标在统计上并不显著。这可能是因为在样本中，以种植粮食、蔬菜、水果等种植业产业的样本居多，而这一部分农业经营主体主要依赖于土地要素进行农业生产，对资本要素的依赖性相对较小。因此用单位投资负债额不能很好地体现农业经营主体的借贷规模。然而，无论是用单位土地负债额还是单位投资负债额来衡量相对借贷规模，只要是处理了经营规模的内生性，土地规模、固定资产投入和流动资产投入三大变量在统计上对农业经营主体的相对借贷规模均没有表现出显著的影响。换言之，我们的样本数据表明，经营规模的扩大并不一定能有效缓解农业经营主体的借贷约束问题（见表10-7）。

表10-7　农业经营主体借贷回归结果

变量	借贷结构 Probit	借贷难度 oProbit	借贷难度 IV-oProbit	绝对借贷规模 Tobit	绝对借贷规模 IV-Tobit	单位土地负债额 Tobit	单位土地负债额 IV-Tobit	单位投资负债额 Tobit	单位投资负债额 IV-Tobit
Area	-0.0563 (0.0661)	0.0178 (0.0367)	-0.2700 (0.1656)	60.0766*** (20.5009)	-88.8449 (1578.8717)	-0.2022 (0.2964)	-2.2554 (11.4483)	0.9580* (0.5110)	-2.8428 (80.3731)
Fixed	0.0672* (0.0386)	-0.0025 (0.0158)	-0.0088 (0.0999)	31.3414*** (9.8552)	-61.3052 (66.3962)	0.3803*** (0.1381)	0.6581 (1.1837)	0.1844 (0.2476)	1.4706 (2.6296)
Current	0.0542* (0.0316)	0.0133 (0.0155)	-0.1048 (0.0646)	-5.6617 (8.8663)	52.4494 (269.3726)	0.0173 (0.1281)	-0.5437 (1.3394)	-0.2856 (0.2258)	-0.5792 (13.4485)
Rate	-0.0154 (0.0415)	-0.0233 (0.0258)	-0.0258 (0.0264)	-18.0390 (13.8489)	-13.0395 (36.7064)	0.1029 (0.1878)	0.0584 (0.3427)	0.3406 (0.3427)	0.1649 (2.0328)
Social	0.0830 (0.0544)	0.0156 (0.0286)	0.0594* (0.0319)	30.2238* (16.4275)	41.3437 (52.9077)	0.3292 (0.2215)	0.5653 (0.5787)	0.3912 (0.4054)	0.6285 (2.7281)
Subject_1	0.2758 (0.3939)	-0.1118 (0.1894)	1.1297** (0.4733)	210.9174* (112.7464)	724.7237 (4000.8494)	4.8525*** (1.5296)	11.4497 (30.2419)	2.2729 (2.7154)	11.2630 (203.0773)
Subject_2	0.0512 (0.4338)	-0.3848* (0.2112)	1.2305* (0.6397)	85.2069 (124.6655)	739.7964 (5491.7451)	3.3446* (1.7483)	12.7808 (43.5168)	0.1060 (3.0333)	12.9147 (280.2734)
Subject_3	1.0758* (0.5603)	-0.2202 (0.2689)	1.2388 (0.7649)	662.7844*** (152.6556)	1500 (5677.0368)	2.6461 (2.1901)	11.4004 (43.0034)	0.7621 (3.8435)	11.0278 (288.8047)

续表

变量	借贷结构 Probit	借贷难度 oProbit	借贷难度 IV-oProbit	绝对借贷规模 Tobit	绝对借贷规模 IV-Tobit	单位土地负债额 Tobit	单位土地负债额 IV-Tobit	单位投资负债额 Tobit	单位投资负债额 IV-Tobit
Age	0.0024 (0.0111)	0.0081 (0.0055)	-0.0020 (0.0083)	0.8564 (3.2299)	-4.5204 (7.6527)	0.0182 (0.0430)	0.0269 (0.1136)	-0.0435 (0.0800)	0.0333 (0.1870)
Education	0.1510 (0.1243)	-0.0304 (0.0609)	-0.0160 (0.0614)	-25.8594 (36.2780)	-21.9178 (88.0490)	-0.2235 (0.4872)	-0.0333 (1.0405)	-0.4328 (0.8955)	-0.0645 (7.3858)
Leader	0.1416 (0.2592)	-0.1604 (0.1410)	-0.1959 (0.1497)	-32.2538 (79.4300)	25.0659 (317.3012)	-0.2837 (1.0659)	-0.6590 (1.8578)	-1.6993 (1.9964)	-2.0648 (19.7315)
Local	0.3885 (0.4616)	0.0280 (0.2497)	-0.0102 (0.2592)	201.9275 (141.7182)	282.8327 (445.5954)	2.0484 (1.9062)	2.1716 (3.0766)	1.7882 (3.5258)	2.1947 (21.9803)
Nonfarm	0.0003 (0.0176)	0.0088 (0.0099)	-0.0073 (0.0117)	-3.6197 (5.5702)	-0.5067 (28.2056)	0.0377 (0.0745)	0.0096 (0.1783)	0.0133 (0.1373)	0.0226 (1.4553)
Subsidy	-0.2433 (0.2136)	0.1972* (0.1114)	0.2283 (0.1473)	94.3361 (63.3769)	218.9831 (302.9639)	1.0162 (0.8515)	1.3842 (2.6348)	0.6169 (1.5689)	-0.2208 (14.7439)
Crop	0.0093 (0.2655)	-0.0965 (0.1517)	0.5525* (0.2980)	-2300*** (82.9469)	-15.3610 (2535.9924)	-3.525*** (1.1151)	-0.9616 (15.3192)	-2.1524 (2.0728)	4.8164 (128.9433)
Province_1	1.2862*** (0.3697)	-0.2355 (0.1841)	-0.0595 (0.1895)	66.8874 (104.4734)	82.8255 (145.4984)	-0.6411 (1.4084)	-0.2058 (1.7589)	2.4211 (2.5805)	2.9919 (3.3479)

续表

变量	借贷结构 Probit	借贷难度 oProbit	借贷难度 IV-oProbit	绝对借贷规模 Tobit	绝对借贷规模 IV-Tobit	单位土地负债额 Tobit	单位土地负债额 IV-Tobit	单位投资负债额 Tobit	单位投资负债额 IV-Tobit
Province_2	0.4305 (0.4444)	-0.2903 (0.2059)	-0.2268 (0.2334)	-1100 (128.4410)	29.3262 (853.3357)	-0.1259 (1.6999)	0.0557 (5.0069)	-0.3753 (3.1889)	-0.1404 (43.6063)
Province_3	0.6911** (0.3230)	-0.2064 (0.1626)	-0.2607 (0.1862)	189.4778** (92.8740)	204.9781 (683.1059)	0.5665 (1.2619)	-0.6598 (6.7236)	5.5805** (2.2922)	3.1897 (30.9818)
Province_4	0.6548** (0.3223)	0.0045 (0.1580)	0.0416 (0.1643)	260.8867*** (92.1117)	279.1643 (317.8650)	2.3388* (1.2353)	1.7566 (4.3452)	2.8518 (2.2647)	1.9938 (15.2616)
cut_1~cut_4	—	略	略	—	—	—	—	—	—
N	223	439	449	426	412	412	398	415	401
LR chi2	48.05	20.85		128.27		58.51		25.65	
_cons	-3.0407** (1.1831)			-900*** (345.5493)	-600 (2181.7673)	-11.747** (4.6484)	-7.6790 (13.3496)	-12.7391 (8.6216)	-21.8862 (95.0339)

注：*、**、*** 分别表示在10%、5%和1%的统计水平上显著；括号内数字为标准误。

第四节　本章小结

本章通过构建相关模型就经营规模对农业经营主体的借贷结构、借贷难度和借贷规模的影响进行实证分析发现，并没有充分的证据表明，更大的土地经营面积或资产规模有助于缓解农业经营主体的借贷约束。具体而言，还包括以下几点。

一是在经营规模方面，流动资产投入规模和固定资产投入规模越大，农业经营主体越倾向于从正规金融机构贷款。二是在社会资本方面，红白喜事随礼金额越大，社会资本越大的农业经营主体，主观上更容易获得贷款，其借贷难度越小。三是在组织类型方面，相比于普通农户来说，农业企业更容易获得正规金融机构的贷款，家庭农场或专业大户、农民合作社的借贷难度相对更小。

基于以上研究结论，主要有如下政策含义。第一，尽管经营规模较大的农业经营主体更容易从正规金融机构贷款，但总体来看，经营规模对其借贷规模和借贷难度的影响并不明显。也就是说，扩大经营规模并不能够很好地缓解农业经营主体在借贷方面的压力。为此，有必要从金融资本供给侧来寻求缓解方式，一方面，可引导民间非正规金融借贷规范化，使得非正规金融也能够在农村地区经济发展的过程中合法地发挥自身优势，增加地区金融资源供给。另一方面，可通过简化贷款流程和手续等方法降低各类农业经营主体获取正规金融贷款的成本。第二，应加强农村金融体系建设，加大对广大农村地区的金融支持力度，完善金融机构的贷款制度，完善信用体系建设，健全违约机制设计，创造良好的借贷环境。第三，应鼓励金融机构扩大农村地区贷款抵押品范围，灵活采取多种抵押担保方式，加大对农村产权抵押贷款创新力度，缓解农村地区的信贷约束，使农业经营主体能够更好地获得金融服务。第四，应鼓励家庭农场、专业大户、农业企业和农民合作社等新型农业经营主体的发展。政府可给予资金、技术方面的政策支持，金融机构也可有针对性地设计部分符合其需求的金融产品，最终提升对新型农业经营主体的金融服务质量。

第十一章

新型农业经营主体有利可图吗？

当前中央和地方政府都在大力支持新型农业经营主体的发展，新型农业经营主体在农业生产经营中发挥着越来越重要的作用，但因产品价格下跌、自然灾害、土地流转费用居高不下等多重因素，部分家庭农场、农民合作社等新型经营主体面临亏损，"毁约退地""跑路"现象时有发生（王建等，2016）。那么，经营规模相对较大的新型农业经营主体究竟能否有利可图？为此，本章将基于调查资料，对样本新型农业经营主体的成本和收益进行全面分析，以期为进一步了解新型农业经营主体的盈利状况提供参考。

第一节 新型农业经营主体的成本与收益

由于不同农业经营类型的收益、成本差距较大，因此此部分分析按经营类型分为种植业和养殖业，其中种植业类又分为粮食作物和经济作物，并从四种不同主体类型的角度进行考察。

一、农业经营收益

在农业经营收入这一部分，主要通过考察种植面积、亩产、销售量和销售价格等因素来计算农业经营主体的收益和平均每亩收益,以此来比较不同类型农业经营主体之间的经营效率与收益情况。

(一)种植业类

从种植业类来看,农业经营主体平均种植土地面积862.7亩,土地经营规模多集中在[10,50)亩和[100,500)亩两个区间。在这两个区间内,主体个数分别占有效样本的21.2%和22.8%。同时值得注意的是,种植面积2000亩以上的主体虽然只占有效样本总数的10.2%,但种植面积占总种植面积的70.7%,种植2000亩以上的农业经营主体主要是农民合作社,占81.6%,其次是家庭农场和农业企业,分别占10.5%和7.9%,可以得知在调研地区的大部分土地是少数大规模新型经营主体所经营的(见表11-1)。

表11-1　　　　农业经营主体种植业收获面积分布

收获土地面积（亩）	样本占比（%）	平均收获面积（亩）	分组总面积（亩）	占比（%）
<10	17.2	4.5	288.0	0.1
[10,50)	21.2	23	1817.0	0.6
[50,100)	9.7	60.8	2188.8	0.7
[100,500)	22.8	242.4	20604.0	6.4
[500,1000)	9.9	631.8	23376.6	7.3
[1000,2000)	9.1	1355.5	46087.0	14.3
≥2000	10.2	5984.9	227426.2	70.7

1. 粮食作物

粮食作物选取了种植最多的三种作物——小麦、水稻和玉米,按农业经营主体类型进行平均数计算。

粮食收获方面，普通农户的平均收获面积为17.7亩，收获面积占播种面积的98.4%，平均收获量为10079.2千克，平均亩产量为569.4千克；家庭农场平均收获面积为447.1亩，收获面积占播种面积的78.3%，平均收获量为222033.3千克，平均亩产量为496.6千克；农民合作社平均收获面积为1893.4亩，收获面积占播种面积的79%，平均收获量为970934.3千克，平均亩产量为512.8千克；农业企业平均收获面积为1528亩，收获面积占播种面积的73.4%，平均收获量为689000千克，平均亩产量为451千克。可以看出，普通农户的粮食作物收获率高于新型农业经营主体，这与普通农户的"精耕细作"使得耕种效率更高有关。

从销售的情况来看，普通农户的平均销售量为9356.2千克，销售率为92.8%，平均销售次数1.9次平均售价每千克2.4元；家庭农场的平均销售量为216860千克，销售率为97.7%，平均销售次数1.5次，平均售价每千克2.3元；农民合作社的平均销售量为923016千克，销售率为95.1%，平均销售次数4.1次，平均售价每千克2元；农业企业的平均销售量为1314000千克，销售量超过生产量（部分农业企业收购粮食再出售）。可以看出，新型农业经营主体农业生产的商品率高于普通农户，普通农户生产的部分产品会留为自用。

收益方面，普通农户平均收益为22454.88元，平均每亩收益为1273.8元；家庭农场平均收益为498778元，平均每亩收益为1115.6元；农民合作社平均收益为1846032元，平均每亩收益为975元；农业企业平均收益为3193020元，平均每亩收益为2089.7元。普通农户的平均每亩收益是高于家庭农场和农民合作社的，与之前分析的普通农户的平均每亩产量高有关；农业企业的每亩收益为四者之最，这主要是因为农业企业通过注册品牌等方式使得产品附加值更高（见表11-2）。

表 11-2　　　　　　　　粮食作物经营收益

项目	平均收获面积（亩）	平均收获量（千克）	平均亩产（千克/亩）	平均销售量（千克）	销售率（%）	平均销售次数（次）	平均销售价（元）	平均收益（元）	平均每亩收益（元）
普通农户	17.7	10079.2	569.4	9356.2	92.8	1.9	2.4	22454.88	1273.8
家庭农场	447.1	222033.3	496.6	216860	97.7	1.5	2.3	498778	1115.6
农民合作社	1893.4	970934.3	512.8	923016	95.1	4.1	2	1846032	975
农业企业	1528	689000	451	1314000	>100	13	2.4	3193020	2089.7

从数据中可以发现，家庭农场、农民合作社和农业企业的平均收获面积是普通农户的上百倍甚至上千倍，但过大的规模经营也导致了平均亩产和平均每亩收益的降低，说明经营种植粮食作物不能过度追求规模，应当探索适度规模经营，兼顾效率与规模。

2. 经济作物

经济作物选取了蔬菜、水果两个种植主体最多的样本，按农业经营主体类型进行平均数计算。

从作物收获来看，普通农户的平均收获面积为 7.3 亩，收获面积占播种面积的 86%，平均收获量为 8717.1 千克，平均亩产量为 1194 千克；家庭农场平均收获面积为 68 亩，收获面积占播种面积的 80.4%，平均收获量为 94820 千克，平均亩产量为 1394.4 千克；农民合作社平均收获面积为 1035.9 亩，收获面积占播种面积的 76.4%，平均收获量为 1896557 千克，平均亩产量为 1726.7 千克；农业企业平均收获面积为 935.7 亩，收获面积占播种面积的 73.4%，平均收获量为 1581429 千克，平均亩产量为 1690 千克。新型农业经营主体大面积的经济作物种植并没有使平均亩产低于普通农户，这是因为新型农业经营主体可以获得更多的社会化服务，提高了种植效率。

从销售的情况来看，普通农户的平均销售量为 8427.4 千克，销售率为98.1%，平均售价每千克5.8元；家庭农场的平均销售量为92612.2千克，销售率为97.7%，平均售价每千克7.6元；农民合作社的平均销售量为1788689千克，销售率为94.3%，平均售价每千克7.2元；农业企业的平均销售量为1324286千克，销售率为83.7%，平均售价每千克8.8元。通过标准化生产、品牌效应等因素，新型农业经营主体的经济作物获得了更高售价。此外，从销售渠道来看，普通农户主要是售给商贩、合作社和加工企业，而新型农业经营主体的销售渠道更加多样，例如农超对接、出口、礼品和体验采摘等方式，进一步提高了产品价格。

收益方面，普通农户平均收益为48878.92元，平均每亩收益为6517.2元；家庭农场平均收益为720632.6元，平均每亩收益为10597.5元；农民合作社平均收益为12878560.8元，平均每亩收益为12443元；农业企业平均收益为11653716.8元，平均每亩收益为12454.5元。与粮食作物种植不同，新型农业经营主体在平均收益与平均每亩收益上均超过了普通农户，这说明新型农业经营主体通过社会化服务获得的种植效率成功转换为经济效益。另外通过与粮食作物收益的比较可以发现，从事经济作物种植的收益远高于粮食作物种植（见表11-3）。

表11-3　　　　　　　　　　经济作物经营收益

项目	平均收获面积（亩）	平均收获量（千克）	平均亩产（千克/亩）	平均销售量（千克）	销售率（%）	平均销售次数（次）	平均售价（元）	平均收益（元）	平均每亩收益（元）
普通农户	7.3	8717.1	1194	8427.4	98.1	4.7	5.8	48878.92	6517.2
家庭农场	68	94820	1394.4	92612.2	97.7	—	7.6	720632.6	10597.5
农民合作社	1035.9	1896557	1726.7	1788689	94.3	4.1	7.2	12878560.8	12443.1
农业企业	935.7	1581429	1690	1324286	83.7	—	8.8	11653716.8	12454.5

上述统计分析表明，在经济作物经营中，农民合作社的经营规模最大并且经营最有效率，这与农民合作社能够提供社会化服务，帮助农户解决产前、产中和产后难题，进行标准化、市场化生产有很大的关系。农业企业的平均售价高于其他类型主体，这与农业企业更加面向市场、打造品牌等因素有关。

3. 其他作物

其他作物主要包括花卉苗木类和其他一些经济作物。在这一部分，由于作物品类不同，因此不对收获量、销售量和销售次数等进行分析，只对收获面积这一方面进行分析。

收获面积方面，普通农户、家庭农场、农民合作社和农业企业的平均收获面积分别为 15.2 亩、238.4 亩、1087.6 亩和 500.6 亩。新型经营主体土地经营规模上的优势在这里也得到体现。

（二）养殖业类

在调查中，养殖业类主要有生猪、肉鸡、肉羊和淡水鱼等。下面以样本数量最多的生猪为例进行分析。

从养殖规模来看，普通农户平均养殖 380 头生猪，平均出栏量为 250 头；家庭农场平均养殖 1157.8 头生猪，平均出栏量为 1607.8 头；农民合作社平均养殖 2600 头生猪，平均出栏量为 4665 头；农业企业平均养殖 36500 头生猪，平均出栏量为 102500 头。新型农业经营主体的养殖规模远超普通农户，其中农业企业的规模最大。

从销售情况来看，新型农业经营主体所饲养的猪肉价格优势不大，但销售渠道更多是售向加工企业，能通过合同、订单获得更加稳定的市场，而普通农户更多是售向商贩，具有一定不稳定性（见表 11-4）。

表 11-4　　　　　　　　　　生猪经营收益

项目	养殖数量（头）	出栏量（头）	平均销售量（千克）	平均出售次数（次）	平均出售价格（元）	平均收益（元）
普通农户	380	250	22980	10.6	11.5	264270
家庭农场	1157.8	1607.8	232233.6	16.7	11.46	2661397
农民合作社	2600	4665	372450	52.2	11.18	4163991
农业企业	36500	102500	9387500	—	11.5	107956250

二、农业经营成本

在农业经营成本部分，调研组对调查对象的物质与服务费用进行了详细的调查，再将调查时获得的劳动成本和土地成本进行处理，并与物质与服务费用结合，获得了较为全面的农业经营成本。

（一）种植业类

1. 粮食作物

通过对调查数据的整理分析发现，在粮食作物种植中，家庭农场、农民合作社和农业企业与普通农户相比在物质与服务费用方面并没有明显优势，甚至在某些环节产生了普通农户没有的成本和费用；在劳动成本方面，由于新型经营主体经营规模大，需要雇用更多的劳动力，劳动成本也因此高于普通农户；土地成本方面，大规模土地流转往往需要经过政府或村组织同意，还要与农户签订合同等，新型农业经营主体的土地成本也会高于普通农户（见表 11-5）。

表 11-5　　　　　　　　　粮食作物每亩总成本　　　　　单位：元/亩

项目		普通农户	家庭农场	农民合作社	农业企业
种植面积（亩）		19.87	450.4	2670.6	1373.3
物质费用	种子费用	54.8	56.6	97.9	20.2
	化肥用量	42.1	67.8	101.2	38.5
	化肥费用	104.2	116.2	135.9	72.7
	农家肥用量	134.4	194.2	271.9	1260.0
	农家肥费用	5.5	10.2	22.4	1040.0
	农药费用	19.2	34.7	36.8	35.0
	农膜费用	39.0	35.7	13.5	0.6
租赁作业费	租赁作业费	148.6	185.0	189.1	112.0
	a 机械作业费	91.3	130.2	137.3	112.0
	b 排灌费	26.4	19.7	17.4	—
	c 畜力费	—	6.2	—	—
	d 运输费	30.8	17.6	18.7	—
	e 仓储费	—	5.9	15.7	—
	f 加工费	—	5.4	—	—
燃料动力费		105.4	65.0	66.3	65.4
技术服务费		—	137.3	2.9	—
工具材料费		—	45.3	32.0	—
修理维护费		25.2	12.4	12.7	2.7
间接费用	销售费用	—	—	—	—
	财务费用	—	0.6	14.7	18.8
	管理费用	—	4.3	26.2	75.0
	保险费用	4.35	6.1	6.6	—
	税金	—	—	—	—
每亩物质与服务费用总计		506.2	673.7	657.1	1407.3
每亩劳动成本		363.3	384.6	455.3	525.4
每亩土地成本		140	484.3	631.2	740
每亩总成本		1009.5	1542.6	1743.6	2672.7

2. 经济作物

在经济作物中，以水果种植为例。通过对比发现，经营经济作物的新型农业经营主体的每亩物质与服务费用高于普通农户，与新型农业经营主体投入更多的物质资料和机械有关，且劳动成本和土地成本也明显高于普通农户。另外将新型农业经营主体之间进行比较，可以发现农民合作社的每亩成本低于其他两种类型主体，这主要是因为农民合作社有更低的技术服务费及一些间接费用（见表11-6）。

表11-6　　　　　　　　经济作物每亩总成本　　　　　　　单位：元/亩

项目		普通农户	家庭农场	农民合作社	农业企业
种植面积（亩）		7.8	66.4	1591.3	967.1
物质费用	种子费用	788.6	993.8	1034.5	1047.1
	化肥用量	186.9	312.2	246.1	215.7
	化肥费用	695.3	868.0	525.3	460.3
	农家肥用量	463.2	498.6	567.2	353.1
	农家肥费用	473.6	397.0	449.9	327.8
	农药费用	117.5	121.8	126.8	195.1
租赁作业费	租赁作业费	304.0	288.3	329.7	340.6
	a 机械作业费	114.8	159.3	186.7	50.0
	b 排灌费	168.3	93.9	66.2	229.6
	c 畜力费	—	—	—	—
	d 运输费	20.8	35.0	47.4	22.3
	e 仓储费	—	—	21.5	—
	f 加工费	—	—	7.8	12.0
燃料动力费/亩		96.8	48.2	39.4	26.7
技术服务费/亩		71.3	110.1	19.9	—
工具材料费/亩		39.8	106.4	33.3	42.9
修理维护费/亩		73.0	40.9	13.2	42.1

续表

项目		普通农户	家庭农场	农民合作社	农业企业
间接费用/亩	销售费用	—	—	104.7	
	财务费用	—	204.3	134.6	292.0
	管理费用	—	246.9	132.9	160.0
	保险费用	29.4	18.4	9.5	182.0
	税金	—	—	87.2	700.0
每亩物质与服务费用总计		2689.2	3444.0	2906.4	3789.9
每亩劳动成本		363.3	394.6	455.3	525.4
每亩土地成本		125.5	774.7	664.4	582.9
每亩总成本		3178	4613.3	4026.1	4898.2

(二) 养殖业类

在养殖业类中，以生猪为例。由于调研中生猪养殖成本方面的有效样本较少，因此采用国家发改委价格监测中心2015年4月的调查报告（见表11-7）进行分析。通过数据可以发现，规模养殖在养殖成本和净利润上相比散养具有较大优势。根据农业部相关定义，将年出栏500头以上（含）的养殖场定义为规模化养殖场，从调查中得知普通农户、家庭农场、农民合作社和农业企业的平均养殖数量分别为380头、1757.8头、2600头和36500头，因此可以判断家庭农场、农民合作社和农业企业多为规模化养殖，在养殖成本和净利润上相较于普通农户有较大优势。

表11-7　　　　　　　　养殖业生产成本与利润

项目	单位	规模养殖	散养
出栏重量	千克/头	117.2	118.52
产值合计	元/头	1569.89	1588.55

续表

项目	单位	规模养殖	散养
总成本	元/头	1477.96	1586.48
仔畜费	元/头	381.02	337.24
精饲料费	元/头	912.7	874.1
人工成本	元/头	111.29	279.67
其他成本	元/头	72.95	95.48
净利润	元/头	91.92	2.07

资料来源：国家发改委价格监测中心2015年4月调查报告 http://www.askci.com/news/chanye/2015/05/22/8578w1eq.shtml。

三、成本—收益分析

农业经营的成本—收益分析是根据各类农业经营主体的每亩成本和收益来计算各类农业经营主体的每亩净利润，并根据经营规模获得净利润总额。

按经营类别而言，粮食作物种植类农业经营主体经营状况令人担忧，除普通农户因不需向自家投工支付工资而获得微利（仅获得劳动力收入）之外，粮食种植类的新型农业经营主体从农业经营上来看，整体入不敷出，且亏损金额不小，其中农民合作社的亏损金额在200万元左右，这可以解释近些年出现的新型农业经营主体"毁约退地""跑路"现象。另外可以看出，这些粮食种植类新型农业经营主体能够维持经营的主要原因是国家对新型经营主体和规模种粮主体的补贴，但补贴后的净利润仍与未补贴种植经济作物的新型经营主体相距甚远，因此今后需要对新型农业经营主体的补贴侧重方向进行一定的调整（见表11-8）。

表 11-8　粮食作物种植类农业经营主体农业经营成本—收益分析　　单位：元

项目	每亩收益	每亩成本	每亩净利润	净利润总额（每亩净利润×经营面积）	补贴金额	补贴后净利润
普通农户	6517.2	3178	3339.2	26045.8	9000	35045.8
家庭农场	10597.5	4613.3	5984.2	397350.9	332000	729350.9
农民合作社	12443.1	4026.1	8417	13393972.1	1182000	14575972.1
农业企业	12454.5	4898.2	7556.3	7307697.7	1955000	9262697.7

新型农业经营主体在经济作物种植方面真正体现出了优势。其中，家庭农场的经营面积是普通农户的22倍，补贴后的净利润是普通农户的20倍左右；农民合作社的经营面积是普通农户的204倍，补贴后净利润达到了普通农户的415.9倍；农业企业的经营面积是普通农户的124倍，补贴后净利润是普通农户的264倍。可以看出，经济作物更适合新型农业经营主体进行大规模种植，在经营面积扩大后净利润实现了超越经营面积倍数的增长（见表11-9）。

表 11-9　经济作物种植类农业经营主体农业经营成本—收益分析　　单位：元

项目	每亩收益	每亩成本	每亩净利润	净利润总额（每亩净利润×经营面积）	补贴金额	补贴后净利润
普通农户	1273.8	1009.5	264.3	5251.6	16000	21251.6
家庭农场	1115.6	1542.6	-427	-192320.8	272000	79679.2
农民合作社	975	1743.6	-768.6	-2052623.2	2085000	32376.8
农业企业	2089.7	2672.7	-583	-800633.9	1465000	664366.1

第二节　新型农业经营主体对收支的主观评价

此部分是受访农业经营主体对收入支出和盈利水平的主观评价的情

况，可结合上一节计算结果来总体判断经营者基于成本—收益的生产经营信心。

一、收入支出的整体感知

基于被调查对象的初步估计，不同类型农业经营主体的收支情况差距较大（见表 11 – 10）。

表 11 – 10　　　　　　　　农业经营主体收入支出情况

项目	样本数量（家）	农业经营收入（万元）	支出合计（万元）	工资支出（万元）	纳税（万元）	净收益（万元）
普通农户	101	6.8	4.7	0.54	0	2.1
家庭农场	164	116.9	99.7	17	0.14	17.2
农民合作社	131	568.9	447.2	84.9	0.7	121.7
农业企业	34	3836.4	2670	471.5	27.2	1166.4

在收入方面，普通农户的农业经营收入平均为 6.8 万元，家庭农场、农民合作社和农业企业的平均农业经营收入分别为 116.9 万元、568.9 万元、3836.4 万元。

在支出方面，普通农户的支出平均为 4.7 万元，其中工资支出平均为 0.54 万元，工资支出占到了总支出的 11.5%；家庭农场的支出平均为 99.7 万元，其中工资支出平均为 17 万元，工资支出占到了总支出的 17%；农民合作社支出平均为 447.2 万元，其中工资支出平均为 84.9 万元，工资支出占到了总支出的 19%；农业企业支出平均为 2670 万元，其中工资支出平均为 471.5 万元，工资支出占到了总支出的 18.2%。普通农户相较于新型农业经营主体在工资支出方面更少，这与普通农户更多依靠自家劳动力投入有关。

通过收入、支出可知利润，普通农户的利润平均为 2.1 万元，利润率为 44.7%；家庭农场的利润平均为 17.2 万元，利润率为 17.3%；农民合作社的利润平均为 121.7 万元，利润率为 27.2%；农业企业的利润平均为 1166.4 万元，利润率为 30%。

二、盈利水平的主观感受

（一）与前两年相比

调查结果显示（见图 11-1），33 个农业经营主体认为盈利能力与前两年相比差很多，占总数的 7.3%；116 个主体认为盈利能力与前两年相比差一些，占总数的 25.7%；103 个主体认为盈利能力与前两年相比没有差别，占总数的 22.8%；171 个主体认为盈利能力与前两年相比好一些，占主体的 37.8%；还有 29 个主体认为盈利能力与前两年相比好很多，占总数的 6.4%。

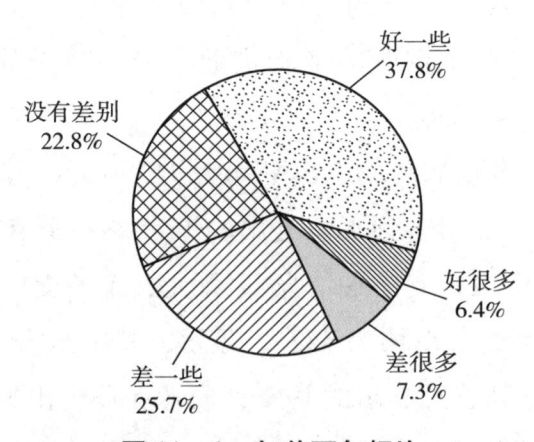

图 11-1 与前两年相比

可以看出，接近半数的主体认为盈利能力好于前两年，这主要是因为近两年中央实施了一系列补贴政策，农业经营主体的生产力和竞争水平得到了极大提升，生产基础设施与生产结构得以改善，使得多数农业经营主体的盈利能力得以提升。总体来看，新型农业经营主体获得的补贴额度远高于普通农户（见表 11-11）。

表 11-11　　农业经营主体获得补贴额度　　　　　　　　单位：元

作物分类	经营主体	现金补贴	实物补贴	示范推广	合计
粮食作物	普通农户	1.6	0	0	1.6
	家庭农场	12.2	5	10	27.2
	农民合作社	135.5	43	30	208.5
	农业企业	106.5	0	40	146.5
经济作物	普通农户	0.9	0	0	0.9
	家庭农场	8.7	18	6.5	33.2
	农民合作社	46.2	16	56	118.2
	农业企业	107.2	15	73.3	195.5

（二）与其他同类经营主体相比

调查显示，有 40.2% 的农业经营主体认为盈利能力与其他同类经营主体相比好一些，有 37.8% 认为没有差别，有 12.8% 认为差一些，有 6.6% 认为好很多，还有 2.6% 认为差很多（见图 11-2）。

按主体类型来看，普通农户与新型经营主体对盈利能力的评价与前两年相比相差不大，但与其他同类经营主体相比有较大差别：有 33.6% 的普通农户认为盈利能力好于其他同类经营主体，而有 50.9% 的新型经营主体认为盈利能力好于其他同类经营主体。整体来看，新型农业经营主体相对于普通农户对盈利能力的评价更为乐观，这一现象也与中央和地方实施的培育和壮大新型农业经营主体的一系列政策有很大关系。

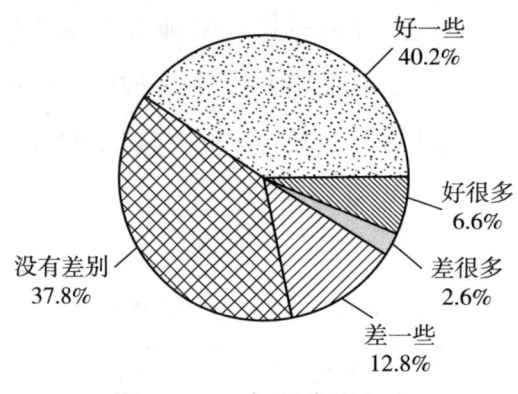

图11-2 与同类型相比

第三节 农业经营主体产出水平的案例分析

一、绝对产出水平：亩均产值

从调查的情况来看，新型农业经营主体在单位面积产量和售出价格方面总体比普通农户更具优势。本节以调查中采访的两个新型农业经营主体为例，对其中可能的一些原因进行分析。

案例1 山东宁阳东疏供销谷丰现代农业发展服务有限公司

宁阳东疏供销谷丰现代农业发展服务有限公司成立于2014年12月，成立时注册资本300万元人民币，股东由宁阳县东疏供销合作社和宁阳供销现代农业发展服务有限公司组成，持股比例各占50.0%，主要业务为粮食作物种植和农业社会化服务提供，公司投资300万元建立为农服务中心,位于大伯集管理区滩头村驻地,占地面积6亩。目前已建成服务大厅260平方米,高标准农机仓库600平方米,硬化粮食晾晒场2100平方米。目前公司经营土地总面积是200亩,为2015年5月以租入方式转入外村4片土地200亩,平均每亩每年租金1000元。2018年,公司经营土地平均每亩出产小麦1450斤,相比周边普通农户平均每亩产量提升200斤以上,通过对公司负责人侯军的详细询问得知,公司经营的土地之所以能够在绝对产出水平上相比普通农户更具优势,主要有以下原因。

(一)产前环节

1. 种子。为了保证种子质量,主动与山东农科院、山东农业大学等科技部门、院校联系,引进优良品种,并在播种前进行二次包衣。而普通农户为节约成本,多使用普通粮种,还有部分会使用自留种。

2. 测土配方施肥。通过引进智能配肥机、智能终端机,并建立标准化测土配肥化验室,成立测土配肥专业服务队,根据土壤供肥性能和作物需肥规律,协调好土壤、肥料和作物三者之间的平衡,达到减肥、环保、高产和优质的目的。种植小麦每亩施用普通复合肥120斤,除此之外,还会施用有机肥及微量元素,并且能够发挥规模优势,公司直接与农资厂商进行谈判,大规模采购,提高了议价能力,使得农资价格相比市场价格降低10%以上,在质量上也更有保障。从调查结果来看,普通农户普遍不施有机肥和微量元素,施肥效果差。

3. 农业技术。公司接受当地农技人员的技术推广,实现了秸秆生物还田,不仅对秸秆进行了有效利用,还提高了土地肥力,减少了化肥使用量。另外合作社还对土地进行了深耕作业,加厚了耕作层,提高土壤蓄水保墒能力,促进土壤熟化,加速养分分解与积累,为作物生长提供深厚的耕层,提高作物产量。

(二) 产中环节

1. 土地整治。土地流转至合作社后，合作社出资对土地进行了整治，花费8万元修建田间道路，便于农业机械下田耕作，提高了机械化水平与效率，并降低了农机作业价格。普通农户由于土地规模分散化及资金有限，通常难以对土地进行整治。

2. 农药施用。公司根据专家建议制定合理农药施用方案，每年喷洒5~6次低残留高效农药，达到除草、保墒、防治病虫害的作用。而小规模农户只能喷洒2~3次，农药残留高且效率低。

(三) 产后环节

1. 收储运

公司购置小麦收割机4台、1304型拖拉机4台，保证小麦在成熟后第一时间进行收割，也保证了小麦质量。普通农户则需要与收割队进行联系，无法保证收割时间，也导致价格下降。

2. 加工与销售

公司拥有两组粮食烘干机，能够将小麦在收割后进行烘干，提高了小麦的附加值。公司与当地面粉加工厂签订了小麦销售协议，每斤小麦价格达到了1.25元，比当地普通农户售与粮食经纪人的价格高0.2元左右。

此外，该公司除自己经营200亩土地之外，还在周边地区开展土地托管，通过全托管或订单式半托管形式提供了社会化服务，不仅扩大了公司服务化规模，也对当地普通农户起到了带动作用，降低了普通农户的种植成本，普通农户还可以把土地全托管给公司，每年获得一部分固定收益而不影响其在外务工，提高了当地普通农户的收入。具体托管价格如表11-12所示。

表 11-12　　谷丰现代农业发展服务有限公司土地托管价格

作物	托管方式	不托管价格（元/亩）	托管价格（元/亩）
小麦	还田/一遍	60	50
	旋地/一遍	40	35
	耕地/一遍	60	50
	种子/20斤	40	36
	播种	30	27
	供肥+施肥	160	150
	供药喷药、防病防虫	100	100
	收割（地头交粮）	80	70
	人工培土、补地头	50	50
	合计	620	568
玉米	种子	50	45
	种肥同播	140	130
	供药喷药、防病防虫	80	70
	收割（地头交粮）	90	80
	合计	360	325

案例2　东阿县牛角店镇新意粮棉种植专业合作社

东阿县牛角店镇新意粮棉种植专业合作社成立于2011年，成立合作社的主要原因是响应国家号召，由当地供销社发起，几人合伙成立合作社，并且理事长本身拥有一定的农业生产经营技术或经验。发展至今，合作社成员已达500人，成员覆盖牛角镇多个村，经营土地1500亩，直接由合作社进行经营。在合作社经营期间，进行过地块平整、水利设施建设和改良土壤。其中，地块平整涉及土地300亩，整治费用每亩260元，总费用7.8万元；水利设施涉及面积700亩，整治费用每亩

50元，总费用3.5万元；土壤改良涉及土地1500亩，整治费用每年每亩60元，总费用每年9万元。劳动力方面，每年小麦作业环节（耕种收）雇工35人，全部为短期雇工，并且全部为男工，工作时间30天左右，日工资150元，平均年龄60岁，来自本村及外村，不固定岗位；植保环节雇工10人，4男、6女，每年工作40天左右，工资不按日结算，而是按工作量计算，打药工资每桶4元、浇地工资每天70元，年龄都在50岁以上，来自临近村，工作方式为分片承包。

新意粮棉种植专业合作社每年统一购买农资产品、统一测土配方施肥、统一机械化作业，降低了生产资料采购成本和物流成本，扩大了机械化作业规模；统一销售农产品，与粮食企业签订代收储备合同，保证了合作社成员的粮食销售安全，同时提高了销售价格。合作社主要种植粮食品种为强筋小麦。2016年合作社成员的小麦平均亩产1260斤，高出东阿县小麦平均亩产约200斤，销售价格要比正常市场价每斤高出0.1元至0.2元，平均每亩增收450元，同时每亩节支100元。

由以上两个案例可见，新型农业经营主体可以利用其资金优势进行单个普通农户难以承担的土地整改、土壤改良以及更多的基础设施建设，改善了种植条件。通过引进更先进的生产技术，购买质量更有保障的农资产品，进行更加精细化的管理，提高了单位面积产量。另外，新型农业经营主体还会利用自身设备对粮食进行初步加工，提高了产品附加值。通过粮食代收代售形成一定的规模，从而直接与粮食加工企业签订订单或自己建立销售渠道，减去了多个中间环节，提高了出售价格。

普通农户的单位面积产量和售出价格低于新型农业经营主体的另一个可能的解释在于，普通农户在粮食作物种植中不再像过去那样"精耕细作"，而是以一种粗放的形式进行经营。这主要是由于粮食种植产生的收益对于家庭收入而言较低,使得多数普通农户选择兼业化经营。以调查中四省的数据为例,普通农户平均经营面积为3.78亩,平均每亩收入为1078.4元,即每个普通农户家庭依靠粮食作物种植每年的收入平均为4076.4元,而国家统计局的资料显示,2016年农民人均可支配收入为12363元人民币,即每个普通农户家庭年收入应在4万元左右,粮食作物种植收入仅占家庭收入的10%左右。这一数据表明,普通农户的家庭收入更多的是来自外出打工等非农收入,农业更多的可能是靠老人、妇女来经营,长此以往产生的影响是,普通农户不再像过去那样关心作物的生长过程,因此也不愿意投入更多的时间和金钱对种植进行管理,不愿接受价格高但效果可能更好的化肥、种子等农资产品,也不愿接受更新的农业技术的推广,对于粮食价格也不太关注,减少了与粮食收购商的讨价还价,把更多的精力和时间放在一些非农经营上。农业收入的减少则通过非农收入来弥补。这一现象对普通农户而言无可厚非,但对于中国未来的农业而言,绝不是一条可持续的发展道路,必须对普通农户进行引导和升级,避免出现类似日本因过度兼业化导致整体农业产出水平降低的现象。

二、相对产出水平:亩均投入产出率

对于相对产出水平,本书利用单位面积投入产出率进行评价。根据T检验的结果,新型农业经营主体与普通农户在相对产出方面的确存在显著差异。进一步测算可知,新型农业经营主体的投入产出率为82.5%,普通农户为56.7%。其中,有11%的新型农业经营主体的投入产出率大于1,即在不考虑政府补贴的情况下,这些新型经营主体处于亏损状态。因此新型农业经营主体的相对产出水平低于普通农户(见表11-13)。

表 11-13　　各类农业经营主体相对产出水平对比

项目	平均值	标准差	最大值	最小值
普通农户	0.567	0.072	0.992	0.311
新型农业经营主体	0.825	0.180	1.704	0.326
家庭农场	0.839	0.152	1.237	0.440
农民合作社	0.821	0.197	1.704	0.326
农业企业	0.778	0.200	1.259	0.462

对于新型农业经营主体相对产出水平低于普通农户的现象，本书将对新型农业经营主体与普通农户在农业生产中的各项费用进行对比，试图找到新型农业经营主体相对产出水平较低的原因。

土地流转费用（转入）方面，普通农户的土地流转费用几乎为0，不到5%的普通农户产生了土地流转费用。而新型农业经营主体的土地流转费用平均每亩为609元，其中河北平均每亩为742元，山东平均每亩为730元，陕西平均为每亩575元，吉林平均每亩为387元。雇工费用方面，多数普通农户依靠家庭劳动力投入，没有产生雇工费用，而新型农业经营主体平均产生的雇工费用为平均每亩154.4元。农资费用方面，普通农户平均每亩农资费用为382.3元，新型农业经营主体平均每亩农资费用为258.1元（虽然新型农业经营主体平均每亩农资费用低于普通农户，但农资投入量并不低于普通农户，根据测算，新型农业经营主体平均每亩化肥投入量比普通农户高35.4斤）。农机费用方面，普通农户平均每亩为171.5元，新型农业经营主体平均每亩为109.4元（见表11-14）。

表 11-14　　农业经营主体投入费用对比　　单位：元/亩

项目	普通农户	新型农业经营主体
土地流转费用	3.0	608.9
雇工费用	1.4	154.4

续表

项目	普通农户	新型农业经营主体
农资费用	307.3	258.1
农机费用	171.5	109.4
其他费用	50.2	40.9
总计	533.4	1171.3

通过对比发现，普通农户平均每亩总投入比新型农业经营主体低638元，主要是由于普通农户几乎不产生土地流转费用和雇工费用所导致。但是普通农户的农资费用及农机费用高于新型农业经营主体，由此说明，新型农业经营主体在农资费用和农机费用方面产生了规模优势。

需要注意的是，虽然普通农户在土地流转和雇工两方面几乎不产生费用，但是选择经营农业的普通农户具有一部分机会成本。所谓机会成本，是指企业为从事某项经营活动而放弃另一项经营活动的机会，或利用一定资源获得某种收入时所放弃的另一种收入。当前要素市场化逐步加深，普通农户的机会成本也逐渐显性化，普通农户经营农业，放弃了土地流转及外出务工的收入，因此，如果算上这两项机会成本（土地流转以平均价格计算，外出务工以100元/日×务农时间/经营面积计算），普通农户总计投入平均达到2415元，平均相对产出水平即投入产出率达到186%，因此考虑普通农户选择务农而放弃外出务工所产生的机会成本的情况下，普通农户相对产出水平也将低于新型农业经营主体。

为了进一步解释和说明，本书对调研中采访到的具体案例进行深入分析。

案例3 种植大户马志田

马志田是来自陕西省渭南市白水县北塬镇北塬村的专业大户,他本身是当地的农机手,2005 年便开始了农机作业服务,一年的农机作业收入就有 5 万元。依托自身的农机优势,马志田于 2014 年开始大规模地流转土地经营粮食作物。马志田的人脉不是很广,亲朋中没有在政府部门工作的,只有在事业单位工作以及从事相同产业的人,对马志田的帮助也是比较大的;借钱对于马志田来说,也是比较容易的。马志田的家庭收入主要来源于从事农业生产。此外,2016 年打工收入有 1 万元;同年家庭支出有 22 万元。马志田的生产经营状况如下。

资产负债:马志田一共经营 250 亩土地,分三次流转而来。第一次是在 2013 年,租入 150 亩,租金是每年 350 元,一次性付清了租金,期限是 3 年;第三次是在 2015 年,租入 100 亩,租金是每年 500 元,一次性付清了租金,期限是 3 年。马志田流转的土地全部是从外村租入的,都签订了书面合同。租金也都是以现金支付的。

在经营期间,马志田平整土地 70 亩,花费 3 万元。此外,其所经营的 250 亩土地都进行了土壤改良,花费了 17 万元,资金全部是由自己负责。马志田由于从事农机作业服务,所以其拥有的农机具也比较多:2 台拖拉机,购置于 2015 年,花费了 36.2 万元;1 台收割机,购置于 2011 年,花费了 6 万元;1 辆农用运输车辆,购置于 2014 年,花费了 1.6 万元;1 台小型农具,购置于 2015 年,花费了 1.35 万元。购置农机具所需资金全部来自自由资金和银行贷款。

马志田目前负债 10 万元,主要是上游供货商的应付款,占负债总额的 80%。2012 年马志田以个人名义从农村信用社获得第三方担保贷款5万元，利率是10.8%，期限2年，主要用于购置运输设备。

生产经营：马志田经营的土地中，250亩种植玉米，且耕种收环节全部是机械化作业。正常情况下，马志田需要雇用8个工人左右。平时的行政管理需1人，也就是马志田本人负责，一年投入的时间是100天，财务管理也是其本人，一年只投入一天的时间。在耕种和收获时，马志田雇用短期工8人，3男、5女，工作时间是15天，男工的工资是每天150元，女工的工资是每天100元，男工平均年龄是55岁，女工平均年龄是50岁，都是本村的农民。日常的田间植保需要1人即可，一年的工作时间是10天，也是马志田本人负责。

2016年，马志田的农业经营收入有20万元，支出合计22万元。马志田种植的粮食是随收随卖，没有仓库，也不进行贮存。2016年，玉米收获了250亩，共22.5万斤，全部销售给了商贩，前后一共销售了15次，价格是0.88元/斤。把收入、支出平均到每亩来看，马志田经营的250亩玉米平均每亩收入为800元，支出平均每亩为881.5元（见表11-15），绝对产出水平即投入产出率为1.1，处于较低水平。

表11-15　　　种植大户马志田2016年平均每亩成本收入分析　　　单位：元

收入			成本									利润
售粮收入	补贴收益	合计	种子	化肥	农药	机械作业	燃料动力	修理维护	雇工	土地流转	合计	213.5
800	295	1095	40	140	45	20	50	28.5	78	480	881.5	

单纯从玉米出售的收入来看，马志田是处于亏损经营，但2016年马志田种植每亩地获得了95元的种粮"三补贴"，还获得了"市级优秀家庭农场"5万元的现金补贴，平均每亩地获得补贴收益295元，加上出售玉米每亩800元的收入，每亩总收入达到1095元，减去每

亩成本后每亩利润达到 213.5 元，经营 250 亩土地共获得了 5 万多元的利润。

案例 4　普通农户何亚平

何亚平是陕西省渭南市白水县史官镇群英村的普通农户，出生于 1956 年的她今年 62 岁，家中五口人经营着 4 亩地，主要种植玉米和小麦。群英村位于山区，距离县城 60 千米，村中人均土地面积 2 亩，人均收入在 1 万元左右，属于当地中等水平。

据了解，何亚平经营的土地是第二轮土地承包时村里分配的土地，并没有进行土地流转，儿子与儿媳平时在外打工，农忙时偶尔会回来帮忙，4 亩地主要是依靠何亚平和丈夫管理。2015 年，4 亩地共收获玉米 5000 斤，当地玉米收购价格为每斤 0.8 元左右，5000 斤玉米共售出大约 4000 元。种植玉米平均每亩种子费用 55 元，化肥费用 145 元，农药费用 60 元。由于何亚平与丈夫年纪大了，而且村里现在提供收割作业，因此两人在收割环节选择机械化作业，每亩价格为 90 元，粗略算下来，种植玉米每亩的成本在 350 元左右，种植玉米的利润大约为 2600 元（见表 11-16）。两人农闲时会在邻近镇上的工厂打工，工资为男一天 120 元，女一天 90 元，两人 2015 年依靠打工的收入在 4 万元左右。

表 11-16　普通农户何亚平 2016 年平均每亩成本收入分析　　单位：元/亩

收入	成本								利润
	种子	化肥	农药	机械作业	燃料动力	修理维护	雇工	土地流转	合计	
1000	55	145	60	90	0	0	0	0	350	650

何亚平介绍说，虽然每年种地收入比较低而且比较辛苦，但因为已经种了几十年的地，不想土地就此荒废，而且现在许多环节能够机械化作业，种地的劳动量已经大大减少了，因此她和丈夫希望能够一直把土地经营下去，但由于精力有限，4亩地已经足够两位老人经营，所以不希望扩大规模。

从以上两个案例可以看出，同处同一地区同样种植玉米的新型农业经营主体和普通农户，在不考虑政府补贴的情况下，由于新型农业经营主体产生了土地流转费用和雇工费用，使得每亩生产成本远超普通农户，并且出现了成本高于收入的个例，并使得新型农业经营主体的相对产出处于较低水平，这一现象在土地流转费用更高的河北和山东地区更加凸显。普通农户不产生土地流转费用和雇工费用，虽然每亩收入低于新型农业经营主体，但利润更高，相对产出水平更高，但由于经营规模小，经营农业获得的利润十分有限，因此通常会在农闲时外出打工。

第四节 本章小结

综上，本章的主要观点可以总结为以下几个方面。

第一，新型农业经营主体总体上是有利可图的。从结果来看，新型农业经营主体总体上呈现出的收益能力远高于普通农户，其中以农民合作社和农业企业最为明显，主要是通过一系列社会化服务，有效提高了产量、保障了销售，另外通过打造品牌卖出了更高的价格。但是在粮食种植方面没有体现出这种优势，可能是种植规模、种植成本、粮食供求价格弹性特点等多方面原因导致的。

第二，新型农业经营主体经营成本过高。由于新型农业经营主体投入了更多的物质资料，更多地使用机械作业，产生了一些经营费用和土地流转费用，因此新型农业经营主体每亩成本高于普通农户每亩成本15%以上。

第三，新型农业经营主体净收益情况呈现产业差异。从事粮食种植的新型农业经营主体总体上呈现的是亏损经营，主要是靠农业补贴维持经营；相反，从事经济作物种植的主体具有很强的盈利能力，并且获得的补贴额度也相当可观。

总体而言，新型农业经营主体和普通农户在绝对产出水平和相对产出水平方面各具优势，新型农业经营主体的绝对产出水平更高，普通农户的相对产出水平更高。新型农业经营主体由于单位面积产量和粮食出售价格更高，因而绝对产出水平高于普通农户。普通农户土地规模小、投入劳动力少、经营者受教育程度低，使得单位面积产量低，这几个因素也正是普通农户存在的"天然劣势"。而普通农户的优势在于，可以不产生土地流转费用和雇工费用，故相对产出水平高于新型农业经营主体。两类经营形式在农业经营方面呈现出各自的优势，因此今后的农业发展道路不应只依赖于某一类农业经营形式，特别是不应排斥和歧视小农户的发展，但在政策制定上应当根据其各自特点有所区分。

第十二章

新型农业经营主体何以出现异化现象？

当前，各类新型农业经营主体的发展为推动农业一、二、三产业融合和建设现代农业贡献了重要力量，但是也面临着规模小、效益低、信息化水平差、融资困难、非农化和非粮化以及相关的政策支持和管理体系不健全等问题（张照新，赵海，2013；王文龙，2017；韩旭东等，2018；王吉鹏等，2018）。其中，"名不副实"的异化现象越来越成为影响新型农业经营主体发展和新型农业经营体系建设的突出问题。它导致严重的形式化问题，对未异化的主体造成挤出效应，影响新型农业经营体系的建设；新型农业经营主体的异化也会造成资源配置的扭曲，助长精英俘获、寻租等行为的滋生；同时，异化的新型农业经营主体社会责任淡化，其发展方向更容易偏离农业，造成农地非农化等问题，威胁国家的粮食安全（秦愚，2015；王文龙，2017）。总体来看，新型农业经营主体的异化不仅会造成资源分配的不均衡，也会造成政策效率的损失。因此，关于新型农业经营主体异化的探讨对现代农业的健康发展具有重要意义。那么，新型农业经营主体异化后具体表现是怎样的？主体异化是否会对其经营效益产生影响？其产生异化的根本原因又在哪里？对这些问题的探讨将有助于把握新型农业经营主体异化的根源，可为完善新型农业经营主体的发展支持政策提供参考。

第一节 理 论 分 析

一、文献综述

（一）关于异化的认识

异化（Alienation）的概念最早由英国的哲学家霍布斯提出，属于哲学领域范畴。1844年，马克思创造性地提出了"异化劳动"的概念，将"异化"引入政治经济学领域。西曼（Seeman，1959）指出异化可包含以下五种含义：无能力（powerlessness），无意义（meaninglessness），不规范（normlessness），孤立（isolation）以及自我疏离（self-estrangement）。其中"不规范"即规范行为的社会准则被打破，失去有效性和约束力的情况（Seeman，1959；Dean，1961）。在此基础上，有学者进行了员工行为（Dipietro & Pizam，2008；Kelemen et al.，2012）、分销渠道（Gaski & Ray，2001）、政府政策（Tummers，2012）等方面异化的研究。艾肯和哈格（Aiken & Hage，1966）指出，异化不仅存在于整体的社会经济中，也可以存在于独立的组织单位，如社会福利机构、学校和医院等。国内相关研究中，在一般性的市场经营主体方面，已有对市场中介组织（陈艳莹，夏一平，2011）、劳务派遣用工市场媒介（李广平，司文涛，2018）以及非营利组织（严若森，2010）等主体异化的文献。在农业经营主体方面，也有学者进行了农村产权交易市场（王德福，2015）、农村小额信贷组织（邓伟平，2014）以及村级组织（范柏乃等，2013）等主体异化的研究。目前学术界关于异化的研究中，异化多指某类主体的发展现状与其存在初衷、本质目标以及规范的组织行为发生偏离的现象。

(二) 关于新型农业经营主体异化的研究现状

具体到各类新型农业经营主体的异化,目前关于农民合作社的争论较多,主要集中于中国农民合作社异化的评价标准、是否存在异化现象以及合作社异化的原因方面。学界的一种观点认为,农民合作社应以"所有者与惠顾者同一"作为其区别于企业的本质规定(林坚,马彦丽,2006;邓衡山,王文烂,2014),而中国绝大部分的农民合作社不符合本质规定(邓衡山,王文烂,2014),存在着少数核心成员拥有控制权以及公平优先原则变为效率优先等异化现象(王浩军,2011)。而另一种观点认为,农民合作社是否异化的衡量不应以西方经典合作社制度为标准,而是应该结合我国本土的合作社制度来构建评价标准(李琳琳,2017)。徐旭初、吴彬(2017)则通过 Leavitt 的组织模型分析指出,中国的农民合作社具有本土特色,是一种创新形态而非异化现象。关于农民合作社异化原因的讨论,现有文献多从意识形态、社员异质性、产品及生产要素相对价格、政策制度环境等层面进行分析。应瑞瑶(2002)认为农民合作社发生异化的原因包括制度环境、意识形态以及产品和要素的相对价格三个方面的影响因素。邓衡山、王文灿(2014)认为是农户间的异质性以及现行的政策环境造成了农民合作社异化。罗攀柱(2015)认为法律制度不完善、政府职能错位和缺失及政策过失是农民合作社异化形成的主要因素。

已有文献关于家庭农场异化的研究多集中于家庭农场本质的探讨以及其异化原因分析的层面。有学者指出家庭农场是以家庭经营为基础的微观经济组织(高强等,2013)。家庭经营是家庭农场的本质与核心特征(胡俞越等,2016),家庭农场兼顾了土地产出率和一定的劳动生产率,是家庭农场的特有优势(尚旭东,朱守银,2015)。高强等(2013)认为家庭农场区别于农业企业的根本特征是以家庭自有劳动为主就能够基本完善经营管理。关于家庭农场异化的解释,现有研究多归因于农场劳动力性质的改变。潘璐、周雪(2016)通过实地研究发现,在资本化、规模化为主导的农业经营模式下,家庭农场中的农业雇工会因为强制性的劳动组织方式而失去其自主性,成为企业生产律条下的附属品,从而发生异化。高海(2016)认为,我国强调以自有劳动力为主的家庭农场可以加强家庭成员对农场的控制力度,从而在一定程度上避免家庭农场的异化。但是也有部分学者认为家庭农场的异化是政府的政策引导的。黄祖辉(2014)曾提出政府主导成立的家庭农场存在着不少异化现象。兰勇等(2018)也认为政策红利促使农民跟风注册家庭农场,诱发了家庭农场的异化。

通过现有文献研究可以发现,企业的异化问题主要存在于企业社会责任和企业内部资本市场方面。肖红军、阳镇(2018)认为中国企业面临着伪社会责任泛滥、存在寻租行为等一系列异化倒退的风险。周春梅(2011)指出由于将控制权私有利益最大化作为决策目标,政府控制下的国有上市公司存在着投资过度或投资不足等投资异化特征。吴成颂(2011)认为企业集团内部资本市场的功能异化问题会与公司的治理目标产生冲突,并造成负面影响。许艳芳等(2009)在明天科技的案例研究中指出系族企业(民营企业集团)控股股东的机会主义行为,会使企业的内部资本市场功能异化,最终成为控股股东侵占公司利益的渠道。

(三) 文献点评

现有文献关于各类新型农业经营主体的异化已经形成了较为丰富的研究成果,对其异化现象及原因也做了相关探讨。但是,现有文献较少有对新型农业经营主体异化进行综合性的分析，关于各类新型农业经营主体异化的原因没有明确定论，也没有从实证角度分析新型农业经营主体异化的根源。那么，应如何界定新型农业经营主体异化的统一标准？各类主体的异化对其经营效益有何影响？新型农业经营主体发生异化的政策、市场以及自身层面的原因是否可以通过实证检验？本书将对这些问题进行研究讨论。

二、研究假说

通过以上讨论可知，各类新型农业经营主体发展速度很快，但是在其发展中也难免遇到许多问题与挑战。在市场和政府的双重引导下，新型农业经营主体很难准确地找到自身性质的定位，从而产生表面与实质不相符的异化问题。那么导致新型农业经营主体异化的根源在哪里？根据已有文献的相关结论，本书将重点验证以下几个方面的推断。

第一，是不是政府支持导致的？有学者指出，主体为了生存发展，会选择与所处的制度环境相适应的组织形式（Meyer & Rowan，1977；Zucker，1982）。整体来看，政府干预在很大程度上影响着农业的发展，其中政府所主导的制度及政策话语实践带动了农业产业发展的组织形态的演变，并影响着其演变方向（张建雷，席莹，2018）。如今，培育新型农业经营主体，使其带动当地农业经济的发展已成为地方政府农业工作的重心。而部分新型农业经营主体的形成就是相应的政策激励所诱导的（王国敏，翟坤周，2014；王彩霞，2017；兰勇等，2018；张建雷，席莹，2018）。张建雷和席莹（2018）通过具体案例指出，新型农业经营主体为契合政府政策话语及实践，获得政策红利，而选择注册为多类新型农业经营主体，从而诱发异化问题。因此本书提出如下假说。

H1：政府支持对新型农业经营主体的异化具有正向的显著影响。

第二，是不是市场环境诱导的？做好新型农业经营主体的培育需要"充分发挥市场配置资源的决定性作用，运用市场的办法推进生产要素向新型农业经营主体优化配置"。[①] 威廉姆森（Williamson，1991）指出，市场价格机制会影响组织的行为方式的选择。因此，由市场环境改变引起的各生产要素以及农产品相对价格的变化，会导致农业经营方式的演变（何军等，2017）。农产品的种类和价格具有多样化的特点，不易测量。并且当前我国的现代化市场体系中，相比于产品和服务市场，要素市场的建设还处于相对滞后的阶段（刘志成，2019）。应瑞瑶（2002）指出，经济组织的制度形式选择受其实际拥有的资源——主要是生产要素——制约。生产要素的相对价格决定了生产者可拥有的生产要素的类型和数量。新型农业经营主体作为参与市场的经济主体，具有其追求利润最大化的经济理性，相对要素价格对经营主体的经营决策具有重要影响。所以本书重点从相对要素价格的视角来衡量新型农业经营主体面临的市场环境的差异程度。根据诱致性变迁理论，土地与资金的相对要素价格越低越容易诱发新型农业经营主体转向对土地投资的行为，因此会引发资本下乡进行大规模圈地的现象。王海娟（2015）指出资本下乡以较低的成本圈占土地，再将升值后的土地转包出去从中获取经济利益，并不从事农业经营活动，因此会导致新型农业经营主体的异化。而劳动力与资金的相对要素价格越高，即劳动力相对资金的成本越高，会诱致规模经济机会的出现并改变新型农业经营主体对生产组织方式的偏好（何军等，2017），从而造成异化。因此本书提出如下假说。

[①] 引自《两部门关于支持做好新型农业经营主体培育的通知》，http://www.gov.cn/xinwen/2019-07/10/content_5407828.htm。

H2：相对要素价格对新型农业经营主体的异化具有显著的影响。

H2a：土地与资金的相对要素价格越低，越容易诱发新型农业经营主体异化。

H2b：劳动与资金的相对要素价格越高，越容易诱发新型农业经营主体异化。

第三，是不是主体自身发展的关键因素发生变化造成的？许艳芳等（2009）指出系族企业获得上市公司控制权后，会先构建内部资本市场，解决融资约束，即初创时期以资金作为关键要素；在发展后期，由控股股东控制资本市场的运作方式，即此时期以企业家才能作为关键要素。而这种模式会诱发控股股东侵占上市公司利益的机会主义行为，造成企业盈利能力持续下滑、主营业务改变等异化现象。冯小（2014）通过案例指出，部分乡村精英起初通过收集（非流转和入股的方式）到的农户土地来注册合作社，而后期盈利主要依靠自己的社会资本来获取政策信息、套取政府补贴，由此造成合作社的异化。本书将新型农业经营主体的发展分为三个阶段：成立阶段、成长阶段以及盈利阶段。从现有文献研究可以看出，主体发展过程中关键要素变动，尤其是盈利阶段的关键要素与成立和成长两个阶段的关键要素不一致，会对其异化造成影响。因此，本书将界定以下概念：一是成立—盈利的一致性，即新型农业经营主体在成立阶段依靠的关键要素与在盈利阶段依靠的关键要素是否一致（分析的主要要素包括资金、劳动力、土地、社会资本、企业家才能，下同）；二是成长—盈利的一致性，即新型农业经营主体在成长过程中依靠的关键要素与在盈利阶段依靠的关键要素是否一致？因此，本书提出如下假说。

H3：新型农业经营主体成立、成长阶段与盈利阶段所依托的关键因素不一致对其异化具有显著的影响。

H3a：成立阶段与盈利阶段所依托的关键因素不一致的新型农业经

营主体更倾向于异化。

H3b：成长阶段与盈利阶段所依托的关键因素不一致的新型农业经营主体更倾向于异化。

详情如图 12-1 所示。

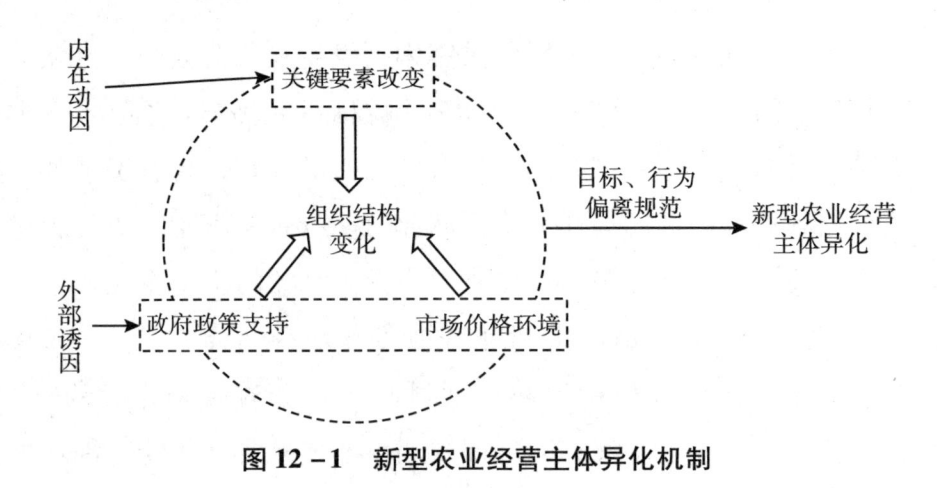

图 12-1 新型农业经营主体异化机制

第二节 新型农业经营主体异化的程度及影响

一、异化的表现与程度

本书所指新型农业经营主体的异化为新型农业经营主体对外表明的主体类型，与其实际经营类型不一致，具体表现为主体类型与其经营方式不对应。经营过程中，家庭农场对应的经营方式为家庭经营，即由一个家庭管理并以该家庭的成员为主要劳力的经营方式（韩朝华，2017；Brookfield & Harold，2008）；农民合作社的经营方式对应为合作经营，即以合作为前提，为社员带来经济利益的经营方式（税尚楠，2013）；

农业企业的经营方式对应为企业经营。但是，在主体异化后，各类经营主体的主要经营方式发生了变化。表12-1展现了各类主体异化的具体情况：家庭农场多异化为企业经营的方式，其次为合作经营方式；农民合作社多异化为企业经营方式，其次为家庭经营方式；农业企业多异化为合作经营，其次为家庭经营方式。

表12-1　　　　　　　　　新型农业经营主体异化方式　　　　　　　单位：%

主体	经营方式			
	家庭经营	合作经营	企业经营	其他*
新型农业经营主体	46.0	25.2	21.7	7.00
• 家庭农场	82.4	4.2	7.3	6.00
• 农民合作社	14.4	55.4	20.1	10.00
• 农业企业	2.7	5.4	91.9	0.00

注：*其他经营方式包括集体经营和混合经营。

各类主体异化程度的统计分析结果如表12-2所示。由表12-2可知，新型农业经营主体的异化程度为27.6%。其中农民合作社的异化程度最高，为44.6%；农业企业的异化程度最低，为8.1%；而家庭农场的异化程度为17.6%。农民合作社异化问题受到学界的广泛关注。由

表12-2　　　　　　　　　新型农业经营主体异化程度

主体	主体是否异化				总计
	异化		未异化		
新型农业经营主体	94	27.6%	247	72.4%	341
• 家庭农场	29	17.6%	136	82.4%	165
• 农民合作社	62	44.6%	77	55.4%	139
• 农业企业	3	8.1%	34	91.9%	37

统计分析结果可以看出，相对于其他两类经营主体，农民合作社确实存在较为严重的异化问题。而家庭农场和农业企业也存在一定的异化比例，其影响和起因不容忽视。

二、异化对经营效益的影响

由表 12-3 可知，总体来说，新型农业经营主体在异化后的年收入均值较低，而成本利润率较高。家庭农场在异化为企业经营等方式后年收入平均值和成本利润率都较高；农民合作社异化为企业经营和家庭经营等方式后的年收入平均值较低，成本利润率较高；农业企业异化为合作经营和家庭经营方式后年收入平均值和成本利润率都较低。家庭农场异化后的年收入均值与成本利润率较高可以归因于其采用了现代化的企业管理方式，提高了生产效率；农民合作社异化后年收入均值较低的可能原因是异化导致普惠性政策失效，农民合作社内仅有少数人增收，对农民合作社整体的收入有负向影响；由于资金流向控股股东，内部资本市场遭到破坏（吴成颂，2011），农业企业异化后的现代化标准化企业管理原则失效，由此导致更低的年收入和成本利润率。

表 12-3　　　　　　　新型农业经营主体异化效应

主体	年收入平均值（万元）				成本利润率			
	异化	未异化	差值	T检验	异化	未异化	差值	T检验
新型农业经营主体	493.9	755.6	-261.7	0.3094	0.67	0.38	0.29	0.0515
• 家庭农场	229.0	81.3	147.7	0.0008	0.66	0.39	0.27	0.2494
• 合作社	557.8	848.8	-291	0.2431	0.69	0.34	0.35	0.1045
• 农业企业	1735.0	3242.1	-1507.1	0.6338	0.18	0.44	-0.26	0.7437

注：T检验一列为 p 值。

第三节 新型农业经营主体异化的根源分析

一、模型设定

因为新型农业经营主体是否发生异化是一个二分变量,因此本书选择 Probit 模型进行实证检验。具体模型设定如下。

$$alie_i = \beta_0 + \beta_1 \cdot gov_i + \beta_2 \cdot lanc_i + \beta_3 \cdot labc_i + \beta_4 \cdot fopo + \beta_5 \cdot depo + \beta_6 \cdot X_i + \mu_i$$

其中,$alie_i$ 为新型农业经营主体是否发生异化;gov_i 为政府是否提供资金、实物和项目等方面的支持;$lanc_i$ 为当地土地和资金的相对要素价格;$labc_i$ 为当地劳动和资金的相对要素价格;$fopo$ 为成立—盈利一致性;$depo$ 为成长—盈利一致性;X_i 为其他控制变量,包括新型农业经营主体的要素投入规模、主体类型特征、户主特征、经营者家庭特征和地区特征等变量;μ_i 为随机误差项。

二、主要解释变量

根据前文的推断,本书认为新型农业经营主体异化的可能原因之一是,新型经营主体在成立阶段和成长阶段依靠的关键要素与盈利阶段依靠的关键要素不一致。由表 12-4 可知,新型农业经营主体成立依靠的关键要素与盈利阶段依靠的关键要素不一致的比例为 36.4%,家庭农场和农民合作社的成立—盈利不一致比例与之比较相近,分别为 35.2% 和 36.7%。农业企业的不一致比例较高,为 40.5%。同时,新型农业经营主体成长阶段依靠的关键要素与盈利阶段依靠的关键要素不一致的比例为

29.0%，农业企业的不一致比例与之比较相近，为29.7%。家庭农场的不一致比例较低，为24.9%，而农民合作社的不一致比例较高，为33.8%。

表12-4　　　　　新型农业经营主体发展关键要素一致性　　　　单位：%

主体	成立—盈利一致性 不一致	成立—盈利一致性 一致	成长—盈利一致性 不一致	成长—盈利一致性 一致
新型农业经营主体	36.4	63.6	29.0	71.0
● 家庭农场	35.2	64.9	24.9	75.2
● 农民合作社	36.7	63.3	33.8	66.2
● 农业企业	40.5	59.5	29.7	70.3

由表12-5可以看出，各类新型农业经营主体自身发展关键要素的具体变化，在成立—成长—盈利过程中，依靠资金、土地和企业家才能三种要素的比例较高，说明资金、土地和企业家才能是新型农业经营主体培育最主要的三种要素。对比成立—盈利两个阶段以及成长—盈利两个阶段后发现，新型农业经营主体盈利阶段依靠资金和劳动力要素的占比变化不大，而盈利阶段依靠土地要素的占比有明显增加，依靠社会资本和企业家才能要素的占比有明显下降。由此可以看出，土地要素对于新型农业经营主体的盈利具有重要作用，而社会资本和企业家才能在成立和成长阶段更显重要，且更容易在盈利阶段转化为其他要素。

纵向来看各类主体三个阶段的对比：家庭农场在盈利阶段对资金的依靠占比有所下降，而对劳动力的依靠占比有所上升；农民合作社在盈利阶段对资金的依靠占比有所上升，而对劳动力的依靠占比有所下降；农业企业在成长阶段对资金的依靠占比相对于其他两个阶段较低，对劳动力和社会资本要素依靠的占比要高于其他两个阶段。横向来看，农业企业对资金的依靠占比要明显高于家庭农场和农民合作社，而对劳动力和土地的依靠占比较低，农业企业在成立阶段对企业家才能的依靠占比要高于其他两类主体。

表 12-5　　新型农业经营主体成立、成长、盈利依靠要素　　单位:%

依靠要素 主体类型	资金 成立	资金 成长	资金 盈利	劳动力 成立	劳动力 成长	劳动力 盈利	土地 成立	土地 成长	土地 盈利	社会资本 成立	社会资本 成长	社会资本 盈利	企业家才能 成立	企业家才能 成长	企业家才能 盈利
新型农业经营主体	30.8	27.3	30.2	4.1	5.0	4.4	31.1	34.9	42.5	8.5	9.1	5.3	25.5	23.8	17.6
• 家庭农场	28.5	23.6	24.2	5.5	6.7	6.7	33.9	38.2	45.5	9.1	6.7	3.6	23.0	24.8	20.0
• 农民合作社	29.5	29.5	32.4	3.6	3.6	2.9	32.4	36.0	43.9	7.9	8.6	6.5	26.6	22.3	14.4
• 农业企业	45.9	35.1	48.6	0.0	2.7	0.0	13.5	16.2	24.3	8.1	21.6	8.1	32.4	24.3	18.9

本书认为，新型农业经营主体的成立—盈利一致性和成长—盈利一致性与异化高度相关，表 12-6 考察了成立—盈利一致性和成长—盈利一致性在异化和未异化两类主体中的分布。由表 12-6 可知，新型农业经营主体具有成立—盈利一致性时在未异化情况下的分布比大于在异化情况下的分布比；不具有成立—盈利一致性时，在异化情况下的分布比大于在未异化情况下的分布比。成长—盈利一致性同理。特殊情况是，新型农业经营主体具有成立—盈利一致性时，在农民合作社异化情况下的分布比大于未异化情况下的分布比。

表 12-6　　成立—盈利一致性和成长—盈利一致性的分布　　单位:%

主体	b 的分布 异化 一致	b 的分布 异化 不一致	b 的分布 未异化 一致	b 的分布 未异化 不一致	c 的分布 异化 一致	c 的分布 异化 不一致	c 的分布 未异化 一致	c 的分布 未异化 不一致
新型农业经营主体	59.6	40.4	65.2	34.8	66.0	34.0	72.9	27.1
• 家庭农场	51.7	48.3	67.6	32.4	69.0	31.0	76.5	23.5
• 合作社	64.5	35.5	62.3	37.7	64.5	35.5	67.5	32.5
• 农业企业	33.3	66.7	61.8	38.2	66.7	33.3	70.6	29.4

在市场环境方面,农业生产三大要素——资金、劳动力和土地的相对价格影响着新型农业经营主体的市场决策。因此,本书选取土地和资金的要素价格比以及劳动力和资金的要素价格比作为衡量市场环境的指标。变量中土地的价格为新型农业经营主体每年土地流转的亩均价(元),劳动力的价格为劳动力日工资(元),资金的价格为每万元贷款所需支付的利息(元)。数据显示,调查样本中土地流转每年每亩的平均价格为718.6元,劳动力的平均日工资为135.8元,每万元贷款所需支付的平均利息为810.2元(即平均利率为8.1%)。

在政策支持方面,新型农业经营主体可获得的政府支持主要包括三种:资金支持、实物支持和项目支持。如表12-7所示,调查样本中69.6%的新型农业经营主体获得过政府支持,其中有55.5%获得了资金支持,有26.0%获得了实物支持,有34.0%获得了项目支持。因此,本书将新型农业经营主体是否得到过政府支持作为二分变量加入模型中,以使模型更加简洁和具有说服力。

表12-7　　　　　　新型农业经营主体获得的政府支持　　　　　　单位:%

政府支持的种类	支持的比例	
	有支持	无支持
资金支持	55.5	44.5
实物支持	26.0	74.0
项目支持	34.0	66.0
所有支持	69.6	30.4

此外,本书将新型农业经营主体的经营规模、主体类型、户主个人特征、家庭特征以及地区特征作为控制变量加入模型。相关变量的统计学特征如表12-8所示。

表 12-8　　　　　　　　　　自变量描述性统计

变量名称	变量设置	样本量	均值	标准差
政府支持	未获得政府支持=0，获得政府支持=1	335	0.696	0.461
土地与资金的要素价格比	土地流转亩均价（元）/每万元需支付利息（元）	335	0.968	0.537
劳动与资金的要素价格比	劳动力日工资（元）/每万元需支付利息（元）	335	0.185	0.133
成立—盈利的一致性	不一致=0，一致=1	335	0.639	0.481
发展—盈利的一致性	不一致=0，一致=1	335	0.713	0.453
劳动力投入	ln［全年投入的劳动力（人数）］	335	3.694	1.325
资本投入	ln［全年固定资本折旧与可变资本投入额之和（万元）］	335	3.896	2.051
土地投入	ln［土地的实际经营面积（亩）］	335	5.687	2.004
农民合作社	否=0，是=1	335	0.406	0.492
农业企业	否=0，是=1	335	0.110	0.314
户主受教育程度	文盲—1，小学—2，初中—3，高中/职高/中专—4，大专以上—5	335	3.842	0.838
户主性别	女=0，男=1	335	0.934	0.248
户主年龄	实际年龄（岁）	335	45.713	9.057
户主是否为本地人	否=0，是=1	335	0.943	0.232
户主是否有特殊经历	否=0，是=1	335	0.558	0.497
家庭非农收入	ln［家庭非农收入总额（万元）］	335	1.492	1.530
家中是否有党员	否=0，是=1	335	0.484	0.500
劳动力占比	家庭劳动力数量/家庭总人口	335	0.565	0.264
安徽省	否=0，是=1	335	0.221	0.415
吉林省	否=0，是=1	335	0.084	0.277
山东省	否=0，是=1	335	0.224	0.417
陕西省	否=0，是=1	335	0.269	0.444

三、实证检验

新型农业经营主体异化根源分析的 Probit 模型实证结果如表 12-9

所示。在不考虑内生性问题时，主要解释变量中仅有市场环境相关的两个相对要素价格变量显著，而经营主体自身发展关键要素的变化和政府支持等变量均不显著。但是，政府支持对于新型农业经营主体的异化问题显然具有内生性。原因是新型农业经营主体发生异化后，如注册为其他类型的经营主体，更容易获得政府在资金、项目等方面的支持。因此这种互为因果的关系将导致政府支持变量的内生性，造成模型估计结果有偏的后果。本书采用了工具变量的方法，对政府支持与新型农业经营主体异化互为因果的关系造成的内生性问题进行了校正。

表 12-9　　　　　　　　　　模型估计结果

变量名称	Probit		IV – Probit	
政府支持	-0.0839	2.588	3.316	2.781*
	(0.195)	(1.712)	(3.746)	(1.635)
土地与资金的要素价格比	-0.356*	-0.408*	-0.421	-0.406*
	(0.184)	(0.235)	(0.267)	(0.241)
劳动与资金的要素价格比	1.682*	1.470	1.442	1.456
	(0.884)	(1.129)	(1.265)	(1.161)
成立—盈利一致性	-0.216	0.180	0.301	0.216
	(0.178)	(0.339)	(0.617)	(0.337)
成长—盈利一致性	-0.0192	-0.258	-0.326	-0.277
	(0.190)	(0.287)	(0.432)	(0.291)
劳动力投入	-0.0846	-0.183	-0.202	-0.189*
	(0.0740)	(0.114)	(0.167)	(0.114)
资本投入	-0.0142	-0.0953	-0.121	-0.102
	(0.0441)	(0.0770)	(0.133)	(0.0769)
土地投入	-0.0337	-0.0134	-0.00507	-0.0120
	(0.0507)	(0.0657)	(0.0779)	(0.0675)
农民合作社	0.845***	0.523*	0.414	0.505
	(0.184)	(0.316)	(0.544)	(0.314)

续表

变量名称	Probit		IV – Probit	
农业企业	-0.746**	-0.803*	-0.857*	-0.811*
	(0.380)	(0.450)	(0.502)	(0.461)
户主受教育程度	0.154	0.234	0.258	0.239
	(0.107)	(0.145)	(0.190)	(0.149)
户主性别	0.387	0.777	0.918	0.816
	(0.353)	(0.509)	(0.759)	(0.518)
户主年龄	0.0126	0.00727	0.00569	0.00724
	(0.00928)	(0.0124)	(0.0152)	(0.0126)
户主是否为本地人	-0.670*	-1.266**	-1.422	-1.319**
	(0.371)	(0.602)	(0.972)	(0.603)
户主是否有特殊经历	0.232	0.230	0.224	0.237
	(0.164)	(0.209)	(0.231)	(0.215)
家庭非农收入	0.0746	0.0266	0.00906	0.0234
	(0.0549)	(0.0775)	(0.107)	(0.0788)
家中是否有党员	0.281	0.183	0.143	0.178
	(0.173)	(0.231)	(0.289)	(0.237)
劳动力占比	-0.0555	-0.382	-0.499	-0.411
	(0.317)	(0.460)	(0.664)	(0.468)
安徽省	-0.242	-1.178*	-1.427	-1.231*
	(0.277)	(0.692)	(1.365)	(0.669)
吉林省	0.461	-0.329	-0.561	-0.377
	(0.340)	(0.671)	(1.230)	(0.660)
山东省	0.336	0.0249	-0.0542	0.0129
	(0.262)	(0.391)	(0.570)	(0.392)
陕西省	-0.00295	-0.769	-0.999	-0.825
	(0.314)	(0.633)	(1.180)	(0.623)
常数项	-1.464	-1.639	-1.717	-1.691
	(0.892)	(1.138)	(1.274)	(1.172)
观测样本数量	335	335	335	335

注：*、**、***分别表示在10%、5%和1%的统计水平上显著；括号内数字为标准误。主体类型中家庭农场为参照组，省份中以河北省作为参照组。

区域资源禀赋条件对政府支持有显著的相关性（王生叶，薛兴利，2013），但与新型农业经营主体的异化没有相关性。区域资源禀赋条件可体现在以下两个方面：一是自然环境条件，包括当地的地形条件等因素；二是经济发展特征，如当地的产业结构等因素。因此，在满足工具变量选取的基本原则的情况下，本书使用了当地的地形特征——是否为平原，以及当地的产业发展特征——农业是否为主导产业作为政府支持的工具变量。理由在于：一是地形是否为平原和农业是否为主导产业对于新型农业经营主体异化具有较强的外生性。二是政府支持更偏向于地形不是平原，如丘陵、山区等地区，也更偏向于农业为主导产业的地区。因此政府支持与当地的地形特征和产业发展特征具有较强的相关性（实证检验也支持了这一点，地形是否为平原与政府支持的相关系数为 -0.131，p 值为 0.0168；农业是否为主导产业与政府支持的相关系数为 0.105，p 值为 0.0538）。地形是否为平原和农业是否为主导产业为两个虚拟变量，其均值分别为 0.490 和 0.319，标准差分别为 0.501 和 0.467。

采用工具变量法进行的 Probit 估计结果显示，政府支持对新型农业经营主体异化具有显著的正向影响，进一步的瓦尔德内生性检验（Wald test of exogeneity）也表明政府支持变量具有内生性（p 值为 0.0225）。

四、结果分析

根据 IV - Probit 模型的估计结果，本书的研究假说并没有得到全部验证。具体来讲有以下几个方面。

第一，反映新型农业经营主体发展关键要素变化的影响因素均不显著。这说明新型农业经营主体关键要素的变化不是其发生异化的决定因素。可能原因是面对最大化农业经营收入的经营目标，新型农业经营主体会选择优质的要素进行资源配置（闵继胜，2018），以获取更多的利润。在这样的动力机制的驱使下，新型农业经营主体成立阶段和盈利阶段依靠的关键要素，以及成长和盈利阶段依靠的关键要素会产生不一致性。这是新型农业经营主体在所处的制度和市场环境中利润最大化目标下的调节结果，而不是导致其发生异化的原因。

第二，反映市场环境的相对要素价格因素中，土地与资金的价格比对新型农业经营主体异化具有显著的负向影响，且在没有纠正内生性问题时，土地资金价格比的影响会被低估。结果显示，土地相对于资金的价格越低，即土地流转价格越低，贷款利率越高，新型农业经营主体越容易发生异化。可能的原因是在部分地区，土地流转价格的确定以农户自主协商定价为主，而分散经营的农户谈判能力较低，最后形成的土地流转价格大多偏低（郝宇彪，管智超，2018）。这进一步促进了工商资本下乡注册为新型农业经营主体，进入农业逐利，但是下乡的企业或资本根本没有做好长期投资农业的规划和准备，只是进行"圈地"获利和获取政策补贴（郭金丰，2018）。同时贷款利率的升高会压缩农业经营主体的利润空间，加剧了新型农业经营主体离开农业市场的状况，由此造成了新型农业经营主体异化的现象。而劳动力与资金的价格比对新型农业经营主体异化的影响不显著，且在没有纠正内生性影响时，劳动力资金价格比的影响会被高估。可能的原因是劳动力价格相对资金价格较低时，劳动力的投入增加有利于新型农业经营主体的农业生产，但同时资金投入的减少限制了新型农业经营主体的农业生产，所以劳动力资金价格比对新型农业经营主体异化的影响不明显，反之亦然。

第三，在纠正了内生性影响后，反映政府支持的变量对新型农业经营主体的异化具有显著的正向作用。地方政府为了顺从群众的意愿，也为了能更好地创造政绩，会对新型农业经营主体进行资金、实物和项目等方面的支持，以使新型农业经营主体得到更好的发展。但是政府的支持也会导致新型农业经营主体的寻租行为，使新型农业经营主体为了进一步得到政府支持而注册为其他类型的农业经营主体，从而使该主体的实际经营方式与注册的经营主体类型不符，造成新型农业经营主体的异化。这也说明了地方政府在新型农业经营主体的发展中发挥着至关重要的作用，是新型农业经营主体成长的主要影响者（汪发元，2015）。

第四，从其他控制变量来看，在经营规模方面，劳动力的投入越多，新型农业经营主体越不容易发生异化，而资本和土地的投入规模对新型农业经营主体异化的影响并不显著。不同经营类型的新型经营主体的异化也有差别，农业企业相对于家庭农场来说更不容易发生异化，而农民合作社相对于家庭农场更容易发生异化，但是在纠正内生性影响后，其差别不再显著。在户主的个人特征方面，非本地人户主身份经营的主体更容易发生异化。而其他因素，如性别和受教育程度等对新型农业经营主体的异化影响不显著。主体经营者的家庭特征对新型农业经营主体是否发生异化的影响也不显著。在地区控制变量中，安徽省的新型农业经营主体发生异化的可能性要显著低于河北省，而其他省份与河北省没有显著差别。

第四节 本章小结

各类新型农业经营主体的发展为推动农业一、二、三产业融合和建设现代农业贡献了重要力量，但是新型农业经营主体的异化会影响政策实施的针对性和有效性，造成各类经营主体发展的不规范。基于此，本书利用河北、安徽、吉林、山东和陕西五省的调研数据，重点对政府的政策支持、新型农业经营主体面临的市场环境以及自身发展关键要素的变化三个方面对新型农业经营主体异化造成影响的因素进行了实证检验。得出的主要结论如下。

第一，政府在资金、实物和项目等方面的支持对新型农业经营主体的异化具有显著的正向作用。但如果不考虑内生性问题，将会严重低估甚至误判政府支持对新型农业经营主体异化的影响。这说明，政府在新型农业经营主体发展中扮演着重要的角色。

第二，反映市场环境的因素中，土地与资金的价格比对新型农业经营主体异化具有显著的负向影响。这说明，不规范的土地和资金市场会对各类经营主体的异化产生影响，即过低的土地流转价格和新型农业经营主体融资难融资贵的问题会诱导新型农业经营主体的异化。

第三，新型农业经营主体自身发展依靠的关键要素变化对其异化的影响并不显著，这说明，各类主体在成立、成长和盈利阶段依靠关键要素的变动只是在其所处的制度和市场环境下生存和发展的要求，不会对异化造成影响。

第四，从经营规模来看，只有劳动力的投入数量对新型农业经营主体的异化具有显著影响。这说明，增加农业领域的劳动力投入有助于新型农业经营主体的规范发展。而户主的本地人特征对新型农业经营主体的异化有显著的负向影响，这说明，本地人主办的新型农业经营主体更不易产生异化问题。在纠正内生性影响后，农民合作社与家庭农场的异化程度没有显著差异，而农业企业的异化程度显著低于家庭农场。这说明：集中于农民合作社是否异化的讨论其实并无太大意义；而农业企业本身的现代化企业化管理模式是具有效率的，更不易发生异化。

针对新型农业经营主体异化根源的探讨，本书提出如下政策建议。

第一，发挥政策引导作用，给予主体发展空间。政府应减少对新型农业经营主体的干预，给予新型农业经营主体一定的探索空间。同时，正确发挥政府支持对新型农业经营主体的引导作用，完善监督机制，加强监管力度，避免新型农业经营主体在政府支持下的寻租行为，从而更有效地构建新型农业经营体系，带动小农户和现代农业发展的有机衔接。

第二，完善生产要素市场，优化配置主体资源。发挥市场配置资源的决定性作用，推进生产要素向新型农业经营主体优化配置。规范农村土地流转市场，健全新型农业经营体系的融资市场，形成合理定价机制，对于新型农业经营主体的健康发展至关重要。同时，应完善劳动力转移政策，合理应对农村"空心化"问题，避免农村劳动力的大量流失，保证新型农业经营主体的劳动力投入规模。

第三，重点培育本地主体，提高发展规范性。从防止新型农业经营主体异化的角度来看，新型农业经营主体的培育应将本地成员作为重点对象，但是盲目地排斥外来经营者的策略也是不当的，应促进外来经营者与本地经营者建立良好的社会关系和经营互动（钟真等，2014），以提高新型农业经营体系建立的规范性。

案例篇

案 例 说 明

　　后文案例共计 134 个，主要包括三类新型农业经营主体：一是家庭农场或专业大户（以 F 编码，共 44 个）；二是农民合作社（以 C 编码，共 70 个）；三是农业企业（以 E 编码，共 20 个）。这些案例均来自作者及所带团队于 2016 年进行的"五省份调研"。2018 年的"三省份调研"的研究主题和调查问卷有较大变化，所撰写案例并不能全面呈现新型农业经营主体的各个方面，故没有将此次调研案例纳入本书。

　　"五省份调研"中获得的案例原有 300 多个，每一个案例均有一套详细的资料（包括 1 份调查问卷、1 份现场图片或文档材料、1 篇 3000 字左右的案例描述）。经过整理、筛选，作者认为这 134 个案例是资料比较丰富、情况了解比较深入的调查对象。但限于书稿篇幅安排的合理性，也为了提高案例的可读性，作者在成书之前又对案例进行了一轮文字压缩和主题提炼。目前每个案例篇幅均在一两千字左右，并有一个相对契合的关键词。这样既可以给读者一个概炼、有趣的印象，还可以为作者后续的研究提供一个"链接"，便于查找其原始资料并追踪相关新型农业经营主体的发展。

　　当然，囿于作者时间、精力和文笔水平，后文案例既呈如此，望读者批评指正！

案例集

F01 山东莒南县博丰家庭农场：依托农机合作实现规模经营 …………… 311

F02 山东莒南县惠丰佳园家庭农场：农业社会化服务的供与求 ………… 314

F03 山东莒南县立涛家庭农场：乡村能人的作用 …………………………… 317

F04 山东临沭县黑猪养殖专业大户：新型职业农民对农业现代化的作用 …… 320

F05 山东临沭县种粮专业大户：农地改革的深远影响 ……………………… 323

F06 山东沂水县梨想家庭农场：政府对新型农业经营主体发展的影响 …… 327

F07 山东莒南县木香园家庭农场：家庭农场市场化导向的发展 …………… 330

F08 山东莒南县一翔家庭农场：资金约束的发展困境 ……………………… 333

F09 山东莒南县大官庄家庭农场：家庭农场发展初期的现实制约问题 …… 336

F10 山东莒南县玉栋果菜家庭农场：适度规模经营道路上的困难 ………… 341

F11 山东临沭县元仁家庭农场：种养结合提高经济效益 …………………… 344

F12 山东沂水县王家富家庭农场：家庭农场的困扰 ………………………… 347

F13 山东临沭县丁建成家庭农场：初期投资与收益的不对等 ……………… 350

F14 山东临沭县有祥家庭农场：家庭农场的发展经验 ……………………… 353

F15 山东沂水县天缘家庭果品种植农场：订单农业提高家庭农场效益 …… 357

F16 河北平乡县种植大户董丙坤：农村金融实践受益者 …………………… 360

F17 河北临城县俊恒农业种植园：绿色农业经营的双赢 …………………… 364

F18 安徽宁国县万福林凯家庭农场：土地流转制度改革下的发展 ………… 367

F19	安徽广德县田氏农丰家庭农场：敢于创新，科学创收 ………………	370
F20	安徽宁国县宁国苗木农场：探索创新家庭农场发展之路 ……………	373
F21	安徽广德县华阳水稻种植家庭农场："家庭农场＋ 合作社"模式优势 …………………………………………………	376
F22	安徽宁国县世京果园家庭农场：依托家庭农场发展休闲农业 ………	380
F23	安徽广德县金龙山葛根家庭农场：因地制宜，发展特色农业经济 ……	383
F24	安徽郎溪县陈秀文水产养殖家庭农场：生态与技术的结合 …………	386
F25	安徽宁国县南山种草养畜家庭农场：生态循环促发展 ………………	389
F26	安徽郎溪县荣香瓜果种植家庭农场：以新谋进步，以技求发展 ……	392
F27	安徽广德县广兰红葡萄种植家庭农场：品质技术为基础， 大力发展观光农业 …………………………………………………	394
F28	陕西白水县苹果种植大户田雷：发展转型与启示 ……………………	397
F29	陕西眉县猕猴桃种植专业大户牟德科：政府引导的作用与局限 ……	400
F30	陕西眉县蛋鸡养殖大户贺淑霞：生产销售的尝试与探索 ……………	403
F31	陕西眉县蔬菜种植大户屈建勋：普通农户的优势——船小好调头 ……	406
F32	陕西杨凌樱桃种植大户巩其波：不走寻常路 …………………………	409
F33	陕西杨凌圣媛农庄：一、二、三产融合发展之路 ……………………	412
F34	陕西杨凌草莓种植大户杨保卫：农业社会化服务促共同发展 ………	416
F35	陕西眉县一阳家庭农场：家庭农场的前景与瓶颈 ……………………	421
F36	陕西眉县火磨头家庭农场：扩大经营规模需跟进技术与管理水平 ……	425
F37	陕西眉县靳锐家庭农场：家庭农场发展初期的困境 …………………	429
F38	陕西白水县粮食种植大户马志田：农机发展的优势 …………………	433
F39	陕西眉县秦园宏福家庭农场：技术经验促发展 ………………………	437
F40	陕西眉县兰蒂斯城生态家庭农场：带着知识来创业 …………………	441
F41	吉林九台绿野家园家庭农场：与民同富——农村致富带头人的 情怀与奋斗 …………………………………………………………	445

F42	吉林农安县专业种植大户刘长于：专业大户的资金困境	449
F43	吉林九台专业大户贾长华：玉米大户对未来农业经营模式的判断	453
F44	吉林公主岭冯俊家庭农场：弱承灾能力的单一作物经营	457
C01	山东莒南县贵花种植专业合作社：合作服务促进农民增收	461
C02	山东莒南县北方运程养殖专业合作社：生猪保险的困扰	464
C03	山东莒南县玉芽茶业专业合作社：依托企业实现全产业链发展	467
C04	山东临沭县惠康黑猪养殖专业合作社：一家独大合作社的优势与局限	470
C05	山东沂水县前武家庄蔬菜专业合作社：合作社带动全村经济发展	474
C06	山东沂水县绿平花生专业合作社：外部环境对合作社发展的影响	478
C07	山东沂水县佳汇肉鸡养殖专业合作社：合作社的示范带动作用	481
C08	山东临沭县昶隆肉鸡养殖合作社：合作社合作之效	487
C09	山东沂水县康源中药材专业合作社：一人控制型合作社的利弊	490
C10	山东临沭县金陆诚种植专业合作社：生产在家、服务在社	494
C11	山东沂水县金珠宝杂粮专业合作社：合作社的效用与不足	496
C12	山东临沭县尧顺中种植专业合作社："空壳合作社"的去留	499
C13	山东沂水县京援奶牛专业合作社：规范发展，助民致富	501
C14	山东沂水县金果果品专业合作社：政府对合作社发展的重要作用	505
C15	山东临沭县美在农家种植专业合作社：不规范合作社路在何方	509
C16	河北临城县龙芳溪农作物种植专业合作社：科技发展农业，服务带动生产	511
C17	河北清河县马屯红果种植合作社：合作社发展新思路	513
C18	河北平乡县南周章粮食种植合作社：合作社"统"的成功	518
C19	河北临城县绿泉薄皮核桃专业合作社：合作社发展后期的衰退	521
C20	河北清河县星技农产品专业合作社：服务型合作社的发展	524
C21	河北清河县增荣油葵种植专业合作社：提供高效农业社会化服务	527

C22	河北临城县丰汇优质麦专业合作社：合作社如何增强生命力	530
C23	河北邢台市桥西万丰农业合作社：农资服务合作社	534
C24	河北清河县鹏涛食用菌种植专业合作社：互利互助，合作社长远发展之本	537
C25	河北平乡县大绿粮食种植专业合作社：合作社的民主与效率	542
C26	安徽郎溪县绿色糯稻专业合作社："企业＋合作社＋家庭农场"发展模式	544
C27	安徽广德县利民农田水利专业合作社：合作经营助推产业转型	548
C28	安徽宁国县东部竹笋产销合作社：企业领办合作社	552
C29	安徽宁国县天目山农林专业合作社：多因素同向作用促合作社发展	555
C30	安徽广德县万顺水稻产销专业合作社：组织化合作经营提质增效	558
C31	陕西白水县兴秦花椒专业合作社：合作社发展究竟能走多远	561
C32	陕西眉县齐峰富硒猕猴桃专业合作社：企业牵头成立合作社的发展优势	564
C33	陕西杨凌竹园村果蔬花卉合作社：补充农业产业链	568
C34	陕西白水县佳硕苹果专业合作社：大户联合合作规模化实现生产效益	573
C35	陕西杨凌秦红宝洋葱专业合作社：土地作价入股实现合作发展	576
C36	陕西眉县和合猕猴桃专业合作社：标准化生产提高生产效益	579
C37	陕西眉县存德农副供销专业合作社：社会化服务提高生产效率	583
C38	陕西白水县众慧源苹果专业合作社：合作社积极带动农户发展	587
C39	陕西眉县三星猕猴桃专业合作社：技术经验支撑促合作社发展	591
C40	陕西白水县四季香苹果专业合作社联合社：联合社的发展与困境	595
C41	陕西眉县西凉阁美源果品专业合作社：大型猕猴桃深加工科技合作社	599

C42 陕西眉县秦旺果友猕猴桃合作社："公司+合作社+基地+农户"
模式下的发展与创新 …………………………………………… 602
C43 陕西白水县益民蔬菜合作社：科技是第一生产力 …………………… 607
C44 陕西眉县金色秦川猕猴桃专业合作社：成熟阶段的发展与创新 …… 612
C45 陕西眉县五坳猕猴桃专业合作社：突出特色谋发展 ………………… 617
C46 陕西眉县新合农业技术服务专业合作社：技术服务谋发展 ………… 621
C47 陕西杨凌农士达果蔬专业合作社：技术资金困境与对策 …………… 625
C48 陕西杨凌森果猕猴桃专业合作社：以科技带动农户增收 …………… 629
C49 陕西杨凌绿香安果蔬专业合作社：发展初期的困难 ………………… 634
C50 吉林九台合兴专业合作社：大规模下的融资问题 …………………… 638
C51 吉林农安县陈家店村农业机械专业合作社：能人效应
还是政府扶持？ ………………………………………………… 642
C52 吉林九台晓文农机合作社：农机合作社低效率原因探究 …………… 646
C53 吉林九台嘉芝堂食用菌专业合作社：特种种植合作社与
理事长个人能力 ………………………………………………… 651
C54 吉林农安县庆国农牧专业合作社：信息化带来的销售新招 ………… 657
C55 吉林农安县天地丰种植专业合作社：资金困境下的促收楷模 ……… 662
C56 吉林公主岭利民农机合作社：政府补贴缓解资金困境 ……………… 668
C57 吉林九台庆山农业机械化专业合作社：社会化服务促增收 ………… 673
C58 吉林九台伟信种植业农民专业合作社：初期运营
难脱"小企业"模式 ……………………………………………… 679
C59 吉林公主岭万欣合作社：规模扩大后的发展困境 …………………… 684
C60 吉林公主岭盛丰农业专业合作社：种养一体化社会化
服务经营主体 …………………………………………………… 688
C61 吉林九台志千农业机械化农民专业合作社："以民为本"的
专业技术合作社 ………………………………………………… 693

C62	吉林农安县顺民心农牧专业合作社：管理体制严谨的规模化联合社	698
C63	吉林星海种植专业合作社联合社：分散化小合作社联合的成功范例	701
C64	吉林农安县蔬菜葵花种植专业合作社：大户辐射带动村民增收	711
C65	吉林公主岭亿田农机作业服务合作社：组织结构规范化的盈利模式	715
C66	吉林九台雨田水稻农机化生产专业合作社：主打生态水稻的企业化合作社	720
C67	吉林九台君怡农业机械农民专业合作社：弱凝聚力合作社的出路	725
C68	吉林农安县亚宾农机专业合作社：从分散的大户走向联合	729
C69	河北清河县土生金农作物种植合作社：合作社应真正"为民服务"	733
C70	山东沂水县新时代果品专业合作社：正外部性的作用	738
E01	河北临城县尚水渔庄：休闲旅游农业运营链	743
E02	陕西杨凌海棠果农庄：非农资本进入农业的困境	747
E03	山东莒南县金胜粮油实业有限公司：全产业链增加经济效益	752
E04	山东沂水县蒙山龙雾茶业有限公司："公司＋合作社＋农户"发展模式	755
E05	山东临沭县兴大食品集团有限公司：龙头企业社会化服务的供与求	757
E06	河北平乡县绿洲农牧有限公司：农地确权的深远影响	761
E07	河北临城县南沟绿森林果有限公司：龙头企业带动一方发展	766
E08	河北临城县绿岭果业有限公司：现代高效产业化发展模式	770
E09	河北平乡县润宏益盛农业开发有限公司：农产品交易市场现代化发展	777
E10	安徽宁国县皖斛堂生物科技有限公司：技术成就发展	779
E11	陕西杨凌天鑫兔业："公司＋合作社＋农户"发展模式的机遇与挑战	782

E12 陕西白水县宏达果业有限责任公司：涉农企业要做大也要做强 ………… 785

E13 陕西白水县康惠粮果贸易有限责任公司：科学发展模式
实现现代化发展 …………………………………………………… 788

E14 陕西白水县文丰秦川牛开发公司：农业现代化的探索与发展 ………… 792

E15 陕西杨凌本香农业产业集团有限公司：扬长避短实现长远发展 ………… 797

E16 陕西白水县兴华果蔬有限责任公司：促进一、二、三产业融合发展 …… 802

E17 陕西杨凌农业高科技发展股份有限公司：寻找最适发展规模 ………… 807

E18 陕西白水县盛隆果业有限责任公司：一位成功商人的启示 ………… 811

E19 陕西白水县圣源果业有限公司：企业参与特色农业产业的
模式与经验 …………………………………………………… 814

E20 吉林公主岭恒昌农业开发有限公司：全产业链经营下的利弊权衡 …… 818

F01　山东莒南县博丰家庭农场：依托农机合作实现规模经营

随着农民合作社、家庭农场以及农业企业等新型农业经营主体的快速发展，联合社以及其他许多不同类型的农业经营主体的创新模式不断涌现。位于山东省临沂市莒南县的博丰家庭农场便是在农民合作社的基础上发展而来。通过合作社与家庭农场的融合发展，以家庭农场作为合作社的社员，可以更充分地发挥合作社的规模优势，同时提高家庭农场的经营收入水平。

一、基本情况

博丰家庭农场由当地长期从事农资供销生意的农民庞立虎所有。2010 年，庞立虎牵头成立了山东联众农机化种植专业合作社，成立时出资总额为 62.5 万元，作为理事长的他出资 50 万元。2013 年，该合作社进行工商注册，并于 2014 年 2 月获得"国家级示范合作社"称号。2012 年 10 月，庞立虎以个人名义租入 310 亩土地用于种植小麦和玉米；而后于 2013 年 7 月，注册成立了博丰家庭农场；2014 年 4 月，庞立虎又租入 270 亩土地，使得家庭农场的土地经营面积规模达到了 580 亩。

二、主要经验

（一）以家庭农场为主要载体，以土地托管服务为主要业务

对于联众农机化种植专业合作社而言，提供土地托管服务是其主要的业务功能。当前，农民外出务工困难，不少人不愿意完全放弃手中的土地。庞立虎计划继续流转成片土地进行规模化种植的想法很难落实，农机合作社的服务潜力不能完全释放。于是，合作社便顺应农民保留土地机动性使用权的意愿，开展土地托管作业服务，为农民提供除浇水之外的耕种、管理、收获全套服务。截至2016年，合作社一共开展了1600多亩的土地托管业务，每亩收入为430元，成本约为300元。

（二）以农机合作社为服务依托，以家庭农场为发展对象

对于庞立虎来说，经营家庭农场才是其最终的目的。以农机合作社为依托，可以为家庭农场的生产经营提供各种农机作业服务，降低生产成本；同时联合其他社员统一销售农产品，还可以提高价格。截至2016年，庞立虎已联合社员在合作社投资600多万元，建成了1500平方米的农机库房，引进大型农机具30余台（套），此外，还建设了粮食烘干库房和储存库以帮助社员进行农机作业和粮食烘干储存。合作社统一购买农资的价格要比市场价低8%。如：市场价150元一袋的化肥统一购买只需138元，而60元一袋的玉米种子统一购买只需54元。同时，通过合作社统一销售农产品也提高了价格，以玉米为例，其市场价格每斤为1.14元，而统一销售的价格是每斤1.15元。

庞立虎的家庭农场依靠合作社提供的产前、产中和产后社会化服务，极大地提高了自身的收入水平。2014年，家庭农场种植玉米、小

麦均为310亩，收获量分别为14万千克和21万千克，价格都为每千克2.3元，高于市场价0.02元。农场的总收入共计80.5万元，扣除60万元的生产成本，利润约为20.5万元。

此案例表明，通过成立农机合作社为家庭农场提供服务，可以帮助农场实现低成本、高收益的发展目标。但是庞立虎的家庭农场也面临着土地规模过小，无法充分利用农机服务的困境。据庞立虎自己介绍，其理想的经营面积是1000亩土地，而截至2016年仅流转了580亩土地，远远没有满足其需求，这是制约其家庭农场进一步发展的主要困难。

F02　山东莒南县惠丰佳园家庭农场：农业社会化服务的供与求

农业社会化服务体系是农业现代化的重要标志，也是实现农业现代化的重要支撑。随着各类新型农业经营主体的发展，农业社会化服务的内涵得到了进一步的补充。党的十七届三中全会就曾指出，要构建以公共服务机构为依托，合作经济组织为基础，龙头企业为骨干，其他社会力量为补充，公益性服务和经营性服务相结合，专项服务和综合服务相协调的覆盖全程、综合配套、便捷高效的社会化服务体系。家庭农场作为新型农业经营体系的组成部分，在促进农业社会化服务发展中也发挥了重要的作用。位于山东省临沂市莒南县石莲子乡梁家屯村的惠丰佳园家庭农场的生产经营便与其农业社会化服务的发展密不可分。

一、基本情况

惠丰佳园家庭农场由当地村民梁左杰于2014年3月注册成立。该农场主要从事粮食、蔬菜和水果的种植与销售，经营耕地面积为300亩。2014年，农场的经营纯收入为20万元，其中收获玉米150亩，共计80000千克，全部销售给养殖场，平均价格为每千克2.4元。收获各类蔬菜140亩，共计90000千克，主要销售给商贩，平均价格为每千克

1元。2014年农场的种子、化肥及农药等各类农资花费约有3.5万元，机械作业支出则有近7万元；此外，农场还支出了450元的保险费用。而关于家庭农场的发展与农业社会化服务之间的关系，我们主要从农场接受和提供服务的角度进行分析。

二、主要经验

（一）家庭农场接受多样服务，获得良好发展条件

惠丰佳园家庭农场自成立以来，在技术、金融以及信息等各方面都接受了较多的社会化服务，为促进家庭农场发展起到了重要的作用。首先是技术和信息服务。农场接受过由县政府提供的免费技术指导，接受过由专业服务公司提供的信息服务，该家庭农场主要是向淄博一家网络信息平台咨询关于生猪价格与玉米价格的行情，一次收费400元，2014年惠丰佳园家庭农场总共向该平台咨询过两次。其次是金融服务。家庭农场并没有负债，但是在资金紧张时期，曾向农村信用社以个人名义贷款30万元，期限两个月，年利率为13.2%，该贷款主要用于购买农资，保证了农场能够及时进行农作物的种植。再次是物流服务。家庭农场在销售农产品时，由于销量较大，一般需要由专业的物流公司来帮助运输。2014年，惠丰佳园家庭农场接受了由专业服务公司提供的物流服务，总共花费20000元，帮助农场及时将农产品销售出去。最后则是农机作业服务。该家庭农场的农机作业服务主要是由农机合作社提供的，由于合作社的专业化水平较高，能够保质保量地帮助农场完成耕种收等业务，2014年农场在农机作业方面总共花费了3万元。

（二）家庭农场提供专业服务，帮助农户生产销售

惠丰佳园家庭农场可以提供的服务主要涵盖了销售和信息两方面。

首先是销售服务。家庭农场在销售农作物时，会帮助附近普通农户一起进行销售，然后从中赚取差价。其次是信息服务。农场会将自己获得的一些市场价格信息免费分享给周围的种植户，帮助农户及时掌握最新的市场动态以指导其进行合理的生产与销售。

总的来看，惠丰佳园家庭农场所接受的服务范围要远远超过其可以提供的技术范围。尽管如此，对于该家庭农场而言，种植技术和经验不足的问题仍然很突出。在调研中，梁左杰介绍，目前制约家庭农场发展的主要因素是其所接受的技术服务不足，以及土地规模过小的问题。因此，政府理应进一步扩大技术服务范围，提高服务水平，同时鼓励各种农业组织等发挥其优势，积极地为家庭农场、专业大户等提供技术支持。

F03 山东莒南县立涛家庭农场：
乡村能人的作用

无论是农民合作社，还是家庭农场或农业企业，乡村精英或能人在新型农业经营主体的发展中都具有不可忽视的重要作用。根据作者的调研实践，多数合作社或家庭农场都是由乡村能人牵头成立，位于山东省莒南县的立涛家庭农场便是乡村能人发挥作用的典型案例。

一、基本情况

莒南县立涛家庭农场成立于2013年，位于莒南县道口镇广亮门村，由当地村民陈立涛创建该家庭农场主要从事葡萄种植。据陈立涛介绍，其农场能够发展并逐步壮大的原因主要归于以下几点。首先是当地农业生产条件优越，土地较为肥沃，农业产业化发展水平较高，种植水果等经济作物有着比较成熟的经验。其次是该村交通便利，区位优越，与最近的高速公路和国道距离均不超过5千米，与济南、青岛等大城市联系方便，利于葡萄的销售。最后则是农场负责人陈立涛在外打拼多年，积攒下了一定的资金，能够承担新建大棚等基础设施的投入；且其曾多年在外闯荡，积累了广泛的社会关系；此外，陈立涛多年从事农业及非农经营，积累了丰富的经验，能够及时判断市场需求及其走向。

二、主要经验

乡村能人在推动家庭农场的发展中具有很大的优势,我们主要将其归结为以下几个方面。

(一) 乡村能人有良好的社会熟人关系,有利于进行土地流转

乡村能人一般在农村具有较好的声誉,易于得到当地农民的信赖和支持,所以可以帮助其顺利进行土地流转。在立涛家庭农场,陈立涛先后流转了本村其他农户60亩耕地从事葡萄种植。土地流转期限是5年,而且陈立涛与农民也并没有签订书面合同,流转费用每年一付,支付的时间是每年3、4月份。可见,陈立涛的能人身份,使得村民对其拥有了充分的信任,即使没有签订合同,也愿意将土地流转给其种植,并不担心出现违约的情况。

(二) 乡村能人的实力雄厚,有利于进行贷款融资

乡村能人由于具有广泛的社会关系和资金实力,一般会比较容易获得贷款以支持家庭农场的发展。如在陈立涛的家庭农场中,其进行土地整治和大棚建设的总投入有100多万元。陈立涛由于长期在外创业,积累了雄厚的资金和良好的人脉。所以其可以利用部分自有资金(约50万元)投入农场建设中。此外,其在村子里担任村干部以及多年积累的人脉资源还帮助其从农村信用社获得了部分贷款,解决了农场的前期投资建设问题。

(三) 乡村能人经验丰富,有益于农产品的生产和市场销售

市场销售环节是决定农产品最终盈利与否的关键因素之一,尤其对

于水果、蔬菜等生鲜农产品，保证其能够及时对接到终端消费市场尤为重要。陈立涛多年从事农业生产，对于市场有比较准确的判断和认知，推动了农场能够顺利地将农产品销售出去。2014年，立涛家庭农场的葡萄销售收入大约是60万元，各项成本约为20万元。总体来看，其纯收益还是较高的。

（四）乡村能人对政策敏感，有助于及时获取国家优惠政策扶持

目前在我国，政府相关部门针对家庭农场、农民合作社等新型农业经营主体出台了一系列优惠扶持政策。但是在调研中我们发现，普通农民对政策一般并不了解，只有一些乡村干部或能人，才能够更好地利用政策优惠以帮助自己发展新型农业经营主体。陈立涛由于担任村党支部书记，能够更快速、便利地了解国家相关政策，从而也意味着其更有机会获得国家政策的支持来促进农场发展。

综上所述，乡村能人成立家庭农场较一般的普通农户来说具有较大的便利和优势，其能够促进家庭农场实现更稳定的发展。因此，政府应鼓励乡村能人注册成立家庭农场，通过规模化、专业化、集约化的生产来实现农业的现代化。

F04 山东临沭县黑猪养殖专业大户：新型职业农民对农业现代化的作用

农业现代化推进过程中，必须要坚持农民的主导地位，而调动新型职业农民作为现代化农业发展的主力军的积极性，是当前实现农业现代化建设最为实际和可行的路径。懂技术、会管理、敢创新的新型职业农民和专业大户在农业现代化发展过程中发挥着越来越重要的作用。山东省临沂市临沭县青云镇西雷官村黑猪养殖专业大户李军便是新型职业农民在农业现代化发展过程中的典型案例。

一、基本情况

受访人李军为黑猪养殖专业大户，中专毕业，38岁，主修畜牧业。从2007年养殖生猪开始，他积极将自己所学的畜牧养殖专业知识和最新的技术、方法、农资运用到黑猪养殖过程中。2016年生产规模为120头母猪，预计2017年可养殖200头。据了解，平均每头母猪一年可产16头小猪，平均一头生猪可达200千克，生猪全部销售给当地的屠宰场。猪肉价格受市场供求关系、政策影响波动较大，市场行情不好的时候每千克猪肉大约为6元，最高价可达20元，但是黑猪猪肉在市场上比较走俏，不会滞销。李军多年从事黑猪养殖，积累了丰富的经验，加之其拥有专业知识，敢于创新，其黑猪养殖较为成功。

二、主要经验

新型职业农民在推动现代化农业发展中具有很大的优势,我们主要将其归结为以下几个方面。

(一) 新型职业农民敢于投资和创新,有利于规模化、科学化发展

受访者的养猪场开销较大,主要包括仔畜费、技术人员和饲喂工人工资、饲料费、防疫费、燃料动力费以及养猪场日常器具的修理维护费。2015年,该养猪场营业收入达到200万元,但年末最终净收入为-20万元。尽管如此,李军仍愿意长期从事畜牧生产,并且投入200万元用于养猪场扩建,新建标准化的饲养器具、可循环利用粪便的沼气池,以提高经济效益、环保效益、社会效益。李军认为这是一种长远的投资,尽管目前投入较大,但长远来看,有利于现代化农业的发展。

(二) 新型职业农民有较强的经济头脑,通过现代化经营管理,有利于提高经济效益

在养猪场,李军选择饲养现在市场上比较走俏的黑猪,通过科学配比饲料、精心管理、高效养殖,黑猪产量较高、肉质鲜美,市场销量好。此外,李军家有耕地5亩7分,由于全家从事畜牧生产管理活动,因此无心再从事农作物种植生产,他选择将自己的5亩7分地流转出去,每年可收益1500元。

(三) 新型职业农民易于接受新的符合农业生产需要的生产合作方式,有利于降低生产成本、提高生产效率

2011年,李军成为临沭县惠康黑猪养殖专业合作社成员,该合作

社成员都是养殖生猪的，社员加入合作社不仅能互帮互助，分享生产过程中的技术、信息，还可享受合作社提供的优质低价农资服务以及配套服务，养殖过程中用到的饲料来自大北农集团，合作社批量从大北农购得饲料比市场上批购要便宜10%，生猪还能接受专业B超检查。

综上所述，新型职业农民相比一般普通的农户在农业生产经营过程中有较大的优势，高校应该培养更多像李军一样有技术、会管理、敢创新的新型职业农民，同时需要政府对其加强物质或精神激励，鼓励他们坚持农业生产，坚持创新，为现代化农业发展做出贡献。

F05　山东临沭县种粮专业大户：农地改革的深远影响

劳动是财富之父，土地是财富之母。为适应时代变迁、农业发展的需求，我国农业生产在现有的家庭联产承包责任制基础上，实施农地三权分置，即承包地所有权、承包权、经营权分离，独立发挥作用。这必将极大解放农村生产力，同时也是新型农业经营主体现代化、规模化发展的基本前提与必然选择。专业大户作为新型农业经营主体的组成部分，对于农业现代化的发展发挥了重要的作用。而专业大户在生产经营过程中离不开生产规模化、机械化、科学化。因此，农地改革对于农业生产经营的影响巨大。山东省临沂市临沭县大兴镇西日晒村种粮专业大户毛建卫的农业生产能有今天的成就与农地改革成果密不可分。

一、基本情况

毛建卫于 2011 年初开始从事粮食种植，作为种粮专业大户，当初能够成功的原因主要有三个方面：一是个人社会关系较好，在全县各个领域范围内都有社会关系网；二是有农业生产经营的技术或经验，特别是机械化经营，大大降低了经营成本；三是有政府的优惠政策与支持，有农机补贴、小麦补贴、良种补贴和政策性小麦灾害保险（小麦补贴的金额是每亩125元，小麦保险保费是每亩2~3元）。在初始运营阶段，毛先生也面临一些问题。一是粮食储存和晾晒问题。由于政策规定不允许修建粮仓，使得粮食必须当季卖掉，又由于天气或人为原因来不及晾晒，导致粮食霉变现象严重。这个问题到现在都没有解决，只能当季迅速卖粮，防止霉变。二是资金约束。

2016年毛建卫经营土地301亩，全部由流转得来，平均每年每亩租金700元，于2011年和2012年分四次租入，2011年初第一次流转土地面积最大，为280亩，之后陆续流转入一些"插花地"，[①] 全部用于粮食种植，主要种植小麦和玉米，轮流耕种。另外，毛先生加入的农机合作社还拥有1400亩的土地入股。

二、主要经验

毛建卫的规模化农业发展是农地改革的结果，主要体现为以下几点。

（一）土地流转和适度规模经营是发展现代农业的必由之路

毛建卫经营土地301亩用于轮作小麦和玉米，2015年收获小麦和玉米均为13.5万千克，当季全部销售，小麦的销售均价为每千克2.2元，销给当地和外地的商贩；玉米的销售均价为每千克2.26元，销给当地的六合饲料企业。目前301亩土地实现规模化种植，毛建卫只需要雇用1个短期男工在农忙时给予帮助，在耕种、收获环节均可全面机械化操作。虽然三权分立提高了生产效益，对像毛建卫这样的专业大户帮助较大，但是在毛先生的意识里，土地所有权属于承包者，并且其并不知道"农地三权分置"的说法，对于国家关于土地政策的知识有所欠

[①] 插花地是指在成片土地中，有一家的经营权所有人不愿意流转土地，导致土地流转无法成片的现象。

缺。农户已经享受到了政策带来的优惠，但对政策仍不十分了解。可见政策的执行力强，宣传力有待提高。只有全面宣传实施支农惠农政策，才能更好地保障经营主体的利益，促进以新型农业经营主体为依托的现代农业快速发展。

（二）农地权益长效稳定是农业长远的前提

当初租入土地时，毛建卫进行过一系列的土地整治，包括地块平整、田间道路修建、改良土壤等。其中，地块平整花费20万元，田间道路修建花费1万元，改良土壤花费21万元，全部来源于自身储蓄。毛建卫采用两种方法改良土壤：一是施鸡粪，每2年施一次，截至2016年已施2次，每亩花费约320元；二是采用深耕的方法，每5年深耕一次，截至2016年已深耕一次，每亩花费约60元。像毛建卫一样的经营主体为了提高农业生产效率和效益，往往会对农地进行深耕、改造，这一笔投资的经济效益将在多年后才能回本，因此农地权益长效稳定才是保障经营主体的经营效益的前提，也是农业长远发展的前提。

（三）农地确权是保障农民权益的基础

农地有了三权三证后，农民可以用来解决抵押、贷款等方面的问题。2015年，毛建卫的农业生产开支达70万元，包括工资支出30万元、种子0.3万元、化肥3.6万元、农家肥8.3万元，其他开支还有农药、化肥、保险、农用机械购置维修等费用。此外，固定资产和农用机械是一笔巨大开销，厂房花费10万元，拖拉机花费93.8万元，收割机花费90.4万元，清除饲料机花费44.8万元。截至2016年毛建卫个人负债150万元。如果农地确权后能帮助解决农民在农业生产中农地的抵押、贷款等问题，必将有利于解决农民生产过程中的资金短缺问题，进而有利于农业的长远发展。另外，部分农民把土地租出去以后，还可以进城打工、做生意、做帮工，获得非农收入。通过流转适度规模耕地，毛建卫较好地分配了自己的时间和精力，在耕作300亩农地之余，2015年其家庭非农收入7.6万元，自营工商业收入120万元。

由此可见，农地改革涉及面广，影响深远。农地改革的成功必将成为农业经济发展的重要推动力。当然，农地改革必须要以保障农民权益为基础，激发种地农民、新型农业经营主体的农业生产积极性，进而促进现代农业科学、健康发展。

F06　山东沂水县梨想家庭农场：政府对新型农业经营主体发展的影响

新型农业经营主体作为联系政府和农村、农业之间的纽带，对于推动农业现代化发展、农村经济发展、农民增收有着重要的作用。而政府在新型农业经营主体的建立、成长过程中又发挥着十分重要的作用。山东省临沂市沂水县马站镇马叫旺村的梨想家庭农场的成立、成长、发展就与政府的支持和引导密不可分。

一、基本情况

梨想家庭农场的农场主叫孔祥克，43岁的孔祥克和妻子都曾在外打工十余年，家中父母已经不在，还有个正在读初中的儿子。在县农业局的支持和鼓励下，夫妻二人回乡从事农业生产经营，可以说，农场的起步不是自发的，而是在县农业局的带领和指导之下起步的。

孔祥克于2013年10月开始经营农场，2014年4月，在工商部门正式登记注册。该家庭农场主要种植梨子，同时也有部分种桃业务。农场截至2016年经营的土地总面积为50亩，其中30亩土地从村中熟人手中流转而来，每亩租金均为每年600元。孔祥克认为目前流转土地的难度较大，150亩土地是其理想的经营规模。

2015年农场经营收入约为3万元，支出合计20万元，其中工资支出3万元。之所以有如此严重的亏损，主要是因为农场处在初创阶段，初始投入还很大，包括固定资产、土地租金、土地整治和直接生产成本等，而农场的主营产品梨和桃的生长周期约为2年，第一批种下去的梨和桃在2015年10月才全面收获，因此收入少了一大截。农场50亩土地中，有30亩种梨，亩产在2万斤左右，销售均价每斤约为8元，有15亩种桃，亩产在5000斤左右，销售均价预计每斤约为4元，销售去向均是合作社收购。粗略估算，这批梨和桃能给农场带来数百万的纯收入，大大减轻农场资金紧缺的现状。

二、主要经验

农场的发展离不开政府的支持与指导，政府在新型农业经营主体的发展中有着深远的影响。

（一）成立之初：政策性支持与指导坚定了成立家庭农场的决心

说到成立家庭农场，孔祥克表示并不是自己想到的，而是在县农业局的带领和指导之下所产生的想法。2013年县农业局曾组织了50家农户集中学习，学习内容既包括政府支持新型农业经营主体的政策文件，也包括具体的种植养殖、日常维护的技术指导。擅长与人打交道的孔祥克在那次学习中认识了不少人，其中既有和他从事相同或相关生产的农户，也有专门的技术指导人员，这些人对梨想农场的成立有很大的影响。

（二）初创阶段：政府扶持未能发挥持续长效作用

该家庭农场当前处于初创阶段，正在探索生产经营的路子，需要一定的资金投入，同时也需要一定的技术支持、经验交流、政策扶持、品牌建设，等等。这些都离不开政府的引导和支持。据孔祥克说，政府支持既是优势又是困难，"县农业局组织了那一次集中学习，之后就不管不问了"，孔祥克解释道。政府对于该农场的建立有较大的帮助和支持，但在后续运营上的支持力度不足，对不同经营主体的政策扶持力度差异较大，这也是相关部门在日后需要解决的问题。

（三）发展阶段：社会化服务作用逐步显现

农场本身接受了很多社会化服务，包括专业大户或家庭农场提供的技术指导，还包括农民合作社的销售、信息、品牌、质量和作业服务等。梨想农场种植的农产品均销往合作社，再以合作社的品牌对外出售。合作社为了保证品相和质量的统一，也会派专人对农场的产品做一些质量检测、疫病防治等工作。据孔祥克估计，农场所接受的这些社会化服务对农场的产量、质量和最终的收入都起到了显著的促进作用，提高程度约为20%。而政府有关部门（如农业局等）如果能提供免费、高效、专业的社会化服务，对于像该农场一样的新型农业经营主体来说，是莫大的支持与帮助。

由此可见，支持、引导、扶持、监督、服务于新型农业经营主体是政府的职责，也是新型农业经营主体能否健康发展的重要影响因素。因此，政府要发挥好作用，促进新型农业经营主体在现代化农业发展中不断成长。

F07　山东莒南县木香园家庭农场：家庭农场市场化导向的发展

家庭农场在中国并非2016年才出现，早期在湖北、江苏、吉林等地已经有种养专业户和特色农业基地等。2013年中央"一号文件"让家庭农场有了正式"名分"，法律定位明确，其发展就有了制度保障。目前新型农业经营主体主要包括：专业大户、家庭农场、农民合作社、农业企业等。家庭农场需要以市场为导向，方能于竞争中求发展。位于山东省临沂市莒南县十字路街道没土村的木香园家庭农场就是一个比较典型的例子。

一、基本情况

农场主陈学志的老家没土村一直以来都是有名的贫困村。2003年，长年在外服役的陈学志退伍回家，看到家乡和自己当初离开时几乎没有什么变化，他毅然放弃了房地产公司的高薪职业，选择回乡从事农业，带动家乡人民致富。同时，年轻的陈学志敏锐地关注到"有机农业"这一商机，发现有机农业在当地尚不多见，决心投身于此。

该家庭农场于2003年4月在工商局正式登记注册，主要经营的是草莓种植采摘、花卉种植以及水产业。农场截至2016年有100亩耕地和 200 亩鱼塘，分别是 2003 年 4 月和 2015 年 6 月两次从村集体流转获得，平均每年每亩租金为 700 元，期限均为 10 年。陈学志发觉市场上对于有机农产品、休闲农业的需求日益增长，因此想把握"有机农业""休闲观光"这一商机，进而有了创办家庭农场的念头。

二、主要经验

为了迎合市场需求，陈学志在家庭农场的生产经营中花了不少心思，具体包括以下几点：

（一）体验采摘

农场种植的 9 亩草莓和 4 亩黏玉米均对外开放，供游客体验采摘。这不仅为陈学志节约了采摘劳动成本，而且体验采摘农产品的价格虽高于市场平均售价，可还是源源不断有人来农场体验采摘的新鲜感和乐趣。草莓平均每千克可达 4 元，黏玉米平均每个 2 元。到了假期，很多家长带着孩子到农场体验采摘，其乐融融。

（二）网络销售

该农场充分利用网络这一平台，不仅方便快捷，而且销量较好。每年收获草莓约 27000 千克，陈学志都通过网络订单来销售。通过网络，陈学志也能较快得到顾客反馈，及时了解市场上喜爱的草莓品种。

（三）对接饭店

养殖方面，花白鲢鱼苗 5000 尾，出栏约 4000 尾，销售均价为每千克 8 元，其中不少是直接供给饭店。同时，陈学志也会根据饭店顾客对不同品种鱼的喜好来进行养殖。

(四) 娱乐设备

为了吸引更多顾客,陈学志还配备了自助烧烤和唱歌等娱乐设施,更好地吸引家长带孩子前来本农场进行消费。

随着经济社会的快速发展,市场对于农产品的质和量的需求不断增长,尤其是对高品质农产品和体验式农业的需求在近几年甚至未来的几十年都将不断增长,因此新型农业经营主体的发展要牢牢把握市场需求。移动互联网和新型农业的有机结合将是大势所趋,大数据有效地连接了农产品的供给和需求,同时有力地挖掘了农业的多样化价值,让农业焕发了新的生机。

F08　山东莒南县一翔家庭农场：资金约束的发展困境

2013年中央"一号文件"出台后，"家庭农场"便成为一个热词。大部分农场主通过流转一定数量的土地，进行适度规模生产。但是家庭农场在成立、成长过程中资金问题怎么解决一直困扰着很多家庭农场主。位于山东省临沂市莒南县大店镇汲家庄子村的一翔家庭农场就是一个典型的例子。

孙淑华是一翔家庭农场主，该农场主要种植草莓、花生以及小麦、玉米等粮食作物。农场于2013年开始经营，并于2014年10月20日在工商管理部门注册。2016年，农场的经营面积有106亩，土地全部为流转过来的，平均租金是每年每亩800元，流转期限是从2013年到2019年，租金一年一付，并签订了书面合同。

一、成立背景

（一）自然条件优越

大店镇自然条件适合草莓的种植，种植草莓农户非常多且草莓质量好，被称为"草莓之乡"。

（二）市场需求大

当时的市场形势比较有利，来当地收购草莓的经销商多，草莓销路较好。

（三）政策支持

2013年中央"一号文件"鼓励发展家庭农场等其他新型农业经营主体。

二、资金投入概况

2015年，该家庭农场的草莓经营收入约为150万元，支出合计约130万元，其中工资支出约为70万元。据孙淑华说，目前制约家庭农场发展的主要困难在于缺少资金。在农场建立初期，需要大笔资金投入。

（一）土地租金成本

2016年农场经营土地106亩，每年的租金为8.5万元，并且租金是逐年递增的。

（二）基建成本

土地平整总共花费了4万元，进行水利设施建设投资14万元，田间道路修缮花费0.5万元。此外，农场还投资了10万元用于改良土壤。家庭农场的温室大棚建于2013年，总花费80万元。农场还于2010年购置了拖拉机、播种机等农机具以及农用运输车辆，花费约8.2万元。

（三）年生产成本

具体包括种子3万元，化肥5万元，农家肥3万元，农药1.5万元，农膜 3 万元，机械作业 3.2 万元，燃料动力 2 万元，维修护理 0.5 万元。

（四）人工工资

农场日常运行除了自家投入劳动力之外，还需出工资雇工帮忙。具体包括草莓的耕种、收获雇用短期工（男工雇用 30 人，女工雇用 10 人，男工的工资是每日 100 元，女工的工资是每日 70 元）。日常的田间防疫等管理工作则由 2 名长期男工与 18 名长期女工负责（男工的工资是每日 80 元，女工的工资是每日 60 元）。草莓销售环节，需要短期女工 5 名帮助采摘草莓（工资为每日 60 元）。由此可见，没有几百万元启动资金的投入，一个农场的后期运营将会很困难。

为了解决农场生产过程中遇到的资金问题，孙淑华通过农村信用社的三户联保以个人名义贷款，每年贷款 30 万元，次年还款，继而再贷款，利率为 14.4%。贷款程序烦琐、手续繁杂、利率较高，是困扰像孙淑华一样的农业生产主体的关键问题。

三、发展难题

一翔家庭农场最主要的特征就是专业化和家庭经营。土地、劳动力和资金在农场的发展过程中发挥着重要的作用。而目前制约家庭农场发展的主要困难在于缺少资金。资金是很多新型农业经营主体面临的问题，一方面，家庭农场可以利用社会关系借贷来解决，另一方面，则是申请政府的资金扶持。作为政府，要为家庭农场的发展提供资金和政策扶持，为农场进行融资贷款提供便利和贴息服务，以促进其健康发展。

F09 山东莒南县大官庄家庭农场：家庭农场发展初期的现实制约问题

随着新型城镇化建设的推进，农村劳动力大量向城镇和非农产业转移。2013年中央"一号文件"提出，鼓励和支持承包土地向专业大户、家庭农场、农民合作社流转。其中，"家庭农场"的概念是首次在中央"一号文件"中出现。中共十八届三中全会提出，要赋予农民更多财产权利，推进城乡要素平等交换和公共资源均衡配置。一系列中央重要举措的实施可以看出，"三农"问题是当前发展的重点，也是难点。家庭农场出现在中国农业发展转型升级的关键时刻，旨在于进一步创新农业经营体制，以适应现代农业发展的需要。伴随着农村土地承包经营权的快速流转和农业劳动力的大量转移，要积极探索农业经营体制创新，大力发展家庭农场策略的实施。而现实中，有较多因素限制了家庭农场的健康发展，位于莒南县的大官庄家庭农场就是典型的例子。

大官庄家庭农场经营土地340亩，土地基本形成了集中连片的发展模式。其中农场的主要土地流转方式是通过村合作组织进行租赁，每亩的租赁价格是700元，目前主要经营的是蔬菜种植业，截至2016年总投资规模达240万元，农场资金的主要来源是自筹资金和民间借贷，部分资金是来源于银行贷款。

一、发展难题

2016年农场年收入约为240万元。由于该农场刚刚试营业,所以每年净利润多用于购买农机设备及其他项目,还处于收回成本阶段,净利润较少。农场在现阶段遇到了一系列现实的问题,其中以下几个在该农场的发展中制约作用最为突出。

(一)融资难度大

农场支出较大,具体包括:土地流转以及土地租赁费用20万元,农业投入品费(主要包括种子、化肥、农药等)约15万元,水电费2万元,农机具购置费用达12万元,雇工费用28万元,其他费用20万元。资金的主要来源是自筹、民间借贷和银行贷款。目前由于土地抵押贷款制度的不完善以及商业银行体制的原因,农民抵押贷款十分困难,其面临的主要问题是担保手续复杂、利率太高、贷款额度小以及贷款期限太短,而家庭农场利润的回报由于其天然条件的限制时间也较长,故而银行不愿意进行贷款。种种因素导致家庭农场发展开支大,融资难。

(二)利润空间小

农产品的市场销售价格偏低,而农业生产资料的价格却偏高,使得利润额被严重压缩。农场每年的总收入约为240万元,虽然收入高,但是农场支出也很高。

(三)品牌打造宣传难度大

农场在成立之初就开始打造自身品牌,希望能够通过品牌的打造给农场的发展奠定良好的基础。目前,在农场产品的销售方面,最需要的是如何帮助农场提高知名度,如何增加产品的附加值以及如何拓展销售渠道。品牌的打造需要时间,在品牌销售渠道畅通之前如何使农场的产品获得市场的青睐最为关键。

(四) 物流不方便

蔬菜是一种时效性非常强的农产品,如何使得刚采摘的最新鲜的蔬菜以最快的速度送往市场尤为重要。现阶段农场蔬菜的运输是依靠农场主自己雇车运送,速度慢,成本高。我们了解到,如果政府能够有统一规划的物流配送满足农场运输需要,将极大降低农场生产成本,推动农场的规模化生产发展。

(五) 土地流转合同不规范

农场在发展过程中,常常因为与土地被流转对象间的合同纠纷而影响农场的发展。这就有待于土地流转政策法规的进一步完善,通过法制化与规范化的土地市场化流转政策的实施来解决农场在土地流转过程中遇到的问题。

(六) 人工成本高

为保证农场长期可持续发展,需要常年长期雇用劳动力,而常年雇用劳动力的价格达到每人每月 3000~4000 元,此外,还会在每年农忙时节雇用临时劳动力。农场缺乏蔬菜种植方面的现代化农业生产技术人员,若雇用农技人员,人工成本又将大大提高。

二、发展对策

我们应积极为家庭农场规模经营创造条件。按照科学定位、加强引导、重点培育的要求，加快发展专业大户和家庭农场，促进农业适度规模化经营。

(一) 科学合理确定家庭农场规模经营"度"

由于各区县不同区域、不同行业农业机械化、科技化、水利化和社会化服务、土壤肥力等条件不同，可参照市里分析提出的不同行业经营规模标准，结合实际分类、分品种科学合理确定适合本区域的家庭农场适度经营规模的具体标准。

(二) 提高农业社会化服务水平

充分发挥农机、供销、邮政等部门优势，加快培育病虫害专业化统防统治、粮食机械烘干、农产品销售等行业性服务组织，充分利用国家农机购置补贴政策，切实解决粮食晾晒、仓储等难题，为家庭农场规模经营创造条件。

(三) 加快创新农村信贷融资办法

绝大多数新型农业经营主体融资方面存在无贷款抵押物、授信担保困难、申请手续烦琐、隐形交易费用高等问题，贷款难、贷款贵成为制约新型农业经营主体发展壮大的最大障碍。针对这些问题，应深入推进农村产权制度改革，为新型农业经营主体颁发《土地经营权证书》，健全完善农村承包土地经营权流转交易和抵押融资"两个平台"，扩大土地承包经营权、农业设施、大型农机具等贷款抵押物范围，建立新型经营主体信用评价机制和政策性农业融资担保公司，切实解决家庭农场规模经营融资难题。

(四) 加快推进农田水利基础建设

充分发挥小农水利和农业综合开发项目，改善灌溉条件，切实解决家庭农场规模经营浇地难的问题。国土和农业部门研究制定了落实国土资源部、农业部印发的《关于进一步支持设施农业健康发展的通知》精神的具体办法，以妥善解决家庭农场建设放置生产资料库棚、粮食晒场、烘干和仓储物流等农业生产配套基础设施用地问题。

（五）加大政策扶持引导力度

制定家庭农场示范场认定标准，开展家庭农场示范场创建行动，通过财政列支专项资金，对认定的家庭农场示范场进行奖补；对认定的专业大户和家庭农场，新增农业补贴重点向其倾斜；增设针对专业大户、家庭农场规模经营的农业政策保险，化解农业规模经营风险。

家庭农场作为适度规模经营的新型农业经营主体之一，是农业发展的重要组织形式，它具有独特的生产经营优势，解决好其发展制约因素，促进其健康成长，必将对三农发展做出重要贡献。

F10　山东莒南县玉栋果菜家庭农场：适度规模经营道路上的困难

当前我国陆续出台的法律和政策文件，逐步为农业适度规模发展提供了坚实的政策支持和法律保障。中央文件多次明确要依法保障农民的土地承包经营权，同时也鼓励农民依法按照自愿有偿原则向家庭农场等适度规模经营主体流转土地承包经营权。由此可以看出，中央在构建家庭农场等新型经营体系的过程中，既保障了农民流转土地的收益，又指明了类似于家庭农场的经营体系的发展方向。土地流转的成本、难易程度直接影响到新型农业经营主体的规模发展。位于山东省临沂市莒南县镇敦厚村的玉栋果菜家庭农场就是一个例子。

由于当地农产品市场销售渠道较广，蔬菜、水果销路好，再加上当地较好的农业发展基础，陈玉栋在2010年决定经营家庭农场，主要从事蔬菜、水果生产经营，蔬菜主要种植甘蓝，水果主要包括草莓、甜瓜等。为了获得更好的收益，陈玉栋决定流转一定数量的土地，通过适度规模经营来增加农业生产经营的收入，提高其效益。

一、成立之初：土地流转和资金约束成两大难题

农场主陈玉栋于2010年、2013年、2014年分别流转了20亩、25

亩和30亩土地。2010年流转租金为每亩1000元，之后流转租金价格上升为每亩1500元。在家庭农场初始运营阶段，面临土地流转困难和资金约束问题，为此，陈玉栋经常与农户交流，尤其与不愿意流转土地的农户多交流，希望能说服他们将土地流转给自己用于扩大农业生产规模。陈玉栋所流转的都是本村土地，全部采取书面合同的形式，且固定年限均为5年，而陈玉栋则表示签订25年的合同最为合适。与此同时，陈玉栋对自己农场所经营的土地进行了整治：10亩土地进行了土地平整，共花费1万元；40亩土地修建了水利设施，共花费约7.7万元；40亩土地的田间道路进行了修整，共花费约1.3万元；80亩土地进行了土壤改良，共花费约3万元。土地流转加上土地整治给陈玉栋带来了较大的经济压力，为此，陈玉栋以个人名义在邮政储蓄银行贷款25万元，年利率为12%，以解决资金短缺问题。

二、发展阶段：收支情况逐步改善

2015年整个家庭农场的农业销售收入约为70万元，支出为40万元，其中工资支出为15万元。

（一）收入方面

40亩甘蓝年产16万斤，销售价格为每千克0.9元；30亩草莓产37500千克，平均销售价格在每千克9元；20亩甜瓜年产17500千克，销售价格为每千克3.4元，销售去向均为商贩和集市。

（二）支出方面

农场生产成本分为农业劳动力成本、农业生产资料成本和土地流转承包成本。其中，在农业劳动力成本方面：80亩土地在作业环节需要短工 300 工日，自家投入 365 工日；日常环节需要雇一长工，自家投入 365 工日；物流环节需要雇 12 个长工；目前雇工价格为男工每天 80 元。在农业生产资料成本方面：40 亩甘蓝种子成本总共约为 8000 元，化肥投入总共约为 22000 元，农家肥总共花费约 18000 元，农药费用为 5000 元，农膜、地膜总费用为 29000 元，燃料动力费约为 4000 元，机械修理费为 3000 元，此外还有财务费用 300 元。在土地流转承包成本方面：每年的土地流转费用为 11 万元。

(三) 固定资产方面

农场于 2010 年出资 100 万元建立温室大棚，并于 2014 年出资 8 万元建成。在农机具方面，农场于 2013 年以 2 万元购置了拖拉机，2014 年以 5000 元购置农具，此外家庭农场办公地点于 2014 年以 3000 元购置了沙发和桌椅。家庭农场在发展过程中，出现了资金短缺问题，为此，陈玉栋以个人名义在邮政储蓄银行贷款 25 万元，年利率为 12%。贷款的主要用途是购买生产资料，固定资产投资及流转土地承包费用。

总体来说，该家庭农场盈利能力逐年提高，这也是陈玉栋根据自己的经营能力想继续流转一些土地来扩大规模的原因。但现状是，流转土地难度增大，流转期限短，流转土地费用大且逐年上涨，这严重打击了像陈玉栋这样的农场主适度扩大规模的生产积极性，制约了农场主通过规模效应提升自己的农业生产经营效益，同时也无法保障农民流转土地的收益。

该农场需要进一步扩大规模，充分发挥自身的优势，将家庭经营、适度规模、市场化经营和企业化经营四个显著特征充分展现出来，将家庭作为农场经营的主体，在提升劳动生产率的同时，兼顾土地生产率，将经营规模控制在"适度"范围内。还要不断增强自身社会化服务能力，带动更多的农户致富。政府也需要推进职业化农民发展进程，使得这些新型农业经营主体能够充分享受到权益。

F11　山东临沭县元仁家庭农场：种养结合提高经济效益

我国种养结合的家庭农场发展模式是伴随着生态农业的兴起及发展而产生的。养殖业动物的排泄物发酵后给种植业提供有机肥料，而种植业和养殖业又能得到两笔收入，既能提高经济效益，又能实现环保、循环利用。种养结合的家庭农场正是以地区的农业生产资源禀赋条件为基础，因地制宜，以市场为导向合理调整农业结构，通过适度规模经营提高农民收入。位于山东省临沭县玉山镇丁坊前村的元仁家庭农场就是典型的例子。

一、基本情况

丁元仁是该家庭农场的农场主，目前农场主要经营食用菌（平菇，鸡腿菇）种植，同时也有生猪养殖的业务。家庭农场于2015年2月在县工商局登记注册，实际上，丁元仁从1980年3月即开始进行最初的生产经营。丁元仁在初级阶段成功的原因很有意思，1980年，17岁的他高考失利，身为家中长子深感失落，觉得辜负了父母的期望，于是他决心在农业生产经营上发愤努力，做出一番事业，从而带动家庭致富。应该说正是这种决心和信念，再遇上改革开放初期的大好形势，造就了初创阶段的顺利起步。

元仁家庭农场截至2016年共经营60亩土地,其中50亩是先后三次流转获得。第一次土地流转是2008年从村集体竞标获得,共15亩,平均每亩每年租金350元,流转方式是租入,主要用来养猪。后两次土地流转在2014年,是和熟人私下签订合同获得,平均每亩每年租金800元,流转方式是转包,主要用来种植食用菌。据丁元仁介绍,农场正打算再转入一片70亩的土地,扩大经营面积到130亩,扩大生产后每亩地的年利润能够达到约1000元。

二、生产经营情况

农场主丁元仁有多年的农业生产经验加之家庭农场适度规模种养结合的经营模式,农场取得了不错的效益。2014年,农场农业经营收入约10万元,支出合计5万元,其中工资支出3万元。

(一)收入方面

农场共种植30亩食用菌,收获近5万千克,几乎全部售出,均价为每千克1元,主要销往批发市场。生猪出栏量约300头,销售量近3万千克,均价为每千克3元,主要销往商贩。

(二)支出方面

食用菌的生产成本主要是种子费用和燃料动力费,分别为2万元和1万元,同时农膜费、工具材料费和修理维护费分别都是一两千元,种植食用菌不需要化肥、农家肥开销,可直接利用自家养猪的有机肥,进而节约了一笔开支。生猪养殖的生产成本主要是饲料费,2015年总共使用近15万千克饲料,花费约30万元,饲养的仔猪有生病和死亡的情况，医疗防疫费和死亡损失费均为 2000 元，同时猪舍还要消耗近 3000 元的电费。

（三）劳动力方面

农场 2016 年有长期雇工 18 人，其中男性 3 人，女性 15 人，每年平均有 200 天进行耕种、饲喂等作业，平均工资为每天 50 元，平均年龄在 50 岁左右。丁元仁和 29 岁的儿子负责行政和财务管理，同时也和妻子一起负责生产作业、日常维护以及销售。除了食用菌种植和生猪养殖外，农场还有少量粮食作物的种植，其中最主要的是 10 亩地的地瓜种植，据了解，其种植基本实现较完全的机械化操作。

（四）资本方面

农场于 1995 年花费 5000 元购买一辆手扶拖拉机以及配套农具，于 2008 年花费 30 万元建成一个养猪舍以及配套的厂房、餐厅，于 2010 年花费 7000 元购买一辆运输车辆。截至 2016 年负债共 60 万元，其中近一半是银行贷款，最大一笔贷款是从农村信用社获得的 28.4 万元的担保贷款，主要用于购买生产资料。另外，据丁元仁介绍，他还借了一笔 5 万元的高利贷，月利率竟高达 10%，可见，农场近期对资金的需求相当迫切。

总体来说，该农场通过种养结合适度规模经营产生了不错的经济效益，同时也符合现代农业绿色循环可持续的发展理念，是新型农业经营主体未来的发展方向，也是现代农业发展的重要依托。

F12　山东沂水县王家富家庭农场：家庭农场的困扰

2013年11月，中共十八届三中全会提出，要坚持家庭经营在农业中的基础性地位，推进家庭经营、集体经营、合作经营、企业经营等共同发展的农业经营方式创新。鼓励承包经营权在公开市场上向专业大户、家庭农场、农民合作社、农业企业流转，发展多种形式规模经营。

随着时代的发展，经济技术的进步，各种各样的新型农业经营主体如雨后春笋般冒出，其中之一就是家庭农场。那么，什么样的经营方式才能称之为家庭农场呢？关于这一点说法很多，但无论怎样，家庭农场的定义主要包含三个方面重要特征：一是以农户为经营主体，二是以适度规模为经营方式，三是以利润最大化为生产目标。家庭农场在我国目前应该只算得上起步阶段，2013年中央"一号文件"首次提出，其政策上的模糊带来了很多的困扰。位于山东省临沂市沂水县下峪子村的龙家圈镇王家富家庭农场就是一个典型的例子。

一、基本情况

该农场从2012年3月份开始经营，2016年单位经营面积为206亩，全部是承包过来的土地。主要种植花卉和苗木，比如樱花。与粮食作物不同，花卉苗木一般很难进行机械化生产种植，基本上是人力劳动。农场2015年种植樱花大概2万株，平均每株2元钱，种苗花费4万元，再加上化肥的用量、农药的费用，比之普通粮食作物投资多不少，当然好的投资带来的是好的利益，每亩估计可以产樱花150株，每亩收益150元左右，缺点在于投入期较长。

二、发展难题

目前家庭农场经营遇到了以下问题。

（一）土地流转困难

据该农场主王家富介绍，现在土地流转特别困难，比以前复杂很多，农户大多不愿意流转土地，因为很多时候他们就靠着这一亩二分地生活，对于农户来说，这是一个可以让他们心里踏实的东西，也是中国农民根深蒂固普遍的思想。

（二）雇工难

相比于城市的高薪水，农村劳动力成本的低价很难留住青年劳动力，剩下的一般都是四五十岁甚至年龄更大的老年人，而这些老人农业生产劳动能力很弱。这样的问题已经成为家庭农场面临的一项重大挑战。

（三）资金短缺

进行规模化生产往往要投入大量资金，而家庭农场主的资金来源一般是多年积攒下来的，远远不够农场前期投入，因此只能向亲戚朋友或者银行借款，而银行目前农业生产贷款手续又比较烦琐。

(四)技术问题、市场销路问题

这些都困扰制约着家庭农场的长远发展。因此需要政府积极引导和扶持这些家庭农场渡过难关,进而积极进行农业生产,更好地发挥新型农业经营主体在现代化农业发展中的重要作用。

发展新时代家庭农场,可以借鉴外国或者本国其他地区的经验,促进土地流转,同时鼓励农户培养高素质、高水平的人才,还要让更多有活力的年青进入农村,不要出现土地无人来种的荒废现象。

当然这也离不开政府的大力支持,政府要引领农户根据自身和当地土地环境资源的特点,因地制宜,发展适合自己特色的农业,适度规模经营。

F13 山东临沭县丁建成家庭农场：初期投资与收益的不对等

家庭农场以家庭成员为主要劳动力，从事农业规模化、集约化、商品化生产经营，是提高农业集约化经营水平的重要途径。上海松江、湖北武汉、吉林延边、浙江宁波、安徽郎溪等地积极培育家庭农场，在促进现代农业发展方面发挥了积极作用。家庭农场的建立前期需要较大资金投入，达到一定生产规模后可实现规模化经济效益。我们以山东省临沂市临沭县临沭镇陆合社区的丁建成家庭农场来分析家庭农场的投资与收益。

丁建成家庭农场于2014年10月开始运营，2015年4月正式注册，截至2016年生产经营规模为150亩，主要种植蔬菜。丁建成认为自己经营1000亩土地是最理想的，这种情况下，每亩能实现净利润500元，但是也不能超过1000亩，否则自己就管不过来了。目前的规模稍小，丁建成表示等经营几年，自己有了资金盈余之后还会扩大规模。

由于该家庭农场管理规范、生产有效，承担过政府的农业技术推广户项目，当地一些家庭农场也经常向该农场咨询发展建设经验以及种植经验，对当地家庭农场以及特色农业的发展起到了示范带动作用，因此获得政府奖励的水肥一体机一台，价值约3000元。

一、成立之初资金投入情况

农场成立初期投入了较多资金,具体而言主要投入在以下两方面。

(一) 土地

该农场共流转土地150亩,平均每亩每年租金为600元;农场对流转过来的土地都进行过精心整治,具体包括土地平整、建水利设施、修田间道路、改良土壤,整治的总花费为31万元。

(二) 生产资料

农场有温室大棚一处,价值150万元,可使用10年以上;拖拉机2台,价值2万元;农具若干,价值0.5万元;农用运输车辆1辆,可使用6年以上,价值10万元。农业生产投入还包括种子花费等农资投入、雇工工资、水电开销等,粗略估算,该家庭农场前期投资达200万元。此外,丁建成种植的50亩蔬菜曾经遭受过一次风灾,受灾面积为10亩,造成了大概3万元的损失。丁建成表示农场需要保险,但是当地没有这样的农业保险。

二、运营阶段收益情况

由于2014年10月份农场才正式开始运营,因此有些地块处于建设状态,还没有收获。截至2016年,面积50亩的蔬菜收获量为50万斤,已经全部销售,售价为每斤0.9元,销售收入为45万元;收获了20亩的水果12万斤,尚未销售。由于还未与上、下游的厂商建立联系,所以目前农场的销售去向比较单一。农场应该积极拓展自己的销售渠道,建立自己的议价能力，与上游农资供应商保持良好的关系，降低自己的生产成本，从而增加收入。

该家庭农场的建设需要大量的投资，粗略估计需要200万元。这些资金主要来自丁建成的自有资金，没有进行银行贷款。截至2016年丁建成负债5万元，其中一半是上游供货商的应付款，另一半是工人的工资。

由此可知，家庭农场在建立初期，投资远远大于收益，需要几年之后，农产品才可正常收获、销售，家庭农场才能取得不错的回报。因此，资金对于像丁建成这样的家庭农场来说是发展过程中最为重要的因素，资金短缺、筹资困难也是经营主体在发展过程中最棘手的问题。因此，为了更好地发挥新型农业经营主体在农业现代化发展中的重要作用，政府部门需要采取一些有效措施，从而保障、激励其健康成长与发展。

F14　山东临沭县有祥家庭农场：家庭农场的发展经验

当前，农村劳动力大量向城镇和非农产业转移，常年外出务工人员占农村劳动力总数的42%，农村经济社会正在发生深刻变化，尤其是长期以来形成的自给半自给的小农生产受到严峻挑战，农业农村经济发展面临着"谁来种地、怎样种地、如何增收"等突出问题。家庭农场对于农业适度规模化发展、现代化经营有着十分重要的示范作用，位于山东省临沂市临沭县的有祥家庭农场就是一个典型的例子。

一、基本情况

有祥家庭农场主要经营的是粮食种植业，农场现阶段的基本情况如下。

（一）农场的经营规模、用途及土地的来源

农场的经营土地面积是300亩，土地是集中连片的发展模式。其中农场的主要土地流转方式是通过村集体租赁，每亩的租赁价格是300元，租赁合同年限为10年。有祥家庭农场经营资金的主要来源是自筹资金和民间借贷。

（二）要素投入：人力、资本与技术投入情况

有祥家庭农场的规模较大，种植的是玉米和小麦，机械化程度较高，故无须雇用劳动力。正常情况下都是自家投工，除非在每年农忙时节雇用临时劳动力，每人日工资在100元左右。在要素投入方面，该农场目前最大的发展困境是：扩大规模缺乏资金。现阶段，由于土地抵押贷款制度的不完善以及商业银行体制的原因，农民抵押贷款十分困难。在技术方面，农业局的科技人员会定期给农场进行技术指导，效果也很不错。

（三）收益情况与利润分配

农场每年的总收入约为24万元，其中土地流转以及土地租赁费用9万元，农业投入品费（主要包括种子、化肥、农药等）约8万元，农机具购置费用达5万元，雇工费用0.5万元。由于该农场刚刚进入试营阶段，所以目前每年净利润多用于购买农机设备，还处于收回成本阶段，净利润较少，但是家庭农场所发挥的作用是巨大的。

二、主要经验

（一）加速了土地流转

随着工业化、城镇化进程加快，农村青壮年劳力短缺、新生代农民不愿回乡务农，农业劳动力素质下降，"谁来种地"成为当前农业发展所面临的现实问题。通过大力培育新型农业经营主体，引导土地向种粮大户、农民合作社、家庭农场集中，让更少的农民种更多的地，找到了

破解这一发展难题的答案。

(二) 优化了社会服务

农业生产向专业化分工、社会化协作的转变，对农业社会化服务提出了强烈需求。目前，农村集体经济比较薄弱，普遍缺乏为农民提供"统一的"服务能力，公益性服务供需衔接不紧密，服务机制尚需健全。新型农业经营主体领办或合办社会化服务组织，在产前、产中和产后各环节为农户提供专业化、市场化服务，"让农民轻轻松松种田"成为破解"怎样种地"难题的发展之路。

(三) 转变了发展方式

一是走规模经营之路。在新型经营主体的带动下，农业经营方式迅速由分散的家庭经营向集约化的适度规模经营转变。二是走高效农业之路。不少新型经营主体特别是家庭农场采取"种植+养殖""种植+养殖+加工+休闲"等高效立体农业模式，提升农业发展水平。三是走组织化经营之路。新农户家庭经营，多数仍属于分散经营，存在着"小生产"与"大市场"的矛盾。新型农业经营主体把分散的农户组织起来，建立有规模、有组织、有科学管理的合作形态，提高了应对市场风险的能力，增强了市场竞争力。

(四) 推进了标准化生产

为促进可持续发展，新型农业经营主体普遍重视质量安全，他们将分散的农户组织起来进行生产，统一生产资料供应和技术规程，实现全过程、全产业链的质量管理，建立"从产地到餐桌"的质量追溯制度，为保障农产品质量安全奠定了基础。

三、当地政府扶持政策情况

为了推动家庭农场的快速发展,当地政府在政策引导、财政扶持、配套服务等方面出台了一些相关扶持政策,较好地带动了农业经营主体的发展壮大。

(一)政策引导方面

当地政府先后出台了《关于加快农业产业化发展的若干意见》《关于进一步促进农民专业合作社快速健康发展的意见》等文件,在资金、税收、水电、土地、登记管理等方面,为新型农业经营主体提供了优惠政策。

(二)财政扶持方面

为认真落实国家强农惠农政策,当地农业局加强与财政、农机等部门的协调,及时向种粮大户兑现种粮直补、良种补贴、农资综合补贴和农机具购置补贴等,并结合县情积极向上争取农业基础设施建设项目和资金,在项目的规划和资金的扶持上重点向种粮大户倾斜,从项目、资金、技术等多方面扶持种粮大户。

(三)配套服务方面

农业部门为新型农业经营主体提供全程服务,农机部门优先配置农机具,工商、民政部门赋予新型农业经营主体法人地位,金融部门给予信贷支持,涉农部门在项目扶持上重点支持新型农业经营主体。当地农业部门每年定期开展针对农民合作社和种粮大户农业生产的技术培训,并在农业生产的关键时期为农民合作社和种粮大户提供技术咨询服务,指导粮食生产。

F15　山东沂水县天缘家庭果品种植农场：订单农业提高家庭农场效益

"家庭农场"是一种新型的具有中国特色的农业生产模式，可以有效降低小户、散户的比例，提高农业生产效率和现代化水平。家庭农场在近几年的发展中逐渐显示其优势，订单农业开始兴起。家庭农场在发展过程中通过订单农业能更好地适应市场需求，避免盲目生产，从而可以提高其农业生产经营效益。位于山东省临沂市沂水县沂城街道办后善疃村的天缘家庭果品种植农场就是一个典型的例子。

一、基本情况

武传新是天缘家庭果品种植农场的农场主，于2012年开始经营家庭农场，在2014年3月完成工商注册。经营土地总面积为117亩，土地于2012年一次性转入，租金为每亩每年1000元，租金用现金支付且一年一付，每年需支付租金11.7万元。主要种植苹果，同时种植少量其他的水果品种。发展到现在，武传新认为制约自己当前发展的主要因素是土地规模过小，土地流转难。其个人认为经营200亩是最理想的，武传新希望将来能够流转更多的土地，扩大经营规模。

目前该家庭农场处于盈利阶段，2015年农业生产经营收入30万元,支出 27 万元。整体盈利能力较前两年要好一些。武传新与妻子共同参与农场的生产经营全过程,从事果品生产的主要原因是种植果树可以挣钱且销路稳定。

二、主要经验

该农场发展到现在,主要的有利因素为以下几点。

(一) 生产规模化

2012 年流转入土地 117 亩,集中成片,可进行集约化生产管理,进而可形成规模化经济效益。

(二) 农场主人脉较广

据了解,武传新本人的很多大学同学在胜利油田任职,对其经营家庭农场有很大的帮助,目前生产的所有果品均销售给胜利油田,形成了订单农业。该家庭农场不仅不用担心果品的销售问题,且销售单价高于市场价格,极大提高了农业生产效益。

(三) 个人能力强

可以说,武传新在经营家庭农场过程中也起了很大的作用,从建立家庭农场、土地流转、果树种植到日产管理再到果品销售,无不需要农场主的细心管理和照料。

2015 年以种植苹果为主,种植面积 80 亩,收获 30000 千克,出售价格为每斤 5.8 元(市场价为每斤 4.5 元),全部出售给当地的胜利油田,种植的少量桃以及樱桃全部免费供应给胜利油田。就其苹果种植来说,2015 年花费如下:苹果树树苗当时全部由政府提供,化肥用量为

20吨，花费7万元；农家肥用掉25吨，花费2万元；农药费用为3000元，排灌费为8000元，燃料动力费为2000元，无其他费用。2015年果树遭受了一定的风灾，涉及20亩地，收入减少约3.5万元。

该经营主体最显著的特征为组织化，目前处于起步期。在家庭农场经营过程中，农场主的个人才能所起的作用尤为突出。由于该农场主接受过高等教育，相对于一般家庭农场经营者眼界较宽，他建议将来家庭农场要走绿色道路。从该案例中可以看出，新型农业经营主体的个人文化素质对其经营方法以及人脉等方面都有重要影响，像武传新这种家庭农场产品定向供给固定企业的形式值得研究和推广。这不仅可以保证家庭农场的生产效益，也可为企业减少采购成本，可谓是农企双赢。因此可以加强类似家庭农场与企业的交流和对接，合作互助，通过订单农业来建立家庭农场和企业的合作伙伴关系，提高农业现代化水平。

F16　河北平乡县种植大户董丙坤：农村金融实践受益者

在规模化、现代化农业生产经营过程中，资金短缺的问题是限制新型农业经营主体发展的主要原因之一。农户对于资金需求程度和使用方向不一，致使金融产品缺少标准，难以统一。同时，农民借贷缺少有效的抵押证明，也缺失信用记录，农户的信用水平和偿贷能力都令人担忧。加之目前农村普惠金融发展门槛高、缺乏市场推动，使得资金问题一直是困扰农业现代化发展的重要因素。

一、基本情况

如今的土地确权制度成为农村金融的助燃剂。2014年，平乡县被农业部确定为河北省第一个农村土地承包经营权确权登记颁证的整县推进试点县。平乡县通过建立县农村土地承包经营权流转交易中心、乡镇土地流转站、村土地流转服务点，开展土地流转、信息发布、流转合同规范和颁证等工作。截至2015年8月，全县253个村土地承包经营权确权登记已有163个村完成或基本完成。在确权的基础上，平乡县制定了抵押贷款扶持政策，健全产权收储、规避抵贷风险机制，农户或其他法人在不改变土地占有和农业用途的条件下，土地承包经营权证或土地经营权流转证都可作为抵押申请贷款，其地面附着物包括温室大棚、苗木果树、鱼塘、猪舍、牛棚、鸡舍等一并估价抵押。河北省平乡县董庄村种粮大户董丙坤就是农村金融实践的先行者和受益者。

董丙坤是村里的村委会主任，在2012年被评为"全国种植大户"。在工业化迅速发展的河北平乡，董丙坤流转村民家中近荒废的土地，用机械化种植手段，辅以科学种植技术，注册弘神家庭农场，实现小麦、玉米规模化经营，年收入逾百万。其发展中的经历与经验值得了解和借鉴。

2004年，董丙坤以每亩地400元的价格转入土地1100亩，加上此前转入的300亩土地，董丙坤开启了规模经营的农业生产之路，主要种植小麦和玉米。2014年初，董丙坤注册了弘神家庭农场，流转土地达到1860亩，每亩地承包费平均为580元。2015年，其家庭农场收获小麦108万千克，玉米130万千克，全年实现营业收入400多万元，支出总计300多万元，净利润100多万元。

在支出方面：小麦和玉米的种子共花费21万元，化肥支出36万元，农药支出83万元，租赁机器作业费共计37万元，燃料动力费40万元左右，购买保险支出2万元，工资支出20万元。不难发现，弘神家庭农场一年开销大，资金需求大，所以农村金融发展对于像董丙坤一样的规模化经营主体来说尤为重要。董丙坤于2015年用620亩流转土地的经营权证书，从邢台银行平乡支行拿到20万元贷款，贷款年利率为9.36%，期限为5年。对于年经营支出近200万元的董丙坤来说，20万元杯水车薪，但毕竟迈出了经营权抵押贷款的第一步，实属不易，而未来农村金融的发展也是让人充满想象空间。

邢台银行小企业部副总经理赵英豪表示："农村土地经营权抵押贷款风险防范机制的建立，促进了农业生产适度规模经营的发展，实现了农民和金融机构双赢。"平乡县农工委副书记霍新广也介绍："截至

2015年7月份,平乡县农村产权交易中心和4家金融机构开展土地经营权抵押贷款业务,共受理申请抵押贷款20笔,涉及金额470万元,已发放11笔计150万元,还有9笔正在办理或审查中。"

二、主要经验

董丙坤的成功生产经营离不开以下几点。

(一)科技兴农是规模经营的不竭动力

董丙坤种地所得中,农业科技因素占了30%以上。他所经营的农场被平乡县列为玉米试验示范基地。通过农业局的技术人员到农场指导,农场采用了贴茬播种、测土配方施肥、秸秆还田、合理密植等一系列技术,化肥实现定点生产,种子全部选用优良品种,提高了耕地的综合生产能力。

同时,为提高劳动效率,董丙坤的农场实施机械化种田。承包地内仅雇用12个长期工人,从整地、播种、打药、收获全部采用机械操作,生产成本大幅降低。此外,农场种植的伊葵3号油葵等90天早熟新品种,既增加了经济收入,还不影响玉米种植。2015年,油葵平均单产达到260千克,小麦平均单产达到460千克。十几年来,董丙坤累计向国家出售粮食1000万斤,2012年纯收入达100多万元。

(二)土地流转政策支持是种植大户的定心丸

像董丙坤这样的种植大户,规模经营的前提是土地流转政策的支持。2014年中央"一号文件"提出要保持农村土地承包关系长久不变,同时要求对农民承包的土地进行全面的确权登记颁证。完善后的土地承包政策等于给承包大量土地、搞规模化经营的"种粮大户"们吃了定心丸。此外，2014年11月20日，中央印发《关于引导农村土地经营权有序流转 发展农业适度规模经营的意见》（以下简称《意见》）。文件提出，以经营规模适度为目标促进粮食增产与农民增收；以农户家庭经营为基础积极培育新型农业经营主体；以尊重农民意愿为前提引导土地规范有序流转；计划用5年左右时间基本完成土地承包经营权确权登记颁证工作。

（三）土地确权制度下的农村金融发展

国家政策背书使家庭农场的土地流转利益得到保障，同时完善的确权登记制度也为农村金融的发展注入新活力。在规模化经营过程中，农户资金短缺的问题是限制发展的主要原因之一。而由于各地农户对于资金需求程度和使用方向不一，致使金融产品缺少标准，难以统一。同时，农民借贷缺少有效的抵押证明，也缺失信用记录，农户的信用水平和偿贷能力都令人担忧。农村金融市场虽有想象空间，但缺乏现实发展的动力。

确权是为了赋予农民更加有保障的土地承包经营权，稳定农村土地承包关系。在此基础上开展的土地经营权抵押贷款试点，为进一步拓展土地承包经营权权能进行了有益的探索。此外，农村产权制度改革还催生了农村金融创新。河北省在农村改革试点区推出了致富流转贷、林果贷、家庭农场贷、农宅贷、农村土地承包经营权流转质押贷款等多种金融产品，重点支持新型农业经营主体在土地流转、农机具购置、农田水利、大棚设施等方面的投入。

F17　河北临城县俊恒农业种植园：绿色农业经营的双赢

随着传统农业的获利空间越来越小，新兴生态农业正焕发出勃勃生机。从需求方来看，随着人们物质生活水平的提高，需求层次也有所提升，温饱已经不能满足很多人的需求了，现代人更多追求的是健康绿色的生活。位于河北省邢台市临城县西竖镇东竖村的俊恒农业种植园就是典型的绿色农业经营的例子。

一、基本情况

2015年4月，陈俊奇成立了自己的农业种植园，专门从事双孢菇的生产。双孢菇种植虽然才刚刚起步，没有任何盈利，但是陈俊奇却对自己的种植园十分有信心。初期建设已经投入80万元，预计第一批收获时可以获得收入5万元，虽然处于亏损状态，但是基于之前所了解的一些发展潜力，陈俊奇有信心在未来5年内回本。首先是因为种植园所在地东竖村的自然条件得天独厚，丘陵地形并不会对大棚内培养的食用菌类种植产生太大影响，相反，这种地形在迎风坡往往会带来充沛的降雨，使得土地十分湿润，除此之外，昼夜温差大，温度比较适宜，这些自然优势使得种植园有非常好的菌类种植基础。其次，陈俊奇认为在当地政府支持项目转型的大形势下,绿色农业的发展前景十分乐观。再加上当地人本身对双孢菇非常认可,所以未来种植园的市场前景应该很好。

二、经营情况

俊恒农业种植园绿色农业经营主要体现在以下几个方面。

(一) 占地面积小

俊恒农业种植园总体经营面积只有 25 亩,其中 10 亩土地是流转过来的,剩余 15 亩是陈俊奇自己的土地。通过在地面上搭建起 6 个 4 米高的种植棚,使得实际种植面积大大增加。每个棚的占地面积大约有 300 平方米,但是,由于棚内还有自己用竹竿架搭建的 6 层种植层,所以每个棚总的种植面积就能达到 1200 平方米,比平地面积多出 3 倍有余。

(二) 生产资料绿色环保

每个棚里需要用竹竿搭建起种植层,每层架子上先铺一层渔网防止种子洒落,再均匀地覆盖上一层玉米棒作为菌种生存的主要空间,然后在玉米棒的上面撒上菌种,之后覆上一层薄薄的土,这样就完成了初期的播种工作,这期间零零碎碎的材料费用,每个棚能达到 5 万元。由于双孢菇种植过程中需要经常通风,所以每个棚必不可少的便是排风扇和小窗户,最后用草苫、毛毡覆盖搭建棚顶,再用一层塑料薄膜将其封严,让阳光照棚温度升至 60 摄氏度以上,以杀死棚内的虫子和病菌,这样就大致完成了双孢菇种植大棚的建设工作。

(三) 产品健康绿色

食用菌类这种对身体十分有益的绿色食品的市场潜力巨大,而双孢菇恰恰是具有高营养价值的保健食品，不仅可以降血脂、降血压，还可以化痰理气，调节神经功能。

东竖村地处山区丘陵地带，大面积的土地比较少，类似于双孢菇种植这种小面积集约经营的产业十分适合当地情形。再加上村内养殖牲畜的也比较多，平时牛粪、鸡粪等污染田地，给百姓生活带来一定危害，而双孢菇等食用菌的种植恰恰需要这种天然有机肥料，一定程度上可以减轻这些粪便给环境和生活带来的危害。由于自然条件不是特别好，沙地农田水分易流失，种麦子还未等麦穗长饱满就被风干，收成极差，所以农业相对落后，导致东竖村的经济发展在临城县处于低等水平，是典型的穷村。但是这种绿色农业的经营模式让农户看到了希望，不仅有利于缓解环境问题，还能随着规模的扩大不断促进农民增收，实现经济效益和生态效益双赢，是典型的利农好产业。如果俊恒农业种植园日后能走向成功，祖祖辈辈种植小麦、玉米的山区农民就有了新的致富希望，这将对东竖村未来农业发展导向产生颠覆性的影响。

F18　安徽宁国县万福林凯家庭农场：土地流转制度改革下的发展

农村土地过于零散、土地管理制度不完善、流转土地烦琐等问题制约了新型农业经营主体的发展，而土地流转制度是解决家庭农场规模化问题的主要手段。2013年中央"一号文件"首次提出发展家庭农场等新型农业经营主体，以规模化、集约化、商品化的农业生产富裕农民，基于我国家庭农场模式推进的现状，需要依靠完善的土地流转制度来实现。位于安徽省宣城市宁国县竹峰办事处的万福林凯家庭农场就享受到了土地流转制度改革带来的便利。

一、基本情况

万福林凯家庭农场是一家以果树种植为主，辅以养殖的农家乐类型的家庭农场。农场主尹作林是港口湾水库建设的移民，为了能够增加家庭的收入，提高生活水平，承包了两大片土地，发展以果树种植为主的家庭农场。2016年一共拥有260亩山地，其中200亩主要用来种植果树，种有李子、桃、梨和杨梅等多种果树；另外还有50亩地种植早笋，10亩地种植用材林，还有2亩地的小鱼塘。

万福林凯农场的经营方式和传统的果园不同，水果的销售不是通过向商贩批发的方式来获益，而是通过一种家庭农场的形式来获取收益。农场以水果为主吸引游客的到来，辅以鱼塘和养殖的鸡，发展垂钓和农家餐饮。再加上农场建在山上，自然风光优美。每年水果丰收的季节，农场就会吸引大批的游客到来，体验自助采摘，烹饪自己垂钓的鱼以及农场绿色生长的土鸡，这些东西对来自城市里的人都有很大的吸引力。

二、经营情况

尹作林当时承包土地开设农场的原因主要有三个：第一个是当时的水果市场行情比较好，他觉得种植果树可以有好的收入；第二个重要的想法就是，当时尹作林很想提高家庭的收入水平，让家人生活得更好，家庭农场是一个不错的选择；第三个原因主要是尹作林有种植果树方面的一些经验，他认为种植果树是自己熟悉的事务，经营起来相对来说更有把握。尹作林共有260亩地，以不同形式分两次承包，两片地并不连在一起。

第一次承包是在1995年，以土地入股的形式获得，共获得130亩山地，最后的分红是二八分成。当时没有土地交易所，土地入股需要得到政府的批准、公证处公证。入股的时间是30年，采取此种方式获取土地主要是学习了其他地方的做法。

第二次承包是以承租的方式获得，时间是在2002年，以每亩地租金500元的价格共获得138亩土地，租期是30年。土地承包也是政府批准，在公证处公证作保，并有书面合同，租金以一次性的方式付清。2016年土地流转的价格是每亩2000元左右。

由于流转过来的土地规范且租期稳定，尹作林较为放心地花较多成本进行过一些整治，是为了让农场能够更好地增加收入。自己出钱对土地进行过一次平整，总共花费了20万元；自己出钱建设田间道路，花费 5 万元；自己出钱改良土壤总共花费 20 万元。他听说过"承包权、经营权和所有权"三权分置的说法，并且认为承包过来的土地应该可以抵押贷款，他也很愿意进行抵押贷款。但到目前为止，农场的资金并不是最大的问题，所以还没有贷过款。

农场截至 2016 年每年纯收入在 30 万元左右，毛收入能达到 80 万元，共支出 50 万元，具体包括人员工资，每年支出 10 万元左右，其他花费主要是农场维护和自家投工的分红。收入来源主要是 500 亩果树通过游人采摘的方式获得收益，每年 5 月份到 9 月份是水果销售的旺季，每年销售大约 10 万千克，每千克售价 10 元到 12 元。50 亩早笋种植，销售旺季在 2 月份到 4 月份，每年销售 1 万千克，每千克价格是 10 元，早笋的销售方式是批发给市场，每年的收入是 10 万元。另外还有 5000 只鸡和 2 亩地的水塘，收入分别是 3 万元和 1 万元。种有 10 亩地的用材林，但是目前还未产生收益，属于周期比较长的投资。整体的盈利能力相较以前要好一些。

土地流转制度的改革使得像尹作林一样的农场主能够进行规模化生产经营，进而取得规模效应。可以说，土地流转制度的改革是新型农业经营主体成长发展的基础，也是现代化农业发展的关键。

F19 安徽广德县田氏农丰家庭农场：
敢于创新，科学创收

全民创新，万众创业是党和国家对于年轻人自主创业的号召。随着新型城镇化建设的不断推进，不少年轻人选择返乡创业。在土地流转制度的改革和新型农业经营主体的不断推进过程中，不少人选择农业领域进行创业。位于安徽省宣城市广德县桃州镇苏党社区的田氏农丰家庭农场就是典型的例子。

一、基本情况

田氏农丰家庭农场的农场主叫田骏，33岁。从2010年开始进行农业生产，2013年注册了家庭农场。田骏的父亲开了一家农资供应商店，这为田骏的农业生产带来了很大的便利，同时也是他放弃外出工作，回乡创业、从事农业生产经营的重要原因。

2016年该农场一共经营土地500亩，2010年流转租入380亩土地，2011年流转租入了120亩，租金每亩每年均为500元。该农场流转土地要向镇政府、村委会、村里的小组申请审批，同意后签订书面合同并由村委会担保方可向村民、村集体流转租入经营土地，租金为一年一付。田骏租入土地的期限是10年，他认为自己流转土地生产经营期限不能少于5年。他说四五年前流转土地还比较容易,现在要流转土地稍微困难一些,并且土地租金也会比以前高。

以田骏的精力和能力,经营500亩土地是比较合理的,也就是说,他目前的生产规模是比较理想的。家庭农场规模并不是越大越好,目前的500亩能实现每亩每年250元的利润,他认为不能少于300亩,否则就不能产生规模效益。受访者所经营的500亩土地,均经过了地块平整、水利设施的修缮、田间道路的修建以及土壤的改良。其中前三项由政府出资,政府花费约50万元,最后一项由农场自己出资,花费约5万元。

二、经营情况

2015年该家庭农场营业收入约97万元,合计支出80万元,净利润约17万元。盈利能力相比于前两年同类经营主体稍微好一些,这与受访者经营农资商店有很大的关系。除此之外,田骏较年轻,懂得一些农业经济、管理方面的知识,能够较好地选择最合适的生产规模、雇用人工数量等。该农场500亩小麦可收获20万千克,销售均价为每千克2.36元;500亩水稻可收获25万千克,销售均价为每千克2.7元。小麦、水稻均销售给当地镇上的储备库,价格比商贩来收购每千克高约1~2分,但是储备库对收购的粮食有质量方面的要求,该农场种植的水稻、小麦品质都较为上乘,因此小麦、水稻均一次性销售给储备库。稻、麦总花费包括种子8万元、化肥10万元、农药5万元、机械作业37万元、其他支出2万元(包括每亩约4元的保险费)。

农场主田骏还加入了一个叫盛源新能源的合作社,该合作社由企业领办,4个种田大户均出资15万元入股。该合作社有专门的秸秆粉碎机、颗粒机等相关设备,将秸秆和木屑等生产废料加工成清洁的燃料销售给酒店等。合作社以每斤5元的价格收购秸秆，这不仅可以帮助农户解决秸秆处理的问题，从长远来看，也是一种环保的收入可观的行业。秸秆问题对稻、麦种植户来说一直是较为头疼的问题。如果将秸秆直接还田，靠自然生物的分解，秸秆很难真正降解，就算通过一些化学药物来帮助降解也需要一定的期限。而秸秆的焚烧无疑对环境是一种很大的污染，且焚烧秸秆是不允许的。将秸秆加工处理后制作成清洁燃料无疑是一种十分环保、科学的方法，不仅解决了秸秆处理的问题，也给农户带来了一笔可观的收入，此外还能带动相关环保产业的发展。2015年合作社分红2万元，再加上合作社收购农场的秸秆，不出几年就可以把田骏投资入股的15万元翻本，并且有长远的收益。

　　田骏较年轻，从事农业生产不受传统观念的束缚，敢于创新、敢于投资，会管理，有一定经济知识，懂得控制成本、根据成本收益调节生产规模，寻找最适规模，因此一年农业收入不菲。由此可见，农业生产经营管理领域也是年轻人创业施展才能的一个很好的平台。中国农业未来还有很多可创新发展之处，需要像田骏一样的年轻人来开拓。而家庭农场这种经营方式是目前中国农业多种新型经营主体中被认可度较高的一种。寻找最适生产规模，自己负责管理，家人或雇工来进行直接生产，基本实现机械化，是提高收益、降低成本的重要途径，也是家庭农场发展的大趋势。

F20　安徽宁国县宁国苗木农场：探索创新家庭农场发展之路

家庭农场既是家庭经营主体，又是规模化农业生产经营主体，它是一种重要的现代农业微观经济组织。市场经济的发展客观地要求农业生产经营必须实现规模化生产、商业化经营，同时在农村土地流转加快推进的背景下，家庭农场将会成为一种重要的新型经营主体。应不断探索和创新家庭农场发展道路，其发展成果将会成为新型农业经营主体的重要组成部分。位于安徽省宣城市宁国县的宁国苗木农场就是典型的例子。

一、基本情况

杨俊在经营家庭农场之前是政府园林部门工作人员，由于自身喜爱创新加之勇于尝试的个人精神，他毅然从园林部门辞职，选择经营家庭农场来创业。1993年他从当地部门的山头流转了37亩地，开始了苗木种植生涯。因为之前从事园林相关工作，所以种植起苗木来得心应手。再加上能够获得不菲的报酬，让杨俊更有动力。1999年，杨俊又流转了85亩。到了2009年，苗木市场越发景气，所以他又流转了176亩。2012年，杨俊继续流转了209亩。至此，杨俊的农场初成规模。因为是不平坦的山头，这些土地的租金并不贵，平均价格在每亩 300 元左右。

二、运营情况

（一）土地治理与改良，保障生产

苗木种植，一共花费了 45 万元用于地块平整。苗木需要灌溉，可是要将水从山下引到山腰并不是一件容易的事情，为此，杨俊花费了近 25 万元建造灌溉系统。此外，山上的土壤并不像农田里的一样肥沃，杨俊需要从山下运农家肥和复合肥来山腰改良这些土壤。为了完成这些必需的基础设施建设，杨俊到 2016 年还欠银行 100 万元的贷款，而且这些贷款的取得那么容易，流转来的土地的经营权目前并不能在银行获得贷款，需要第三人担保才可以获得。

（二）政府奖励与扶持，增强信心

2014 年，杨俊的农场共获得 100 多万元的利润，不安现状的杨俊意识到这两年苗木市场的不稳定因素太大，所以他在自己的农场又开始尝试鸭子养殖和山羊养殖。政府奖励了杨俊 10 万元的现金，同时赠送给杨俊很多复合肥。这些奖励既是对杨俊的一种肯定，又是对杨俊的一种激励。杨俊的农场面积大，种植苗木数量多，在宁国的苗木农场中起到先进带头模范作用。政府也很关注杨俊的农场，希望他可以越做越好。

（三）情怀培养与形成，留住人才

杨俊的儿子 2016 年大学刚刚毕业，他从小在农场里长大，对农场有着深厚的感情，所以毕业后并没有留在城市里工作，而是回到了这个带给他美好记忆的农场里。如今,杨俊的儿子不仅负责苗木销售,而且还负责农场的会计工作。在不需要出去与顾客联系的日子里,他也会到基地来做一些苗木的保卫工作,因为他是真的爱这片土地,爱这片农场。

杨俊的农场目前正处于一个良好的发展期,相信以杨俊对农村以及农业的热爱,加上他对苗木的了解,对先进的农业思维模式的不断探索和创新,农场一定可以越做越好,同时也可以作为其他新型农业经营主体发展的榜样。

F21　安徽广德县华阳水稻种植家庭农场："家庭农场+合作社"模式优势

"家庭农场"的概念起源于欧美，在我国，与"专业大户"的概念类似，其是指以家庭成员为主要劳动力，从事农业规模化、集约化、商品化生产经营，并以农业收入为家庭主要收入来源的新型农业经营主体，在某种程度上可以说是专业大户的升级版。在党的十七届三中全会的报告中，首次提出了家庭农场经营模式。2013年，"家庭农场"的概念首次在中央"一号文件"中出现，即鼓励和支持承包土地向专业大户、家庭农场、农民合作社流转，从而进一步促进了家庭农场在各地区的兴起和发展。

一、基本情况

安徽省作为我国的粮食大省之一，其于2013年率先出台了《关于培育发展家庭农场的意见》，并在发展家庭农场方面取得了十分显著的成效。作为发展家庭农场的先驱，安徽省的相关鼓励政策和措施极大地促进了当地土地向家庭农场流转，并在很大程度上提高了农民的收入水平。家庭农场和农民合作社是新型农业经营主体的两个重要组成部分，"家庭农场+合作社"的发展模式能更好地发挥两种经营主体的优势，促进现代农业的发展。位于安徽省宣城市广德县桃州镇白洋村的华阳水稻种植家庭农场就是典型的例子。

华阳水稻种植家庭农场的主要特征是集约化和家庭经营,这也是家庭农场的普遍特征。由于该农场以水稻种植为主,所以土地在家庭农场的发展过程中发挥了关键的作用,而关于农场增收的原因主要有以下两点。

一是华阳水稻种植家庭农场通过与其他家庭农场合作成立合作社,共同出资引进粮食烘干设备,建设粮食烘干基地,降低了粮食的烘干和储藏成本,并且也减少了粮食的损失,保证粮食能够及时销售出去;二是农场的粮食由县粮食储备库收购,不仅保证了销路,而且提高了粮食的销售价格。

二、生产经营情况

2014年,华阳水稻种植家庭农场的成本与收益情况如表F-1所示。农场的收入合计为187.07万元,支出合计为161.78万元,纯利润是25.29万元。水稻收入在总收入中占绝大部分。土地租赁费、劳动力及机械费、生产资料费用支出都较大,尤其是土地租赁费,在农场的总支出中所占比例最高。

表F-1　　　　　　　　2014年家庭农场的收入支出情况

项目	数量（单位：吨）	收入（单位：万元）	支出（单位：万元）
稻谷	426.20	119.336	
小麦	159.04	38.169	
油菜籽	57.97	29.565	
土地租赁费			54.684

续表

项目	数量（单位：吨）	收入（单位：万元）	支出（单位：万元）
管理费用			10.266
劳动力及机械费			43.528
生产资料费			50.052
销售费			3.25
合计		187.07	161.78
利润		25.29	

农场主杨世传还领办了一个专业合作社，即新农民水稻种植专业合作社，拥有5个社员，全部是家庭农场。合作社每年会聘请技术人员来帮助家庭农场解决技术方面的难题，每年支付给技术人员4万元。散户也可以从合作社得到技术服务，合作社的技术服务大约覆盖了400户粮食种植户。除了帮助社员烘干和销售水稻，合作社也为散户提供粮食烘干及销售服务。合作社租用了县粮食储备库500平方米的土地，投资100余万元购置烘干机9台，建立了自己的粮食烘干基地。合作社还通过为非社员提供稻谷、小麦等农作物烘干代加工业务，取得了很好的收益。一般情况下，合作社为非社员烘干粮食，每100斤收取5元服务费。合作社社员的粮食及其收购的粮食将全部销售给县粮食储备库（见表F-2、表F-3）。

表F-2　　2014年社员及非社员通过合作社销售的粮食产量

项目	水稻销售量（吨）	小麦销售量（吨）
散户	1000	500
社员（家庭农场）	1800	700

表 F-3　　　　　　合作社与普通农户粮食单产和单价的比较

项目	水稻 单产（斤/亩）	水稻 单价（元/斤）	小麦 单产（斤/亩）	小麦 单价（元/斤）
普通农户	900	1.12	400	1.10
合作社	1000	1.38	500	1.18

"家庭农场+合作社"的发展模式，能够充分发挥家庭农场和合作社各自的优势，既能提高生产经济效益，又能互帮互助，共同提高，是现代农业发展的重要形式。

F22 安徽宁国县世京果园家庭农场：依托家庭农场发展休闲农业

利用农业景观资源和农业生产场景条件，深度开发农业资源潜力，依托家庭农场发展休闲农业是促进城乡一体化发展的一种新型现代化农业发展模式，不仅能够发展现代农业，更能给生产主体带来不菲收入。位于安徽省宣城市宁国县的世京果园家庭农场就是典型的例子。

一、基本情况

宁国世京果园家庭农场由当地村民彭世京投资建设，主要进行蔬菜、水果种植以及畜禽养殖。1996年，由于当地政府提倡土地流转，且当时的水果供应比较缺乏，于是彭世京开始流转土地种植果树，并于2002年开始进行林下养殖。2005年，世京果园家庭农场正式在工商管理部门注册成立。农场种植的果树主要通过体验采摘的方式进行销售，然而到2007年的时候，彭世京发现来自己果园采摘水果的顾客，没有可以吃饭、休息的地方。于是彭世京办起农家乐，为来果园体验采摘的顾客提供餐饮、住宿及休闲垂钓等各种服务，同年"世京"牌桃子、李子获得了有机食品认证。2008年，世京果园农家乐正式建成开业。

2014年7月，世京果园农家乐被评为全国休闲农业与乡村旅游四星级园区。

二、生产经营情况

（一）种养结合，品种丰富

农场占地共计600亩，其中有500亩土地是买断，80亩是农场主彭世京从农户手中租赁过来，另外有20亩是彭世京利用自己的土地与其他农户互换得来。对于租赁的土地，租赁期限是22年，租金为每亩300斤水稻，折现后则为每亩420元。农场流转的土地基本都是林地，让原有的树木继续生长作为观光用。此外，农场的果树占有林地150亩，具体包括桃15亩，李子15亩，柿子15亩，樱桃10亩，杨梅6亩，猕猴桃5亩，板栗10亩，梨10亩，此外还种植有一些野果子。养殖方面，农场主要饲养了黑猪、土鸡和鱼。黑猪采用圈养的方式，土鸡则是林下养殖，形成生态循环。世京果园农场有鱼塘5个，占地30亩，每个鱼塘约有2000条鱼；猪圈占地有3亩，共有30头猪，其中大猪有3头，小猪有27头；林下养殖的土鸡有3000只。在养殖业和种植业之外，世京果园农家乐的住宿、餐饮等基础设施占地也有5亩。

（二）体验消费，深得人心

世京果园农家乐是在家庭农场的基础上，利用农场的果园、林地以及养殖业等提供的休闲娱乐场所和餐饮服务等发展起来的。由于优美的自然环境和完善的服务设施，世京果园农家乐被誉为世外桃源。每年3月至11月在世京果园，顾客可以亲手采摘品尝到获国家有机认证的各类水果：樱桃、油桃、水蜜桃、布朗李、南方早熟梨、日本甜柿、特大无核罗盘柿、野生猕猴桃等。同时顾客可以自己捕捉、加工果园放养的正宗土鸡以及圈养的黑猪，亲手采摘农场种植的有机蔬菜，并且还能够进行水上垂钓、品尝山地的各种野味。世京果园农家乐的住宿条件也别具一格，不仅内部设施齐全，而且复古气息浓厚，房间里的衣柜、桌椅等老家具很有特色。

　　世京家庭农场的收入主要来自其提供的住宿、餐饮以及休闲娱乐等服务。2014年，农家乐的农业经营总收入约150万元，支出共计约120万元，其中工资性的支出有80万元，而服务业纳税有2万元。2014年农场收获李子15亩，销售15000千克，均价为每千克12元；收获梨10亩，销售9000千克，销售均价为每千克8元，主要以顾客体验采摘的方式销售。同年，农场土鸡的销售量有3000千克，销售均价为每千克60元，主要供应农家乐餐饮服务。

　　依托家庭农场发展休闲农业不失为现代农业发展的一种较好的运营模式，它为日益增长的乡村旅游需求、农家乐的发展提供了较为可行的路径。

F23 安徽广德县金龙山葛根家庭农场：因地制宜，发展特色农业经济

一、基本情况

位于安徽省宣城市广德县的金龙山葛根家庭农场依托当地独特的土壤结构和气候条件以及当地绝佳的自然资源形成了资源丰富的野生葛根生长区域，与金龙山葛业有限公司合作经营。该家庭农场负责葛根的种植和生产，安徽金龙山葛业有限公司负责加工出售。该公司作为金龙山葛根家庭农场的最大股东将依托其丰富的野生葛根资源，进行合理采挖，潜心研发，力争打造一个集产品研发、资源保护、健康养生、文化观光旅游为一体的中国最大野生葛根观光园。

2013年4月，广德县首个葛根家庭农场——广德金龙山葛根家庭农场注册成立，该农场由安徽金龙山葛业有限公司股东合伙投资，注册资金为200万元。该农场成立后，将依托广德县及周边地区丰富的野生葛根资源，总共流转土地100亩，带动地方旅游经济、农业经济、特色产业经济同步发展，大力促进地方农民致富、农村美好、农业兴旺。

2015年4月，广德县第二届茶叶文化节在日星茶城隆重开幕，家

庭农场种植该公司生产研发的"金龙山"牌野生葛根茶火爆展会。因为金龙山野生葛根茶具有降血压，改善血脂、血糖的神奇功效，而且汤汁浓厚，香味四溢，反复冲泡，茶汁不淡，已深受广大消费者的认可和喜爱，所以开幕式当天，展位呈现出火爆的销售场景，在所有参展企业中销售额遥遥领先，创下了良好的销售业绩。

二、生产经营情况

该农场2015年农业经营收入约为350万元，支出合计300万元，其中的工资支出约合60万元，剩下的全部用于打造品牌和更新设备使用，这为家庭农场长远发展奠定了基础，也为品牌推广、产品增值提供了可能。该家庭农场成功发展离不开以下几点。

（一）充分利用自然资源，因地制宜

葛根野生于海拔较低、气温较高的丘陵地区，喜温暖潮湿的环境。广德县的深山竹林地区十分适宜野生葛根生长。该家庭农场充分利用当地自然资源，负责葛根的种植和生产，并且取得了不错的收成。

（二）与企业合作，延长产业链

家庭农场负责葛根的种植生产，企业负责加工销售，形成了生产、加工、销售完整产业链，提高了其价值。

（三）注重品牌建立宣传，提高产品知名度和附加值

"金龙山"牌野生葛根茶创立、申报吉尼斯中国最大野生葛根王等都是对产品和品牌的宣传推广，品牌打响了，市场也就打开了，家庭农场的收益也就提高了。

（四）农场主个人能力

农场主张万林敏锐的市场眼光，较强的品牌宣传意识和对于农业生产经营的热情是家庭农场成功发展的重要因素。

家庭农场的发展离不开当地的自然资源和条件，只有依托当地独特的资源环境，因地制宜发展农业才能持久健康发展。

F24 安徽郎溪县陈秀文水产养殖家庭农场：生态与技术的结合

一、成立背景

陈秀文水产养殖家庭农场位于安徽省宣城市郎溪县毕桥镇，紧紧靠着美丽的南漪湖畔。当时村里有一片山杂草丛生，遇到南漪湖涨水时，洪水就漫到半山坡，一泡就是个把月。村民谁都不愿意种，可是陈秀文对这片荒山却"情有独钟"。1993年，他和妻子商量，包下了这100多亩荒山。自此，夫妻俩在远离村庄十多里没有人烟、没有灯火的荒山岗上"安营扎寨"，每天起早摸黑地在山上垦荒种树。5个多月后，荒山染上了绿色。陈秀文还在临近湖边的山脚下砌护坡，阻挡风浪，保护小树苗。6年后，小树苗长成了参天大树。陈秀文间隔砍伐了一些树，卖了8万多元钱。他没有舍得用这8万元来改善家庭生活，而是买了桂花树、茶花、红心蓝等名贵树种，继续栽种。就这样，陈秀文年复一年地在这片山上投资栽树。

二、生产经营情况

（一）水产特种养殖，节本增产

在植树造林的同时，陈秀文还瞄准了南漪湖边的600多亩荒水塘。

2000年，他与村委会签订了合同，大胆以每亩50元一年的价格一次性承包了600亩水面，一签就是10年。在湖边长大的陈秀文深知，必须走出传统养殖的模式，搞特种水产养殖，才能让产品走向大市场。于是，陈秀文利用得天独厚的资源优势，搞起了水产特种养殖。他在塘埂上种青草，在池塘里倒进鸡粪、猪粪，利用它们产生的藻类植物和微生物作为食物喂鱼。微生物和藻类植物对水质非常重要，不仅可以稳定水质，降低氨氮、重金属等有害物，还可以降低残饲在池底的积累，减少有害病菌的滋生，并且藻类植物和微生物可以进行光合作用，增加水中氧气的含量，有利于鱼类的生长。这样既省去了购买饲料的钱，降低了养殖成本，也能让鱼儿吃得健康营养，投入和产出比在1∶10以上，十分可观，这也是水产养殖户应该大力学习的地方。

陈秀文放养的桂鱼、草鱼、花白鲢等，成了市民的抢手货。拉一车鱼到城里的市场上，一个小时不到，鱼就销售一空，价格还高。陈秀文说名声大了，从鱼苗投放开始，就不断有商贩打电话来预订。而今，陈秀文将全部精力放在水产养殖业上，每年都能收获30多万元的利润，2015年市场销路一直不错，利润高达40万元。陈秀文觉得从事农业工作是一件很美好的事情，既可以改善家人的生活，也能守在家乡，不用出去打工。

（二）政府扶持与技术指导，稳定销路

特种水产养殖基地旁一排排垂柳随风飘动，柳梢轻点水面，引来鱼儿追逐。这些柳树都是2012年栽的，加起来有50多亩。它不仅美化绿化了环境，还给鱼儿遮阴挡阳。陈秀文自豪地说：水质好，生态美，鱼儿自然长得好。除了当地得天独厚的自然资源适合养鱼之外，水产品的市场价格一直比较稳定，销路也不错，当地政府也会经常提供帮助和技术指导，这是陈秀文能够成功的主要原因。当然，所有的成功一开始都

不是一帆风顺的，刚刚起步的时候，陈秀文面对的主要是资金难以周转的困难，于是他拿流转来的600亩鱼塘的土地经营权证作为抵押，在当地农信社获得为期6个月的20万元贷款以解燃眉之急。有了这20万元，陈秀文解决了购买鱼苗的难题。

经过二十几年来的打拼，陈秀文种树、养鱼致富的消息家喻户晓，四乡八邻的农民纷纷登门拜师学艺。陈秀文来者不拒，毫不保留地向他们传授种树、养鱼技术，提供各种有用的信息。在陈秀文的带动下，周边村子有植树大户200多户，养殖大户70多户。"生态种养，把握市场，勤劳创业"，这是陈秀文送给每个前来"讨教"者的致富经。陈秀文先后获得郎溪县农村致富带头人、全国农技推广科技示范户和市级先进家庭农场等殊荣，成为郎溪县水产养殖的领头人。

F25　安徽宁国县南山种草养畜家庭农场：生态循环促发展

安徽省宁国县南山种草养畜家庭农场于2003年1月22日在南山办事处高村、刘村村民组注册成立，成立之初主要经营毛竹种植，2013年开始养鸡。注册员工人数为4人，注册资本为10万元人民币。

一、成立背景

谈及当时办农场的原因，彭绍宏告诉我们，是因为当地的自然条件很适合种毛竹。宁国地处丘陵地带，山地土壤以黄红壤和红壤性扁砂土为主，少量砂壤，偏酸性，属于亚热带季风气候，平均气温15.4摄氏度，年降水量1400毫米，是一个非常适合种植毛竹的地带。另外毛竹的销量一直都不错，市场前景较好，是一个很有潜力的行业。随着国家越来越重视绿色环保的理念，人们纷纷发起绿色号召，彭绍宏也想尽一份绵薄之力，选择毛竹种植可以给城市增添一抹绿色。初期的发展并不是一帆风顺的，主要是资金短缺的问题，毛竹种植是一项投资回收期很长的工作，需要投入大量的人力物力，他只能以个人名义去贷款才解了燃眉之急。

二、生产经营情况

（一）生态循环养殖模式，生态经济效益双赢

2013年，彭绍宏看到别人都在发展毛竹林下养土鸡的模式，并取得了不错的成效，便积极购入5000只鸡仔，花费了2万元，同时花费6万元修建了养殖棚舍。养殖土鸡带来的经济效益可以弥补毛竹的不足，实现生态经济的双丰收。养殖的土鸡主要以青草、竹叶、昆虫为食，再适量喂些稻谷、玉米。可以省去饲料的钱，同时鸡在觅食中锻炼了肌肉，品质也会特别好。而且土鸡的排泄物也可以当作毛竹的有机肥料，促进毛竹的生长，鸡还能有效防治害虫，形成以草养鸡、以牧促林、以林护牧的生态循环。

彭绍宏看到林下养鸡带来的经济效益比单纯种植毛竹带来的效益多得多，而且速度也快，准备一直沿用这个方法。2015年一年的收入达到45万元，扣除各项费用30万元，其中工资支出6万元，农场的纯利润达到了15万元。在每年收获毛竹的季节，彭绍宏会雇用临时工人砍伐和运输，平时自己人在打理农场。因为毛竹没有什么储存要求，也省去了修建厂房、仓库的费用。毛竹每年都是一次性以每百千克700元的价格全部出售给毛竹加工厂，省去了积压存货的风险和多次销售环节损耗人力物力的费用。土鸡每年销售量达7500千克，以每千克7.5元的价格出售给农贸市场的商贩，供不应求。

（二）政府技术信息支持，扩销增效成果明显

开办农场以来，彭绍宏接受过政府提供的技术和相关农业信息支持，成效比较显著。同时他表示现在要扩大销售市场和打造自身品牌，

增加销售量，塑造良好的口碑，为日后扩大农场做好准备。与此同时，彭绍宏也会和周边的农户共同分享自己的经验和方法，共谋发展，共同致富。彭绍宏认为目前农场能有这样的发展离不开组织、生产、管理能力和自己广泛的人际交往关系，但如果想进一步扩大农场的规模还是比较困难的，资金的限制以及自己基本固定的人际圈都是发展的障碍。

该家庭农场发展到现在，最大的优势就是形成以草养鸡、以牧促林、以林护牧的生态循环，这样的发展模式不仅能够提高生产经济效益，也能实现环保效益和社会效益，是值得推广的。

F26 安徽郎溪县荣香瓜果种植家庭农场：以新谋进步，以技求发展

安徽荣香瓜果种植家庭农场坐落于安徽省宣城市郎溪县维和小区东侧建平大道上，是一家集休闲、采摘、批发、零售为一体的场所。农场成立于2012年5月，注册资金50万元，现占地100亩，日后还会扩大。其主要经营的水果有红颜草莓，紫色火龙果，黑玫瑰葡萄，油桃，毛桃，8424西瓜，黄心小西瓜，圣女果，东方蜜香瓜，紫红色杨梅。农场本着绿色无公害的理念，为顾客提供最好的产品。

一、成立背景

农场主张荣香一直在外打工，一次偶然的机会，她遇到了天目湖大棚种植户请浙江大学教授前来指导讲课，她不仅自始至终听完了严教授的几个讲座，而且不时向教授提问。张荣香还到有丰富经验的大棚种植大户那里了解关键的建棚、土壤处理、施肥等情况。2012年5月，张荣香毅然辞去有可观收入的玩具厂工作，在县农场以每亩600元的价格，签订了期限为10年的合同，租种33亩农田，开始了自己的大棚种植之路。建大棚期间，遇到疑难问题，她就打电话向严教授请教。在她的努力下，33亩东方蜜甜瓜、草莓、西瓜、圣女果及反季节蔬菜全部

如期入棚。次年元月开始收获，这一年纯收入十多万元，创下县内同行业创业收获最快、最成功的纪录。

二、运营情况

有了先前成功的经验，2012年9月份，张荣香又以每亩租赁价格600元，租赁期限10年，租种了22亩农田扩大规模，花费20万元左右建成了大棚，引进了喷灌、滴灌、简易式有机土栽培先进技术。她有心将自家的农场办成顾客观光旅游的自摘园。之后，附近又有5户农户在她的带领下种植大棚蔬菜，开始有收益后，成片形成规模。张荣香及时与大棚种植大户商讨，于2012年12月投入40万元资金，成立了郎溪宇瑞瓜果种植合作社，并于2013年4月份，注册了郎溪县建平镇荣香瓜果种植家庭农场。2016年夏天西瓜、东方蜜等纯收入20多万元。2013年9月份，为进一步扩大农场范围，张荣香第三次以每亩租赁价格600元签订了一份为期10年的土地流转合同，租种了45亩的土地，开始种植葡萄、梨子、桃子和樱桃等水果植物，吸引更多的农户共同发展、共同致富。

在张荣香的苦心经营下，农场先后被评选为县级优秀农场和市级优秀农场，获得政府奖励20万元，并获得一辆价值30万元的农用运输车。荣香瓜果种植家庭农场，让我们看到了集休闲、采摘、批发、零售于一体的果园种植的盈利模式，通过以新谋进步、以技求发展的战略实现了自身的快速发展，对于其他家庭农场而言具有极大的借鉴意义。

F27 安徽广德县广兰红葡萄种植家庭农场：品质技术为基础，大力发展观光农业

一、基本情况

位于安徽省宣城市广德县桃州镇高湖社区湖南村的广兰红葡萄种植家庭农场是一个面积高达118.2亩的葡萄园。该家庭农场创立于2012年10月份，引进鲜食葡萄阳光玫瑰、醉金香、夏黑、巨玫瑰、黑色甜菜、藤稔、甬优、红巴拉多、圣诞玫瑰、赤霞珠等十余种优良品种。51岁的呙忠良是该家庭农场的农场主，从成家立室之后一直从事农业生产。2012年，他发现市场上葡萄销售势头甚好，种植葡萄比起粮食等作物来说具有更大的经济和观赏优势。经过对土壤、气候的一番考察，呙忠良抱着让广德人吃上绿色有机又优质可口的本地葡萄的想法，于10月份开始种植葡萄。

二、运营情况

因为村子里很多人都是多年一起干农业的朋友，一听到要种植葡

萄，感觉是一个很好的收益方式，于是几个人把各自的土地拿出来，9月份一次性将这100多亩土地流转过来。为了避免农户因租金而起纠纷，芮忠良决定每年付的土地租金按照600斤的水稻价格进行折算，这样农户不会因为当年粮食价格上涨而吃亏。农场发展到现在取得了不错的收益，离不开以下几点。

（一）当地供电公司结合该地区葡萄种植的特点，为葡萄种植区开通了绿色通道

做到勘察、改造、装表、接电一条龙服务，直接把线路架到种植区外。同时，还实行种植区包保服务，建立用电档案，提供用电上门服务。2015年8月的时候，葡萄种植农场的电机烧坏导致大规模停电，不到10分钟，维修师傅就来搞定了。

（二）种植方面，严格按照无公害的标准种植葡萄

控制肥料施用量和时间，并坚持不用农药，确保了葡萄的品质与安全。同时，为了保证农场内葡萄的糖度和口感，芮忠良严格控制葡萄的单亩产量，以保证葡萄的最终品质。他2015年葡萄收获面积大概82亩，收获量为16400千克左右，亩产才400斤，这主要是因为头一年一定要控制好葡萄的产量，不能让它疯长，否则会出现葡萄口感、糖度大大降低的情况。等到第三年，估计就可以让它达到亩产3000斤了。

农场主芮忠良说，家庭农场今后要更好地发展，从农业种植的角度来讲，一成不变的农业是很容易被当前的市场排挤出去的，没有什么能够一劳永逸的成本模式。必须要根据环境从实际出发，才能够站稳脚跟，发展现代生态观光农业。

芮忠良打算以后发展种植、加工、销售观光、采摘一体化的葡萄农

业。现在的家庭农场有很多做得好的已经朝着这方面发展了,可以预见的是,以后农业将会变得更加生态、绿色、健康。想要提高种植收益,不仅仅要依靠现代农业种植技术,提高农业品质,更要通过开发观光农业、促进乡村旅游来探索新出路。

F28　陕西白水县苹果种植大户田雷：发展转型与启示

白水县以种植苹果闻名全国。白水昼夜温差大，白水苹果口感爽脆香甜，形态圆润饱满，远销国内外。而另一方面，白水土壤较为贫瘠，果树长期处于干旱缺水的状态，种植技术较为落后，树形不规范，通风透光性差，坐果率低；育苗、施肥技术也较为单一。为改善这种状况，强拉枝技术、果园种覆草技术、套袋技术等应运而生，同时也对技术人员提出更高的要求。

一、流转土地搞生产，资金成最大难题

受访人田雷友47岁，之前他一直是一名技术员，2014年他流转入100亩地，加上自家的20亩，开始自己种植苹果和大豆。他说农业生产不仅是一份工作，也是他的兴趣。目前，资金是他面临的最大的问题：除去流转土地的费用，种植苹果的初期投入也相当大，而且到目前为止，苹果还未销售取得收入。尽管2016年还负债30余万元，但他对未来几年水果的收成十分自信。

二、扩大规模难度大，土地托管成关键

要是有可能，田雷友将来还打算承包更多的土地，但是现在白水

流转土地十分困难。因为村里 50 岁左右的人不愿意外出务工，虽然种地赚不了多少钱，可他们没有其他活儿可以干，所以不愿将自家土地流转出去。这给像田雷友这样的大户通过土地流转以扩大生产规模带来了不少困难。所以在规划中，田雷友打算将经营的重点放在土地托管上。

托管按照程度不同可分为全托管和半托管：半托管只提供技术、农资、信息和品牌服务；而与之相对的是全托管，大户完全负责散户生产的各个环节，按照合同规定与其分配收益。

在 2010 年，田雷友曾创办过一家苹果合作社，主营业务便是对社员的土地进行托管。与其他服务的客户相比，社员在托管费上享有优惠。对于不需要托管的社员，田雷友提供技术指导和农资选购的建议，在这一过程中，社员有义务优先购买他提供的农资，而技术服务则作为附属产品免费提供。社员还必须参与他组织的培训，合作社以外的人也可以一同参加。下一步，他打算将技术服务分离出来，并征收这部分费用。据他介绍，在他的服务下，农民可以节省 10% 的费用，同时收入提高 20%。

三、托管期限受限制，基础设施需完善

托管也非万全之策。最主要的问题在于，托管的期限一般在 1~2 年，再长一些的不过 5 年，而果树种植对于土壤和基础设施有着非常高的要求，这些相关的投入不可能指望由技术专业户承担。换言之，果树托管业务的前提是整治过的土地和完善的基础设施，但从调研的情况来看，在白水县符合这两项要求的不到七成，而且其中几乎没有散户。另一个问题则是委托代理问题，并非所有的技术专业户都具备应有的资质。

为解决这一问题，政府应该健全评价制度和监管机制，对技术专业户的资质进行评定，并提供相应的质量服务。

土地资源紧张、农业生产技术服务需求大、传统的农业生产方式很难取得可观的收入，因此农业生产发展转型显得尤为重要。受访人田雷友根据自身所掌握的苹果种植技术，积极进行土地托管模式的探索，这对普通农业生产经营主体来说是一种可以学习借鉴的转型方式。

F29　陕西眉县猕猴桃种植专业大户牟德科：政府引导的作用与局限

2015年经济统计公告显示，眉县全县的农业总产值达到375668万元，比上年增长了5.5%，其中猕猴桃的品牌价值达到91.5亿元；而粮食和畜牧业则"稳中有降"，这意味着往后几年整个县的农业将全面侧重于猕猴桃种植。

眉县农业经济发展现状主要由两个原因造成：一方面，眉县有将近30年种植猕猴桃的传统，得益于大陆性季风半湿润气候，气温、日照、降水和土壤都提供了猕猴桃较好的生长环境；另一方面则是借助了一系列政策的推动——2014年8月9日，陕西省政府设立眉县省级经济开发区，隶属宝鸡市，享受省级开发区相关优惠待遇；同年，其创建"中国猕猴桃之乡"称号的提案得到了上级批准，整个产业的影响力随之大幅度提高。

一、基本情况

受访人牟德科是陕西省宝鸡市眉县金渠镇八寨村的一个普通种植大户，经营着230亩土地。他很早就开始自谋生计：2000年开始收购和贩卖水果，足迹遍布整个华北平原。为了谈生意，他四处奔波，在闲暇之余，也向大户学习一些种植技术。2005年，在他27岁时，为了照顾家人，有了回到村子里种地的打算。而几年经商的经历使他增长了见识，学习到了种植大户的技术，也让他积累了一笔财富有了一定的销售渠道。2007年，得益于当地实施的退耕还林政策，他以极低的价格流转了100亩地用于种植果树，加上父母留下的30亩地，牟德科开始自己经营种植业。

二、主要做法

（一）政府补贴政策变向，生产种植遇难题

一开始，除了种植大樱桃和金钱柿子，牟德科为了响应国家的补贴政策，在自家地上种植了小麦。几年不温不火的经营弥补了初期的投入，他开始着手流转更多的土地以扩大生产规模。2012年和2013年，牟德科分别流转了30亩和70亩的土地，前者开始培育猕猴桃树苗，后者继续种上小麦。之后的一年时间内，当地政府突然转变了农业补贴政策，几乎中止了对小麦的补贴，开始全面鼓励农民种植猕猴桃树。对于牟德科来说，大量种植小麦得到的好处变少了，收入也比其他种植猕猴桃的农户少了一大截。相比于小麦，猕猴桃虽然收益高出几倍，但前期投入是巨大的。不算人工费，树苗、架杆、架线、平整土地、化肥等投入大概每亩在3500~5000元，而且挂果一般需要等待3~4年。由于政府农业补贴政策的导向，下一步牟德科自然想把所有种植小麦的土地都种上猕猴桃，但这必然得一步步来。如果不考虑补贴，他并不觉得种植猕猴桃比小麦好多少。由于猕猴桃树还没挂果，加上2016年上半年建成了一个冷库，除去家庭的开支，牟德科现在基本上没什么积蓄。

(二) 政府惠农效果有限，专业技术服务辅助

尽管牟德科一再强调，政府方面对于其农业生产经营的政策支持不够充分，不能满足他生产中的实际需求，并且大部分支农惠农政策都给了企业和合作社，但他也的的确确享受到了许多政策上的优惠。除了当年种植小麦获得的1.5万元良种补贴等，政府还给予他贷款年利率8.4%的优惠。此外，他聘请了一家专业公司帮助他修剪树枝，每年花费在1万元左右；注册了几个农业信息网站的会员，每年的花费也高达8000元。他希望政府能对这些支出给予一定的补贴，也希望政府能够提供农业生产专业的、配套的技术服务。

从受访人牟德科农业生产经营内容和规模的转变可以看出政府的农业支持政策对于农业生产引导的重要影响。政府这只看得见的手应该积极配合市场这只看不见的手，在积极发挥市场供求关系的基础性作用前提下，做好信息传导、专业技术配套服务等服务型工作，调动农业生产经营主体的生产积极性，使其为农业科学现代化发展做出应有的贡献。

F30　陕西眉县蛋鸡养殖大户贺淑霞：生产销售的尝试与探索

随着农业现代化飞速发展，新型农业经营主体在农业生产中发挥着越来越重要的作用，但是普通农户仍旧是农业生产经营的主力军。为适应经济科技的发展，普通农户在生产经营与销售方面不断尝试与探索，摸索出很多适应当前发展的生产经营与销售的方法与模式。陕西省宝鸡市眉县蛋鸡养殖大户贺淑霞就是典型的例子。

一、超市学校供销对接，农产品不愁销

贺淑霞所经营的养鸡场并不大，总共3亩地，都是流转的土地。有8分地是流转本村村民的，租了15年，还有2亩2分地是流转村里大队的，租了10年，都是每年800元。2015年养鸡场的纯利润为10万元左右，盈利能力相比于前几年好了不少，2015年共饲养了6000只蛋鸡，蛋鸡是两年卖一次，每千克10元。除了蛋鸡的收入外，每天卖鸡蛋才是鸡场的主要收入。养鸡场和本地许多超市以及眉县不少学校实现供销对接，因此鸡场的蛋鸡和鸡蛋不愁销。

受访人贺淑霞也清楚地认识到自己的优势在于和超市、学校对接。一来市场稳定，销售的价格稳定；二来销售渠道固定，销量稳

定。这两点保证了贺淑霞的鸡场在没有大波动的情况下稳赚不赔。因此,贺淑霞打算未来在原有基础上增加投资,扩大养鸡场的规模。而她成功的要义在于不断创新销售渠道。除了农超对接、农学对接等订单农业的发展,贺淑霞也准备进军电子商务领域,她认为农业电子商务很有发展前景,并且她已经构想好要在淘宝上开个店卖鸡蛋了。

虽然贺淑霞目前的经营规模有限,但凭借其智慧和胆识以及对于农产品市场敏锐的观察力,她经营的鸡场发展前景还是很好的。也正是由于像贺淑霞一样的普通农户在农业生产经营过程中不断尝试和探索,才能和各个新型农业经营主体相互竞争、相互合作,共促发展。

二、筹集资金成难题,支农惠农遇盲区

当然,贺淑霞在探索过程中也走过弯路。2009年,她牵头创办了一个农民专业合作社,在2014年注册。本来是五家关系比较好的熟人商量好要办的,听说办合作社便于借钱,稍微商量一下就办了。可真到借钱时,才发现合作社也不好借钱。这下合作社失去了存在的意义,社员陆续就退了,只剩下两家,也是名存实亡。

像贺淑霞一样的普通农户也遇到筹集资金的难题。经营鸡场开支不是一个小数目:流转土地花费每年2400元;雇用短工1.5万元;修建厂房10万元;其他农机具2万元;还有其他饲料、疫苗等日常支出。为了资金周转,贺淑霞一共从农村信用社贷了5万元,是第三方担保贷款,主要是用于收玉米作为饲料储备。

政府对于农业生产经营主体的扶持往往侧重于农业企业、农民合作社等规模较大的主体,普通农户正是政府支农惠农政策的盲区,他们难以从政府那里获得资金上的帮助,陷在一个尴尬的境地。但其实这些专

业大户的利润是很可观的,政府若能适当地给予他们科学的引导与支持,普通农户生产经营的效率和效益也将大大提高。然而,"授人以鱼不如授人以渔",科学而实用的农业社会化服务、优质高效的农资、农业生产技术等是政府可以提供的,也是农户需要的。

F31　陕西眉县蔬菜种植大户屈建勋：
普通农户的优势——船小好调头

一、成立背景

　　陕西眉县是我国的"猕猴桃之乡"，隶属于宝鸡市，在秦岭珠峰太白山脚下，属于半丘陵地带。眉县境内土壤肥沃，气候湿润，物产丰富，一年三季有花，四季有果。盛行于欧美的奇异果也是由一位传教士将原产于秦岭的猕猴桃引入新西兰，经过上百年的繁育改良而成。眉县确实也不负其名，将猕猴桃产业做得又大又强。截至2011年，全县已种植猕猴桃27万亩，是全国猕猴桃标准化生产示范区，猕猴桃国家地理标志通过农业部认证。先后获得"中国果菜标准化建设十强县""中国猕猴桃无公害科技示范县"等荣誉称号，被评为"全省一县一业建设示范县"和"全省果业先进县""全国绿化模范县"。

　　受访人屈建勋与他的妻子曾经在外务工，2011年回到眉县从事农业生产，考虑当地的自然条件和政府政策支持，种植了20亩地的猕猴桃。由于当地种植猕猴桃的生产经营主体实在太多了，屈建勋经过市场调查，决定转变生产经营内容，种了些瓜果蔬菜。大家都去种猕猴桃，瓜果蔬菜就没人种了，他适时改变农业生产经营内容，没想到，他种植的瓜果销路还挺好，基本上是种多少卖多少。

二、投入情况

（一）土地投入

2014年，经过村委会的同意，屈建勋一次性租入村集体土地51.5亩，年限为30年，每亩年租金为前十年800元，第十年到第二十年为1100元，最后十年为1300元。租金每5年付一次。屈建勋庆幸自己早两年租入了土地，他说要是现在租这些土地，价格会高很多。2015年，屈建勋总共花费45000元对租入的51.5亩土地进行了地块平整、水利设施建设与田间道路修建，期待大干一番，多赚些钱，改善家里的经济状况。

（二）劳动力投入

菜园子里，屈建勋雇用了2个中年男劳动力，3个中年女劳动力，并分别付给他们100元与70元的日薪。每年作业环节与日常维护共计用工9个月，自己和妻子几乎全年无休在地里劳作。收获的蔬菜也都是屈建勋自己负责到集市上销售，为了方便卖菜，2014年，他还花费4.5万元的自有资金购置了一辆面包车，有时候也帮邻里卖些东西。

（三）社会化服务提供情况

屈建勋显然是村里的能人，他为本村50家普通农户提供免费的技术指导、农资代购、农产品销售、信息供给和日常作业等服务。不过，他认为其所提供的这些服务并未有效降低农户的生产成本，也没有提高农产品的售价，但对提高农产品的单位产量还是有帮助的，大概有

10%。对于自己所提供的社会化服务的可获得性与效果，屈建勋感到很满意，他也很乐意为普通农户提供更多的服务，尽管这是不收费的。

由此可见，不同农业生产经营主体虽然经营规模差异较大，但各有优势。农业企业生产规模大，抵御生产经营风险能力强；农民合作社和家庭农场通过适度规模经营能实现其能力范围内农业生产经济效益最大化；而普通农户虽然经营规模小，但是其生产调节灵活性大，可根据市场需求，积极调整生产经营的内容，以此增强自己的生产竞争力。

F32　陕西杨凌樱桃种植大户巩其波：不走寻常路

大部分普通农户以种植粮食、经济作物为主，也有少量农户生产经营一些市场销量稳定的蔬菜、水果，还有一些农户通过种植稀缺作物，冒险获得了不菲的农业生产利润。陕西杨凌樱桃种植大户巩其波就是一个典型的例子。

一、经营背景

巩其波开始种植樱桃可以说是一个偶然，然而这个意外的决定却成为如今全家最为重要的生活来源。巩其波有个朋友在西安开办大棚附属材料加工企业，陕西很多地方种植大棚樱桃的农户都从那里购置材料，其中也包括杨凌。2010年，杨凌区的一家种植大棚樱桃的农户出现了资金问题，就将大棚和樱桃树低价卖给了巩其波的朋友。巩其波的朋友在西安经营企业，没有精力打理这些樱桃树，便让巩其波经营管理。

巩其波抱着试试看的心态开始管理这些樱桃树，没想到利润还很可观，于是就这样一直经营了下来。2012年，樱桃的价格暴涨，加上巩其波经营的樱桃品质好，做了精美的包装，盯住了高端的礼品市场，品质较好的樱桃可以卖到每千克180元。在巨大的利润刺激下，他决定扩展经营规模。2013年，经过村委会同意与村干部的担保，巩其波一次性租入外村土地12亩，年限为30年，每亩年租金为700元，每5年上调10%。

"当时流转土地还算比较容易，现在就困难了很多。"巩其波说，"幸亏几年前租了土地，不然麻烦就大了。"

二、生产经营情况

租入土地后，巩其波利用自有资金在租入的12亩土地上新建了7个樱桃大棚，加上维护原有的3个大棚（8亩地）的费用，一共花费14万元。7个新大棚里的樱桃树还没有挂果，却也需要修剪维护，花去不少钱。10个大棚的维护费用与家庭日常开支全部靠那3棚处于盛果期的樱桃树来支撑。巩其波还以个人的名义给儿子在西安按揭了一套房子，总额为20万元。巩其波一家的日子过得并不宽裕，尤其是当前樱桃价格低迷，已不复"往年之勇"。当然毋庸置疑，情况会越来越好，新建的7个大棚里的樱桃马上就要挂果了，到时候，他的收入无疑会大幅增加。

（一）生产投入方面

每棚樱桃树的化肥用量大概为400千克，花费为1600元；农家肥用量为2000千克，花费400元。一年使用农药2次，花费为500元。农膜支出为2000元；保温材料费用较高，每棚为8000元。

（二）社会化服务

巩其波对社会化服务的效果评价还不错。尽管他有许多需求未得到满足。但巩其波是一个精明的管理者，可以最大限度地利用自己所能接触到的社会服务。比如，利用农业部门的技术指导解决种植樱桃树的技术问题，在银行机构贷款买房，在网络平台销售自己的樱桃。他认为，技术服务降低了樱桃的生产成本，也增加了单位产量，信息服务（网上销售）可以使樱桃的售价得到提升。此外，巩其波还为本乡镇的15家普通农户提供一些免费的技术指导服务。当问起他是否可以为其他农业生产者提供更多的服务时，他的回答是坚决地否定。

三、主要经验

巩其波认为，他能够发展到现在这一步，依靠的主要就是优良的技术、政府的支持和当地的自然社会环境；然而制约他进一步发展的因素是土地规模过小。巩其波很平静地盘算着自己樱桃园的优势和劣势，很显然，对于未来的发展，这位专业户的内心是非常清楚的。他希望未来领办一个合作社，但他的神情并没有任何野心勃勃的迹象。

土地永远是"三农"问题的核心，有经验、有技术、能够赚钱的农户难以得到合适的、足量的土地；而普通农户十分珍视土地，即使种地的报酬很低，也不愿轻易将土地流转出去，多数人将土地视为"最后的防线"，认为土地对农民的生活起到最基本的保障作用。许多受访者都表示，土地问题太复杂，要么容易出现纠纷，要么就无法得到切实有效的权益保障，土地流转困难已经成为制约农业发展的一个重要障碍。即使已经流转的土地，在土地经营权抵押贷款等"权益释放"阶段，其有效性也很难得到政府及金融机构的保障。多位农民认为流转来的土地承包经营权不能够用来抵押贷款，原因就是他们觉得政府不承认、银行不接受。

F33 陕西杨凌圣嫄农庄：一、二、三产融合发展之路

单纯的农业生产具有周期长，风险多样，农产品销售渠道狭窄，农产品附加值低，农业经济效益不高等缺点。如何形成推进一、二、三产的融合，形成一种良性的运作模式是目前我国国内农庄（家庭农场）积极学习的转型方向。位于陕西省杨凌高新区揉谷镇光明村的圣嫄农庄是一家集休闲农业、农牧林（第一产业）、加工制作（第二产业）、餐饮住宿（第三产业）为一体的综合农庄。该农庄最具特色的地方是巧妙地将生产、加工、销售与农家乐结合起来，形成一个一、二、三产融合发展的综合农庄。

一、主要经验

圣嫄农庄在当地政府宣传支持休闲农业发展前提下初建于2013年，农场主叫石岁虎，农庄截至2016年占地规模为138亩，所有土地均为流转而来，平均每亩租金每年770元。农庄2015年农业经营收入约为120万元，合计支出100万元，其中工资性支出28万元。该农庄盈利能力远高于其他同类经营主体，这离不开农庄多元发展。

(一) 以第一产业为基础

圣嫄农庄在2013年花费120万元建造温室大棚100亩,主要种植蔬菜、水果,其中收益最好的是30亩大棚西瓜,一年可收获15万千克,平均每千克可销售3元,主要销售到镇上的集市。农庄还有20亩土地专门用来种植粮食,20亩小麦和玉米在耕地、播种、收获环节全部实现机械化操作,为农庄节省了不少的劳动力投入。同时农庄还种植了50亩经济林,主要是大叶女贞。一方面,苗木销售可以为农庄带来不菲的收入;另一方面,林下养鸡又不失为一种绿色环保的立体农业。农庄养殖肉鸡1000只,2015年销售肉鸡2500千克,均价为每千克24元,肉鸡食用农庄自己种植加工的玉米饲料和林木树叶,大大降低了养鸡成本,同时鸡粪又是农作物的有机肥料。林下养鸡不但给农庄带来了林木和肉鸡两笔收入,也使得农庄内部构成生态循环,绿色环保且经济高效。

(二) 以第二产业为延伸

农庄以自己种植的小麦、玉米、大豆为原料,并收购一些周围农户的农产品进行农产品加工,加工的农产品主要有辣椒、豆腐、醋、菜籽油等。加工的农产品一部分供农庄餐饮使用,确保绿色环保无污染,多余部分还去集市销售。由于游客观看到农产品加工的全过程干净环保,所以农庄加工的农产品十分受消费者青睐。农庄通过一些农产品的加工,延长了第一产业的产业链,增加了农庄生产的农产品的附加值,是第一产业较好的延伸。农庄还建造了容纳量为500吨的冷库,存储一些从周围农户处收购来的品质较好的苹果、猕猴桃等水果,等过了收获季再以比较高的价格销售,也有一部分水果供应给来农庄的游客。

（三）以第三产业为提升

农庄在 2013 年建造了可容纳 500 人餐饮、100 人住宿的餐厅和客房。餐厅供应的菜品大部分由农庄自己种植生产，让消费者享受到新鲜绿色无公害的瓜果蔬菜。2015 年农庄的餐饮、住宿给农庄主石岁虎带来了 35 万元的收入。随着圣塬农庄的知名度不断提高，其餐饮、住宿为主的第三产业将带来更丰厚的回报。

可以说，圣塬农庄的经营包括了种养加、农林副、食宿售等多种形式。每一种经营都给农庄带来了一定的经济收益，且不同的经营内容之间相互联系、互为帮助，大大提高了单独一种经营带来的收入，也分散了每一种经营的风险。也正因为如此，农庄 2015 年有 20 万元净利润，且收益一年高于一年。农业收益高了，农庄主石岁虎的生产积极性也就高了，经营的规模也逐年扩大，品种逐年增加。

二、主要成效

农庄的发展不仅给农庄主自己带来了不错的经济效益，也在一定程度上带动了周边农户发展。一方面，农庄收购一些农户种植的苹果和猕猴桃，为农户果品销售拓宽了渠道。另一方面，农庄雇用周围村的一些村民帮助农场进行林木修枝浇水、大棚作物料理收获、餐饮住宿业服务等，在一定程度上也提高了当地农民的收入。农庄目前还未给周围农户提供农业社会化服务，等到农庄发展进入稳定阶段，农庄主比较乐意为周围农户提供农资、技术等方面的农业社会化服务，更好地辐射带动周围农户的农业发展。

圣塬农庄以第一产业为基础，以第二产业为延伸，以第三产业为提升，较好地形成了一、二、三产融合发展的局面，给农庄主带来了不错的经济效益，这也是未来休闲农业的发展方向。一、二、三产融合发展，不仅能够分散农业生产的风险，也能大幅度提高农产品附加值，增加农业生产收入。同时在合理规划的前提下，也能较好地实现社会效益和环保效益，满足消费者日益增长的休闲农业需求和对绿色环保无公害的农产品需求。

F34 陕西杨凌草莓种植大户杨保卫：农业社会化服务促共同发展

农业社会化服务是伴随着农业生产由分散的、孤立的、自给自足的小生产方式转变成分工细密、协作广泛的商品化社会产生的，是农业产业化发展的客观要求。农业社会化服务不仅可以由政府、专业机构提供，普通的专业大户也可以为周边农户提供部分可靠的农业社会化服务。陕西省武功县大庄镇张堡村的草莓种植大户杨保卫就是典型的例子。

受访者杨保卫，陕西武功县大庄镇张堡村人，水果种植专业大户，2011年开始经营，在武功和杨凌各有一个种植基地，分别种植甜瓜和草莓，其中草莓种植是其当前及未来主要的发展方向。

据杨保卫说，张堡村农户原本大多种植西红柿，但效益一直不好，农户收入情况很不乐观。得益于2011年县农林局组织百余农户赴西安参观学习的机会，杨保卫得以接触到草莓种植的相关经验和技术，通过自己学习以及在QQ、微信等社交媒体上的知识共享，不断提高草莓种植水平。杨保卫的示范作用十分明显，村里从没有人种草莓，到2016年已经有40~50家农户跟随他的脚步开始种植草莓。

一、投入产出情况

(一) 土地投入

杨保卫2016年经营的土地总面积为40亩，全部是2011年11月向合作社流转获得，其中武功基地30亩，每亩租金每年1000元，杨凌基地10亩，每亩租金每年800元。这40亩流转土地均进行了地块平整、水利设施建设、田间道路修建和土壤改良等整治，共花费约12万元，在流转土地的一小块上也建了办公场所和物流仓库。杨保卫认为50亩地对其经营能力来说是比较理想的，这种情况下，每亩能够实现利润10000元，但他也表示现在流转土地比当初要困难许多。

(二) 劳动力投入

目前基地的生产经营主要是由杨保卫夫妇俩负责，另雇有4名女长工负责日常植保、防疫等环节的工作，日工资50元，每年8～10月是草莓种植的农忙时节，需要雇用15～20名短工，平均日工资也是50元。2011年前，杨保卫在外地工作，主要参与绿化工程等项目，每年能赚6.5万元，比起现在还是有一定差距。

(三) 资本投入

2008年杨保卫花费21万元接手了杨凌基地的10个大棚，又在2011年投资8万元建设仓库，购置了价值共10万元的拖拉机和喷药机，这些加起来价值近40万元的固定资产都是杨保卫花费个人家庭资金购置的，截至2016年尚没有向金融机构借款的经历，可见其夫妻二人早年在外工作攒下了相当一笔储蓄。

（四）农资投入

此处主要讨论的是杨凌基地 10 个草莓大棚种植的投入情况。种苗 65000 棵，共花费 39000 元；几乎不使用化肥，使用鸡粪、羊粪等各种农家肥共 60 吨，花费 30000 元；每年打十余次农药，花费 10000 元；农膜费 25000 元；自家拖拉机的燃料动力费 2500 元；大棚的修理维护费 10000 元；另外值得一提的是，2015 年杨凌基地的草莓种植受到雾霾影响，推迟了大概 1 个月才上市，据估计，该项损失约 25000 元。

（五）产出情况

武功基地的 30 亩甜瓜 2015 年共收获 210000 斤，亩产 7000 斤，平均售价每斤 2 元；杨凌基地的 10 亩草莓 2015 年共收获 30000 斤，亩产 3000 斤，平均售价每斤 10 元。甜瓜和草莓主要销往批发市场。2015 年农业经营收入约 30 万元，支出约 20 万元，其中工资支出约 6 万元，净利润 10 万元。盈利能力比前两年好一些，比起村里其他专业大户也要好一些。

二、社会化服务提供情况

（一）免费提供多样社会化服务，带动农户节本增收

杨保卫种植草莓经济效益好，周围农户也纷纷种起了草莓，而且还向杨保卫请教一些种植方面的经验和技术。杨保卫通过草莓种植经验分享群为全国各地上千名草莓种植户提供过技术方面的指导和帮助，还为本村邻近的十余户提供农资服务、信息服务、质量服务以及作业服务，这些服务都是不收费的。

杨保卫对周边普通农户种植草莓的带动作用是巨大的。据估计，农户接受杨保卫提供的技术和农资服务，可以降低约30%的种植成本，草莓亩产可以由2000斤提高到3000斤，售价可以由每斤6元提高到每斤10元，每亩地的收益提高了近1.5倍。而且这些普通农户的草莓多半是自己销售，杨保卫没有赚取其中代销的差价，可以说是义务性的帮扶与带动。截至2016年，杨保卫获得过的政府补贴或奖励主要是1万元的大户补贴。政府部门最初为他提供的各项公共服务显著提高了其生产收入，他也及时有效地回馈给了更多需要帮助的普通农户。

（二）掌握先进技术，开辟特色销路

在杨保卫的生产经营过程中，从一开始，"技术"二字就处在核心地位。最初杨堡村村民之所以没有一个种草莓，就是因为不懂技术，只好沿着原有的路子种植效益不高的西红柿。在农林局的组织下，杨保卫成了村里第一个接触草莓种植的人，这是政府的支持有力适时。而最终能够掌握各项种植技巧和经验，靠的则是杨保卫个人的好学精神，这其中互联网发挥了极大的作用，在新媒体的推动下，愈发突显出知识的外溢效应，来自全国各地的草莓种植户在虚拟世界中分享种植经验、促进共同进步。在同杨保卫的交谈中，可以感受到他对学习这些技术的浓厚兴趣，他不自觉地诉说着草莓种植的一些小技巧：草莓是靠蜜蜂传粉的，1只蜜蜂对应1棵草莓，所以他还是养蜂达人；要辨别草莓的质量好坏，就在晚上用手电筒照射草莓，质量好的会反光，反之透光的质量就不好；硫黄熏蒸器防治草莓病虫害性价比极高，还可以减少打药次数，他是村里第一个推广使用的人。

除了技术外，杨保卫的草莓销路也是一大亮点，除了销往批发市场，他的客户还包括单位团体、西农学生团体等。另外，还和当地的旅游公司达成合作协议，旅游团的游客从景点返回时顺路在其草莓基地停

驻一小时，供游客采摘娱乐。北京昌平是全国知名的草莓种植区，越来越多的种植户通过互联网宣传自家农场的采摘项目，每到周末都会有很多市民慕名驱车前往，这极大地提升了种植草莓的附加值。或许杨凌目前尚不存在昌平这么优越的销售条件，但向休闲观光、采摘娱乐等扩展销路必然是未来发展的方向。杨保卫也表示，纵向一体化是其长远发展计划。

F35　陕西眉县一阳家庭农场：
家庭农场的前景与瓶颈

家庭农场既是家庭经营主体，又是规模化农业生产经营主体，它是一种重要的现代农业微观经济组织。市场经济的发展客观地要求农业生产经营必须实现规模化生产、商业化经营，同时在农村土地流转加快推进的背景下，家庭农场将会成为一种重要的新型经营主体。我国陆续出台的相关法律和文件逐步为农地的适度规模经营提供了政策支持，促使家庭农场适应生产力的发展需要。中央文件多次明确要依法保障农民的土地承包经营权，同时也鼓励农民依法按照自愿有偿原则向家庭农场等适度规模经营主体流转土地承包经营权。由此可以看出，中央在构建家庭农场等新型经营体系的过程中，既保障了农民流转土地的收益，又指明了类似于家庭农场的经营体系的发展方向。

一、基本情况

一阳家庭农场位于陕西省宝鸡市眉县常兴镇尧柳村，于2013年开始经营，主要从事蔬菜、水果生产经营，蔬菜包括甘蓝，水果包括草莓、甜瓜等。农场的基本情况如下。

（一）土地

由于当地市场渠道较广，有较好的农业发展基础，家庭农场负责人段春妮决定进行规模经营，为此于2013年流转了160亩土地，流转租金为每亩1000元，在家庭农场初始运营阶段面临技术不足和资金约束问题。在技术方面，段春妮通过接受技术服务，逐步解决葡萄种植缺乏核心技术的问题；在资金约束方面，通过贷款的方式解决资金问题。段春妮所流转的都是本村土地，全部采用书面合同的形式，且固定年限均为20年，而段春妮则表示签订25年的合同最为合适。家庭农场对所经营的土地进行了整治：对160亩土地进行了土地平整，共花费25万元；修建了水利设施，共花费约18万元；对田间道路进行了修整，共花费约26万元。段春妮之所以选择进行农业生产，是因为她对经营农业很有信心，愿意带动周围农户共同致富。

（二）成本收入

通过计算，2015年整个家庭农场的农业销售收入约为8万元，支出为50万元，其中工资支出为28万元。由于是第一年挂果，挂果率较低。2015年共挂果15亩，收获20000千克，平均销售价格为每千克3.9元，销售去向均为商贩和集市。农场生产成本分为劳动力成本、农业生产资料投入和土地流转承包成本。在农业劳动力成本方面，160亩土地在作业环节需要雇短工60人，累计3600工日；日常环节需要雇长工6人，累计1200工日；物流环节需要雇短工15人，累计达到225工日。其中长工是按年发放工资，平均每人每年工资为5万元，短工工资按日进行发放，男工一天100元，女工一天50元。在农业生产资料成本方面，160亩葡萄，化肥投入成本总共约为100000元；共打药5次，总费用为4500元；由于葡萄是大棚种植，需要农膜和防鸟网，总费用为 15000 元；燃料动力费约为 30000 元；聘请技术专家每年工资为 50000 元；农业保险费用为 10000 元。土地承包费方面，每年的土地流转费用为 16 万元。

（三）固定资产

农场于 2013 年出资 180 万元建立葡萄园。在农机具方面，农场于 2013 年用 5 万元购置了拖拉机，25000 元购置了农用运输车辆，4000 元购置了打药机。

（四）农业社会化服务

该农场并没有接受过社会化服务。但是家庭农场能够提供技术服务和销售服务，其中技术服务户数为 100 户，销售服务户数不到 10 户，提供的社会化服务均不收费。该家庭农场所提供的社会化服务能够有效降低农民成本 10%，接受服务后农产品销售价格每斤能够提高 0.2 元，销量增加超过 15%。该农场没有获得过国家政府的现金或者实物奖励。和段春妮的交流中发现，由于家庭农场正在起步期，她愿意进一步扩大规模，实现规模化经营。段春妮的亲戚朋友中，对家庭农场帮助最大的是乡镇以上的政府官员和私营企业主，政府官员为家庭农场的注册及成立发挥了重要的作用，段春妮的丈夫从事工程行业，为家庭农场的发展提供了大量资金。段春妮在家庭农场的基础上于 2016 年建立了合作社，合作社的名称为陕西省眉县众兴果品专业合作社，注册资本 140 万元，打算走合作经营的道路，截至 2016 年共有 51 户社员，还处于创办阶段。创办合作社的原因在于：合作能够有效降低成本，更好地为农民服务，走高品质路线，提高市场竞争力。

二、主要问题

家庭农场是一种重要的现代农业微观经济组织，是解放生产力，推进现代农业的有效途径。该家庭农场整体上做得不错，但是还存在着以下问题。

（1）农场规模较小，160亩的土地经营无法有效实现规模经营。

（2）社会化服务接受程度较弱，无法提升家庭农场的经济实力。

（3）提供的社会化服务较少，带动农户增收的作用较弱。

（4）家庭农场应该有效地与国家政策相契合，以获得相关部门的奖励，实现自身规模的扩大。

（5）家庭农场的销售渠道单一，无法将优质的葡萄产品以合适的价格销售出去。

家庭农场负责人应该对家庭农场有清晰的认识，在做大做强家庭农场的基础上，再考虑建立合作社以更好地服务农户。

三、发展方向

该农场需要进一步扩大规模，充分发挥自身的特征，将家庭经营、适度规模、市场化经营和企业化经营四个显著特征充分发挥出来，将家庭作为农场经营的主体，在提升劳动生产率的同时，兼顾土地生产率，将经营规模控制在"适度"范围内。不断增强自身社会化服务能力，带动更多的农户致富。政府也要推进职业化农民发展进程，使得这些新型农业经营主体能够充分享受到权益。农场的负责人应该有效地将合作社与家庭农场相结合，以实现自身利益最大化，不断规范与改进合作社自身发展，制定长远的发展规划，不要让合作社成为一个空架子。

F36　陕西眉县火磨头家庭农场：扩大经营规模需跟进技术与管理水平

家庭农场是新型农业经营主体中较为活跃的一部分，在实际发展中也遇到了不少困难，不少家庭农场积极探索对策与出路，以更好地实现长远发展。

农场自1994年开始种植猕猴桃，距今已有22年历史，直至2016年正式注册家庭农场。2016年经营土地面积50亩，其中自有土地10亩，流转土地40亩，流转均价450元，2016年初完成所有土地的流转工作。50亩土地中有40亩正处在苗木生长时期，并未挂果，2015年仅有10亩土地创造收入。该农场种植经营以家庭劳动力为主，全部流程使用机械进行，拥有拖拉机、旋耕机、施肥机、喷药机、运输车辆等工具，仅在农忙时节雇用少量劳动力。

一、生产经营情况

（一）投入情况

截至2016年真正实现产出的猕猴桃生产土地有10亩，剩余土地正处在苗木生长阶段，还未挂果实现收益。在劳动力方面，该农场自家投入2人，全年参与农业劳动生产，在收获等作业环节还需要雇用15人左右的劳动力。其中10名女性，主要负责采摘猕猴桃并且装箱；还有5名男性，主要负责使用推车将成箱的猕猴桃从田间地头搬运到运输车辆上。采摘收获时间持续15天左右，分地块进行，每年雇工花费1万元。在田间管理方面，耗用劳动力较多的是套袋等环节，能够达到25人左右，时间持续30天，雇工花费3万元。除此之外，2015年还投入猕猴桃树苗3000株，总共花费6000元；使用化肥5500千克，总共花费12500元；使用农家肥40方（吨），总共花费8000元；使用农药6次，总共花费1000元；还发生1000元农用机械燃料动力费。

（二）收入情况

2015年总共销售猕猴桃20000千克，平均售价每千克4.6元，主要销往商贩、冷库、合作社，同时还有少量销售通过网络进行，初步建立起了多元销售网络，全年实现利润3万元。据前所述，目前家庭农场处于起步阶段，产能释放仅达到20%，因此盈利能力较弱，预期未来能够显著提升。

二、产出能力较低的原因

该农场目前并没有参与合作社，其经营的具备产出能力的10亩土地平均每亩收益约为5000元；而参加合作社的农户的每亩收益能够达到8000~10000元，效率相对较高。这种情况主要是如下原因造成的。

（一）技术指导供给不足

该农场技术服务的提供者主要是具有种植经验的亲戚朋友，服务的提供方式主要为相互沟通学习，形成一个小型的技术消化团体，技术的消化效率较高，成本较低，但是，由于缺乏与外部的有效沟通，外部技术输入较为有限。而在"合作社+农户"的经营模式下，合作社通过其雄厚的资本实力，可以聘请一流的农技专家、教授来进行田间指导，提供强有力的技术输入，特别是一些较为前沿的农业生产技术能够及时转化为生产力，将极大地促进单品质量以及产量的提升。

（二）经营规模过大，管理不善

由于猕猴桃种植的特点，导致其用工的季节性十分明显，日常的简单田间管理对劳动力的需求并不是很大，因此直观来看，一两个人就能够负责几十亩果园的管理工作。但是经营规模过大，如果管理不善，也会有一些隐患存在。例如缺乏有效防灾措施。2015年该农场遭受大风侵袭，由于种植面积较大，无法短时间内采取有效的防灾减灾措施，造成大量未成熟猕猴桃脱落，总共损失1万余元，每亩利润至少损失1000元。

三、对策建议

家庭农场是规模经营主体，作为新型农业经营主体的一分子，也在农民增产增收方面发挥着自己的作用，但是就猕猴桃种植这个层面来看，经营规模的扩大可能还需要兼顾以下两点。

（一）技术服务的成本与效果

技术服务的提供者为专职科研机构和种植经验丰富的农民。前者提供技术的成本较高，但是技术处于前沿水平，不仅知其然，还知其所以然；而后者俗称土专家、土博士，能根据自己的生产经营经验总结出农业种植技术，相对而言技术提供成本较低，但是技术水平未必是最先进的,效果未必是最好的。从合作社层面而言,由于具有强大的资本支撑,完全可以负担起雇用农技专家的成本,充分发挥规模化的成本优势,将户均成本降到很低,甚至是零;而家庭经营下如果不参与合作社,规模仍然有限,没有办法负担起高额的技术培训费用,只能够通过熟人社会网络获取相关技术支撑,技术获取有限,生产潜力发挥不足,带动收入增长也就受到了限制。因此,即便是规模较大的农场、大户,也应该积极地参与到合作社的体系中,只有这样,才能够兼顾技术服务的成本与效果,才能最大化地发挥生产的潜力。

(二)经营规模与管理水平

根据作物的生长周期、生长特点、劳动投入情况的不同,种植不同作物的家庭经营的规模应该有所区别,而这个区别也应该考虑到经营管理人员的精力、经验和能力。对于经营规模的扩张应该谨慎,按照事先制订的计划循序渐进,保障经营主体的现金流,切不可看到有利可图就四处借款盲目扩张,一旦市场情况有变或者遭受天灾,很可能导致投资成本无法收回,还得承担高额的利息费用。

相关的管理人员也要充分调研,了解市场、行业,积极主动地向市场、专业人员学习,掌握最新的技术动态和产业发展方向,及时做出反应以应对挑战。例如,如果当年桃果丰收,那么就可以提前联系客商或者积极通过电子商务平台扩展销路。只有依靠自己的企业家和自有资源才能实现产业的逐步发展和竞争力的提升,万万不可闭门造车,更不要只依靠政府的帮助、扶持和补贴。

F37 陕西眉县靳锐家庭农场：
家庭农场发展初期的困境

新型农业经营主体发展都会经历初创期、成长期、成熟期和衰退期这几个阶段。在成立初期总会遇到各种困难，只有不断探索并坚持攻坚克难才能走出发展初期的困境。陕西省宝鸡市眉县靳锐家庭农场就是典型的例子。

一、基本情况

位于段家庄村的靳锐农场成立于 2015 年。靳锐夫妇原本一直经营冷库，但眉县猕猴桃产业蓬勃发展，也吸引了靳锐夫妇对此进行投资。然而，像靳锐夫妇这样的家庭农场或普通农户投身猕猴桃产业之初也面临着颇多难题，其中资金约束、劳动力不足、技术供给不足成为最大的困难。而且，诸如猕猴桃这样的水果种植，一般要第二年才会挂果带来收益，增加了不确定性，如果缺乏一定的技术、管理能力或市场信息把握能力，很容易导致农民亏损。另外，据了解，靳锐夫妇认为他们获得的社会化服务还不够，而亲朋好友的帮助很有限，因此他们对于农场的发展前景有些担忧，暂时没有太大的扩大猕猴桃经营的意愿。另外，除了经营猕猴桃之外，靳锐农场还种植花卉，从中获得一定的回报。

总的来说，靳锐农场还在起步阶段，虽然盈利能力目前来说尚可，但依然面临着一些难题，以下是农场的详细情况。

（一）土地

2016年农场共经营土地80亩。2009年靳锐夫妇经过政府部门的批准花费80万元承包了80亩土地，期限70年，由村干部进行担保。在这80亩土地中，靳锐夫妇规划了6亩地用作办公、厂房、仓库用地，并将其中的20亩地用作花卉种植，其他全部用于种植猕猴桃。据了解，想要承包这些土地并不难，夫妇俩也考虑过在此基础上稍稍扩大经营土地面积以获得更多的利润。

靳锐夫妇十分重视土地的整治，自己筹资对这80亩土地进行了地块平整、土壤改良，同时也修建了一些水利设施，整治了田间道路，总共花费在15万元左右。土地整治对于提高农产品产量有一定的帮助。2015年农场收获了20亩花卉，共40万株，均价在3元，也成为农场2015年主要的农业经营收入，共约120万元，支出合计50万元，就种植花卉的盈利情况来看，相比以前好一些，与同类其他经营主体相比也略有优势。在农业支出方面，种子费用是大头，其次是化肥费用，尤其是在农家肥上的投入比较多。另外，还有少许的机械作业费、排灌费及冷库的维修费用。

总体来看，土地的回报率比较高，虽然猕猴桃的投入还没有收回，但就种植花卉的情况来看，家庭农场的经营前景还是比较广阔的。

（二）劳动力

按照农场目前的经营状态，靳锐夫妇认为日常10个人左右是比较合适的，收获时节会另外短期雇工。但目前雇人很难，一方面，是农村缺乏劳动力，尤其是他们需要的高素质的、有技术的劳动力，另一方面，雇工所需支付的工资也比较高。农场平时的维护都是农场所有者自家投工，在耕种、收获的季节需要雇工进行作业、田间植保等工作，约15人，时间在3~4个月，物流环节每年也需要短期雇工3~4个月，约20人，男工工资每天150元，女工每天70元，年龄都在50岁左右。雇工主要来自本村或本乡镇其他村，都无固定劳动岗位。

农场所拥有的固定资产主要是购置于2008年的一批冷库，花费在100万元左右，另外还有一些农具、农用运输车辆，花费约10万元。2016年农场负债500万元，主要来自银行，每年需要支付利息42万元，这些贷款主要用于建设仓储设施、生产基地及购置运输设备。

（三）农业社会化服务

家庭农场接受的社会化服务主要来自技术、农资、信息、品牌、金融、质量等方面，除了金融服务是向银行贷款需要偿还利息以外，其他的服务是不收费的。然而，社会化服务的渠道及来源较少，且效果一般。尤其是农场需要的销售渠道、市场信息、物流方面缺乏服务。作业服务和基建服务方面也未能得到社会化服务，都是农场自己投入，因此农场无论是劳动力还是资金方面都承担了较大的压力。另外，虽然有政府的帮助和监督，但政府并没有为农场提供现金或实物补贴，政府在农场的发展过程中提供的帮助十分有限。据靳锐夫妇介绍，亲友中从事相关产业的人以及商贩对农场提供的服务和帮助比较多。除此之外，农场还没有建立自己的品牌，生产技术标准和质量控制标准比较模糊，这些对于农产品销售及农场发展都会产生一定的消极影响。前文中也有提及，靳锐夫妇认为目前制约农场发展的最主要原因是劳动力不足、技术缺乏及资金约束。尤其是在技术方面，猕猴桃深加工环节是整个眉县猕猴桃产业的"短腿"，全县仅有加工企业4家，年加工量1.5万吨，仅占总产量的4%，且都是附加值较低的果脯、果干等初级产品，整体技术工艺比较落后、规模较小、产量产值很小、竞争力较弱。靳锐夫妇也认识到了深加工能带来利润，但没有相应的技术服务支撑。

　　农场所能提供的社会化服务主要是技术指导及应用服务、农资选购代购服务、销售服务、物流服务、信息服务，这些服务都是不收费的，但辐射的范围都很有限，集中在本县内，且户数在20~30户左右，主要是与农场有业务往来的主体，有一定的效果。就花卉的销售来说，经农场销售要比农户自己分散销售价格高出30%。

二、主要问题与发展规划

　　截至2016年农场主要经营的猕猴桃产业还未有收获和回报，但花卉种植方面取得了良好的收益。总体来看，农场的生产潜力得到了较充分的发挥，但投入方面仍有不足。农场面临的最大问题是猕猴桃生产没有充分发挥好技术的作用，这是由于农场所能获得的社会化服务、社会资源有限。另外，标准化生产体系还未完全建立，猕猴桃深加工有待发展，这些都是农场管理者需要考虑的问题。靳锐夫妇对于农场的发展还没有详细的规划，但他们认为农户联合再合作是扩大经营规模比较有效的途径。由于他们掌握着一定的冷库管理经验，因此，如果猕猴桃收益不高，他们也会考虑成为提供社会化服务的专业户。

F38　陕西白水县粮食种植大户马志田：农机发展的优势

马志田是来自陕西省渭南市白水县北塬镇北塬村的专业大户。北塬村地处丘陵地带，为回族聚集地，村中农户信教比例是1%，人均土地面积是3亩，人均收入是1万元，在乡镇排名中处于中等。该村距离最近县城40千米，距高速公路的入口70千米，与最近省道的距离是30千米，与粮食交易市场的距离是60千米。可以看出，北塬村的交通并不是很方便。

一、基本情况

马志田本身是当地的农机手，2005年便开始了农机作业服务，一年的农机作业收入就有5万元。依托自身的农机优势，马志田于2014年开始大规模地流转土地经营粮食作物。马志田的人脉不是很广，亲朋中没有在政府部门工作的，只有在事业单位工作以及从事相同产业的人，对马志田的帮助比较大；借钱对于马志田来说，也是比较容易的。马志田的家庭收入主要来源于从事农业生产，此外，2015年的打工收入有1万元；同年的家庭支出有25万元。马志田的生产经营状况如下。

(一) 资产负债

马志田一共经营 350 亩土地，分三次流转而来。第一次是在 2007 年，租入 60 亩，租金是每年 80 元，一年一付，期限是 8 年；第二次是在 2013 年，租入 200 亩，租金是每年 100 元，一次性付清了租金，期限是 3 年；第三次是在 2015 年，租入 100 亩，租金是每年 100 元，一次性付清了租金，期限是 3 年。马志田流转的土地全部是从外村租入的，2007 年租入的土地没有签订书面合同，2013 年和 2015 年租入的土地都签订了书面合同。租金也都是以现金支付。在北塬村，进行土地流转还是比较容易的，但租金是每年 300 元。

在经营期间，马志田平整土地 70 亩，花费 3 万元。此外，其所经营的 350 亩土地也都进行了土壤改良，花费了 25 万元，资金全部是由自己负责。马志田由于从事农机作业服务，所以其拥有的农机具也比较多：2 台拖拉机，购置于 2015 年，花费了 36.2 万元；1 台收割机，购置于 2011 年，花费了 6 万元；1 辆农用运输车辆，购置于 2014 年，花费了 1.6 万元；1 台小型农具，购置于 2015 年，花费了 1.35 万元。购置农机具所需资金全部来自自由资金和银行贷款。

马志田截至 2016 年负债 10 万元，主要是上游供货商的应付款，占负债总额的 80%。2012 年马志田以个人名义从农村信用社获得第三方担保贷款 5 万元，利率是 10.8%，期限 2 年，主要用于购置运输设备。

(二) 生产经营

马志田经营的土地中，有 250 亩种植玉米，且耕种收环节全部是机械化作业。正常情况下，马志田需要雇用 8 个工人左右。平时的行政管理需 1 人，也就是马志田本人负责，一年投入的时间是 100 天，工作的机会成本是每天 500 元；财务管理也是其本人，一年只投入一天的时间。在耕种和收获时，马志田雇用短期工8人，3男5女，工作时间是15天，男工的工资是每天150元，女工的工资是每天100元，男工平均年龄是35岁，女工平均年龄是50岁，都是本村的农民。日常的田间植保需要1人即可，一年的工作时间是10天，也是马志田本人负责。

2015年，马志田的农业经营收入有20万元，支出合计10万元，其中工资支出2万元。与前两年相比，2015年的盈利能力差一些，与其他同类经营主体相比，则没有差别。马志田种植的粮食是随收随卖，没有仓库，也不进行贮存。其中，玉米收获了250亩，11.25万千克，全部销售给了商贩，前后一共销售了15次，价格是每千克1.5元；小麦收获了100亩，2万千克，全部销售给了种子公司，销售价格是每千克2.6元。2015年，马志田的粮食生产成本如表F-4所示。

表F-4　　　　　　　　　　2015年的生产成本

种类	种子用量（公斤）	种子费用（元）	化肥用量（公斤）	化肥费用（元）	农药费用（元）	机械作业费（元）	燃料动力费（元）	修理维护费（元）
玉米作物	750	10000	750	35000	5000	5000	12500	7143
全部作物	1750	15000	1250	45000	5000	7000	13500	10000

二、优势与局限

马志田发展粮食种植有一定的优势和缺陷。最大的优势在于其农机手的身份。这也使其能够为其他普通农户提供农机作业服务，范围涉及全国各省，约1000户，对农户的带动作用不很明显。但是通过给其他农户提供社会化服务，马志田自身的产出得到了很大的提高。据其本人估计，产量提高10%，质量提高10%，收入提高约20%。此外，政府也为马志田提供了极大的支持。一方面，政府为其提供技术服务；另一方面，政府还为马志田提供小麦种子补贴，每亩地补贴10元，100亩小麦地累计获得1000元补贴。

据马志田说，其发展到现在依靠的主要是土地、技术和资金，面临的困难则是缺少资金，土地规模过小。马志田这一经营主体最主要的特征是专业化，正处于发展期。类似于马志田这样的经营形式在全国很多地方也都存在。随着粮食生产机械化以及土地流转的发展，从事农机作业的很多农民纷纷开始流转土地，自己进行规模化和专业化的生产，这不仅可以提高农民自身的收入水平，也有利于粮食安全以及农业的现代化和机械化发展。

F39　陕西眉县秦园宏福家庭农场：技术经验促发展

普通农民所成立的经营组织，更多依赖于多年的生产经验。技术经验是进行农业生产必不可少的先决条件。应加强对农民的技术培训，提高农民的技术装备水平，从而加快农业现代化的发展步伐。秦园宏福家庭农场就是典型的案例。

一、基本情况

秦园宏福家庭农场位于陕西省宝鸡市眉县横渠镇万家塬村，主要经营绿化苗木、李子和猕猴桃。万家塬村地处平原，村庄内信教的人口有0.5%，人均土地面积1.5亩，人均收入1万元，在乡镇排名中处于中等水平；村庄距离县城30千米，距高速公路15千米，与省道的距离是6千米。总体来看，该村的经济发展水平还是较好的，交通也方便，为本村的水果销售提供了便利。

秦园宏福家庭农场于2008年开始经营，2016年进行了工商注册。家庭农场主张福锁是当地村民，其早年在新疆打工23年，随后回乡经营农资店，从事农业生产。张福锁的农资店主要经营农药和化肥，这方便其进行农业生产。自1992年，张福锁便开始种植猕猴桃，因此对猕猴桃的经营管理有着丰富的技术和经验。张福锁的亲朋中有村干部、商贩、银行职工、事业单位工作人员以及同样从事水果种植经营销售的人，张福锁说，这些社会资源对自身的帮助并不大。借钱对于张福锁来说，是较为容易的。在经营初期，家庭农场面临的最大问题便是资金的缺乏，张福锁通过向亲朋借款、从信用合作社贷款得以解决该问题。截至2016年张福锁的家庭收入主要来源于农资销售服务，2015年的收入有6万多元，家庭支出近4万元。家庭农场发展情况如下。

（一）资产负债

秦园宏福家庭农场经营的土地面积有87.4亩；其中自有土地6亩，流转了81.4亩，平均租金是每年78元。农场第一次流转土地是在2001年，租入26.8亩，租金是每年33元；第二次流转是在2008年，租入54.6亩，租金是每年100元。张福锁流转的土地都来源于本村村民小组，并且签订有书面合同，流转期限是20年，租金为现金。第一次流转的土地租金一次性付清，而第二次流转的土地租金10年一付。张福锁说，当时流转土地还是比较容易的，而现在流转土地则比较困难，租金达到600~1000元不等。

在农场经营期间，张福锁平整土地54.6亩，花费3万元；改良土壤81.4亩，花费100万元。此外，张福锁修建水利设施和田间道路，花费了5万元，全部由其个人出资解决。农场的农机具包括手扶拖拉机、三轮车、旋耕机以及打药机，分别购置于2010年、2009年、2010年以及2013年，各自花费了6000元、20000元、6000元以及1000元，全部是自有资金。

为了缓解资金方面的困难，张福锁用家庭农场的绿化果林作抵押，贷款20万元，期限2年，利率是7.8%，贷款来源是农村信用合作社，贷款资金主要用于购买农业生产资料。

(二) 生产经营

在当地，雇用工人已经非常困难，但是农忙时节，秦园宏福家庭农场仍需要雇用50人左右。农场的日常管理主要是张福锁夫妻二人负责，财务由妻子负责。收获季节，农场需要女工40人左右，男工10人左右，工作时间10天，男工的工资是每天150元，女工工资是每天70元；雇工的平均年龄都在40岁左右，既有本村的村民，也有邻村村民。农场果树的日常植保只需要6名男工，工作时间是20天，工资是每天150元，平均年龄是40岁，都是本乡镇其他村的农民。

2015年，家庭农场的农业经营收入是6万元，支出10万元，其中工资支出3万元。因为果树2014年才开始结果，有了一点儿收入，盈利能力比前两年好些，但是不如同类经营主体。其中，李子收获30亩，总共10000千克，全部销售给了商贩，共计销售了2次，平均售价是每千克3.6元；猕猴桃收获10亩，总共5000千克，也全部销售给了商贩，销售了1次，销售均价是每千克4.6元。2015年农场的支出明细如下：化肥投入6万元，农家肥投入3600元，农药花费1万元，灌溉花费1万元，仓储花费6000元，修理维护费2000元。

由于自身丰富的种植和管理经验，张福锁的家庭农场还可以为其他农户提供技术、农资和销售服务。其中，技术和销售服务的覆盖范围有100户左右，不收费；农资可以服务600户，年均收益有6万元。

二、优势与瓶颈

秦园宏福家庭农场的发展优势在于土地和技术。据张福锁介绍，目前农场发展的瓶颈是缺少资金和先进的设施设备。总体来看，该经营主体的主要特点是专业化,现处于起步阶段,是比较规范、典型的家庭农场。该家庭农场依托自身的技术和经验实现了规模化、专业化的生产,同时多年的农资销售经历也为降低农场生产成本,提高产品产出和品质提供了保障。

F40　陕西眉县兰蒂斯城生态家庭农场：带着知识来创业

很多大学生大学毕业后选择在农业领域创业，把自己的管理知识和先进理念运用到农业生产经营和管理中。陕西省渭南市眉县兰蒂斯城生态家庭农场的农场主林照就是典型的例子。

一、基本情况

眉县兰蒂斯城生态家庭农场位于眉县首善镇段家庄村，由当地村民林照投资建设，主要经营蔬菜、水果产品，2013年进行工商注册并开始经营。林照生于1988年，大学毕业后便积极投身家乡家庭农场的建设。2013年，眉县当地政府开始不断加大发展新型经营主体的力度，家庭农场也在其中。政府的提倡和鼓励使得土地流转更加容易，林照便是在那时通过政府牵头，流转到土地300亩，期限为15年，也因此解决了土地流转困难和资金约束的问题。林照在农场建设了100个大棚，50个用来种植叶菜，50个用来种植草莓，并于2014年为自己的草莓注册了香奶心和兰蒂斯两个品牌，农场的发展日渐稳定。农场发展基本情况如下。

(一) 资产负债

兰蒂斯城家庭农场在流转的土地上建了约 15 亩的厂房及仓库，用于果蔬产品的存放，花费资金约 5 万元。2013 年将土地流转过来之后，林照对土地进行了地块平整和水利设施的修建，其中地块平整花费 30 万元，水利设施修建花费 15 万元。而政府对农场发展的支持力度也是比较大的，通过项目补贴给予农场资金补助约 50 万元，并将该农场列为农业发展重点工程项目，给予一系列的技术指导和政策优惠。

2016 年，农场的负债为 60 万元，来自银行贷款，主要是信用联社和邮储银行，每年需支付利息 5 万元，均为 1 年期贷款，因农村贷款风险较大，较为看重信用，因此 1 年期的贷款较容易申请，这也要求农场主必须及时还款才能更顺利地申请下一期贷款。

(二) 成本收益

该农场主要通过大棚种植果蔬产品，100 个大棚共计投入资金 100 万元，农场的管理人员主要为自家投工，除了妻子负责内部管理外，农场还聘请了一名短期会计人员，在需要做账时，便请来为农场服务。农场共有 10 名长期雇工，主要负责日常田间的植保与卫生防疫工作。

同时，收获季节则对雇工的需求量比较大，一般会雇用 80~100 名短工，负责采摘果蔬以及产品的装运，一年算下来，工资支出可达 25 万~30 万元。

农场一年种植草莓和叶菜分别为 110 亩和 50 亩，可收获草莓 75000 千克，收获各种叶菜 15000 千克，均价分别为每千克 30 元和每千克 1.5 元，通过农超对接的形式将产品直接卖给超市，减少了流通环节，增加了利润空间。同时，该农场经营领域也涉及电商平台，通过淘宝、天猫的跨境电商，由农场负责接单，将产品直接通过平台销往国外,实现盈利。2015年共计实现经营收入约200万元,支出合计110万元,其中种子费用20万元,化肥费用1.9万元,农家肥费用12.8万元,农药费用3万元,农膜费用30万元,燃料动力费2万元,受冻害损失达18万元。

(三)社会化服务

兰蒂斯城农场通过自己在果蔬种植方面的经验为当地其他普通农户提供技术服务与销售服务,服务面积达到1000亩,通过为农户提供优质苗木与技术培训可实现利润90万元。农户运用该农场的技术与苗木,可使幼苗的成活率由75%提升到99%以上,产量提高25%,由60000千克提升到75000千克,对收入的促进作用可达15%以上,直接带动了当地果农的增产增收。

二、主要经验

农场主林照作为大学生毕业回家发展农业,自然有自己的一套想法,年龄的优势也让他显得更有干劲。他相信通过农业生产方式是可以赚到钱的。目前农场发展的特点主要有以下几方面。

(一)标准化生产,规模化种植

首先,农场已拥有100个大棚,可根据生产需要及市场价格自行调节生产品种,具有较强的灵活性。其次,选择农超对接的生产方式,一方面显示产品的质量较高、优势较大,另一方面也为销量提供了保障,具有稳定性。

(二)关注电商领域,跨境交易的方式开拓了新的销售渠道

农场与淘宝平台展开合作,平台为农场主开展培训与指导,通过网

店的方式为农场接订单。农场主负责生产与发货，减少了出口交易的手续与成本，适于小规模出口贸易，也增加了农场的销售渠道。

（三）积极提供生产技术、育苗服务

该农场利用自己已有的技术优势，通过培育优质苗木，提高苗木存活率，并向普通农户销售，平均价格低于市场价格，服务面积可达1000亩，累计年度收益可达90万元，属于干中学，不断提升自身的典型。

农场主林照参与农业生产前曾在培训机构工作过一段时间，培训工作的经验也让他对发展农场有了一些新的想法。他从2015年开始，已经着手开办一家技术培训机构，利用自己掌握的资源进行专业化培训，年均收益可达10万元。正因为有这样的优势，林照希望在农场继续扩大规模经营生产的基础上，吸纳更多的农户跟着他共同生产，按照合作社的生产方式相互帮助；他将更重视提供社会化服务，成为提供社会化服务的专业户，如果发展良好，可以开办服务公司，带领大家共同增收。

更多的发展想法，更开阔的发展思路是林照最大的特点，新时代的农业发展需要更多的探路者来探索不一样的发展道路。

F41 吉林九台绿野家园家庭农场：与民同富——农村致富带头人的情怀与奋斗

一、基本情况

颜停站，男，1981年生，现年35岁，中国共产党党员，现任吉林省长春市九台区纪家镇尹家村的村委会主任，家里除了老婆之外还有一个大女儿和一个小儿子，女儿13岁，儿子4岁。颜停站2002年中专毕业后，决定回家种地。起初，买了2台小型农机，流转了10公顷土地，从种粮大户干起，经过10年的积累和发展，2013年在国家相关政策利好支持下注册成立了"绿野家园家庭农场"，土地流转量增加到50公顷，开始规模经营。截至2016年家庭农场有9台（套）农机，基本实现了水稻、玉米的耕种收全程机械化。

2013年12月签订合同流转入500亩地，加上此前流入的300亩，截至2016年经营约800亩的地。每亩租金400元，土地流入不需要批准，不需要通过土地交易所，都是本村熟人之间流转土地，签订书面合同。5年的固定期限，现金支付租金。每年支付租金25万元。截至2016年有自己的办公用地、厂房用地、仓库等，租用集体建设用地75

亩，租期 30 年，每亩租金 500 元。

截至 2016 年农场主要种植水稻，少量种植玉米，另外养了 15000 只大鹅，玉米和玉米秸秆就是拿来喂鹅的，村里已有几十户村民跟他一起养大鹅。水稻种植和大鹅养殖都采用订单养殖、绿色养殖，自己赚上不少钱，也使每户每年增收大约 2 万元，带领大伙儿共同致富。

二、主要问题

农场能办起来，主要还是依靠政府的帮助和扶持。缺少技术和政策支持，是制约其家庭农场发展的突出问题。

九台区曾出台了《九台区家庭农场认定管理暂行办法》（简称《暂行办法》）和《九台区发展家庭农场试点工作实施方案》（简称《实施方案》）。《暂行办法》规定凡被认定的家庭农场，优先安排承担各类农业项目，优先安排国家各类支农补贴，九台区财政及各类资源予以倾斜扶持。《实施方案》明确了对家庭农场具体扶持政策，九台区财政每年还建立家庭农场专项扶持资金 80 万元，对全市优秀示范家庭农场予以扶持。

但颜停站觉得政府的支持还是不够，他目前仍打算扩大规模，想上一些新项目，但是技术和经验不是很成熟，每年小鹅在长大之前会生病或死掉一批，带来较大的损失，所以还得继续探索。凡事都得自己摸索，虽然最后也能探索到成熟的经验，但是花太多时间和精力，能不能成功还是个未知数，就算成功了，也是成本高昂。

三、经验教训

颜停站像一个青年农民企业家，他不光想自己发展，还想利用自己摸索来的技术和经验带动农民致富。他很早就从事农业，探索出一套用玉米秸秆养鹅的办法。走的是"绿色种植，绿色养殖，订单养殖，种养结合，循环利用"模式。

农场春天种植水稻和玉米，5月忙春耕，6月夏季农闲时养大鹅，10月秋收收粮食，水稻最先成熟，然后是玉米，11月大鹅出栏。一年下来，既有种粮收入，又有养鹅收入。使用玉米秸秆作为鹅饲料，不仅使每只鹅的养殖成本降低，也使鹅的肉质口感变得更美味，皮毛更光滑，外表长得喜人，也能卖个好价钱。小鹅苗先是放在棚里养，等大了之后赶到池塘和水田里放养，鹅可以吃稻田里的小虫、杂草。鹅的粪便又是很好的农家肥，鹅粪施入水田，可以让水稻长得更壮、大米品质更好，光是饲料和肥料的费用，每年大约就可以节省很多成本。

由于是绿色种植和绿色养殖，他的农场声名远扬，每到秋收之际和大鹅养成之际，就有商家上门订购，自己和村民根本不愁销路。

四、发展规划

政府的政策可以偏向一些有心思发展农场，带动农民一起致富的年轻人，也就是农村致富带头人。这些人可能比一般农民受过更多高等教育或者技术教育，而且他们外出的经历比一般农民要多，见过的世面更广，因此也拥有更广泛的人脉。技术能让他们有更高的产出，广泛的人脉能找到更广的销路。

政府可以给他们进行政策培训，至少使他们了解政策上有这么一个支持，另外提供技术培训，给他们资金优惠，在项目启动上干扰少一点，税收上给的优惠多一点，补贴多一点。同时开展管理培训，培育懂法律、有文化、会管理、善经营的农村致富带头人，让他们带领本村的村民办特色产业，提高农民合作社和家庭农场建设水平。还可以鼓励大专院校、科研院所培养一批农业现代化发展需要的经营、技术、财务和内部控制管理人才。

至于什么人是有信用,真心负责,真心为本村着想的年轻人,熟人社会里的农民们早就知道,一合计就可以选得出来。由于是熟人社会,其他农民认可领头人的能力,也更愿意把自己的土地资源和人力资源整合起来。这样既能实现家乡的发展,实现就地就业,也能解决农民外出打工之后造成的留守儿童问题,解决无法教育孩子和照顾老人的难题,同时能解决养老的问题。农村是乡土社会,对孩子的教育和对老人尽孝是两个大问题。

除了培训带头人,也可开办农民学校,教给一般农民生产技术,培育本土职业农民、现代新型农民。农民虽长久从事农业,但只有经验而没有科学。从事农业,人力的劳动投入不可或缺,但纯人力投入、纯农业生产,效益产出不高。农民并不是不想学技术,只是没有获取技术的渠道。政府应该加强培训,使他们成为新型农民。

另外,政府可留出专项资金,像给高校和科研机构的科研资金一样,给农民发一些开发新的农业项目的资金,让他们有保障地去实验,去试错,去尝试新的生产模式,尝试新的品种,尝试新的销售方式,不用害怕亏损,可以放心大胆地搞改革。

F42　吉林农安县专业种植大户刘长于：专业大户的资金困境

专业种植大户一般都拥有比较大规模的土地，但是仍然会面临各种各样的资金难题。推进种植大户承包土地的经营权和农村住房财产权抵押担保贷款试点工作，开展种植大户之间资金互助试点，鼓励开展"三农"融资担保业务，大力发展政府支持的"三农"融资担保和再担保机构，加大小额担保财政贴息贷款等对种植大户的支持力度等是解决大户资金困难的有效手段。通过农安县陈家店村刘长于大户的种植经历，可以了解一些现在大户所面临的资金问题。

一、基本情况

刘长于，男，1975年生，现年41岁，是吉林省长春市农安县合隆镇陈家店村人，现在家中四口人，两个男孩，分别为18岁和8岁。属于专业大户，截至2016年，经营着100亩耕地，其中自有土地20亩，流转土地80亩，主要种植玉米和提供农业生产性服务。刘长于2001年就开始经营农业，以自有的20亩土地和一辆农用拖拉机起家，发展到2016年，经营100亩土地，拥有一整套机械设备。80亩土地分两次流入，当地土地流转都是在北方开春之前。第一次在2015年3月，流入

40亩；第二次在2016年2月，流入40亩。流转的土地每亩需要支付租金600元。当地土地流入既不需要批准，也不需要通过土地交易所，不需要担保。刘长于流转的是熟人的土地，口头达成即开始种植，秋收之后支付租金，租金一年一付。过去和现在土地流转都十分容易。刘长于目前仍有扩大经营规模的愿望，想经营1000亩地，争取实现每亩利润300元。

刘长于自己有一整套的机械设备。2001年只有一辆小型的农用拖拉机，2012年购入一整套，包括收割机、免耕机、深松机等，同年又购入一套播种犁地用的农具，2015年购入一辆收割机。农业生产要赶农时，一刻也耽误不起，机器能大大提高生产效率。刘长于还无偿使用合作社的厂房，停放自己的播种机、收割机等农机具。截至2016年100亩土地都能实现耕种收机械化作业。他选择做农业是觉得农业有搞头，而且长期务农，有经验，再加上离家近，能照顾家人。

刘长于收入大约17万元，其中10万元来自种玉米的收入，6万元是利用收割机给人收割得到的劳务报酬，另外1万元是搞运输的收入，扣除所有成本之后，剩余11万元左右。2015年种植面积60亩，收获60000千克玉米，全部卖出，单价每千克1.6元，收入9.6万元。成本大约4.8万元，其中种子6000元，化肥10000元，农药每年两次，花费2000元，油钱3000元，机械修理费3000元，土地租金24000元。扣除成本之后，能实现利润4.8万元。

在生产经营过程中，刘长于得到政府农业部门提供的技术、农资、信息等服务，还得到商贩提供的销售、物流等服务。这些服务均免费，且效果很好。他所接受的社会化服务大概能使产量、质量、收入等提高20%。另外刘长于还给本县的普通农户提供物流服务、金融服务、作业服务等。服务总金额共计10万元，玉米每亩单产提高200千克，农户的产量和收入提高20%。

二、主要问题

刘长于从仅有 20 亩地，一辆拖拉机发展到 2016 年有 100 亩地，耕种收一整套农业机械，他认为最大的优势是政府支持农业，有技术和土地可流转。但制约因素主要是政府给的支持还不够，资金也缺乏。刘长于认为虽然说流转的土地能拿去抵押贷款，但是他不敢，怕不是自己的地而闹土地纠纷。土地纠纷在农村是很容易出现，也是很容易闹大的问题。因此他虽有意愿，但不想拿土地去贷款。

三、经验教训

陈家店村地处平原，交通相对不便，距离县城、农产品市场和高速公路都比较远。刘长于对目前的生产经营情况较为满意。虽然能轻易地从亲戚朋友处借到钱，但借钱毕竟不是生产经营长久之道。没法获得资金就没法扩大经营。刘长于虽有拿地去抵押贷款的意愿，但担心出现纠纷而不敢冒险。说明政府对于确权做得还是不够，农民心里没底，战战兢兢，只能维持目前的经营状况。

刘长于自己虽然愿意从事农业，但不愿让自己的孩子从事农业。他不认为中国农业以后后继无人，农业关乎国计民生，关乎国家安全，一定会有人种粮，也一定会支持种粮。

刘长于目前的成功在于拥有可观的适耕地，有一套自己的耕种收机械设备，因此有能力自力更生。不管种多种少都有一份收入，只是根据每年的自然情况和市场行情，收入时多时少罢了，至少能保障家庭基本生活。但问题在于，没法进一步扩大经营，主要是资金受限，弄不到钱，没法生产，也没法管理。

四、发展规划

刘长于的经营仍处于发展阶段，扩大经营的意愿非常明显。不敢拿土地去贷款的原因可能是当初的流转只达成口头协议而没有签订书面合同，具有巨大的不确定性，应该确权之后签约。政府也可以多组织农民学习国家关于确权和贷款的政策，多宣传土地政策，减少土地流转和土地抵押贷款的后顾之忧，这样资金问题就很好解决。

村干部要担起责任来，要向农民说明政策的细节。土地的使用，作物的耕种都是在村这一层级，那么国家和上级政策没有传达落实，村干部负有不可推卸的责任。同时也可组织成功的合作社、大户等来宣传土地流转和贷款的经验，树立成功典型，让其他的经营主体来观摩学习。不仅在利率上给予优惠，贷款的流程也应该简化。

专业大户有大规模的土地，也有一整套生产经营设备，基本能自己解决生产方面的问题，令他们不安的还有销售问题。虽然经营规模较大，但是主要的家庭收入来源就是依靠农业生产，因此农资价格或者粮食价格一出现波动，就要受到极大的影响，可能一下就会赔光，家庭也会马上陷入困境。因此给保护价是个保障的方法。

F43　吉林九台专业大户贾长华：
玉米大户对未来农业经营模式的判断

一、基本情况

贾长华，41岁，初中毕业，是来自吉林省长春市九台区九交街道办事处唐家村的玉米种植专业大户。30岁时婚后的他因为要承担照顾父母和妻子的责任，离不开家，便一直在农村种地为生。2010年，他萌生了成为种粮大户的想法。其一，国家大力支持新型经营主体的形成，做了许多宣传。其二，他认识到土地的规模经营可以产生较大的利润，个人敢于尝试。于是他借用了四五位亲友的身份证，在农村信用社进行了20万元两年期的信用贷款。接着他整合了自有积蓄，并向亲友进行无息借款，共筹到60万元。拿着这80万元，他当年开始了360亩土地的流转工作。由于粮价平平，农业利润不高。总体而言，当时土地流转较为简单。后来加上原有的90亩耕地，他共组织450亩土地，开始搞玉米种植。2010年，购买了拖拉机和播种机等农机具。到2013年，他又在自有耕地上抽出0.4%，建设了667平方米的厂房屯粮。截至2016年，他家里一共六口人，一儿一女上小学，父母和妻子赋闲，他一人的农业收入可以让家中年均收入达到4万元左右。在好的年份里，他生产近150000千克的玉米，每千克卖2元，农业种植纯利润可以达到30余万元人民币。若遇上气候灾害或者病虫害，例如2015年的旱灾，他亏损了近20万元，虽然未影响其2016年的再投资，不过也让这个家庭遭受了不小的冲击。

二、投入情况

综合来看，贾长华的农业成本不低，拥有固定成本和可变成本两个方面。固定成本在于土地租金。如果该土地原有的粮食直补等划归原承包户，则上涨租金；若归贾长华所有，则下调租金。平均下来，一亩地一年的租金在250元上下，360亩流转土地，一年他需要支付近100000元的土地转入费用。可变成本主要来源于两个部分，种植直接成本以及工资成本。在种植的直接成本上，涉及种子、化肥、农药、农机具等诸多方面。450亩土地，每年要使用600千克种子，花费近15000元；30000千克化肥，也要用掉近40000元；使用1吨农家肥，花费400元；喷洒1次农药，花费5500元；租赁收割机，花费18000元；自有拖拉机和旋耕机，修理维护费共计5000元。成本总计近100000元。在工资成本上，每年的农忙季，雇用玉米收割的短工总计可达180人次，产生近30000元的工资支出。所以，固定成本一年10万元左右，可变成本亦然，一年他需要支付20万元的农业生产成本。

三、社会主体关系情况

在与社会各主体的联系上，贾长华主要参与了三个部分。第一，他多次参与九台区政府组织的农机具使用和农资选购的免费课程培训，也接受了政府对农产品的质量检测等服务项目。值得一提的是，不同于接受服务，在提供服务上，作为一个专业大户，他在修缮自己的田间道路时会顺便顾及周遭道路的维护，他认为这可以辐射到周围 15~16 个小农户的种植环境，产生了正外部性。第二，他年均生产 150000 千克的玉米，全部由国家储备库一次收购，即销售渠道由政府包揽。第三，2013 年他承担过由政府牵头的科研单位玉米试验田项目。该科研单位花费 1 万元请求使用 15 亩土地，进行新型玉米种子的实验种植，获得良好成效，接下来，种子也被大面积投入使用。

四、发展规划

谈到其对于未来的规划时候，贾长华有意愿进一步扩大种植规模，注册成为家庭农场。他认为中国未来的农业本身就应该是"后继无人"的，机械最终将取代人畜劳动。种植土地没有上限，虽然土地越多越会增加种植风险，看天吃饭无法改变，但是他愿意为好收成年份的盈利承担这样的风险。问到他对自己儿女未来职业规划的时候，出于自身对农业劳动艰辛的体验，他不希望自己的儿女子承父业，继续进行农业生产活动。那么，未来中国农业到底会怎样组织经营呢？他认为应该是大户联合经营。

当前吉林省的合作社发展存在误区，由于最初建立合作社的政策引导和优惠项目，使得合作社在未真正了解合作经营的情况下，由一家独大的农户牵头注册。经过近十年，发展成企业经营的模式，农户或退出经营，拿土地流转租金，或者加入合作社，打零工谋生。真正负责田间种植的基本消失，这已经与社内互助，共同经营愈行愈远。

贾长华认为，大户联合经营，和合作社土地作价入股一样，农户持有土地，统一入股，经营管理，按股份和收成分成，风险共担，利益共享。但其中不同的是，应当让参与其中的人员持有相近的土地和资本，这样才能平等地拥有话语权，真正实现在购买服务和销售上的统一管理，并且沟通种植经验，更好地维护自身的生产经营利益。

贾长华目前属于家庭经营的模式，只是集约化明显。他没有核心的种植技术（从调研来看，玉米的科技对玉米产量并没有太大的帮助），也没有与各个经营主体发生密切的业务往来，例如，农机合作社、农资公司，等等；由于规模尚可扩大，内部对管理人才、财务人才等劳动力需求少，无须严格的组织架构。他最大的优势在于，敢于流转土地，实现规模种植，通过集约化经营，获取其中产生的利润。综合来看，他所希望的扩大种植规模，无论是进一步流转土地，还是抓紧时间进行工商注册成为家庭农场，获取更多的政策帮扶，他的经营之路都属于上升期。

F44　吉林公主岭冯俊家庭农场：
弱承灾能力的单一作物经营

在很多合作社理事长看来，家庭农场比合作社要便于管理，因为合作社面临太多管理成本的问题，众口难调是理事长普遍抱怨的问题，但是家庭农场比合作社管理成本低就意味着它比合作社更优越吗？冯俊家庭农场面临的问题让我们意识到，该重新思考一下以家庭为单位经营单一作物的大规模农场在灾害面前的承受能力是如何了。

一、基本情况

公主岭市，吉林省直管市，地处吉林省中西部，东辽河中游右岸，位列全国百强县第93名，而冯俊的家庭农场便在公主岭市的刘房子镇。听冯俊说，之所以取这样的名字，是有历史渊源的，清朝道光年间，有一位姓刘的人从关内到此地开荒定居，盖的房子比一般意义上的民房大很多，日后渐渐形成村落，故此得名。刘房子镇有110个自然屯，总人口23325人，其中，农业户为6269户，农业人口22600人。该镇地处平原，镇上基本没有信教的人，人均年收入3000元左右，人均土地面积有6亩。就是在这样的土地上，冯俊拥有1万亩地的大农场来种植玉米，这1万亩地中有5000亩是流转过来的，虽然没有通过土地交易所，但还是经过政府批准并且有担保。这5000亩地既有本村的也有外村的，虽然面积很大，但是没有成片，平均每亩地年租金有500元，一次性租5年，租金也是每年一次付清。能够做到如此大的规模，冯俊归因于政府对家庭农场的优惠政策以及家人的支持，冯俊家有四口人，两个女儿，虽然大的刚过20岁，但是都参与农业生产。除此之外，由于2015年受灾，好多平时不愿流转土地的人也愿意把自己的地转出去了，出于这个契机，冯俊租进了大批土地。

玉米是农场种植的唯一作物，并且万亩玉米在耕种收环节全部实现了机械化，这也使得冯俊基本不用雇人来工作，除了耕种收两个月雇用5个临时劳工，平时打药除草雇用2个短工，全家四口人基本可以操控这1万亩地，节省了一大笔工资费用。"这就是机械化的好处啊，省心省力！"冯俊笑着说。吉林省本身就土地肥沃，有着得天独厚的地理优势，冯俊家的农场也无须进行地块平整。农场的机械设备大都是2008年置办的，花了80万元建的仓库大概能用20多年，拖拉机、收割机、铲车、各种农具花费也达200多万元。看似庞大的农机花费在冯俊看来却不是最大的问题，"因为我们有农机购置补贴啊。"东三省的农机购置补贴非常到位，补贴高达30%，除此之外，政府当初还在当地推广新型主体的扶持项目，凡是购买500亩以上土地者，均可以享受额外的农机库房补助，即在原有30%的补贴基础上再补贴30%，这就补贴了近半的农机费用。如此大的优惠额度也大大鼓励了当地农民的机械化积极性，所以本地村民的人均土地面积能达6亩地，这和山东、河北等地的1亩地差别很大。机械化不仅大大提高了产量，还解放了生产力，这种农机补贴和机械化程度的相互正向激励促使当地农业越发向高效化迈进。

二、成本收益情况

据冯俊说，2015年一年这1万亩地全部收获，即便受灾，总计收获量也高达700万千克，销售均价千克2元，大部分都是卖给了饲料厂和国家粮库。从投入成本来看，种子投入大概10000千克，花费13万元，化肥50万千克，费用100万元，各种租赁的机械费用5万元，燃油费10万元，再加上购买的工具材料3万多元，投入成本就有近150万元。不光如此，2015年由于受旱灾影响，100亩玉米全部受灾，即使有1万元的保险，损失也达到了17万元，"2015年一年真是只赔不赚啊！"

三、社会化服务情况

提起社会化服务，冯俊直言，作为家庭农场，本身能提供的服务并不多，毕竟人手有限，除了能提供一些相关的技术指导之外，并不能提供更多的服务，并且提供的范围也仅仅是自己的一些亲戚熟人，采取不收费的方式进行人情交易。接受的服务也只有物流和农机作业服务。"咱们不像合作社那么杂乱，只需要简单的作业服务，收获时节的运输服务就够了，其他的也没有资金去搞。"冯俊如是说。2015年农场物流服务花费3万元，作业服务花费2万元，并没有接受其他种类的服务，仅是这两种服务，因为比较有针对性，所以对产量、质量的提高都比较可观，高达15%，对收入的提高也能达到10%。冯俊本人是不愿意从事服务提供者这个职业的，村子里干这个的人太少，冯俊担心没有市场，风险太大，他认为还是稳稳当当种地来得踏实。

四、面临的问题

万亩良田虽然产出可观,但是承担如此大的租金压力,冯俊这几年的净利润也都为负。2015年赶上旱灾,收入20万元,但是支出合计就高达100万元,资金问题成了冯俊农场面临的主要问题。即使想进一步扩大经营规模,也因为资金短缺而无法继续。

五、发展规划

提及对未来的愿景,冯俊还是看好家庭农场。2008年的时候,冯俊曾有过自己的合作社,但是,由于合作社管理不善,缺乏相关人才,再加上当地村民对合作社不信任,导致合作社仅仅是一个空壳子,并无带动作用,无奈之下只得另寻出路。而家庭农场给了冯俊极大的信心,它不像合作社那样管理成本大,协调困难。独资模式下对个人的激励作用更大了,2008年前的几百亩土地,截至2016年的1万亩土地,冯俊并没有停下前进的脚步,2015年又在辽宁投入了4000多亩地,建立了大型粮库,准备把农场做大做强。"5万亩地才是最理想的!差不多能实现每亩地利润200元!但是资金不够啊,不然还得扩!"冯俊说。等资金充裕以后,冯俊打算集结周围十几个村子的地,实现更大规模的经营。

C01　山东莒南县贵花种植专业合作社：合作服务促进农民增收

农民专业合作社自成立以来，就以解决农民个体解决不了的问题为宗旨，为社员提供各种各样的农业服务，促进农民增收。尽管在发展中，很多合作社失去了合作的性质，未能发挥合作社的功能，但是能够做到为农服务，促进农民增收的合作社在现实中还是有很多的。例如，位于山东省临沂市莒南县的贵花种植专业合作社就是通过合作服务促进农民增收的典型。

一、基本情况

莒南县贵花种植专业合作社位于山东省莒南县洙边镇胡家岭村，由本村村干部胡顺花于2009年6月牵头成立。该合作社主要从事地瓜种植、储存及加工等业务，加工环节包括制作地瓜干、地瓜条以及地瓜礼品盒。2014年12月9日，合作社注册了自己的商标；2015年8月，贵花种植专业合作社被评为山东省"省级示范合作社"。据合作社理事长胡顺花介绍，当初成立合作社的原因有两点：一是通过合作社进行地瓜的统一销售，便于产品走向市场，提高农民的话语权；二是通过合作社提供的社会化服务，可以降低农产品生产成本。2016年，合作社拥有成员154户，成员入社要求必须以土地、资金或农机等生产要素参与入股。

二、社会化服务情况

农民在参加合作社之后，可以享受到合作社提供的各种农业社会化服务，从而为农业生产提供便利。同时，通过降低成本、提高价格等途径使农民增加收入。在贵花种植专业合作社，农民接受到的服务主要有农资购买服务、技术服务、销售服务、借贷服务、信息服务以及质量监督服务等。

（一）农资购买服务

合作社全部成员都通过合作社购买农资，合作社统一购买能比市场价低20%。合作社为农户提供种子、化肥、农药等农资，能够满足成员使用量的全部需求，大大降低了社员的生产成本。例如，种子的市场价为每斤0.8元，而合作社的价格仅为每斤0.6元；化肥的市场价为每袋200元，合作社的价格为每袋170元；农药的市场价为每瓶35元，合作社的价格为每瓶25元。

（二）技术服务

合作社接受新品种、新技术的渠道主要为政府技术推广部门、厂家培训推介、大户经验等。例如，县政府的农广校会对农民进行免费的新型职业农民培训，提高农民的技能。

（三）销售服务

贵花合作社的所有成员都通过合作社来销售农产品，合作社统一销售的价格比市场价要高出25%。其产品销售渠道主要为商贩、企业等。

（四）借贷服务

合作社提供借贷服务的资金主要来源于理事长和成员的互助资金，借款期限较短，多为一个月或者半个月，不收取借贷利率。此外，合作社也会允许成员在资金紧张时，进行农产品赊销。

（五）信息服务

信息服务对于目前农产品生产来说是非常重要的，可以帮助农民及时判断市场走向，从而指导自己的生产。贵花合作社提供的信息包括市场、政策以及行业技术等方面的信息，由理事长通过宣传的方式免费提供。

（六）质量监督服务

合作社通过四种途径来对成员的农产品进行免费的质量监控：一是产品分级；二是生产时监督；三是培训后让成员自觉；四是统一规范种子、化肥等农资。

除了以上几方面的服务之外，合作社还利用其自有仓库及地下储存室等为成员提供储存服务。

通过上述所提到的各种农业合作服务，贵花种植专业合作社取得了显著的经营绩效。如：2013年，合作社获得经营收入224万元，经营支出178万元，利润46万元；普通成员分得32.2万元。2014年，合作社的经营收入为225万元，支出205万元，其中工资支出8万元，利润为20万元；普通成员分得14万元。农民收入因此得到了大幅度提高。

C02　山东莒南县北方运程养殖专业合作社：生猪保险的困扰

中国农业保险自 2003 年以来有了快速的发展，"中央 1 号"文件也连续 8 年从不同角度提出发展农业保险的重要性。自 2007 年开始，除了传统的种植业保险以外，中央财政开始对生猪保险和母猪保险进行财政补贴，并在全国范围内广泛试点。然而，生猪行业保险高赔付率的状况依然没有好转。很多现实中的养殖户都面临着农业保险供给不足的问题，莒南县的北方运程养殖专业合作社便是深受生猪保险困扰的主体之一。

一、基本情况

莒南县北方运程养殖专业合作社位于莒南县十字路镇虎山泉村，由本村村干部于 2008 年牵头成立，主要从事生猪养殖。合作社现有社员 156 户；生猪 8000 头。2014 年生猪出栏量为 17000 头，销售生猪 170 万千克，毛收入为 1700 万元。目前，该合作社已被评为山东省"省级示范农民专业合作社"。同时承担了省级示范推广项目，并得到当地财政部门的大力支持，累计获得政府资金扶持 50 万元。运程合作社所在的虎山泉村有着丰富的水资源，很适合生猪养殖；并且村中大部分农民常年从事生猪养殖，积累了一定的经验；此外，2008年我国生猪价格一路上涨，市场前景非常好。基于以上原因，虎山泉村的村干部带领当地农民成立了北方运程养殖专业合作社。

二、主要经验

该合作社从成立至今，取得了很好的发展效果，并带动农民实现了增收。关于其优势，主要体现在以下几个方面。

（一）统一饲料供应

2010年以来，为帮助社员降低生猪养殖成本，合作社建造了自己的饲料加工车间，使其提供的猪饲料能够比市场价便宜约10%。例如，市价每吨280元的饲料，合作社卖给社员每吨仅260元。

（二）统一生猪销售

运程合作社的生猪销售渠道主要有两个：一是商贩；二是猪肉加工企业。一般通过合作社销售的生猪，其价格要比散户高出3%。例如，2014年合作社销售生猪共计170万千克，社员通过合作社统一销售，多收入61.2万元。

（三）重视技术培训

北方运程养殖专业合作社在提高社员技术水平方面，十分重视技术培训。一是积极与县农业局联系，组织成员进行集体学习培训；二是邀请部分技术人员到农民的生猪养殖场所进行现场指导。

（四）盈余二次分红

即对于运程合作社来说，社员购买合作社的饲料享受10%的优惠，同时社员把生猪卖给合作社还会获得高于市场价3%的价格，这是合作社的"一次返利"；此外，合作社通过销售饲料及生猪等可能会有盈余，这时，合作社首先会提取公共积累，然后将剩余收益按股对社员进行"二次分红"。

借助以上所述优势，尽管北方运程养殖专业合作社发展良好，但是生猪死亡事件却经常给合作社与社员带来损失，尤其是"能繁母猪"的死亡带来的收入损失会更大。例如，2014年合作社的生猪医疗防疫支出就有10万元，生猪死亡损失达5万元。此时，购买合适的生猪保险就显得尤为重要。然而笔者通过对合作社负责人的访谈发现，合作社的生猪都没有购买保险；虽然合作社表示愿意给生猪购买保险，但是没有保险公司提供相应的生猪险种。

总体来说，养猪业是一个高风险的产业。由于生猪保险技术落后，目前还不能很好地控制和解决被保险人的道德风险和逆向选择问题，因此，生猪保险具有高赔付率的特点。但是生猪保险是规避养猪业非系统性风险的重要策略。作为一种政策性保险，生猪保险仅仅依靠商业保险公司来运作，没有政府的政策和资金支持，是难以实现的。农业保险一直是商业性保险公司避之不及的"包袱"，其险种和经营分支机构也不断缩减。对此，政府部门应该在农业保险领域积极发挥其作用，为农业保险行业提供资金和政策扶持，帮助生猪养殖户以及千千万万从事农业生产的人降低农业风险，稳定和提高收入水平。

C03　山东莒南县玉芽茶业专业合作社：依托企业实现全产业链发展

目前，在我国由龙头企业领办农民合作社的现象已经非常普遍。企业领办合作社，一是可以为合作社的发展提供雄厚的资金扶持和市场等方面的资源，二是有助于促进企业实现产供销的一体化发展，是对企业、合作社以及农民都很有利的一种经营管理模式，例如山东省临沂市莒南县的玉芽茶业专业合作社。

一、基本情况

2007年7月，临沂市玉芽茶业有限公司总经理刘玉剑牵头成立了莒南县玉芽茶业专业合作社。多年来，刘玉剑一直在茶业生产一线从事经营与管理工作，拥有较多的关于茶叶生产、加工方面的经验；同时，玉芽茶业有限公司也是一家集茶叶种植、研发、加工、销售为一体的合作模式，先后研发出了"沂蒙乌龙茶""玉芽大白茶""功夫红茶"等茶叶新品。这些条件使得玉芽合作社更容易采取"公司+合作社+基地+农户"的产业化经营模式。2011年12月，该合作社还被农业部、财政部等12部委命名为"全国首批农民专业合作社示范社"。截至2015年，玉芽合作社已经发展社员122户。

据合作社理事长介绍，当初成立合作社的目的就是帮助社员增收。为此，合作社建立了"投入扶持、风险保障、二次返利"的为农服务机制：一是合作社统一购买化肥等生产资料，然后以最低价格赊销给茶农；二是合作社每年会从收入中提取2%作为风险基金，用来补偿自然灾害对茶农造成的损失；三是合作社每年还会从利润中提取3%，按照茶农与合作社的交易额返还给茶农，实现"二次分红"。总之，玉芽合作社通过为社员提供一系列的服务确实促进了茶叶产量和质量的提升，增加了农民收入。例如，茶叶单产由原来的每亩18000千克增至每亩18400千克；单价由平均每千克80元升至每千克100元，从而使得合作社社员的茶叶价格比普通茶农要高出25%，户均增收2000余元。

二、主要问题

从上述分析中，明显可以看出，依托玉芽茶业公司，合作社实现了产供销一体化发展，促进了农民增收。但是由龙头企业领办合作社，农民与合作社还可以是利益共同体吗？企业会不会只是为了以合作社的名义为自己提供便利呢？以玉芽合作社为例，其成立以来，共计接受政府给予的示范奖励就达100万元，并且承担了政府的示范推广项目。此外，合作社通过土地流转，还建立起了占地30.6公顷，集茶叶良种引进、繁育、示范和生产于一体的"沂蒙玉芽茶业科技示范园"。而这些项目的直接获益者都是处于合作社上层的企业。在产品供需中，企业与农户（社员）是上、下游的关系，而且企业实力强大，所以农户与企业之间不是相互依存，而是农户依附于公司。这与以前的"公司+农户"的模式便没有了区别。公司反而通过合作社的名义享受了国家的优惠政策。尽管在收益分配中对农户实行盈余返还，但合作社的财务以及日常决策等仍主要由企业人员进行管理，社员获得的收益与企业相比十分有限。

　　因此，在由企业领办合作社时，建议相关部门务必要加强监督，确保政府的支农项目资金能够使合作社的全部社员从中获利，而不是由龙头企业独占。另一方面，对于旨在带动农民增收的龙头企业，其在经营管理中，应当特别注意维护农民的利益，促使政策优惠惠及每个社员。

C04　山东临沭县惠康黑猪养殖专业合作社：一家独大合作社的优势与局限

民主控制体现了合作社的最基本特性即民主性。随着《中华人民共和国农民专业合作社法》的颁布，各种类型的合作社迅速发展，其中包括村中能人、专业大户、涉农企业牵头创办的合作社，一家独大的合作社越来越受到关注。位于山东省临沂市临沭县青云乡西雷官村的临沭县惠康黑猪养殖专业合作社是典型的"一家独大"的专业合作社，由养殖大户李大生于2011年8月牵头成立，主营业务为生猪养殖和销售。

一、基本情况

理事长李大生从1999年开始从事生猪养殖，10年间成长为精通生猪养殖的专业大户。2011年，为提升养殖规模效应，李大生牵头成立临沭县惠康黑猪养殖专业合作社。在理事长带领下，合作社规模扩大，效益稳步提升，截至2014年，社员数从110人增至350人，经营收入从50万元增至1800余万元。合作社的成长得到广泛认可，2012年合作社成功申请临沂市优质农产品示范基地并获得15万元奖励；2013年，被评为"省级示范合作社"并获得30万元奖励。

二、经营情况

合作社成立至今，理事长发挥了重要的作用，主要包括以下几方面。

（一）资金方面

合作社成立初期，李大生出资480万元，占出资总额的80%，联合其余各出资30万元的4名养殖大户牵头成立了该合作社；合作社在运作过程中以理事长李大生的名义贷款150万元，用于购买生猪饲料。

（二）生产方面

李大生作为合作社理事长，全心全意为合作社服务，几乎一个人负责合作社棚舍建设、技术指导、生猪销售等产前、产中、产后各环节。

（三）投资方面

为实现养殖技术的现代化，理事长一人独自购买现代化养殖棚舍两处，价值400万元。

在成员异质性方面，主要有以下几点。合作社成员区域跨度为跨县，理事会5人均为青云乡人，区域差异主要体现在普通成员间。社员文化程度差别很大，最高为理事长李大生的高级管理人员工商管理硕士（EMBA），最低为小学，且大部分都在高中以下。社员经营规模的差异也很大，最多的是理事长饲养10000余头生猪，最少的社员仅有300头生猪，理事会与普通成员之间的差异尤为明显。尽管社员产量差异很大，但得益于合作社严格的品质监督和控制环节，社员出栏生猪的质量差异要小得多，卖出的价格相差无几。由于合作社为社员统一提供饲料，社员投入品质量之间也几乎没有差别。社员都是一心一意追随理事长李大生努力通过养殖致富，因而经营目标和入社动机较为统一。然而李大生的精英地位必然使其在合作社中拥有绝对控制权，合作社决策几乎都由理事长作出，各项工作都围绕理事长展开，普通社员甚至理事会其他成员都是执行者，导致社员在合作社中的任务和角色差异非常大。

三、主要问题

然而，一家独大的合作社也存在一定弊端，主要包括以下两方面。

（一）理事长绝对控制权

合作社决策几乎都由理事长作出，各项工作都围绕理事长展开，普通社员甚至理事会其他成员都是执行者，导致社员在合作社发展的各项事务中缺乏积极性，也违背了合作社民主控制的最基本特性。

（二）缺乏合作激励

合作社盈余主要来自理事长才能的发挥，盈余按管理要素80%、交易量20%的比例进行分配。当前，合作社没有在盈余或利润中提取积累，社员自负盈亏、各自为政，缺乏合作的激励，没能较好发挥合作社互助性、合作性的基本特征。

理事长李大生对合作社有绝对的控制权，其个人交易额占合作社总交易额的比重达70%，他不仅是合作社的创始人，更是合作社的顶梁柱。理事长对合作社的发展发挥着至关重要的作用。

这种组织形式对理事长要求很高，理事长面临巨大压力，他的某个失误有可能对合作社造成致命打击；而其他社员参与合作社事务的机会很少，也背离了合作经济的初衷，社员与合作社还没有真正形成共担风险、共享收益的机制；未进行盈余分配则使得合作社越来越偏离规范发展的道路，必然带来收益分配不清、普通社员的利益难以保障的结果。这些问题都不利于合作社的持续健康发展。

　　一家独大的合作社在今后的发展中更应注重民主管理，加强社员参与度。合作社应重视民主管理原则，树立社员的合作理念和参与意识，提高社员参与合作社事务的积极性，明确监管机制的职能与运作规程。另外，理事长可以通过外聘经理或内部培养以减少自身压力、降低潜在风险。

C05　山东沂水县前武家庄蔬菜专业合作社：合作社带动全村经济发展

农民专业合作社是带动农村经济发展的重要载体，也是实现全村共同富裕的重要抓手。充分发挥专业合作社的辐射带动作用，实现规模化种植，产业化经营，让合作社真正成为带领全体村民发展农业生产的致富平台是解决"三农"问题的重要途径。位于山东省临沂市沂水县院东头镇前武家庄村的前武家庄蔬菜专业合作社就是一个典型的例子。

一、基本情况

前武家庄蔬菜专业合作社成立于2004年1月，成立时成员总数有210位，于2008年2月进行注册，注册资本为3万元，主营业务为黄瓜的种植与包装，属于蔬果种植业。包装主要指按照10千克或5千克的规格装箱。在2010年2月被评为"省级示范合作社"。

村书记谢瑞金是合作社理事长，成立时出资0.6万元，占出资总额的25%，理事会的4个成员均为村干部，分别出资0.6万元。该合作社是典型的村干部牵头成立的合作社，村干部出于对全村经济发展的考虑，结合本村实际情况，带头出资成立了合作社。合作社的入社要求有两条：一是必须以土地、资金（500元及以上）或农机等要素入股；二是必须将全部产品销售给合作社或必须在合作社消费。合作社现有成员210户，全部为农民。合作社自2004年成立以来，社员数量并未发生变动。截至2016年，本村人均年收入13000元，在乡镇各村中排名第二。可见，合作社对于该村的经济发展的帮助效果较为显著，具体表现为以下几个方面。

（一）合作社提供服务

合作社为成员提供农资购买服务、技术服务、农产品销售服务、质量监督服务、信息服务等。

（1）农资购买服务。全部社员通过合作社购买农资，可比市场价低15%，主要包括黄瓜种子、农膜、化肥、农药等。黄瓜种子的市场价格为每袋130元，向合作社购买单价为每袋120元；农膜的市场单价为每平方1.1元，向合作社购买单价为每平方1.05元；化肥的市场单价为每袋70元，向合作社购买单价为每袋50元；农药的市场单价为每包1.5元，向合作社购买单价为每包1元。

（2）技术服务。全部成员通过合作社得到技术服务，提供服务的外部主体为农业局，农业局的专业人员会不定期地到村里进行培训。

（3）农产品销售服务。包装按照10千克或5千克的规格装箱，全部成员通过合作社销售产品，合作社统一销售能比市场价高5%，收取2%~3%的服务费用，用于合作社销售开支。

（4）质量监督服务。为保证合作社生产销售的黄瓜品质，设立监测室进行抽查化验，全部成员可获得此项免费服务。

（5）信息服务。合作社通过村喇叭、宣传栏等途径，为成员提供市场信息、政策信息服务。

（二）合作社注册了自己的商标

该合作社具备农产品初加工能力，对产品进行包装与装箱。合作社不仅注册了商标，还于 2010 年 1 月通过了绿色食品认证，为产品附加值的增加提供可能。

（三）规范自身经营管理

合作社通过完善三会制度、财务制度、决策机制，更好地发挥合作社的作用，促进社员间协助合作。

（1）三会制度。合作社每年召开 1 次成员代表大会，讨论每年的销售情况和质量要求，在收购季节之前，合作社还召开理事会议与监事会议。

（2）财务制度。合作社拥有严格的财务管理规章制度，拥有兼职的财务工作人员，会计资料较为完整，并每年 1 次向全体成员公开财务和运营情况，公开程度为全部公开，并有农业部门等外部力量进行监督。合作社还设立成员资金账户、成员产品交易记录、成员农资交易记录等。

（3）决策机制。合作社的投资决策、融资决策等主要由成员代表大会做出，例如 2004 年修建大棚时，成员召开会议，统一向信用社申请低息贷款。此外，合作社的收益分配制度、农资采购决策、新技术采纳由理事会决定，合作社盈余或利润的主要分配方式为按交易额返还。理事长认为现在合作社决策机制效率很高，常出主意的有 15 人，其中理事会成员 5 人，普通成员 10 人。

二、经营成效

在合作社经营绩效方面，2015 年合作社经营收入 1000 万元，支出 200 万元，利润率为 80%。其中工资支出 1.4 万元。这三年来，合作社每年的支出维持在 200 万元左右的水平，但合作社的经营收入逐年增加。2012年合作社经营收入850万元，利润为650万元，其中理事会所得10万元，普通成员所得640万元；2013年经营收入900万元，利润700万元，其中理事会所得11万元，普通成员所得689万元；2014年合作社经营收入1000万元，利润800万元，其中理事会所得12万元，普通成员所得788万元。

对于合作社的农产品——黄瓜，合作社收获面积500亩，亩产5万斤，亩均生产资料投入5000元，产品价格为每斤1元，一年一熟。如果是家庭单独经营的话，单独经营亩产生产资料投入为7000元（增加），单独经营亩产5万斤（不变），单独经营产品价格为每斤0.9元（降低），也是一年一熟。说明合作社对于降低成本、增加销售利润、扩大销售渠道方面发挥的作用很大。

成员通过合作社获得的纯收入平均约4万元，其中最多的有8万元，最少的3万元，与加入合作社之前相比，成员通过合作社平均增收1.2万元。合作社带动成员增收效果明显，成员对合作社很满意，与合作社的关系也很稳定，合作社的凝聚力很强。理事长对于合作社的发展前景十分看好。

该合作社目前处于成熟期的发展阶段，能够较好地实现其经济互助功能，是带动全村经济发展的重要平台。因此，各地可因地制宜，发展类似的专业合作社，以带动全村经济的发展。

C06　山东沂水县绿平花生专业合作社：外部环境对合作社发展的影响

在法律法规和各级政府的推动下，农民合作社迅速兴起。据国家统计局统计，到2013年底，全国已有农民合作社98万家，入社农户达7412万户，约占农户总数的28%。合作社的兴起与发展对于农业现代化的发展有十分重要的作用，而外部环境也将直接影响合作社的成立、成长、发展、壮大的各个环节。位于山东省临沂市沂水县四十里堡镇吴家沟村的沂水县绿平花生专业合作社就是一个典型的案例。

一、基本情况

吴仕录是该合作社的理事长，同时他也是本村的村支书。吴仕录说，他作为村干部，总会参加一些会议、培训，参观一些农业合作社，由此他了解到合作社是进行农业生产的一种新型的、效益较好的农业生产经营主体。所以他在2010年领办了该合作社，并且向村民宣传合作社的好处，鼓励村民积极入社。合作社成立的主要原因是，通过政府力量的推动以及自己作为村干部向村民的宣传号召，让村民自发合作以降低农业生产成本。加入本合作社必须以土地、资金等要素入股。

(一) 土地流转与休耕

合作社成立于2010年9月，发起人有6位，合作社成立时成员有175位，注册资本5万元。2016年合作社有成员450户，农民占95%。合作社目前经营的土地有1900亩，其中1500亩为合作社成员入股的土地，另外合作社通过土地流转转入400亩土地，平均每亩租金800元，转入期限为5年。合作社的1900亩土地均用于花生的种植，春天播种，秋天收获，冬天休耕。该合作社2015年经营收入399万元，支出380万元，利润约为19万元，较之前两年盈利能力差别不大，但是合作社带动成员的增收效果较为明显。

(二) 内部治理民主高效

在合作社内部治理方面，成员代表大会一季度一开，理事会一月一开，并且召开监事会，均以一人一票进行表决。合作社的决策主要由理事会做出，比如合作社需要购买农用机械的品牌、数量等。合作社常出主意的有15人，其中理事会成员有6人，普通社员有9人。由此可以判断，该合作社异质性类型为核心成员主要控制型，该类型的合作社决策效率较高，但又不失民主。

二、外部环境

加入合作社后，社员通过相应的技术指导进行合理密植，提高亩产，同时花生的品质有所提高，生产成本也有所降低。与加入合作社之前相比，成员通过合作社平均增收3000元。因此，社员对加入该合作社总体较为满意，成员与合作社的关系较为稳定，合作社的凝聚力也较强，合作社的理事长对本合作社的发展前景较为看好。该合作社目前处于稳定发展时期。合作社能有今天的成果与外部环境的影响密不可分。

（一）合作社法颁布实施

2007年7月1日，《中华人民共和国农民专业合作社法》颁布实施，为专业合作社的发展提供了法律保障和健康发展的环境。该合作社于2010年9月注册成立，并制定完善了本合作社的规章制度，具体包括一季度一开的成员代表大会，一月一开的理事会和监事会，表决方式均为一人一票。

（二）政府引导支持

政府为该合作社的成立、正常运营帮助很大，比如，为合作社成立进行发动宣传，帮助合作社制定章程，为合作社提供免费登记服务，提供市场信息和销售渠道，提供技术培训，给予合作社一定的现金补助和奖励。

（三）农业社会化服务

合作社请来专业农技人员，为合作社种植花生提供专业的技术指导。比如，如何打药，何时打药，打什么品种的农药，如何防虫害以及如何科学合理密植。科学专业的社会化服务能提高合作社的生产经营效率和经济效益。通过合理密植，本合作社花生亩产由原来的每亩700斤增加到每亩1000斤，且不影响花生的品质。

正外部性对于合作社的发展影响深远，但是我们也发现，该合作社内部社员的合作意向淡化、合作程度极低，社员参与合作社的建设、监督的意愿和积极性不高。合作社要真正健康发展离不开较好的外部环境，但与此同时，合作社的内部建设和治理也是影响合作社能否长远发展的关键因素。

C07 山东沂水县佳汇肉鸡养殖专业合作社：合作社的示范带动作用

规范高效的农民专业合作社能够提高农民组织化、专业化、产业化程度，大力发挥农民专业合作社示范引领带动作用，不断增强合作社的自我发展能力。提升其服务带动能力可促进农业现代化的快速发展。肉鸡养殖是我国农村一项传统的致富项目，因其投资少、周期短、见效快等特点深受广大农民喜爱。随着我国强农惠农政策的陆续出台，当前禽类养殖业不断发展，2012年我国肉鸡的出栏量达到100亿多只，成为世界上仅次于美国的第二大肉鸡生产国。在国内肉鸡产业持续发展的大环境中，山东省临沂市沂水县的佳汇肉鸡养殖专业合作社充分发挥其示范引领带动作用，带领沂水县周边群众一起养鸡，提高了当地居民的收入，带动了地区的养鸡行业的发展。

一、基本情况

佳汇肉鸡养殖专业合作社于2007年12月进行工商登记，正式成立于2008年1月，注册资金200万元，互助资金420万元，固定资产80万元，成员176户，养鸡占地面积达1000亩，共11个大型养鸡场，有专职工作人员36人，其中专业技术人员22人。合作社年出栏肉鸡达到

2000多万只，社员收益5000多万元。合作社现已成为集鸡苗、饲料供应，技术服务和成鸡销售于一体的大型专业合作社，走出了一条独具行业特色的肉鸡养殖发展之路。2016年合作社还服务于临沂、日照、淄博等地区的养殖户，服务农户达到400户。

二、发展历程

合作社的成长发展经历了以下几个阶段。

（一）第一阶段（1995—2007年）：原始积累，养殖场建立

20世纪90年代，农村肉鸡养殖规模较小，以简易棚为主，养殖技术落后，而且大部分养殖户观念落后，管理粗放，最终导致肉鸡养殖成功率较低，亏损严重。而国内市场对肉鸡的需求较大。苗德山是沂水县佳汇肉鸡养殖专业合作社的带头人。1995年苗德山毕业于华中农业大学畜牧兽医系，毕业之后在六和集团从事饲料销售工作。经过5年的磨炼，苗德山积累了一些经营管理经验和技术，对畜牧业有了比较全面的认识。在了解市场行情、懂得饲养肉鸡技术的基础上，苗德山决定自主创业，创建养鸡场。

创业伊始，苗德山以老家20亩荒山为基础，建成了沂水县第一个存栏6万只肉鸡的养殖场。养殖场的鸡舍全砖混结构，采用网上平养方式，引入自动清粪、降温风机等设备，进行科学、规范的饲养管理，养殖的第二年就基本收回初始投资。在养殖过程中，苗德山逐渐掌握了肉鸡养殖的关键环节，总结出一整套肉鸡饲养管理技术，养殖成功率得到提升。经过几年的养殖，苗德山逐步认识到规模化、标准化、集约化是养殖业的必然发展方向，标准化养殖必将代替传统养殖。

2007年，苗德山筹资在沂水县姚店子镇建成了临沂市第一个存栏

20万只肉鸡的标准化养殖场，养殖场占地60亩。此时的养殖场严格按照标准化养殖场的要求进行设计建设，场内生产区与生活区分离，净污道单独设置，配备焚烧炉、粪污处理设施等。此外，鸡舍内采用现代化养殖设备，自动喂料、自动供水、自动供暖、自动换气、自动降温，鸡舍管理基本实现自动化。现代化的设备大大保证了鸡舍内环境的可控性，提高了鸡舍养殖成功率，每栋鸡舍只需一名饲养员，劳动效率得到提高，养殖效益大幅提升。

（二）第二阶段（2008年）：合作社成立，大户为主

苗德山经过数十年的养殖，对行业有了更深的了解，对肉鸡养殖技术有了更全面的认识，养鸡场效益不断增加。而此时，沂水县周围的一些养鸡农户，因为设施简单，管理跟不上，亏损严重。有些养殖户因投资收不回来还欠下了账，部分养殖户还因"非典"放弃了养殖，这导致部分养鸡村民的生活水平下降。面对这种情况，苗德山觉得应当帮助他们走出困境，并把养殖经验毫不保留地传授给他们，一起养鸡致富。

2008年初，苗德山组织15个养殖大户成立了合作社——沂水县佳汇肉鸡养殖专业合作社。合作社一成立，苗德山便从影响养殖成功最关键的理念和技术入手，引导社员用好的鸡苗、好的饲料、好的药品，从根本上改善鸡舍内、外环境。在这一阶段，董事长苗德山主要带领社员修缮鸡舍，采用更加现代化的养殖方式。现代化养殖的优势在几年后逐渐显现，传统养殖存在的问题也得以解决，社员的养殖效益得到好转。

（三）第三阶段（2009年至今）：规模扩大，服务到位

佳汇肉鸡养殖专业合作社在创建的第一年，沂水县的养鸡农户并不清楚合作社的具体信息，因而大多数采取了观望的态度。但随着合作社养殖经验的传播，一大批养殖户纷纷前来学习参观，并申请加入合作

社。合作社成员的数量还在不断增加。2008年，合作社养鸡场仅占地60余亩，2012年合作社养殖场增加了160多亩地，2013年养殖面积增加了200亩，2014年又增加了60亩。截止到2015年8月，合作社经营养鸡场的占地面积达1000亩，是临沂市最大的养殖专业合作社。合作社成员由2008年最初的15户发展到2016年的230多户。此外，合作社还服务农户500余家。

经过多次扩大规模生产，合作社成员的经济生活也得到了很大的改善。合作社社员的养殖规模从最初的平均每1000~5000只扩展到2016年的平均5000~50000只，而合作社年出栏肉鸡1300多万只，社员总收益5000多万元，一些社员年盈利30多万元。

三、主要经验

目前合作社发展规范，生产饲养科学，经济效益高，能够较好地发挥示范引领带动作用，具体表现为以下几个方面。

（一）聘请专业技术人员，提供多样化技术服务

合作社为了解决养殖中的关键技术问题，聘请了一批专业技术人员，他们全部具有畜牧兽医大专以上学历，有着丰富的养殖和管理经验。这些技术人员能及时解决社员在养殖过程中遇到的技术难题，为社员的养殖成功提供可靠的技术保证。另外，合作社还每年定期邀请国内知名的专家来做培训，传授最新的养殖理念和模式，不断提升饲养管理水平。

（二）建设标准化养殖场，实现节本增效环保

标准化养殖场严格按照现代农业（畜牧业）示范园高起点、高标

准、高科技、高质量、高效益的要求进行建设，配备了现代化饲喂设备、环境控制系统设备、微机管理系统等，实行机械化作业、信息化管理、集约化生产、产业化经营模式。此外，养殖采用生态垫料模式，变废（稻壳）为宝，大大降低了养殖成本，提高了肉鸡品质（使用该模式饲养的无药残肉鸡，每千克高出市场价格0.4元左右），提高了高效循环生态健康养殖的水平，真正实现了经济效益、生态效益和社会效益的有机统一。

（三）设立兽药研发中心，保障生产优效高质

为保证肉鸡产品绿色、无公害、无药残，打造兽药、饲料完善的养殖产业链，2010年，合作社董事长苗德山投资5000多万元建成了山东绿州动物药业有限公司，在青岛总部设立了研发中心，配置了先进的仪器设备。研发小组同华中农业大学合作，成功探索出利用抗菌肽代替抗生素的新方法，并同青岛农业大学合作研制出肉鸡病毒防控复方纯中药制剂——百毒清、舒康等新药。药厂的投产，有效地解决了养殖户滥用药物等问题，降低了养殖风险，保证了肉鸡产品质量，提高了经济效益。

（四）推广标准化养殖模式，带动农户规模生产

佳汇肉鸡养殖专业合作社在扩大养殖规模、注重肉鸡产品质量的同时，还积极推广标准化养殖模式，以此带动更多的农户向规模化、现代化方向发展。2008年至今，湖北、江苏、安徽等地的养殖协会及临沂、日照、淄博等地的养殖户多次莅临公司养殖场参观学习。合作社已协助沂水、沂南、沂源、蒙阴等地100多家养殖户建成了标准化鸡舍。同时，每年还举办标准化养殖论坛，帮助更多的养殖户提升饲养和管理水平。

合作社的示范带动作用带来了较为明显的经济效益，社员与普通农户相比，不仅生产成本降低、销售价格上升，而且还能扩大养殖规模，增收效果明显，如表 C-1 所示。

表 C-1　　　　　　　　合作社与普通农户成本收益的比较

	单位	合作社	普通农户
个人可养殖数量	只	20000	6000
鸡苗价格	元/只	1.5	0.8
医疗防疫	元/只	0.1	1.2
精饲料成本	元/斤	3.9	4.5
肉鸡价格	元/斤	7.5	6
毛鸡价格	元/只	4	3.7

佳汇肉鸡养殖专业合作社经过规范化发展，逐渐发展为具有示范带动作用的经营主体，促进了农户节本增效增收，值得其他新型农业经营主体学习借鉴和推广。

C08　山东临沭县昶隆肉鸡养殖合作社：
合作社合作之效

农民专业合作社是新型农业经营主体的一种重要形式。生产经营相似农产品的农户加入合作社，通过互利互助，形成较为有效的生产经营组织，加之规范的章程和制度的制定与实施，能有效架起弱小、分散农户和统一大市场的桥梁。农民加入合作社不仅能够提高市场交易地位，也能有效降低生产成本，维护了农民的合法权益。位于山东省临沂市临沭县青云镇周管庄村的昶隆肉鸡养殖合作社就是一个比较典型的例子。

一、基本情况

昶隆肉鸡养殖合作社成立于2009年，主要从事肉鸡养殖和销售，理事长是周德昌。合作社共拥有3个养鸡场，同时也收购散户社员的肉鸡。理事长说，当初成立合作社一是因为周围养鸡农户多且分散，二是自身养鸡经验丰富，在农户中的认可度很高，因此带头成立了合作社。

合作社成立初始阶段，主要面临资金、市场以及技术等几个方面的问题。针对资金短缺的困难，合作社主要通过银行贷款、亲友借款以及自有资金解决。截至2016年，合作社最大的一笔贷款是100万元，年利率9.6%，贷款期限1年，每年都会这样贷款，次年还款；贷款来源是农村信用社，由理事长以个人名义信用贷得；贷款资金主要用于购买生产资料、建设厂房等。市场方面，则由理事长联系买家，在市场不景气时，尽量保证社员和合作社的最低收入。技术方面，则由合作社长期聘请相关专家来进行养鸡指导。

二、主要经验

合作社成立至今，经济效益较为理想，2015年合作社的经营收入约为2300万元，支出为2000万元左右，利润是300万元。合作社社员加入合作社后，积极互利互助，因此该合作社合作效果明显，具体包括以下几方面。

（一）降低生产成本

合作社统一从厂家购买生产资料再转销给社员，社员从合作社购买饲料、鸡苗等肉鸡生产所需农资，可以帮助农户降低25%的生产成本。

（二）技术指导

合作社长期聘请相关专家来进行养鸡指导，不但能够减少瘟疫带来的风险，还能提高肉质的品质。此外，合作社还会指导社员进行鸡舍等建设，能够提高养殖的科学性。

（三）资金互助

社员在生产中遇到资金短缺问题，合作社会提供一定资金帮助，如免息借钱给社员以帮助其购买鸡苗，赊销农资给社员等。

（四）肉鸡销售

合作社帮助社员销售肉鸡，并不会提高价格，但是保证了社员的肉鸡销路稳，有效降低了农户的市场风险。

(五) 信息服务

合作社免费为社员提供市场信息、销售信息、物流信息等，帮助社员了解更多生产、销售肉鸡有关方面的信息。

通过互利互助，合作社社员的生产成本降低了，经济效益提高了，从而也激发了生产积极性。而对于合作社自身来说，通过吸收社员，扩大养殖规模，获得了规模效益，在收入以及产量等方面都得到了提高：收入提高约25%，产量提高约20%。合作社成立以来，还获得过2万元的临沂市标准示范合作社的奖金补贴。由此可见，规范发展合作社，积极促进社员互利互助对于农户社员、合作社是双赢的。

为了更好地促进合作社的发展，我们提出以下几方面的对策和建议：首先，作为合作社本身，要引进优秀的管理人员和技术人员，帮助合作社进行经营管理，并鼓励社员进行内部融资，解决资金紧张的问题。其次，作为政府一方，要加大对合作社的支持力度，同时当地的乡镇级政府单位以及村委会要积极地鼓励农民进行土地流转，帮助扩大合作社的规模，实现土地的集约化和规模化利用水平。

C09　山东沂水县康源中药材专业合作社：一人控制型合作社的利弊

理事长在合作社的成立发展过程中起到了重要的作用，加之合作社章程的约束和规范以及社员积极参与合作社事务的监督与管理，合作社方能正常运作。而现实中，部分合作社由于种种原因，在理事长牵头成立后，合作社大大小小的事务均由理事长一人操办，位于山东省临沂市沂水县富官庄乡的康源中药材专业合作社就是典型的例子。

一、基本情况

康源中药材专业合作社由中草药种植大户岳培升牵头与其他4位发起人成立，主营业务为中草药种植、销售和加工。官庄乡位于山地地区，自然环境优越、风光旖旎。过于分散的地块限制了粮食作物种植的规模效应，该村农业生产以经济作物为主。尽管村中无企业，但得益于高效益经济作物（如中草药）的种植以及农民合作社、农业大户的引领带动，该村人均年收入达到15000元，在富官庄乡排名较高。

理事长岳培升是一名地地道道的农民，早年同大多数村民一样，在山区辛勤劳作种地。1990年，岳培升偶然得知某些中药材市场价格较高，便开始在自家地上种植黄芩，1998年用经营所得开办了集生产加工、经销批发于一体的中药材购销站。随着规模的扩大，山里的土地不够用了，岳培升就想将中草药移植到平原地区。2009年，为推进土地流转、提升种植规模效应，岳培升出资50万元，联合其余各出资2万元的4名中草药种植大户，牵头成立沂水县康源中药材专业合作社，主营业务为中草药种植、销售和加工，岳培升担任理事长。2012—2015年，理事长岳培升以个人名义向村民及村委会流转几十亩荒地，经过地块平整、修建水利设施和田间道路、深耕和施肥，花费十几万元将荒地改造成适合种植中草药的良田。合作社截至2016年经营状况如下。

（一）资产与雇工

2015年建成的一处仓库价值35万元，同年建成的一处中草药烤房价值2.5万元。合作社现有流动资产大约35万元，主要为待收获的各类中草药。合作社雇用长期行政管理人员2人，长期财务管理人员1人；短期作业环节人员15人，年投入时间150天；短期田间植保人员7人，年投入时间50天；短期物流环节人员6人，年投入时间75天。

（二）成员异质性

合作社普通成员大多为本村农民，社员文化程度差别很大，其经营规模的差异也很大，最多的是理事长种植100余亩中草药，最少的社员仅有1亩中草药，理事会与普通成员之间的差异尤为明显。尽管社员产量差异很大，但得益于合作社规范严格的品质监督和控制环节，社员收获中草药的质量差异要小得多，卖出的价格相差无几。由于合作社为社员统一提供农药、化肥等农资，社员投入品质量之间也几乎没有差别。

（三）合作社服务项目

合作社现能够为社员提供农资服务、技术服务、销售服务和质量服务，所有服务均不收取任何费用。几乎全部社员通过合作社购买农资，合作社统一购买能比市场价低10%左右。合作社为全部社员免费提供技术服务，主要是请相关技术人员统一培训以及入户指导。理事长岳培升依托自己创办并经营的山东沂水中药材购销站，负责收集市场信息，与中药材厂议价，集中收购社员中草药并销售，价格比市场价高出10%左右。合作社对社员种植的中草药有着严格的质量要求，通过生产监督和产品检测确保质量安全。高标准、高要求带来高品质产品，合作社已与多家中药制造厂建立稳定的合作关系，产品销路得到有效保障。合作社带动社员致富的同时不忘履行社会责任，为非社员提供服务：20余户非社员同样获得合作社的农资服务、技术服务、销售服务和信息服务。

社员都是一心一意追随理事长岳培升努力通过中草药致富，因而经营目标和入社动机较为统一。然而岳培升的精英地位必然使其在合作社中拥有绝对控制权，合作社决策几乎都由理事长作出，各项工作都围绕理事长展开，普通社员甚至理事会其他成员都是执行者，导致社员在合作社中的任务和角色差异非常大。这也就使得该合作社是较为典型的一人控制异质型合作社。理事长岳培升的个人交易额占合作社总交易额的比重达80%，他不仅是合作社的创始人，更是合作社的顶梁柱。

二、一人控制型合作社的利弊

一人控制型合作社有利有弊。有利方面：理事长由于经验丰富，可较快作出决策，进而以较高效率开展合作社生产、加工、销售等各个方面的事务。有弊方面：年近半百的理事长岳培升坦言，已没有精力扩大合作社经营规模，这表明合作社发展潜力严重受制于精英理事长年龄、精力的风险。这种组织形式对理事长要求很高，理事长面临巨大压力，难免出现决策失误，小小问题有可能对合作社造成致命打击。而其他社员参与合作社事务的机会很少，也背离了合作经济的初衷，社员与合作社还没有真正形成共担风险、共享收益的机制。缺少盈余分配则使得合作社越来越偏离规范发展的道路，必然带来收益分配不清、普通社员利益难以保障的结果。这些问题都不利于合作社的持续健康发展。

C10　山东临沭县金陆诚种植专业合作社：生产在家、服务在社

作为互助性的经济组织，合作社的基本特征包括以下几点：（1）在组织构成上，主要由经营同类农产品的农民联合而成；（2）在所有制结构上，合作社在不改变家庭承包经营的基础上，实现了劳动和资本的联合；（3）在收益分配上，合作社对内部成员不以营利为目的，将利润返还给成员；（4）在管理机制上，合作社实行入社自愿，退社自由，民主选举，民主决策等原则。位于山东省临沂市临沭县大兴镇永康村的金陆诚种植专业合作社就是典型的生产在家，服务在社的例子。

一、基本情况

金陆诚种植专业合作社于2013年12月注册成立，注册资本为100万元，主要从事粮食生产和蔬菜水果生产，理事长为古怀彬。截至2016年，该合作社共经营土地300亩，以每亩800元流转而来。由于土地流转难度较大，合作社还需要进一步扩大规模以实现规模经营。合作社现有成员20人，理事会成员5人，建立初期理事会成员人均投资20万元。理事长的父亲古荣宝创办化肥生产公司，希望借助流转土地能够成为公司产品——化肥的示范地，同时也能为合作社社员提供社会化服

务，帮助其降低生产成本，带动当地一方群众致富。截至2016年，合作社固定资产大约有43.8万元，流动资产在50万元左右。由于合作社2014年成立，还没实现农业收入，处于起步阶段。

二、社会化服务情况

合作社为社员提供各种服务，对其农业生产帮助较大。合作社能够为社员提供农资购买、技术、农产品销售、信息以及质量服务，且基本上能够覆盖合作社全部社员。其中：技术服务主要是技术人员上大课的形式；农资服务中的化肥以每吨2000元销售给社员（市场价每吨2500元），种子每斤1.55元（市场价每斤2.55元），农药以每箱700元卖给社员（市场价为每箱1050元），社员能充分享受到合作社提供的优惠的农资销售服务以及一些技术指导，有效降低了社员的生产成本。此外，合作社采取统一种植的管理方式以保证食品安全质量。合作社能够带动社员增收，平均每户能增收至少5000元，并且合作社社员之间的关系较为稳定，且凝聚力较强。理事长对合作社的发展前景较为看好。

联合更多农户获取规模收益，是合作社成立的主要动因。合作社作为"生产在家，服务在社"的互助性经济组织，不仅具有经济功能，还在协调社会关系、化解社会矛盾、自我管理农村社区等方面发挥重要作用。该合作社需要更多地融入本地的社会事务中，以此增强成员对合作社的认可和依赖，也能吸引更多的农户加入，充分发挥自身的优势。此外，合作社需要充分发挥民主，让更多的社员积极参与合作社事务，不单单将合作社作为化肥企业的生产示范基地，还要使合作社真正成为服务于农民的合作经济组织。

C11　山东沂水县金珠宝杂粮专业合作社：合作社的效用与不足

作为新型农业经营主体的重要组成部分，合作社对于连接小农户和大市场发挥了重要的作用。但由于其互助性的基本特点，在发展过程中也遇到了许多问题。合作社发展中如何解决瓶颈问题，如何避免现实问题是我们需要深入思考的。位于山东省沂水县诸葛镇金珠宝杂粮专业合作社在发展现阶段给社员带来了较多便利，生产效益也提高了，但也遇到了不少问题。

一、成立背景

金珠宝杂粮合作社主要以种植小米为主。自2009年建立以来，该合作社逐步发展壮大，经营的土地已经从最初的60亩发展到了360亩，包括120位社员的承包地以及供销社管理的一部分土地。该合作社之所以能够发展壮大，其原因是多元的。（1）市场需求大。随着经济的发展，消费者的消费习惯日益改变，小米等杂粮受到追捧，因此种植小米变得有利可图，2014年，该合作社的小米能够卖到每斤6元。（2）供给能力强。该合作社吸收的社员都有着丰富的经验，都从事十几年甚至几十年的农业生产，精于田间管理，因而为合作社的发展壮大提供了合格的劳动力保障。(3) 理事长能力强。该合作社理事长许鸿亮与政府、银行的关系都比较密切，能够为合作社的发展争取多方支持，合作社成立至今，累计获得的政府补贴折合约 30 万元。

二、社会化服务情况

合作社的作用主要体现在为社员提供服务当中，具体来讲，主要包括农资服务和销售服务。

(一) 农资服务

合作社统一采购化肥、种子、农药等农资，并分配给社员，相比社员单独购买，统一采购有较大幅度的优惠，可以为每位社员节省约 200 元。每年合作社在种子方面的花费是 1.8 万元，合作社用的是当地农科所研制的高产种子，尚未对外销售，是许鸿亮通过熟人介绍从农科所购买的；肥料每年需要花费 3.2 万元，是合作社统一从厂家订购的，价格比市场优惠 20%。此外，每年农药需要花费 0.7 万元，合作社为了保证质量，所用的肥料全部为农家肥。

(二) 销售服务

合作社负责集中社员的产品并统一销售，统一销售的价格比市场价格要高出近 50%。按照理事长的说法，2014 年统一销售的价格可以达到每斤 6 元，而市场价格则是每斤 4 元。2014 年，合作社销售额为 110 万元，成本大约为 15 万元。

三、主要问题

整体来看，该合作社目前属于合作经营，能够为社员提供一定的服务并起到了一定的带动作用。但是相比较而言，该合作社仍然存在着较多的问题，这些问题可能会影响合作社的进一步发展。

（一）精英控制

一定程度的精英控制能够提高合作社决策效率，促进合作社生产力的提升，即能够把合作社的"蛋糕"做大。但是，随着合作社的发展，如果依然存在着较为严重的经营控制，那么合作社普通社员与精英之间会就利益的分配产生一系列矛盾并阻碍合作社的进一步发展。本案例中，虽然合作社目前发展势头较为良好，但如果不能解决少数精英控制的问题，合作社未来发展前景势必会蒙上一层阴影。

（二）服务单一

合作社所提供的服务仍然比较单一，且服务的深度不足。合作社的发展壮大与其带动作用是密不可分的，而其带动作用主要就体现在其服务的提供上。在未来的发展过程中，如果该合作社不能解决好这一问题，那么发展就很难有真正的突破。

（三）制度执行力弱

该合作社虽然建立了各项制度，但是制度的执行情况较差。每年合作社都会召开理事会、监事会，可这些会议所起到的作用有限。2014年合作社召开了两次理事会，分别是开春和秋收之后，主要的议题是安全生产，而往往比较重要的议题则是由理事会的少数几个人负责。

解决好合作社当前的问题，继续发挥其优势，合作社必将给农业生产经营带来更多便利，也会促进现代农业快速发展。

C12　山东临沭县尧顺中种植专业合作社："空壳合作社"的去留

什么样的合作社可以称为"空壳合作社"？具体而言，包括以下几点。（1）绝大多数的成员都处于合作社的边缘地带，既不能真正参与到合作社的决策中，同时也只是在合作社挂个名；（2）基本不开展任何活动，或者只是些无关紧要、无关痛痒的活动；（3）合作社资源被少数几个人控制或者完全由理事长一人控制，只因为"合作社"这三个字可申请补贴与资金，于是就成立了合作社。位于山东省临沭县的尧顺中种植专业合作社就是一个典型的例子。

一、基本情况

尧顺中种植专业合作社成立于2010年12月，发起人共5个人，现有成员30户，全部是农民。主营业务是花生和地瓜种植、加工。截至2016年经营的面积只有100亩地，94亩为流转土地，6亩为理事长自家土地。平均每亩地的收入只有100多元，2015年整个合作社经营收入为55万元，而支出高达50万元。

二、主要问题

合作社经济效益低下，给社员带来的收益也就很少，原因主要包括以下几个方面。

（一）合作社内部管理

最基本的成员代表大会从未召开过，重大事情没有组织人员，理事会成员之间也不会召开理事会议。很多事情私底下基本由理事长一人决定和解决，无财务管理人员。农业局不监督财务状况，合作社也不主动公开财务状况。

（二）合作社的构成

合作社所有成员全部是来自本村的农民，最大的58岁，最小的也有46岁，文化程度最高的为高中，最差的为小学甚至文盲。各家无论是产品质量、产量，投入品数量和质量，还是目标能力上基本都是一个样。这样的合作社，成员之间同质性非常高，基本没什么差别，很容易造成的结果就是"空壳合作社"。

合作社的本质是什么？成员民主控制，盈余按交易额返还，资本报酬有限。成员以农民为主体，以服务成员为宗旨，谋求全体成员的共同利益。这才是合作社应该有的样子。

当然，我们相信，这些"空壳合作社"只是因为暂时混杂在经济市场中，各个同类的组织群体少不了一个博弈的过程。在目前无法选择的情况下，很多合作社就是凭借着微弱的利益聚集起农户合作社。相信经过一段时间的优胜劣汰，真正具有中国特色的农民合作社将会发展起来。

C13　山东沂水县京援奶牛专业合作社：规范发展，助民致富

农民专业合作社作为农民增收、农业增效的重要依托，在现代农业发展过程中发挥了重要的作用。因此，规范农民专业合作社发展，积极引导、扶持其发展，有利于帮助农民致富，促进农业发展。位于临沂市沂水县杨庄乡四社官庄村京援奶牛专业合作社就是一个典型的案例。

一、基本情况

京援奶牛专业合作社成立于2008年，并在2009年6月正式进行工商注册。现有社员150户，农民占100%。沂水县杨庄乡四社官庄村，一直有部分农户进行小规模的奶牛养殖，合作社发起人孙发平也具有奶牛养殖的经验。2008年正是三鹿奶粉事件在中国闹得沸沸扬扬的时候，奶粉、牛奶等奶制品的价格正处于低点，不少人都不看好中国奶品业的发展前景，但具有高中学历的孙发平却不这么想。孙发平认为随着中国老百姓越来越富裕，生活水平不断提高，对牛奶的需求量将会越来越大，奶品业是一个朝气蓬勃的产业。虽然因为三鹿奶粉这一偶然事件，中国奶品价格下跌，但是长远来看，牛奶行业终究是一个赚钱的行业，因此就在2008年，孙发平牵头创立了沂水县京援奶牛专业合作社。

合作社成立初期就与蒙牛公司合作。生产出来的牛奶要想卖给蒙牛公司，就必须统一管理，达到蒙牛公司的标准。此时原来的小户经营模式就难以统一指导管理，于是合作社建立了一个大的养殖场，统一喂养奶牛，进行标准化的产奶管理。合作社现任理事长出资600万元，占总出资额的40%；理事会的另外两名成员分别出资80万元，各占总出资额的5%；合作社的剩余147名社员出资额占总出资额的50%左右。合作社截至2016年有3名管理人员，皆为理事会成员。合作社雇用了26名工人，负责合作社牛奶的日常生产工作。合作社社员只需要提供资金、奶牛等生产要素，然后选出管理人员，由管理人员负责整个合作社的管理运营，最后按照股份进行分红。

截至2016年合作社有价值500万元的养殖棚舍一处，价值49万元的仓库一处，2015年奶牛养殖数量为700头，牛奶销售数量为165万千克，年销售收入为657万元，合作社实现可分配盈余131.4万元，其中公共积累10%，剩余90%按股分红。合作社目前已被评为"国家级示范农民专业合作社"。合作社直接带动了本村以及周边村庄的经济发展。因为对农民脱贫致富的带动作用，合作社也得到了当地财政部门的大力扶持，累计获得政府50万元的资金补助，并得到了价值约7万元的取草机、铡草机等机械设备。

二、主要经验

从实际经营情况来看，合作社运营良好，盈利较为稳定，这主要得益于以下几点。

（一）制度明晰，信息透明

由于农户参加合作社后，很少参与合作社的实际经营，因此合作社的规范管理以及信息透明就显得尤为重要。该合作社拥有完整的三会制度、独立透明的财务制度、民主的决策制度,形成了入社自愿、退社自由、地位平等、民主管理、风险共担、利益共享、分年度核算高度统一的利益联合体。负责人责任明晰,保障了参与合作社的农户的利益,坚持按照制度办事,按照制度管人的方针,保证合作社能够顺利运营并不断发展。合作社 2015 年增加社员 70 户,2016 年增加 20 户,说明了农户对合作社的认可。

(二)生产规范,质量保证

(1)统一的饲料供应。合作社每年最大的成本支出来自饲料费用。2015 年合作社精饲料消耗了 96 万千克,青饲料消耗了 600 万千克,合计费用支出为 376 万元。合作社由于饲料需求量大,与饲料供应公司建立了良好的关系,统一购买饲料等农资,购买价比市场价格低 10%,2015 年合作社饲料购买节省货款 38 万元。

(2)统一的产品销售。合作社的牛奶全部销售给蒙牛公司,统一销售价格,比市场价格高 12.5%。2015 年合作社累计销售牛奶 165 万千克,销售额为 657 万元,比按市场价格销售多赚 82 万元。

(3)产品质量高。饲料供应公司与蒙牛公司都会对合作社进行技术指导,合作社的牛奶产量因此提升了 5%~10%,牛奶质量提升 40%~50%。

(三)资金供给通畅

奶牛养殖初始阶段需要大量的资金投入,包括土地流转、养殖场的建立、奶牛的购买、机械设备的购买等。京援奶牛专业合作社流转土地 90 亩,每亩土地的资金为 500 元,租金支付方式为 10 年一付,所以初期就需要支付租金 45 万元;养殖场建设成本为 500 万元,仓库等配套设施建设成本为49万元，可以看出，合作社初期的建设运转就需要大笔的资金。资金来源主要为合作社社员出资，合作社理事长孙发平刚开始出资200万元，后续不断追加，截至2016年出资额为600万元。合作社还从民生银行申请过一笔贷款，贷款金额为100万元，年利率12%，贷款期限为2年，但是合作社1年之后就用盈利还完了贷款。由此可以看出，雄厚的资金是合作社运营发展的前提条件，该合作社牵头创始人资金实力雄厚，并有良好的社会资源，能在急需资金的时候从银行贷到大笔资金。

（四）盈余分配为按股分红

大部分农民专业合作社存在"一次返利"，即成员购买合作社农资等时所享受的优惠或把农产品出售给合作社时所获得的比非成员更多的收益，但是，由于该奶牛合作社独特的经营形式，合作社不存在"一次返利"。"一次返利"的利润累计到"二次返利"，最后通过按股分红的形式进行盈余分配。合作社的奶牛由合作社雇人统一喂养，不存在单个成员与合作社之间的交易额，因此盈余分配中不存在按照交易额进行分配这一选项。由于社员大部分通过资金入股，少部分通过奶牛作价入股，因此根据资本获利的观点，按照股份进行分红是一种合理而公平的方法。同时合作社的3位管理者都是合作社的理事会成员，3个人占到了50%的股份，是名副其实的大股东，按股分红更有利于激励他们改进管理效率，提升合作社的盈利能力。

因此，规范合作社发展，能够带动当地农民增收，且增收效果明显。合作社在发展过程中必须坚持规范发展，以社员增收为主旨，积极带动社员互助互利，提高农民组织化程度，全面实现农业现代化发展。

C14 山东沂水县金果果品专业合作社：政府对合作社发展的重要作用

农民专业合作社成功的背后离不开政府为合作社创造的有利的发展环境与空间，可降低其运营成本。政府对合作社的指导思想、法律保护、政策扶持、基础设施建设等都起到重要的作用。位于山东省临沂市沂水县的金果果品专业合作社就是一个典型的案例。

一、基本情况

金果果品专业合作社在2008年9月成立，主要种植苹果树，也有少部分的梨树，是在政府的推动支持下成立的。于然龙当时是乡镇一级类似于"果树站"的公务员。正处于全国合作社刚刚开始发展的时候，还允许公职人员担任理事长。合作社可以把当地的果农组织起来，进而促进其发展。于然龙也是一名农业技术人员，有技术基础，又是政府的工作人员，可以更有效率地整合资源，所以就由他来担任理事长。2015年5月27日，合作社改革，完善相关制度与规范，他卸任理事长，不过现在他仍然在技术和农资上为合作社提供帮助。

目前该合作社是万亩农业示范园区，作为政府的示范推广项目，政府累计投资达到2000万元以上。合作社现在自有的仓库、厂房、拖拉机、打药机、沼渣车等也都是政府全额支持，合作社社员自己筹资约3000万元。

金果果品专业合作社本身并不经营土地。在流转土地方面，合作社扮演的是类似于"中介"或"中间人"的角色。合作社"治下"的土地面积大约有11000亩，其中2000亩左右是部分农户和大户自己原来就有的部分（即自己经营或自己流转，未经过合作社这一道"手续"），剩下的9000亩则属于合作社"统一流转，分户经营"的模式。该合作社在成立初期，由于当时果农们对技术和农资的需求都很大，在这种情况下，于然龙作为果树方面的技术人员就被政府派过去，找机会把果农们组织起来逐渐满足他们这些方面的需求。

二、初期主要困难

合作社起步阶段曾面临不少困难。

（一）资金约束

这个问题的解决是依靠合作社成员筹资，加上向政府申请援助，通过农资上的采购使资金来回滚动，维持运转。截至2016年合作社总投资规模达到5000万元，政府累计投资达到2000万元以上，剩余的3000万元就由农户自筹。

（二）产品的销路和市场未打开

当时产品的质量不突出，销路并不好，这部分就只好依靠人员专门去找市场，多方联系尽量打开产品的销路。

（三）有关部门支持配合不到位

合作社在起步的时候根本没什么政策，这方面也只能慢慢发展，几年之后政策上的扶持也就多了起来。

（四）基础设施建设难度大

主要体现在以下几方面。（1）土地整治。由合作社"统一流转，分户经营"的约9000亩土地，土地整治需要投入很大资金。地块平整大概涉及5500亩，总费用约165万元，政府投资100万元左右。（2）水利设施。涉及约3500亩，总费用约275万元，政府投资100多万元。（3）田间道路。涉及约6000亩，总费用约500万元，全额由政府投资。（4）改良土壤。基本涉及9000亩，由于种果树，这项费用每亩每年大约是350元，由果农自己承担。合作社面临这些实质性难题，或多或少得到了政府的支持与帮助，才能渡过成立初期的难关。

三、运营成效

合作社目前主要的业务也就是为农户提供技术服务和农资采购服务。而合作社目前主要的收入来源也就是农资采购上获得的收入，这项收入每年大约是2万元，加上一些其他的收入来维持合作社日常的运营费用。经由合作社统一采购的农资，价格比农户自己购买要便宜10%左右（当地复合肥单价大约是150~155元，经由合作社的价格大约是140元，合作社拿到的价格大约是135~136元）。2016年合作社的目标是这项服务覆盖80%的农户，争取满足其50%的需求。

合作社的服务一方面降低了果农的成本，另一方面，技术服务也可以提高其收益。访谈人估计，通过合作社的社会化服务，果品质量上可以有10%的提升，以苹果为例，服务之前单价约为每斤1.7元，服务后至少可以达到每斤1.8元。而在产量上可以有20%左右的提升，仍然以苹果为例，服务前约为每亩6000斤，服务后可以达到每亩7000斤的水平。总体估计的话，合作社的服务可以为接受服务的农户提高25%的收益。

总体来说，该合作社现在处于一个向成熟发展的阶段。不可否认，政府对于合作社的成立、成长、壮大发挥了巨大的作用，合作社又给社员带来了切切实实的利益。

C15 山东临沭县美在农家种植专业合作社：不规范合作社路在何方

部分合作社的运营管理不规范，违背了合作社的基本原则，甚至出现了为骗取国家优惠政策的"空头社""翻牌社""一人社"。这些不规范的合作社不仅不会给当地农业发展带来实质性的作用，还会严重制约新型农业经营主体的健康发展。位于山东省临沂市临沭县的美在农家种植专业合作社就是一个典型的例子。

一、基本情况

美在农家种植专业合作社成立于2012年11月，规模为100亩，合作社主要种植葡萄。2015年十七八亩葡萄挂果，亩产量大约是3000斤，价格是每斤2.2元，这一项收入约为11万元，生产经营费用在21万元左右。

二、主要问题

该合作社由政府宣传推动成立，与此同时，也有为了方便组织生产而自发合作的因素。入社没有特定条件，社员一共6户，成立至今，成员和理事长都未曾变动过,注册资本 50 万元,理事长出资 40 万元,其他成员出资额分别为 5 万元、2 万元、1 万元、1 万元、1 万元。合作社成员代表大会、理事会议、监事会议没有固定召开时间。合作社成员少、理事长出资比例大、入社没有门槛、三会制度涣散、没有严格执行财会制度都是这个合作社不规范运营之处。需要注意的是,合作社所生产经营的这 100 亩葡萄地却只有理事长一个人参与,其他成员并不参与,这种情况下,理事长和其他成员间的关系颇有点"若即若离"。合作社的 80 万元贷款也是以理事长个人名义贷的。所以,这个合作社的发展模式也许可以理解为:大家为了提高自己的收益"合作在一起",然后最有实力的理事长担当了一个冲锋队员,其他农户在给予一定支持的前提下在后边观望。

如果该合作社的核心,即理事长仅仅是把合作社作为自己经营的"附属设施"的话,很可能就真是"空头社"了,而这个问题恐怕也使得"能人主导"的合作社不可能作为主流。

三、政策建议

农民专业合作社的不规范运营已经成为制约合作社甚至是新型农业经营主体健康发展的关键因素了,一些"空头社""翻牌社""一人社"侵占了尤为稀缺的农业生产资料,套取了尤为稀缺的支农惠农政策福利,严重妨碍了现代农业的发展。有关主管部门必须引起高度重视,必须重视政策的权威性和连续性,出台并落实规范合作社发展的相关方针政策,严格控制合作社准入机制,规范合作社内部管理,加强合作社人员教育培训,将不规范合作社的数量降到最低,将优惠政策真正落实到规范的新型农业经营主体头上。这样才能真正实现农业现代化的发展,真正发挥好新型农业经营主体在农业生产中的重要作用。

C16 河北临城县龙芳溪农作物种植专业合作社：科技发展农业，服务带动生产

随着经济的迅猛发展，全国各地兴起了一股组建农民专业合作社的浪潮。各省（区、市）根据当地的自然条件，因地制宜成立合作社，从育种到粮食，从蔬果到畜牧，从特种到生产性合作社，几乎囊括了所有农业生产的发展。位于河北省邢台市的龙芳溪农作物种植专业合作社，就是一家以水果为主要作物的专业合作社，该合作社通过科技和服务带动社员生产。

一、基本情况

临城县龙芳溪农作物种植专业合作社，是其理事长赵永志于2011年5月与另外4位发起人一起成立的，成立初期注册资本达到1200万元，其种植的农作物主要为树莓等水果类。合作社现有固定资产1000万元，流动资产17万元，包括厂房、仓库、拖拉机、喷雾机等农业设备。截至2016年总经营土地达到1000多亩，其中理事长自家流转的土地为200亩。

合作社从2011年的5位成员，发展到现如今超过160位农户的规模，这是理事长赵永志之前从未想过的。问及成立合作社的原因，理事长说，从祖辈一直干农民到自己真正成为一名有一定规模的种植大户

时，他就预感到未来几年的农业必定是科技主导创新的农业。现代农业绝不应该是墨守成规、循规蹈矩的。随着科学技术的发展，越来越多的新时代农民变成高知识、高技术的农民，现代农业是由合作社主导的，科技带领的新型农业。于是便着手创办了合作社，引领农户发家致富。

二、经营情况

理事长赵永志以自己的200亩土地为例，说明了其合作社的具体运转情况。他的200亩土地中，有70亩左右种植核桃，剩余130亩左右种植树莓。每年每亩付的租金约为900元。一般土地的租金视土地肥力等情况而定，往往好的土地价值更高。130亩地的树莓种植，需要大约4万棵树苗，若每棵树苗6.5元，仅这项投资就需要26万元不等，算上化肥、农药、技术服务等，一亩地产出大概也就是几百元钱。再加上树莓这种水果药物类种植，投入期一般要持续5年之久，之后才能有收成。相比普通粮食作物，合作社所经营的水果市场价格更高，销路更好，经济效益更高。

三、服务成效

服务是一个合作社的根本，而接受了合作社提供的各种服务，社员无论从成本上，还是亩产量和质量上，都有了很大程度的提升。合作社为社员提供种苗，同样的种苗，市场上可能卖7元钱一株，农户到了合作社这里可能只需要6.5元就够了，再加上合作社为农户提供技术服务、信息服务，由当地政府农业局指导，生产上统一采用喷雾技术灌溉，生产效率大大提高。通过合作社科技发展农业，服务带动生产，给予社员切实的利益。

C17　河北清河县马屯红果种植合作社：合作社发展新思路

小农生产，庞杂需求，如何让农业科技成果接"地气"，把成熟的农业管理技术送到田间地头？河北省清河县马屯乡的山楂种植户们是幸运的，通过专业合作社，他们从专家那里获得了急需的管理技术；对于合作社来说，将技术传给农民的同时，打响地区品牌，赢得经济收益，也可谓一举多得。

一、成立背景

马屯，地处河北省清河县西陲。13个村庄，2212户农民，隶属河北省邢台市清河县。因土地沙荒，马屯年产小麦每亩不足300千克。同时，马屯乡地理位置偏西，没有发展清河县特色的羊绒和汽摩配件产业，与清河县其他乡镇比较，经济动能落后。

自然条件的不利没有限制马屯的发展，干旱的土地实际上正是山楂生长的绝佳环境。山楂（红果）一般长于山林，但得益于特殊土质和环境，1985年以后，地处平原的马屯逐渐开启以山楂种植为主要产业的发展模式。然而，山楂园地管理粗放，树形较紊乱，坐果率低，虫果率高，这些问题阻碍了马屯山楂品质的进一步提升。沙荒虽然得到治理，百姓生活水平却没有显著提高。

2009年，为进一步推动山楂种植科学化、绿色化，科班出身的县林业局技术员高俊英带头创办马屯红果种植合作社，组织13个村庄的26家种植大户作为合作社理事，经营土地2万亩。同时，经过驻塔坊村工作组的牵线搭桥，镇政府与河北农业大学园艺学院签订了战略合作协议，建设示范园1000余亩，年产山楂37500吨。

二、经营情况

合作社目前运作良好，主要表现为以下几个方面。

（一）土地整治

合作社对1000余亩土地进行平整，并对400亩土地进行深耕，耗资30余万元；水井覆盖300亩土地；乡镇政府出资修建田间道路，使1000余亩土地间往来便利。

（二）社会化服务

合作社为当地1167户农户提供全方位社会化服务。不仅聘请专职人员对这些合作社成员进行统一的技术培训，指导农户实施标准化生产，同时保证生产基地的浇灌、剪枝、病虫害防治、施肥、花果管理、采摘、灭虫的各个环节按照科学无公害方法进行操作，确保山楂从种到收的全程式无公害生产，为当地农户起到示范作用。

（三）固定资产

2012年合作社用300万元建立800平方米的储存冷库，650平方米的机械化切片厂房，安装生产设备38台（套），可实现山楂片1200吨年生产力,可增产值700余万元。同时,在政府支持下,购入农具、烘干机、农用运输车辆等固定资产。并为配合乡村旅游发展规划,于2014年斥资20万元建成10间客房和餐厅。

三、主要经验

合作社成功运作离不开科学的发展模式和创新的发展思路,值得其他新型农业经营主体学习借鉴。

(一) 以基地示范带动农户标准化种植

合作社的基地示范带动了当地农户进行规范科学的生产。再加上对农户的生产过程进行指导,总体可以使合作社成员的山楂品质提升15%以上,自然在价格上拥有优势。2014年,优质山楂每千克卖3元,是市面普通价格的1.5倍,冷库中储存的山楂,待春节前后错季销售单价可以卖到4元。

(二) 销售端统一收购、分级定价

该合作社采取统一收购山楂的方式,分级定价,粗加工后再出售给商贩。由于山楂品质提升,慕名而来的商贩逐渐增加。每值收获季,来拉红果的大车络绎不绝,一年近6万吨的山楂果销售一空。

(三) 拓展加工项目,增加红果附加值

单纯卖山楂果,农户收入的确有限。为此,合作社一直在积极探索增加山楂附加值的手段。2010年,合作社做起1200吨山楂片初加工项目,注册山楂品牌"只恋",并从初加工入手,不断探索山楂深加工项目。现在,山楂酒、山楂果脯、果丹皮是马屯山楂最重要的深加工项

目。不过，由于资金限制，均采用代加工形式，即由合作社提供自产优质山楂，委托加工厂生产。现在合作社可加工无核和有核两种山楂片，6斤山楂果可出1斤山楂片，从山楂果到山楂片实现了效益再翻番。然而，合作社理事长高俊英表示，马屯山楂储藏能力差，储果损失高达15%以上，因此切片烘干还只是提高产品效益的第一步。今后，他们将依托企业资源，与河北农大专家进行技术攻关，论证山楂精深加工课题，研发山楂提取物和相关食品，进一步探索、推动山楂产业向高附加值发展。

（四）发展休闲服务业

除红果销售外，休闲服务业也列入了马屯红果的发展规划。2014年，按照乡村旅游发展的思路，马屯红果开始发展山楂采摘园。春季山楂花的白色浪漫，秋季山楂果的酸甜滋味成为采摘园吸引游客的资本。2015年4月7日，清河举办清河·山楂之乡——首届乡村旅游暨山楂花节，打起乡村旅游牌。2015年8月20日七夕节，河北省百对恋人齐聚马屯，在万亩山楂观光旅游区举行集体婚礼。2015年9月26日至10月7日，马屯还举行了乡村旅游暨山楂红果采摘节活动。此外，市民可以自费认养山楂树，由专门人员托管。山楂花节这20天内，每日村民销售山楂制品的收入就达3000余元。

（五）打响"中国山楂之乡"品牌

马屯红果种植合作社通过帮助农户改善产品，多元经营，逐渐打响了当地红果的牌号。2004年，马屯被中国优质农产品服务协会授予"中国山楂之乡"称号；同年4月，被省无公害管理办公室认定为"无公害山楂之地"；2014年马屯红果种植合作社被农业部评为"国家农民专业合作社示范社"，为清河县首例。

马屯红果种植合作社的经验告诉我们,利用农民专业合作社的形式大力发展农技社会化服务,不失为提高农业技术转化率的良方。同时,增加产品附加值,发展乡村旅游项目等多元经营模式,可以在农业生产基础上助力农民增收,深化农业格局与结构,应当在农业未来发展规划中给予重视和落实。

C18 河北平乡县南周章粮食种植合作社：
合作社"统"的成功

农民专业合作社作为农村经济社会中的新力量逐渐发展起来。在《中华人民共和国农民专业合作社法》颁布后，农民专业合作社蓬勃兴起，已经成为许多地区农业生产的一种重要组织模式。规范的合作社在提高农民进入市场组织化程度、提高农产品市场占有率、促进农业提质增效、促进农民增收等方面发挥了重要的作用。位于河北省邢台市平乡县节固镇南周章村的南周章粮食种植合作社就是典型的例子。

一、基本情况

南周章粮食种植合作社于2012年8月由韩建国等5人发起成立，并进行工商注册，注册资本50万元。该合作社的主营业务为玉米和小麦的种植、储存及销售。合作社成立3年以来，规模迅速扩大，合作社成员由最初的86户增加到2016年的168户。经营土地面积也由成立初期的700余亩扩大到2016年的1600余亩。合作社的收益得到了稳步提高，2014年，合作社的经营收入达到了385万元，利润达到了136万元。

二、组织架构

南周章粮食种植合作社自成立初期就设立了自己的成员大会、成员代表大会、理事会和监事会。成员大会是合作社的最高权力机构，由全体成员组成；合作社成员代表大会由所有成员选举产生，每 10 个成员中选举出一名成员代表组成成员代表大会，成员代表大会代替成员大会履行合作社的选举、经营决策、重大事项决定等职权，成员代表任期 3 年，成员代表大会每年召开 2 次，由理事长负责召集；理事会由 5 名理事组成，理事长是韩建国，理事会及理事长负责合作社日常生产经营管理，做出农资购买及粮食销售等决策。

三、经营情况

南周章粮食种植合作社采用统一管理，统一耕作，统一收割，统一购销的模式。合作社的重大决议由成员代表大会及理事会做出，理事长负责合作社决议的执行和日常事务的管理。合作社成员的土地由合作社统一经营，所需的农资由合作社统一向农资供应商采购。每年的耕地、播种、收割作业由合作社外包给农业服务机构，统一耕作。日常的维护（如施肥、除草等工作）由合作社短期雇用工人作业。政府部门和农业科研机构免费为合作社的粮食种植提供了大量的技术指导，同时政府部门也为合作社提供市场信息和销售渠道。合作社的盈利主要来自农资采购以及粮食销售中的差价，2012 年合作社全年总利润达到了 95 万元，2013 年实现总利润 116 万元，2014 年增加到 136 万元。每年的利润按照交易量和股金分配给合作社成员，留少量资金作为合作社公共积累。

四、政府支持

政府部门为合作社从事粮食种植提供了大量的技术支持,农机部门每年都会安排农技人员到合作社为社员讲解粮食种植新技术。在粮食收购季节,政府部门也会积极为合作社提供市场信息和销售渠道,保证了合作社所生产的粮食都能顺利卖出。同时政府还为合作社提供了资金扶持,截至2016年,合作社已经从政府部门获得各种奖励资金30余万元。

C19 河北临城县绿泉薄皮核桃专业合作社：合作社发展后期的衰退

合作社作为一种经济组织形式，其发展同样适用企业生命周期理论。合作社生命周期可划分为引入期、成长期、成熟期和分化期。在不同的发展阶段，合作社体现出不同的特征，其盈利能力、服务能力、偿债能力、辐射带动能力在不同生命周期表现出差异。合作社在成长发展初期，其各方面能力均处于增长阶段，在成熟期达到顶峰，发展后期各项能力减弱。位于河北省邢台市临城县东镇中羊泉西村的绿泉薄皮核桃专业合作社就是典型的例子。

一、基本情况

绿泉薄皮核桃专业合作社由核桃种植大户冯玉山牵头，与其他4位发起人成立。2008年3月，为方便土地流转以扩大种植面积、提高核桃售价，冯玉山出资50万元，联合其余各出资5000元的4名核桃种植户，成立临城县绿泉薄皮核桃专业合作社。合作社主营业务为核桃种植、销售和初加工，现有社员80户。

2008—2012年，理事长冯玉山以个人名义向本村及外村村民通过作价入股的形式流转380亩土地。村民以土地承包经营权入股，按照每亩土地每年 10000 元作价，股份可以转移，可以退出。冯玉山指定的股份分配方式为保租分红，2008 年租金和分红分别为每亩 800 元和 50 元，2010 年租金和分红分别为每亩 1000 元和 100 元。经过地块平整、修建水利设施以及深耕和施肥，冯玉山花费十几万元将土地改造成适合种植核桃的良田。

二、社会化服务情况

合作社现在能够为社员提供农资服务、技术服务和质量服务，所有服务均不收取任何费用。几乎所有社员通过合作社购买农资，合作社统一购买能比市场价低 5% 左右。合作社向所有社员免费提供技术服务，主要是请临城县林业局、河北农业大学技术专家统一培训以及入户指导。合作社成立初期，理事长冯玉山凭借早年在县城工作积累的人脉，负责收集市场信息、与中药材厂议价，集中收购社员核桃并销售，价格比市场价高出 10% 左右。

三、主要问题

由于核桃价格下跌、经营收入下降，冯玉山已经没有能力统一收购社员核桃。合作社发展到现在，盈利能力大不如前，抵御风险能力也下降了，加之核桃价格下跌较快，社员对合作社满意度下降也很快。社员与合作社关系不太稳定，退社现象时有发生，合作社凝聚力不强，成员对合作社事务的参与程度和积极性都不高。合作社对非社员的吸引力也越来越小，每年仅新增几户新成员。冯玉山认为合作社盈利能力每况愈下，不太看好合作社的发展前景。而造成目前问题的主要原因有以下两点。

（一）社员参与度低

合作社成立过程中作用最突出的要素是企业家才能，现在发展主要依靠的也是企业家才能。而其他社员参与合作社事务的机会很少，也背离了合作经济的初衷，社员与合作社还没有真正形成共担风险、共享收益的机制。

（二）缺少盈余分配

缺少盈余分配使得合作社越来越偏离规范发展的道路，必然带来收益分配不清、普通社员的利益难以保障的结果。

四、对策建议

（一）注重民主管理，加强社员参与

合作社应重视民主管理原则，树立社员的合作理念与参与意识，提高社员参与程度，明确监管机制的职能与运作规程。另外，理事长可以通过外聘经理或内部培养减少自身压力、降低潜在风险、引入发展新活力。

（二）扬长避短，走高端路线

在目前市场环境下，核桃的利润空间有限。而高端产品的价格却相对稳定，不会受市场供求的影响而产生较大波动。合作社应加快品牌化建设，树立自主品牌，突出特色优势，通过高端路线利用绿岭等龙头企业提高核桃的附加值，力求获得更高的市场定位，在同质化的核桃市场中闯出一条"血路"。

C20　河北清河县星技农产品专业合作社：服务型合作社的发展

随着家庭农场、专业大户、合作社、农业企业为代表的新型农业经营主体的快速发展，传统的销售模式与服务体系难以满足农业发展的需求，这是全国农资经销商都面临的问题。位于河北省邢台市清河县王官庄乡星技农产品专业合作社选择服务型合作社方式进行运作，是现代服务体系建设的大胆探索。

一、基本情况

星技农产品专业合作社由后于村的农业技术能手张子玉于2010年牵头成立，注册资金20万元，最初由6名成员组成。星技合作社总体上属于服务类型的合作社，主要为社员提供农资、技术、农产品加工及储存等社会化服务。同时合作社本身也生产绿色富硒农产品，并拥有自己的科研团队。截至2016年合作社种植了30亩富硒小麦，而且政府还补贴12万元用于富硒小麦的研发和推广。2014年，星技农产品专业合作社被评为"省级示范合作社"。

张子玉一开始是农资经销商，而后萌生了提供农业社会化服务的想法。为了提高自己的农技水平，张子玉利用各种机会四处自费学习农作物种植技术，尤其是关于果蔬、大棚等方面的技术。通过学习，张子玉充实了自己，因此开始领办合作社以便将自身所学应用到更广泛的农业生产中，为更多的农民服务。

二、社会化服务情况

（一）技术服务

合作社免费为1538户社员提供技术服务。合作社建立了自己的短信平台，实时地为社员提供技术信息以及农产品等市场信息。此外，合作社还开通了免费电话上门服务。在提供技术服务的过程中，县农业局、植保站以及农资生产厂家也会作为服务的外部主体，帮助合作社解决很多技术方面的问题。

（二）生产服务

大约有50%的社员可获得合作社提供的生产服务，主要是帮助社员雇用农机手进行耕种收机械化作业。2014年合作社在农机作业服务方面的交易额达30万元，服务户数有1538户。而且通过直接参与社员的农业生产作业，合作社还可以对社员的农产品质量安全起到监督的作用。

（三）农资服务

合作社为社员提供的农资主要包括化肥、农药和种子，约90%的社员可以获得并且能够满足其80%的需求。由合作社统一为社员提供农资，价格上比市场价大约低15%。2014年，合作社的农资服务总价值达500万元，覆盖了1538户。除此之外，社员还可以借用合作社的农机具,且合作社建有专门的账簿用来记录农机具的借用和归还日期。合作社提供的技术、生产和农资服务效果也是比较好的。例如,社员在采用合作社提供的农资与技术后,小麦单产从1000斤提高到了1200斤。

三、发展成效

该服务型合作社发展较好,能实现多赢。一方面,合作社纯年收入达200万元,主要来源于农资、农机服务以及农产品销售收入。另一方面,合作社成员通过合作社获得的纯收入平均约为1万元,其中最多的有35万元,最少的是0.3万元,平均增收0.1万元。合作社的收益在提取10%的公共积累后,剩余的90%中,60%按成员交易量进行分配,40%按股金进行分配。而股金的分配比例中,15%按土地要素分配,25%按资金要素分配。

C21　河北清河县增荣油葵种植专业合作社：提供高效农业社会化服务

农民专业合作社是新型经营主体的一种，同时也是发展现代农业的基本组织形式，是提供农业社会化服务的重要组织载体。通过开展农业社会化服务，农民专业合作社可以有效弥补公益性服务组织、涉农企业的服务能力、服务内容和服务价格等方面的不足，以实现合作社、农户的多方共赢，形成紧密协作、相互补充的完整农业社会化服务体系。位于河北省邢台市清河县的增荣油葵种植专业合作社就是一个典型的例子。

一、基本情况

增荣油葵种植专业合作社成立于2013年，并于同年3月进行工商注册。合作社截至2016年生产经营的土地面积达4800亩，其中1000亩土地是合作社理事长在2013年转入的，每年租金每亩为400元，另外3800亩土地为社员以一定期限的经营权的形式入股，土地作价为每年每亩300元，股份100%以土地要素进行分配。由于当地土地租金不高，许多农民不愿意转出自家土地，宁可自家耕种，因此当初合作社流转土地较为困难，大部分是合作社社员以土地作价入股的形式呈现的，合作社目前发展情况如下。

（一）支出方面

截至 2016 年合作社经营的 1000 亩土地进行过地块平整、水利设施的修建以及土壤改良，总花费在 15 万元左右，由合作社主要成员出资完成土地整治。这 1000 亩土地在耕地环节、播种环节、收获环节全面实现机械化，全部过程仅需要雇少数人力进行短工作业即可。据受访者说，现在雇用人工还比较容易，日工资也不是很高，平均工资每天 60 元左右，在本村或者临近村很方便就能找到，平均年龄为 45 岁左右。而受访人自身负责管理合作社的行政事务，一年花费的时间也不多，合作社的财务主要由合作社某一成员负责，工作量不是很大，年工资约 2000 元。合作社还专门雇用了 2 名司机负责物流运输。合作社一年工资支出约为 6 万元。

（二）资产收入方面

合作社截至 2016 年拥有固定资产约 40 万元，主要包括一个仓库、一个自营商店（也即农资销售门市部）、一辆农用运输车以及相关的一些农具。合作社截至 2016 年暂无负债，2015 年合作社净收入约 30 万元，盈利能力较前几年有所进步。小麦亩产为 500 千克，玉米亩产为 600 千克，小麦的均价为每千克 2.5 元，玉米的均价为每千克 2 元。在提供社会服务方面，受访者通过提供农资服务和销售服务收益约 21 万元。

（三）农业社会化服务方面

合作社尽管没有流转租入社员的土地，但为社员提供托管服务。这样，既可以帮助社员提高收益、降低劳动强度，同时也解决了流转土地的问题。合作社为社员提供半托管服务，除了浇水和收获之外，所有的环节均由合作社统一提供，如机械耕地、播种、施肥、统防统治等，收费为小麦每亩300元，玉米每亩248元。这样的托管服务可以说是本合作社的最大创新之处，也是其优势所在，是合作社增加收入的一种方式，提高了整个合作社生产经营的效率，充分实现了规模化、机械化生产。

合作社除了能够为社员提供较为便利的托管服务，也能为社员提供最为直接的农资服务、技术服务以及统防统治的作业服务，还可为社员提供销售服务和物流服务。合作社服务对象多达500户，涉及面广且影响较大。据受访者估计，合作社给社员提供各种服务可以帮助社员降低农业生产成本，通过农资供应、农资代购可便宜30%。此外，还能帮助社员增加收益，社员在接受各种服务之后农产品的质量提升了，价格自然也就提高了。比如，原本种植的小麦每千克只能卖2元，在接受技术指导、农资代购指导后农产品的品质提升了，小麦每千克可卖2.2元。亩产也由原来的400千克增加到550千克。由此可见，合作社能够给社员带来真正的福利，对农业生产效益的提高有很大的帮助。

二、对策建议

目前该合作社尚处于起步发展阶段，在农业社会化服务体系中的组织优势还不能很好地体现，服务能力的专业性、一体化相对薄弱，与农业产业化和现代化的发展目标还有一定的差距。随着农业生产经营的现代化，农业社会化服务的需求越来越大且要求也越来越高，构建完整的、科学的、有效的、实用的农业社会化服务体系显得愈发重要、迫切了。成套的社会化服务需要有专门的组织机构，农业社会化服务若形成一个完备的体系，表明商品农业进入了高度发达的阶段，这也是我们追求的一个理想状态，具体如何构建、实施还需要不断的研究。

C22 河北临城县丰汇优质麦专业合作社：合作社如何增强生命力

作为互助性的经济组织，合作社在提高农民组织化程度、促进农业现代化发展、促进农民共同致富、改善农村社会管理等方面发挥了一定作用。合作社在成长发展阶段，如何更好地增强其生命活力，提高其吸引力、辐射带动能力是值得思考与研究的。我们以位于河北省邢台市临城县东镇乡西镇东村的丰汇优质麦专业合作社为例进行探讨分析。

一、基本情况

合作社成立于2009年2月，发起人共8位，成立时注册资本为300万元，主要从事粮食生产。理事长为刘世凯，成立时出资150万元，占总注册资本的50%。2016年合作社共有156人，其中农民有150人，占96%。该合作社于2015年6月被评选为市级合作社。合作社于2001年出资6万元建了仓库，还有拖拉机、收割机以及农具等农业生产机械，共值16.8万元，此外还包括沙发、桌椅、空调、电脑，总共值约2万元。

（一）收入支出方面

2015年整个合作社的农业销售收入约为83万元，支出为66万元，盈利能力一年强于一年。300亩小麦总共产出15000千克，销售价格为每千克2.5元，米总产出19500千克，销售价格为每千克2.35元，所有粮食均卖给粮库，当年全部销完。合作社生产成本分为劳动力成本、农业生产资料投入和土地流转承包成本。其中农业劳动力成本方面，300亩土地在作业环节需要雇工80工日，自家投入80工日，日常环节需要雇工160工日，自家投入也需要160工日，物流环节需要雇9个人，一共72个工日，自家投入16工日。

（二）农业生产资料成本方面

种子成本总共约为3万元，化肥成本总共约为6.7万元，农药总费用为16500元，燃料动力费为24500元，农业保险为2100元；每年的土地流转费用为17.3万元。合作社以粮食作为交易额，成立初期，合作社的交易额为30万元，现如今总交易额为200万元。合作社的盈余返还方式是按照交易量的形式返还。

二、主要问题

合作社较好地带动了当地农业发展，整体发展健康有序，但也存在一定问题制约其进一步发展。

（一）规模较小

合作社的社员规模较小，带动农户的户数较少，增收效果不是很明显。

(二) 未形成品牌

合作社的产品还没有品牌化，没有注册商标，同时也没有对产品进行认证，无法通过品牌效应提升附加值。

(三) 销售渠道窄

合作社没有开通网站，销售渠道较少，大多数是销售给商贩，整体议价能力较低。

(四) 凝聚力低

部分合作社成员不为合作社的发展出谋划策凝聚力低。整个运行机制的效率也较低。

(五) 提供服务少

合作社为农户提供的服务仍然很少，虽然也提供农资服务，但是仅仅起到了提供渠道的作用，并没有起到为农户降低农资成本的效果。

三、对策建议

为了进一步增强合作社发展活力，合作社需要从以下几方面着手。

(一) 增强对农户的吸引力

合作社应不断扩大自身规模，带动更多的农户致富。

(二) 加强产品质量监督

合作社应进行产品认证，注册商标，开通网站，扩大销售渠道，比如与超市、社区进行对接，一方面能够提高价格，另一方面又能拓展市场。

（三）加强内部规范、民主管理

合作社应提高运行机制效率，使得更多的农户真正意义上加入合作社。

（四）提供更优质高效科学的农业社会化服务

合作社在农资服务方面应该发挥更大的作用，能够有效地降低生产资料投入成本，更好地带动农户增收。

C23 河北邢台市桥西万丰农业合作社：农资服务合作社

合作社作为"生产在家，服务在社"的互助性经济组织，不仅具有经济功能，还在提供农业社会化服务方面发挥重要作用。位于河北省邢台市桥西区李村庄邓庄村的桥西万丰农业合作社就是典型的例子。

一、基本情况

邢台市桥西万丰农业合作社于2009年4月注册成立，发起人共6位，成立时注册资本为9万元，主要是从事农业社会化服务。该合作社成立的原因在于，理事长邓耕山之前经营农资，个人比较看好合作社的发展前景，农户在一起合作能够提高议价能力，此外，自身社会资源较广，对政策信息比较熟悉，当地农业生产基础较好。2016年合作社社员共有1100人，全部是农民，并于2013年6月被评选为"省级示范合作社"。

（一）农业生产成本与收入方面

劳动力成本中，由于该合作社不是种植合作社，仅仅存在管理成本，包括行政管理及财务管理，合作社雇用2个长工进行行政管理，财务管理雇用1个会计，工资是每月1500元。合作社的收入主要来自社会化服务的收益，2015年收入约8万元，总成本约为4万元，盈利能力较前几年基本持平。

（二）资产方面

固定资产方面：合作社有厂房和培训室，其中厂房于2012年建成，花费5.5万元；培训室于2011年建成，花费11万元；农机具方面：合作社有收割机和微耕机，其中收割机于2013年购置，共花费7万元，微耕机于2014年购置4台，共花费0.8万元。资金方面：合作社2012—2016年没有贷款，不存在负债的情况。

（三）社会化服务方面

（1）接受农业社会化服务。合作社接受过技术服务、农资服务、信息服务、品牌服务和作业服务，其中技术服务、农资服务和销售服务均来源于服务提供方，如供销社、农资公司等，品牌服务提供方主要来自专业服务公司，信息服务提供方主要来自政府部门，作业服务来自农机合作社，整体的效果较好。除品牌服务以7000元注册商标收费外，其他服务均不收费。

（2）提供农业社会化服务。合作社能够提供技术服务、农资服务、信息服务、品牌服务和作业服务，接受服务的都是不同村的普通农户，服务户数达到1800户左右。除了农资服务，合作社自身收费外，其他服务均不收费。其中最主要的是农资服务。合作社社员通过接受合作社的农资服务可大大降低农业生产成本，如化肥市场价格为每袋90元，合作社卖给农户每袋85元，合作社卖给社员种子，每箱价格低于市场价格5元，农药每包便宜3元。此外，合作社鼓励农户采用配方肥，每亩施用配方肥能使农户的生产成本降低10元，加上提供的其他生产资料，接受服务的农户每亩大约能降低20元成本。品牌服务方面，合作社于2011年注册了商标"邓庄滨岗"，邓理事长说，注册品牌能帮农户提高1/3的收入。值得注意的是，作业服务方面，该合作社与农机合作社相互合作，桥西万丰农业合作社成员能够享受到价格较低的农技服务，达到合作共赢的效果。在技术服务方面，合作社经常组织成员外出考察，给社员发相关资料，聘请专业技术人员对农民进行培训，以提高农户的农艺水平，使社员能够干中学。

二、主要问题

该合作社的作用与意义较大，但仍然存在着一些问题。第一，合作社的决策基本还是理事会成员决定，需要充分发挥合作社民主以及社员的聪明才智；第二，合作社的示范效应还没充分显现，需要进一步做大做强，带动更多的农户，向国家级示范社目标迈进；第三，流通渠道较为单一，理事长应该开拓市场，更好地把农户的产品卖出去，实现产品价值的提升，合作社的产品应该走标准化、品牌化路线；第四，作为服务性合作社，走联合社的路线任重道远，需要有效处理好各方面的关系。

C24 河北清河县鹏涛食用菌种植专业合作社：互利互助，合作社长远发展之本

农民专业合作社是指农民，尤其是以家庭经营为主的农业小生产者为了维护和改善各自的生产及生活条件，在自愿互助和平等互利的基础上，遵守合作社的法律和规章制度，联合从事特定经济活动所组成的企业组织形式。互利互助是合作社社员的基本原则，位于河北省清河县连庄镇马二庄村的鹏涛食用菌种植专业合作社就较好地发挥了其互帮互助、互利共赢的作用。

一、基本情况

鹏涛食用菌种植专业合作社在2011年由当地的产销大户孙鹏涛牵头成立，并于2013年在工商管理部门注册，注册资本有400万元。合作社的业务范围包括：统一组织采购生产生活资料，统一组织销售产品，为成员引进新技术、新品种以及开展技术交流和咨询服务。鹏涛食用菌种植专业合作社生产基地是目前清河县最大的食用菌种植基地，种植面积为265亩，同时也是中国食用菌协会会员单位。合作社现有菌种培养室5000平方米，年提供菌种40万袋，建有食用菌种植大棚17000平方米，年产鲜菇1200吨。食用菌种植品种有灵芝、平菇、香菇、鸡

腿菇、白灵菇、鲍鱼菇、双孢菇、金针菇、茶树菇、杏鲍菇、黑木耳等。此外，合作社还进行食用菌深加工并注册了品牌"冀清联菇"，产品主要有灵芝盆景、灵芝礼品盒、蘑菇酱、蘑菇干制品等。2015年5月，鹏涛食用菌种植专业合作社被评为"市级示范合作社"。

二、组织结构

鹏涛食用菌种植专业合作社设有成员代表大会、理事会和监事会。合作社理事会由7人组成，理事长孙鹏涛和6名成员；监事会由9人组成，7人为理事会成员，另外2人在合作社既没有出资，也没有产品交易，只是在合作社挂名。理事会的组成人员全部为合作社的出资人，其中有1人是以土地折价入股，每亩地折价800元，一共有15亩土地，其余6人则都以资金入股。理事长孙鹏涛在合作社初期的出资额为30万元，当时合作社的总出资额为40万元。2015年6月26日，合作社召开成员代表大会，变更合作社的总出资额为620万元（见表C-2），其中理事长的出资额变更为300万元，占比仍是最大的。

表C-2　　　　　　　　合作社出资额的变更情况　　　　　　　　单位：万元

成员姓名	增资情况	出资总额
孙鹏涛	264.0	300
孙茂华	49.5	50
王栋水	49.5	50
孙朝峰	39.5	40
孙明香	39.5	40
孙玉才	39.5	40
张长宝	39.5	40
李兰群	29.5	30
孙金磊	29.5	30

合作社现有固定资产 112 万元，流动资产 366 万元。经营的土地面积总共为 265 亩，其中有 7 亩是理事长孙鹏涛的自有土地，另外转入了 258 亩（见表 C-3）。合作社的土地全部用于种植食用菌。租入的土地期限都是 15 年，而理事会成员入股的 15 亩土地是没有固定期限的。因为入股土地的农户在外打工，土地闲置，因此便将土地入股到合作社以获取部分分红收入，并没有与合作社签订固定的土地入股合同。这种情形在农村地区是比较常见的，而且一般也只有在农村这样的熟人社会中才能存在。由于合作社的资金紧张，土地租金都采取一年一付的支付方式。

表 C-3　　　　　　　　鹏涛合作社土地流转的基本情况

流转时间（年）	流转方式	面积（亩）	亩均租金/股金（元/年）
2011	租入	43	800
2011	入股	15	800
2013	租入	200	800

三、能人领导

理事长孙鹏涛从小得了小儿麻痹症，属残疾人。但他身残志坚，在短短的时间内把一个只有几间平房，培育食用菌种的小作坊发展成为现有食用菌种培养室 2000 平方米，食用菌大棚 6000 平方米，年提供菌种 3 万多袋，年产鲜菇 300 吨的清河县食用菌种植龙头企业。2011 年，为了把食用菌这个产业做强做大，在县域内发挥示范领军作用，他牵头成立了合作社，带领乡亲们共同致富。当前，合作社吸收附近村庄的 20 名残疾人参加了合作社，通过合作社的技术指导使其掌握了种植技术，残疾人不出门就实现了就业，此举得到了县残联的表扬。合作社成立初期有 9 名社员，现有社员 360 户，其中有 60 户残疾人。理事长为社员上门进行技术指导，并不定期举办技术培训班，让更多人掌握种植技术，并免费为残疾人提供菌种。

四、社会化服务情况

合作社的互利互助还体现在为社员提供农业社会化服务方面，具体包括信息、农资、生产、销售以及技术等各个方面。

（一）信息服务

信息服务主要包括市场信息、行业技术信息以及管理信息。

（二）农资服务

由合作社统一为农户提供生产资料，可以帮助农户降低 5% 的成本。例如菌袋，市场价格是每斤 6.7 元，而合作社的售价是每斤 6.3 元；种植食用菌所需的原料，市场价是每斤 0.7 元，合作社的售价是每斤 0.65 元。

（三）生产服务

生产服务主要是指帮助社员给食用菌套菌袋，1 个菌袋 0.3 元。

（四）销售服务

社员通过合作社销售食用菌的价格要比市场价低，因为合作社是批发销售，而农户自己则是直接进行终端市场销售。例如，杏鲍菇批发价为每千克 8~9 元，市场价则为每千克 10 元；平菇的批发价是每千克 5 元，市场价则是每千克 6~7 元。但是通过合作社销售可以降低农户的交易成本,因此,很多农户为了方便,愿意低价通过合作社销售食用菌。

目前,合作社接受的服务主要有农资、技术服务以及政府的资金扶持。截至2016年,残联扶持合作社20万元用于发展食用菌;中央财政补贴50万元用于扶持合作社农业创业。此外,政府相关部门帮助合作社修路,花费约有13万元。农资方面,合作社的菌袋供应厂家只有1家,而食用菌生产所需要的其他原料则有多个厂家供应。关于合作社的技术获取渠道,主要包括网站和大户经验推荐,而且相同的原料,如果采用合作社的技术栽培,产量可以提高约23%。

五、发展优势

2014年,合作社的经营收入有780万元,成本有230万元,之所以能够取得良好的经营效益,主要得益于以下几点优势:一是食用菌的市场需求大,不愁销路;二是合作社比较重视开发、采用先进实用的种植技术,提高食用菌的品质;三是政府的支持,合作社自成立以来获得了较多的政府资金和项目扶持,这是合作社能够存续和发展的重要原因;四是社员互利互助,合作社不断做大做强,这也是合作社发展的原则和基本出发点。

C25 河北平乡县大绿粮食种植专业合作社：合作社的民主与效率

农民专业合作社是一人独裁的组织更有效率，发展更快速稳健，还是普遍的一人一票，严格民主更高效呢？科恩将民主划分为三个尺度：民主的广度、民主的深度、民主的范围。广度是数量问题，是成员中实际或可能参加决策的参与比率；深度是性质问题，决策时是否充分，是否合法合理；范围是适用的领域问题，哪些时候需要民主，哪些领域需要民主。我们这里的效率指的是经济效率，即利用最少的人力物力，最短的时间获得最大的决策能力。民主与效率如何权衡，是合作社发展需要注意的问题，位于河北省邢台市平乡县油召乡李杨村的大绿粮食种植专业合作社就是典型的例子。

一、基本情况

大绿粮食种植专业合作社，从2011年3月开始经营，2016年合作社成员900户，全都是农民，理事会5人，包括理事长、副理事长各1人，其他成员3人。截至2016年合作社总出资为300万元，其中理事长辛志中出资160万元，占整体的53%。合作社大小事情，如农资采购、农产品收购、农产品销售等决策基本由理事长一人承办，是比较典型的一人独裁合作社。

二、效率评价

总体来说，该合作社的效率效益较高，具体表现为：加入合作社的社员要求必须从合作社购买种子，种子价格比市场便宜，市场价格为每斤2.5元，合作社为每斤1.6元。社员统一按合作社理事长的要求耕种，若农产品质量不达标准，合作社不会收购。按照这种规模标准种植的农户的土地，生产的小麦都能达到亩产1000斤。再加上合作社收购比市场价高出0.1元，即按每斤1.3元的标价收购，这样社员进行农业生产能够提质增效且能降低生产成本。

其优点是，从决策行事效率上来讲，比"民主决策"高效多了，因为它节省了大量的不必要的时间与资源。不过，要说这种独裁一定比民主更好，还有待商榷。因为一人独裁将会对理事长有较高的要求，理事长的决策能力、水平将直接影响到合作社运行的效率。

三、民主与效率之争

民主与效率，相互对立又相互统一，其内在表明了民主对于效率的妥协。像所谓的民主集中制就是典型的代表，将民主集中起来的实质就是让权利集中在少数具有高效判断决策能力的人身上，从而避免某些效率的浪费，这样的民主比过分的民主少了一些无效浪费，比独裁的个人多了一些威慑。

那么，怎么才能实现更好的效率呢？在合作社发展中需要做到各司其职。从定位上决定每个人应有的职能，该做什么就做什么，让决策的人去行决策之事，让管理的人去行管理之事，让生产的人去行生产之事，这样就能真正地提高效率，改善经济。

C26 安徽郎溪县绿色糯稻专业合作社："企业+合作社+家庭农场"发展模式

随着党中央十七届、十八届三中全会对新型农业经营主体的大力倡导，许多家庭农场、合作社、农业龙头企业纷纷发展起来。这三种经营实体若形成一条利益链，即"企业+合作社+家庭农场"的发展模式，就能够将农企的市场优势与合作社的组织优势完美结合，同时借助合作社的组织优势，提升家庭农场在市场上的竞争地位。这种发展模式能够构建产供销一体化的产业组织体系，实现多赢的效果。位于安徽省宣城市郎溪县建平镇盆形村的绿色糯稻专业合作社就是典型的例子。

一、基本情况及组织结构

绿色糯稻专业合作社由安徽省谷南丰黄酒厂牵头领办，理事长潘仕华是黄酒厂的董事长。合作社于2009年10月注册成立，注册资金169.8万元，并于2014年12月被评为"国家级示范合作社"。合作社的发起人有6位，社员156位；核心社员之一是村支部书记杨昌明。合作社主要负责水稻和小麦的种植与销售，企业负责深加工。

合作社流转的3000亩土地，分成10片承包给10个家庭农场来经营，主要进行小麦和水稻的轮作，且主产糯稻。10个家庭农场都是企业精心选择的种植经验比较丰富的家庭农场主。最终，合作社生产的粮食全部运到黄酒厂作为原料，加工成黄酒（见图 C-1）。合作社每年每亩支付 450 元的工钱给农场主，前提是农场主的农作物产量必须达到以下要求：小麦必须达到每亩 630 斤，水稻必须达到每亩 940 斤。超过规定产量的部分由合作社与农场平分，类似地，没有达到规定产量，不足的部分也由二者平均承担。一年下来，平均一家农场主可以拿到 1 万多元的奖金。

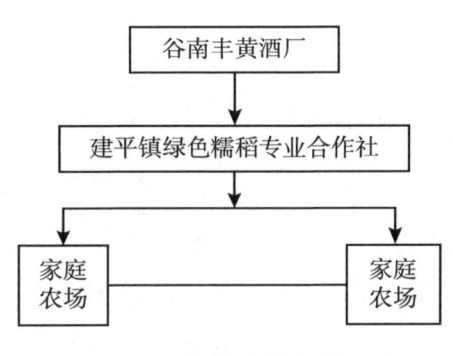

图 C-1 合作社的结构示意

二、社会化服务情况

合作社主要为 10 个家庭农场提供农资和农机服务，成本由合作社的领办企业统一承担。由合作社统一供应农资，毫无疑问，可以降低成本，如表 C-4 所示。其余生产成本则由家庭农场独立承担，主要指农忙时节的人工费。例如，水稻的耕地和收获环节全部是机械化，由企业承担，而插秧环节是人工，则由农场负责。与提供的服务相比，合作社所接受的服务范围更广，覆盖了技术、农资、物流、金融、作业以及基建等各个方面。其中，2009 年，政府为合作社修路、平整地块、修建水利，投资 1000 万元；2014 年，农委及财政等部门，为合作社修路、建设仓储、维修水利，又投资350万元。

表 C-4　　　　　　　合作社农资价格与市场价的比较

农资名称	市场单价	合作社购买的单价
农药	25 元/瓶	22 元/瓶
化肥	1.8 元/斤	1.4 元/斤
小麦种子	5 元/斤	5 元/斤

三、发展成效

2014年，合作社总共收获了91万千克小麦，143万千克水稻。合作社农作物的收入情况如表C-5所示，总共为629.2万元；合作社总成本为726.2万元（见表C-6）。可见，合作社种粮并不赚钱。然而成员通过参加合作社，获得的工资性收入平均为3.8万元，收入最多的是4万元，最少的是3.5万元，平均增收2万元。而且合作社还会提取3%的盈余作为公共积累，另外97%按股金进行分配。

由此可知，分析合作社的盈利来源，单纯地关注合作社的成本与收入是不合理的。原因在于，合作社的实际开支都是由企业负责，企业低价获得高品质的粮食原料，增加了黄酒的利润空间，从而促进了企业和农民增收。

表 C-5　　　　　　　　　农作物的总收入

作物品种	单产（斤/亩）	单价（元/斤）	收入（元/亩）
小麦	700	1.1	770
水稻	1100	1.5	1650
总计（万元）			629.2

表 C-6　　　　　　　　　　农作物的生产成本

类别	劳务费用	流转费用	生产资料	机械费用	利息支出	办公室工资	其他开支	总计
亩均（元/亩）	450	840	745.2	300	—	—	—	—
合计（万元）	117	218.4	193.8	78	96	15	8	726.2

四、主要经验

绿色糯稻专业合作社的优势主要体现在以下两个方面。首先，合作社以龙头企业为支撑，通过土地流转为企业的生产加工提供原料。一方面，保证了企业的原料供应，降低了生产成本；另一方面，也为农民提供了工作机会，增加了农民的收入。种植粮食本身并不是一个高利润的行业，因为大田作物的需求价格弹性较低，农民种粮并不赚钱，受国家政策的限制，土地又不能变作他用，所以很多农民希望将土地流转出去。作为土地的转入方，虽然可以实现规模化、机械化和专业化的生产，但是租金、机械以及农资等成本也在逐年提高，导致粮食的利润空间十分有限，所以只有延长产业链条，才能保证盈利。如谷南丰黄酒厂，粮食自产自用。

其次，合作社的"企业＋熟人社会"的管理模式也很值得借鉴和学习。企业领办合作社后，负责农作物的农资供应、机械化服务等，而有关雇工，与劳动力有关的成本则交给农场主负责管理。企业与农场主之间只有委托—代理关系，而且通过一定的激励机制来监督管理 10 个农场主。因为对于企业来说，自己管理农业生产，雇工、监督管理成本都较大，也不一定会有较好的产出。但是对于农场主来说，其与雇工一般都是农民，而且多数在同一村庄，彼此之间比较熟悉，不容易产生道德风险。而目前，制约该合作社进一步发展的困难主要是资金的缺乏以及市场销路的不畅通。

C27 安徽广德县利民农田水利专业合作社：合作经营助推产业转型

互利互惠、合作经营是合作社发展的基础，也是合作社进一步发展的动力和源泉，一个规范高效的合作社离不开社员之间合作经营。在现代农业不断推进的过程中，合作社作为一个重要依托，在助推农业产业转型升级方面发挥了重要的作用，位于安徽省宣城市广德县誓节镇的利民农田水利专业合作社就是一个典型的例子。

一、成立背景及基本情况

誓节镇是一个以生产水稻和传统粮油生产为主的农业镇，依山傍水，土壤肥沃，但传统农业生产方式已成为制约农民增收的瓶颈。为促使经营模式的转型，提升市场竞争力，解决传统农业抗风险能力弱、农民效益收益低的问题，施立波多方走访学习，最终决定接手管理广德县利民农田水利专业合作社。其竭诚服务并团结带领广大社员，采取"合作社+农户"的经营方式，在促进农村发展、增加农民收入、支持美好乡村建设方面做出积极的贡献。

利民农田水利专业合作社成立于2013年8月，截至2016年有社员52人，家庭农场13家，其中市级农场2家。合作社带动周边农户236

户，农田生产面积达15000余亩，2014年11月，被认定为"国家级农民合作示范组织"。合作社以服务社员，谋求全体社员共同利益为宗旨，社员入社自愿，退社自由，地位平等，实行自主经营，自负盈亏，利益共享，盈余按照社员与合作社交易量比例返还。法人代表施立波，注册资金75.34万元。

走进广德县誓节镇，首先映入眼帘的是一块平整的田地和修建一新的排水沟渠，这是广德县利民农田水利专业合作社大修水利助力绿色农业发展的一个缩影。水是生命之源，生产之要，发展之基。水利建设是农业综合生产能力的核心内容，是保持农业农村经济又好又快发展的重要条件。誓节镇在过去，为了引水灌溉，家家户户都要派人守水，为争水而吵架的事时有发生。遇到干旱之年，这片上千亩的农田只好抛荒了。自利民农田水利专业合作社成立以来，就再也没发生过此类抢水事件。

二、经营情况

（一）组织结构方面

小型农田水利建设能够改善水环境，提高作物抵御自然灾害风险能力，为农业增收创造有利条件，使自然环境和粮食生产得到有效保障。据此，施立波带领社员不断健全组织机构，规范运行管理，按照有关法律法规，结合自身实际，制定了合作社章程，推选产生理事会和监事会，理事会下设工程建设、工程管理和用水管理3个专业合作站。同时为规范管理，建立了社员大会、财务管理、工程建设、工程管护、用水管理及水费征收使用管理等各项制度，实行民主决策、民主管理和民主监督，加强工程建设，落实管护责任，同时加强组织建设，提升服务能力，拓宽业务范围，增强凝聚能力，为社员提供多方面、专业化及全过程的服务。合作社将14罐区的水利工程进行统计，并根据工程损毁程度、灌溉面积及工程建设量等情况，制订具体的年度建设计划，制定统一的水利工程管护标准和考核办法。社员按照管护标准负责其拥有产权的水利工程的管护工作，工程管理服务站负责对各社员水利工程的管护情况进行不定期监督检查，合作社每年对各社员水利工程管护情况进行年终考核。

通过几年的探索和创新，合作社在企业与农户之间架起了一道通向大发展的桥梁。同时，解决了农民用水难的问题，达到了合作社与农户效益双赢的目的。"合作社+农户"经营方式的运作，进一步降低了市场风险，减轻了农民压力，为农民增收创造了良好的条件。

（二）绿色种植方面

发展现代农业，引导农民"种什么，养什么"是合作社发展的关键。成立以来合作社坚持以市场为导向，规划为龙头，基地为依托，科技为手段，效益为目标，积极调整农业结构，带领社员积极发展有机稻米种植，发展有机稻鸭工作，实行稻鸭共作饲养。有机稻田不使用任何生物农药，使用畜禽粪便等有机肥料，使得稻田生态环境得以改善，各种生物得以滋生，鸭子生长迅速，肉质鲜美。鸭子排出的粪便又作为有机稻田的有机肥，还具有松土、清除害虫、清除杂草的作用。稻鸭共作的稻田产量比其他的有机稻田产量明显提高，而且稻米口感好，品质佳，市场销路好，成为农牧结合的一种新模式，也是发展高效有机农业的新途径，具有广阔的市场前景。合作社为黄金坝区域种植的水稻申请商标——"黄金坝"大米。

三、发展前景

而今处在快速发展期的广德县利民农田水利专业合作社正逐步完善功能，为更好地提供综合服务不断加大投入，添置了大型收割机 5 台、拖拉机 2 台，上了粮食烘干设备线，粮食仓储也正在建设中。同时举办了多期农民技术培训班，提高了农民科学种田水平。相信在家乡人民的支持下，利民农田水利专业合作社的规模、产值及社会效益将不断攀升。

C28　安徽宁国县东部竹笋产销合作社：企业领办合作社

一、基本情况

安徽省宣城市宁国县竹笋产销合作社是一家以竹笋生产和销售为主的合作社，牵头成立合作社的是一家农产品加工为主的乡味源农产品开发有限责任公司，合作社和企业都是成立于2008年8月，当时合作社的注册资本是50万元，发起人有68位，主营业务就是竹笋的生产和销售。企业和合作社成立的原因在当时主要有三个。首先是自然资源丰富。30年前，宁国县的山还都是荒山，没有什么大的植被，自然资源不够丰富。后来宁国县政府做出了决策，决定将所有的荒山种上竹子。在2008年的时候，竹子已经长得非常茂盛了，而且竹林的面积也比较大，产生了大量的竹子这一丰富的自然资源，这是企业和合作社成立的首要条件。其次是掌握了生产和加工竹笋的技术，能够将宁国县的丰富自然资源利用起来。最后是资金比较充足，能够购买设备，开设公司，前期投入资金将近1000万元用于购买设备和建设厂房。

二、发展成效

乡味源农产品开发有限责任公司是合作社的主体，也是合作社成立支持的核心。乡味源是宁国县成立最早的乡镇企业之一，由5人合作建立，在宁国县具有带动示范作用。乡味源的成立让一大批种植竹子的农户获利，并且带动了宁国县的经济发展。乡味源通过建立合作社，将大量的散户集中在一起，收购他们的农产品，在一定程度上形成了集体议价的能力，提高了合作社和企业的话语权，在市场更有竞争力，农户的收入也会有巨大的涨幅。2010年的时候，竹笋的市场价是每斤0.1元，价格非常低廉，2013年的时候竹笋的价格涨到了每斤1元。主要的原因就是，乡味源把农户集中了起来，消除了恶性竞争的风险，统一了竹笋的市场价格，给企业和农户带来了实惠。

乡味源在技术研发和环保领域也有很大的成就。乡味源是以竹笋生产和加工为主的企业，生产过程中会有大量的竹笋下脚料，这些下脚料没有用武之地，一般会将其抛弃。但是竹笋的下脚料会发出很浓的恶臭，吸引很多苍蝇，对环境的污染非常大。为了解决这个问题，企业董事长金德宝亲自去全国很多高校和农业方面的研究机构了解深加工竹子下脚料的技术。他跑了很多地方，也花了不少的钱，终于掌握了竹笋下脚料深加工的技术，将其加工成肥料来出售。为此，企业还向银行贷款1000万元左右购买了深加工竹笋下脚料的设备，投入巨大。这样乡味源既解决了环境污染的问题，又给企业带来了利润。

三、资产情况

合作社截至2016年固定资产有200万元左右，流动资产10万元。

合作社本身没有负债。理事长在合作社成立的时候出资5万元，占出资比例的10%，到2016年为止，出资达到100万元左右，占出资总额的95%。合作社2008年成立的时候交易额是400万元，2009年是1000万元，2012年和2013年的交易额都达到4000万元。

合作社在农户最多的时候达到1048户。农户加入合作社的条件是每年必须将自己种植的全部竹笋卖给合作社。合作社主要是通过分红返利的方式来吸引竹子种植户。加入合作社的农户只要交100元，就能每年按出资比例获得企业10%的分红；农户出售给合作社的竹笋，企业返还农户6%的利润。这样既可以提高农户种植竹子的积极性，又可以稳定合作社资源的来源，保证企业生产的连续性。

C29　安徽宁国县天目山农林专业合作社：多因素同向作用促合作社发展

合作社作为新型农业经营主体的重要组成部分，在提高农民组织化程度，促进互利互惠方面发挥了重要的作用。合作社健康成长和发展离不开多因素同向促进作用。位于安徽省宣城市宁国县甲路镇庄村的天目山农林专业合作社就是一个典型的例子。

一、基本情况

天目山农林专业合作社成立于2006年8月，发起人有10位。合作社成立时的成员有150位，注册时间也是当年的8月，注册资本有50万元。现经营的2050亩土地，共分两次转入进来：第一次是在2002年，该合作社以土地入股的方式转入1350亩以从事山核桃生产，当时的租金为平均每亩每年150元；2012年第二次转入的700亩也是按照同样的方式，同样的租金价格来进行的。2015年该合作社经营收入约合300万元，支出约合250万元，其中工资支出50万元，占总支出的20%。

二、主要经验

合作社不错的经营绩效离不开以下几个方面的影响。

（一）自然资源环境

处在皖、浙交界处的甲路镇庄村，基本上都是山区，地形复杂，具有温暖湿润、光照适宜、夏天酷暑、冬天严寒、昼夜温差大等典型的山区小气候条件。有利于耐阴性树种属性的山核桃生长发育和果实生长以及营养物质的积累。产出的山核桃油量也较高。皖南土壤基本上以红壤为主，土质肥沃。宁国山核桃分布区优越的土壤条件和植被条件，为宁国山核桃的优良品质奠定了良好的基础。

（二）政府大力支持

合作社的发展离不开宁国当地政府的大力支持。比如，积极申报国家级、省级示范项目，推进国家Ⅰ类标准化示范区建设。努力为该合作社提供相应的服务，对大型的农具进行相应的补贴。

（三）理事长才能

合作社有今天的成果，也离不开理事长舒志友作为合作社的牵头人在合作社发挥的重要作用。舒志友小时候跟着父母在家乡务农，积累了丰富的经验，青年时期就读于专科院校，文化程度较高，曾经担任过公司总经理，有较强的领导和组织能力。总体来说，理事长丰富的社会经验和文化底蕴等有利因素在一定程度上对合作社的发展起到了强大的领导、带头和推动作用。截至2016年理事长在合作社的出资已经达到100万元，占成员总出资额的50%且为最高。

（四）农业社会化服务

合作社为社员提供农资服务，其中有65%的社员通过合作社购买农药、化肥等农资产品，这样由合作社统一购买比市场价低4%左右。在农药方面，由农药公司在当地代卖点的技术人员根据合作社中山核桃的生长发育或者是病虫灾害情况进行多种农药的配套使用，效果得到社员的普遍认可。在技术服务方面，有50%以上的社员能够无偿地享受到技术服务。与合作社签订合同的农资服务商会定期派专业的技术人员给社员讲授病虫灾害和生物农药技术推广等相关技术和经验。像政府部门的林业局也会定期或者不定期提供相关的技术服务。在农产品销售服务方面，有40%的社员通过合作社销售山核桃，合作社统一销售能比市场价高3%左右且优先收购社员产品。

（五）成员互助

该合作社在初始运营阶段，曾面临资金困难，在理事长的带动下，以社员资金互助的形式迅速发展起来。由合作社统一经营，把资金互助、农资服务、劳动服务与社员山核桃的生产紧密地联合起来，到2014年，成功获得"市级农民专业示范合作社"称号。

多重正向作用因素共同促进合作社健康成长发展。合作社本身应牢牢把握优势和机遇，不断增强其生命力和发展活力，促进农业现代化发展。

C30 安徽广德县万顺水稻产销专业合作社：组织化合作经营提质增效

为提高种粮效益，使种植粮食提质增效、有利可得，合作社组织化合作经营是一种可行的生产经营方式。位于安徽省宣城市广德县柏垫镇茅田村的万顺水稻产销专业合作社就是典型的例子。

一、基本情况

万顺水稻产销专业合作社于2013年3月在工商管理部门注册成立，注册资本100万元，由5个股东平均分摊，每人出资20万元，由村副书记冯芳顺等5人联合成立，其中有1人非农民，即监事长万相新。理事长冯芳顺最初想成立合作社、种植水稻，源于当地较好的自然条件。茅田村地理位置较好，水稻可种植在山上，日照时间长，适合做无公害产品。因此冯芳顺就组建了合作社，开始流转土地生产有机稻。

二、经营情况

合作社主要是通过流转土地自己来种植有机水稻。此外，合作社也收购部分散户的水稻。截至2016年，合作社总共流转了305亩土地，并与普通散户签订了816亩土地的水稻收购合同。其土地流转开始于2013年3月，一共分为三大片，亩均租金为每年450元，一年一付，期限是5年。合作社的办公室租用了村里的房子，实际上是理事长的房子，占地0.16亩，租金为每年3000元。

合作社自己种植以及收购的水稻全部加工成大米销售，因此其建立了土特产门店来销售合作社的大米，以及当地山上的一些土特产，如茶叶、土鸡等。在2015年之前，合作社将水稻外包给天生粮油公司进行加工。而2016年，合作社自有的大米生产线建成并于8月开始投产使用，水稻加工业务也不再外包给其他公司。

2014年，万顺合作社自身收获了106750千克有机水稻，全部加工成了大米销售，售价是每斤5.5元。此外，合作社还收购了部分散户的水稻，签订合同的816亩水稻中有一半卖给了合作社。合作社收购散户的水稻单价是在国家收购价的基础上每百斤提高20元。2014年合作社收购水稻的单价是每百斤160元，加工成大米的售价是每斤3.5元。由于2014年合作社的水稻还是外包给其他公司加工，所以会有水稻加工费：水稻的烘干费是每吨100元，加工费是每吨60元，同时还要把副产品即稻壳也归加工厂所有，而加工的主要工序就是退皮。

三、发展成效

一般来说，合作社1亩地可以生产400斤大米，普通大米每斤3.5元，利润每斤有0.5元，所以1亩地的利润就有200元。然而合作社自己种植的有机水稻生产的有机大米可以卖到每斤5.5元，这时1斤大米的利润就有0.6~0.7元，那么1亩地的利润可以多出40~80元。

对于万顺合作社来说，2014年农业经营收入有124.22万元，支出96万元，其中工资支出15万元，利润为28.22万元。据合作社理事长反映，2014年的收益情况比前两年要好一些。

　　合作社有今天的成果离不开其组织化和合作经营的发展模式，在水稻生产加工方面不断提质增效，因此取得了不错的收益，是值得其他合作社学习借鉴的。

C31 陕西白水县兴秦花椒专业合作社：合作社发展究竟能走多远

一、基本情况

白水县兴秦花椒专业合作社成立于2015年，并于同年12月进行了工商注册。注册资本是300万元，每位成员出资500元即可入社，共有20位发起者和168位成员，算是初具规模的合作社。合作社理事长是受访人陈书明，他也是马嘴村的村委会主任。合作社截至2016年共经营4100亩土地。从合作社成立之初开始流转土地，2015—2016年通过转包的方式共计转入1000亩土地，租金为每亩每年250元，支付方式分别为1年一付或10年一付。

二、经营情况

兴秦花椒专业合作社整个运营和管理可谓是"教科书"式的合作社。168户村民参加合作社，在合作社的带领下共同种植花椒，由合作社统一购买生产资料、农机具等，并经由合作社统一销售产品。在合作社内部，成员之间可以互相借贷，以解决资金问题。

（一）劳动力方面

合作社的管理均由合作社内部人员主动承担，不领取报酬。合作社有专门的行政管理人员共37人，主要负责管理协调合作社各成员的生产安排，还有4名专门的会计、出纳，负责财务管理。这些人员都是合作社成员，并且没有工资，可以说是主动承担工作。除此之外，由于花椒种植的季节性，在春季和秋季之时，合作社会雇用200余名临时工，进行花椒的采摘、运输工作，每人每天约90元。

（二）资本方面

由于合作社刚成立不久，尚未购置大型的农机具，也没有修建农用场所。只有100台旋耕机用于花椒种植的深耕，总花费大概7.5万元。合作社截至2016年涉及的资金并不多，只有10万元的负债，还是从社员当中借的，主要用于深加工环节。陈书明明确表示，合作社下一步目标是多筹集一点资金，全力投入深加工环节，进而有效地增加花椒的产值。

（三）农业社会化服务

合作社为社员提供了多方面的社会化服务，包括产前（防虫）和产中（修剪、防虫、施肥、改良品种）等方面，使农产品价格提高了5%~10%，产量增加了30%~50%，总销量增加了10%~15%。政府部门给予了一定程度的帮助，分别为20台喷雾器、20台地膜覆盖件和每亩20千克的化肥。

（四）成本与收益

2015年合作社农业经营收入约16万元，2000亩土地共收获并销售了10万千克的花椒，每亩获利约4000元。还购买了10万棵花椒树苗，共15万元。化肥用量为10万千克，花费2.75万元，同时还花费了2.5万元的农家肥，打农药大约3次，总计12万元。除此之外，在排灌上还花费了10万元。值得一提的是，合作社2015年支出了4000元用于技术服务，主要是请专家到合作社讲课，请专业人士进行技术指导。

　　合作社的发展得益于理事长的企业家才能，他知道规模效应，也懂得引进人才，同时还有满腔热情。但仅靠这些，这个合作社究竟能走多远？合作社发展过程中还是存在一些问题的，比如，合作社的管理和财务人员都没有报酬，虽说大家都是自愿，但这种所谓的奉献究竟能持续多久？特别是随着经营规模的扩大，会产生外雇职业经理的需求，从而增加合作社支出。同时，在合作社融资的方面，本着共同富裕的目的，合作社的盈利多分给社员，合作社没有太多的自留资金，深加工环节需要的支出不小，如何从社员中有效地筹集资金也将是他们面临的一个困难。此外，这种依靠企业家才能式的合作社，本着平等的原则，究竟能走多远？白水县兴秦花椒专业合作社的合作模式还需要经历现实和时间的考验。

C32 陕西眉县齐峰富硒猕猴桃专业合作社：企业牵头成立合作社的发展优势

一、基本情况

2001年，陕西齐峰果业有限责任公司成立，资产总额为7000万元左右，主要从事猕猴桃种植、生产销售，新技术、新品种引进推广，技术培训、技术交流及信息咨询，收购、储藏、销售以及观光农业等业务。2008年11月，由齐峰果业牵头成立眉县齐峰富硒猕猴桃专业合作社，成员136人，注册资本646.35万元。2010年合作社被评为陕西省合作社"百强示范社"；2012年被农业部评为"全国农民专业合作社示范社"。2011年陕西齐峰果业有限责任公司被陕西省人民政府认定为农业产业化经营重点龙头企业。2013年被陕西省创先争优系列活动组委会评为陕西省质量服务信誉AAA级单位，同年荣获全国名优果品交易会畅销产品奖。

齐峰富硒猕猴桃专业合作社注册资本640万元，成立之初主要依靠当地优越的自然环境、带头人长期从事农业生产的经验以及当地政府的支持。截至2016年该合作社共经营猕猴桃3000亩，其中有1000亩的土地是流转而来，平均每亩租金每年为0.1万元。经营3000亩的土地较为合适，每亩土地能实现1万元的利润。截至2016年3000亩土地均进行了地块平整、水利设施建设、道路建设以及土壤改良。共计花费约130万元，资金多数来自合作社成员，少数来自国家支持。

齐峰富硒合作社目前处于发展的成熟期。合作社2015年营业收入约为8000万元，合计支出约为6600万元，其中工资支出960万元，纳税10万元。相较前两年而言，合作社2016年的盈利能力好一些，与同类经营主体相比也要好一些。2015年共收获猕猴桃1400万千克，由于合作社的猕猴桃品质好，市场销售均价可达每千克7元，销售去向有商贩、网络订单以及采摘等渠道。

二、经营情况

（一）生产投入

2015年共使用化肥30万千克，花费0.24亿元；农家肥用量280万千克，花费24万元；农药花费40万元；排灌费20万元；农资采购花费20万元；机器维修250万元；保险花费1万元；其余间接花费还有100万元。2015年累计共有1000亩猕猴桃遭受旱灾，损失约为1万元。

（二）资产与负债

合作社截至2016年拥有固定资产约为3300万元，负债800万元，银行年利率为6.8%。2012—2016年最大的一笔贷款为3000万元，期限为1年，既以个人名义，同时也以合作社名义，主要向信用社以及农业银行借贷，为抵押贷款以及第三方担保贷款。

(三) 农业社会化服务

合作社截至2016年发展需要技术、金融、质量以及基础建设方面的服务。合作社同时也为社内、外农户提供技术、农资以及销售服务，均为免费，累计帮助农户达到1800户，其中销售服务效果最佳。相比农户自己解决，合作社帮扶能便宜50%，均价每斤能提高0.3元，亩产能提高2000斤，收入约提高12万元。截至2016年合作社累计获得政府现金支持100万元，农机具支持约20万元。合作社承包过政府基地种植项目，投资规模为800万元。合作社接受到的社会化服务较充足，自己完全有能力提供更多的社会化服务，也很愿意成为提供社会化服务的专业户。

三、组织结构

合作社自成立至今，尚未更换过理事长，但拥有完善的更换理事会成员的程序，也更换过理事会成员。社员数量稳定在440户左右，仅有微小的波动，其中农户占比约95%。该合作社理事长出资最高，约占到70%。理事长认为自己的能力在合作社的经营过程中得到了很好的发挥。合作社拥有健全的制度，目前成员大会一年两开，理事会议一年一开，监事会议一年一开，投票原则为一人一票。拥有完善的财务管理制度，专门的财务管理人员，财务信息整合完整，向全社公开。合作社融资决策、投资决策均由理事会商议做出，分红方式为按股分红，2015年共提取约10%的公积金。理事会同时也要做出农资采购、新技术采纳以及制定发展战略的决定，吸收新成员也由理事会决定。合作社目前的销售渠道很多，接受新技术的渠道也很多。整体而言，合作社成员对于合作社的认同感很高，积极参与合作社的事务，相互之间凝聚力也很强。

四、发展优势

齐峰富硒合作社依附于齐峰果业，齐峰果业利用自身的社会资源、科研实力为普通社员引进新技术、新品种，这一方面保证了质量以及产量，同时也便于追溯公司用于加工的原材料的信息。目前齐峰果业外销的各种猕猴桃产品，已开通了关于产品追溯的二维码，通过扫描二维码，顾客可以查看购买的猕猴桃生产周期、喷洒农药次数等信息。齐峰果业的初加工设备可以对新鲜的猕猴桃进行加工，这大大简化了猕猴桃的销售环节，使得可容纳的合作社规模扩大，这为农户种植猕猴桃降低了风险。另外，齐峰果业积极应用现代电子商务，将自己的产品放到天猫、淘宝等平台销售，经过努力，已经形成了一定的品牌优势，这也有利于合作社的发展。

C33　陕西杨凌竹园村果蔬花卉合作社：补充农业产业链

纵向延长农业生产经营产业链对于农业生产经营主体而言，不仅能外化生产经营风险，不断提高其防范风险的能力；也能内化生产经营利益，激发农业生产积极性，不断提高农业生产经营效益。合作社作为普通农户和大企业之间的桥梁，对于延长农业产业链、提高生产经营效益、降低农业生产风险具有重要的作用。位于陕西省杨凌区的竹园村果蔬花卉合作社就是典型的例子。

一、基本情况

杨凌竹园村果蔬花卉合作社于2011年成立，发起人共17位，从成立到2016年共20位成员，主要种植蔬菜瓜果和花卉苗木。该合作社由一个火锅集团牵头成立，目前该集团已经有多家门店。为了打造全产业链，集团决定建立生产环节，为火锅店提供制作火锅底料的原材料，并决定成立合作社，负责生产环节。由于火锅店的需求并不是非常稳定，同时为了恰当地利用规模效应，所以杨凌竹园村果蔬花卉合作社除了承担火锅店的原料供给之外，还有其他的销售渠道。

二、经营情况

目前合作社发展稳定,生产规模较大。在投入方面主要包括以下几点。

(一) 土地投入

2016年杨凌竹园村果蔬花卉合作社共经营800亩土地,均是2011年从外村农户处流转的土地。800亩土地多是签的20年合同,每年付一次租金,每4年递增一次租金,2016年租金为每亩770元。虽然流转土地有一定的难度,但合作社给出的租金较高,愿意流转土地给合作社的农户不在少数。同时,这800亩土地均进行了地块平整、水利设施和田间道路修建。据合作社的职业经理人朱峰介绍,这一系列的土地整治工作是和修建温室、大棚等一同开展的,总计花费4000万元,主要由所属集团给予资金支持,当地政府也有一定的补助。改良土壤的工作还在进行中,截至2016年有60%~70%的土地已经完成,花费约为每亩2000~3000元。

(二) 劳动力投入

杨凌竹园村果蔬花卉合作社2016年管理方面共有18人,其中:有5位技术人员,负责生产技术;4位营销工作人员,主要工作便是将除集团所需外的蔬菜瓜果及时销售出去;财务管理共有2人,行政管理有3人;还有1人专门负责采购。工资为每月3000~3500元。另外,还包括朱峰在内的3位高管,负责整个合作社的运营,底薪为每月1万元,根据销售情况有额外的分红。在生产方面,除了负责技术的生产人员之外,主要是雇用临时工人,从事种植、采摘等工作,每天需要20~30

人，全年都会雇用，每人每天工资为50元。虽然合作社拥有800亩的种植土地，但是，因为修建了生产大棚等，并运用了先进的生产技术，所以所需的生产方面的劳动力数量并不多。谈及为何全年都要雇人，为何不直接雇长期工时，朱峰解释，因为短期工更容易雇，大部分农户还有自家的田地要种，只会在闲时出来打一些零工。

（三）资本投入

合作社共有280个温室大棚，包括技术先进的日光棚，每个约花费14万元，普通的拱棚，每个约花费3.5万元。综合性的普通的养殖棚共花费100多万元，还有用于储藏的冷库，支出为50万元。由于多是大棚，大型农机具都不能使用，所以合作社只有一台价值4万元的翻耕机和2台价值1万元的运输车。而大棚内都建有喷灌和滴灌设施，每个棚花费1000~2000元。从这些固定资产的情况可以看出，合作社的生产技术相当先进，背后有丰厚的资本支持。

合作社通过投资银行进行了600万元的抵押贷款，抵押物便是合作社的温室大棚。朱峰表示，这笔钱借了2年，截至2016年只剩下部分还未还清。而贷款主要用于购买生产设施，在他看来，合作社必须保持先进的生产技术，才能实现利益最大化。

（四）生产投入

2015年合作社蔬菜共使用种子60千克，支出2.2万元。以生态农业为生产目的，合作社全部使用有机肥，每亩用量为2吨，每吨价格为1000元。机械作业费为每亩40元，灌溉费用为每亩50元。值得一提的是，合作社每年还有3.5万元的培训费的支出。受访者朱峰说，合作社每年会对员工进行技术培训，以便跟上技术发展的步伐。

三、发展成效

合作社生产经营投入较大，目前处于起步阶段，尚未有较好的盈利能力。2015年合作社的农业经营收入为140万元，支出合计300万元。在销售方面，有200亩地用于种植蔬菜，如白菜、茼蒿等绿叶蔬菜（称为青菜），2015年共收获并销售了30万千克，销售均价为每千克4元。还有50亩用于种植瓜果，比如西瓜、西红柿等，共收获并销售了10万千克，其中西瓜的产量为每亩4000斤。另外200亩用于种植一些花卉和苗木。以玫瑰为例，2015年共收获并销售了20万棵玫瑰，包括直接销售的玫瑰花和玫瑰花苗。鲜花每枝约1元，玫瑰苗则是每枝2~3元。

四、社会化服务情况

合作社的发展也离不开专业的、系统的社会化服务。朱峰认为合作社接受过大部分服务，大多来自政府部门和各个企业。比如销售农资的企业会免费提供农资技术方面的讲座。合作社不仅接受来自外部的农业社会化服务，作为新型农业经营主体之一，其本身也对外提供农业社会化服务。竹园村果蔬花卉合作社对非社员的农户曾经提供过技术服务，主要以讲课的形式，2~3个月举办一次，每次会有20~30户农户参与。合作社提供社会化服务的主要目的在于和农户互相学习，分享种植上的经验。他认为能提高10%左右的产量。

五、政府支持情况

朱峰主动提到，合作社的发展也离不开政府的大力支持。在基础建设方面，2014年，合作社由于修建温室大棚获得了60万元的补贴。政府也补贴过一些价值20万~30万元的育苗设备。2016年，合作社还承担了政府的辣椒新品种推广示范项目。由当地政府推荐，与西北农林科技大学的教授合作，合作社为该校的教授、学生提供十几亩的种植场所，进行新型辣椒品种的培育。这个品种抗逆性强，产量大，如果成功的话会扩大种植面积，为此，政府补贴了30万元。

杨凌竹园村果蔬花卉合作社虽然还处于起步阶段，但是发展势头很好。凭借高效的管理理念、丰富的资本支持、先进的生产技术，合作社发展体现了巨大的优势，对于该集团延长产业链，不断提高农业生产效益，带动周边农户发展有着重要的作用。

C34 陕西白水县佳硕苹果专业合作社：大户联合合作规模化实现生产效益

土地确权、三权分置等政策颁布实施后，国家鼓励普通农户自愿有偿将自家耕地流转给农业生产经营能力较强的合作社、专业大户、家庭农场以及涉农企业进行农业规模化生产。陕西省渭南市白水县的佳硕苹果专业合作社就是典型的案例。

一、基本情况

佳硕苹果专业合作社于2011年10月由5位牵头人注册成立，5人均为产销大户，注册资本为300万元，理事长出资最多，为250万元。成立之初共有20户成员，至今无增减，也无股权变动，主要经营苹果的种植以及销售，依靠当地种植苹果的优越自然环境以及合作社建立者的社会关系。彼时合作社资金困难，通过向银行借贷得以解决。截至2016年经营120亩土地，每亩利润可达2000元。合作社2015年经营收入为100万元，共支出250万元，其中工资约50万元，纳税约5万元，相比前两年，合作社的盈利能力有一定好转。

二、经营情况

具体而言：2015年共销售35万千克苹果，均价约为每千克3元，苹果销售去向主要是出口商。2015年共购进2000棵树苗，花费1.6万元，施用化肥与农家肥各5万千克、3万千克，花费分别为15万元、7.5万元。喷洒农药6次，花费3万元。排灌费、运输费分别约为3万元、1万元。工具以及机器维修各花费2000元，技术服务花费2万元。财务费用2.4万元，管理费用12万元，保险费用1万元，其余间接费用约1万元。2015年苹果种植受旱灾30亩左右，损失共计4万~5万元。合作社成立至2015年共向银行借贷过三次，共计100万元贷款。目前接受新技术渠道主要为大户经验以及政府部门技术推广项目，销售渠道主要为商贩以及企业。合作社截至2016年共有固定资产400万元左右，同年向银行借贷200万元，年利息为10%。该贷款是以合作社名义向银行借贷的信用贷款，期限为2年，主要用于农资采购以及日常经营等。

三、社会化服务情况

合作社规模化发展之后迫切需要系统的、专业的农业社会化服务来支持其长久可持续发展。合作社2015年接受到技术、销售、物流、信息金融以及作业等专业的农业社会化服务，服务提供者主要为政府部门，同时也有来自普通农户以及农业企业的帮助。各项服务均为免费，总体而言效果一般。合作社要实现更优的经济效益，离不开农业社会化服务。

同时，合作社作为新型农业经营主体，也向社内、社外的普通农户提供技术、销售、信息、金融以及作业等农业社会化服务，同样均为免费，服务对象最多可达 300 户。理事长认为服务效果因人而异，总体而言较好。其中销售效果最好，服务金额可达 1 万元，相比农户自己解决能便宜大约 5%。农户苹果每千克售价能提高 0.5 元，亩产约提高 200 元，收益约增加 3500 元。提供的服务对于普通农户栽种苹果的质量也有显著作用。可见，合作社作为新型农业经营主体，对于其他农业生产经营主体有积极的带动作用。理事长认为目前合作社接受的各项社会化服务效果有待提高，自己完全可以为普通农户提供更好的社会服务，并愿意成为提供服务的专业户。

四、发展前景

合作社发展至今，理事长认为依靠的主要是当地优越的自然环境、技术以及家人的支持，其中白水当地优越的自然环境提供了最大的帮助，理事长很愿意通过与其他农户联合的方式扩大生产规模。以合作社为载体，与更多农业生产主体进行合作，适度扩大生产经营规模，达到其能力范围内的最优生产规模，以实现农业生产效益最大化，这是未来合作社科学发展的方向。

C35 陕西杨凌秦红宝洋葱专业合作社：土地作价入股实现合作发展

到 2015 年 12 月底，全国登记注册的农民合作社达 153.1 万家，比 2014 年底增长 18.8%，实际入社农户为 10090 万户，约占农户总数的 42%，较 2014 年提高 6.5 个百分点。"十二五"期间，合作社数量增长近 3 倍，农户入社率提高近 31 个百分点。其中，土地作价入股是一种较为常见的农户加入合作社的方式。陕西省杨凌区秦红宝洋葱专业合作社就是一个典型的案例。

一、基本情况

秦红宝洋葱专业合作社成立于 2009 年 5 月，注册资本为 60 万元，主要经营洋葱育种与种植销售，当初成功建立合作社主要是带头人看好洋葱市场，同时创始人曾是农技人员，拥有技术优势。合作社成员数每年都在增加，截至 2016 年为 96 户，全部为普通农户通过土地作价入股的方式加入合作社。合作社现为"县级示范合作社"。理事长本人出资额最高，拥有多年种植洋葱的经验，同时掌握一定的社会人脉资源。合作社生产的洋葱于 2014 年获得无公害认证。目前合作社具备对洋葱进行初步加工的能力。

二、经营情况

（一）土地作价入股

截至 2016 年合作社直接经营土地有 3000 亩，无流转土地，农户入社土地作价入股，每亩每年 1000 元。入股期限为 15 年，股份分配方式按照盈余一定比例进行分配。合作社的办公场地主要是租赁而来，价格为每亩 480 元，约有 2.5 亩。该合作社理事长认为以合作社的能力而言经营 3800 亩比较合适，每亩能实现 9000 元的利润。截至 2016 年 3000 亩土地均进行了地块平整以及水利设施建设。

2015 年，合作社农业经营收入约为 130 万元，支出合计约为 75 万元，其中工资支出约为 30 万元，无纳税。2015 年种植 3000 亩洋葱，收获 300 万千克，全部在市场上销售，均价约是每千克 0.8 元，主要销售去向为商贩。合作社 2015 年向农户销售洋葱种子 600 千克，交易额为 216 万元；施用化肥 450 万千克，花费 675 万元；累计喷洒农药 6 次，共花费 10 万元；购买地膜共花费 35 万元；燃料动力费 5 万元；各项维护修理共花费 0.5 万元。2015 年种植的洋葱遭受虫害影响，受灾面积约为 5%，累计损失达 6.5 万元。

农户通过土地作价入股的方式加入合作社，以规模化经营实现了农业生产较高的经济效益。

（二）社会化服务情况

合作社为社内外农户提供技术、销售以及质量方面的服务，累计接受服务的农户数约有 3600 户，均为免费。理事长认为这些服务中，合作社所提供的质量服务效果最好。各项服务累计价值约为 10 万元，相比农户自己解决能便宜约30%。通过接受农业社会化服务，农户种植的洋葱品质提高，销售价格每千克能提高约0.1元，亩产能提高100千克，平均收入能提高3000元。除了提高合作社成员收益之外，合作社通过提供农业社会化服务，对其他农户也起到了一定的辐射带动作用。

三、发展优势

秦红宝合作社是秦红宝旗下的三个机构之一，另外两个分别为秦红宝公司以及科研站。科研站负责研发新的优良品种，而公司则对生产并经过初加工的洋葱进行销售。科研机构、企业以及合作社"三位一体"的组合，使得秦红宝集团可以把技术、销售以及质量三个方面牢牢抓在自己的手里，从而提高了在同行业中的竞争实力。目前，秦红宝旗下的洋葱产品实力已经是陕西全省的佼佼者。通过与农户合作，能够保证稳定的农产品来源。农户通过土地作价入股，不仅能提高农业生产效率和科学性，也能实现组织化、规模化、现代化发展，这是未来农业生产经营值得借鉴的方式。

C36 陕西眉县和合猕猴桃专业合作社：标准化生产提高生产效益

农业标准化生产不但有利于提高农业科技成果转化率，切实将农业先进技术大批量运用到生产的各个环节中去，也有利于提高农产品的质和量，有效帮助农民增收，实现农业生产的经济效益、环保效益和社会效益。而现实中，因为信息不对称，对于普通小规模生产的农户而言，往往很难进行统一的标准化生产，这也是现代农业发展的瓶颈。如何突破小农户分散低效生产经营的瓶颈是现代农业发展的关键，合作社作为连接小农户和大市场的生产组织形式，是实现农业标准化生产的有效载体。位于陕西省宝鸡市眉县首善镇段家庄村的和合猕猴桃专业合作社就是典型的例子。

一、成立背景

合作社理事长叫林军科，他也是陕西新丝路猕猴桃（集团）股份有限公司董事兼总经理。林军科大学毕业后曾外出工作，在积累了一定的生产经营管理能力和经验并有了一定的资金基础后，决定回乡创业。回乡后，他先做起了眉县猕猴桃经销经纪人，也曾是农技指导人员。但是没有稳定的猕猴桃来源和品牌，没办法进一步做大做强，因此，他牵头成立了眉县和合猕猴专业合作社。多年来，他一直奋斗在猕猴桃生产经营的第一线，对于农业产业结构调整、农业富县、农民增收发挥了巨大的示范带头作用。

林军科以敏锐的市场眼光和务实的精神，引导眉县首善镇果农、科技示范户、农业科技人才不断提高猕猴桃种植品质，践行农业标准化、现代化、规模化发展。通过开展猕猴桃新技术、新品种的引进和试验及推广培训，有效提高了果农社员的技术水平和产品质量。因此合作社果品的价格也节节攀高，农户的收益实实在在提高了。

二、基本情况

合作社成立于 2014 年 7 月，发起人有 5 位，成立时共有成员 105 名，注册资本 350 万元，其中理事长林军科出资 315 万元。2016 年合作社经营土地面积达 600 亩，其中 60 亩土地为合作社流转来的标准化实验示范基地，其余 540 亩为合作社社员作价入股的土地。合作社于 2015 年 1 月获得"市级示范合作社"称号。合作社 2015 年销售猕猴桃 108 万千克，由于本合作社生产的猕猴桃品质上成，单价可达每千克 12 元，销售去向主要包括集市销售、加工企业收购、礼品销售和网络销售。2015 年经营收入达 630 万元，支出合计 600 万元，其中包括工资支出 38 万元纳税 1.3 万元，盈利能力相比前两年好一些，并且优于同类经营主体的经营能力。

三、主要经验

合作社的成功发展离不开以下几点。

(一)标准生产,统一管理

合作社统一聘请专业技术人员对全部社员种植猕猴桃期间的所有技术问题进行统一指导,并不收取费用。与此同时,合作社统一购买专业肥料,在技术人员的指导之下对全体社员进行定时适量施肥指导,并用猕猴桃销售款扣除农资费用以降低社员生产投入。到了猕猴桃成熟的季节,合作社雇用15人一组,一共5组的采摘队对全部社员的猕猴桃进行统一采摘收购,其中包括10名女工负责采摘,2名过磅员,1名质检,1名监督员,1名运输司机。果农节省了采摘运输中的人力、物力、财力,同时合作社能分级收购品质上乘的猕猴桃。通过不同品质、不同价位的激励,社员更有积极性提高生产品质。合作社通过进行农资、技术、销售等的统一管理、标准生产,提高了生产的组织化程度,将原来一家一户的分散粗放经营转变为高标准、科学化的合作经营,大大提高了社员的农业收入和生产效率。社员加入合作社后,生产成本可降低13%左右,农产品的质量也得到了提高,可由原来的亩产1500千克提高到2016年的1700千克,单价也由原来的每千克7元提高到每千克12元。

(二)科研转化,政府支持

合作社一年花费2万元聘请西北农林科技大学的教师对合作社种植猕猴桃的各个环节进行技术指导,西北农林科技大学的教师能较为直接地将农业科技知识运用到实际生产中去。此外,政府对于合作社运作的多个环节也提供支持,具体包括:为合作社介绍销售渠道,为合作社创建和宣传品牌提供帮助,提供猕猴桃种植统防统治服务和质量检测服务。此外,合作社还收到过政府的20万元专项现金奖励。合作社接受的专业、系统的社会化服务对于其科学发展、长远发展都起到了重要的作用。

(三) 三会制度，财务制度

合作社有严格的内部管理制度，并严格按照制度来执行，确保合作社运作民主与高效兼顾。合作社经常召开理事会，由5名理事会成员讨论决策生产投入的各方面事项，如农资采购、田间道路等基础设施的修建等；合作社一年召开一次成员大会，所有成员均到场进行分红事项；在分红前，会组织召开监事会，检查会计账本。三会所有成员均一人一票，少数服从多数，大股东考虑全局有主要否决权。合作社还有严格的财务管理制度，并有专职财务工作人员记录合作社各项收支，具体包括：农资总投入、各社员农资开支情况以及农资清算情况、雇工及理事会工资支出情况、猕猴桃收购款项、猕猴桃销售收入、其他各类支出、合作社盈余分配等，并向全体成员公开全部会计资料。公开透明、公平公正的三会制度和财务制度为合作社的发展提供了坚实的制度保障，也是合作社社员互利互助的基础。

(四) 理事长的"三农"情怀

理事长林军科的母亲曾是一位地地道道的农民，靠种植一点粮食维持家里微薄的食物开支。林军科大学毕业在外工作几年有一定积累后，决定回乡创业，改变传统农业发展方式，进一步提高小农户农业生产效率和效益。多年来，林军科一直从事农业工作，在农技推广工作中，他利用自己扎实的专业知识和较强的领导能力，组建专业性合作社，深入田间地头，以合作社为平台组织实施猕猴桃园区建设、测土配方施肥、猕猴桃高产培训、猕猴桃产业化等农技推广项目。可以说，是懂技术、会管理、善经营的理事长满怀"三农"情怀带领着首善镇猕猴桃种植社员共同致富。

C37 陕西眉县存德农副供销专业合作社：社会化服务提高生产效率

合作社通过为社员提供专业的农业社会化服务，提高社员农业生产的技术应用水平，进而提高农业生产效率。位于陕西省宝鸡市眉县的存德农副供销专业合作社就是典型的案例。

一、成立背景

眉县，位于陕西省宝鸡市，是著名的"中国猕猴桃之乡"，位于太白山脚下，北跨渭河，土壤肥沃，气候湿润。得天独厚的地理优势使得眉县物产十分丰富，一年三季有花，四季有果。眉县存德农副供销专业合作社便是在这样的环境下运营的。合作社位于横渠镇宣窝村，理事长杨存德已经年过花甲，却依然在2014年成立了这个以服务村民为宗旨的合作社。"我们的合作社是为村民服务的合作社！只要农民加入我们合作社，那么我们便会为农民提供技术上的指导，鼓励他们种植猕猴桃和蔬菜。"该合作社主要经营的便是水果蔬菜。

合作社成立初衷，有三个原因。第一个原因：现在社会商品化程度很高，而农民的商品化意识比较淡薄，总是会有卖不出去的困扰。为了给农民解决后顾之忧，杨存德决定成立以供销为主的合作社，让农民踏踏实实种植，销售的事情交给合作社，统一集体销售，效率高，收益也高。第二个原因：杨存德对这片土地、对务农十分热爱，"农业是根本，没人种地，国家怎么吃饭？再富裕也得有种地的人！"第三个原因：杨存德在供销这方面比较有经验，之前曾在这片土地上和别人一起种植辣椒，在杨存德的提议下，大家开了一个小作坊生产辣椒酱，这样形成一个小产业链，统一销售，效果很好。受这种商品化经营的启发，存德农副供销专业合作社应运而生了。

二、基本情况

2016年，存德农副供销专业合作社一共经营土地1300亩，有127户社员，其中只有8亩土地是2015年流转过来的，原因还是在于，村子里土地流转阻力仍然较大。但是理事长杨存德对于未来土地流转的前景还是非常乐观，他认为流转是大趋势，毕竟村子里的年轻人百分之八十以上都出去打工了，除了成型地人家不愿意转出去，对于那些旱地，他们还是很愿意流转的，只是现在流转比较难，相信未来制度会越来越支持的。

截至2016年，合作社刚刚成立一年多，各种设备设施还不健全，目前一些农具和耕作设备靠租赁使用。2015年的营业收入达4万元，支出就达到了10万元。在起步初期投入的成本比较高，杨存德认为这是值得的，毕竟盈利状况是越来越好了。不管负债如何，"薄利多销"是存德合作社一直坚持的一个原则。合作社以种植、销售猕猴桃为主，有300亩土地都用来种植猕猴桃，2015年一年的销售量达到46万千克，平均价格也在每千克7元上下。在猕猴桃收获之后的季节，还会种植黄瓜，并且销路很好，成熟时节，每天能收获10万斤以上的黄瓜，销到西安市甚至河南省，仅仅靠销售黄瓜就能达到每天1万元的净收入。究其原因在于，存德合作社的黄瓜品质上乘，价格低廉，市里的黄瓜1元钱1斤，而合作社的黄瓜每斤只卖6毛钱。同时，受之前生产辣椒酱的启发，合作社还有一个小型的面粉作坊，农民可以拿自己种的麦子来换面粉，或者拿钱来购买面粉。合作社生产的面粉质量上乘，没有添加剂，比市面上买的面粉一袋至少要便宜5元。由于物美价廉，合作社的面粉在当地已经小有名气。

三、主要经验

问及为什么存德合作社生产效率这么高，杨存德把原因归结于合作社体制本身有利于社会化服务的接受和提供，农户通过接受社会化服务，农产品的质量能提高20%，而合作社也受益于这种质量提高所带来的正效应。在生产大队的模式下，大家都比较懒散，不方便管理，现在合作社统一种植，想种便留下好好干，不想种就劝你退社，有严格的质量监控，这样不让社员偷懒，同时也有利于效率的提高。合作社定期请杨凌的专家教授来进行技术指导，解决农户的技术困扰，提高他们的产量。在平时，杨存德也十分重视技术服务，他认为知识型农民是未来的大趋势，所以会定期为社员发放一些学习文件和材料。生产环节抓好了，销售就不成问题，合作社集体销售，质量有保证就不怕卖不出去。合作社的收购价格也远高于市场价格。拿猕猴桃来说，对于单个农户，市场收购价是每千克1.7元，而杨存德收购的价格达到每千克3元。当然，享受这种高价收购的前提是猕猴桃的品质、大小要通过合作社的质量监测。合作社接受的优惠政策也很多，比如刚成立时接受过县技术中心5000元的技术补贴，通过加入合作社，农民能切实感受到实惠，所以积极性也会越来越高。

四、主要困难

合作社成立之初也遇到了不少困难。首先是农民对合作社这种运营方式不了解、不信任，不愿意加入，在杨存德几次三番聘请专家进行技术指导之后，村民终于消除戒备，纷纷加入合作社。其次是交易市场的问题，为了扩大交易规模，给村民营造一个更好的交易平台，杨存德在交通十分便捷的道路枢纽处申请了一个大型农产品交易市场，但是县政府迟迟没有批准，没有资金的支持，交易市场只是一个美好的幻想。"仅仅靠合作社这个交易平台已经满足不了村民的需求了，我们想扩大我们的交易规模，想给更多的村民提供便利，让更多的农民不再为卖不出去犯愁！"杨存德十分迫切地希望政府能批下这个项目，以便更好地带动一片地区农产品交易事业的发展。资金困难并没有阻挡杨存德前进的步伐，他专门划出 3 亩地作为新品种试验基地种上了玉米。由于眉县附近粮食作物比较少，大都种植水果、蔬菜，所以粮食不能自给，杨存德想试试玉米的质量如何，如果市场销路好，未来还会大规模种植玉米。

合作社在运营过程中或多或少都会遇到一些困难与瓶颈，但是坚持为社员服务的理念，全心全意为社员提供系统的、科学的农业社会化服务，对普通农户加入合作社的吸引力将越来越大，合作社生产经营的效率也将不断提高。

C38 陕西白水县众慧源苹果专业合作社：合作社积极带动农户发展

合作社是提高农民组织化程度、发展现代高效农业、带动农民增收、实现共同致富的重要途径。陕西省渭南市白水县的众慧源苹果专业合作社就是典型的例子。

一、基本情况

陕西白水县众慧源苹果专业合作社成立于2009年1月，由理事长石刚牵头成立，发起人共有22位，成立时社员总数76位，现有社员130位。2012年8月，合作社在工商局登记注册，注册资本为200万元，其中理事长石刚出资150万元，其余社员平均出资2万~3万元。合作社理事会成员有22人，其中核心成员有4人，包括理事长、副理事长和两名监事，均为初中学历。合作社主营业务是苹果种植销售与技术指导。受访者石刚，陕西省渭南市白水县尧禾镇安乐村人，合作社理事长，现年45岁，曾担任安乐村村委会副主任。

二、经营情况

合作社 2015 年农业经营收入约 2200 万元，支出约 2270 万元，其中工资支出约 50 万元，净亏损约 70 万元，盈利能力与前两年相比差了一些。

（一）投入方面

合作社于 2012 年 8 月获得有机产品认证，在农资投入方面十分考究，几乎不施化肥，农家肥用量达到 1440 余吨，这项成本就有近 30 万元；农药每年仅使用 2 次左右，但由于是生物有机农药，费用也达到了 20 余万元；农膜套袋方面，主要靠政府的补贴；包括机械作业、排灌、运输、仓储、加工等在内的租赁作业费也是大头支出，达到近 70 万元；合作社每年会邀请西北农大的技术团队对社员进行两次培训，相关的技术指导费用为 4000～5000 元。另外，受到冰雹灾害的影响，合作社 2015 年的苹果受灾损失近 72 万元，这也是净亏损的一大原因。

（1）土地。截至 2016 年合作社经营的土地总面积为 360 亩，其中 260 亩是社员的承包地，另外 100 亩是于 2014 年和 2015 年分两次流转而来，平均每亩租金每年为 500 元，租金 5 年一付。合作社投资 30 万元在这 360 亩土地上铺设了水利设施。石刚表示，由于农民的不认可，流转土地还存在相当的困难，如果理想的话，希望合作社能够经营 1000 亩土地，这种情况下，每亩能够实现 1000 元利润。另外，合作社投资 2.5 万元买断了村里的一块路边荒地，用于建设办公场所和仓库厂房。

（2）劳动力。合作社的日常管理主要是靠石刚和其妻子，其中石刚主外事，妻子管财务，两人每月领取 3000 元工资，另外在行政管理方面有 2 位长期雇工，一男一女，每月工资为 2400 元。在苹果套袋等农忙时节，合作社需要雇用短工约 80 人，其中 10 名男工、70 名女工，日工资分别为 50 元和 40 元。作为两家村级企业老板的石刚，即使不从事农业生产经营，也能获得约 20 万元的高额年收入，而之所以从事农业，一方面是可以照顾家人，另一方面则是他个人的兴趣所在。

（3）资本。合作社现有价值约 710 万元的固定资产，其中有两座价值近 300 万元的冷库，还有选果机、周转筐、杈车等，另有 50 万元流动资产。合作社现有负债 500 万元，均为第三方担保的银行贷款，年利率 9.6%。贷款多是以石刚个人或其企业的名义申请获得的，没有以合作社名义申请的贷款，这反映出当地正规金融机构对合作社主体地位的不认可。这些贷款主要用于建设冷库、办公场所以及生产基地等。

（二）产出方面

2015 年合作社 360 亩土地共收获约 126 万斤苹果，亩产 3500 斤，销售均价为每斤 3 元，主要销售去向为加工企业收购和礼品销售。据石刚介绍，与社区消费群体的对接是合作社下一步的发展方向。

（三）农业社会化服务

合作社每年花费 4500 元接受来自西北农大的技术指导服务，花费 3 万元接受政府部门的物流运输服务，支付 48 万元利息接受农村信用社的金融服务，另外免费获取政府提供的质量检测服务。

合作社给社员提供技术、销售、物流、信息、品牌、金融、质量、农资和作业等服务，所有的服务都是不收费的，其中销售服务会赚取每斤约 5.6 分的差价。金融服务中，合作社主要是帮社员联系贷款机构，合作社内不提供资金互助。合作社给社员们提供的各项社会化服务显著地降低了农户的生产经营成本，同时也提高了种植收益。据石刚估计，成本降低了约40%，亩产由2000斤增加到3500斤，增加了75%。由于质量的提升，苹果的售价也由每斤2.5元上升到每斤3元，每亩地的收益翻了一倍多。合作社所有社员2015年共收获126万斤苹果，近一半是通过合作社销售的。社员从合作社购买农资也能降低投入成本，如市场价每袋120元的化肥在合作社花118元就能买到，市场价每桶200元的农药则只需180元，虽然没有便宜太多，但更重要的是质量有保障。与加入合作社前相比，成员通过合作社平均增收5000元以上。

三、发展成效

结果上看，合作社对社员们有明显的带动作用，社员的确从合作社获取了实在的利益。

C39 陕西眉县三星猕猴桃专业合作社：技术经验支撑促合作社发展

为了让社员快速、高效地掌握先进的科学技术，合作社通常会积极向农业院校、技术专业部门、政府寻求技术指导，以促进合作社科学发展。位于陕西省宝鸡市眉县秦岭北麓的三星猕猴桃专业合作社就是典型的案例。

一、基本情况

合作社于2009年3月经眉县工商局批准成立，注册资金为686万元，由23人发起。现拥有社员676户，种植面积5000多亩。每年果农技术培训会8场次以上，巡回演讲技术指导15场次，接受培训的果农达3600多人，编印"三星果情"4000余份。合作社拥有章程、成员代表大会制度、监事会制度、财务管理制度以及内部机构分工、果品产销团队分工制度。多个职能部门，即：财务部、质检部、销售部、技术部、培训部等。农资配送车2辆，自建冷库3座，已投入使用。2014年推广水肥一体化新技术368亩。2014年9月获得有机食品认证转换证书，同年10月获得中国陕西第三届猕猴桃产业大会两项银奖，同年12月获得"古优"牌商标证书。2014年度获得宝鸡市人民政府评选的"优秀合作社"荣誉称号,被眉县齐镇人民政府评为"先进合作社"。

二、经营情况

合作社目前生产效益较好,投入产出较为稳定。

(一)投入方面

(1)土地:合作社没有流转土地,所经营的4000余亩均是社员的承包地,社员个人负责生产经营,合作社负责技术指导和监督。合作社采取"合作社+基地+农户"的模式,4000余亩地中划出1022亩作为有机产品认证基地。有机认证的经过也是被访人党生贵(合作社领导人之一)在谈话中重点强调的。据了解,一般来说,有机认证需要连续5年检测通过,而三星猕猴桃专业合作社从2014年开始进行有机检测,试图在3年内通过有机产品认证,时间缩短了,相应的要求也变得更为严格,主要体现在两方面:一是污染要求。有机产品基地的选址必须远离企业、水污染以及交通要道,因此在1022亩基地周围修有隔离带。二是投入品要求。对化肥进行严格限制,要求使用有机肥,因此合作社与当地的一家奶牛场达成合作,长期从奶牛场获取有机肥。企业的办公用地是租的街道的二层办公楼,年租金为2.6万元,从社员处租赁14个冷库,每个冷库年租金为1.8万元。

(2)劳动力。合作社的日常管理主要由董事长、总经理和会计3人负责,工资均为每月3000元,每年的4—8月由合作社雇5~6人提供技术指导服务,农忙时节季节性的短工雇用则是由社员自己做决定,一般每户需要雇7~8名短工,日工资为男工100元、女工80元。

(3)资本。合作社有价值近40万元的固定资产,包括自有的3个冷库、小汽车、三轮车、打药机、喷雾机、割草机、测土仪、电视机和音响等,另有流动资产约 80 万元。理事长杨小林曾是某造砖厂厂长,自有资金相当雄厚,占合作社初始投资比例约为 90%。合作社截至 2016 年尚未向金融机构申请过贷款。

合作社 2015 年农业经营收入约 400 万元,支出合计 300 万元,其中工资支出 20 万元,实现净利润 100 万元,盈利能力比前两年好一些。

(4) 生产投入方面。合作社经营的 4000 亩土地,共购买树苗 44.4 万棵,花费 44.4 万元;使用化肥 40 万千克,花费 112 万元;使用农家肥 1200 万千克,花费 200 万元;每年打 4 次农药,花费 120 万元;套袋费用 96 万元;燃料动力费、技术服务费、工具材料费及修理维护费合计约 7 万元;2015 年受冻害影响,大量猕猴桃变形,据估计,损失金额约为 100 万元。

(二) 农业产出方面

合作社经营的 4000 亩土地,共收获猕猴桃 1800 万斤,亩产 4500 斤,销售均价每斤 2.5 元。社员生产的所有猕猴桃约有七成通过合作社销售,另有三成自销。

合作社的成功起步主要归功于两点:一是技术经验。与县农业局、果业局、果业中心以及西北农大专家顾问团合作,每个季度就猕猴桃不同生长阶段应该注意的事项进行专题培训。合作社常年聘请西北农林科技大学专家顾问团成员 4 人,本社有高级农艺师 1 人,农技师 1 人,甘肃农业大学本科生 1 人,获得有机食品认证内部检查证书的 2 人。二是政府支持。猕猴桃是眉县的支柱产业,三星猕猴桃专业合作社自然受到当地政府的高度重视,获得了相当的项目支持,政府领导经常莅临检查。

三、社会化服务情况

合作社每年花费16000元接受来自西北农大专家顾问团队的技术指导服务，花费25000元接受有机认证中心的有机产品质量检测服务，政府部门提供的信息服务和基建服务则是免费的。合作社向数千户社员及非社员提供技术、农资、销售、物流、信息、品牌、金融、作业等服务，其中技术服务和农资服务是合作社的主营业务，金融服务主要是指赊销农资。

合作社提供的各类社会化服务显著地改善了农户的生活，降低约30%的成本，亩产从3000斤提高到4500斤，售价从每斤2.1元提高到3.1元，每亩地的收益提高了约1.2倍。由此可见，先进的农业生产技术较好地服务于合作社成员，促进合作社科学、长远发展。

C40　陕西白水县四季香苹果专业合作社联合社：联合社的发展与困境

目前我国各地组建的农民专业合作社联合组织主要有联合会、协会、联合社三种形式，三种联合组织在组织属性、行为目标、运作机制等方面存在较大差异。选择何种形式的联合根本上取决于何种联合组织形式更有助于农民专业合作社实现社员利益最大化之愿望。与农民专业合作社联合会、协会相比，农民专业合作社联合社具有组织包容性、服务与经营兼容性、成员利益的一致性、社员控制性等诸多优势，更有利于实现社员利益最大化，是农民专业合作社走向联合应当选择的有效组织形式。位于陕西省渭南市白水县的四季香苹果专业合作社联合社就是典型的案例。

一、合作社走向联合：更有效的组织形式

四季香苹果专业合作社联合社是白水县第一家也是唯一一家联合社。它是在县农业局、果业局、工商局的指导和支持下，由县经管站、供销联社组织仙果、仁和、云丰等九家苹果专业合作社出资640万元组建设立的。截至2016年联合社拥有成员社共14家以及4个企业和1个家庭农场，入社社员有2600余人，带动周边农户6300余户，资产总额

超过3000万元。联合社本身并不拥有实体土地，平时主要负责成员土地的托管。2016年联合社拥有约1.5万余亩的苹果基地，其中含有2200亩的标准化及有机基地。除此之外，联合社还拥有2个苗木繁育基地，4座机制冷藏果库，果库容量总计可达1.1万吨。有苹果外贸出口加工车间4个，年出口加工能力达1万吨。并和北京、杭州、西安部分超市建立了良好的固定供货关系。

除联合社本身外，其成员社也取得了不俗的成绩。其中，益民苹果专业合作社入选全国总社2010年"千社千品"富农工程专业社，仙果苹果专业合作社2016年成功申报市级龙头企业，苹果示范基地也正式通过了国家有机食品认证。

合作社走向联合，是中央农村工作的一项重要内容，也是白水县苹果产业发展的必然要求。该联合社的成立，实现了农民专业合作社以产品和产业为纽带的合作与联合，为专业合作社的规范发展搭建了一个全新的平台，标志着白水县苹果专业合作社由产业化、专业化向市场化、规模化的转变已进入了一个全新的阶段。

联合社自身建设的"四季香果园"营业面积90平方米。主要销售各成员社生产的优质苹果，为成员社及全县果农提供生产所需的肥料、药剂、器械、工具等各类果园物资，同时组织合作社开展信息交流、技术培训和惠农服务活动。截至2016年已经推广果园诱虫带30余万张，开启了2016年全县果园开展物理防虫工作的序幕。根据市场需求，联合社已经确定了2个白水苹果采购点，各项工作正在有序推进。

二、政府政策先行，成员力量为主

据联合社前任理事长段红民所言，联合社是在政府部门的要求之下建立的。联合社的理事会干劲儿十足。尤其是段红民本人，还为联合社制订了详细的5年规划。在联合社成立之初，理事会计划将基地做到1万亩以上，并且实现生产资料的配送服务，进一步扩大生产规模。从目前来看，联合社的这两项目标完成度都较高。然而，联合社的服务仍局限在托管果园这一项。在未来，联合社希望能够开展苹果销售服务，保证1000亩以上的客户实现包销，为客户提供更加全面的服务。联合社仍属于市级的示范项目，因此，理事会想要帮助联合社更进一步获得国家项目的支持，能够走在农业社会化服务的前沿。作为一家拥有数千户社员的联合社，其还打算开展资金互助的业务，以解决目前农业普遍存在的融资难问题。

该联合社提供的社会化服务也是多种多样的。联合社与西北农林大学进行了对接服务，定期会有专业人员前来联合社为社员提供培训，并且专家教授会亲临农田进行技术指导。同时，联合社提供直接生产方面的服务，也就是对土地的托管服务，收费水平每亩在20~25元。全托管成员可以获得联合社的销售服务，目前稳定在以高于市场价10%的价格收取社员的水果。对此，联合社对成员的农产品也有着质量要求，建立了质量监督平台，规定了质量标准化要求，从而确保成员的产品都能够合格。

联合社的前任理事长为段红民，2015年理事长的人选进行了更换。但据段红民所言，联合社的现任理事长基本上等同于政府部门空降。现任理事长在换届时，带来了白水县果业局发放的70万元资金，一跃而成出资额排名第一。然而，在股权发生变动之后，这70万元资金又被撤走了，并没有进入联合社的账户中，对联合社的发展没有帮助。目前联合社的主要经营管理仍然由段红民负责，而现任理事长似乎只是挂了一个空头职务。段红民表示当地的农业部门看似很支持联合社的发展，但实际上并未给予充分的资金和服务上的帮助。与之相反，农业部门貌似还想控制联合社的实权和发展，这一点令他十分担忧。

三、对策建议

联合社作为十几家合作社生产经营的联合体,关系到白水县苹果产业发展。首先,联合社应该大力发展有机苹果,扩大生产规模,以帮助社员提高经济收入、带动全县合作社发展为目标。其次,在基地建设、项目建设、品牌建设、苹果营销等方面,应积极探索,勇于创新,认真履行组织、协调、指导、服务的职能,发挥出联合社应有的作用,团结合作求发展,为全县果农增产增收尽职尽责。最后,理事长的人选可能还需酌情考虑,毕竟联合社目前的发展似乎只依赖于理事长个人才能。因此,一个熟悉情况、忠于职守的理事长对联合社未来的道路至关重要。

C41 陕西眉县西凉阁美源果品专业合作社：大型猕猴桃深加工科技合作社

随着土地流转的不断推进，国家鼓励全民创业、万众创新，农业农村是青年人回乡创业的新领域。陕西省宝鸡市眉县的西凉阁美源果品专业合作社就是一个典型的案例。

一、基本情况

美源果品专业合作社建立于2010年10月，当时的发起人有8位，成员总数达到60户，注册资本为330万元。合作社主要从事猕猴桃的销售与再加工。截至2016年有固定资产1000万元，包括2座猕猴桃储藏冷库；流动资产为300万元。

美源合作社的理事长非常年轻，是一个"90后"，仅23周岁。他大学毕业后没有留在城市，而是选择回到家乡接父亲的班。理事会成员共有8人，除理事长外，年龄均在45～50岁，学历也均为高中，有1名理事会成员是本村的村干部，平时也给合作社带来了不少便利。

合作社成员中绝大多数属于普通农户，包括一个农业企业，也就是理事长自家开办的企业。在合作社收购成员果品之后，质量好的果品会作为鲜果销售，而质量较次的果品则与宝鸡太白山美源果品有限公司进行对接，加工成果干或果酱进行销售。陕西宝鸡太白山美源果品有限公司成立于2006年，是一家集科研、生产、储藏、销售为一体的科技型猕猴桃深加工企业，注册资金100万元，固定资产1184.9万元，资产总额1808.8万元。资产负债率42.6%。企业人员126人，有食品、机械制冷、电气、财会等专业人员46人。其中高级技术人员6名，另聘请杨凌农业科技大学食品系，省轻工食品研究院和猕猴桃产业相关专家8名，下岗职工6名。

二、发展成效

公司和美源果品专业合作社签订长期收购合同，按合同保护价收购3000多户果农的猕猴桃、杏、苹果、柿子、梨，并为果农做好产前、产中、产后的技术服务工作。合同履约率达100%，使果农户均增收2600元以上，加快了新农村建设的步伐。除此之外，公司自主研发的无激素野生猕猴桃果球、甘草苹果脯、猕猴桃果卷3项产品获得了国家科技发明专利，"秦美源"牌果脯荣获陕西省著名商标。2011年公司被命名为"市级产业化龙头企业""县民营科技企业"。2014年公司被评为"陕西省农业产业化重点龙头企业"。

合作社成立之初的目的在于带动一方的经济发展。经过5年的努力，美源合作社的确使当地农民的收入得到了一定的提高，也促进了眉县地区猕猴桃产业的壮大。作为宝鸡市的市级合作社，政府部门对于美源专业合作社给予了相当大的支持，也发放过高达5万元的现金奖励。对此，理事长本人还是相当满意的。

合作社自成立以来，也曾遭遇过资金短缺的情况，最终通过向农村信用社借贷得以解决。合作社曾尝试借贷达十多次，最终成功的有10次，总计获得贷款300万元。一般都是担保贷款，通过合作社互保的方式获得。农村信用社也给予了合作社一定的授信额度，总数为80万元，同时给予了合作社5%的利率优惠。这对缓解合作社的资金紧张很有帮助。

作为一家大型合作社，其接受社会化服务和提供社会化服务的途径均多种多样。合作社定期邀请西北农林大学的专家教授对成员进行培训辅导，并时不时开展实地考察，以确保成员的产品质量。除和企业对接外，合作社也与农民超市进行了对接，这样才能保证社员的产品尽可能销售出去。

美源专业合作社是一家已步入正轨的大型合作社，在帮助农民增产增收方面发挥着重要作用。其显著特点在于理事长年龄较小，因而相比很多合作社有着充沛的活力。相信在未来，美源合作社一定能紧跟市场步伐，成为宝鸡市乃至陕西省的龙头合作社。

C42 陕西眉县秦旺果友猕猴桃合作社："公司＋合作社＋基地＋农户"模式下的发展与创新

合作社作为一种互助型经济组织，在发展过程中体现了其独有的特点，同时也存在不少困难。有不少合作社的探索过程和发展模式值得学习、借鉴、推广，陕西省宝鸡市眉县的秦旺果友猕猴桃专业合作社就是典型的案例。

一、基本情况

眉县秦旺果友猕猴桃专业合作社，成立于2007年，位于陕西省宝鸡市眉县槐芽镇西街村，是国家级农民合作社示范社，其社员企业——陕西秦旺果业有限公司为陕西省农业产业化经营重点龙头企业。该合作社所处地理环境优越，南依秦岭，北临渭河；交通便利，西汉高速、陇海线铁路穿越而过。该合作社经营方式为"公司＋合作社＋基地＋农户"，截至2016年拥有储藏冷库45座，总储量4000吨，并有2万吨果品分选线2条，建立无公害猕猴桃示范基地5130亩，其中有机猕猴桃种植面积1080亩。

合作社成立以来始终坚持科技创新、循序渐进、稳健发展的原则，使合作社不断发展壮大。入社社员由最初的43位农户发展到612位农户，辐射5个乡镇，15个自然村，各类技术人员27名，中级以上职称12人。在全社成员的共同努力下，合作社先后获得"国家级农民合作社示范社""省级农民合作社示范社""宝鸡市农业产业化经营重点龙头企业""十佳农民专业合作社"等称号，"秦旺"商标荣获陕西省著名商标，并具备出口资格认证。同时开辟多元化销售渠道，在北京、上海、广州等多个大、中城市设立销售窗口，年销售额达到8960万元，有效解决卖果难问题，带动周边农民增收，促进当地主导产业发展。

二、经营情况

在"公司+合作社+基地+农户"的经营方式下，公司和合作社并不实际从事猕猴桃的种植，而是在种植时为农户提供技术指导、采购农资、机械作业等服务，在收获之后，代替农户储藏，统一销售。因此，该合作社并没有流转土地用于种植，仅是租赁一块工业用地搭建冷库、储藏设备和办公场所，总价值3600余万元。除此之外，合作社还采购了若干割草机、喷药机、施肥机等用于猕猴桃种植的农用机械，总价值50余万元。具体投入产出情况如下。

合作社的主要任务为日常行政管理、产品包装、运输等，因此用工具有很强的季节性。猕猴桃收获时节是用工高峰，每天大概需要雇用500余人参与水果分级、包装、储藏、运输的工作，每日劳动成本3万元，时间持续1个月左右。同时，合作社具有健全的管理体系和财务制度，雇用2名专职财务人员及16名日常管理人员负责维护合作社和公司的正常运转，每年劳动力成本花费大约50万元。此外，每年合作社为社员免费提供技术指导、统一销售等服务，但是这些服务的成本十分高昂，每年需要花费30万元聘请相关的专家、技术人员；还要花费15

万元左右用于运输车辆和农用机械的燃料动力；花费6万元左右用于修理维护农用机械；花费100万元左右为相关销售中介支付中介费用；由于每年在农资采购等环节都需要垫付部分资金，因此每年都会发生短期借款，财务费用高达200万元；管理费用也达到18万元左右；还有一个非常值得注意的地方就是，该合作社每年还将投入50万元左右参加各类展销会，开拓市场，走向国际，就在调研的前一天，该社的理事长刚刚从吉尔吉斯斯坦参加完展销会返回国内，光是这次参会就花费6万余元，但是与客商达成了多项销售意向，因此这是一种十分有效的打开销路的方式。2015年，合作社销售猕猴桃面积15000亩，销售量300万千克，实现收入7900万元，向合作社成员兑现销售款7500万元，实现盈利近400万元。带动农民提高产量30%，提高销售单价20%，总体收入提高50%，充分发挥了其经营主体的带动作用。

通过调研走访杨凌及眉县地区的猕猴桃种植合作社，发现杨凌地区的合作社发展要落后于眉县，基本都处于组织农户、提供相关技术指导，统一购买农资，联系客商采购等阶段，发挥的是类似于协会组织的作用。由于没有冷冻储藏、分级设备，销售周期短，产品质量较难统一，多在产地销售，价格难有大幅提升，因此带动农民增收效果一般。而眉县地区的果业合作社大多自行建造气调冷库等设施，拥有自己的运输车辆和专家技术团队，在提供协会性质服务的基础之上，还将农户的猕猴桃按照一定的标准分级储藏，然后自行开创销路，甚至不惜花费大额成本，前往销地直接建立门店、参加展销会，充分拓展了销路，缩短了与销地的对接距离，极大地保障了猕猴桃销售全环节的利润获取。根据对多家合作社发展历程的总结，这里将此类型合作社的发展概括为4个阶段。

（一）服务组织

因为大多数农户初次种植，对于相关技术不是十分了解，所以通过免费提供技术服务、指导、培训，引起农户注意，将分散的农户组织起来，并且增强其相互信任与依赖感，为后续的合作社发展奠定基础。

（二）采购搭桥

借助之前形成的技术服务网络，可以实现农资的统一购买。在统一购买的前提下，合作社直接与大型经销商或者直接与厂商对接，一来质量得到保证，二来相对个人单独购买价格低廉，这将显著降低农户的生产成本，就我们调研的几个合作社而言，平均成本能够降低10%左右，平均每亩地节省成本300元。这样就通过经济利益将农户与合作社再次连接起来。

（三）储藏增收

每年猕猴桃的收获季持续1个月左右，但是可以实现全年销售，主要就是得益于储藏技术，气调冷库的低温环境能够长时间保持猕猴桃的维生素、蛋白酶的活性，保证品质，甚至能实现反季节销售，带来高额利润。目前通过合作社的冷藏技术每千克猕猴桃销售价格能够提升0.5元左右。提供统一的储藏销售服务，是大、中型合作社的发展选择。

（四）加工升级

猕猴桃种植利润每亩在8000～10000元，效益明显，因此拥有土地的农民大多不愿意将土地流转出去，如果规模种植主体想要流转的话成本过高，实现规模化的统一经营可能性不大，家庭经营仍然是猕猴桃种植的基础，每户规模5亩左右。那么合作社在完成统一购销之后，已经能够覆盖猕猴桃的全部产业链，在此基础上只会是量的逐步提升，没有质的发展空间，长久来看，这将会制约合作社的进一步发展。因此合作社的下一个发展方向就应该是扩展、延长产业链，例如，合作社引入猕猴桃深加工服务，充分发掘猕猴桃的潜在经济价值，将猕猴桃制成果汁、果酒、果干等，这将进一步带动果农增收。

三、发展前景

总结来说，前三个发展阶段是本次调研所了解到的内容，处于起步阶段的合作社或许仅能进入第一阶段和第二阶段，仅是通过服务连接农户，起到带动、引导的作用；而进入第三阶段的合作社就是当前发展比较成熟的合作社了，除了将农户组织起来、引导其发展之外，还能够明显带动农户提高收入。而第四个阶段就是本文在现有基础之上进行的大胆推断，目前来看还存在一些潜在的技术和市场障碍，例如，加工产品的生产线如何引进、加工产品的市场需求究竟怎样等许多问题还有待回答。

C43 陕西白水县益民蔬菜合作社：
科技是第一生产力

先进科学技术的发明创造与推广应用是农业现代化发展必不可少的。陕西省渭南市白水县益民蔬菜合作社就是典型的案例。

一、基本情况

益民蔬菜合作社位于陕西省白水县西固镇王河村，王河村依托地域优势、能人启动、技术推动以及县农牧局的帮助，提出了"一村一品"的发展思路，成立了蔬菜协会，鼓励农民建大棚、种植蔬菜，经济面貌发生了显著变化，已经实现了人均年收入过万元，在乡镇中的排名也处于靠前的位置，可以说是"大棚富了王河村"。

在全村建大棚、种蔬菜的氛围下，技术能手王焕启和其爱人于2009年牵头，与其他4户农户共同成立了益民蔬菜合作社，注册资本100万元，主营蔬菜种植和育种。白水县是陕西省苹果种植大县，而该合作社不种植苹果，反而种蔬菜，是因为：王河村的特色就是搞大棚蔬菜，大家要是都去种苹果，竞争就会更加激烈，而且正好学习了蔬菜栽培的技术可以投入生产中，目前搞设施农业，把土地集中起来规模化经营、统一管理、实现农业的现代化是发家致富的关键。王焕启十分重视农业生产过程中技术的运用，新成员入社甚至没有土地、资金等要素的要求，只有一点，就是必须学习他们的栽培技术，搞设施农业。在起步期，合作社面临着资金约束和销路不畅的问题，但是依靠成员们的共同努力自筹资金，通过与其他合作社共享市场信息而打开了销路。合作社的成员们十分有合作意识，知道单干是很难突出重围的，于是自发地加强了与其他合作社、农场、大户等的联系，以技术交流为切入口，逐渐拓宽合作社的关系网，达到了拓宽销路的效果。

二、经营情况

据理事长介绍，合作社的内部凝聚力很强，对于社外农民的吸引力也很强。2016年合作社有60户成员，相比成立时增加了55户，相比2015年增加了10户。合作社的盈利能力与同类型的其他合作社不相上下，但与前两年相比有所下滑：就2015年而言，合作社的农业经营共收入约5万元，支出约3万元，2015年收获蔬菜40亩，共7500千克，全部销售完毕，均价每千克7.2元，亩均生产资料投入在700元左右。相比2014年的利润3.5万元下降了1.5万元，比2013年总利润4万元下降了一半。而当前合作社盈利能力有所下降，究其原因是，现在主要推广设施农业，投入比较大，而土壤、技术、资金的问题又得不到很好的解决。合作社带动农民增收的效果也很明显，成员年收入平均增加2000元，主要是通过合作社的统一经营提高了产品质量从而提高了产品价格达到增收的效果，因此合作社成员对于合作社也很满意，从成立以来并未出现过退社的情况。理事长对于合作社的发展前景比较看好。合作社具体发展情况如下。

(一) 土地

截至 2016 年益民合作社共经营土地 50.2 亩,其中 50 亩地用作生产,0.2 亩作为办公场所,生产所用土地全部通过流转而来,由合作社经营后全部投入蔬菜种植及种苗培育,实现了土地资源的整合。办公用地占用的 0.2 亩土地是租用农户的宅基地,租金每年 400 元,其中并没有流转。由于王河村土地条件相对贫瘠,因此每亩地的原始租金并不高,平均每年每亩 350 元左右,但后期在土地条件的改善上需要较多的投入。

(二) 劳动力

据了解,益民蔬菜合作社的理想状态是 60 人左右,其中管理方面需要 5~10 人。王焕启说,目前雇人十分困难,尤其是缺乏技术人员,他认为技术是整个合作社盈利的关键,可现在主要通过他本人和其爱人的经验以及农机部门的宣传来学习和推广最新技术,这一点十分限制合作社的发展。

合作社的劳动投入都是长期雇工,其中行政管理 10 人(包括自家投入 5 人),财务管理 2 人,作业环节 6 人,日常环节 50 人,物流环节 2 人。总体来说,男工比例远远高于女工,达到了 80% 以上,平均年龄都在 50 岁左右,以本村的人为主,除了财务方面是固定工作岗位外,其他职工都不固定岗位,仅指定劳动内容。另外,所有的雇工均不支付工资,因为这些都是参与合作社的农户,自己劳动,收益按股分红。

(三) 资本

合作社现有资金 6 万元,没有负债及应收款,也没有库存产品。而合作社现有的主要固定资产是购置于 2013 年的大棚,总花费 8 万元,预计使用年限是 10 年，另外还有购置于 2013 年的一些农机具，共花费 3 万元。除此之外，合作社还租用了一个技术培训室，每年租金 5000 元。

合作社 2012—2016 年来最大的一笔贷款仅 3 万元，来自农村信用社，贷款期限 1 年，2016 年已经还清。据理事长称，向金融机构贷款很困难，一是金融机构的贷款额度小，二是利息比较高，年利率达到了 9.6%。理事长说，学习推广新的技术需要大量的资金，合作社主要的贷款及筹资几乎都用在了技术引进和推广上，因此资金约束是目前合作社面临的一大难题。另外，对于债务的分摊方法，与盈余分配方式类似，按股分摊。

（四）社会化服务

总体来说，合作社接受的社会化服务不够充分，主要集中在技术服务、农资服务、销售服务、信息服务方面，而他们比较需要的金融方面只有有限的服务，在资金短缺情况下大部分是依靠成员筹资解决。但是合作社接受的社会服务对于农产品质量、产量的提高有显著的促进作用，对于合作社收入的提高也有一定效果。另外，合作社为农户提供的社会化服务也收到了较好的效果，其中产量提高了 30%，质量提高了 20%，农户收入增加了 20%，而且理事长还表示，完全能够为农户提供更多的社会化服务。

目前合作社接受的最主要的服务还是技术方面的服务，包括购买设备后来自专业公司的指导，聘请了西北农林科技大学的教授做技术指导，年度花费在 3 万元左右，效果比较明显。另外，合作社为农户提供的服务大多是免费的，尤其是技术服务，据理事长说，这主要是为合作社"打广告"，并不奢望从中赚取很多收益。合作社提供的服务除了贷款担保、保险等金融服务只向社内农户提供外，其他服务都是面向全县甚至全省的农户,包括技术指导、农资选购指导、销售服务、信息服务等。

需要说明的是,理事长对于政府在合作社成立、发展过程中所提供的服务并不满意,也可能是由于政府宣传不到位。据理事长说,他并不清楚政府是否出台了文件专门支持农业新型经营主体,合作社也并未获得过政府提供的现金补贴或实物支持、奖励。在合作社成立过程中,政府并未帮助其进行宣传发动,也未能给合作社提供他们需要的法律咨询、援助,贷款担保,分享市场销售信息等服务,只是在成立时为合作社办理了免费登记,不定期召开一些技术推广的讲座及培训。

就益民合作社的情况来看,技术在合作社成立、发展过程中起到了至关重要的作用,目前处于发展期,各种合作社的制度已经基本确立也得到了执行,但盈利能力并不算太好。王焕启谈到,从事农业、搞设施农业主要是出于对农业的兴趣,正好自己又有技术可以发挥一技之长。目前对于农业的回报率没有太高的期望,但他有信心,认为未来农业的发展方向一定是规模化、现代化的,当农民真正意识到这一点,当合作社更好地实现规模化统一生产,农业发展的前景还是广阔的。

C44 陕西眉县金色秦川猕猴桃专业合作社：成熟阶段的发展与创新

较为规范发展的合作社经历发展初期、成长期进入发展成熟阶段后，也应不断探索创新，以保持合作社发展的生命力。陕西省宝鸡市眉县的金色秦川猕猴桃专业合作社就是典型的案例。

一、基本情况

位于眉县的金色秦川猕猴桃专业合作社成立于2008年，注册资本331万元。合作社初期主要是经营多个冷库用于猕猴桃储存，随后逐步发展种植、销售猕猴桃，形成猕猴桃种、产、销的完整产业链。牵头人（即合作社理事长）白梅是全国妇女"双学双比"先进个人、陕西省十大农产品女经纪人、宝鸡市2011年度新闻功勋人物、宝鸡市"创业之星"和宝鸡市果品销售能人，她瞄准了种植猕猴桃能带来的经济效益，在政府的鼓励政策下，联合21位成员共同发起成立金色秦川合作社，发展到2012年时被农业部授予"全国优秀示范社"，其品牌"金色梅海"被省果业协会授予"陕西省优秀品牌"。

截至2016年合作社共有364户成员，全部由农户组成，现有优质猕猴桃种植基地9000亩，有机猕猴桃种植基地1000亩（其中450亩已获得有机认证机构颁发的证书）。拥有气调库1000吨，租赁冷库十余座，储藏能力2000吨以上。合作社每年联销面积达3万亩，以眉县金渠镇、汤浴镇、营头镇和齐镇等为主，辐射其他乡镇。该合作社着力打造"金色梅海"品牌，并与宝商家美佳、郑州丹尼斯等大型超市开展"农超对接"业务，探索"合作社+基地+农户"的生产经营模式，推行订单生产、品牌销售，同时充分利用互联网技术扩大销售渠道，产品销往北京、上海、广州、郑州和南宁等国内各大城市，同时受到中国台湾同胞的青睐。

二、经营情况

（一）土地

2016年合作社经营的土地总面积为1万亩，由合作社直接经营的只有7亩土地，租用农户土地，用于建冷库；另外的土地都属于合作社成员自己经营，合作社仅为这364户成员提供农资、技术指导、储存及销售服务。

流转而来的7亩土地每年每亩租金为1200元，土地流转经过了村委会的批准，并由村干部进行担保，期限30年。据理事会成员称，流转土地很难、租金高，而且由于土地确权工作没有完全落实，合作社在资金短缺的情况下也从未考虑过拿流转来的土地经营权去抵押获得融资贷款。

虽然猕猴桃的种植是由农户自己负责，但合作社在前期土地整治工作中也承担了重要角色，为农户提供了资金上的支持。由于眉县地处平原，所需平整的土地并不多，共约300亩土地，整治总费用3万元，主要出资方是合作社，政府给予一定补贴；水利设施建设方面涉及约

5000亩土地，有政府的专项工程，合作社也出资一部分，共计大约花费50万元。田间道路的整治花费10万元，全部由政府出资。合作社还对改良土壤做出一定努力，比如对这1万亩土地均施农家肥，整治费用在300万元左右，政府也有一定的补贴。

（二）劳动力

目前合作社在所有的生产环节是不雇工的，全部由农户自己负责，主要在合作社的管理以及猕猴桃储存、包装、运输环节雇工，且劳动力相比其他合作社比较年轻，集中在35~45岁。行政管理方面，合作社长期雇用6人，男工4人，日工资100元，女工2人，日工资80元。财政管理方面，有专职的会计和出纳共2人，日工资200元。物流环节雇工100人，女工多于男工，每年工作4个月左右，男工日工资120元，女工70元。所有的雇工均来自本村，可以说合作社为本村青壮年劳动力提供了诸多就业机会。

（三）资本

合作社现有资金1000万元，应收款800万元，负债1300万元，无库存产品，流动资产总值500万元。合作社的自有固定资产主要是购置于2008年、2011年、2015年的三批冷库，总计花费1000万元左右。

合作社成立初期，理事长出资最多，占40%左右，理事会其他两位成员出资占10%，其余50%由农户出资，每户都有出资，最少的500元，最多的1万元。目前的出资格局与成立初期差不多，盈余主要分配方式是按交易量返还与按股分红相结合，按交易量分配为主（占90%），股金分配占10%。

由于该合作社信用较好，发展潜力很大，向金融机构贷款比较容易，当地的农村商业银行还给予该合作社1200万元授信额度。

（四）成本收益

总体来说，合作社的盈利能力无论是较之前还是较同类合作社都好一些，2013—2015 年合作社盈利逐年增加，到 2015 年已经接近 400 万元。

2015 年合作社收获面积达到 1 万亩，收获量 4000 吨，全部售完，均价在每千克 10 元。在支出方面，财务费用、管理费用、保险费用、运输费用占去了大部分。另外，合作社还为农户提供了近 50 吨农家肥。据了解，猕猴桃品种对低温较敏感，低温条件下容易发生冷害，以前合作社遭受过冻害损失，但在加强了储存环节的技术投入后，很少发生受灾情况。

（五）农业社会化服务

合作社带动农民增收效果比较明显，平均增收每年 5000 元左右，农户的年均纯收入达到了 10 万元。向农户收购农产品时，高于市场价 2%，也会根据不同的质量等级支付不同的价格。农户通过合作社销售的猕猴桃价格提高了 5% 左右，获得合作社的生产支持和服务后增产 5% 左右。

合作社为农户提供的服务涵盖很多方面，包括技术服务、农资选购代购服务、销售服务、物流服务、信息服务、品牌服务、质量认证监督服务、作业服务、基建服务等，其中技术服务、农资服务及销售服务面向社内成员，这些服务都是不收费的。尤其在技术指导方面，该合作社思维超前、理念创新，以科技为先导，引进了先进的生产技术，免费为果农进行猕猴桃专业技术培训，组织果农进行标准化生产、科学化种植、合理化采摘，并积极向广大果农推广新技术、新品种。

合作社也接受了来自不同主体、不同渠道的社会化服务，例如，聘请西北农林科技大学教授进行培训、指导，接受了来自农商行的金融服务以及政府部门的宣传、市场信息等服务。合作社可供选择的农资等生产资料供应厂家较多，接受新技术、新品种的渠道及产品销售渠道也很多。政府在合作社成立及发展过程中发挥了较大的作用，为合作社进行宣传发动，为合作社提供办公场所、市场信息、销售渠道、法律咨询和援助。另外政府还为合作社提供"初加工项目补贴"40余万元，投资了约10万元规模的品牌推广项目。受访理事会成员认为政府对合作社的支持力度较大，也取得了良好的效果。除此之外，在理事长及理事会成员的亲友中，从事相同产业的人以及企业管理人员对于合作社的经营发展也有较大的帮助。

总体来说，该合作社发展已较为成熟。合作社拥有比较完善的管理制度：每月召开1～2次理事会，每年召开2～3次成员大会，监事会也发挥了应有的作用，三会都实行一人一票（少数服从多数）的表决方式。合作社的财务制度比较严格，财务及运营状况全部公开。在日常事务的决策中，主要由理事会商讨决定，效率较高。另外，理事会希望能通过农户联合再合作等方式扩大经营规模。现有成员对合作社的满意度比较高，成员与合作社的关系比较稳定，合作社对于社外农户的吸引力也较大，截至2016年退社人员只有2户，新增了200多户。

三、发展前景

金色秦川合作社下一步目标是做大电子商务这方面的业务，但资金约束及电子商务人才的缺乏是合作社目前面临的较大难题。合作社也刚刚建立了自己的网站但还未正式运作，可以看出合作社的管理人员对于合作社的发展具有长远的规划。虽然目前合作社采取的主要还是散户经营模式，但已经建立了自己的品牌、生产技术标准、质量控制及收购标准，经营监管机制也在逐步完善，在众多合作社之中已经属于优秀行列，是竞争力较强的规范合作社，无论是合作社成员还是当地政府部门都对该合作社的发展前景十分看好。

C45 陕西眉县五圴猕猴桃专业合作社：突出特色谋发展

每一个农民专业合作社都有其特点，不同合作社在发展过程中应牢牢把握自身特点，扬长避短，实现可持续发展。陕西省眉县五圴猕猴桃专业合作社就是典型的例子。

陕西眉县五圴猕猴桃专业合作社，其所生产的"第五村"牌猕猴桃在全国各地11个网点销售，果品质量出众，具有很高的知名度，因而当地人也称该经营主体为"第五村猕猴桃专业合作社"。

一、基本情况

眉县五圴猕猴桃专业合作社成立于2009年，于2011年12月经工商局批准成立，注册资金8500万元，现有社员519户。该合作社是一个集果品生产、收购、储藏、销售、农资配送、技术服务为一体的公司领办型合作社。2016年，合作社拥有签约种植基地3000余亩，年产高质量猕猴桃600余万斤，平均每年的经营收入达8000万元。对于社内成员，合作社会免费为他们提供技术指导培训，采用低成本、高收入的种植模式，把控猕猴桃生产质量并且优价收购农户所生产的产品。相应地，合作社成员必须接受合作社的标准化生产技术督导并严格执行有机和无公害种植操作规程。2009年至今,五圳合作社已经发展出了属于自己的猕猴桃知名品牌"第五村",并且开办了一家服务于合作社猕猴桃营销渠道建设的公司。可以说,该合作社融合了农业和工商业的特色,在眉县猕猴桃的产销之路上成功闯出了新的天地。

二、经营情况

(一)生产——质量把控

在猕猴桃的生产过程中,五圳合作社要求果农严格按照统一标准化生产模式进行生产,引领社员进行规范化种植、科学化作物、标准化管理,十分注重猕猴桃质量的把控。合作社在梅县8个乡镇的猕猴桃生产基地远离工业污染和生活污染源,并且在果树种植的过程中避免使用化肥和农药,同时将采摘过程标准化,控制运输车辆中猕猴桃所处的环境温度……严格的质量把控保障了猕猴桃的优良品质并且提高了其商品率,同时也相应提高了加工品的质量,为产品实现高价销售提供了充分的条件。"合作社发展到今天,最大的优势应该就是质量了。"受访人朱女士笑言。

(二)储藏——大型冷库

合作社于2009年出资2000万元建立了一个气调冷库,2014年又投资1.5亿元新建了大型冷库,总规模达4万吨左右,均用于储藏保鲜待售的猕猴桃。冷库的建成减少了水果巨大的储藏损失,也使得合作社农产品的质量有了全面的保证。或许是冷库的建设延长了猕猴桃的保鲜期,为合作社实现了反季节销售,给农户带来了进一步的利润。朱女士介绍,合作社下一步将会实行"百库计划",通过建立更多更先进的冷库全面升级合作社的储藏设备，从而更好地保持所销猕猴桃的新鲜度，更大程度上促进农民增收。

（三）销售——结合电商

冷库的建成使得合作社有能力延长猕猴桃的销售时间，也为猕猴桃打入电子商务市场提供了强有力的支持。当前，五坞合作社逐步在淘宝、天猫、1号店等各大知名电商网站上有了自己的旗舰店，结合自身所具备的运输技术，得以将所产的"第五村"猕猴桃保质保量地销往全国各地。可以说，进军互联网使得五坞合作社能够运用信息技术争取到一个更广阔的销售平台，在打开销路的同时进一步提升了合作社所产猕猴桃的知名度。

三、发展成效

五坞合作社于2012年获得了"省级示范合作社"称号，2013年注册了商标，2014年开通了属于自己的网站。2015年上半年，合作社所生产的猕猴桃得到了"无公害、绿色、有机产品"的认证，并且多次因果品质量出众而受到表彰。合作社更是在北京取得了政府名为"全国绿色无公害有机猕猴桃基地"的示范推广项目。朱女士坦言，2009年至今的发展历程中，合作社在其农、社、企融合的产业经营模式中受益匪浅，拥有了一定的实力。目前五坞合作社的管理层正在考虑为合作社进一步申请"国家级示范合作社"的称号。

可以看出，凭借过硬的农产品质量和管理团队出色的营销头脑，合作社得到了长足的发展，相应地，给农户带来了巨大的增收机遇。与加入合作社前相比，社员的收入平均能达到1.5万元。

五坞合作社成功发展，确实需要一些较为特殊的条件——由合作社的发展历程可以看出，该合作社在成立之初便有强大的资金支持，使得合作社一举实现了较大规模，同时配合标准化的生产，统一的运营管理，实现了猕猴桃产、销的规模效益，从而能一路顺风顺水发展出"第五村"的品牌，形成了良好的品牌效应。2012年，合作社顺势发展，出资8000万元成立了一家高科技农业企业"陕西第五村果业发展有限公司"，在全国一线城市建立了鲜果销售网络，在大型超市设立了专柜，并在天猫商城开设了旗舰店，为合作社提供了更广阔的盈利平台。可见，通过充足的资金投入，加以得当的商业运营管理，合作社依托其构建的良好产业体系，经营范围不断扩展。

四、主要问题

由于合作社近乎商业化的运营模式，其对于社外普通农户的帮扶作用不是非常显著。从访谈中我们了解到，合作社所提供的一系列服务并不会对非成员开放，而社员的数量自合作社成立至今几乎没有改变，可以看出就算是对于当地的农民来说，合作社的进入门槛依然相对较高。接受访谈的朱女士也坦言，要求加入合作社的农户必须通过考察才能入社。对于当地政府的"扶贫"政策而言，合作社对非成员农户的带动作用不太显著，其"帮扶对象"也仅限于合作社内部的500多户成员，似乎一定程度上还有扩展的空间。我们也期待合作社在进一步实施"百库计划"后能有纳入更多新成员的能力。

C46 陕西眉县新合农业技术服务专业合作社：技术服务谋发展

农民专业合作社不仅有以生产经营环节互助型合作社，也有专门提供农业技术服务的专业合作社。位于陕西省宝鸡市眉县的新合农业技术服务专业合作社就是典型的例子。

一、基本情况

该合作社成立于2013年7月，是一家以提供农资、技术服务为主要业务的服务型合作社。谈及以技术服务为主要切入点成立合作社的原因，受访人吴均录说，种植技术的提升在农民增产增收上起到非常重要的作用，而当地农民普遍缺乏技术，民间对种植技术服务的需求较高，加之吴先生自身具有一定的技术资源，因此，不同于眉县其他依托当地猕猴桃产业发展的经营主体，新合合作社从经营之初便集中于为农民提供技术服务。

除了销售农资所得的一些收入（每年大约100万元），合作社有能力为农户提供完全免费的技术服务，关键就在于其承担了政府投资规模百万元的技术推广项目，获得了大量的物质支持。该项目在立项之时由政府开展竞标会，各个合作社对项目进行竞争，新合合作社由于在种植技术方面属于眉县的带头人而顺利得标。"虽然当时的竞争非常激烈，但我们合作社所提供的技术是最好的，政府当然会把这个项目给我们来做。"吴均录坦言。

因此，为农民提供技术服务（主要是测土配方）是合作社的一个工作重心，也是该新型经营主体的亮点所在。眉县新合农业技术服务专业合作社管辖着该县50个测土配方施肥技术服务网点，每年为全县农户提供免费的土壤化验服务，并给出作物施肥建议、提供栽培管理技术等。当农户在生产技术方面遇到疑难问题向网点求助时，网点负责人会免费为农户"出诊"，减少农户损失。此外，合作社还会通过各技术网点定期召开技术观摩会，组织农户参观试验田、示范田，观摩学习猕猴桃种植技术，并与政府部门合作为广大农户提供行业技术信息。同时，每个网点会通过不断发展当地的优秀种植户成为科技示范户，加入观摩会的内容中，也作为新成员加入新合合作社，确保合作社成员本身普遍具有较高的技术水平。

二、经营情况

可以说，与其他合作社相比，该合作社与政府之间的联系相对更为密切。新合合作社在很大程度上扮演着政府购买服务的实施者，实为新型经营主体中较为特殊的一个例子。虽然合作社也大面积地种植了猕猴桃树，主要以产、销猕猴桃为收入来源，但与一般的种植大户不同，这些种植区所起到的一部分作用也与种植技术相关，部分土地会进行一些测土配方的试验及技术观摩会中的成果展示——例如每引进一项新技术，合作社的科技示范户会率先承担小区域范围内的试验性种植，确保新技术的可行性之后进行大力推广。

除却销售农资、政府购买技术服务方面的投入产出，依托当地的农业发展特色，新合农业技术服务专业合作社与其他经营主体一样，以生产和销售猕猴桃作为他们主要的利润来源。合作社现有1000亩土地，猕猴桃的产量平均每年能达到200万千克，平均每千克猕猴桃可以卖到3.5元的价格。由于合作社提供大量的技术服务，也提供一些统购农资以及统一销售农产品的服务，作为合作社成员，农户在猕猴桃的产、销上收益颇多。除了免费的技术培训，农户可以从合作社以出厂价购买由专业技术人员推荐的农业机械，也能以平均每千克1.8元的低价（每千克便宜0.2元）从土肥站买到经科学配方后的复合肥，因此每位社员在提高产出的同时所付出的边际成本相对较低。在猕猴桃的销售方面，合作社会对成员的农产品进行分级处理，确保优质优价，还会为社员提供多种销售渠道（如帮助联系商贩与农户对接、开设网店等），做到农产品零库存，促进农民在猕猴桃种植上获益。

三、发展优势及主要困难

合作社成功的关键在于以农户所需要的技术服务为主要切入点，在政府招标技术推广项目之时以自身的技术优势竞标成功，获得了政府的大力支持。合作社成员可以优先免费享受到更先进的种植技术，其通过技术改进而获得的增产增收均为农户自身所有，因此吸引了越来越多的猕猴桃农户加入合作社，从而由2013年的100户成员发展至2016年的200多户成员的规模。

合作社目前最大的困难就是资金短缺。承担政府的示范推广项目给合作社带来了强有力的支持，但同时也增加了他们开销上的压力——为了在技术推广方面发挥示范带头作用，合作社每年都会举办技术观摩会，向广大普通农户开放且全面报销吃、住、行等费用，因而每次观摩会均会花费其3万元左右的资金。政府虽然在合作社的技术推广工作上给予一定的补贴（示范推广项目上的百万元投资以及土肥站的无偿建设），但这些补贴无法完全覆盖合作社开展技术推广活动所需的费用。这就导致了普通农户的受益范围非常有限，合作社本身的新技术引进及提升等方面的活动也会受到一定的影响。

四、发展前景

总体看来，合作社虽然在眉县的技术推广工作上有着独一无二的优势，但其对自身技术人员的管理也仅仅停留在定期召开培训会、进行较为表层的观摩指导的层次上，技术性人才分散在各网点，能动性较为欠缺，同时合作社缺乏专业的技术团队和核心人员，组织化程度不高。因此，针对资金短缺这方面的问题，新合农业技术服务专业合作社现阶段亟须加强与当地政府的合作，谋求更多的资金支持，更重要的是培养更专业、更具有竞争力的技术性人才，集结各网点的松散的人才资源，打造出属于合作社自己的技术团队，努力变得更加组织化、专业化，从而可以提升谈判筹码，承接政府更多的技术服务项目，甚至是开发出几项专利，最终能够扩大服务范围"卖技术"，使该主体自身逐渐提高以技术服务盈利的能力，为合作社谋求更广阔的发展空间。

C47　陕西杨凌农士达果蔬专业合作社：技术资金困境与对策

合作社在发展过程中往往会遇到资金、技术等方面的困难，为此，各个合作社针对自身发展的特点，积极应对所面临的困境。位于陕西省杨凌区的农士达果蔬专业合作社就是典型的例子。

一、基本情况

农士达果蔬专业合作社于 2010 年 5 月由 9 位发起人共同成立并进行注册，注册资本 136 万元，现有成员 80 户，注册资金上升为 518 万元。经过前几年的基础设施建设，合作社 2016 年主要经营总价值 616 万元的 110 个温室大棚（约 330 亩种植面积），其中政府补贴 330 万元，以番茄、黄瓜、辣椒等反季节蔬菜为主要种植作物。此外，合作社还留有不到 100 亩未建造大棚的土地，主要用来种植礼品西瓜。其中，番茄占了合作社 80% 左右的种植面积，其生产和销售成为合作社主要的利润来源。大棚内的番茄每季每亩地能达到 7000 千克的产出，平均每千克能销售至 1.5 元的价格，每年为合作社的全体成员带来非常可观的收入。

农士达合作社能在 2010 年成功走出第一步，受益于政府在其基础设施建设时期的大力支持：对于合作社大棚的建造，政府提供每个棚3万元的补贴；在购买农机具方面，合作社可以享受到原价20%的优惠；对于合作社修建水利、田间道路等基础设施，政府也会无偿提供帮助。对于新成员入社，合作社没有特定的要求，但温室大棚的规模限制了其仅能容纳大约80户的成员，因此合作社对成员潜在地存在一个"择优录取"的筛选机制。此外，通过为社外普通农户提供技术和产品销售服务，为社内成员额外提供农资和农产品质量把控服务，该合作社所产出农产品在品质、口碑和商品率方面均有所提升，成员的专业素质也明显得到提升，合作社具备较强的可持续发展能力。2013年底，受益于大棚种植技术，合作社获得了"无公害"的产品认证。

二、主要困难

合作社发展过程中也遇到了不少困难。现阶段所能获取的技术距理事长所设想的还很远。在他看来，设施农业要想发挥出最大的优势，必须实现设施的标准化和智能化，要求大棚内能全面实现对水、肥、二氧化碳浓度、湿度及温度等的精准操控。由于合作社成立之初的土地规划存在一定的不合理之处，土地利用率偏低，因而合作社亟须提高大棚中农业设施的技术水平来弥补土地利用率的不足。对此，一个较优的解决方案便是向政府部门申请相应的农业技术项目，从而获得相应的物质资源支持，为合作社设施的升级提供机会。但由于存在着大量的竞争企业，加之项目与企业整体的发展方向大多不太匹配，项目申请的难度很大。

相应地，若是由合作社自身来解决技术问题，资金短缺便成了一大限制。为了实现大棚内的标准化、智能化种植，合作社需要进一步进行设备的升级——如购买自动配比施肥的机械，为大棚添置温度智能感应器等——单凭农士达现在的实力，要做到他们设想的程度还缺乏雄厚的资金基础。在合作社成立之初，虽然当地政府在该合作社的基础设施建设方面提供了大量的支持，但毕竟这些补贴还属于政府激励性的措施，并不能很大程度上覆盖合作社在今后运营方面的开销，因此资金上的问题困扰着合作社的管理人员。

此外，从合作社的日常开销来说，给作物授粉的季节一到，人工成本变成了"吃掉"合作社最终盈利的一大因素——番茄的授粉需要大量的人工投入，工资的支出一定程度上成了合作社的负担。

三、发展规划

为了解决上述困难，合作社的管理层有一套自己的设想。理事长汤先生透露了合作社部分发展计划：对于种植过程中施用肥料的把控，现阶段常用的统购统销的做法依然不够精准，而农士达合作社将逐步摒弃这种统购统销的方式，转变为运用农业机械直接输送经配比过后的肥料，从而减少施肥环节因农户的人工参与而造成的不确定性。同时，通过进一步的机械化实现标准化的生产，能减少人力资源的投入，以机械取代人力。

对于授粉期人工成本过高的问题，汤先生有他自己的想法：与专业养蜂的企业进行合作，寻求以雄蜂对花朵授粉的解决方法，不但很大程度上能降低工资支出，同时为了保障蜜蜂的存活率而减少农药喷洒，从而减少最终农产品上的农药残留，也间接提高了产品的销售价格。

而对于项目申请困难、利润较低的问题，农士达合作社目前已经开始采用分小组的方式加以解决。社内成员会依据自身的需求，组成小组自行向政府申请相关的农业扶持项目，项目所得均由成员所有，从而使得加入该合作社的农户每年能够平均增收1000~2000元。

据理事长介绍，合作社在完成了前几年的基础建设投入之后，开始逐步盈利，入股的社员2016年都拿到了分红，合作社发展前景可观。不难看出，撑过了投入沉没成本的阶段，农士达果蔬专业合作社终于进入了发展期，并于2014年获得了"省级示范合作社""陕西省专业合作社青年示范社"等荣誉称号。谈及合作社的发展前景，理事长充满信心。

C48 陕西杨凌森果猕猴桃专业合作社：以科技带动农户增收

森果猕猴桃专业合作社有非常值得借鉴的经验：以科技带动果农增收。合作社在政府的支持下，与高校合作，通过专家的指导培训提高农产品的质量和产量，带动农民增收。

一、基本情况

杨凌森果猕猴桃专业合作社位于陕西省杨凌农业高新技术产业示范区杨凌区大寨镇蒋家寨村。蒋家寨村地处平原，全村一共有1836人，1900余亩耕地。其中，600多亩土地流转给了企业经营，剩余的1300多亩土地都种植猕猴桃。村内信教的农户大约有2%，人均土地面积是1.2亩，人均年收入1.5万元。蒋家寨村距最近的县城有10千米，距最近的高速公路有12千米，距最近的省道5千米，与猕猴桃市场的距离是14千米。可见，该村的交通还是比较方便的。

理事长蒋建设60岁（2016年），中共党员，由于担任村支部书记，人际关系比较广泛，在乡镇以上政府部门、私营企业以及银行、事业单位等都有亲戚朋友。但是蒋建设自己反映，其借钱比较困难。家庭收入主要来源于农业，2015年的工资收入有3万元，家庭开支有2万多元，纯收入为10万元，在合作社的出资额有20万元。

蒋建设从1996年开始种植猕猴桃，当时的水利设施建设不好，水源不充足，而现在政府的水利设施建设比较完善，猕猴桃的价格也比粮食好。由此，在当地政府的支持下，该村集体于2009年冬季统一规划了560亩猕猴桃示范园，政府每亩地补给500元用于土地整治和购买生产资料。

杨凌森果猕猴桃专业合作社便是在示范园的基础上，于2011年1月5日组建成立的，最初社员有220户。截至2016年有社员270户，注册资本201.75万元，主营业务是提供农业生产资料的购买，猕猴桃的种植、销售，农业新品种的繁育推广以及农业技术交流咨询服务等。猕猴桃品种则主要有黄金果、红阳、华优、徐香、海沃德等。

二、主要经验

合作社与西北农林科技大学，杨凌职业技术学院等科研单位的专家教授合作，对果农经常性开展科技培训，现场指导果农严格按照标准化生产的要求，统一规范化管理，并创办了专家科技大院。聘用多名教授组建了专家技术团队为种植户长期服务，发挥当地养殖业的资源优势。每年由政府出资，聘请专家10次左右来合作社进行技术指导和培训。合作社还实行农牧结合，以使用有机肥为主，采用绿色防控措施，建立物理杀虫体系，预防病虫害的发生。

2013年经过各种检测，合作社引入了溯源追溯系统，并注册了"昕果"牌商标。同年，实施了节水灌溉微喷灌一体化工程，完善基础设施建设，新修建1.6千米产业沙石路，按照生态观光农业的要求在生产路上建立了440米的休闲长廊，全部是由政府出资。2014年在政府和专家的支持指导下，完善示范基地的农民培训教室、农资供应室、溯源检测室，气象服务室及200吨标准化和加工车间等建设任务。并且通过了"无公害"认证和"一村一品"认证。此外，合作社打造了100亩精品富硒富钙猕猴桃示范基地，带动果农生产有机安全的高端农产品，投放市场。2014年，该合作社被陕西省评为"省级示范合作社"。2015年，被省果业局命名为"陕西省杨凌森果猕猴桃示范试验站"。

三、经营情况

合作社具体发展情况如下。

（一）资产负债

合作社的冷库和办公房屋于2014年建成，各自花费了60万元，其中政府补贴21万元。2016年，合作社置办了一辆冷藏车和叉车，各自花费了15万元和10万元，全部由政府出资购买。此外，政府还补贴合作社参展参会5万元，标准化建设5万元。县政府每年还会奖励1万元给合作社，以表彰其科技示范单位的带头作用。截至2016年合作社的负债有21万元，利息是9.6%，贷款期限是1年，以理事长的名义进行的信用贷款，来源是农村信用社。贷款多用于仓库建设和合作社的日常运作。

（二）日常运作

合作社示范园560亩土地仍由土地原承包经营户各自经营，猕猴桃专业合作社没有自己经营的土地，其主要是为社员提供各种社会化服务。合作社服务的范围包括技术、农资（农药、化肥、套袋）、销售、物流、信息、品牌、质量、作业以及基建服务。但是合作社与社员之间的联系并不紧密，社员对于合作社的服务可以选择接受与否。例如，社员可以通过合作社销售猕猴桃，也可以自己销售，在森果猕猴桃专业合作社，大约有一半以上的社员选择自己销售产品；农资方面，则有近80%的社员选择由合作社统一采购，比市场价便宜15%。此外，合作社还为非社员提供农资、技术以及产品销售服务。

合作社的日常决策基本都是理事长一人做决定，经常为合作社提供建议的有3个人，全部是理事会成员，由此也可以看出，社员与合作社的联系是比较松散的。社员与合作社关系的松散还体现在其入社要求上，果农加入合作社一般没有特别的要求，只要与合作社发生交易就可以申请入社。

合作社的日常经营管理一共需要3个人，平均年龄50岁左右，都来自本村，固定岗位。由于合作社目前较少直接参与农产品的销售，所以2015年未产生收益，也没有盈余分配。合作社未来的规划是进行猕猴桃的批量品牌销售。

在合作社的发展过程中，显著特征是社会化，目前处于起步阶段。社会资本发挥了重要的作用。其最大的优势是土地、技术和企业家才能；而制约合作社发展的困难在于，土地规模过小、劳动力不足以及资金的缺乏。总体来看，该合作社更像是集体经营。

四、主要问题

森果猕猴桃专业合作社与规范的合作社相比有很大的差距，与社员联系不紧密。合作社的发展和维持在很大程度上来自政府的资金扶持，这也是得力于蒋建设的村支部书记的地位。从长远来看，这种依靠政府求生存的模式是难以在市场竞争中获得优势的，也不利于合作社的发展和社员增收。所以，森果猕猴桃专业合作社必须转变目前的发展模式，力求获得稳定的收入，脱离对政府支持的依赖，自力更生。

在当前的市场竞争环境中，追求差异化成为很多消费者的消费理念，从而也驱动生产者不断进行产品的创新。森果猕猴桃专业合作社在产品创新方面的做法就很值得肯定，其先后注册了"昕果"牌商标并通过了"无公害"和"一村一品"认证，大大带动了当地猕猴桃的销售。为加强品牌的宣传，合作社理事长还专门建立了淘宝网店以扩大本村猕猴桃的知名度。

C49　陕西杨凌绿香安果蔬专业合作社：
发展初期的困难

合作社在发展初期仍然是脆弱的，资金的缺乏、技术的不足使得政府必须提供更多的支持与优惠，社会资本的进入在合作社发展过程中也发挥了重要作用。农户的联合生产有助于提高农民收入，逐渐成熟的合作社也需要不断丰富经营内容，扩大经营规模才可能获得更好的发展。陕西杨凌绿香安果蔬专业合作社就是典型的案例。

一、基本情况

绿香安果蔬专业合作社位于陕西省杨凌区大寨镇西小寨村，由本村村干部牵头成立，主要经营西红柿、甜瓜、西瓜在内的多种果蔬产品。合作社共有农户68户，主要由理事会5名成员共同出资120万元，其中理事长出资80万元，其余农户后期逐渐加入，主要以土地、大棚等入股入社。合作社2010年取得工商注册并开始经营，截至2016年负债30万元，均来自银行贷款的利息。合作社目前经营状况良好。

合作社位于杨凌农业高新技术产业示范区，该区的目标便是通过体制改革和科技创新，把科技优势迅速转化为产业优势，依靠科技示范和产业化带动，推动我国干旱、半干旱地区农业实现可持续发展，带动这一地区农业产业结构的战略性调整和农民增收,并最终为我国农业的产业化、现代化做出贡献。因此该地区的农业发展思路较为广阔,对待新型经营主体的态度较为开放与支持,催生了一大批具有发展潜力的新型经营方式。

二、经营情况

在如此大背景下,绿香安果蔬合作社结合本村的实际情况,决定大规模种植果蔬产品,村干部发现村里一家一户的土地并不适合统一经营,便于2009年开始通过土地流转将农户的土地整合到一起,共计500亩,每亩租金每年700元,每4年递增10%,这样的土地流转价格在杨凌地区并不算高,而到2016年为止,土地流转每亩租金可以达到近1000元,同时每亩地可以实现利润15000~20000元,高于普通农户的亩均利润。在合作社的初始运营阶段,面临的主要问题是资金约束与技术供给不足。为了解决这两个问题,政府为合作社提供了扶持与贷款,并设有专业的技术人员提供技术帮助与指导。合作社具体生产经营状况如下。

(一) 日常管理

合作社统一为社员提供技术、农资、管理与销售服务。合作社的果蔬种植面积总共有500亩,共计176个大棚,大棚的投资达到500万元,并且花费150万元建设了仓库与厂房。选择果蔬产品种植主要在于:一是得益于陕西独特的地理优势,光照充足,生产条件好;二是果蔬产品易调节生产,可通过多样化的种植方式,避免价格的不稳定带来的损失。

合作社依然以家庭自家投工为主,作业环节和日常环节会选择短期雇工约100人,工资支出可达80万元。管理人员主要是理事会成员,因均为理事会成员出资入股,其中理事长独自经营60亩土地,所以合作社的决策主要由理事会掌控,具有一定的话语权。

(二)投入产出

合作社2015年主要种植西红柿与甜瓜各200亩,分别收获达200万千克和100万千克,销售均价每千克分别为4元和6元,全年经营收入约1000万元,支出合计400万元(见表C-7),其中大部分为农资投入,盈利能力也要比前两年好一些。

表C-7　　　　　　2015年合作社的成本支出　　　　　单位:万元

项目	种子	化肥	农家肥	农药	农膜
费用	100	20	120	3.5	75

(三)社会化服务

合作社为社员提供的服务主要包括技术服务、农资服务、销售服务、信息服务、品牌服务和质量服务,其中政府针对合作社的发展情况提供了育苗支持,累计资金补助约30万元。合作社同时参与了政府的科技示范推广项目,得到当地政府的大力支持。

同时,合作社对农户的带动作用也较为明显:通过农资、技术、质量检测等统一管理经营,可以为社员节约10%的成本,果蔬单产也可提高15%;而通过合作社销售的水果,价格则可以提高30%左右。因共同销售统一品种,实现成员平均增收约2万元。

三、合作社目前的困难

合作社目前可以保持较好的经营情况和盈利情况,但受到土地规模较小的限制，500亩的土地渐渐不能满足合作社的生产需求，组织化程度不够高，不同品种的产量不够多，也制约了合作社的发展。截至2016年合作社最多种植两个主要品种，土地规模的扩大将使得合作社可以种植更多品种，这也是合作社比较愿意增加投资、扩大经营规模的原因。但是杨凌地区日渐高涨的土地流转租金、工资支出与农资投入成了合作社未来必须考虑的问题。

C50　吉林九台合兴专业合作社：
大规模下的融资问题

农民专业合作社作为一种新兴的市场主体，管理运营和融资情况是其发展制约的瓶颈。大型合作社尤其存在融资难的问题，究其原因主要体现在三个方面：一是自身因素导致的融资困难，有"经营管理缺失""抵押品和担保措施"，达不到银行信贷要求，"管理不规范，财务不健全"，达不到银行信贷评级标准；二是银行机构不能有效满足农民专业合作社的资金需求；三是基层政府的扶持力度不够。下面通过吉林九台合兴专业合作社的情况介绍具体了解一下合作社大规模下的融资问题。

一、经营情况

（一）三大要素概况和产量效益

合兴合作社位于吉林省长春市九台区唐家村，2007年8月正式开始经营，是从事玉米生产的农业合作社。该合作社理事长家中共有3口人，理事长及其配偶参与部分农业劳动。合作社2016年经营总面积为4500亩，其中供给转入土地1050亩，转出土地0亩。租入的土地平均每年每亩租金为400元。同时，合作社共租用集体建设用地45亩，平均租赁价格为每亩533元。2016年合作社共有长期雇工24人，其中财务3人，行政管理人员18人，其他服务人员3人。在农业生产上，合作社在耕地、播种和收获环节均实现了机械化，机械作业面积覆盖周边土地。在固定资产方面，合作社有温室大棚、仓库、厂房和经营性房屋等农用场所，总计价值60万元左右，同时拥有拖拉机、收割机、农具、烘干机等价值90万元的农机具。在产量效益方面，该合作社2015年共收获玉米20万千克，一次性销售完毕，销售均价为每千克1.46元，估计的农业经营总收入约18万元，支出合计48万元，与往年的利润相差较大，但与其他合作社相比，粮食普遍歉收。

（二）社会化服务

该合作社提供技术服务、农资服务和作业服务。其中技术服务、农资服务为免费提供，服务户数达到500户以上，作业服务收取一定的服务费用，服务户数为15户左右，每年利润在4000元左右。在提供相应的社会化服务时，该合作社并未接受任何社会化服务，但目前对金融服务的需求比较强烈。

二、主要问题

（一）合作社获得的金融服务少，贷款难

相比而言，合兴合作社规模较大，对资金的需求也较大，但由于当地的金融可及性问题，合作社一直面临贷款难的困境。据理事长反映，合作社2012—2016年最大一笔贷款为90万元，主要用来购买合作社的生产资料。所有的贷款均是以个人名义向农信社和农业银行提出的信用贷款。

贷款难问题一直是困扰当地合作社发展的难题，其中像合兴这样的大型合作社面临的挑战则更大，其反映出来的强烈的金融需求也是当前农村合作社发展的典型问题。

（二）对土地歉收、绝收没有应对措施

经过调研发现，大多数合作社 2015 年均因旱灾等自然灾害导致土地歉收、绝收，这大大减少了合作社的产量，减少了合作社的收益。就合兴合作社来讲，2015 年因为产量少导致的直接损失超过 30 万元，而间接损失远大于这个数字。理事长说，相对于合作社的规模而言，这样的损失已经算小了，其他合作社甚至都在不同程度上面临更严重的亏损问题。

（三）土地经营规模大，农忙时节招工较少

每到耕种收的季节，合作社就需要以短期雇工的形式投入大量劳动力，但是农户将土地转出给合作社之后，大多数人都选择外出打工，以便获得更多的收入，农忙时节往往不会回来。理事长说，农忙时节的短工很多来自外地，本地的劳动力较少。目前合作社的雇工只能勉强解决耕种收等环节的需求，仍然需要雇用更多工人，但是雇工难度增加的问题也变得更加明显。

三、主要经验

（一）大规模生产有利于当地的农业经营发展

通过调研，我们发现当地农民普遍喜欢大规模的生产方式，这不仅有利于机械化耕作从而提高产量和质量，更是节约劳动力的有效措施。

比如大量农民入社之后，开始外出打工或从事其他劳动，这极大地增加了农民的收入，提高了农民的生活质量。我们应该鼓励吉林省的土地流转，加快土地流转的步伐，争取实现更大规模的土地生产。

（二）金融普惠建设需要进一步加快步伐

合兴专业合作社在贷款方面的需求反映了当地金融服务还远远满足不了合作社的需求，大部分合作社只能以个人名义申请信用贷款，即便这样，贷款得到的资金也不足以促进合作社的发展。只有加强金融普惠，解决土地抵押贷款的制度障碍，为合作社提供更大额度的贷款，才能够让当地的合作社进一步发展壮大，发挥合作社的优势，以机械化的生产提高产品质量和产量，从而促进吉林省的农业发展。因此，必须进一步加强当地的金融服务建设。

（三）应当发挥政府的作用，指导合作社生产

在大部分合作社因为旱灾而歉收、绝收时，政府应当积极发挥作用，指导合作社和普通农户进行生产。如提供更多的信息服务和技术服务，针对不同的土地和合作社情况种植多种农作物，减少自然灾害导致的损失，保护农民的利益。

C51 吉林农安县陈家店村农业机械专业合作社：能人效应还是政府扶持？

一、基本情况

吉林省农安县陈家店村面积为10.96平方千米，有10个自然屯，南距长春市16千米，北距农安县城45千米，东邻302国道。耕地793公顷，林地41.93公顷，水域11公顷。全村1171户，3898人（在籍人口）。2015年全村实现工业产值811万元，农业产值2319万元，蔬菜及特色收入1670万元，农民打工收入2500万元，其他收入341万元，农民人均纯收入14500元，村集体固定资产价值7000万元。

陈家店村农业机械专业合作社组建于2007年11月，最初由本村56名股东共集资280万元成立。现有2座库房占地面积4万平方米，建筑面积8000平方米。有大型机械160台（套），其中包括自走式玉米收割机30台，轮式大马力拖拉机27台，免耕播种机12台，深松整地机2台，农药喷洒机6台，卷移式喷灌机7台，平台自卸车6台，等等，可从事农业耕作和收获、农机租赁等业务，2016年已实现农业全程机械化。2015年创造利润达341万元，带动陈家店村劳动力就业200多人，作业范围辐射广泛，被评为"全国优秀农民专业合作社经济组织"。

2006年开始，陈家店村党支部书记林清远开始筹划成立农机专业合作社，于是找到村中的一些能人牵头，一起挨家挨户地做工作，劝村民加入合作社。但在2006年前后，合作社的模式对很多人来说还显得比较陌生，所以村民大都不愿意把土地拿出来加入合作社，几位领头人只能几次三番地到村民家里，一家一家地聊，向他们讲明利弊，最终才说服部分村民入社。

当时，陈家店村在当地是一个比较穷的村，农民自有资金极其有限，而且政府对农业、对合作社的支持力度远不如现在，因此成立合作社的资金也显得捉襟见肘，但得益于村党支部书记林清远的个人声誉加上由他带头，56位股东凑齐了280万元，成立了陈家店村农业机械合作社。

合作社成立之后，取得了不错的效益，越来越多的村民开始自愿加入合作社，政府的支持也越来越多，合作社走上了一条高速发展的快车道。

二、经营情况

陈家店村农业机械专业合作社2016年经营的土地总面积达到9000亩，其中8400亩是通过土地流转的方式获得的，2012年、2013年以及2016年这三年流转的土地最多。村民基于对合作社的信任，所以采用了合作社收获并卖出粮食后再付给村民土地租金的方式，并且村民与合作社共担风险，村民获得的土地租金与当年销售粮食的收入挂钩。现在，陈家店村的土地基本上都被流转到合作社了，因此，如果合作社想要扩大规模继续流转更多的土地就比较困难了。

合作社的年经营收入有1000万元左右，2015年经营收入达到1400万元，大概实现300万元的年利润，这其中绝大部分的收入都来自粮食销售收入，合作社的盈利能力变化不大，粮价一波动，合作社的经营收入也就会相应波动，受粮食市场价格的影响比较大。

此外，在提供社会化服务方面，合作社还对外出租农机具，范围遍及全国各地，每年的收入有100万元左右。同时合作社也接受了一些社会化服务，主要是政府和企业提供的免费技术指导和培训。据陈家店村党委副书记介绍，这些技术培训帮助合作社提高了玉米的质量，使得合作社的玉米销售价格提高了2%。

作为一个农业机械合作社，农机是陈家店村农业机械合作社的重要资产，各种大型农机价值不菲，得益于陈家店村"吉林第一村"的地位。政府对陈家店村农机合作社的支持力度非常大，许多农机具的补贴额度能达到50%以上，这也助力合作社的迅速发展。

三、能人与合作社发展

在陈家店村的普通村民和农机合作社的社员看来，合作社之所以能够有较好的发展，主要得益于村党支部书记林清远的个人才能，几乎每一个接受我们访谈的人，言语中都充满了对这位前任党支部书记的赞赏甚至感激。不仅如此，在陈家店村，村民对村集体的信任程度也远超我们调研的其他几个村庄。当然，一个合作社的发展壮大，绝不可能仅仅是一人之功，但是对于凝聚人心、获取村民的信任而言，林清远这样的角色不可或缺。

林清远是陈家店村人，从小在这里长大，对村民们都很了解，在大家对合作社有顾虑和担心的时候，他知道如何去说服观望的村民。在合作社面临问题需要村民理解和支持的时候，他能够用自己的声誉和威信赢得村民的信任，使得合作社能够渡过难关。这可能反映了所谓乡贤在现代农村的治理和发展中仍然能够发挥重要作用，他们了解农村、理解农民，有比普通农民更加开阔的视野，在村民中深孚众望，如果要把村民团结起来，一起发展规模化的经营，不管是做合作社也好，还是做集体企业也好，他们可能都是最佳的领头人。我们知道，许多农民合作社或者农村集体企业走向了失败，其原因在于，农民很难仅仅在契约框架下达成良性合作，他们需要像林清远这样的能人有效地组织起来，而这正是合作社或者集体经济成功的重要基础条件之一。

四、政府支持与合作社发展

在陈家店村农业机械合作社的发展历程中，政府扮演着重要的角色，无论是兴修农田水利、平整土地，还是购买农机具，政府给了合作社大量的补贴。政府补贴对合作社的发展到底起到了多大作用，我们不得而知，但是从对农机具超过50%的补贴来看，其作用绝对不小。当然，这反映了政府在服务"三农"方面工作上的进步，这推动了合作社的发展。但是，问题在于，如果没有政府的补贴，这些合作社能不能自己独立生存？如果将政府的转移支付也视作投入成本的话，一些合作社很有可能还是亏损的。

陈家店村农业机械合作社作为一个标杆性的合作社，固然能够获得各方面的资源和支持，实现快速发展。但是，不是每一个合作社都能从政府那里获得如此多的支持和帮助，事实上，政府也不可能给每一个合作社都提供大量的补贴。因此，有政府补贴固然是好，但是合作社能不能健康发展，关键还是要看合作社本身的竞争力。如何让合作社逐渐摆脱对政府的依赖，走上独立自主的发展道路，值得思考。

C52　吉林九台晓文农机合作社：农机合作社低效率原因探究

农机专业合作社是以农机服务为主的农民专业合作社，在构建集约化、专业化、组织化、社会化相结合的新型农业经营体系中发挥着不可替代的作用，但是融资困难、农机作业成本高、经营管理不规范及农机库房用地申请难等问题还是成为阻碍农机合作社进一步发展的障碍。晓文农机合作社便是一个农机合作社中经营不太理想的案例。

一、基本情况

晓文农机合作社位于吉林省长春市九台区城子街镇陈家店村，共有成员61户，是从事玉米生产的农业合作社。该合作社理事长家中共有4口人，其中主要劳动力为户主及其配偶，如今合作社已经全部实现了机械操作，但在耕地、播种和收获等作业环节，仍然会雇30人左右进行农业生产。合作社长期雇有财务1名，在物流环节有10人左右的短期雇工，在行政管理上主要由理事长及其配偶2人负责。

该合作社主要的经营内容为玉米种植和农机服务。玉米种植面积为1800亩，其中1790亩为转入的土地。资金方面，合作社现有价值72万元的仓库、厂房和价值470万元左右的农机具，包括拖拉机、收割机、农用运输车辆等。合作社成立初期资金额为 3005600 元,其中理事长本人出资 100 万元,理事会的其他 4 名成员各出资 50 万元,合作社的其他 56 名成员各出资 100 元。2016 年合作社出资总额为 500 万元,其中理事长出资 300 万元。

在产量效益方面,该合作社 2015 年共收获玉米 40 万千克,分两次销售完毕,销售均价为每千克 1.76 元,估计的农业经营总收入约 80 万元,支出合计 145 万元,与往年的利润相差较大,粮食普遍歉收。

二、社会化服务情况

该合作社均免费向合作社所有成员提供农资服务,范围以本乡镇为主。同时,合作社还为普通农户提供作业服务,如耕种收农机服务、疫病防治等。该项服务向农户收取一定费用,服务户数大概为 180 户,年度收益 85000 元左右,是合作社长期提供的一项基本服务。在提供相关农业社会化服务的同时,该合作社也接受了相应的社会化服务,如来自政府的技术服务和农资服务等,且接受服务的效果明显,提高了合作社的效益。

三、主要问题

(一) 合作社形式名不副实

晓文农机合作社在成立初期便具有 61 户成员,其中理事会成员 5 人,理事长 1 人,但是合作社内部的分工则十分简单。进行土地流转之后,主要由理事长一人负责合作社的经营管理,且每年按照每亩 800 元的价格支付给加入合作社的农户,合作社的利润分红较少,主要依据是合作社成员的出资额。由于理事会以外的社员出资额较少，导致分红时几乎没有利润。除此之外，理事会的另外4名成员除了参加一年三四次的理事会会议之外，几乎不直接参加农业生产，合作社的农业生产由理事长一人负责，同时雇用少量财务或短工协助农业生产。而理事会以外的其他社员，在转出土地之后便不再负责合作社的经营，只是在耕种收期间以短工的形式参加合作社的生产，领取短期雇工工资。这种合作社的经营形式实际上已经类似于大型的专业大户，所有经营管理工作由理事长一人负责，流转后的固定资产投资、设备更新等费用也由理事长一人承担，合作社中理事长的出资额不断提高，比重增加，而风险也几乎由理事长一人承担，每年给社员的土地租金变化较小。

事实上，在对部分社员的调查中我们发现，大部分社员的劳动力数量较少，且当地外出打工比例较大，因此选择将土地流转给合作社。且这种流转相当于出租，流转之后的农户名义上是合作社的社员，但几乎不参与合作社的生产经营，即使是在耕种收期间参加合作社的农业生产活动，也是作为短期雇工进行劳动，合作社的盈亏与社员几乎没有关系，由理事长或理事会成员自负盈亏，普通社员收取每年的土地租金。大部分社员表示，这样的方式能够让他们在获得固定租金的同时得以外出打工或从事其他劳动，获得其他的收入，同时加入合作社将土地转出能够发挥合作社的机械化优势，提高土地的亩产量，从而获得更高收入，并且合作社会统一进行地块平整、土壤改良等工作，修建水利设施和田间道路等，保证了土地的肥力，让社员更加放心。

（二）土地抵押贷款较为困难

合作社贷款，受到了诸多的限制，与此类似的金融可及性问题在农村地区仍普遍存在。值得一提的是，该合作社截至2016年已经获得了土地抵押贷款，即2012—2016年中最大的一笔贷款，贷款金额为60万元,贷款利率为1.2%,是来自吉林银行的抵押贷款。但是当问到如何借到这笔贷款时,理事长说:"当时是找了相关的贷款公司,由公司帮忙申请了贷款,因为个人申请无法获得土地抵押贷款,更别说是60万元了。"最后,合作社以土地合同作为凭证获得了抵押贷款,并将这笔钱拿来购买了生产资料,保证了合作社的经营。

(三)土地分散,管理方式单一

土地分散是当地合作社普遍存在的问题,就该合作社而言,共有土地1800亩,分为至少200片地块。分散的土地不利于合作社发挥机械化作业的优势,同时不同土地间的土壤、土质都不尽相同,这对合作社的土地管理提出了更高的要求。

同时,该合作社还存在管理方式单一的问题。合作社的所有经营决策几乎由理事长一人决定,只有在重大问题需要决策的情况下才会由理事会共同决定。合作社内部的文化程度、年龄、出资额等均差异巨大,且大部分社员加入合作社的初衷就是为了脱离农业生产决策,导致目前合作社的管理方式单一。

四、经验教训

(一)大规模生产有利于当地的农业经营发展

通过调研,我们发现当地农民普遍喜欢大规模的生产方式,这不仅有利于机械化耕作从而提高产量和质量,更是节约劳动力的有效措施。比如大量农民入社之后,开始外出打工或从事其他劳动,这极大地增加了农民的收入,提高了农民的生活质量。我们应该鼓励吉林省的土地流转,加快土地流转的步伐,争取实现更大规模的土地生产。

（二）合作社的经营管理方式有待提高

晓文农机合作社的管理方式反映出当地合作社管理的一个典型现象，即理事长一人负责制，社员在转出土地后便脱离了合作社的决策和管理，由理事长等少数几个人打理，社员的收入仅仅是每年土地的租金及少许分红。在这种形式的合作社中，社员往往出资较少，而理事长及其他主要成员出资较多。土地流转之后，对于社员来说，可以获得较为稳定的收入，但是对于理事长等人而言则变成更大规模的专业大户经营，更倾向于自负盈亏的模式。这一模式不利于合作社的长期经营，且对于种植面积较大的合作社而言，由理事长一人负责、一人决策的机制也存在一定风险。

C53 吉林九台嘉芝堂食用菌专业合作社：特种种植合作社与理事长个人能力

2012年10月，九台区龙嘉镇新民村44岁的党员孙玉奎注册成立了嘉芝堂食用菌专业合作社，标志着自己规模化、专业化种植、加工木耳和灵芝的开始。孙玉奎与普通的农民有很多不同，他大学毕业，之前有着一份高薪职业，但是他对农业的前景和兴趣让他放弃了原来的工作开始自己创业。较强的学习能力与初期的种植经验使他掌握了先进的食用菌种植技术，社会资源的积累为其合作社的发展提供了良好的外部环境，独到的眼光和远见使其种植实现了差异化战略，拓展了该合作社的优势和发展前景。该案例主要分为三个部分，一是合作社的基本情况，二是该合作社存在的主要问题，三是该合作社成功的主要经验，即理事长的个人能力是支撑该合作社发展的主要动力。

一、基本情况

（一）土地、资本、劳动力投入情况

2012年，嘉芝堂食用菌专业合作社注册成功，该合作社的注册资本为220万元，其中理事长孙玉奎出资达160万元。土地方面，合作社

一共流入土地45亩，转入期限为8年，租金每亩1600元，每年一付，每年总的流转费用支出为72000元左右，粮食直补、良种补贴和农资综合补贴归原承包农户所有。转入后，合作社投资了20万元对土地进行了地块平整和水利设施及田间道路的修缮。理事长孙玉奎认为流转土地的过程并不容易，自己和农民决定价格与租期时都需要不断的协商。

在劳动力投入方面，由于食用菌的特殊性，种植主要依靠人力，只有加工环节才能让机器发挥作用。孙玉奎之前是搞工程建设的，年薪可以达到20万元，然而他现在选择了自己创业，直接进行合作社的经营管理，参加农业劳动。他提到自己选择农业的原因首先是对农业有信心，觉得农业有搞头，虽然前期投入较大，但是长远来看，自己一定能赚钱，其次，他本人对农业很有兴趣。2016年合作社有会计1名、物流环节的司机和工人各2名，作业和日常环节的短期雇工约25名，年龄都在45岁左右。长期工人的年薪可以达到约3万元，短期雇工中男性较多，日薪在100~120元不等，女性的日薪普遍比男性低20元。

在资本投入方面，2012年合作社修建了温室大棚、仓库、厂房等设施，买了1辆运输车辆，总共投资185万元。政府为合作社提供了免费的门店，并在2016年给予19万元的资金支持。孙玉奎以5%的利息找自己的亲戚朋友借了200万元作为自己前期的投入资金。

（二）农产品生产收益状况

2015年合作社在种植木耳、灵芝方面，投入种子、农药、农膜费、运输费等总计15万元，劳动力工资支出20万元左右，经过晒干、压块加工、礼品包装后的灵芝和木耳，通过门店、商贩和网络订单这三个主要的渠道实现了近1万千克的销售量，总销售金额达90万元左右。

孙玉奎认为2015年的盈利状况比前两年要好，他也一直有扩大规模的想法，这也说明该合作社正处于成长期。合作社的种植秉持绿色产品理念，没有使用化肥，2016年该合作社申请了绿色产品认证。

（三）社会化服务情况

在社会化服务方面，孙玉奎的食用菌种植技术是他的一大法宝，他无偿为农户提供了技术、销售、信息与质量服务。在该合作社的网站上，有对理事长孙玉奎的一些社会贡献的介绍。"九台区嘉芝堂食用菌专业技术协会成立于2010年，孙玉奎担任协会理事长。多年来，孙玉奎为传播先进食用菌栽培技术，让更多的农民通过种植食用菌尽快富起来，他走遍全镇所有村屯，讲解食用菌种植的好处和技术，入户进棚实地指导，使协会发展从小到大，成为龙嘉镇的一个重要产业。从2010年到2013年，协会累计开展和组织各种科技培训40多次，培训5000多人次，开展科普讲座10次，参与组织大型科普活动6次。"

二、主要问题

通过对嘉芝堂食用菌专业合作社在资本、劳动力、土地、社会化服务、2015年生产经营情况等方面的描述，可以对该合作社有一个初步的了解。合作社设立了理事会与监事会，理事会有1位理事长，2位理事，监事会有1位监事长，2位监事，他们的作用主要是前期出资与提供信息，盈利以后利润分配按照出资比例进行。实际上，该合作社虽然名义上有社员121户，但是普通社员的参与程度并不高。合作社不是把种植野生菌的农户联合起来共同生产，也不是专门替当地种植野生菌的农户销售野生菌，而主要是在理事长的带领下租入土地，自己进行生产、销售，和普通的农户更多的是一种雇用关系，顺带提供了种植技术服务。所以严格意义上，该合作社更像是一家农业企业。但是在建立合作社之风盛行的当下，成立一家合作社所能获得的支持和优势可能高于一家农业企业。

三、主要经验

通过和孙玉奎理事长的谈话,可以看出他的个人能力非常突出,大学毕业的文化水平,党员的身份,前期高薪职业的资金积累和社会资源积累都是他的明显优势。

(一)信心与眼光

孙玉奎放弃原本的高薪职业来选择农业,并不是迫于无奈,而是源于自己对农业的信心。他认为九台区本来就有农业发展的自然基础,在流转土地和雇用劳动力方面有一定优势,而且他敏锐地感觉到了食用菌的市场形势较好,可有所作为。

而嘉芝堂合作社能发展壮大的原因,就是区别于其他合作社的特种种植,毕竟种植木耳、灵芝和种植玉米、水稻不同,自己合作社的技术基础是其他合作社难以模仿和竞争的。差异化战略的运用使孙玉奎的合作社能够占据优势,在盈利能力普遍较弱的农业领域开拓出自己的一片天地。对农业的信心、对市场的眼光都是孙玉奎明显的个人特质,也是他能成功的重要原因。

(二)低息借款

该合作社截至2016年负债200万元,但是这200万元并不是通过银行贷款,而是孙理事长个人通过亲戚朋友借贷而来,年息5%的低利率是一般的合作社难以享受到的。这缓解了大多数合作社存在的资金约束问题,也印证了孙玉奎的个人能力非常有力地促进了合作社的成立和发展壮大。

(三) 社会资本

当询问到社会关系对合作社经营的帮助时，孙理事长表示自己有亲戚是企业的管理人员和普通员工，他们和自己在事业单位的朋友都提供过帮助，主要是信息方面的。虽然理事长没有透露具体信息，但是这些信息对合作社食用菌的销售有一定帮助，这其中的缘由可以大概推测出来，毕竟灵芝等物品非常适合作为礼品赠送。当然，给予他最大帮助的是其他从事相同产业的亲戚朋友，他们经常交流，互相帮助。可以看出，孙理事长的人际交往是非常广的。

(四) 政府关系

虽然该合作社的经营方式很企业化，但是它的形象工程做得非常到位。从该合作社的网站上了解到，"孙玉奎2011年被评为九台区创业先锋；2012年被评为九台区劳动模范；2012年协会生产的食用菌产品被评为第十一届中国长春国际农业食品博览会金奖；2013年嘉芝堂食用菌合作社被评为吉林省农民专业合作社优秀示范社。孙玉奎同九台区科协联合编写的《食用菌栽培实用技术》一书，具有较强的科学性、实用性，成为全市食用菌生产的指导性教材。"这些都说明孙理事长与政府的关系非常好，他也完全树立了一个高素质的模范农民的正面形象。

在整个访谈过程中，孙玉奎都非常注意个人的言辞，极力表达一些很拥护政府的话。对政府提供的社会化服务，他虽然提到了政府支持的不足，但是依旧补充说，政府的服务非常有用。他还提到社员的入社要求是"正能量，拥护党，拥护政府"，这些都可以看出他在处理和政府关系上的"正能量"。他在2016年也拿到了政府19万元的资金支持。政府还为他提供了一间免费的门店。

可以说，孙玉奎表现出来的"政治觉悟"，使他成为政府不得不支持的模范，也为其合作社的发展创造极好的外部环境。而这种"刻意表现"的觉悟，正是他个人能力的一种体现，使他能摘得多个奖项，成为一个正能量的模范。而他真正对普通农户的服务、带动作用可能还有待我们了解和思考，这会不会正是中国合作社发展的一个方面的困境，还是一种好的现象？也值得我们探寻。

C54　吉林农安县庆国农牧专业合作社：信息化带来的销售新招

吉林省农安县万顺乡万顺村的村民徐国强在 2012 年 10 月注册成立了庆国农牧专业合作社，经营水稻、玉米的种植和销售，并养殖蛋鸡，2015 年开设玉米加工厂，实现了玉米种植、加工、销售一体化。徐国强，党员，44 岁，只有初中文化水平的他却对农业经营，特别是销售很有想法，敢于尝试，走在了农产品信息化销售的前端。

一、基本情况

（一）土地方面

合作社每年签约 100 垧土地，告诉农民种植什么，并在种植过程中给予指导和监督，农产品成熟后，合作社统一进行收购、加工、销售。每个农户根据自己土地的收获量和质量能获得 3000～50000 元不等的收入。该合作社实际上并未流转入土地，是一个销售型的合作社。但是合作社依旧组织农户进行过土壤改良，改良总投资近 20 万元，由土地原承包农户出资。若农户暂时拿不出钱，则由合作社垫付，收获后以一定的利息连本带利归还给合作社。徐国强社长说，收利息是因为自己垫付的钱也是向银行贷款的,也得付出利息,这种贷款是以社长个人的名义,以合作社储存的产品作为抵押。

(二) 劳动力方面

该合作社的 1500 亩地已经全部实现机械化操作,但是社长对工作人数的要求还是较大,他认为理想状态共需要 150 人,管理人员 10 人,直接生产 140 人。因为该合作社有 70 户农户,这 70 户农户在各自的土地上为合作社种植,因此社长把这些人数都算上了。社长本人也直接参加农业劳动和经营管理,他表示自己选择干农业的原因在于:一是长期务农,熟悉务农;二是有兴趣,喜欢搞农业;三是有信心,感觉农业可以赚钱。该合作社 2016 年行政管理一共 5 人,社长自家投工 1 人,长期雇工 4 人,3 名男性年薪 3 万元,1 名女性年薪 2 万元。会计 2 人,年薪 2 万元。司机 1 人,年薪 5 万元。耕种收作业环节的短期雇工 10 人,全部是男性,日薪 100 元,每年大概工作 3 个月。日常环节短期雇工共 20 人,日薪 100 元。

(三) 资本方面

社长个人在 1999 年修建了蛋鸡的养殖棚舍,花费 8 万元,2011 年投资了 13 万元购买运输车辆。2012 年 10 月合作社注册成立,注册资本 350 万元。2015 年投资 100 万元修建了仓库和厂房,投资近 120 万元购买了玉米加工生产线,并且以每年 6 万元的租金租了 3 个门店。因为该合作社自身没有农机,所以合作社以每垧地 800 元,每年合计 8 万元的租金租用拖拉机和收割机。该合作社截至 2016 年负债 150 万元,全部来自商业银行的抵押贷款,年利率 10.8%,贷款期限 5 年,该笔贷款主要用于 2015 年新建的工厂及购置玉米加工机器。

（四）成本收益方面

从 2015 年农产品成本与收益来看，该合作社的粮食作物主要有水稻、玉米、大豆，畜牧业养殖蛋鸡，加工厂加工玉米。合作社 2015 年共收获玉米 2 万千克，水稻 22.5 万千克，大豆 1 万千克，养殖蛋鸡 2000 只，收获鸡蛋近 20 万枚。该合作社的销售能力是其主要优势：合作社注册了"香时"大米和"豆莲升"大豆两个品牌，主要通过农超对接、网络订单、门店的礼品销售三种主要方式进行销售，销售总额近 85 万元。徐社长骄傲地提到，鸡蛋通过网络订单销售到了新疆，路途颠簸打碎了几个，自己为了信誉还是给消费者补寄了回去。合作社 2015 年种植方面投入种子、农家肥、器械作业费、保险费总计 29.3 万元，养殖方面投入仔畜费、饲料费、医疗防疫费、死亡损失费、水电费总计 4.6 万元。支出工资近 15 万元（访谈结束后，调研员通过劳动力表格的计算是 20 万元，社长本人表示是 15 万元）。

（五）社会化服务方面

该合作社对社员的带动作用可以说是比较明显和有效的。特别是在提供技术、农资、销售、品牌服务四方面，服务对象近 70 家。具体来说，合作社在技术方面请了吉林农大的专家专门对农民进行了种植培训。农资方面，因为合作社本身没有农机，合作社为社员统一与农资企业协商价格，把农机的租金从 1000 元每垧降到了 800 元每垧，为农户节省了近 2 万元。销售方面，合作社出资注册了"香时"大米和"斗莲升"大豆两个品牌，为合作社社员合格的产品标上统一品牌，然后合作社统一出售，农户的产品基本不愁销路。访谈过程中，社长还介绍，他刚刚谈好了一家超市，超市的人准备去他的基地参观。金融方面，合作社的服务对象大概有 30 家，主要是为暂时缺乏资金进行土地平整、购买种子化肥，租用农机的农户提供借贷，资金部分来源于合作社的收入，部分来源于银行抵押贷款，抵押物是合作社的产品库存。该服务会收取一定的利息，农户销售完成回笼资金后再归还合作社。

二、主要问题

徐国强提到，这个合作社起步的原因在于：一是自己有农业生产经营的技术优势，截至合作社成立时已经搞蛋鸡养殖13年了，搞种植的时间则更长；二是市场形势有利；三是政府也有针对合作社的优惠政策与支持。面临的问题也和许多合作社一样，有资金约束、土地流转的困难。但是让徐社长抱怨的是，政府的支持迟迟没有到位。因为合作社进行玉米加工，政府曾让该合作社申报了一个农产品加工项目，但是后续并没有相关实质性的支持。按照徐社长的话来说，"就只有口头上的鼓励，没啥意思，政府至今没有给过资金或实物支持"。

总的来说，徐社长对政府的支持比较失望，所以，尽管目前自己的合作社做得挺不错，但他认为以后的农业经营模式不会是合作社主导，而是"家为单位，合作社引导"，家庭依旧是农业生产的主力军，合作社可以为家庭提供相关服务，引导家庭生产。

三、发展前景

前面提到，该合作社是一个销售型合作社，除了门店与农超对接两种方式外，网店也开得有声有色。结合访谈与网上关于该合作社在销售方面的信息了解到，该合作社非常注重用信息化提升企业"内功"。2016年5月合作社位于万顺村的电商村店开业。同年，合作社开始与溯源公司合作，以每个品牌每年2000元的费用申请溯源码，时时上传基地水稻、生态鸡和蛋品信息。这也是农产品信息化的一大举措。因为合作社认识到,"现在消费者注重食品安全,企业要做大做强,就得适应信息化"。合作社于2016年开始申请水稻绿色认证。徐社长说,"上设备及信息化投入年年递增,农产品经销属微利经营,但为了'线上线下'两翼发展,必须迎头赶上。"

C55 吉林农安县天地丰种植专业合作社：资金困境下的促收楷模

一、成立背景

农民专业合作社对农村的经济发展发挥了巨大的推动作用，在农村经济建设过程中，扮演了越来越重要的角色。农民专业合作社对巩固农业基础地位，提高农民的组织化、集约化、产业化、社会化、专业化程度等方面都有重要意义。目前我国已经迈入在家庭联产承包经营制基础上的农民专业合作制阶段，政府对农民合作组织的发展越来越重视。由于中国特殊国情，许多政府主导的农民专业合作社应运而生，甚至在发展初期占据了主要地位。吉林省作为农业大省，肩负着农业发展的使命和重任，大力推动农民专业合作社发展有利于提高农村劳动力生产水平，提高农民收入。

二、基本情况

吉林省天地丰种植专业合作社位于吉林省长春市农安县杨树林镇东白村，于2013年5月注册成立，注册资本24万元，发起人共5位，成立时成员总数24位，发展至今成员有51户，主要从事粮食种植业。理事长武向全，42岁，高中文化，是土生土长的庄稼人，当地的产销大户，经验丰富且有较好的群众基础，牵头成立了合作社。合作社在成立时购置了拖拉机、收割机、农用运输车辆、烘干机等农机具，共花费325万元，大幅提高了生产效率，同时也服务了除本社社员的其他农户。合作社发展至今，已被评为"省级示范合作社"，固定资产价值325万元，其中流动资产250万元，负债75万元。

三、经营情况

（一）土地方面

现入社的要求是必须以土地、资金或农机等要素入股。2016年该合作社经营的土地总面积为7500亩。第一次流转的时间是2015年1月，流转1170亩，共计15片地块，每亩租金每年约为446.7元。土地的流转需要得到政府和村委会的批准，并没有通过土地交易所，合作社与转出土地者无亲友关系。合作社进行了水利设施的改造，整治面积1000亩，总计花费15万元。当初之所以能成功地走上创办合作社的道路，最主要的原因是理事长本人有着良好的群众基础，愿意带领本村的村民共同发展，加之良好的自然耕地基础和农业生产经营的丰富经验，合作社开始运营。但土地流转所需的大量资金仍是制约合作社发展最主要的因素，由于当地农户的观念守旧，起初并不认可土地入股这种形式，理事长只能通过自筹资金来解决困境。而且，在农村的实际情况下，流转土地仍是一件困难的事情，尤其是理事长经营的种植专业合作社，需要的土地规模更大。该合作社流转的都是本村土地，全部采取书面合同的形式，且都是固定年限为3年，但理事长认为流转期限最低应为5年或以上更能适应生产需求。

（二）成本收益方面

通过计算和估计，该合作社2015年的营业收入约为120万元，支出为120万元，其中工资支出为15万元，盈利能力与前两年相比差一些，但与其他同类经营主体相比，大家的情况没有差别。由于2015年玉米受灾，价格低，收入不佳。合作社种植的作物全是玉米，收获面积105亩，收获了120750千克粮食，一次全部由储备库收购，销售均价每千克1.7元。该合作社经营主体的劳动力投入情况：行政管理有一位来自本村的男性长期雇工全年工作，理事长也是全年投入行政管理中，但没有工资；财务管理有长期雇工，一天工作总时长约为50天，日工资70元，是一位来自临近村的女性；在作业环节需要雇短工，男、女各10人，都来自本村，全年投入时间为40天，日工资120元，平均年龄45岁，长期雇工10人，全年投入时间为40天，日工资250元，平均年龄25岁；在日常环节需要雇短工男、女各10人，全年投入时间为15天，日工资120元，平均年龄40岁。

2015年合作社种植玉米，所产生的物质和服务费用如下。种子用量3882.3千克，种子费用10万元；化肥用量7万千克，化肥费用14.7万元；共使用3次农药，花费2800元；燃料动力费为5万元，修理维护费为2万元，购买的玉米保险花费13650元。2015年种植的玉米遭受了旱灾，受灾面积100亩，损失金额3.5万元。

关于固定资产，合作社有办公、厂房、物流仓库用地，是通过租用集体荒地来建设的，租赁价格每亩1333元，租用面积15亩。利用自有资金租占了温室大棚，每年租金2万元。合作社对于农机具的投入，用的都是自有资金。于2013年购置了15台拖拉机，花费150万元；购置了3台收割机，花费105万元；购置了3台用于播种、犁地的农具，花费 50 万元；购置了 10 台烘干机，花费 20 万元。

（三）农业社会化服务方面

该合作社在农业社会化服务方面，既是接受者，也是提供者。所接受和提供的服务都是免费的，未收取任何费用。接受过由科研单位提供的技术服务和金融机构提供的农资和信息服务。此外，理事长坦言，还需要销售、物流、品牌、金融、质量服务，来完成合作社从生产到销售的各个环节。该合作社为本乡镇的普通农户，免费提供技术、农资、销售、信息服务，服务农户 415 户；同时有偿提供作业服务，一次一结款。对于服务的最终效果，服务总金融 10 万元，比自己解决降低 10% 的成本，同时提高了农产品价格，服务后的价格为每斤 0.85 元，未获服务价格为每斤 0.8 元；服务后产量为每亩 2500 斤，未获服务为每亩 2300 斤。通过经营主体累计销售 450 万斤。

该合作社购买农机具，由政府提供补贴，累计获得资金补助 75 万元。合作社还承担了政府万亩示范园的示范推广项目，投资规模 75 万元。理事长身边的亲友关系网中，对其帮助最大的是从事相同或相关产业的人，他们能在一起交流心得和经验，共享资源，更好地促进合作社的发展。

四、主要问题

不难看出，理事长通过自身的努力，创建了合作社，已经实现了从普通种植户到专业合作社的巨大转变，但由于目前仍处于起步期，还是存在着许多问题。一是资金的制约和短缺问题突出。现阶段合作社经营的资金绝大多数都是来自理事长的自筹资金，理事长出资占成员总出资额的 60%，随着生产规模的扩大，资金能否持续周转决定了合作社的发展步伐。二是合作社社员的文化程度普遍偏低。理事长是高中毕业，合作社的理事会成员都是初中毕业，普通农户大多为小学毕业。由于知识的匮乏，在面对新生事物和表决新议题时，理事会成员很难跟上时代发展的步伐，这也成为制约合作社更好发展的阻力。三是合作社缺乏接受新品种、新技术以及销售服务的渠道。理事长是位能吃苦、肯干活的好带头人，但没有获取新品种的机会，新技术不会运用，还是用陈旧的技术经营生产，劳动效率得不到提高；销售渠道也比较单一，这会大幅降低合作社玉米的销售价格，影响收入。

通过与理事长近两个小时的问卷访谈，令人感触最深的有如下几点。一是针对有较好自然条件的地区，政府应该选拔培育一批新型经营主体带头人。鼓励、引导、激发他们的经营欲望，带头人必须来自本村，有较好的地缘基础，有较强的实干能力，能充分发挥其自身的优势条件，成立适应自身发展的合作社。二是政府的政策应更持续稳定地推进，继续加大对农民，尤其是新型经营主体的扶持力度。农民普遍反映现在的农业政策是能够迫切解决农民实际的好政策，但在实际的操作和运行中，有些农民仍然觉得有困难，这说明政策还需要落地，还需要不断的完善，要为农民提供政策上的绿色通道。三是加大农业政策的宣传讲解力度。农民的文化程度普遍较低，对政府发布的红头文件，在理解上仍有偏差，需要政府联合各部门、各机构开展学习和宣讲，让农民能更好地理解，以便更好地运用。

五、发展前景

在访谈的过程中，理事长最关心也最为难的就是资金问题。资金是合作社运营的命脉。当地正规金融机构的贷款年利率一般是8.4%，民间借贷的年利率一般是20%，亲朋好友间的借贷利率一般也是20%，高利贷则会达到30%。可见农民的借贷成本还是很高的，这就制约了农民的借贷意愿。截至2016年理事长负债75万元，都是来自亲朋好友，每年支付的利息就高达735万元，而借贷的资金都是为了农业生产。之所以选择借贷利率更高的亲戚朋友，而不选择正规金融机构，理事长也是苦不堪言。原因在于：一是正规金融机构的借贷程序烦琐，周期长，需要打点的人情往来较为麻烦；二是可抵押借贷的资产有限，贷款的额度较少，不能满足需求。

因此，盘活农村资源，资金是关键。建议从以下三方面采取措施：一是要加大监管力度，金融机构的网点应更有针对性地服务到乡镇有需求的农户，信贷员如实核实，判定农户的有效需求；二是加大政策的宣传力度，农地经营权抵押贷款就是一项破解农民融资难的好政策，但很多农户未曾听说或接触，不敢尝试；三是培养农民的信用意识，注重信用积累，良好的信誉是贷款的先决条件。

C56 吉林公主岭利民农机合作社：政府补贴缓解资金困境

资金短缺是目前大多数合作社所面临的问题，也是阻碍其继续扩大规模的主要原因之一。利民农机合作社凭借政府的各种农机补贴，充分发挥自身的优势，缓解了最初面临的资金困境，这一案例值得学习和借鉴。

一、成立背景

利民农机合作社位于吉林省四平市公主岭市双城堡镇街道，2013年10月被评为"省级示范合作社"，理事长是王刚全。合作社主要从事粮食种植以及农机作业服务，涉及6个村庄的土地流转。这6个村庄地处平原地带，人均土地面积是4.5亩，人均收入是2000元，在乡镇中处于中等水平。这几个村庄与县城的距离是80千米，距高速公路入口是30千米，与省道的距离是2千米，交通比较方便。

王刚全之前是初中教师，退休之后，主要从事农资销售，其家庭收入主要来源于农资销售收入，2015年的农资销售收入就有50万元。对于王刚全来说，借钱有点困难，同时其亲朋中也鲜有官员和企业工作人员，说明其人际网络不是很广泛。2015年的家庭支出近12万元。借助自己家农资店的便利，王刚全于 2012 年 9 月联合其他农户成立了利民农机合作社。在合作社成立初期，面临的主要问题是资金约束和土地流转困难。王刚全通过银行贷款和向亲朋借款，解决了资金障碍。土地流转的困难在于土地不连片，农民不愿意流转，合作社便通过提高粮食单产吸引农民进行流转。

二、基本情况

（一）组织结构

利民农机合作社的发起人有 5 位，截至 2016 年社员有 170 户，注册资本 200 万元，90% 的社员都有流转土地给合作社。在合作社的成员中，年龄最大的是 51 岁，最小的是 23 岁，文化程度最高的是大学，最低的是小学。流转面积最多的是 70 亩，最少的是 15 亩。

合作社的理事会有 5 位成员，理事长王刚全在合作社的出资额为 70 万元，占成员出资总额的 35%，占比最高；理事会的其他 4 位成员各出资 10 万元。2015 年，理事长在合作社领取工资 5 万元。合作社的盈余分配由理事会决定：盈余中 90% 参与公共积累分配，10% 按土地分配。但并不是每年都会按土地进行分配，只有在粮食销售市场比较景气、合作社盈利的情况下，合作社才会视粮食收获情况，适当提取利润的 10% 给流转土地的农户分红。

（二）资产负债

合作社的办公、厂房以及物流仓库等建设用地都来源于集体建设用地。合作社以 40 万元买断，占地约 1 万平方米。仓库建设于 2014 年，总花费 30 万元，资金来源于银行贷款。此外，合作社还拥有各类农机具等固定资产，其中：收割机购置于2013年和2014年，花费35万元，资金来源于银行贷款；拖拉机购置于2012—2016年，花费100万元，资金来源于银行贷款；打药机购置于2013年，花费10万元，资金来源于合作社的自有资金；播种机购置于2013年，花费6万元，资金来源于合作社的自有资金；深松机购置于2014年，花费10万元，资金来源于合作社的自有资金。

利民农机合作社截至2016年负债200万元，主要是银行贷款。2012—2016年，合作社最大的一笔贷款是2015年理事长以个人名义取得的信用贷款。贷款金额是60万元，利率9.6%，期限是1年，贷款来源是邮储银行，贷款的主要用途是支付土地流转的租金。

（三）经营情况

合作社经营土地4500亩，全部是流转而来，平均租金为每亩700元，流转期限并不固定，支付的租金主要来源于银行贷款。利民农机合作社的土地流转始于2012年，此后，每年都会流转一些。最初流转土地是比较困难的，但现在进行土地流转比较容易了，一年的租金一般是每亩500元。在合作社经营生产粮食期间，其进行土地平整300亩，花费5万元；改良土壤4500亩，花费45万元。资金都来源于合作社自有资金。

合作社种植的粮食作物主要是玉米，耕种收环节全部是机械化作业。田间的日常管理需要2人，全部是长期雇工，常年在合作社工作，日均工资是70元。合作社的财务管理有1名女工，也为长期雇工，日均工资70元。在玉米的耕种收环节，合作社雇用短期雇工计100人，其中男工40人，女工60人，日均工资100元，工作时间为每年60天。田间植保，主要是打药，需要长期雇工17人，其中男工15人，女工2人，全年的工作时间是60天，日均工资为70元。玉米的运输、装载需要短期雇工20人，全部是男工，工作时间是每年60天，日均工资100元。利民农机合作社雇用工人全部来自本乡镇，其中既有本村村民，也有外村村民。

此外，该合作社还能够为社员和其他非社员农户提供农资和作业服务。2015年，合作社理事长家的农资销售收入有50万元，合作社的农机作业服务收入有30万元。理事长通过合作社主要为社员提供化肥、种子、农药等农资，且比市场价要便宜很多：化肥的市场价是每吨2800元，合作社的价格是每吨2400元；农药的市场价是每公顷30元，合作社是每公顷20元；种子的市场价是每斤20元，合作社价格是每斤14元。

（四）成本收益

合作社的收入来源主要是农机作业服务收入以及粮食销售收入。如前面已经提到的，2015年的农机作业服务收入是30万元，但是2015年的粮食销售收入不尽如人意。

2015年，合作社的玉米产量是35万千克，收获面积4500亩，全部销售给了商贩，价格为每千克1.6元。由于当年玉米遭遇了旱灾，损失了1500亩，损失金额为100万元。最终，合作社农业经营收入为100万元，支出200万元，其中工资支出40万元，盈利能力比前两年差很多，与其他经营主体相比也差不少。关于2015年的玉米生产成本，具体如下：种子花费15万元，化肥花费40万元，农家肥花费5万元，农药花费6万元，燃油花费20万元，农机具维修费3万元，保险费2.4万元。

据理事长反映，社员通过合作社获得的纯收入有3000元，最多的是8000元，最少的是2000元，增收的主要来源则是社员在合作社打工的收入以及土地租金收入。

三、主要经验

从前面的叙述中，可以知道，理事长王刚全依靠自己经营农资店的优势而大规模流转土地，成立合作社进行大田作物的生产销售。农资的低成本优势以及理事长多年从事农业的经验优势是利民农机合作社发展的主要依靠。而合作社进一步发展的主要障碍则在于资金的缺乏。从合作社所拥有的固定资产种类中也可以看出，该合作社的资金并不是很充裕，很多农机具都是通过银行贷款购置而来；流转土地的租金也是银行贷款。因此，资金约束是目前该合作社扩大规模所面临的主要问题，尤其是合作社理事长也打算在原有规模基础之上进一步追加投资的情况下，更需要大量的资金。

这里要特别指出的是，当地政府对于合作社购置农机有很大的资金扶持：合作社购买满250万元的农机具，政府补贴60%。这对于资金缺乏的合作社来说是非常有利的项目。然而该合作社理事长反映，政府的农机购置补贴项目要求其必须购买一些指定机械，而这些机械对自己并没有用处，如免耕机。尽管合作社对政府项目有所不满，但是比起自己去市场上单独购买农机而言，该项目还是很划算的。合作社应该充分利用政府的补贴项目来帮助自己扩大经营规模，而不应该执念于细微的不利之处。

C57 吉林九台庆山农业机械化专业合作社：社会化服务促增收

庆山农业机械化专业合作社是通过提供农机服务使全体社员增加收入的成功案例。正是这种高效率的社会化服务，才得以形成了农民增收、积极性提高、合作社进一步发展壮大的良性循环。虽然暂时还没有摆脱政府资金支持的依赖，却证明了社会化服务对于新型经营主体增收的积极作用。

一、成立背景

庆山农业机械化专业合作社位于吉林省长春市九台区上河湾镇四台村，目前已经被评为"国家级示范合作社"，理事长是刘庆山。四台村地处平原，人均土地面积是2.4亩，人均收入4000元左右，在乡镇中处于较高的水平。该村距离县城和高速公路入口都是50千米，距离省道2千米。总体来看，该村交通还是比较方便的。刘庆山本人是党员，也在村里担任干部，高中学历，其亲戚朋友中也有做村干部的，对合作社的经营帮助较大。借钱对于刘庆山来说有点困难，反映出其人际关系并不是很广泛。刘庆山的家庭收入主要来源于从事农业社会化服务的收入，此外，还有担任村干部的工资收入。2015年刘庆山的工资收入有

6000元，家庭开支近100万元。可见，从事农业社会化服务为刘庆山带来了较高的收入。

刘庆山成立合作社的情况如下。2007年，刘庆山正从事养殖业生产，为了便于农业生产，购置了1台拖拉机；2008年成为农机大户，政府给予50%的农机购置补贴；2009年，刘庆山购买的农机逐渐增多，由此成立了农机合作社，主要从事农机作业服务以及粮食生产，同时政府出资为合作社建设了农机仓库；2013年，政府又补贴给合作社很多农机具；2015年，政府出台文件支持新型农业经营主体建设，国家给合作社投资300多万元，合作社自筹资金200多万元用于规模扩建。

由此可以明显看出，政府的支持是该合作社成立和存续的重要原因。理事长刘庆山本人也表示："政府支持是我们发展的主要依靠"。自合作社成立至今，累计获得政府的农机购置补贴800万元。同时，合作社还有1500公顷土地参与了政府的示范推广项目，主要是免耕播种示范和深松、收割等；该示范项目于2013年开始，免耕播种补贴450元/垧，深松、收割补贴300元/垧。当然，在合作社的发展过程中，由于需要大量投资来建设仓库和购置农机具，资金约束仍然是主要的障碍，一般情况下，刘庆山通过民间借贷的方式来解决资金困难。

二、基本情况

（一）组织结构

庆山农业机械化专业合作社的发起人有5户，成员有58户，注册资本是220万元。理事会成员有5人，其中理事长出资120万元，另外4位理事会成员各自出资10万元，其余成员各出资1万元。合作社理事会每个月召开 2 次,成员代表大会一年召开 4 次,一个季度 1 次,监事会也是如此,表决方式是一人一票。合作社的盈余分配由理事会决定:提取盈余的 20% 作为公共积累,另外 80% 按照股金进行分配。

值得注意的是,社员必须以资金入股,才能参加合作社。在该合作社的成员中,年龄最大的是 60 岁,最小的是 30 岁,文化程度最高是大学,最低是小学。此外,仍有 60% 的社员还在自己经营土地,其中面积最大的是 30 亩,最小的是 3 亩。

(二) 资产负债

庆山农业机械化专业合作社的固定资产主要是仓库以及农机具。合作社办公以及仓库等用地都是流转而来,占地面积有 1 万平方米,每年的租金是 1.5 万元,期限是 30 年,租金共计 45 万元,一次性付清。合作社的玉米仓库建于 2013 年,花费 70 万元,资金来源是自有资金;农机仓库建于 2015 年,花费 100 万元,由政府出资;办公室等房屋建于 2015 年,花费 100 万元,由合作社出资。此外,合作社还于 2015 年建设了一座冷库,花费 70 万元,由合作社出资。合作社准备种植蔬菜,进行冷藏销售,但该项目还未开始,冷库尚未投入使用。

合作社拥有各式各样的农机近 90 台:20 辆农用运输车辆,花费 60 万元;15 台旋耕机,花费 200 万元;7 台免耕播种机,花费 42 万元;8 台喷药机,花费 80 万元;7 台深松机,花费 14 万元;3 台植保机,花费 20 万元;1 台烘干机,花费 70 万元;20 台拖拉机,花费 300 万元;8 台收割机,花费 240 万元;1 台脱粒机,花费 6 万元。购置以上农机的资金来源都是政府补贴 50%,合作社自筹 50%。

关于负债,合作社截至 2016 年的债务有 200 万元,主要是银行贷款占 90%,每年应付利息 23.76 万元,债务按股分摊。2012—2016 年,合作社最大的一笔贷款是 150 万元,利率是 13.2%,期限是 1 年,贷款来源是龙嘉村镇银行，是理事长以个人名义取得的流转土地抵押贷款，由长春市的担保公司做担保，贷款资金主要用于购买生产资料和仓储等设施建设。

（三）经营情况

合作社的经营内容主要是农机作业服务以及玉米种植，作业服务已覆盖了5000户。粮食种植方面，自2009年起，合作社共流转了400垧地，计6000亩，进行玉米种植。2016年，土地的租金是每垧8000元，约每亩530元。合作社的租金并不固定，每年会根据市场情况而变动：例如，2009年的租金是每垧7000元，2010年是每垧8000元，2011年以及2012年是每垧1万。经营土地期间，合作社一共平整了75亩土地，花费5万元，由合作社自己出资；6000亩土地都进行了土壤深耕，花费12万元，由政府出资。合作社从玉米的种植到收割，全部是机械化作业。

合作社的日常管理方面：有7名工人，其中理事长家投入女工1人，长期雇工6人（5名男工，1名女工），每年这些管理人员在合作社的工作时间有200天，日工资为150元。财务方面：雇用1名女会计，每年的工作时间有200天，日工资是70元。玉米的耕种收是合作社需要工人最多的环节。在这几个环节中，合作社长期雇工有20名男工，工作时间为100天，日工资是100元；短期雇工有12名男工，8名女工，男工工资每天200~300元，女工工资每天120元。因为男工从事的是比较耗费体力的工作内容，根据劳动的技术含量不同，支付不同的工资；女工主要是农机作业之后，帮助整理不完善的作业，劳动任务比较简单，因此工资较低。在田间植保环节，主要指打药，合作社需要长期雇工7名，由于劳动量比较大，都是男工，每年投入的工作时间有20天，日工资为100元。在玉米的运输、装载环节，需长期雇工10名，都为男工，一年投入的工作时间是 2 天，工资是每天 100 元。合作社的所有雇用工人都来自本村，年龄分布在 40~50 岁之间。对于合作社来说，雇人是比较困难的，尤其是农机手，年轻人一般不喜欢从事农机作业，年纪大的农机手由于精力有限，也不太容易雇到。

除了农机作业服务，合作社还为种粮的社员提供农资采购服务。合作社统一购买农资的价格比市场价低约 20%。其中，使用最多的一种农药的市场价是每瓶 13 元，合作社价格是每瓶 11.5 元；化肥的市场价是每吨 2600 元，合作社价格是每吨 2000 元；种子的市场价是每垧地 960 元，合作社价格是每垧地 800 元。此外，合作社还免费为本村的普通农户提供田间整治等基础建设服务，服务户数有 2700 户。

(四) 成本收益

2015 年，合作社收获玉米 6000 亩，260 公斤，全部销售，价格为每千克 1.96 元，卖给了加工企业。当年的生产经营收入约 400 万元，支出 600 万元，其中工资支出 70 万元。盈利能力比前两年差很多，由于旱灾，受灾面积 6000 亩，损失金额有 170 万元。正常情况下，每亩地的利润是可以达到 1000 元的。2015 年玉米的生产成本具体如下：种子费用为 32 万元，化肥费用为 40 万元，农药费用为 60 万元，燃油费为 27 万元，机械维修费为 10 万元，保险费用为 2.4 万元。

由于旱灾，合作社在 2015 年的玉米生产没有取得良好的收益，但这一年的农机作业收益有 120 万元，在一定程度上缓解了合作社的损失。据合作社理事长介绍，成员通过合作社获得的纯收入平均是 4 万元，最多的是 10 万元，最少的是 1 万元，而成员增收的主要来源是农机作业服务收入。

三、发展前景

庆山农业机械化专业合作社是典型的农机专业合作社,尽管合作社也从事粮食的生产、种植与销售。不难看出,农机作业服务是合作社主要的收入来源。合作社理事长对合作社的发展前景很看好,社员参与合作社事务的积极性也比较高。然而值得关注的是,该合作社的发展在很大程度上依赖于政府的支持,长此以往,不利于合作社的可持续发展。合作社应该在农业的市场环境中寻求自我突破,摆脱对政府资金扶持的依赖。

C58 吉林九台伟信种植业农民专业合作社：初期运营难脱"小企业"模式

九台区伟信种植业农民专业合作社位于吉林省长春市九台区，理事长周英伟是九台区九郊乡头道村人。头道村地处平原，村内人均年收入15000元，处于中等水平，人均土地面积3亩，合作社距离县城5千米，临近省道、国道。合作社成立于2012年9月，共有5位发起人，注册资本50万元，由理事长周英伟1人出资，其余4人以土地入股。伟信合作社现阶段主要从事粮食种植业以及蔬果种植业，主要作物有玉米、土豆和香瓜，其中玉米的种植面积最大。合作社仓储用地为周英伟自家耕地。

周英伟及妻子均为1971年生人，初中毕业，两人一直从事农业生产活动，育有一女，女儿现外出读大学。谈及合作社能成功走出第一步的原因，周英伟理事长说："首先，当时有政府的优惠政策支持，当然了，现在也有，比如说农机补贴啥的，买政府指定的配套农机有60%的优惠补贴。其次，咱们这里农业发展的自然基础较好，平原地区且土壤肥沃，适合机械化大规模生产。还有，我们5个发起人都是长期务农，也算是经验、技术都比较丰富吧。"

关于土地流转，周理事长说，当时流转土地还是比较困难的，农民们大多初次接触这种经营模式，对其有些不信任，流转来的土地也比较零碎，不连片，有的地方一开始甚至无法使用大机器。但随着合作社的发展，现在土地流转相对于以前要容易一些了。按照周理事长的设想，该合作社经营4500亩土地较为理想，这种情况下，每亩土地能实现利润200元，不能少于3000亩，否则就不合算了（该合作社仍在发展阶段，暂未能实现盈余），但最多不能超过1万亩，否则就超出现阶段的管理能力了。

一、基本情况

合作社截至2016年直接经营土地1770亩，除原有5户发起人的土地外，共经历4次土地流转。2013年，合作社以租入形式转入土地12片，共计450亩，平均每亩租金530元。2014年，仍以租入形式转入土地5片，共计300亩，平均每亩租金600元。2015年，以土地入股形式转入土地5片，共计450亩，每亩租金730元。截至2016年8月，转入土地3片，共计38亩，每亩租金470元。土地全部用于玉米种植。粮食直补、良种补贴以及农机具购置补贴归原承包农户所有。土地租入需要得到理事会5位成员的认可，均为书面合同，一年一签，一般每年3月份签订合同，预先以现金形式付清租金，转出土地者多为本村熟人。合作社资金来源以亲朋好友借款为主，社会资本发挥重要作用。488亩以入股形式转入的土地，到秋季除去成本，按股份分红，分红比例为6∶4。

合作社经营的所有土地中，有300亩进行过土地平整，共花费3万元，约45亩土地进行过土壤改良，花费约2700元。以玉米种植为例，有95%的土地能够实现耕地环节、播种环节以及收获环节的全部机械化。

伟信种植业农民专业合作社在日常行政管理方面共有2人，均为

40岁左右，年工资3万元。一位会计，60岁，年工资18000元。每年有30天作业时间，每天雇用劳动力20人，日工资100元一人。卫生防疫等日常工作每年大约需要3天，每天雇用2人，一人一天工资110元左右。合作社5位理事中还有1位专门负责管理农机具，年工资18000元。

合作社现建有仓库一个，餐厅一间。仓库建于2014年，耗资40万元，可使用20年。2015年修建餐厅，耗资17万元，可使用20年。2011年花费5万元购进卡车，可使用10年，2013年花费40万元购进拖拉机，2014年又花费20万元购置收割机，拖拉机和收割机使用年限均为3年。2013年还购进铲车一台，花费7万元，使用年限6年。所有固定资产的资金来源均为民间借贷以及亲朋好友借款。据理事长介绍，当地正规金融机构贷款利率一般为10%左右，民间借贷利率为20%。

截至2016年伟信种植业农民专业合作社共计负债75万元，主要来自亲朋好友借款。由理事长一人承担。周理事长说，借款时并未提及利息，但是自己还款时预计按照10%的利息还给亲戚朋友们。

2015年，合作社农业经营性收入约为70万元，支出110万元，其中9.8万元是工资性支出，亏损40万元。合作社近几年都处于亏损状态，由于2015年旱灾严重，大面积土地绝收，加之玉米价格下跌，亏损情况异常严重。2015年玉米收获531亩，共计194700千克，分两次全部售出，均价每千克1.6元。土豆收获30亩，共计4万千克，一次性全部售出，均价每千克0.225元。粮食及蔬果主要售往食品加工企业。2015年合作社共使用种子2810千克，花费约6万元，其中玉米种子2360千克，花费59000元。共使用化肥105000千克，花费31万元，其中玉米使用104400千克，花费29.232万元。农药共计花费21240元，玉米使用农药花费20880元，各类农机具燃料花费3万元左右，维修费用在3000元上下。2015年玉米共1670亩受到旱灾影响，造成损失

38万元。

合作社接受过科研单位以及政府部门提供的技术和信息服务，周理事长认为自己能够为普通农户提供信息和作业服务，希望能够在金融和品牌服务上获得帮助。通过合作社规模化、机械化种植，可比农户单独种植降低成本约6%。合作社使用先进的技术，优选种子、化肥等，可使亩产提高20千克左右。

二、主要问题

据周理事长介绍，合作社现阶段面临的主要问题有三个。

（一）土地流转较困难

尽管越来越多的青壮年劳动力愿意将土地流转出来后外出打工，但是土地较为分散，很难和现有土地连片，若两片地中间有一户的土地始终不愿意流转，那么这两块地就一直是分散的，不适合规模化、机械化作业，使得5位理事在流转来的土地上出现分歧。

（二）资金不足，正规金融机构借贷困难

受2015年旱灾影响，原本受资金限制的合作社大大伤了元气，困难重重。周英伟理事长介绍说，当地正规金融机构借贷手续非常复杂，且其中社会关系是很重要的因素，打点关系等花销使得正规金融机构的贷款利率和民间借贷差不多，借贷比较困难。

（三）粮价波动，合作社盈利能力不稳定

受粮食价格波动的影响，类似于伟信合作社这样刚刚起步的规模较小的合作社盈利能力变得非常不确定。

三、主要经验

(一) 多样化种植

伟信合作社突破了当地众多合作社单一的种植模式，同时种植土豆、香瓜和玉米。尽管玉米占据大面积土地，但是像2015年旱灾这种情况，土豆和香瓜的种植能够帮助合作社挽回部分损失。

(二) 依托土地流转，实现规模化机械化生产

通过连续4年的土地流转，合作社土地面积达到1770亩，并且在未来仍会继续转入土地，规模化、机械化生产使得生产成本大大降低。

九台区伟信种植业农民专业合作社虽然注册为合作社，但其构成和运营更像是理事长周英伟一人主导的家庭农场或是农业企业，另外4位理事的工资全由理事长一人承担，且不承担风险，理事长个人承担所有债务，他们更像是周英伟理事长雇用的管理人员或"智囊团"，并不能做出最终的决策。

有关部门应当正确引导类似于伟信合作社这样规模不大，仍在发展初期的新型农业经营主体，使其发挥合作社或家庭农场的优势，切实为他们提供服务。同时加强相关金融机构监管，不让借贷难成为制约新型农业经营主体发展的因素，解决合作社发展初期的资金短缺问题。

C59　吉林公主岭万欣合作社：规模扩大后的发展困境

一、基本情况

吉林省四平市公主岭县是国家重点农业示范区，这里的合作社平均经营3000~4000亩耕地，业务覆盖种植业、养殖业、农机等。

万欣合作社，作为合作社的杰出代表，在薛耀辉理事长的带领下，实现了7500亩地的组织经营，效果显著。理事长的领导力得益于其较高的文化水平。据合作社工作人员反映，理事长参与了"一村一干部"的培养计划，从那里获得了农业生产的想法。从2007年开始，合作社陆续流入土地，实现了规模化经营。目前合作社主要种植玉米，配套厂房、仓库等，玉米直接被储备库收购为国储粮，半个月内即可完成玉米从收获到国储粮仓库的全过程。

二、主要问题

（一）向上下游延伸供应链，做大却做不精

万欣合作社从种子、化肥到田间地头的管理，最后到运输、销售，

实现了一条龙服务。可是这样垂直规模的扩大,覆盖范围是广了,却很难再发现自身的优势项目和盈利点。在做大做强的路上,徒有一身气力却无处落脚,这会造成公司未来发展目标不明确,从而难以继续创收等障碍。

(二) 零散却不成片,不便管理

有人提到,个别农民是很可怕的。当他们获利时,会认为是理所应当,当他们损失时,会找你算账。似乎,农民就等于粗鲁和蛮不讲理。许多合作社还面临着这样的问题,由于他们转入的土地大多连不成片,在收获环节很容易让个别的农民钻了空子。他们有时会直接把玉米收回家,有时会故意让玉米粒洒落,回头再去拾起。因为目前合作社一般采用租金的形式,在没有入股分红的情况下,农民不会将自身的利益和合作社的经营情况相联系,无法从一家一户小农经营体系里解放出来。

(三) 合作社风险无人承担

农业本身就是一个看天吃饭的行业,承受着来自气候灾害的各种威胁。与此同时,政府的政策动荡,农产品市场的价格波动,都造成了农业经营风险与日俱增。合作社大至联合1000余户农户,小则数十户,用租金换土地经营,农户的收入有了保障,直接经营的合作社却困难重重。据了解,2015年吉林发生了极大的旱灾和鼠灾,部分合作社20%的土地绝收,亏损数百万元。合作社资金链本来就脆弱,现在更看不清未来的方向。

(四) 未来方向模糊

国家政策的大环境是不错的,出台了许多鼓励发展合作社的系列文件,提供了农资等补贴,经常性发放拖拉机等农机奖励,举办玉米节助力地区农产品宣传工作的开展。但是，目前很多合作社对于未来是否还要进一步扩大规模持怀疑态度。其一，国家的配套设施没有完善。截至2016年没有听到一例合作社担保贷款，没有上市、众筹等资金聚拢，现金不足，资金周转不灵成为农业合作社发展很大的桎梏。其二，合作社的地租分为1年、3年、5年、10年不等，也许隔年地租就会有每亩3000~5000元的跌幅，这样的损失均由合作社独自承担的话，会造成合作社租入土地后劲不足。

（五）科技不落地

某一家庭农场理事长谈到，目前种植还在使用打药机等，但是国家最新研究显示，早就可以通过新型品种改善这一成本投入，但是科技一直不下乡不落地，合作社也没有办法牵头使用。研究所科技的发现到田间地头的运用这一较长的反应，一直是禁锢我国农业发展的一大问题。

三、对策建议

（一）提升农民经营主体地位，共担风险

当农民拥有了土地经营权，农业生产积极性就被调动起来，生产效率会大幅提高。当农民觉得自己可以当家作主了，合作社经营好坏与其收益息息相关了，就不会破坏合作社的利益，与此同时，也可以使农户与合作社共担风险。所以，土地作价入股会成为今后许多合作社成长的方式。我们还可以推动农业企业上市，增加资金来源，也让非农业者以资金的方式加入农业生产之中。

（二）双头作用，提高科技的利用率

科技要依靠大量的人力资本投入去开发和创新，所以，一般来说，

国家的技术部门承担了这部分的责任,那么从实验室走到田间地头,一来是利用效率,二来是技术传达时间让技术本身的效益大大减少。那么,我们应该双头发力。一方面,积极建立各级农经站,和农业研究所联系,在文件下发、技术指导上做足文章,打通这一条传播渠道。另一方面,在农户端和合作社端,也要积极接纳人才,参与国家或各大农业协会的技术交流活动,自主研发新的技术,提高农业生产效率。只有控制了技术,才能控制未来。毕竟,土地是有限的,劳动力是有限的,但是技术是无穷的。

(三)进一步完善农村金融等农业发展配套措施

"没有足够的资金,不然想做多大,合作社都能做得到。"当提及合作社能够经营的最大规模的时候,受访者如是说。

显然,资金已经成为当前制约合作社发展的一大瓶颈。合作社目前大多通过自有资金和银行借款两方面维持自身的资金链。民间借贷的最大问题在于利率高,一般达到15%~20%,对于本身生产效率有限的农业而言,这样的利率往往是无法承受的。银行利率一般在6%~8%之间,虽然利率较为合理,但是往往面临无法抵押贷款的窘境,土地的三权分置让抵押融资在农业领域难以开展。自有资金由于规模较大,自然灾害造成周转不灵,等等,往往也难以维持。所以,政府可以考虑进一步丰富融资渠道,给合作社注入新的活力。

C60 吉林公主岭盛丰农业专业合作社：种养一体化社会化服务经营主体

盛丰农业合作社创建于2015年11月，坐落于吉林省四平市公主岭县朝阳坡九间房村，2016年合作社经营的土地总面积为3000亩，是一家集种植、养殖为一体的专业合作社，并为社员提供农资服务、技术服务及信息服务等。

盛丰农业合作社理事长田赫1985年出生，大专毕业后进入一家桥梁施工企业工作，作为项目经理顺利完成负责的工程后，他毅然辞职。2015年，收获了资金和经验的田赫开始回乡创业，经过调研，他创办了盛丰农业专业合作社。目前该合作社不断发展壮大，积极推进土地流转，并加快全程机械化的实现。

一、基本情况

（一）三大要素投入情况

盛丰农业合作社由于成立时间较短，在2016年进行了多次土地流转，经营的土地总面积约3000亩。在2015年，合作社共投入1500亩土地种植玉米，每亩租金每年约1000元。长期劳动力3人，2人负责行政管理，1人负责财务管理，日工资每人100元；在作业环节每年需投入短期劳动力18人次，每年投入时间约45天，日工资每人100元；在日常环节每年需投入短期劳动力8人次，每年投入时间约30天，日工资每人100元；在物流环节每年需投入短期劳动力5人次，每年投入时间约10天，日工资每人100元。2015年底，盛丰农业合作社共投入80万元建设仓库、厂房和养殖棚舍，资金主要来源于自有资金筹集和银行贷款；2016年盛丰农业合作社共投入400万元，购置拖拉机、收割机、农用运输车辆以及农具等，资金主要来源于社员自有资金筹集。2015年盛丰农业合作社生产经营所发生的物质和服务费用总计约为55万元，并且由于2015年本地受旱灾及虫灾影响较大，该合作社所经营的土地全被波及，损失金额约20万元。

(二) 产量效益

2015年，盛丰农业合作社共投入1000亩土地种植玉米，收获量约40万千克，销售量约35万千克，销售均价每千克约1.6元，共销售两次，销售去向主要是储备库收购，未销售的原因主要为等外粮。由于2015年本地受旱灾及虫灾影响较大，受灾盈利能力与前两年相比差很多，盈利能力与其他同类经营主体相比也要差一些。

(三) 社会化服务情况

盛丰农业合作社在技术服务、农资服务、销售服务、信息服务、品牌服务、作业服务等方面可以提供农业社会化服务，服务户数为60~100户，对于接受农资服务和作业服务的农户进行收费。2015年盛丰农业合作社提供的农业社会化服务的总金额为200万元，比农户自己解决约便宜10%；合作社所提供的社会化服务对提高农产品价格没有帮助；对增加玉米产量有帮助，提供服务前的产量为230万斤，服务后的产量为260万斤；通过合作社销售的玉米数量达到20万斤；接受服务的农户的农产品质量提高程度约为10%；农户收入提高程度约为25%。据理事长田赫估算，合作社为农户提供的服务中，对于降低成本作用最明显的是农资服务、作业服务、技术服务等；对于带动农户增加产量和销量作用最明显的是农资服务、销售服务、信息服务。

在接受农业社会化服务方面，理事长田赫承认，在技术服务、农资服务、销售服务、信息服务、品牌服务、金融服务、作业服务、基建服务等方面，合作社都希望能获得帮助，但仅仅是在农资服务和基建服务两个方面接受过少量服务，且未获得政府相关支持。在合作社成立不到一年的时间内，未获得过政府提供的现金补贴或奖励，也未获得过实物支持或奖励。但田赫认为现在从事农业生产经营所获取的社会化服务总体上还是比较充分的，并且在条件允许的情况下愿意成为提供农业社会化服务的专业户。

二、主要问题

合作社在成立之初，面临的主要问题有三个方面。一是资金约束。农民专业合作社作为一种新兴的经营组织，一般自有资金来源于入社农民缴纳的会费，资金实力非常有限，融资渠道相当狭窄，季节性资金需求矛盾十分突出。而各类商业银行基于专业合作社运营的不可预知性，出于自身资金安全原因，往往不愿意向专业合作社发放贷款，很少有商业银行能够给予信贷支持，致使农民专业合作社很难上规模。二是招工难。由于本村青壮年劳动力大多外出打工，合作社懂得经营善于管理的专业人才尤其是能带动产业发展的加工型企业的产业领军人才严重缺乏。甘于满足现状的小农意识进一步制约了专业合作社的发展壮大。三是土地流转较为困难，由于合作社成立较晚，相对而言，土地流转规模较小，但由于2015年玉米收成情况不大理想，所以2016年土地流转难度降低。

目前合作社发展面临的主要问题除了缺少资金和劳动力之外，还面临着缺少核心技术以及政府支持力度不够等问题。政府受财力所限，在资金扶持、信息、技术、管理服务等方面扶持和引导力度不足，在补贴对象上，偏重于补贴那些有经济实力的龙头农业企业合作社，能够得到政策补贴的只占20%左右，而与盛丰农业合作社类似的其他80%规模较小的农民专业合作社只能另谋融资渠道。

三、主要经验

谈及之前为什么放弃小有成就的事业选择回乡创业时，理事长田赫说："主要还是受父母的影响比较大，从小跟着父母干农活，始终割舍不下对农村的感情。"积累一些资金后，怀着对农村的热爱，他回到了家乡，希望能成为一名专业化程度更高的职业农民。但田赫也承认，他个人对中国农业未来发展的前景还是不太乐观的，他比较赞同未来中国农业可能会"后继无人"，他希望自己的孩子将来不要从事农业相关的工作，而是应该好好上大学，离开农村。

随着合作社不断发展壮大，田赫认为现阶段依靠的主要还是土地和劳动力两个要素。而针对目前合作社所面临的困难，田赫希望政府能够出台更有利于合作社持续健康发展的相关政策。一是降低农业生产的风险，减少外部因素对农业生产活动的不利影响。二是改善合作社目前贷款困难的情况，尤其是贷款抵押物的问题，合作社目前的资金压力仍来自机具和土地投入。2015年的粮食价格波动也对合作社有所影响。三是由于合作社缺乏相关的新技术和信息渠道，希望相关部门能够采取措施着重进行网络等信息获取技术的培训，拓展收集市场信息的渠道，加快市场信息的获取速度，防止出现与市场脱节的情况。

四、发展前景

由于合作社成立时间较短，所以未来发展的计划就是通过农户联合合作的形式进一步扩大经营规模，并走出一条生态循环发展道路，通过免费帮农户收整秸秆用作饲料养牛，再将牛粪制成有机肥统一施用，既减少农户支出，又改良了土壤。在条件成熟的情况下进一步打造完整的产业链条：以农机撬动土地，在土地上生产粮食，玉米加工烘储，回收田间秸秆，秸秆作为养殖饲料，牛的粪便制成有机肥，有机肥回归土地。合作社还将努力开发玉米深加工产品和畜产品。此外，合作社2016年还有建立一座养老院的计划，不仅能降低合作社农业生产的风险，而且还能回报社会。通过这些举措，帮助当地农民在各个环节降低生产成本，增加收益，提高生活水平。

C61 吉林九台志千农业机械化农民专业合作社："以民为本"的专业技术合作社

志千农业机械化农民专业合作社坐落于吉林省长春市九台区兴隆镇，于2010年7月注册成立，注册资金155万元。

九台区兴隆街道闫家村六组村民王志千，1982年出生。20世纪60年代，王志千的父亲带领全家从山东老家来到了东北。自2000年初中毕业，王志千便跟随父亲从事农机作业服务行业。父子俩经过几年的辛苦努力，逐渐成为远近闻名的农机大户。随着阅历的增长以及国家惠农政策扶持力度的加大，年轻的王志千心中逐渐勾勒出组建合作社带领社员共同致富的蓝图，于是带头成立了志千农业机械化农民专业合作社。

经过5年的发展壮大，合作社成员由最初的5户发展到2015年的50户，相应硬件设施满足农业生产经营主体发展要求，并预留有较大的发展空间。

一、基本情况

（一）三大要素投入情况

志千农业机械化农民专业合作社自2010年成立以来不断发展壮大，

入社土地面积由最初的不足 150 亩增加到 2015 年的 1500 亩;合作社经营土地面积由原来的不足 500 亩扩大到 2015 年的 3000 亩,平均每亩租金每年 1000 元。2016 年,合作社拥有农机资产价值 700 万元,各类农业机械 50 套以上,涵盖了玉米等旱田作物生产全程机械化的所有机械。合作社共占地 1.5 万平方米:办公室 70 平方米;培训室 200 平方米;机具库棚 1800 平方米;维修操作间 100 平方米。2015 年,志千农业机械化农民专业合作社采购种子、化肥等农资,加上农机检修、雇工费等,全部资金大概需要 150 多万元。

（二）产量效益

2015 年,志千农业合作社共投入 3000 亩土地种植玉米,收获量约 150 万千克,销售量约 150 万千克,销售均价每千克约 1.5 元,共销售一次,销售去向主要是商贩和加工企业收购。由于 2015 年本地受旱灾及虫灾影响较大,受灾盈利能力与前两年相比差很多,盈利能力与其他同类经营主体相比也要差一些。

（三）社会化服务情况

志千农业机械化农民专业合作社拥有一支技术过硬的农机操作手团队,加之合作社作业服务收费比别人低,在本村的机械整地、中耕、植保、收获等作业面积逐年增加;合作社加强农机跨区作业,利用各地农时差,组织收获机械进行跨区作业,2014 年以来每年跨区作业面积都在 300 公顷以上,不但有效地利用了机械资源,还为合作社增加了经济收入。此外,合作社还开展农机维修业务,利用合作社维修设备为附近养机户提供维修服务,既方便了群众,又为合作社搭建了新的服务平台。合作社的技术骨干还负责为相关的农业机械制造企业提供相关的操作指导及调试服务。

二、主要问题

目前合作社发展面临的问题主要还是缺少融资渠道，资金主要靠自有资金筹集，实力非常有限，融资渠道相当狭窄，季节性资金需求矛盾十分突出。而各类商业银行基于专业合作社运营的不可预知性，出于自身资金安全原因，往往不愿意向专业合作社发放贷款，很少有商业银行能够给予信贷支持，致使农民专业合作社很难进一步扩大规模；另外，土地流转困难也是合作社面临的问题，目前剩余土地流转难度较大，导致扩大流转土地规模的难度增大；玉米价格面临再次下跌的风险，导致粮食产量的不确定性增大，2015年玉米价格的走低挫伤了农民的生产积极性，降低了农民收入甚至导致招工难等一系列问题，农民的利益无法得到保障。在接受农业社会化服务方面，理事长王志千承认，在技术服务、销售服务、信息服务、品牌服务、金融服务、基建服务等方面，合作社都希望能获得更多来自政府方面的帮助或指导。王志千认为现在从事农业生产经营所获取的社会化服务总体上不太充分，希望合作社可以通过更多渠道获得社会化服务。

三、主要经验

1983年在农村改革政策的感召下，王志千家买了第一台小四轮拖拉机，从此就与农机结下了不解之缘。国家实施农机购置补贴政策无疑成为王志千做大做强农机事业的催化剂。对于王志千这种新型经营主体，国家出台了一项新政策，即达到一定种植亩数的家庭农场，购置农机具国家补贴30%，省里补贴30%，自己承担40%，这个力度是前所未有的。① 2005年他第一个来到了农机局，买走了一台754拖拉机，这是他家第一台大马力拖拉机。在接下来的三年里，又先后购置了一台欧豹904拖拉机及配套农具和一台背负式玉米收获机。于是以农机作业服务为主要业务范围的农机合作社的基础条件已然具备。

农业生产具有农时短，机械闲置时间长的特点。从合作社成立开始，如何进一步拓宽农机服务领域、提高农机资源利用率一直是合作社理事会常抓不懈的一项工作。经过探索，合作社不断进行产业升级，积极拓宽了农机服务领域。

合作社在发展中逐步完善运行机制，建立健全了一整套科学的管理制度。聘用专职业务人员进行财务管理，定期召开成员大会共同谋划合作社发展大计。合作社倡导"服务提质，信誉第一，诚信经营"的发展理念。在农机服务中总是保证机械以良好的技术状态投入作业，要求作业机手认真负责，作业质量必须达到技术要求。由于作业质量高，作业费用合理，为合作社赢得了良好的口碑，为农业增产、农民增收提供了农机技术支撑。

如今合作社经济状况效益良好，理事长王志千时刻记得父亲经常挂在嘴边的话，"咱家从山东老家刚来的时候，如果没有周围这些淳朴乡亲们的无私帮助和照顾，就不会有今天，想想过去，人要懂得感恩"，他更不会忘记作为一名共产党员的责任和使命。村里邻居谁家有个大事小情，他有求必应；为本村农户作业服务优惠，收取廉价作业费；多次减免困难户农机作业费用；多年冬季义务清理村里雪封路段；帮助其他农户购买农业机械并无偿向他们传授农机维修保养经验等。这一桩桩一件件看似平凡却又使人倍感温暖的事情，他们一坚持就是五六年。

---

① 张影. 九台种粮大户的福音 [J]. 吉林科技报，2015 (16).

四、发展规划

对于合作社未来发展规划,王志千理事长希望能够进一步扩大农业生产经营规模,短期内将现有的农业机械更新换代。具体来说,主要包括两个方面。一方面,农机作业效益正在逐渐递减,这就要求新型农业经营主体优化农机装备结构,提供的服务从单一的耕种收领域向产前、产中、产后的多个环节拓展。目前,农民对土地深松作业、秸秆还田、田间植保、粮食烘干等农机服务需求强烈,这将成为合作社提高收益的重要着力点。另一方面,延伸产业链条,发展有机农业,建立自己的营销渠道。仅靠合作社的力量,这几个想法很难实现。如果合作社能与一些资本实力雄厚的粮食加工企业合作,借助大企业的资金优势和渠道优势,就能实现共同发展。

C62 吉林农安县顺民心农牧专业合作社：管理体制严谨的规模化联合社

一、成立过程

张在新是大学生，其父亲是村干部。1999年时，蛋鸡市场形势不错，有朋友也在做，张在新就开始搞蛋鸡养殖，建立了养殖场，有自己的品牌，可以做简易的包装，一直是大连"咯咯哒"食品厂的养殖基地。2007年成立了蛋鸡养殖合作社。2011年成立农机合作社，开始流转土地，后来又成立了种植合作社。通过乡镇领导和村干部亲友的关系，从2011年开始，以每亩666元的价格，陆续转入了2250亩土地。由于自己有蛋鸡养殖合作社、种植合作社和农机合作社，为了便于发展循环农业，也为了获取政策支持，张在新于2013年成立了联合社。同年，张在新担任村支书。2016年联合社总共经营土地3000亩。通过机械化和雇工规模化种植水稻和玉米。

二、组织架构

联合社共有200多名社员，2013年刚成立时有180户，这两年发展了50户左右。还有许多农民希望投资加入。退社的人也不多，每年一两个，而且都是因为搬走或急用钱的原因才退社的。

联合社总投资900万元。其中理事长张在新出资700万元，其余200名社员出资200万元，每人出资1万元。

联合社设立理事会，理事会共有5名成员，1名理事长，1名副理事长，3名理事。基本上是理事长一人说了算，因为理事长是大股东。理事长平时出去考察项目，如果有好的项目回来便在理事会上研究，其他几个理事基本同意。每年开春的时候会召开社员大会，向全体社员通报理事会定下的当年的投资规划。年终再次召开社员大会，告知社员全年的经营情况，进行分红。

联合社理事长王在新，同时兼任联合社三个成员社的理事长，联合社理事会的其他成员，也是三个成员社的理事。其中蛋鸡养殖合作社有专门从事蛋鸡养殖的社员65人。农机和种植合作社都是同样的180名社员。

联合社雇用的长期工是40人左右。农忙季节还要雇用临时工。每年工资开支100多万元。雇工有负责养鸡的、种水稻的、种玉米的，有厨师、服务员、农机手，还有财会人员。

联合社设立监事会，有1名监事长，2名监事。

三、盈余分配

联合社盈余全部按股分红。效益不好的时候，理事长张在新会主动让出一部分属于自己的分红，分给其他社员。2015年，联合社遭遇旱灾，正常一公顷地能收获玉米24000斤，2015年只打了1万斤，种植合作社亏损70万元。农机合作社盈利10万元，蛋鸡合作社盈利100万元。

联合社建立了有机肥厂、酒厂、磨米厂。有机肥厂将鸡粪加工成有机肥用于玉米、水稻种植。玉米作为蛋鸡饲料。磨米厂磨出的不能出售的碎米和玉米棒作为酒厂的原料,每天能酿300斤酒,在当地销售。酿酒留下的残渣喂养鸡、鸭、鹅、猪。由此形成循环农业。联合社还建立了采摘园,种植西瓜和甜瓜,2015年有9万元的收入,但2016年栽新苗等投入都用掉了。

四、经营情况

(一)社会化服务

联合社给社员免费提供农资供应、产品销售和信息服务,给普通农户提供技术指导、物流服务、质量检测、基建服务、品牌使用和有偿的农机作业服务。联合社有自己的电商凭条,有实体门店,并且成立了在新农副产品有限公司。

(二)业务拓展

联合社的主要业务就是粮食种植和蛋鸡养殖。1999年投资200万元建了养殖棚舍,2013年投资500万元购买了收割机、拖拉机、农用运输车辆等农机具,投资100万元建了仓库。2011年开始分三次陆续流转了本村和外村的2250亩土地。2015年又投资200万元建了温室大棚。联合社想通过吸收新社员的方式进一步流转土地,或进行土地托管。

C63 吉林星海种植专业合作社联合社：分散化小合作社联合的成功范例

一、成立背景

吉星海联合社地处吉林省长春市九台区其塔木镇。九台区位于长春市东北部，属于松辽平原，土壤肥沃，多为黑土地带。本身是国家重点商品粮基地市，其西部的农安县、德惠市，东部的榆树市，都是产粮大县，粮食播种面积占全县耕地总面积的比重很高。统计资料显示，九台区、榆树市、德惠市、农安县的人均耕地面积分别为6.8亩、8.4亩、7.5亩和11亩，在全国来看属于较高水平，因此，当地的农业发展有很好的自然条件，与此同时，农业发展特别是种植业发展也面临着两大制约因素。

存在发展较好的合作社、家庭农场或专业大户等一批规模化的新型经营主体，但是仍有大量的分散经营的农户。这种情况的发生又有两个原因。一方面，当地虽然有许多合作社，但有不少是空头合作社，为了套取补助而成立的，并没有实际运转。据张兴海介绍，"尤其是许多种植合作社，由于其规模小，就十来户，没有什么规模效益，领头人能力也不足，就算其想有作为，社员也不听他的。"就九台区而言，全市注册在案的合作社有 3000 家，但据张兴海估计，实际成形的也就 500 家。这样大量的空头合作社存在，造成的实际情况是许多老百姓虽然"被加入"成为合作社社员，但实际上土地还是分散经营。另一方面，有部分规模化的专业大户或农业企业，流转了大量土地集中经营，但做得好的只是少数，大部分是受到国家补助项目扶持的。九台当地有许多包地的，土地种植情况非常差。另外，一垧地（15 亩）的包地价格是固定的，根据地力好坏，大概在 8000~11000 元，而如果自己经营的话，种得好一垧地便可以多得几千元不等的收益，这对收入本就不高的当地农民而言是一笔很可观的收入（九台区人均收入 4000 元左右，个别耕地较少的村人均收入更低）。加上当地农民的观念问题，"我们这儿的农民不愿意把地交给别人，有点儿地就想自己种。"（张兴海）这使得相当多的耕地还是在农民手中，处于分散经营的状态。①

不断增加的种植成本和政策变化导致的粮价下跌，加上频繁发生的自然灾害，持续挤压着农民的利润空间。九台当地的主要种植品种是水稻和玉米。以种一亩地水田为例，化肥需用 200 元，翻地耙地 70 元，农药 70 元，插秧 135 元，割地 135 元，"打"种子、育苗这些零活也要 135 元，收入在 1350 元左右。玉米每亩投入差不多也在 750 元左右，分散经营的一亩地产出大概在 1400 斤，按照过去的粮价，每斤玉米在 1 元左右，可以有 1400 元的收入，除去成本，一亩地能有 650 元的收入。而 2016 年取消玉米保护价格收购后，1 斤玉米的收购价格跌到了 0.8 元，这样保持产量不变的条件下，一亩地只能有 370 元的收入了。2015 年，九台地区遭遇了大面积的旱灾，部分受灾严重的土地颗粒无收。在这种情况下，星海联合社通过统一购买农资和技术指导，能够降低投入成本，提高土地产出。星海联合社某成员社史理事长说，许多合作社发

---

① 材料来源于四个被访人，难免主观和片面，对于九台区的整体情况还需做进一步调研和数据挖掘。

现,"只有这一条路可以走,没有其他的办法。"

一方面,是大量的小的合作社没有发挥作用,例如,用同一个生产队里的其他村民的身份证和土地证办理了合作社执照,却没有实际运营,其目的可能是单纯为套取国家扶持资金。另一方面,有些小合作社也确实想做一些事,但由于整体规模太小,领头人缺乏技术和组织能力,发挥不了作用,成为"睡着了的合作社"。并且,这些合作社以及合作社的社员不愿意把土地流转出去,寄希望于自己好好经营土地,获得更高的收入,迫切希望能够有降低生产投入的渠道,并且在选种、施肥、打药及田间管理的各个方面获得技术指导,以提高产量,卖出更好的价格。这就给联合社的组织化收益留下了空间。

二、成立过程

由于九台区当地有许多"小、空、散"的合作社,其中有部分又想通过合作做点事,但没有能力。因此,张兴海意识到,组织合作社与合作社走向联合,是一条可行之路。

张兴海在九台区做了20多年的农资生意,常年经营农资商店,这使他认识了许多种子、农药、化肥生产厂家和经销商,对种子、农药、化肥的品牌、品种、质量、特性、技术也比较熟悉。同时,他自己还包了20垧地,是当地小有名气的种地能手,发明了水稻"一种"栽培技术。据其小儿子张殿双说:"张兴海是个土专家,什么品种的水稻看一眼就知道了。"20多年老实本分地卖农资,使得他在当地老百姓当中的口碑很好。联合社某成员社理事长刘某谈到为什么跟着张兴海创业时说,"他这个人做事比较实,在老百姓当中有信誉度。"另外一名成员社理事长史某说,"张总(张兴海)做过农资商店,年轻时就有想法,但当时没有发挥出来。""张总有三个儿子,都有自己的事业,可以把张总养起来。但张总 2015 年去了农业部组织的黑龙江兴十四农场考察回来之后，就认定了要做联合社，带领老百姓致富。""张总原来自己做合作社时，每季度都自掏腰包请专家过来讲课，一次花费都是几千甚至上万元。"

2011 年，张兴海建立了乡村大世界合作社，发展几年后，社员达到 500 多户，土地规模 750 公顷。随后，张兴海将其交给自己的小儿子打理。张兴海有三个儿子，都是大学生，大儿子从事园林绿化，现在吉林市，二儿子学兽医，小儿子张殿双毕业于吉林农业大学，毕业后从事 6 年农资化肥行业。据张兴海说，"自己现在做事主要依赖这三个儿子。"

张兴海在将乡村大世界合作社交给小儿子之后，通过外出学习、培训，参加农博会，他慢慢意识到，做合作社不如联合社。"联合社的平台大，有规模优势，如果有人要谷子，就可以立刻安排人种谷子，如果有人要黏玉米，可以再安排人种黏玉米。规模小了，做不到这一点。"

2015 年，张兴海跟随县农业部门领导参加农业部在黑龙江省兴十四村举办的农村实用人才带头人和大学生村官示范培训班。通过学习兴十四村的创业经验，张兴海意识到必须靠创业带动老百姓致富，不能等政府的补助，相比兴十四村当年的创业环境，现在自己拥有的条件好多了。

从兴十四回来后，张兴海组织了 8 人召开了一次预备会，会后便开始和这 8 人一起，走访各个合作社理事长，了解他们的实际情况和需求。2016 年 1 月 9 日，在九台区其塔木镇召开了联合社成立大会。张兴海的大儿子在吉林市搞农资，就联系了吉林市的一些合作社理事长来九台参会，许多理事长当场表示要加盟联合社。当天有来自九台、农安、德惠和吉林市几个县的 47 家合作社理事长及社员代表，共计 490 余人参会。当地电视台也来到现场予以报道。

三、组织架构

联合社现有成员社 100 多家，核心成员社 47 家。长春市 50 多家，吉林市 50 多家，还包括几家家庭农场。其中以水稻和玉米种植合作社为主，还有蔬菜、苗木、养殖、菌类合作社和家庭农场，总的土地规模在 3000 公顷左右，猪存栏量约 1000 头，羊 300 只左右。

规模前三的成员社分别是乡村大世界合作社，史某的种植合作社和刘某的水稻种植合作社。乡村大世界合作社的理事长是张殿双（张兴海的小儿子），共有土地 750 公顷，主营业务为水稻、玉米种植。第二大是史某的种植合作社，有 40 多户，共 90 公顷土地，主营业务是水稻、玉米种植。第三大是刘某的水稻种植合作社，有 20 余户，共 40 公顷土地，统一种植从五常引进的稻花香水稻品种，使用天府有机复合肥。此外，规模较大的成员社还有某菌类种植合作社，共有 1 万平方米厂房，年产值达 30 万元。余下的成员社都是一些规模较小的合作社，也就是张兴海口中那些没有发挥作用的合作社。

联合社的所有成员社理事长都是从事种养殖的农民，没有村干部。对此，张兴海解释，不找村干部的原因是进入联合社必须自愿，如果是村干部，因为有权力在手，因此他号召大家加入联合社时，可能会存在一些村民非自愿的情况。另外，村干部一般说话都比较"牛"，他自己也忙不过来。因此，联合社在筹备之时的目标成员社就是那些实实在在种地的农民想做点事但又不具备做事条件的合作社。目前，联合社已不收 5 户以下的合作社，如果想加入，只能先就近加入其他成员社。

联合社选择联合小合作社的原因还在于，这些小合作社往往都是一个小队里的邻居，虽然没有经济效益，但关系比较稳固，理事长也具有一定威望。张兴海说，"出了一个小队，老百姓就不听你的了。那些自称有800多户社员的合作社都是唬人的,是借人户口本录制的。九台地区只有包地的合作社还可以,其他合作社没有一家能做到统一供籽、供肥。""因为老百姓去其他地方买农资可以赊着,到秋再给,合作社必须要现金。""咱们主要就是靠技术吸引老百姓,另外就是农资成本低,直接送到家里,还有就是让老百姓吃东西放心。"

联合社设立19名理事,其中7名是党员,都是核心成员社的理事长。联合社下设17个服务站,每个分站负责一个村及其附近村的成员社的日常管理事宜。如果有新的合作社加入,也由附近的服务站站长管。联合社有通知通过站长传达给下面各成员社社长,有重大事宜就通知社长到联合社开会,没必要就由站长说了算。下面成员社有什么好的建议通过服务站站长报上来。比如新的品种,好的化肥品牌,等等。如果某一社员说某个品种好,联合社会组织理事会成员和社员代表亲自去地里看。用什么种子、农药、化肥,不是联合社理事长说了算,如果涉及量很大,必须召开全体社员代表会议通过才行。张兴海说:"统一种什么,买什么化肥不能由联合社理事长一个人说了算,必须得参考大家的意见,投票决定,因为理事长无法承担这个责任和风险。""同样一个品种,今年种得好,明年不一定种得好。"

各个服务站站长没有工资,但是联合社的想法是,今后要求农资厂家给点回扣,因为这些服务站站长实际上起到了业务员的作用。一个经销商一年也就能卖300~400吨化肥,一个服务站的用量也能达到这个规模。

四、经营情况

(一)降低成本

由于2016年刚成立,联合社所发挥的最主要的功能在于统一购买农资，节省成本。例如化肥这一项，2016年通过联合社统一采购了1000吨，张兴海包了两辆大车，将成员社理事长和成员代表拉到选好的厂家考察，定好品牌、数量后直接和厂家商谈签约。一袋80斤装的玉米化肥正常的市场价在130元左右，一袋水稻用化肥市场价在110元左右，而联合社购买的价格分别是104元和88元，由厂家出车，直接配送到各个农户家门口。农户只需要交少量的订金即可。商店一袋玉米种子卖80元，联合社只卖40元。联合社鼓励社员使用生物农药和有机肥，提升联合社产品质量。大家商量好使用什么农药，确定成本后，联合社就开始联系厂家，既保证质量又保证低价。2016年成员社的农资基本上都是从联合社购买的。

(二) 技术指导

联合社理事长张兴海利用自己的技术和经验，通过典型示范来推广新的品种和种植技术。据他介绍，"当地许多村民不愿把土地转出去，只想自己种，但加入联合社之后，慢慢就能够统一规划了。""吉林省半山区多，一村一品都上不去，就种大苞米，其他都不种。通过联合社就能引导他们种其他的品种。"例如，通过指导、支持有多年水稻种植经验的刘某召集自己所在的村级小队成员，成立水稻种植合作社。前后去五常考察三次，选择优良品种引进合作社，并施用有机复合肥，不用农药。2016年该合作社申请绿色认证，但申请认证费需要2万余元，由于第一年成立，许多社员不愿出钱。张兴海还尝试用水田养鸭，鸭子吃虫，鸭肥肥田，从而既能肥地又能防虫，可以少打农药，少施化肥，配合有机肥的使用，3年后土地就养好了。但由于没有资金建立鸭棚，鸭子只能在水里泡着，所以死了不少。联合社购买了500袋玉米新品种的种子，免费发放给社员试用。此外，联合社统一购买的化肥，张兴海也施在自家地中，许多新品种、新化肥在推广前，张兴海都先在自家地里试验，哪个品种丰收了，邀请老百姓来家里看，第二年再推广。还有一家之前做山野菜的家庭农场，之前选的品种、买的东西都不行，后来联合社帮他选种，种植美国大榛子，初步试点成功。另外还在某些适合的地方试点林下养人参，成为九台区第一个养人参的农户。

（三）资源整合

张兴海用家里的农机具，以30元每亩的价格优先给联合社的社员耙地。到秋收时，联合社出面，帮忙协调植收机、晾晒场，给成员社寻找销路。成员社中有一家种植食用菌的合作社，没有资金，联合社出面，帮他跑贷款，前后20多天，贷了10万元贴息的农业贷款，建了3个大棚，引进了吉林农业大学"玉木耳"品种进行栽培。对于养殖业合作社，联合社则注意帮他们寻找销路，国家出台新的政策时，及时通知他们。联合社有个社员家有鱼塘，不喂饲料，而且卖的价比市场价还低，张兴海就在联合社内部宣传，谁家吃鱼就上他家买点，有了不错的销路。现在九台区农业局了解了联合社的情况后，有什么新的政策都会及时通知联合社。前段时间，县农业局要组织一次新型职业农民辅导班，免费请专家来给农民讲课，通过乡镇却怎么也找不够150个来上课的"农民学员"。后来有关领导找到张兴海，3天之内，张兴海就通过联合社下面的服务站找齐了150位报名学员。

（四）土地托管

联合社不给非社员提供农资购买服务，农户要享受农资优惠只有加入联合社。通过这种方式，联合社就能把土地整合起来。据张兴海介绍，当地土地流转比较困难。"东北这些人，家里有1亩地他也不走，就在家种地，不出去打工。"所以土地很难整合，没有办法实现规模化经营。通过联合社，就能逐步将土地连成片。联合社可以托管土地，每年定出托管 1 亩土地需要多少费用，老百姓觉得合适可以交由联合社托管，联合社再把土地分给就近的成员社管理。秋收时返给农户粮食，也可以统一销售，扣除托管费用。农户不用出钱，也不用出工。

（五）延伸产业链

联合社正在规划一村一个合作社，一村一个品种，根据各地的自然条件，指导当地社员种植适宜的农产品。例如联合社选择一些不在道路两边的，从而不受汽车尾气污染的土地作为口粮田。经过理事会开会研究，理事一致同意共同投资建立豆油厂、小型磨米厂、酱油厂、大酱厂、粉条厂。选用本联合社自己种植的绿色的农产品为原料，生产出的产品以成本价优先供给联合社内部社员，解决农民的食品安全问题。非社员购买则贵一些，但还是要比市场价低。联合社的定位与普通商店不同，不是为了挣钱，主要为了吸引农民加入联合社。联合社已经注册了商标，通过当地农民在外地务工、上学的亲朋好友的口碑效应，逐步建立品牌知名度。

联合社在办公地点留出了一间 50 平方米的房间，作为电商平台的体验门店。吉林省已将星海联合社作为农村电商试点，准备给予支持。张兴海决定如果省政府的支持政策迟迟下不来，就自己做电商平台，建立网站，慢慢增加流量。

五、股权结构

成立之初成员社还没有出资，前期所有的费用都由张兴海一人负担。而据其儿子介绍，其 2016 年做联合社的业务挣了 5 万元，分析可能是来自农资厂家的回扣。据张兴海介绍，"联合社考虑过让成员社出资，也有同意出资的，但目前还不让他们把资金投进来，因为还没有选好项目，一定要确定好项目再出资，关于股份的问题，我们秋天就开会研究。"

某成员社理事长刘某说，"联合社的酝酿筹备工作持续了两年多。"这期间，张兴海除了投入大量精力调研、走访，召集合作社理事长开会外，还投入了许多资金。联合社成立大会那一天，张兴海给490多名参会人员一人买了一件喷有吉林省星海联合社logo的大褂，花了1万余元，会后请大家吃了一顿饭，花了9000余元，开筹备会的费用总共花了将近2万元。联合社在其塔木镇附近租了一栋2层小楼作为办公地点，一年房费21000元，取暖费6000元，内部重新粉刷，购置办公设备花了1万多元。此外，张兴海每次出去学习、考察，都要带下面骨干成员社的社长或社员代表，这样算下来，一年的交通费也有3000多元。有一次他带社长们去考察订单农业，卖优质水稻，差一点没有谈成，但来回路费花了800元。电话费每月88元。

六、盈余分配

联合社2016年还没有盈利，理事会已经商议决定，盈余的60%将作为联合社的发展基金，剩下的40%按销售额分配。联合社于同年雇了一个专职会计，已经建账，记录干农活出多少工，来联合社的商店消费多少东西。

C64 吉林农安县蔬菜葵花种植专业合作社：大户辐射带动村民增收

农民专业合作社除了有提高生产效率、降低生产成本等规模化的作用之外，其对周边农户收入的辐射带动作用也是不容忽视的。合作社通过规模扩大与不断发展，在供给与需求、社会化服务的提供等多方面促进农户收入的增加。农安县蔬菜葵花种植专业合作社便是这样一个典型的成功案例。

一、基本情况

（一）投入产出情况

合作社所在村人均5亩土地，属于平原地区。人均收入5000元，在所在乡镇排名第三。距离最近的县城、市场、高速公路、国道或省道都是40千米。合作社成立以来，还没有贷过款，也没有负债，所有的投入大部分来自理事长李啸坤个人的储蓄。2015年农业经营收入约1800万元，支出合计1500万元，其中工资支出100万元。这种盈利能力在当地的同类主体中属于比较高的。

具体来看，2015年合作社总共种植了2250亩洋葱，共收获562万千克，分两次卖出，销售均价1元，主要卖给了商贩和加工企业。洋葱的种子用量在52万千克，花费225万元。使用农家肥3000千克，花费135万元。喷洒农药7次，花费23万余元。机械使用费和排灌费各花了115万余元，运输费花了33万余元。大蒜和葵花各种了750亩，收获1125000千克和187500千克，以平均2.5元和4元的价格卖给了商贩和加工企业。

合作社整体经营土地共7500亩。其中，流转土地4500亩。每亩价格600元。从2014年开始，分3年3次转入。租入土地通过村委会协调，有书面的合同，由村委会担保。土地租金以现金的形式一年一付。合作社从其他农户处租赁了4.5亩宅基地，建立了2000平方米的办公场所和库房。李啸坤算了一笔账，采用垄上洋葱、垄下葵花的种植方式，每亩地的毛收入大概在4500元，而成本大概在2000元，每亩能实现利润2500元。

合作社采用雇工生产，理事长夫妇主要负责日常管理经营。总共雇用100人，90人负责生产，10人负责管理。理事长对自己的经营才能比较有信心，认为不做农业也比较容易找到收入差不多的工作。因为熟悉农业，且喜欢做农业，加上不想让家乡的土地荒废，所以继续从事农业。

（二）社会化服务情况

合作社免费为所有社员提供技术、物流、销售、信息、农资和质量检测服务，总的服务规模在200万元左右，使社员降低了10%左右的成本。产量和价格也都有8%~15%的提高。

当地政府出台了专门支持新型经营主体的政策措施。合作社曾经接受过政府的项目建设补贴资金15万元。李啸坤认为，自己接受到的社会化服务还不是很充分，但是自己可以给其他农户提供社会化服务，也愿意成为专门的社会化服务主体。

2015年，李啸坤一家在生产经营以外共支出46500元。其中食物消费25000元，红白喜事随礼1万元，电话费5000元，医疗费用1500元，水电费2000元，衣着消费3000元。

二、主要问题

谈及最初为何做这个行业时，李啸坤说，当地的自然条件适宜蔬菜种植，自己也有生产经营方面的技术，加上市场条件成熟，因此选择成立合作社。但成立之时，许多农户不太支持，原因是认为"洋葱、大蒜、葵花等销路不畅"。李啸坤直接将黑龙江、广西等地的商贩拉到了村里，向村民保证会有销路。从2000年开始，李啸坤就做洋葱、大蒜、葵花种植，并在广西、山东等地跑销售，积累了很多客户资源，也认准了市场。于是2014年注册成立了合作社，注册资金550万元。合作社的注册成员有41户。同时，带动周边200户农户。李啸坤是一名70后，才43岁，高中学历，与妻子两人一起经营合作社。此外，还投资建立了一家葵花籽加工厂。

三、主要经验

李啸坤认为，合作社能有今天的发展，最主要还是归因于自己的经营管理能力，社会关系以及当地适宜种植蔬菜的自然条件。但是，目前经营合作社仍然面临着资金不足，土地流转困难和劳动力不好找的问题。如果有条件的话，李啸坤很愿意通过农户联合的方式进一步扩大土地经营规模。他想继续经营农业，并且希望自己的儿子将来也经营农业。实际上，他儿子初中毕业后，在父母的帮助下，已经成立了一个合作社，并且很愿意经营农业。所以李啸坤个人并不认同"中国农业后继无人"的观点。

四、发展前景

经过访谈，判定该主体属于大户带动型合作社。李啸坤由于其拥有特殊的销售渠道，且得到村委会的支持，再加上敢想敢闯的企业家精神，较早地发现了洋葱、大蒜和葵花种植的条件与商机。通过合作社的形式，慢慢地带动当地的农民广泛种植这三种作物。除了自己直接雇工经营大量土地外，李啸坤通过农产品销售和加工也获取利润。用其自己的话说，通过社会关系和经营能力，完全能够整合更大面积的土地，更多的农户。合作社或者说李啸坤对周边农户的带动作用还是比较明显的。

C65 吉林公主岭亿田农机作业服务合作社：组织结构规范化的盈利模式

一、成立背景

作为互助性的经济组织，合作社的基本特征包括以下几点。在组织构成上，合作社以农民作为经济主体，主要由进行同类农产品生产、销售等环节的公民、企业、事业单位联合而成，农民至少占成员总人数的80%，从而构建了新的组织形式；在所有制结构上，合作社在不改变家庭承包经营的基础上，实现了劳动和资本的联合，从而形成了新的所有制结构；在收益分配上，合作社对内部成员不以营利为目的，将利润返还给成员，从而形成了新的收益分配制度；在管理机制上，合作社实行入社自愿、退社自由、民主选举、民主决策等原则，建构了新的经营管理体制。然而，现如今的合作社存在着许多问题。在国家政策的大力扶持下，合作社快速发展，但也出现了一部分虚假合作社。

二、基本情况

吉林省公主岭市亿田农机作业服务合作社位于吉林省公主岭市八五

镇胜利村，于2008年8月开始经营，主要从事粮食生产和农机作业服务。合作社理事长张段艳，男，47岁，本地人，爱好冒险，具有挑战精神。

(一) 生产情况

(1) 土地方面。由于当地市场渠道较广，有较好的农业发展基础，合作社理事长张段艳从事规模经营，为此，于2015年流转了1150亩土地，流转租金为每亩1350元。合作社在初始运营阶段面临着资金约束、技术不足和土地流转困难的问题。他通过贷款的方式解决资金问题，通过接受技术服务，逐步解决种植缺乏核心技术的问题；通过土地流转的方式，解决种植经营规模小的问题。张段艳所流转的都是本村土地，全部采用书面合同的形式，一年一签。张段艳表示，签订5年的合同最为合适。合作社对所经营的土地进行了整治：对100亩土地进行了土地平整，共花费4.5万元；对1800亩土地修建了水利设施，共花费约0.1万元。张段艳之所以选择从事农业生产，是因为他对经营农业很有信心，愿意带动周围农户致富。

(2) 生产成本与农业收入。通过计算，2015年合作社的农业销售收入约为335万元，支出为380万元，其中工资支出为15万元。共收获900亩粮食，计90万千克，平均销售价格为每千克1.7元，销售去向均为粮库。农场生产成本分为劳动力成本、农业生产资料投入和土地流转承包成本。其中在农业劳动力成本方面：财务管理雇用长工1人，年工资2万元，累计12工日；作业环境雇短工9人，累计540工日；日常环节需要雇短工9人，累计1080工日；物流环节需要雇短工9人，累计270工日，短工工资按日发放，男工一天120元。在农业生产资料成本方面：玉米种子累计投入31500元，共3850千克；化肥投入成本约为225000元；共打药2次，农药总费用为10000元；燃料动力费约为 225000 元;每年修理费大约 75000 元;2015 年合作社 1800 亩土地全部遭受旱灾,共损失 45000 元。土地流转承包成本方面,每年的土地流转费用为 65 万元。

(3) 固定资产方面。合作社于 2008 年出资 11.5 万元建设厂房。在农机具方面,2008 年至今总共购买拖拉机 20 辆,累计花费 200 万元,收割机 10 辆,累计花费 200 万元。2009 年以 20 万元购置了 4 辆农用运输车。2014 年合作社在办公地点花费 2 万元购置了桌椅板凳、电脑、空调等。

(二) 社会化服务方面

合作社接受过政府提供的技术服务,农资商提供的农资服务,政府提供的信息服务以及金融机构提供的金融服务。合作社自身能够提供技术服务、农资服务、销售服务、物流服务、信息服务和作业服务。服务对象均为本乡镇的农户,服务户数达到 120 户。除农机作业服务外,其他服务均不收费。2015 年农机服务作业共获利 45000 元。该合作社所提供的社会化服务能够有效降低农民成本的 20%,接受服务前后,农产品销售价格每斤能够提高 0.02 元,销量增加超过 10%。该合作社获得过国家政府的现金或者实物奖励 200 万元,同时也获得了政府的示范推广项目。据合作社理事长张段艳介绍,由于合作社的发展正在起步期,他愿意进一步扩大规模,实现规模化经营。张段艳的亲戚朋友中,对合作社帮助最大的是村干部和从事相同行业的朋友。创办合作社的原因在于:合作能够有效降低成本,更好地为农民服务,充分发挥农机作业服务的作用,走高品质路线,提高市场竞争力。

(三) 内部治理结构

合作社采取统一种植的管理模式以保证食品安全质量。由于合作社尚属于起步阶段，还没有注册商标，也未创建自己的网站，不存在农产品初加工能力。合作社一年两次（春、秋季）召开社员代表大会，每年春季召开理事会、监事会，按照一人一票的方式投票。合作社的财务管理规章制度、会计资料较为完善，并对全体成员全部公开财务和运营状况。决策机制、收益分配制度、销售决策以及新技术采纳决策主要是由合作社理事会做出，合作社农资采购、融资决定主要是理事会做出。合作社盈余主要来自销售利润、政府补贴以及农机作业服务，主要是依据交易量进行盈余分配。合作社并不会以高于市场价格的形式收购社员的农产品，但会根据不同等级质量支付不同的价格。目前合作社常出主意的主要有5人，且全部是理事会成员，说明社员的作用较小。在人事安排方面，新成员的加入主要是由理事会决定，且以土地入股的方式入社。对于合作社的外部环境而言，政府提供的服务还是较少，仅包括合作社成立宣传、章程制定、免费优惠登记、金融方面的贷款和担保服务以及补贴服务。

三、存在问题

合作社作为一种重要的现代农业微观经济组织，是解放生产力，推进现代农业的有效途径。总的来说，该合作社的发展呈现出欣欣向荣的景象，但是仍存在不少问题。第一，合作社发展的目的是理事长为了让自身拥有的农业机械充分发挥作用，但整个合作社的管理没有充分体现出合作经营的模式。第二，合作社存在着成员异质性，由理事会成员所控制，社员基本不参与合作社的日常事务，整个合作社的运营效率较低，没有充分发挥合作经营的优势。第三，该合作社共有社员57人，人数较少，并没有充分起到带动大多数农户的作用；合作社现在处于成长期，规模报酬效应还不明显，需要加大投资吸引更多的农户加入。

该合作社需要进一步扩大规模，充分发挥自身优势，将合作经营、适度规模、市场化经营和企业化经营四个显著特征充分表现出来。合作社的理事长应该有效地将合作社与普通社员相结合，以实现利益最大化。应为合作社下一步的发展制定详细而长远的规划，不断规范与改进，真正做到合作社与农户的"利益共享，风险共担"。

四、对策建议

工业化与城镇化的迅猛发展，使得大量农村青壮年劳动力外出务工，新型农业经营能够有效解决"谁来种地"的难题。作为新型农业经营主体的生力军，联合更多农户获取规模收益，是合作社成立的主要动因。合作社作为"生产在家，服务在社"的互助性经济组织，不仅具有经济功能，还在协调社会关系、化解社会矛盾、自我管理农村社区等方面发挥重要作用。该合作社需要更多地融入本地的社会事务中，增强成员对合作社的认可和依赖，也能吸引更多的农户加入，充分发挥自身的优势。此外，合作社需要充分发挥民主，让更多的社员积极参与合作社事务，将合作社真正成为农民服务的合作经济组织。合作社的发展能够加速土地流转、优化社会服务、推进标准化生产，带动农民增收走规模经营之路。现如今农业生产向专业化分工、社会化协作转变，同时也对农业社会化服务提出了强烈需求。政府要加大对合作社的扶持，从政策引导、财政扶持、配套服务等方面尽快出台一些相关扶持政策，实现合作社的规范发展。

C66 吉林九台雨田水稻农机化生产专业合作社：主打生态水稻的企业化合作社

一、基本情况

九台区雨田生态水稻农机化生产专业合作社注册时间为2008年。2013年获"全国农机合作社示范社"称号，2010年被评为全国农机专业合作社示范点。合作社于2008年开始经营，主要种植普通水稻以及有机水稻。李雨田是合作社的理事长，其二儿子李微微是合作社监事长，大儿子并未在合作社任职。李雨田，1954年出生，退伍军人，初中学历；李微微，1980年出生，退伍军人，大学学历。

合作社采取了"公司＋合作社＋农户"的模式。吉林省九台区雨田生态米业公司是一家民营企业，该公司于2003年组建，2004年获得绿色食品认证，2005年获得有机食品认证。并且已通过ISO9001：2000质量管理体系认证，被长春市质量监督局评为国家绿色水稻标准化示范基地，实现了机械化。2006年获得进出口权。公司基地建设总规模为1800公顷，其中无公害水稻基地1100公顷，建成A级绿色优质水稻生产示范基地600公顷，有机水稻150公顷，拥有农业机械78台（套）。截至2016年，该公司已建成大跨度（10米宽）、高顶（6.5米高）厂房340平方米，新上一套日产80吨中日合资精泰米机生产线。并建立了大米销售体系，在西营城镇设立了"石头口门品牌大米"开发及销售处，在九台区设立了"石头口门品牌大米"专营店，并登陆中国北方粮食网，实行网上销售及业务交流。其主要经营范围：生产加工A级绿色水稻优质免淘米和有机水稻优质免淘米，生产稻壳粉糠，生产糙米精细粉米糠。

二、生产情况

雨田生态米业公司与雨田生态水稻农机化生产专业合作社当初能成功走出第一步的主要原因在于自身坚持、当地有农业发展的自然基础以及政府的支持。目前合作社及企业管理层认为自身在未来农业发展格局、资金约束以及有关部门的不支持配合等方面存在问题。

（一）土地

2016年，合作社单位经营土地面积达到12000亩，均为流转农户的土地，平均每年每亩的租金为740元，自2002年公司有意组建，自身就拥有60坰地，至2008年，流转土地共600坰，2013年新增加4500亩，2014—2016年，合作社每年大约流转3000亩地，租金每亩750元左右。

合作社抑或企业（以下简称"雨田"）土地租入或转包需要经过政府的批准，其间没有经过土地交易所，其流转土地的农户辐射到周边乡镇，合同采取书面的形式，没有担保人。合同于每年春播时签订，为期1年，秋收季节分发租金。雨田一年大约要付1600万元的土地租金，这部分租金大部分是找亲友借的，自身所持有的资金均用于固定投资，比如厂房的建设、设备的购买，等等。

如前面所述，雨田拥有非常大的基地，基地的厂房用于存放水稻。该基地占用李雨田自家的土地，占地面积达150亩，如果换算成租赁他人厂房，大约每亩需要33300元。雨田即便是现在拥有良好的信誉，流转土地也始终很难解决。在这个问题的处理上，雨田采取了很多措施。一是将拥有土地承包经营权的农户纳入雨田的工人队伍中，为其安排任务、发放薪水，比如看地浇水一天便可拿到100元。二是采取强硬措施，到其家中开展工作。雨田对流转而来的土地不做地块平整、水利设施的建设、田间道路的铺设以及土壤改良，这主要因为土地一年一租，成本较大。

雨田负责人认为土地所有权属于农民个人所有，并认为流转而来的土地可以将其作为抵押进行贷款。而雨田不愿意拿流转来的土地经营权去抵押而获得融资贷款，主要是因为自身有借款的渠道，且自身借款的利息比银行利息低。

（二）劳动力

2016年，雨田所经营的水稻生产实现了100%的机械化，其78台（套）的农机是实现机械化的主要动力。雨田理事长、监事长等人均直接参与农业劳动，自己直接经营管理。雨田在运营过程中需要43人，3人为管理者，40人直接参加生产。雨田管理者认为雇这43人比较困难，如果自己不从事农业，也能很容易找到收入差不多的活儿，而自己愿意投身农业，主要是因为对家庭的责任感。

雨田的管理者共3人，其中2人为雇工，1人自家投工，工作时间为全年，日工资为100元。财务管理1人，全年工作48天，日工资200元。作业环节200人，男性180人，女性20人，全年工作20天，日工资55元+绩效。日常环节共雇用短期工人40人，全年工作120天，日工资100元。此外，还有40名农机手，全年工作，日均工资100元+

绩效。

（三）资本

合作社所建设的厂房共投入3000万元，2015年建成。此外，拥有拖拉机40台，800万元；收割机30台，1000万元；烘干机1台，60万元；运输车辆7辆，花费300万元。雨田并未从正规银行进行贷款，而是找亲友借。2015年共借了100万元，利息10%，1年还，借款主要用于租地的租金。正规银行的利息在16%左右。

（四）生产成本与农产品收益

雨田所管理的12000亩水田，1年产量在880万千克，一年内全部销完，大部分由自身企业处理，按市场销售的价格每千克0.9~1.05元收入。种子用量1年大概4吨，共花费60万元，不使用化肥，使用农家肥，不打农药。一年燃料费用大概在200万元，修理的工具材料费在60万元，修理维护等共花费60万元，保险费用1.2万元，管理费用104000元。

三、农业社会化服务情况

雨田需要技术服务、物流服务，其中技术服务来自大学，年度花费4万元，物流服务为企业寄送大米使用顺丰等快递公司的服务。雨田可以提供各种各样的服务，但均为他人提供。因而，对农户收益不产生任何作用。在降低农户成本方面，雨田对租赁土地的农户采取种子免费、农资免费的措施，这主要是因为其要达到生态水稻的要求。雨田的社会化服务对经营主体自身产出并没有起到作用。雨田了解政策主要通过政府渠道。其自身在注册商标时，得到政府10万元的奖励，其间得到 1 台价值 1 万元的电脑，在买农机时也得到政府的支持，但无补助。

四、发展规划

雨田的管理者认为，自身发展到现在最大的优势为社会关系、资金以及政府的支持。而制约其发展的困难主要是土地规模较小，政府支持不够。未来雨田发展主要以企业为主，以生态水稻为自身的标签，在保持一定水稻生产面积的前提下，以生产高质量的大米为收入来源。

C67 吉林九台君怡农业机械农民专业合作社：弱凝聚力合作社的出路

合作社是通过联合弱者来平衡与强者在市场竞争、社会地位等方面的差距的组织平台，有关合作社的法律法规同样倡导把弱者团结起来对抗强者这样的理念，并通过相应的制度安排，使合作社团结普通、弱小的农民。但是现实中的合作社可能并不都是凝聚力很强，以下案例便说明了弱凝聚力合作社所遇到的种种问题与困扰。

一、成立背景

九台区君怡农业机械农民专业合作社位于九台区城子街王家岭村，于 2009 年开始经营，主要种植玉米并提供一些农机服务。理事长赵君，现 40 多岁，除了管理经营这个合作社之外，还有自己的婚宴广场以及小商铺，家里有一男一女两个孩子，一个参军，一个外出打工，只剩自己和妻子两个人直接参与农业生产活动。合作社起步的原因，理事长归结于当地肥沃的土地资源是经营农业的自然优势，再加上自己长期务农，经验丰富，所以整体上对于成立合作社还是比较有信心的。刚开始面临的技术难题也得以缓解，只是资金问题迟迟得不到解决。

二、基本情况

（一）土地方面

合作社现有土地 840 亩，仅仅流转过来的土地便有 800 亩，从 2009 年租入以来一直没有其他变动。当地流转土地普遍比较困难，赵君的这 800 亩土地经村委会批准，每隔 5 年签一次合同，其间有村干部做担保，每年每亩地需要支付 1000 元的租金。这么巨大的租金支出，使得赵君不得不采取银行贷款和亲朋借贷方式付清。840 亩土地花费 2 万元进行了平整，由于资金短缺，合作社的水利设施一直没有跟上，至今还要"看老天爷脸色"，就像 2015 年赶上旱灾，只能白白看着地里的粮食枯死，十分无奈。

（二）劳动力方面

由于合作社的土地已经在耕种收环节完全实现机械化，理事长已经不用直接参与农业劳动，仅仅负责管理。合作社共有 25 个长期稳定的员工，其中管理人员有 5 名，生产人员有 20 名，雇人依然是一大难题，原因在于，大家还是对合作社不信任，觉得不如自己干自己的更踏实。耕种收环节的短工有 20 位，每年有 3 个月的时间参与劳动，日工资要支付 120 元，日常劳作每年只有 20 天，仅需要 5 人即可，相对日工资稍高一些，达到 150 元，物流环节的工人要支付 250 元的日工资才能招到。虽然雇工都来自本村，但薪资仍然很难达成一致。

（三）资本方面

合作社的固定资产有价值 10 万元的仓库，还有包括拖拉机、收割机、农具以及运输车辆在内的农机具价值100多万。由于资金需求比较大,理事长2016年负债达到50万元,主要来自银行借贷,仅仅支付利息,每年就要花费7万余元。

(四) 收入支出及其他方面

2015年合作社收入60万元,但是支出达到90万元,亏损30万元,仅仅工资支出就达到10万元。理事长认为盈利状况较开始几年差了很多,原因就在于合作社本身凝聚力问题,还有就是雇用难题。在这种情况下,2015年还是收获了30万千克玉米,销售均价每千克约1.62元,全部卖给了国家粮库。2015年的生产投入方面:种子1344千克,大约花费700元,化肥支出较大,84000千克化肥就花了14万元,农药一年只需要喷洒一次,总共花费1万多元。燃料花费达到9万元,平时购买工具材料、修理费用总计达到18万多元。虽然买了土地保险,但是由于2015年的旱灾依然损失了30万元,受灾面积达到400亩,因为没有水利设施,所以在大旱面前手足无措。

合作社会定期接受技术培训,理事长通过网络电视的技术平台,定期进行培训,感兴趣的社员会来参与,除此之外,还会接受价格等市场信息服务。合作社能提供的就只有农机服务、农资服务和销售服务了,但是据理事长说,社员更倾向于自己收获自己卖,对合作社统一收购并不积极。通过合作社代买化肥、种子以及农药等农资,可以比市面上价格低2%左右。社会化服务并没有显著提高玉米的价格,理事长认为对质量、产量的提高幅度也很小,仅仅达到1%左右。因此,即使对接受到的社会化服务感觉很不充分,理事长也不愿意成为专门提供服务者,原因在于不好赚钱,"毕竟现在提供相关服务收费都很低,也可能是自己的能力不够吧!"理事长笑笑说。其身边虽然有朋友在提供社会化服务,但只是兼业户,并没有专业户。

三、经营情况

合作社 2009 年成立时有 8 位发起人，52 位成员，注册资本 100 万元，其中理事长的出资额达到 52 万元，占成员出资总额的 50%，其余成员均是每人 1 万元出资额。合作社内部年龄差距比较大，从 30 岁到 60 岁不等，50 岁左右的社员居多，其他方面诸如经营规模、产品质量等差别不大。合作社采取按股分红的方式进行盈余分配，盈余主要来自土地收入。每年召开一次成员代表大会，在出资以及重大变更的时候召开；三次理事会议，一次监事会议，会议表决方式多采取一人一票的少数服从多数原则。

四、主要问题及对策建议

由于合作社凝聚力不佳，当初入股成立的合作社，现在入股者都出不起资金了，对合作社的依赖越来越小，基本不存在合作关系。除此之外，合作社还面临资金短缺的难题，导致各项设施跟不上，2014 年申请的"省级示范合作社"也渐渐失去了优势。究其原因在于，成立之初的目的性比较强，社员大都为了获得合作社的农机购置补贴，相互之间不够信任，导致渐渐的没人愿意继续出资。由合作社的出资结构可以看出，理事长一人独大，除此之外，人均出资 1 万元，没有更大额度的出资人，导致合作社负债只有理事长一人承担，资金短缺问题更让社员失去信心。理事长打算进军家庭农场，因为饱受合作社的管理制度之苦，成员之间分歧太大，由于出资者的出资额比较平均，且出资者较多，每次代表会议都会出现众口难调的局面，每个人都想当家做主，导致效率低下。"如果以家庭农场的模式经营这 800 亩地，我会做得更好，毕竟不用花费这么多精力去协调管理了。"理事长最后无奈地说。

C68 吉林农安县亚宾农机专业合作社：从分散的大户走向联合

合作社成立的原因有多种，有理事长一个人牵头成立，有专业技术人员牵头成立，也有多个人合作成立。亚宾农机合作社就是这样一个从多个大户走向联合的案例，熟悉的大户之间省去了磨合的成本，拥有相同的目标和观念，所以合作社从成立以来运营状况一直比较乐观。

一、成立背景

亚宾农机专业合作社位于吉林农安县三岗村，由理事长常亚宾于2013年成立。常亚宾家里有四口人，妻子和一儿一女，直接从事农业的只有理事长与妻子，孩子分别在外打工和读书。提起合作社的成立，理事长常亚宾用"自然而然"四个字概括了。之前，常亚宾一直从事农业生产，但是，由于资金问题，拥有的农机具比较单一，周围几个农机大户和常亚宾一样面临资金问题，于是在2011年，这几个农机大户开始简单地合作经营。每个人都有不同的农机，这样合作起来能降低成本，省去一部分买农机的资金，几年下来，自然而然走向了联合。虽然与其他合作社的人为联合不同，但这种自发的联合在初始阶段同样面临很多困难。据常亚宾说，刚开始资金不足，技术上也有很多搞不懂的难题，并且7位大户也不懂管理，所以合作社刚成立的时候还是有些手足无措的，和想象中不太一样。当然，这些问题后来也慢慢得以解决。通过银行贷款和亲友借贷，解决了资金问题；通过对社员进行技术培训以及农机驾照考取，解决了部分技术问题。唯有管理问题是真的难题，现在管理方面农业人才缺失，即使是有这样的人才，也大都没有实践经验。"仅仅是书本上的管理经验根本解决不了我们农业生产的管理问题！没有实打实干出来的管理人才！"常亚宾说。

二、基本情况

合作社截至2016年有土地1350亩，其中125亩地是分两次流转过来的。第一次是2009年流转过来的65亩地，共有两片，每亩地租金一年500元；第二次是2016年流转过来的60亩地，租金也是一年500元。这两次流转的都是熟人的地，所以租金相对于普通流转均价要便宜200元左右。虽然是熟人流转，也是得到村委会批准，有书面合同，只是没有担保。合作社花了6万多元建设水利设施，花5万元用来改良土壤。因为土地状况良好，没有进行地块平整和田间铺路。

播种面积最多的粮食作物是玉米，有80亩地种植玉米，并且在耕种收各个环节全面实现了机械化。理事长认为现在雇人并不很难，相反很容易，由于机械化程度比较高，生产力大大解放，很多人不用时时刻刻都在地里守着了，地里劳作也用不到那么多人，所以会有很多人在经营自己的土地的同时兼职一些短工零工。合作社有3个管理人员，是长期工人，他们的工资每天110元；负责财务的则是自家人，但是依然会发放工资，日工资95元；耕种环节有28个长期工人，他们的日工资在95元左右；而在忙碌时节也需要雇用一些短期工人，一年有两个月的时间大概有300人进行短期劳作，日工资在100元左右；负责物流的5

位也是长期工人，日工资也在100元左右。

合作社的固定资产总计近400万元，其中仓库、厂房估值73万元，6台拖拉机和收割机估价250万元，还有50套大型农机具，估价40万元。截至2016年合作社负债70万元，主要来自亲朋借贷，而每年支付利息就要花费10万元。当前，常亚宾最大的一笔贷款是用于融资的，贷款83万元，以合作社的名义进行抵押贷款，期限是2年。

即使存在负债，合作社2015年净利润也达到了80万元，农业收入170万元，支出90万元，其中有30万元劳务成本。当前，合作社的经营状况逐年好转，盈利能力也远远超过其他同类合作社。2015年收获玉米25万千克，分三次销售完成，销售均价每千克1.68元；种子用量1250千克左右，花费25万元；化肥用量25万千克，花费94万元，农家肥12万千克，花费5万元；一年之内喷洒农药三次，花费7万元。除了这些之外，由于本身是农机服务合作社，所以燃料费用比较高，有45万元之多；工具材料费用也高达11.5万元。2015年玉米受旱灾影响750亩，损失就有35万元。即使是这种损失，合作社的净利润还是比较客观，理事长将其归因于合作社是服务提供者，所以，虽然收成上有损失，但是可以用农机服务的费用加倍赚回来。

合作社在社会化服务方面也付出了很多努力，理事长会邀请农机校、技术推广站的人员前来指导农机具操作，同时社员入社必须要考取相应的驾驶证件。常亚宾本人还兼职开犁网农村电商站长，所以本身有市场信息获取的优势，自然会接受各种价格信息，同时也建立网站为合作社进行广告宣传，品牌建设。合作社提供的农机服务是面向全国的，2015年一年仅仅农机服务的收益就达到了50万元。理事长认为，在所接受的服务里面，降低成本方面只有信息服务有作用，通过合作社接受这种服务比农户自己解决能便宜30%，在提高农产品价格方面，信息服务的作用也是最大的，其次是品牌服务、技术服务、作业服务，大概能提高5%。理事长十分看重信息服务的建设,这也是他选择成为开犁网电商服务网站站长的原因,他认为未来农业生产中盲目生产的人不能掌握先机,只有及时掌握市场动向,了解需求以及价格的最新信息的人才能拥有市场,所以他有信心将这个信息提供网站做大做强,让更多的人受惠。

三、主要问题及对策建议

常亚宾将合作社目前成功的原因归结于长期积累起来的良好信誉,并且认为目前最大的困难便是资金问题,再加上政府相关的扶持政策还不够,很多政策并没有落实下来,指标很少能达到基层,所以未来的发展方向就是把电商做大做好,这样或许能降低一些运营成本。提起对未来中国农业经营方式的看法,理事长认为虽然家庭经营和合作社各有千秋,但还是家庭经营略胜一筹。原因就在于:家庭经营虽然有着管理理念单一的缺点,但是,由于集约化程度更高,利益牵扯方少,所以积极性更容易调动;相比合作社,它虽然多元化,但是其目前的热度只是暂时的,管理松散、无人引导、责任不明确的弊端致使合作社长远看来敌不过家庭经营。

C69　河北清河县土生金农作物种植合作社：合作社应真正"为民服务"

联合更多农户获取规模收益，是合作社成立的主要动因。合作社作为"生产在家，服务在社"的互助性经济组织，不仅具有经济功能，还在协调社会关系、化解社会矛盾、自我管理农村社区等方面发挥重要作用。合作社需要更多地融入本地的社会事务，能够增强成员对合作社的认可和依赖，才能吸引更多的农户加入，充分发挥自身的优势。合作社不能凭借着微弱的利益拉拢聚集起农户，由于区域、文化等方面的不可跨越性，最终的结果会导致合作社发展混乱。政府也需要加强对合作社的监管，对真正能够带动农户增收的合作社加大扶持力度，可以适当引入奖惩机制。河北省邢台市清河县土生金农作物种植合作社就是典型的例子。

一、基本情况

土生金农作物种植合作社位于河北省邢台市清河县连庄镇西张古村，于2012年11月注册成立，发起人共6位，成立时注册资本为6万元，主要是粮食种植。理事长为邓耕山。2016年合作社社员共有40人，农民有39人。理事长也表示还能继续扩大规模，也很愿意成为职业化农民。理事长的亲戚朋友中担任村干部、私营企业主、商贩以及从事相关产业的人对其自身农业经营发挥作用较大,这也充分说明关系网络的重要性。

合作社成立主要原因在于:理事长的亲戚苏国峰比较熟悉政策信息,在种子公司工作,此外具有比较丰富的技术经验,好的优质种子自己代理。合作社成立初期遇到的主要就是土地流转问题,为此,邓耕山与大户交流,流转土地,收购农产品做销售。于2012年流转了500亩土地,平均每亩租金550元,合同是一年一签,是在收货后再付租金。现如今土地流转越来越难,每亩租金要达到1000元。合作社粮食机械化程度很高,耕种收都采用机械化形式。理事长之所以选择进行农业生产,是因为其对农业较为熟悉并且对农业有兴趣,认为农业有发展。合作社对700亩中的300亩进行过土壤改良。

二、经营情况

(一)资产

固定资产方面:合作社有仓库,是租赁的,每年租金0.8万元。农机具方面:合作社有农具和农用运输车辆,农具于2013年以3万元购置,农用运输车辆于2014年以4万元购置,拖拉机是租赁的,每年大约花费84000元,沙发、桌椅、电脑、空调等办公用具共花费2.5万元。资金方面:合作社2012—2016年没有贷款,不存在负债的情况。

(二)成本与收入

通过计算,2015年合作社的农业销售收入约为200万元,支出为198万元,其中工资支出为38万元,盈利能力与前几年基本持平。700

亩小麦总共产出42万千克，销售价格为每千克2.6元，700亩玉米总产出42万千克，销售价格为每千克2元。小麦卖给加工企业，玉米卖给粮库，全部销完。合作社生产成本分为劳动力成本、农业生产资料投入和土地流转承包成本。农业劳动力成本方面：当地雇工的价格较高，男工150元一天，女工100元一天。700亩土地在作业环节需要雇工160工日，日常环节需要雇工150工日；物流环节按趟计算，一趟150元，每天4趟，需要4天。农业生产资料成本方面：一亩地需要小麦种子大约25斤，一亩地需要玉米种子大概3.5斤，总的种子为9975千克，种子成本总共约为19950元；一亩小麦大约需要化肥100斤，一亩玉米大约需要化肥70斤，总共投入约为28000斤，化肥成本总共约为77000元；小麦打药3次，玉米打药2次，总费用为21000元；合作社机械作业费用84000元；此外，还有保险费用，玉米每亩4元，小麦每亩3元，总共4900元。土地流转承包成本方面：每年的土地流转费用为275000元。

（三）社会化服务

合作社仅接受过农资服务和作业服务，其中农资服务提供方来源于农资供应商，作业服务供应方来自普通农户，效果都较好。合作社提供的服务包括销售服务、信息服务和质量服务，服务对象都是本乡镇的普通农户，约有35户，通过合作社的统一销售，以小麦为例，接受服务后的价格能提高0.1元。

（四）组织结构

合作社以粮食作为交易额，盈余是按照交易量的形式返还。合作社的成员来自不同村庄，年龄差异也较大，但理事会成员的年龄相差无几。合作社成员的经营规模差别很大，规模最大的是理事长有160亩，规模最小的农户有9亩。由于合作社能够提供技术服务，成员生产的产品质量、产量差别很小，基本都能实现规范化。合作社成员的社会活动能力差别很大，不同成员在合作社中的任务和角色差别也很大。合作社的事务基本都是理事会成员做决定，社员几乎发挥不了任何作用。合作社能够为80%的成员提供农资、技术、信息和销售服务，但是不能提供资金借贷服务，这些服务基本由理事会成员提供，能够涵盖整个生产环节。合作社一年召开3次成员代表大会，分别为4月、10月和12月，成员代表大会的投票方式为一人一票。理事会一年召开一次，但是没召开监事会，且每次会议无记录。合作社的章程很规范，基本的会计资料很完整，具有严格的财务制度，财务状况也公开透明。合作社的盈余分配主要还是依靠销售收入，完全按照交易量进行分配。目前合作社常出主意的只有2个人，且都是理事会成员。该合作社目前对农户增收的带动作用不是很明显，平均每户收入在5000元左右。合作社的销售渠道也较为单一，基本都是销售给企业和商贩。理事长认为政府支持不够，没有库房，政府不会根据种植面积给予批地建设优惠。此外，合作社没有农机，最主要的原因是没地方放置，归根到底还是缺厂房和仓库。

三、主要问题

该合作社规模较小，处于起步期，仍然存在着许多问题。第一，合作社的社员才40户，带动农户的户数较少，并且为农民提供服务较少，仅仅是销售和信息服务；第二，合作社的产品还没有品牌化，没有注册商标，同时也没有对产品进行认证，无法通过品牌效应实现销售价格的提升；第三，合作社没有开通网站，销售渠道较少，大多数是销售给商贩，整体议价能力较低；第四，合作社存在着部分异质性，且大多数农户无法真正意义上成为社员，整个合作社运行机制的效率也较低；第五，合作社要考虑到为农户服务，理事会及理事长要正确认识合作社的性质及意义。总之，该合作社整体上的作用和意义不大，注册资本也较少，虽然规模很大，但是为农户服务较少，作为家庭农场还是较为合适。合作社理事长一直在强调库房的问题，也是仅仅从自身的利益考虑。当地有关政府部门在扶持合作社的过程中，要真正去帮助那些为农民服务的合作社，杜绝虚假合作社、空壳合作社的发生。

C70 山东沂水县新时代果品专业合作社：正外部性的作用

合作社发展离不开理事长等管理人员的企业家才能以及合作社的规章制度作为保证，同时，政府的引导与扶持对于合作社的发展也发挥了重要的正外部性作用。山东省沂水县新时代果品专业合作社就是典型的例子。

一、基本情况

新时代果品专业合作社位于山东省临沂市沂水县杨庄镇高家楼子村，于2011年3月注册成立，发起人共5位，成立时注册资本为1500万元，主要是种植苹果。理事长叫孙焕国。2016年合作社社员共有560人，全部为农户。该合作社于2013年12月被评为"省级示范合作社"。合作社创办的时候面临着资金问题和技术供给不足的问题，通过政府支持项目解决了资金问题，但现如今技术问题仍然是最主要的困难。孙理事长之所以选择创办合作社，是因为沂水县有较好的农业生产基础，政府的扶持力度也较大。

2016年该合作社经营面积为1600亩，其中1000亩土地是通过土地流转，以每亩1000元的租金流转而来。从2011年开始，一共流转了4

次，2011年流转750亩，2012年流转150亩，2013年流转50亩，2014年流转50亩，与农户签订书面合同，流转期限至2029年，租金采取一年一付的形式。合作社有自己的仓房，是建在流转土地上，比例约为5%。孙理事长明确表示，十分愿意扩大合作社的规模。截至2016年孙理事长的合作社已对850亩土地进行了地块平整，对1600亩进行了水利设施、田间道路的修建和土壤改良，共花费485万元，其中水利设施的修建是政府出资200万元。合作社的固定资产总价值为185.6万元。于2013年出资150万元建设厂房，还有拖拉机和农具等，共值7万元，此外还包括沙发、桌椅、空调、电脑，价值约6万元。在资金方面，合作社2012—2016年没有贷款，不存在负债的情况，流动资产为100万元。

二、经营状况

（一）成本与收入

由于苹果生长期较长，2015年整个合作社的农业销售收入为0，支出为200万元，其中工资支出约20万元。合作社生产成本分为劳动力成本、农业生产资料投入和土地流转承包成本。在农业劳动力成本方面：1600亩土地在作业环节需要雇工650工日，日常环节需要雇30个短工，总计7500个工日；物流环节需要雇20个人，一共200个工日；当地劳动力成本是按小时核算，一小时6元钱。财务管理需要雇2名会计，每月发工资2000元。在农业生产资料成本方面：一亩果园投入一袋化肥，约90斤，总共投入约为56250公斤，化肥成本总共约为10万元，农家肥每亩2方，总共花费38000元；一年共打药20次，农药总费用为22000元；机械作业费为20万元；燃料动力费1万元。土地流转承包成本方面：每年的土地流转费用为100万元。

（二）社会化服务

合作社接受过技术服务、农资服务、信息服务、品牌服务、质量服务、作业服务和基建服务，其中技术服务、信息服务、品牌服务、质量服务和基建服务的提供方来源于政府部门，农资服务主要来自农资供应商，作业服务供应方主要来自其他合作社，整体效果较好。合作社自身也能提供技术服务、农资服务、信息服务、品牌服务、质量服务、作业服务和基建服务，服务户数约560户，涉及的农户主要是本乡镇的，均不收费。

（三）组织结构

合作社的社员人数呈现逐年递增的趋势，表明合作社对农户的吸引力不断增强。合作社的成员来自不同村庄，年龄差异也较大，但理事会成员的年龄差别一般。合作社成员的经营规模差别很大，规模最大的是理事长有30亩，规模最小的农户有1亩。由于合作社能够提供技术服务，成员生产的产品质量、产量差别都很小，基本能实现规范化。合作社成员的社会活动能力差别很大，不同成员在合作社中的任务和角色差别也很大，合作社的事务基本由理事会成员决定，社员几乎发挥不了任何作用。合作社能够为100%的成员提供农资、技术、销售服务，但是不能提供资金借贷服务，这些服务基本由理事会成员提供，能够涵盖整个生产环节。合作社一年召开2次成员代表大会，分别在6月和12月，成员代表大会的投票方式为一人一票。理事会一年召开1次，但是没召开监事会。合作社的章程很规范，基本的会计资料很完整，具有严格的财务制度，财务状况也公开透明。合作社的盈余分配主要还是依靠销售收入，完全按照交易量进行分配。合作社常出主意的只有5个人，且全部是理事会成员。新成员入社的要求是以资金或者土地入股的形式加入。合作社所遇到的资金问题由成员自筹资金解决。整个合作社的凝聚力很强，没有出现退社的情况。理事长对合作社发展前景很看好。合作社的发展规划为：创建品牌，注册商标，对产品进行认证，并建立加工企业，实现产业化发展方式。

（四）外部环境

合作社开通了自己的网站，但是信息量不大。由于处在起步期，还没有收入，但是作为水果类的苹果，具有广阔的市场前景。整个合作社需要集约化发展，加强自身服务功能，带动越来越多的果农致富，充分发挥合作经营的优势。

截至2016年合作社获得过政府的实物奖励，包括4台拖拉机和30台打药机，共值10万元，现金奖励20万元。此外该合作社还承担着推广项目，在与政府洽谈旅游项目。政府投资规模约180万元。孙理事长的社会关系网络中，村干部、乡镇官员都有，但是对合作社农业生产帮助最大的是从事相关产业的朋友。

三、主要经验

合作社前期投资成本较大，苹果的生产周期也较长，为此，合作社需要保证资金的流动性安全，此外还要考虑自然灾害的影响，增强田间保护。合作社虽然能够为农户提供生产资料，但是管理上没有充分体现出合作经营的模式，存在着成员异质性。整个合作社是由理事会成员所控制，社员基本不参与合作社的日常事务，运行效率较低，没有充分发挥合作经营的优势。合作社的规模较大，需要真正发挥规模经济的效应。

合作社的外部环境良好，获得了政府的实物奖励，此外与政府合作旅游项目，整个合作社呈现快速发展阶段，再加上 1600 亩的苹果园，合作社带动农户增收的效应会十分明显。理事长的企业家才能为合作社的发展发挥了巨大的作用，其大规模的投资，成本很高，此外苹果收益需要一个阶段，其间的资金流为负。理事长毅然决然地选择进行苹果园种植，主要是考虑到经济作物的巨大利润效应，这也能反映出理事长的才干。政府应该大力支持真正能为农民做实事的合作社，给予丰厚的奖励。现实也是如此，合作社不仅被评为"省级示范合作社"，也得到了政府的实物奖励。外部的推力促使该合作社能够大踏步地发展。该合作社仍需发挥民主机制，在实际生产中真正实现规模经济，为农户增收做出巨大贡献。

E01　河北临城县尚水渔庄：休闲旅游农业运营链

随着经济快速发展，人们的物质生活需求得到了极大满足，城市人对于体验农家乐特色生活有着日渐浓厚的兴趣，因此休闲农业快速发展。位于河北省邢台市临城县的尚水渔庄凭借开发休闲旅游农业，取得了不错的效益。

一、基本情况

尚水渔庄现在已经是河北省休闲旅游农业最成功的典范，被国家农业部、国家旅游局评定为"全国休闲农业与乡村旅游示范点"以及全国休闲农业与乡村旅游四星级企业，被省农业厅、省旅游局评定为河北省休闲农业与乡村旅游五星级企业。尚水渔庄300亩的经营用地全是流转用地，和大部分农户一样，土地流转并没有通过土地交易所，每年1500元一亩地的租金对于年收入300万元的渔庄来说压力不算大。

二、运营情况

据米经理介绍，尚水渔庄的经营收入主要有三个来源，最主要的收入来源是以餐饮、住宿、旅游等为主的休闲农业，占比达到50%以上，其次是种植业和养鱼业。这三大经营内容形成了一条很有效率的运营链。

（一）种植业方面

主要有各类蔬菜水果、紫薯、黑花生以及一年四季均可生产的糯玉米，这些经济作物一部分及时卖给超市、集市等主体，另一部分则用于供游客体验采摘的农家乐服务，最后还会剩余一部分，作为渔庄餐饮业的新鲜食料来源以及食品加工相关原材料。

（二）养殖方面

渔庄鱼种繁多，草鱼、鲤鱼为主，以小鱼塘的形式分散在渔庄的各个片区，每年约1万尾的出栏量十分可观，其中一半的鱼用来供游客体验垂钓，剩余一半则用于渔庄饭馆的特色佳肴。

（三）休闲餐饮业

休闲餐饮业与渔庄内部其余生产性农业息息相关，而且规模庞大，年游客量能达到10万人以上。其中最主要的是当地比较有名的渔庄自营餐厅，特色餐厅以及烧烤广场经常人满为患，为了促进餐厅周转，加大运营效率，尚水渔庄还开通了微信订餐服务，方便游客提前点餐，减少等待时间。

（四）特色加工

渔庄还利用自己的作物进行特色产品加工：用无公害红薯加工而成的尚水红薯粉条，以优质杂粮为原料制成的尚水五谷杂粮，完全有机肥种植的尚水绿色蔬菜，等等。这些"尚水系列"加工农产品已经通过了绿色认证，并且有了自己的注册商标"崆山尚水湾"，产品销往全国各地。

（五）住宿住宅

以"宾至如归"为目标，渔庄的住宿区服务十分贴心，有各种不同规格的房间，从普通大床房、标准间到豪华四室一厅套房，都有地暖和空调，并且开通了网上订房平台，通过微信等支付途径可以直接预订房间，大大提高了游客的广度以及景区宣传度。

（六）观光旅游

本着"每个角落都是景点"的景区维护理念，尚水渔庄对每个角落都进行了精心的设计，整个景区已经有大大小小12个垂钓鱼塘，4个荷花观赏塘。

（七）休闲采摘

通过对荒地改造建成了蔬果采摘园，种植各种新鲜蔬果以及特色农产品供游客采摘，圈养在参观区的各种家禽动物也为渔庄平添了不少情趣，连几只小羊也经过了精心的形象改造。

（八）产品销售

渔庄还有自己的特色饰品店、工艺品店、专卖店、土特产店等，可以看出，渔庄内部已经形成了供产销一体的良好经营模式。

渔庄形成了生产、加工、销售、服务、旅游、观光、住宿、采摘一条完整的运营链，以农业服务业为主，广告宣传十分到位，各类餐饮、住宿的服务价格与同类经营主体相比都是处于中、高价位，盈利能力自然比相关经营主体强很多。

尚水渔庄的成功经营有很大的带动作用，附近也有几所渔庄借鉴尚水渔庄成功的经验，凭借地理优势和景区优势，因地制宜地依靠渔家乐日渐发展起来，农民终于熬过仅仅依靠山里贫瘠的土地，种植收成微薄的小麦、玉米来解决温饱问题的日子了。现在靠近水库的几个山村里的农民，早已通过休闲旅游农业以及林果种植业发家致富，过上了小康生活。临城县凭借独特的地理优势，依靠丰富的景区资源，率先走出了生态农业这条成功的道路，为休闲农业与乡村旅游建设树立了良好典范。

E02　陕西杨凌海棠果农庄：
非农资本进入农业的困境

大约15年前，来自宝鸡市武功县的张先生开始承包第一个工程，完成了自己从一个打工仔向老板的蜕变。经过张先生近15年的艰苦奋斗，原先的承包队早已华丽转变成正规公司，雇用正式员工100余人，年净利润达到二三百万元，2012年，已经积累起1000余万元自有资金。与其他优秀的企业人类似，张先生并不满足于简单的个人发财致富，看到屡屡曝光的食品安全事故时，他心中便萌生了为社会生产放心、安全、健康食品的念头，按照他自己的话说就是，"赚钱之余，开始思考承担起自己的社会责任"。

2012年的秋天，张先生靠着千万资金的强大支撑，开始践行自己的宏大想法。通过实地考察，张先生最终选择了大揉谷镇田西村，在与村委会艰难地协商了半年之后，才逐步分三批流转租入共计540亩的一块土地，用于建设发展集种植、养殖、加工、餐饮、休闲、住宿等一、二、三产业融合的现代农庄，陕西杨凌海棠果农庄由此应运而生。

一、基本情况

在种养方面，该农庄引进盛产于河北怀来的较耐寒经济水果作物——海棠果，种植面积300余亩，并且配套建设深加工设备，用于加工海棠果酵素，全套设备正常运行预计每千克海棠果可以生产200克酵素产品。同时林间饲养鸡、鸭等家禽以及山羊、猪等牲畜，不使用任何添加剂和激素，延长生产周期，保证肉品质量；并且运用有机方法，坚决杜绝化肥、农药的使用，种植少量粮食、油料、蔬菜、瓜果等作物，用于向来农庄休闲住宿的消费者提供高品质的安全、健康食品，实现小范围内的有机农产品供给自给自足。在配套设施建成之后，形成"吃在农庄""住在农庄""购物在农庄"的产业格局，日饱和接待量能达到150人，平均接待量能达到80人，年营业收入至少达到500万元，实现利润100万元。同时还可以外销海棠果的深加工产品，每亩利润能够达到7万元。截至2016年农庄具体发展情况如下。

（一）建设投入：规范化土地流转，精细化土地整治

土地流转方面：第一次流转时间为2012年底，共租入土地100亩，平均租金每亩每年230元；第二次流转时间为2013年，共租入土地220亩，平均租金每亩每年580元；第三次流转时间为2015年，共租入土地220亩，平均租金每亩每年800元。以上土地流转期限均为10年，并且都有正式的签约合同。由于前期项目资金充裕，以上流转租金均一次付清。土地建设方面：在这块土地上，还花费了100余万元进行土地整治，其中30万元用于土地平整，60万元用于基础水利设施建设，5万元用于修建田间道路，10万元用于深耕改良土壤。2016年整个项目建设进入中期阶段，所有作物都已种植，但是，由于生产线建设相关批文尚未拿到，项目建设速度放缓。

（二）生产投入：秉持有机无公害理念，主动寻求专业技术指导

在劳动力方面，由于海棠果种植对劳动力的需求具有阶段性和季节

性，日常田间管理并不需要太多劳动力，所以农庄一般雇用长期工人6人，短期劳动需求高峰大概雇用60人。其他种养工作由于规模较小，基本也由长期雇工完成，短期用劳力高峰会适当雇用5人左右的劳动力。在农资方面，该农庄严格践行全程绿色有机无公害的理念，所以不牵扯使用化肥、农药，但是农家肥的使用量较大，一年使用6000方（吨）左右，花费达到36万余元。在农具方面，中、小型机械较多，包括运输车辆、旋耕机、播种机、深耕机等，购置费用20万元左右，每年燃油动力费2万元，相关修理维护费用1万元。在技术方面，由于本地除此一家外，并没有海棠果种植的产业布局，所以技术方面的社会化服务供给为零，张先生每年还要花费2万元从外地聘请专家驻庄指导海棠果种植。

二、发展困境

随着我国经济发展腾飞，资本存量逐年快速增加，以追逐利益为天性的资本迫切需要找寻投资的途径。由于工商业和服务业的资本供给越来越充裕，投资机会越来越少，所以原本是投资冷门的农业逐渐进入资本家们的视野，农业特别是高附加值的三次产业融合发展的新型农业吸引了大批资本。陕西杨凌海棠果农庄则产生于这样的大背景下，但其在生产经营过程中，遇到诸多难题。陕西杨凌海棠果农庄建设发展大致分为租入土地、种植养殖、建设基础设施、建成营业四个步骤。目前该农庄进入厂房、餐厅、宾馆等设施的建设阶段，但是前期租地、种植投入较大，1000万元初始投资已经所剩无几，海棠果还未挂果，仅有少量种养回报，导致农庄现金流承压。同时开工建设的审批文件办理时间较长，迟迟没有结果。目前农庄发展进入瓶颈期，如果建设批文无法拿到，那就根本无法实现上述各项利润，对此，农庄主张先生十分苦恼。

同时，由于土地10年租金按照当时价格一次付清，后来租金急速增长，部分村民心理出现不平衡，企图获得价格上涨的补偿。但是这些内容并未在合同中规定，便开始围堵、骚扰张先生的农庄，严重影响了农庄的建设、经营、生产秩序。当地公安机关却并未发挥有效职能，没有惩罚相关涉事群众。这也极大地打击了张先生投资建设的积极性。现在资金问题基本已经解决，因为张先生的建筑公司效益较好，每年可以实现200万元左右的净利润，用于补贴农庄的发展，但是，如果土地批文和项目运营这两个问题无法得到有效解决，该农庄未来的发展可谓是凶多吉少。

综合海棠果产业链特点和该农庄自身情况，将产生难题的主要原因归纳如下。

（一）项目周期长，回本盈利慢

首先，海棠果的生长周期较长，该企业从树苗开始栽种，几年之内都无法开花结果，在后续深加工生产线尚未建成的情况下，这种做法避免了海棠果的浪费，但是每年仍需要付出高额的土地流转成本，并且雇用专人进行管理、看护，长期来看损失了很多机会成本。其次，该农庄的最终运营涵盖一、二、三次产业，所需基础设施和前期准备较多，例如需要花费大量时间平整土地、建设相关房屋等，而且其中有些环节还需要拿到相关部门的审批文件，这将极大地增加项目的不确定性。

（二）投资规模与建设规模不匹配

该农庄的初始投资规模为1000万元，而一次付清的540亩流转土地的10年租金就有大约300万元，加上土地整治、购置农机车辆等开支，在未开始种养工作之前的花费达到了600万元左右，超过了总投资资金的一半以上。而后续还需要建设宾馆、餐厅、办公用房、酵素生产线等房屋建筑，仍然需要巨大的开支。本案例其实是以"非农养农"，一旦非农工商业的收入出现波动，将会直接影响到农庄的建设发展，很可能会导致其中途夭折。

（三）对项目风险认识不足，缺乏实践经验

在前期规划时，该农庄的业务以农业为依托，涉及种养、加工、餐饮、住宿等多个方面，在3年内完成相关建设，并且开门营业，但是张先生之前未从事过农业，对相关风险因素估计不足，例如，对流转土地的难度估计不足和对资金消耗的状况估计不足等，截至2016年农庄已经开工建设4年了，相关主体建筑仍未建成。同时，通过张先生的介绍，发现他对政府的依赖性较强，将农庄发展的未来前景寄希望于政府的现金补贴和公安部门的主动帮扶，其实这些问题都是自己应该解决的，如果对政府依赖过强，那么发展起来的农庄很可能也不具有竞争力。

"以农产品加工业为引领 推进农村一、二、三产业融合发展"，这是陕西省农业厅制定的"十三五"发展规划。农产品加工业是农业和工业的结合体，承接一产、链接三产，是提升农业整体效益、拓展农民增收空间的关键环节。陕西杨凌海棠果农庄正是以这种形式，将农业向加工增值、流通及休闲服务业等二、三产业交叉延伸，延长产业链，丰富价值链，拓宽增收链。对于初涉农业的非农资本来说，农业是一个完全陌生的领域，即便通过调研能够获取一定的信息，也很难形成十分深入的认识，这就对投资者的能力以及政策环境提出了更高的要求。要想让非农资本真正在农业领域发挥有效作用，一方面需要能人带动，将资本和农业生产实践有机结合，让资本花在真正需要的环节，另一方面需要政策扶持，政府相关部门通过提供政策优惠、专业生产经营指导，为非农资本与农业生产经营的融合打造更便利的政策环境。

E03　山东莒南县金胜粮油实业有限公司：
全产业链增加经济效益

农业全产业链是我国农业发展转型和食品安全要求不断提高的背景下产生的一种全新的农业经济发展模式。它以市场消费为导向，以资本和技术为纽带，以价值增值为目标，从农业产业链源头做起，涵盖种养殖、农产品加工分销与物流、品牌推广等多个环节。发展全产业链有利于推动农业龙头企业全面发展，增加其经济效益。位于山东省临沂市莒南县金胜粮油实业有限公司就是典型的案例。

一、基本情况

金胜粮油实业有限公司隶属于山东金胜粮油集团，是一家集油脂及农副产品加工、粮油贸易、外贸进出口、餐饮娱乐、商住物流、平台检测服务、农场规模种植等多种经营为一体的综合性集团企业。

作为莒南地区最大的花生油生产厂家，金胜粮油实业有限公司正式成立于1992年11月，前身是当地政府于1947年成立的粮管所。公司的地理位置靠近花生油产业链的上游，具备明显的区位优势。莒南县共有耕地109万亩，其中花生种植面积达到45万亩，被中国特产之乡组委会命名为"中国花生之乡"，凭借本县及周边县、市广大的种植面积及庞大的花生交易量,金胜粮油公司成为国内花生的种植基地、贸易集散地、出口基地,以及花生油的生产基地。2014年企业年产值达到12亿元。

二、经营情况

金胜粮油公司自成立以来一直以花生油的加工、出口为主导产业,并以此为基础向花生产业链上、下游进行延伸,逐渐形成花生油生产加工全产业链。

(一)上游农产品生产、收储环节

为了规范花生的种植,确保收购产品质量,金胜粮油采取了"公司+基地+农户"的模式,同时还于2013年4月出资250万元成立了莒南县金胜农机化种植专业合作社,主要用于农产品的收购以及新品种的推广。公司于2013年流转土地500亩,建设了"金胜富硒农产品示范基地"。一方面给合作社种植农户提供花生种植的标准化示范基地作为参考,基地执行绿色标准、有机标准等,对其他生产者起到规范、引导的作用;另一方面为企业的原材料供应提供基础保障。此外,基地还承担了公司农产品新品种的试验、推广,目前主要种植"富硒花生"和"高油酸花生"两种花生科技示范品种。在产业链上游的带动方面,除了为农户带来高附加值新品种的推广以外,公司所属的农机合作社还提供种植机械作业及花生销售服务,惠及本合作社内的150多户农民,起到了一定的带动作用。

(二)产业链下游研发、加工及销售环节

金胜粮油公司主要通过研发新产品、品牌打造以及申请质量认证等

方式不断提高产品附加值。公司 2006 年成立了山东金胜粮油集团研发中心，主要负责新产品、新工艺、新技术的研究与开发工作，累计获得各类科研资金 2000 万元。在质量认证方面，公司种植基地按照 GAP 良好农业操作规范运作，从良种引进、科学播种、测土配方、施肥、生物农药除草、病虫害的防治，到采收储藏、产品加工，形成了"从田间到市场"的全程监督管理过程，形成完善的可追溯体系。目前"金胜"牌花生油先后获得"国家无公害农产品""国家绿色食品""国家有机食品"等称号。在公司产品推广方面，以创新农产品为基础，先后推出了"金胜原生初榨花生油""金胜富硒花生油""金胜高油酸花生油"等品种销往高端市场，成功地将企业的研发成果向市场转化，取得了良好的效果。

农业企业发展农业全产业链，有利于带动当地农业现代化发展，促进当地农民增收，提高农业资源利用效率，保障农产品质量安全，有利于加快推进农业现代发展。

E04 山东沂水县蒙山龙雾茶业有限公司："公司+合作社+农户"发展模式

随着合作社数量快速增长，合作社的发展运营模式越来越受到重视。"公司+合作社+农户"的发展模式，作为对"公司+农户"发展模式的补充和创新，不仅能较好地保证农产品质量和来源，也能提高小农户的组织化程度。公司、合作社、农户各自发挥好自身的优势和作用，这一发展模式将带来多赢的局面。位于山东省临沂市沂水县的蒙山龙雾茶业有限公司就是较为典型的例子。

一、基本情况

山东蒙山龙雾茶业有限公司于2002年成立，经营销售高端茶叶。公司成立初期，政府提供了较大的帮助：帮忙打开市场，在科技、农业、水利上给予项目资金支持等。2016年，公司已经进入正常运作发展阶段，2015年的销售额大约800万元，茶叶价格每斤约1000元，成本在600万元左右，盈利能力和其他同类经营主体比好一些。该公司能够有这样的发展成果，离不开与合作社、农户的密切合作。

该合作社的前身是茶叶协会，几个种茶大户看好茶叶的市场形势，于是在2008年正式成立了合作社。目前，在茶叶生产方面，合作社和公司已经形成了"产前—产中—产后"的一条龙服务体系，合作社负责茶叶的种植、技术、日常管理和收购，公司则负责茶叶的加工和销售。在财务上两者独立，组织架构上并没有完全独立，企业也是合作社的股东，合作社理事长也是公司主要负责人。

二、经营情况

在茶叶的生产收购上，是两级签协议的方式。公司与合作社签协议，定下需要的茶叶总量，然后合作社和农户签协议，根据一家一户的情况分配产量并在这个过程中商定价格。公司承诺茶叶的收购价格不会下降，而且如果价格向上波动，还会给合作社返利（溢价20%），这笔返利可以理解为按交易额（量）分红。在农资的供应上，也和茶叶的收购存在联系，例如有机肥等赊销，等到卖茶之后再结清。

此外，公司还流转500亩土地用于新品种培育、试验、示范、种植，由于流转时也是偏向于集中连片的地区，所以地块平整只涉及100亩左右，水利设施和田间道路建设全部覆盖，这三项的总投资每亩地要过万元，同时也承担了政府的示范推广项目，为国家级农业示范园。该投资由公司承担，政府也给予约300万元的补助。

公司在发展过程中，除了与合作社、农户合作以保证茶叶的质和量，还积极建立品牌、延长产业链、推广茶文化。目前相关的认证也做得很多，具体包括4项有机认证，与此同时开始投资建设餐饮、住宿等设施，目前公司投资已过千万，立足茶园，希望通过旅游等进一步促进自己的品牌"走出去"。此外，网络销售也已经起步。在科研上请了许多专家顾问，无论是基地的规划与发展，还是茶叶的相关技术都力求完善。

E05　山东临沭县兴大食品集团有限公司：龙头企业社会化服务的供与求

农业社会化服务体系是农业现代化的重要支撑，加快发展农业社会化服务体系是促进农业增效、农民增收、推动农村经济发展的有效途径。新型农业经营主体在发展过程中不仅是农业社会化服务的接受者，也是提供者，农业龙头企业作为新型农业经营主体的重要组成部分，其社会化服务的供与求对农业发展影响较大。位于山东省临沂市临沭县大兴镇的兴大食品集团有限公司（简称兴大食品）就是典型的例子。

一、基本情况

兴大食品前身为1976年建立的集体所有的食品厂，1994年在改革浪潮的推动下进行了公司制改革。李建国出生于1973年，是土生土长的临沭人，20世纪90年代高中毕业后来到了原先的集体食品厂工作，1994年亲身经历了集体食品厂的改制。在食品厂的20多年当中，他目睹企业一步步地发展壮大，是企业发展的见证人之一。公司从事各类调味品和特产蔬菜的保鲜、速冻、脱水、烤制、腌渍等一系列深加工的生产、销售和服务，主营大蒜系列产品，包括脱水大蒜、蒜粉、速冻大蒜等多个品种。兴大食品公司注重开拓国际市场，其产品在欧美、东南亚、东亚等地区广受欢迎，年销售额超过 2 亿元，净利润约 500 万元，相比前些年，企业的盈利能力有比较明显的下滑，主要的原因就是国际经济不景气。

二、主要经验

兴大食品经过 20 多年的发展，已经成为临沭县重要的农业龙头企业，兴大食品也积累了较为先进的经验。

（一）严格的生产标准

农业龙头企业需要建立严格的生产标准，保证食品安全的底线，以过硬的质量来赢得市场。目前我国的食品安全形势严峻，食品安全事故时有发生，除去监管不力的因素外，更多的是企业在利益的刺激下，忽视了食品的质量。而兴大食品严把质量关，正是因为企业重视质量，其产品才能符合欧盟及日本等近乎严苛的标准，顺利打入国际市场。

（二）立足本土 + 国际化视野

兴大食品将"立足本土 + 国际化视野"统一起来。首先，兴大食品在临沭县扎根，这为企业提供了充足的加工原料。众所周知，山东是我国大蒜的主产区，而临沭种植大蒜也有悠久的历史传统。其次，中国大蒜之乡——金乡县距离临沭也只有 200 千米，这为兴大食品的发展发挥了巨大的优势，保证了企业逐步发展壮大。最后，国际化视野也使企业将业务发展的重点放在了国际市场，兴大食品超过 90% 的产品销往国外，为企业带来了丰厚的利润。打开国际市场证明了企业自身的实力，同时也避免了在国内与为数众多的同类企业的恶性竞争，有利于促进企业的可持续发展。

1994年之后,兴大食品驶入了发展的快车道,逐步成为临沭县知名的农业龙头企业。兴大食品快速发展的有利条件包括以下两点。第一,设备设施完善。兴大食品完整地继承了原食品厂的厂房、仓库、机器设备、土地以及客户关系,企业只是调整了产权关系,管理层以及工人等都保持了完整,保证了企业生产的延续性,为企业发展奠定了基础。第二,把握时机,远销国外。企业改制之后,世界主要经济体都进入快速发展的阶段,这就为我国企业外向型经济的发展提供了不可多得的机遇,兴大食品也不例外。1994之后,企业努力走出国门,将产品远销到了世界各地,为企业带来了丰厚的利润。

兴大食品形成了"生产+加工+销售"的完整农业产业链。企业2016年拥有自有生产基地3200亩,种植大蒜1700亩、小麦600亩、姜200亩,其中小麦的种植已经实现了全程机械化。3200亩土地的产出仅占企业加工量的1/10,为此,企业需要每年从外地收购大量的大蒜作为企业的加工原料。

(三) 接受多样化服务

兴大食品在发展的过程当中,农业社会化服务业发挥了一定的作用。具体包括:(1) 技术服务。主要是技术服务指导,生产技术更新等。(2) 农资服务。主要是化肥、农药、农机的采购。(3) 金融服务。主要是企业获得的短期流动资金贷款。2014年企业共获得过8000万元贷款,年利率约12.5%,贷款的主要用途是原料采购、设备更新等。企业所获得的服务提供主体多样,但多是政府提供的无偿服务,即以公益性的服务为主;专业服务公司等提供的服务较少,社会化服务并未形成完整的体系。因而企业所获得的社会化服务与企业实际需要仍有较大的差距。其一,服务内容不完整。企业的发展需要完善的社会化服务体系的支持,当前企业所获得的服务集中于技术、农资等方面。其二,服务水平较低。即使是已经获得的服务,也处于较低的水平,不能满足企业进一步发展的需要。

三、主要问题

兴大食品虽然目前已经发展到了较大的规模,但是其并未形成良好的带动作用。对于周边地区的普通农户来讲,兴大食品并未提供完善的农业社会化服务。其原因较为多样,按照李建国所说,原因有以下几点:其一,企业缺乏较为专业的服务团队,在服务推广的过程当中面临着人才短缺的问题,因而也就很难提供有效的服务;其二,企业与农民的连接较为困难,很难和农民结成真正的利益共同体,因而也就限制了企业服务的提供;其三,企业本身实力有限,依靠自身很难建立完善的社会化服务体系。

可见,农业龙头企业对于社会化服务的需求是比较大的,现实提供的社会化服务还无法满足其需求。政府有关部门和专业农业社会化服务公司要更加重视农业社会化服务体系的建设,为新型农业经营主体的发展提供坚实的保障。此外,新型农业经营主体在成长发展过程中,也要扮演好社会化服务提供者的角色,更好地发挥示范带动辐射作用,以促进现代化农业快速发展。

E06　河北平乡县绿洲农牧有限公司：农地确权的深远影响

农村土地承包经营确权登记颁证工作，既是深化农村改革的重要内容，也是推进一系列农村改革的重要前提和基础，为构架、培育新型农业经营主体提供了坚实的保障，也为农业现代化的发展指明了方向。农地确权对农业生产带来了巨大的影响，位于河北省邢台市平乡县的绿洲农牧有限公司就充分体验到了农地确权带来的一系列影响。

一、发展历程

绿洲农牧有限公司成立于2009年10月，是一家集农业观光、林业花卉、畜禽养殖销售于一体的综合性农业产业化企业，同时也是平乡县的小杂粮生产基地。其成长发展经历主要包括以下几个阶段。

（一）第一阶段：原始积累，建立种羊繁殖场（1990—2010年）

河北省邢台市平乡县的绿洲农牧有限公司的董事长吴金辉本人曾在西北读书，学习林业专业，毕业后先后从事过照相、服装销售、饭店、拼板厂、生铁销售等行业。1990年，吴金辉又开始专心学习奶山羊杂交改良技术。经过一段时间的学习，她对山羊杂交以及养殖业的前景有了深入的认识。学成之后，吴金辉来到邢台平乡县做起了种羊改良、肉羊养殖的生意。2010年，适逢我国落实以高新农业科学技术带动农业产业结构调整的农业政策，吴金辉决定根据平乡县当地百姓的现实状况着手经营"托羊场"。2010年向乡政府申请承包了200亩土地办养殖场。

（二）第二阶段：成立合作社，经营模式发展成熟（2011年—2014年）

2011年，吴金辉成立了绿洲养殖专业合作社，随后又成立了润盛家庭农场。平乡县绿洲养殖专业合作社在发展过程中，广泛收集信息，引进新品种，开展农民培训等。2016年，合作社成员有83人，带动周边农户400户以上。截止到2015年8月，合作社通过土地流转方式总共流转了500余亩的土地。建立了生态园种植示范基地，并注册了"绿洲"农产品商标，开始了"企业+合作社+家庭农场+基地+农户"的经营模式。

此外，合作社通过"企业+合作社+家庭农场+基地+农户"的经营模式，凭借国家在农业产业化方面的优惠政策、独特的地理位置、发展农业产业化进程的高瞻性及丰富的人力资源，在短短几年的时间里，初步形成了具有高附加值的林木花卉培育基地、农业观光和散养畜禽培育基地。其中，羊舍占地面积1200平方米，青贮池576立方米，优质种羊1200多只，其中杜泊羊236只，年出栏可达1200只。

（三）第三阶段：多元发展，建立水果采摘园及杂粮加工厂（2015年至今）

早在2010年，吴金辉便开始计划建立水果采摘园，其间绿洲农牧有限公司经过各级部门和妇联的实地考察，决定在节固乡南周章村村东建立占地200亩的水果采摘园区。2015年，第一园区120亩陆地采摘区已经建成并开始采摘。目前，整个采摘园区的道路铺设完毕，二期园区的餐饮、娱乐、垂钓、健身房、温室大棚采摘区等项目正在筹建中。

此外，为充分发挥平乡县优质杂粮传统生产区的优势，平乡县绿洲农牧有限公司在发展过程中还创办了绿洲杂粮加工厂。绿洲杂粮加工厂收购周边村庄的杂粮，将传统散装散售小杂粮产业化、集约化发展，真正让农民的农产品实现最大的经济效益。在此基础上，绿洲杂粮加工厂开发的注册商标"润宏益盛""精品杂粮""小米""养生粥""粉条"等系列产品，一经投放市场，就受到了广大消费者的好评。

2011年，公司董事长吴金辉成立了绿洲养殖专业合作社，随后又成立了润盛家庭农场。合作社有成员83人，带动周边农户400户以上，共流转了550余亩土地。建立了生态园种植示范基地，并注册了"绿洲"农产品商标，开始了"企业+合作社+家庭农场+基地+农户"的经营模式，凭借国家在农业产业化方面的优惠政策、独特的地理位置、发展农业产业化进程的高瞻性及丰富的人力资源，在短短几年的时间里，初步形成了以高附加值林木花卉培育基地、农业观光、散养畜禽培育基地。其中，羊舍占地面积1200平方米，青贮池576立方米，优质种羊1200多只，其中杜泊羊236只，年出栏可达1200只。

二、农地确权的影响

公司发展中最头疼的问题是融资困难。目前，我国诸多省（区、市）为解决这一难题，开始进行土地经营权抵押贷款的试点，其中就包括邢台市的平乡县。作为河北省唯一一个被农业部确定为农村土地承包经营权确权登记颁证的整县推进试点县，平乡近半数农村已完成土地承包经营权确权，其中也包括了平乡县的绿洲农牧有限公司所经营的土地，这对公司的长远发展带来了深远的影响。具体包括以下几个方面。

（一）政府进行科学评估

在进行土地经营权抵押贷款试点的过程中，平乡县和邢台银行在政策制定上不仅仅包括土地经营权，还扩展到地面附着物。农户或其他法人在不改变土地占有和农业用途的条件下，以土地承包经营权作为抵押向金融机构申请贷款，其地面附着物包括温室大棚、林杂果树、鱼塘、猪舍、牛棚、鸡舍等随同一并估价抵押。平乡县农村土地承包经营权流转交易中心对平乡县的绿洲农牧有限公司的土地经营权和地面附着物的资产进行了总体估算，最后认为该公司所经营的550亩土地拥有400万元的贷款额度。

（二）银行提供优惠的利率

县政府和邢台银行考虑到农业经营者的承受能力，在利率方面，邢台银行抵押贷款比商业贷款低了20%。不仅如此，邢台银行还为土地经营权抵押贷款开辟了绿色通道，无须上贷审会即可放贷。只要材料齐全，7个工作日即可发放到位。2015年，吴金辉用550亩流转土地的经营权证书，从邢台银行平乡支行拿到了12万元贷款，贷款期限为12个月，年利率为8%。

（三）市场提供保护

在进行土地经营抵押贷款的同时，平乡县还设立了农村产权抵押融资风险补偿资金。其中，平乡县的市级龙头企业河北京秋农产品有限公司组建了土地托管服务公司，对农村土地产权交易中心处置的产权进行再流转或收储，确保抵贷出现风险时农村产权能够及时再流转、及时变现。截至2016年，在政府、银行及龙头企业的共同努力下，平乡县农村产权交易中心已经受理20笔共计470万元的贷款，已发放120万元贷款。

　　开展农村土地承包经营权确权登记颁证工作是新一轮农村改革的第一步，也是关键一步。农地确权，对像绿洲农牧有限公司一样的新型农业经营主体的规模化、产业化发展来说意义重大。各地应总结试点经验，尽快将农地确权及后续工作落到实处，为新型农业经营主体发展提供坚实的保障。

E07 河北临城县南沟绿森林果有限公司：龙头企业带动一方发展

农业龙头企业作为新型农业经营主体规模化经营的重要组织形式，在带动一方经济发展、带动农民致富方面发挥了重要的作用。位于河北省邢台市临城县南沟村的南沟绿森林果有限公司就是一个典型的例子。

一、成立背景

南沟村是临城县最西边的一个小山村，这里交通闭塞，20 世纪 90 年代之前较为贫困落后。村里有丰富的矿藏资源，但一开始采矿未进行科学管理，呈现出"诸侯混战"的局面。1997 年，安小群上任后第一件事就是对矿山进行治理，组建了包括两个矿山、两个选矿厂在内的南沟村股份制企业。公司按照村里的人口入股，不论男女老少，只要是南沟村户籍的都可以参股。铁矿业虽然给村民带来了不菲的收入，但铁矿终有挖完的一天，只有"绿矿"才是长久之道。其实，南沟村发展林果"绿矿"道路较为坎坷。一方面，由于本村处于山区，多为荒山，并不十分适宜种植林果；另一方面，村里之前主要从事采矿行业，没有种植林果的相关经验。于是，安小群就组织干部群众到前南峪、岗底村参观学习，并聘请农业专家李保国常年驻村指导，根据南沟气候、温差、海拔等地理特点，制定了《南沟村生态沟建设规划》。

1997年，该企业向本村村民流转了1800亩土地进行林果种植，由于本村村民大部分从事挖矿行业，且村中的土地较为贫瘠，所以那时流转土地较为容易。通过村委会的批准，签订书面合同后就定下了20年、每年每亩租金800元、租金一年一付的协议，并且由村委会担保。这1800亩土地上，进行了田间道路修缮、土壤改良，花费了近千万元，由水利局扶持铺设了微喷管，扶持总额达200万元。安小群从树苗公司购买了品质优良的苹果树树苗，在河北农大农业专家李老师的指导下进行科学栽种。

由于果树前几年处于生长期，需要精心管理，且涉及的面积较大，安小群没办法照顾全部果树树苗。1997年，他选择其他经营管理模式——在给原承包农户每亩800元的租金的基础上，再给其每亩2200元的管理费，帮助管理果树。然而这种管理模式的效果不是十分理想，且开支较大。1999年，果树开始结果，安小群不再给原承包农户支付管理费，果树继续由原承包户管理，他收购果实并支付市场均价给原承包农户。尽管这样给村民们或多或少带来了一定的经济效益，但是总体来说，没有效率且收入也不高。

二、主要经验

为了更好地进行农业生产管理，2000年安小群注册成立了河北南沟绿森林果有限公司，它是河北南沟矿业集团有限公司的一个子公司，也是村民入股的股份制企业。公司以生产优质红富士苹果和优质薄皮核桃为主导产业。注册资金490万元，2016年固定资产净值达到1500多万元，净资产达到800万元。公司现有职工68人，大专以上学历的有15人，技术人员12人。该公司成立后，对当地发展带来了深远的影响。

（一）经济发展

随着果树生长，经济效益逐年递增，2016年苹果树已经进入盛果期，年收入超过500万元。2000年，注册了"绿森"商标。绿森苹果凭借良好的品质，连续荣获河北省第七、第八、第九届消费者信得过产品，被评为河北省著名商标。仅靠林果业一项，南沟村人均收入增加3000多元。

（二）环境美化

该公司开垦出了4200亩荒地，积极响应号召进行退耕还林。尽管开荒前期投入较大，但从长远来看不仅能够给村民带来不菲收入，而且整个村子绿化了、美化了。2009年，南沟村启动"铁尾矿覆土造田工程"项目，造地200亩，种植苹果、核桃等果树11400株，使南沟村平均每户新增一亩经济林。

（三）带动就业

作业环节如采摘果实，公司雇用本村或邻村的村民打短工，日工资约50元，大约需要2个多月时间、400人左右进行果实的收获。在果树的修整方面，同样也是雇用本村或邻村的劳动力进行果树日常管理，一年累计时间大约3个月，需要200人左右。在包装环节，雇用25人负责对果实进行分类包装。另外，公司雇用5人负责物流运输。公司一年在工资方面支出约1000万元，给本村、邻村的一些村民带来了一定的收入，同时也使本村和临近村一些五六十岁的村民不外出打工也有活儿可干。

（四）示范带动

绿森林果有限公司作为农业综合开发产业化经营项目，在发展过程中不仅能够实现本村村民的增收,还以企业的影响力,带动周边村发展种植了大面积果树。

2016年公司种植林果面积达6000亩,优质红富士苹果已发展到1600多亩,栽植薄皮核桃、优质板栗6万多株,栽植侧柏、速生杨等生态林500亩,使全村周围8000多亩荒山秃岭披上了绿装。经过绿化、美化尾矿库和荒山,村子变美了,曾经充满矿石味道的南沟村,如今到处是花果飘香。随着果树生长,效益逐年递增,这个由村民培育起来的"绿矿"将是取之不尽、用之不竭的"聚宝盆"。

和绿森公司一样的一些农业企业成功发展很好地实现了集约化、专业化、组织化以及社会化,是新型经营主体发展的成功模板,不仅实现了经济效益,也实现了社会效益、环境效益,是一种可持续发展的模式,值得更多农村、乡镇借鉴学习。

E08 河北临城县绿岭果业有限公司：现代高效产业化发展模式

农业龙头企业的发展不仅能够壮大县域经济，带动农民增收，还能树立行业样板，带动农业产业化发展。现代的、高效的产业化发展模式能更好地发挥农业龙头企业的优势，促进农业规模化、产业化、现代化发展。位于河北省邢台市临城县的绿岭果业有限公司（简称绿岭公司）就是典型的例子。

一、成立背景

太行山丘陵地区人口众多，该地区土地瘠薄、干旱缺水、流失严重，经济落后。1999年，该区的森林覆盖率还不到10%，而且大部分为幼林和次生林，林业产值仅占农业总产值的10%～20%。人均水资源占有量相当于全国的1/7，属于极度缺水地区。经过了20年的大面积开发，尽管这一地区农村的生活水平发生了较大变化，但是，该区1998年年人均纯收入为860元，人民生活仍然相当贫困。基于这种自然条件，核桃的种植成为太行山丘陵地区农户的较好选择之一，因而河北邢台市临城县拥有一批种植核桃的公司及合作社。

二、基本情况

绿岭公司成立于1999年,是集优质薄皮核桃的产、研和深加工为一体的高科技企业。公司拥有1.5万亩的自有核桃产业基地和10万亩的合作基地,优质薄皮核桃苗圃600亩,已成为我国最大的优质薄皮核桃集约化生产基地。同时还拥有生态养殖柴鸡5万余只,将逐步扩养到10万只以上。公司经过10年的不懈努力,实现了良好的社会效益、生态效益和经济效益。公司先后被认定为"河北省林果产业重点龙头企业""河北省农业产业化重点龙头企业""国家产业化扶贫龙头企业""河北省农业开发重点龙头企业"等。

公司主要产品有核桃苗、绿岭薄皮核桃、多味核桃、核桃油、柴鸡蛋等多种产品。2004年绿岭核桃被认定为绿色食品,2008年绿岭核桃与柴鸡蛋均被认定为有机食品,绿岭核桃被评为"奥运推荐果品","绿岭"商标被认定为河北省著名商标。为进一步延伸产业链条,提高经济效益,充分发挥农产品深加工龙头企业的带动作用,公司在县委、县政府的大力支持下,在新城区征地260亩,计划投资2.4亿元建设核桃综合深加工项目。公司已经与中国农大签订联合研制核桃深加工系列产品的协议,目前,该项目正在建设中,相信不久的将来绿岭产品将实现多元化,品种更加丰富。

(一)连片开发,规模扩张

绿岭公司以形成规模化生产基地为前提,坚持成方连片集中开发,1999—2016年,通过挖水平等高条形沟、客土、增施有机肥等方法,每年大规模承包治理荒坡荒岗1000~2000亩,已累计种植薄皮核桃1.5万亩。

（二）科技先导，质量至上

公司坚持自主创新，选育出优质薄皮核桃新品种2个，制定薄皮核桃绿色食品地方标准2个。通过落实严格的生产技术规程和标准规范生产，推行"树上长核桃，树下养柴鸡，牧草肥地力，沼液保有机"的"树、草、牧、沼"四位一体生态循环模式，保证了核桃的特有品质。

（三）同业合作，联合生产

公司推行"公司+合作社+基地+农户"生产经营模式，为农户提供苗木，免费定期技术指导，高于市场价收购，统一品牌，统一销售，带动临城8个乡镇及其他地区发展薄皮核桃20万亩，实现人均增收2000元。

（四）链式拓展，优势聚集

公司不断延伸产业链条，投资3.2亿元成立河北绿岭康维食品有限公司，建成核桃系列产品生产线9条，开发核桃乳等产品6大类20多个品种，年可消耗核桃原果3万吨，实现年销售额20亿元，利税1.6亿元。

（五）文化交融，铸就辉煌

绿岭人秉承"愚公之志，智者品质"的企业精神，奉行"绿色是基，和谐为本，重在责任，赢在执行"的经营理念，倾力打造"中国核桃第一品牌"的终极目标，实现了企业文化与品牌文化的交融。"绿岭"商标先后荣获"河北省著名商标""中国驰名商标"，绿岭公司先后被认定为"国家扶贫龙头企业""河北省农业产业化重点龙头企业"等。

三、主要做法

（一）产学研相结合

绿岭公司牵头组建了农业科技推广传播体系，上联大专院校、科研院所，下联千家万户，形成了高校、企业、农户一体化。传播站聘请了河北农业大学以李保国教授为首席专家的高级驻站专家团，从县内、外吸收一批具有中级以上职称的专业技术人员充实技术队伍，解决了公司的技术和技术人才的问题。

（二）利用好商业资本

网通公司1999年向公司注入起步资金377万元，之后又陆续投入资金4000多万元，为公司的稳定发展提供了源源不断的资金流，2007年公司资产评估价值达7000多万元。

（三）学习先进经验

绿岭公司从成立之初，就借鉴网通公司的经营管理方式和理念，制定现代企业制度，为公司快速、高效的发展提供了良好的管理保障。企业在留住人才方面，实施环境留人、待遇留人、感情留人、事业留人的原则。在万亩生产基地的管理中，充分运用管理理论进行创新，将整个基地分成若干部分，以契约的方式分别承包给周边农户，公司提供统一的技术服务，承包户只负责除草、打药、浇水、施肥、采摘等日常管理，农户收益与承包地的产量挂钩，公司统一收购。

（四）现代农业建设

公司充分整合现有资源，重视发展循环农业。核桃基地地面间作种植了优质牧草——紫花苜蓿，树下放养了3万余只柴鸡。苜蓿草不影响核桃生长和产量，并且具有两个用途：一是作为沼气池的原料，二是免费送给附近的养牛场。作为交换条件，公司免费获得养牛场的牛粪作为有机肥料再还原到基地。沼气池为食堂和宿舍提供能源，沼气池出来的废物又用作肥料来促进核桃树生长。放养的柴鸡不仅为果园的核桃树提供有机肥料，还为核桃树减少病虫害，而且带来了巨大的经济效益，年产柴鸡蛋6000箱，近15000千克，销售收入达30万元，形成了"果、草、畜、沼气"四位一体的立体农业种养殖模式。

（五）创新营销模式

在公司发展的战略定位上，以保护和改善生态环境为前提，开发绿色产业，经营无公害特色农产品。公司在将产品推向市场的过程中，始终坚持品牌化战略，注重市场信息的搜集和消费者需求调研，产品一入市场便得到了消费者的认可，生产的核桃和核桃油产品供不应求，核桃平均售价每千克60~70元。公司在销售上实行专卖店模式，已经在石家庄、北京建立起了两个专卖店，产品销往石家庄、保定、北京、天津、上海、广州等城市，市场潜力巨大。

四、主要影响

绿岭公司的成功实践对区域发展破解"三农"之困意义重大。

（一）促进了结构调整，培植了主导产业

在绿岭公司的引领下，临城县核桃产业迅速崛起，全县核桃面积和产量分别由2000年的5000亩、600多吨发展到2011年的24万亩、1万多吨，成为全国最大的薄皮核桃生产基地。核桃产业已经成为临城县

最具潜力的特色主导产业。

（二）增加了农民收入，壮大了县域经济

临城县从事核桃生产经营人员超过 5 万人，人均年增收 1000 元。临城县被国家林业局评为"中国薄皮核桃之乡"，临城薄皮核桃被国家工商总局认定为"地理标志产品"。绿岭薄皮核桃专卖店相继在北京、石家庄开业，特级核桃每千克卖到 160 元，1 个核桃能卖 3 元钱，创造了核桃销售史上的奇迹。

（三）树立了行业样板，带动了产业发展

2011 年国家林业局将"首届中国核桃节"的现场确定在绿岭，组织全国业内人士齐聚绿岭，向全国推广绿岭"标准化栽培、产业化发展"的成功经验。如今的绿岭已是全国的绿岭，每年有数以万计的人来参观考察，"绿岭核桃"已根植于新疆、四川等 12 个省（区、市），带动了全国核桃产业的兴起。

五、主要经验

绿岭果业有限公司现代高效的产业发展模式也给我们带来了不少启示。

（一）科学的决策、准确的定位是创业的关键

绿岭公司由小变大，由弱变强，最根本的原因在于公司从起步就确立了产业化战略思想，并将这一思想贯穿于基地建设、精深加工、产品销售各个领域，依靠准确的市场定位、过硬的产品质量、独特的品牌战略，迅速占领国内核桃高端市场，成为薄皮核桃行业的龙头老大。

（二）不懈的追求、持续的奋斗是成功的基石

绿岭人恪守做事不作秀，每年都以蚂蚁啃骨头的耐力进行荒山整治，开一片、种一片、成一片。十几年如一日，一步一个脚印，踏踏实实干事业，书写了开沟换土再造太行新天地的治山神话。

（三）先进的科技、完善的体系是壮大的原动力

绿岭公司坚持科技为本，以河北农业大学等单位的专家教授为依托，成立了"河北省核桃工程技术研究中心"，组建了100多人的技术团队，无论是基地建设、产品采收，还是贮藏加工、品牌销售无一不彰显科技的力量。栽培良种化、管理标准化、灌溉节水化、施肥有机化、防病治虫生态化、产品开发系列化格局已经形成，极大地助推核桃产业的壮大。

（四）严格的制度、规范的管理是制胜的法宝

制度是企业发展之根本，小到个人职责、大到公司规章都形成了健全、明确的制度规范，实现了战略规划、生产研发、收购销售等各环节、各领域全覆盖。用严格的制度管理规范行为，用先进的企业文化引领思想，开创了以快求胜、以严求精、以诚求信、以质求存的新局面。

（五）良好的政策环境、持久的政策支持是成功的保障

绿岭公司的成功得益于临城县委、县政府对发展核桃产业的科学决断和持久的政策支持，坚持一张蓝图绘到底，大力发展核桃产业，激发农民发展核桃的激情。河北省林业厅等相关部门通过项目、资金等支持绿岭公司各项事业发展，为绿岭公司的成长营造了良好的氛围。

E09 河北平乡县润宏益盛农业开发有限公司：农产品交易市场现代化发展

农产品销售是农业生产经营产生经济效益的关键步骤，所以农产品交易市场对于农业发展来说不可或缺。农产品交易市场的建立与运作，有利于促进农产品集散，进而形成稳定的供求交易；有利于保障农产品供应；有利于形成农产品价格，引导农作物生产。随着现代化发展，数字化、科学化发展对于农产品交易市场来说尤为重要，位于河北省邢台市平乡县迎宾大道的润宏益盛农业开发有限公司就是典型的例子。

一、基本情况

润宏益盛农业开发有限公司是全县唯一一所大型的农产品批发交易市场。公司于2012年10月31日成立，法人是王中文，注册资金有1030万元，总资产8283万元，其中固定资产7248万元。公司共有员工50人，占地面积达156.44亩，还设置有性能先进的闭路监控系统、停车场管理系统、消防预警系统、信息化系统、污水处理系统、中央空调等配套设备。整个市场规模比较完善，已经形成购、销、储、运一条龙的服务设施和组织网络。

公司依靠国家在农业产业化方面的各种优惠政策，凭借独特的地理位置优势，大力发展农业产业化，采取了"公司+农户、商户"的经营模式，以"品质保证、服务专业、顾客满意"为经营宗旨，在注重产品质量和企业信誉的同时，不断引进专业技术人才和现代化经营管理模式，以精湛的生产工艺、完善的售后服务呈现于广大用户，公司经营取得了显著成效。公司还与专业大户、中介组织、乡村组织等展开合作，共同来带动农户种植各种品质优良蔬菜，通过自己公司的批发平台进行交易，蔬菜的价格也比较适中，因此深受广大消费者的青睐，最终大大增加了各农户、商户的销售收入。

二、发展前景

公司经过近三年的培育和发展，交易规模不断扩大，吞吐量日益攀升，受到了社会各界的广泛关注。谈及公司日后的发展规划，负责人说，现在的农产品批发市场日趋电子化和数字化，未来电子交易是公司发展的重点方向。虽然目前公司已经有自己的注册网站，但是，由于技术原因，网站还没有开发完全，价格信息的公示如果能在网站上及时更新，会更利于交易的促成。与此同时，相关供求信息也应该通过自己的网站及时公开，以便农户有效率地找到需求者。

三、主要经验

平乡县润宏益盛农业开发有限公司在发展初期依靠政府优惠政策迈出了成功的第一步。种类丰富的产品、性能先进的设备、科学的管理手段使得公司逐渐成长为平乡县最大的一级农产品批发市场。但公司在数字化、电子化方面做得还不够，也没有形成自己独特的品牌。公司可选派人员专门学习互联网营销思维，打造自己的品牌，不仅可以促成更大的成交量，也可以引导公司向更加科学化的方向发展。

E10　安徽宁国县皖斛堂生物科技有限公司：技术成就发展

位于安徽省宣城市宁国地区的皖斛堂生物科技有限公司，成立于2009年4月，是一家专业从事铁皮石斛组培、种植、加工、开发和销售于一体的全产业链股份制企业。总部位于安徽省国家级宁国经济技术开发区河沥园区内，注册资本3300万元。

关于铁皮石斛的功效，早在东汉末年的《神农百草经》中就有记载，称其生津养胃，滋阴清热，润肺益肾，明目强腰。就是这样一种名贵高等的药材保健品，目前，种植在总经理张建民的皖斛堂生物科技有限公司的产区。从2010年开始经营，2016年产区总面积已经达到70余亩，加上2011年11月从农户那边流转过来的60余亩，利润高的一亩甚至能挣到7万元。公司如何走上如今这条种植"救命仙草"的道路，张建民背后有着很多故事。

一、成立背景

1982年张建民从农校毕业后，就进入乡镇农技站，前后工作了10年。1992年调入市畜牧场任副场长，本以为可以大展身手，怎料2000年畜牧场改制，他决定北上，转行进入好友的科技公司，命运就是从这里开始改变的。

最开始是中科院昆明植物研究所的专家们带着棕榈油的开发项目找到了张建民。他本身学习过农业，有着丰富的经验，又很想做农业项目，借这个机会就咨询专家在宁国适合开发什么项目，于是专家推荐了铁皮石斛种植开发项目。

与其他经济中药作物不同的是，种植铁皮石斛的技术要求高、资金需求大，一亩地需投资10万~15万元，从播种到移栽，一个周期有4年半。如果缺少技术的话，即便投入大量的资金，最终也可能一无所成。张建民说宁国2016年有一家也种植铁皮石斛，虽然面积、规模没有他们的大，但是也种植了不少，因为管理不善，全部亏损，没有任何收成。这既是弱点，也是优势，正是由于种植铁皮石斛花费周期长、技术要求高、投资大，一般人不会选择这个门槛较高的项目，所以，相对来说，铁皮石斛的市场波动就会比较小。

二、基本情况

2010年公司同安徽农业大学合作，设立了校企合作组培实验室，同时浙江医科院也提供了很多技术支持，这更加坚定了张建民的决心。2012年2月26日，安徽省非主要农作物品种鉴定登记委员会通过了公司单位选育的石斛新品种皖斛2号的鉴定；3月26日，通过了新品种皖斛1号的鉴定。各种荣誉资质，使整个公司实现了质的腾飞。

此外，公司还不断地摸索实践，逐步总结出了一整套组培、种植的操作要领和规范，并申报了"铁皮石斛种苗繁殖技术规程"和"铁皮石斛栽培技术规程"两个省级地方标准。公司发明专利"一种铁皮石斛保健茶的加工方法"和"一种铁皮石斛组织培养方法"获得了国家专利局的授权保护，公司申报的"铁皮石斛新品种种苗快繁和高效栽培技术示范与推广"项目被科技部纳入国家级星火计划。

当然,有喜悦,也有心酸,2011年6月中旬,大水把15亩组培苗全冲走了,没冲走的也都腐烂掉了,损失100多万元,通过这件事情,张建民认识到自己种植的铁皮石斛还有很大的缺陷与不足,地面种植既不方便管理操控,又容易遭受灾害损失,从这以后,皖斛堂公司逐渐采用架空种植的方式。

架空种植是将原有的铁皮石斛种植在机床上,用独有的树皮进行培养,无论是灌溉还是培育,比之陈旧的方式都有优势。机床之间可以移动的特性更有利于节约面积,不需要管理时将其合在一起,需要的时候再拉开,整个种植过程全部在室内进行。架空种植既可以避免洪水侵害,又可以控制种植基质的湿度,还有利于防治病虫害,促进根部呼吸和吸收养分。这种种植方式在2012年遭遇大水之时得到有效检验。

2013年,公司申请的"皖斛"注册商标通过了国家工商行政管理总局审核并取得相关证书。2015年4月28日,宁国市委书记钱沙泉,率开发区相关部门负责人一行,到公司铁皮石斛基地调研。在张建民总经理的陪同下,先后参观了铁皮石斛种植基地及炼苗阳光大棚,公司产品展示厅。钱书记详细了解了公司的发展和经营情况以及铁皮石斛的生长环境和特性要求,并表示公司从事中药保健品行业,有着广阔的发展前景,是有益于人类身心健康的朝阳产业。5月25日上午,在王普市长的带领下,宁国市政府重点项目调度会也来到公司考察项目进展情况。

每当谈及当初的经历时,张建民总是唏嘘不已,他说,要不是当初选择走上这条道路,如今便不知道身在何处了。对于公司,张建民准备年内建设更多的场地来种植铁皮石斛,让公司发展壮大。只要有技术,有政策保障,他相信公司一定能越做越好,同时会有越来越多的人认识铁皮石斛。

E11　陕西杨凌天鑫兔业："公司+合作社+农户"发展模式的机遇与挑战

"公司+合作社+农户"的发展模式在农业生产的农产品种植领域已经有了不少的成功例子，但是畜牧养殖业生产周期长、市场周期性波动、供求关系不稳定等因素使得"公司+合作社+农户"的发展模式遇到了不小的挑战。陕西省杨凌区的天鑫兔业就是一个典型的例子。

一、基本情况

天鑫兔业目前所在的杨凌区是指杨凌农业高新技术产业示范区，也是目前中国唯一一个享受国家级优惠政策的示范区，在行政上则称为杨凌区，具有地级行政级别，属于省政府直辖。2011年，得益于杨凌政府的推广项目，公司入驻杨凌农业高新技术产业示范区，并且获得当地政府100万元的补贴。在此之后，公司又投资了1亿多元建成了一个种兔场和一条大型兔肉深加工生产线。长期养殖的经历使受访人汤庆安对这一行业有着很深的感情。2015年，公司还把生意做到了欧洲。回忆起自己和法国人谈判引进1000只祖代伊高乐种兔的经过，他十分兴奋。

为了吸引当地的养殖户，汤庆安于2014年注册了天鑫兔业专业合作社并担任理事长，企业方面则完全交给妻子孙雅丽管理。自此，"企业+基地+合作社+农户"的模式形成，由企业牵头成立的合作社为农户统一提供种兔和饲料，提供技术服务，统一防疫、统一收购。

二、主要经验和问题

（一）"公司+合作社+农户"模式

"公司+合作社+农户"这一模式，在新兴的种养殖市场有较好的资源整合能力，为农户提供了必备的社会化服务，但也对企业提出了更高的要求。在成本摊销和利益分配方面，公司可以与农户划定价格，可一旦遭遇市场行情波动，就容易发生农户违约现象。在市场行情好时，农户可能会将产品和农资外销，造成公司利润流失；行情差时，农户则会给公司的收购造成压力，或者因更加严格的标准与公司产生矛盾。

（二）产学研发展

公司在产学研发展过程中也有一定的优势。2011年1月，公司与位于杨凌的西北农林科技大学签订技术合作战略协议，成为西北农林科技大学的"教学实习基地"与"教学科研基地"，公司为学生提供实习、研发平台，而西农科技大学为公司、农户提供技术支持。目前，汤庆安正打算编写一本技术指导手册并录制培训视频。正是有了先进技术的支撑，"公司+合作社+农户"这一模式的发展才能吸引更多农户加入，稳定了企业和农户之间的合作关系。

天鑫兔业"公司+合作社+农户"的发展模式较好地链接了"小农户"与"大市场"，不仅将先进技术有效地运用到生产中去，也在一定程度上实现了规模化生产。但是这一模式在发展过程中也遇到了问题，因公司与农户之间信息不对称，发生农户违约的情况，造成公司利益受损，合作关系动摇。因此公司应巧妙处理好与农户的关系，通过契约、产权归属等方式，与农户建立长期稳固的合作关系，实现长久发展。

E12　陕西白水县宏达果业有限责任公司：涉农企业要做大也要做强

农业龙头企业作为新型农业经营主体的重要组成部分，通过各种利益联结机制与普通农户相联系，带动农户进入市场，使农产品生产、加工、销售有机结合、相互促进。不少涉农企业规模越来越大，其带动能力和农产品竞争力也日趋增强。陕西白水县宏达果业有限责任公司就是一个典型的案例。

一、基本情况

陕西省白水县宏达果业有限责任公司是陕西省为数不多的几个国家级龙头企业，位于白水县杜康工业园区，是一家集新鲜苹果的基地建设、分选加工、冷链物流、出口内销、品牌建设为一体的农业产业化企业。截至2013年底，公司资产达1.3亿元，苹果年分选加工能力5万吨，苹果冷藏能力3.5万吨。公司拥有正式员工102名，每年可安排农村闲散劳动力千余人。

宏达果业经营的"宏达"牌和"美"牌苹果，在国内外市场上拥有良好的业绩和口碑。出口方面，曾先后出口至印度尼西亚、泰国、菲律宾、印度、俄罗斯、阿联酋等20余个国家和地区。内销方面，除了在上海、广州、福州、杭州等大、中城市核心批发市场有销售网络或经销商以外,还在白水县、西安市、北京市建有有机苹果直销形象店。

董志敏是该公司的董事长,也是白水县苹果产业的领头人。20世纪80年代,在开始经营苹果之前,董志敏曾经组织过一个10多人的建筑修缮队,而后发展为建筑公司,凭借其优质的服务,过硬的质量逐渐得到了人们的认可,并攒下了第一桶金。1990年,他又准确把握市场动向,拿出仅有的30万元,建立了苹果经营部,2年间获得了可观的利润。1992年,在邓小平南方谈话之后,他又毅然决然地拿出自有资金200余万元,加上从银行贷来的钱,建造了一座大型的苹果储藏冷库,成立了宏达果业有限责任公司。

二、主要问题

陕西省白水县苹果产业从业人员平均在55岁左右,体力不足以完全满足农业劳动,投入不到位,导致苹果单位产量低,这样就形成了低收入。女性劳动力除了比较细致的工作以外,无法替代成年男性劳动力在农业生产中的作用,未来5~10年,农村老龄化现象会更加明显。老人干不动了,年轻人不愿返乡,也不会种地,果园就会面临谁来管理的困境。目前,果农一方面不希望果园(土地)被托管或流转(原因是惜地,不舍得放弃),另一方面龙头企业或合作社流转土地成本高。加之苹果市场销售不畅,企业和客户损失惨重,没有力气扩大经营规模,导致果业转型升级缓慢。土地确权证书虽然已发到农民手中,但得不到落实,需要国家出台明确可操作的扶持政策。

董志敏认为,国家和政府的政策都是好的,做得也很有水平,可一旦落实到地方上,就会出现"水土不服"的情况。所以国家一方面应该继续加大对农业的支持力度,另一方面也应该认真将政策落实好。贯彻落实不到位，再好的政策也得不到体现。

宏达果业虽然是一个成熟的农业企业，但物流成本居高不下，仍是制约企业经营规模扩张的重要因素。特别是电商方面，虽有起色，却也严重受制于物流成本。

农业项目扶持范围比较小，资金额度偏少。如宏达果业每年数千万的流动资金贷款利息支出在三四百万元，贴息只有20万~30万元，不足以应付贷款利息的1/10，扶持作用十分有限。而企业一旦亏损，损失会大得多。项目申报程序仍较烦琐、周期长，也牵制了企业不少时间和精力。

董志敏认为政府应当继续加大对优势产业的支持力度，整合各种资金，扶大扶优，重点支持，避免"撒胡椒面"支持方式，改变涉农企业普遍大而不强的现状。他认为全支持等于全不支持，与其各家各户、各行各业都进行不痛不痒的支持，不如重点支持优势产业与农业企业，让他们集中优势力量做大做强，进而带动农户发展。

E13 陕西白水县康惠粮果贸易有限责任公司：科学发展模式实现现代化发展

农业龙头企业依靠单纯的收购、加工、存储的发展模式已经不能适应现代市场多样化需求的现状了，因此涉农企业要想长远发展，必须有科学的发展模式。陕西省渭南市白水县康惠粮果贸易有限责任公司就是典型的案例。

一、基本情况

公司位于陕西省渭南市白水县城关镇泰山庙西村，成立于2004年12月，注册资金5000万元，占地面积125.2亩，员工总数186名。经营范围：苹果种植、收购、储藏、初加工、物流、对外贸易；粮食收购、加工；食用油加工、销售。2012年被陕西省农业产业化办公室认定为"省级农业产业化重点龙头企业"；2014年被陕西省企业质量管理中心评为"重质量守信誉"优秀单位；2014年被陕西省果业局评为形象店建设与经营先进单位；2014年度企业生产的"康连"牌面粉被陕西省工商局评为陕西省著名商标；2014年被渭南市农业发展银行信用等级评定为"AA"级。

公司下设采购部、物流部、批发部、生产包装车间、运营部和财务部。公司年外贸出口达5000吨，出口国家或地区有印度、俄罗斯、泰国、新加坡、马来西亚、印度尼西亚、迪拜、阿联酋等。

公司与史官镇贺苏、丰乐、首居、洞耳、孙家山、段家山6个村的6个合作社合作，合作社入股企业。建设苹果外贸出口基地6630亩，获得了外贸出口基地的资格认证。并在史官镇贺苏村建设了550亩有机苹果示范基地，获得了有机苹果认证。带动农户729户，人均收入增加3000元。

公司于2004年花费40万元建造仓库，用于存放苹果、小麦、面粉等；分别于2008年、2010年建造冰库2座，投资额达6000万元。企业截至2016年负债2100万元，主要通过银行贷款来进行固定资产投入和各项支出。公司还获得过农发银行一年期8.4%的抵押贷款，贷款900万元，用于收购农产品和建造办公室。公司资产总额达到12320万元，固定资产7626万元，公司2015年营业收入达6600万元，支出合计6200万元，其中工资支出180万元，纳税15万元，盈利能力相比前两年要稍微好一些。公司2015年销售苹果达1500万千克，均价为每千克8元，主要以出口、礼品销售和网络订单为主要销售形式，销售渠道较为畅通；销售企业加工的面粉300万千克，均价为每千克2.06元，主要卖给小商贩和学校，销售渠道较为稳定。

二、主要经验

公司的现代化发展模式如下。

（一）产业化发展提质增效

农业企业作为农业产业化经营的龙头和载体，一头连接市场，一头连接分散农户，对于推动现代化农业发展起到了重要的作用。康惠粮果贸易有限责任公司在发展中牢牢把握农业产业化的发展势头，现有存储力4500吨，拥有5000吨冷藏设施，通过农业产业化发展，切实保障了果农的利益，提升了白水苹果产业化经营水平。

（二）合作化发展共谋未来

单独一个企业的发展力量是微小的，带动效果也是有限的。康惠粮果贸易有限责任公司充分利用当地多家合作社，以企业牵头，以合作社为载体，以基地为示范样板，以果农为生产主体，形成"企业+合作社+基地+果农"的合作化发展模式。这样把千家万户小规模分散化生产经营集合起来，形成规模化、统一化、高产高效的生产、包装、加工、销售发展模式，带领小户果农走向大市场，解除果农产后难、卖价低的后顾之忧。与此同时，企业集中精力做好经营管理、市场销售等工作，保证技术、农资安全的同时，形成"产供销、储运加"一体化的利益共同体，增加产品附加值。社会化产业运行利益合作机制，使得企业和普通果农互利互惠，共同发展。具体合作方式如图E-1所示。

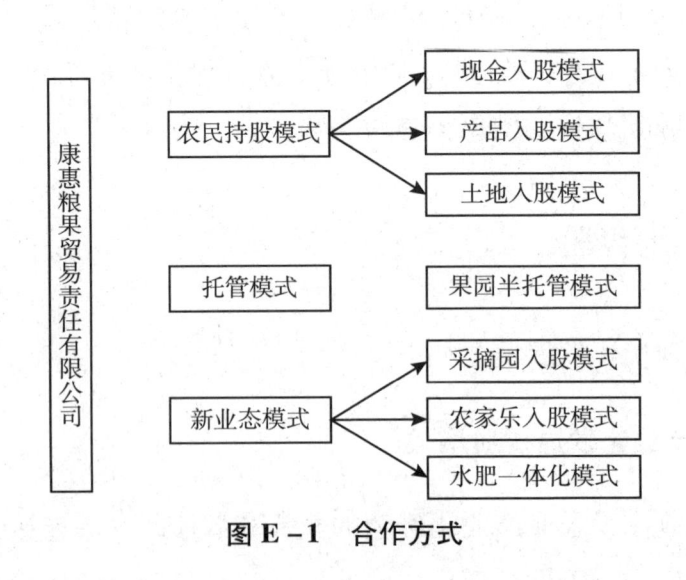

图E-1 合作方式

康惠粮果贸易责任有限公司：
- 农民持股模式
  - 现金入股模式
  - 产品入股模式
  - 土地入股模式
- 托管模式
  - 果园半托管模式
- 新业态模式
  - 采摘园入股模式
  - 农家乐入股模式
  - 水肥一体化模式

普通果农以现金入股方式每股按照经营销售净利润的50%分红，

最低保障按每股的 10% 分红，通过签订书面合同、派发股份、财政配股、入账、成立股权委员会的流程来进行。其中，财政配股是指贫困户按照 1∶1 配股，非贫困户按照 2∶1 配股。产品入股也是按照入股数量销售净利润的 50% 进行分红，贫困户最低包装每千克不低于 0.6 元，非贫困户按照市场价，根据交易量折股。土地入股参股年限为 15 年，未达产前不分红，贫困户每亩生活保障 200 元，达产后每股按照净利润的 30% 分红。多种入股模式很好地满足了各类经营主体的合作需求。通过这样的合作模式，能够真正实现合作共赢，共谋未来。

（三）多元化销售拓宽市场

公司充分利用"白水苹果"品牌，整合陕西省最好的苹果种植资源和全球最大的有机苹果销售渠道，打造中国最大的有机苹果贸易平台和服务组织。目前公司的销售渠道有外贸、形象店直销、电话销售、网络销售等。公司于 2001 年、2013 年、2014 年分别在陕西渭南、西安、北京建成白水有机苹果品牌形象店，随后将相继在上海、广州、深圳、珠海等一线城市建立品牌形象店。公司目前正在试点建立销售平台、同城物流配送，使得服务网进社区、进家庭。

（四）一、二、三产业融合现代发展

在传统苹果种植、苹果包装销售、面粉加工销售的业务基础上，为了提高农业经营效益，促进现代化农业发展，适应现代市场对休闲农业的需求，公司还十分注重第三产业的发展。公司通过建设 350 亩的康惠休闲观光园，发展农业经营新业态模式，具体包括采摘园、农家乐、展示厅等。通过休闲农业的发展，提高公司以及本公司经营品牌的知名度，通过一、二、三产业融合发展，实现经济效益、社会效益、生态效益最大化，同时也积极响应国家一、二、三产业融合发展的号召。

E14 陕西白水县文丰秦川牛开发公司：农业现代化的探索与发展

农业现代化发展并不是一帆风顺的，在其初创期总会遇到各种困难与瓶颈，只有不断探索与发展，才能成功进入发展、成熟阶段。陕西省渭南市白水县尧禾乡李家园村的文丰秦川牛开发公司就是典型的案例。

一、基本情况

文丰秦川牛开发公司成立于2001年，位于陕西省渭南市白水县尧禾乡李家园村，是文孝依托自己的家庭农场创立并发展壮大的农业企业，主要经营畜牧业，饲养各类牛以及猪、鸡等。文丰秦川牛在成立的第二年便进行了工商注册，起步早，发展快。

文丰秦川牛开发公司已经有300亩直接经营的土地，100亩租出去的土地。对这些土地进行了整治，平整了100亩，水利设施覆盖面积40亩，土壤改良200亩，所需资金都是出自文孝自有资金。文孝很想进一步整治土地，迫于资金压力只能暂时搁置。除此之外，种植玉米的几百亩地虽然大部分使用机械耕作，但为了节省开支，仍然有10多亩地使用牛耕，收获环节则是全部人工收获。农场上下大概有

12个长期稳定的劳动力，平时播种、收获则需要雇用大量短期劳动力来完成。这也是一笔不小的开支，据文孝估计，一年下来光是支付工资就要10万元左右。由于农场是种养一体化，自己种了玉米自己加工成饲料来喂养，所以自然少不了这些饲料加工机械，如打草机、打料机、打捆机等，2010年以来购买这些机械就花费了60万元左右。公司成立初期所有的投资都来源于文孝自己，而公司的一些负债则主要来自文孝的亲朋好友，即便如此，借贷利息一年也达到12%。

2015年，文丰秦川牛开发公司的农业经营收入有50万元，支出达40多万元。7万多元的纯利润有3万元来自养牛的收入，有4万元来自种植玉米所得的收入。养殖的70头牛出栏量有10头，2015年销售了约5000千克，均价则在每千克22元上下浮动；玉米2015年一年收获了200亩，约12250千克，除去用作饲料加工的，有8500千克销售了出去，销售均价在每千克1.6元。虽然2015年玉米受雪灾影响20亩地，损失了26000元，但这样的经营状况还要明显好于前几年，也远远优于同行业的一些农业企业。

二、发展历程

公司发展初期并不是一帆风顺的。文孝现在已经年过花甲，而文丰秦川牛公司并不是他事业的起点。十几年前，文孝还没有来到白水，当时他在铜川市已经小有作为。因为踏实勤恳，有上进心，文孝年纪轻轻就被评选为铜川市十大杰出农民，同时文孝又是一个十分有责任心、关心身边农民疾苦的人，所以被推选为铜川市政协委员。据文孝说，由于自己本来就是生产大队的小组长，周围的农民经常把遇到的问题反映给自己，而自己也非常乐于解决，帮助周围的农民办了不少实事，所以在推选的时候威望很高。而文孝也没有辜负乡亲们的厚望，在铜川市建立了自己的第一个农场，与周围的农户进行合作生产。然而似乎所有的成功者在走向成功的道路上都会遇到些风风雨雨，文孝也不例外。正当农场经营状况日渐红火时，市里修建高速公路的规划批下来了，道路正好经过文孝的农场，无奈之下，文孝只好放弃了苦心经营的农场，四处打听新的出路。天无绝人之路，更何况对于文孝这种踏实勤恳又乐于助人的好农民。一次偶然的机会，文孝去朋友家做客，发现大量秸秆被闲置浪费，而前几天恰好在书上看到过秸秆养牛的技术，于是通过闲置秸秆开发养牛的念头在文孝脑海里萌动。成功的人执行力总是极强的，想法成型后，文孝便回到了家乡白水县，在已有的100亩土地上开始了自己的养牛大事业。虽然有经验，刚起步时还是遇到了许多困难。每每回忆起那一段经历，文孝总是不自觉皱起眉，"开始总是赔钱的，虽然务农几十年，养牛却还是头一次，咱们不懂养牛的技术知识，就不能做开门红的打算"，看来经历过大起大落的文孝早已做好心理准备。"刚引进的一批牛，气候不适应，生病死掉了一大批，后来又由于饲料吃不惯，病了一大批，我才意识到养牛不是那么简单，不光得学喂养，还得学打针防治呢！"文孝笑道。于是，技术引进以及疾病防治成了文孝接下来的工作重点。通过几年的学习引进，终于熟悉了白水县养牛的环境。借小有起色之势，文孝又在李家园村承包了200亩土地，大规模地种植玉米，作为牛的饲料。文孝还在2016年转出了100亩土地，土地租金以劳动力的方式付清，也就是农民在这些地上帮文孝养牛的工资抵扣地租。随着经营模式的逐渐成熟，经验日益丰富，文孝的农业企业也逐步做大做强。

公司刚起步时的重创给文孝留下了深刻的印象，所以，虽然资金紧张，他依然在技术服务方面投入了大量的资金。公司每年都会出资邀请养牛技术专家以及西北农业大学的教授来举办讲座或亲临现场指导。除此之外，还会专门邀请防疫站的技术人员给农户普及养牛疾病预防与控制知识，300元左右的医疗防疫费也成了每年必要的开支。"虽然我们已经有秦川牛、鲁西黄牛、西门牛等多个品种，但是我们依然不能对疾病防御掉以轻心。为了把秦川牛打造成我们的品牌，让人们吃上放心的、质量上乘的牛肉，这些技术投入都是应该的！"文孝激动地说。目前，公司接受的社会化服务还不够充分，除了技术服务外，只接受了农资服务和物流服务，会有专门的农资供应商来代购农资化肥，有专职的物流人员负责包装运输，但是公司还需要更多、更全面的社会化服务。文孝对已有的服务评价非常高，他认为如果没有接受这些技术培训，牛生病的可能性就非常大，一旦有一头牛染病，整个农场的牛就都面临危机了。文孝认为社会化服务对产量和质量的提升都能达到近100%，牛的价格也提升到了每头11000元的价格，这在之前是想也不敢想的。正是因为享受到技术服务的实际的福利，所以如果条件允许，文孝非常愿意成为专业的服务提供者。

即便没有申请下来政府的投资项目，文孝也没有停止前进的步伐。他申请了50万元的基础设施建设项目，用来改造牛棚和牛圈，并且有进一步扩大经营规模的前景和规划，打算通过贷款入股的方式将土地经营面积扩大到1000亩左右。

三、主要困难

公司成立以来遇到的困难不少，起初最大的困难便是技术上的难题，也是最关键的问题，后来文孝着重解决了这一问题。公司发展至今，最让文孝头疼的便是资金困境。由于前期投入较大，收益又是长期性的，无法快速见成效，所以现在农场的基础设施建设还跟不上，没有实现高效率的机械化经营，并且政府相关的项目投资政策也很难落实到小小的村庄里来，文孝似乎有些力不从心。除此之外，公司获得的社会化服务也不太充分，像有些金融服务、销售服务等十分需要的服务还未享受到。即使是这样，公司也已经被评选为当地的龙头企业，可见文丰秦川牛开发公司的发展前景和潜力都是巨大的。

E15 陕西杨凌本香农业产业集团有限公司：扬长避短实现长远发展

农业生产经营面临市场风险和自然风险双重风险。农业企业发展规模大，对风险规避灵活性小；与此同时，农业企业通过延长产业链，发挥了其规模化生产经营优势。因此，农业企业要在不断变化的市场需求情况下实现长远发展，必须扬长避短。位于陕西省杨凌区的本香农业产业集团有限公司（简称本香集团）就是典型的案例。

一、基本情况

本香集团位于杨凌示范区，是一家以发展现代农业产业化为目标的成长型民营科技企业，同时也是为数不多的国家级农业产业化重点龙头企业。本香集团2016年占地3000亩，有一半的流转土地，公司上下大概有600名员工。由于目前规模化收益较高，员工的日工资都在200元左右，本香集团是当地工资比较高的农业企业。在设备投入上，公司也是花了巨资的，各种养殖棚舍、仓库、厂房、店铺等花费达500万元，独有的全套养猪设备也是花费百万之多。公司2015年的收入与支出大概也是持平的，营业收入达2000万元之多。

二、主要经验

（一）全产业链，主打健康猪肉

在当今猪肉安全堪忧的大背景下，本香集团以肉食品的安全为核心，采用"饲料生产—种猪繁育—商品猪养殖—猪肉深加工—肉食品连锁专卖—有机肥生产"六大环节为一条龙的全产业链本香生猪产业化发展模式，建成了"从源头到终端"，通俗来讲就是"从农场到餐桌"的完整安全猪肉产业链，确立了本香"标准化生产，服务三农，健康为民"的事业目标，将原生态、无污染、本色本香的健康猪肉上架销售。不仅如此，本香集团还有自己的电子商务平台和网络信息平台，将信息化、现代化做到规范，使得安全猪肉全程质量可追溯。据负责人张武昌介绍，目前采取"企业+农户"的生产经营方式，弥补了农民个体分散经营效率低、成本大的不足，将农民集中在一起，先在政府投资的实训基地进行培训，使得农民成为高水平的技术农民，再进行进一步的统一集中生产。这种农企联合的方式大大提高了生产效率和产出质量。由于规范化管理以及对猪肉的全程可监督，本香猪肉形成了巨大的品牌优势，猪肉平均价格比其他的猪肉能高2元左右，这是本香品牌溢价带来的收益。

（二）技术服务，全面推广优良技术

由于掌握独特的技术，本香猪肉能卖到每千克9元。除此之外，本香公司还会生产冷鲜肉、肉松、本香八大碗、早餐肉饼等附加食品以供销售。张武昌介绍说，本香公司对技术服务这一方面十分重视，全面推广优良种猪和无公害生产技术，建设无公害养殖和生产基地，本香的肉

食品加工生产线是引进行业先进的生产设备，注重动物屠宰工艺，保证肉质鲜美。从静养听音乐、三点式低压麻电、卧式放血、运河式烫毛、二次冷却排酸、同步检验到低温无菌包装等均采用先进生产工艺，实现了生产过程的全预冷、精细分割和规模化冷链生产，确保了产品的安全可靠。按照"统一种猪，统一饲料，统一防疫，统一技术培训服务，统一标准，统一收购，统一销售"的"七统一"原则，与农民建立饲养收购合同关系，以"公司+生猪大县+农户""公司+创业实训基地+农户""公司+养猪协会+农户"的多种形式，实现生猪产业化，带动农民增收致富，实现公司与农户的双赢。并且大大提高了农民的自我发展能力，通过"春雨行动"等活动，给创业者提供多种多样的发展平台。"自己强大不是最终目的，要有带动效用才行！"张武昌自信地说。本香集团在发展壮大之后，更是对周边涉农企业进行技术培训，使他们有所进步，同时也有利于自身产业健康持续发展。

据张武昌回忆，本香集团曾经有过一次比较轰动的自发研制饲料新产品发布会。"香佑农"是本香集团自己研制出的乳猪料套餐，采取四阶段全新的乳猪饲喂模式，达到饲喂80天增重80斤的明显效果。"当时销售方案宣布的时候，全场农户十分激动，都争先恐后、踊跃订料，当即销售600吨。"凭借这种创新进取的精神，本香集团有了别人所没有的成绩。

（三）政策支持，对外开放

杨凌本香农业产业集团是国家级重点龙头企业，自成立以来受到了党和国家以及各级领导的亲切关怀、帮助和指导，并得到了社会和消费者的广泛认可，获得了多项荣誉。除此之外，本香集团还是国家现代生猪体系试验站，全国光彩事业重点项目，团中央青年就业创业见习基地，全国畜牧协会，常务理事单位，陕西省优秀民营企业，陕西省名牌产品，陕西省著名商标，杨凌示范区农村发展农民增收先进龙头企业，杨凌示范区金融诚信企业。并在第十三届中国杨凌农业高新科技成果博览会上获得"后稷奖"。这些都有赖于政府的推广政策。

本香集团并不是"关起门来做生意"，恰恰相反，公司非常支持相关企业、部门单位、科研机构前来组织学习。例如，美国加州大学戴维斯分校农业经济领域专家教授、北京大学深圳研究生院经济生态领域专家等于2013年访问考察，国务院汪洋、省发改委等政府部门也派人前来参观指导，玛雅房屋、三星电子等公司前来学习观摩。正是这种开放式经营，不吝惜向他人传授经验，才使得本香集团得以包容式发展。

（四）得天独厚，市场优势

本香集团位于杨凌东北部的工业园区内，西邻西北农林科技大学，南邻区政府与铁路，交通便利，市场广阔。2015年开始，本香集团便加紧布局，特别是在西安市场，相继在西安高新区科技六路枫林绿洲、经开区海荣阳光城小区福宝园、雁塔区小寨东路、西安市碑林区红缨路等地开设本香门店。曲江旗舰店更是成为本香全国首家5A生态猪肉店。

三、发展规划

当然，公司发展到现在也遇到了瓶颈。通过扬长避短，公司方能实现长远发展。处于饱和阶段的本香集团开始出现亏损。据负责人张武昌透露，公司打算采取和大企业合作的方式扩大经营规模，进一步获取赢利空间。新希望公司拟采用发行股份及支付现金的方式购买本香农业70%股权，本香农业100%股权的交易价格初步定为88000万元，对应本香农业70%股权的交易价格初定为61600万元。其中，某上市公司拟通过非公开发行股份支付交易价格的65%，即40039.99万元，以现金支付交易对价的35%，即21560.01万元。本次发行股份购买资产的发行价格为每股17.31元。本次合作完成后，本香农业将成为上市公司控股子公司，上市公司养殖业务将布局至西北地区，加大生猪养殖力度，被视为本香集团的外延式企业扩张。

E16　陕西白水县兴华果蔬有限责任公司：促进一、二、三产业融合发展

农业龙头企业作为农村一、二、三产业融合的重要组成部分，已成为现如今新型农业经营主体发展的生力军，为农民增收、农业增效发挥了重要作用。陕西省渭南市白水县兴华果蔬有限责任公司（简称兴华公司）就是典型的案例。

一、基本情况

兴华公司成立于2000年8月，注册资本6000万元，注册类型为有限责任公司。兴华公司是一家以苹果产业为主的多元化企业，现已发展成苹果全产业链企业，被评为"陕西省农业产业化经营重点龙头企业""陕西省农业产业化经营十大明星企业""陕西省扶贫龙头企业""国家级农业产业化重点龙头企业"等。该企业具有独立的进出口经营权并通过了食品质量管理体系认证、质量管理体系认证和有机产品认证，打造了"兴华苹果脆片"，被评为陕西省名牌产品。公司现有员工460名，其中各类专业技术人员125名，季节农民工1390名，从业人数共1850名。截至2016年公司共建有标准化果园1700亩。企业流转土地的租金平均每亩650元，共流转土地800亩，2015年销售收入达5000多万元。

公司领办的合作社陕西白水富农苹果专业合作社社员超过100户，提供社会化服务范围涵盖整个白水县。该公司董事长社会资本存量较高，关系网络较广。

二、主要经验

陕西渭南白水县兴华果蔬有限责任公司通过以下几点，以一、二、三产业融合发展为手段，实现了企业的平稳快速发展。

（一）抓机遇，建设高科技果树苗木繁育基地

陕西渭南白水县兴华果蔬有限责任公司根据市场变化，引进了苹果组培自根苗木繁育技术，投资500万元建起了组培室及300亩苗木繁育基地，年培养组培自根矮化苗木30万株，中间砧矮化苗木150万株。组培自根矮化苗木特点是生长快，挂果早，无大小年，优果率高。其繁育技术和苗木质量居国内领先水平。苗木繁育技术的推动与应用，支撑引领了白水乃至渭北果树由乔化型转矮化型的树型调整步伐。该基地被渭南市科学技术局确定为"渭南市良种苗木繁育工程技术研究中心"。通过科技技术服务提升农产品的附加值，形成了企业的新利润点。

（二）搞示范，建设标准化苹果生产基地

陕西渭南白水县兴华果蔬有限责任公司以土地流转形式，在林皋镇、杜康镇建设了已结果的标准化苹果示范园200余亩。新建苹果园500余亩，2016年总建设面积已达1000亩。新建果园主要是用于示范推广，具有以下五方面特点：一是新苗木建园。该苹果示范园全部采用组培自根矮化苗木建园，株行距为1.5米×4米。二是新优品种建园。引进适合白水的早熟红富士优系和嘎拉优系苹果品种。三是新技术建

园。以自由纺锤形、高纺锤形树形建园。四是有机肥建园。以增加土壤有机质含量，使示范园建设达到有机苹果生产标准。五是节水灌溉建园。在果树行间全面铺设输水管道，安装了微喷灌和滴灌。该示范基地建设以来，苹果优果率从50%提高到85%，机械化率提高36%，劳动力降低40%，经济效益提高30%，受惠农民达2000户以上，农民人均纯收入增加25%。苹果示范园带动周边20000亩苹果基地标准化发展，受惠农民超过8000~12000人。

（三）以畜促果，建设万头繁殖及育肥猪场

陕西渭南白水县兴华果蔬有限责任公司以畜促果，建设养殖场。养殖场养殖的黑猪品种珍稀，生长周期长，采食结构接近自然，因而具有瘦肉率高、肉色鲜红、肉味醇香、口感清醇、高钙低脂、膘厚适中、肥而不腻的营养特征，无激素、无污染、无公害，在19种氨基酸中17种高于其他品种，猪肌腱脂肪含量比普通猪肉高出一倍以上。

（四）依托苹果，建造有机肥厂

陕西渭南白水县兴华果蔬有限责任公司投资500万元，建成了兴华有机肥厂，产品品种包括兴华有机肥和兴华果树、小麦、玉米专用肥。生产的肥料以猪粪、鸡粪为主要原料，加入辅料及菌种发酵而成，具有改良土壤结构、改变作物品质、提高作物产量、抗病虫害、抗旱、耐寒等特点，直接用作苹果生产的物质投入资料。

（五）构建冷链仓储物流平台，增加果品附加值

陕西渭南白水县兴华果蔬有限责任公司建设了气调储藏、冷链运输公共物流平台，按照"公共物流平台+外贸企业和外贸基地+客商和农户"的产业化经营模式，整合社会资源，搭建产销桥梁，促进果品流通

与出口贸易。投资1000万元建设的4座冷库，年贮藏能力1万余吨。

（六）延伸苹果产业链，建成果品深加工厂

陕西渭南白水县兴华果蔬有限责任公司投资2300万元建成苹果深加工厂，年生产的500吨苹果脱水系列产品有苹果粒、苹果圈、苹果脆片等。生产的产品被评为渭南市特色产品和陕西省名牌产品。

三、主要困难及对策建议

企业发展较好，但也遇到了不少困难。发展初期面临着资金约束问题，无法实现土地的规模化经营，无法保证生产的产品质量。虽有贷款和政府扶持，但高品质的苹果生产仍难以保障，主要原因是缺乏技术。企业所领办的合作社需要保障入社农户的经济收益，对入社农户和周边农户的高品质苹果种植技术需要进一步指导。企业的仓储能力需要进一步提升。

作为新型农业经营主体的生力军，农业龙头企业的发展能够加速土地流转，优化社会服务，走规模经营之路，推进标准化生产，带动农民增收。现如今的农业生产向专业化分工、社会化协作转变，同时也对农业社会化服务提出了强烈需求。陕西省渭南市白水县兴华果蔬有限责任公司为农户提供了苹果种植技术服务、农资销售服务、苹果销售服务、物流服务、信息服务、质量检测服务和作业服务，有效地解决了"谁来种地"的难题，社会化服务总额超过50万元，能够有效降低农户的生产成本，提高农民收入。

农业龙头企业作为农业产业化发展的重要载体，需要充分发挥其对农户增收的带动作用和对农产品价值增值的作用，实现强农富农的目标。陕西省渭南市白水县兴华果蔬有限责任公司通过以畜促果、建立示

范基地、有机肥厂、冷链仓储物流平台和果品深加工厂等措施，打造苹果产业的全产业链发展，实现企业的跨越式发展。实现全产业链的运行模式，能够有效地降低企业的交易成本，提升企业的市场竞争力。同时，该企业打造1700亩有机示范基地，走高品质、高质量的路线，也成功地将产品销售到印度、斯里兰卡、印度尼西亚、孟加拉国等国家和地区。农村一、二、三产业融合作为实现农业强、农民富、农村美和缩小城乡差距的重要途径，其中的一个重要抓手是农业龙头企业的一、二、三产业融合。农业龙头企业的一、二、三产业融合的关键是打造全产业链式发展，一方面能够提升农业龙头企业的市场竞争力，另一方面能够有效降低各环节的交易成本，实现农业龙头企业的跨越式发展。

  为此，地方政府应该加大对农业龙头企业的扶持力度，提升企业的市场竞争力，进而带动整个白水县果业的不断发展。科研院所应加大科研投入力度，实现苹果技术的不断提升，增加优果率和果质。兴华公司应加强苹果产业的一、二、三产业融合发展，通过政府示范推广项目，实现农业龙头企业的三产融合，使得农户能够获得产业链附加值提升的收益。

E17　陕西杨凌农业高科技发展股份有限公司：寻找最适发展规模

涉农企业需充分发挥自身的特征，将家庭经营、适度规模、市场化经营和企业化经营四个显著特征充分发挥出来，在提升劳动生产率的同时，也要兼顾土地生产率，将经营规模控制在"适度"范围内，不断增强自身社会化服务能力，带动更多的农户致富。陕西省杨凌农业高科技发展股份有限公司作为一家依托高科技技术的农业龙头企业，为杨凌示范区农业发展做出了重要的贡献。

一、基本情况

陕西省杨凌示范区农业高科技发展股份有限公司位于陕西省杨凌示范区李台乡五星村，于2000年开始经营，主要从事蔬菜水果生产、育苗经营。企业董事长张建平，男，52岁，经济学博士，本地人，目前在西北农林科技大学资产运营中心工作，之前担任西北农林科技大学经济管理学院院党委书记。张建平董事长之所以建立农业企业，是因为他认为企业能够依托西北农林科技大学的科研优势，同时杨凌地区隶属关中平原，土壤、气候条件适宜，有助于农业生产，从事育种行业能够实现科研的外部性，更好地将西北农林科技大学的科研成果转化，为农民服务。

二、经营情况

（一）土地

由于当地市场渠道较广，具有较好的农业发展基础，张建平决定进行规模经营，为此，于2006年和2016年分别流转了50亩和100亩土地，流转租金价格每亩分别为600元、800元。企业在初始运营阶段面临劳动力不足和资金约束的问题，为此，在技术方面，张建平通过在当地雇用劳动力解决劳动力缺乏的问题，在资金约束方面，通过贷款的方式解决资金问题。该企业所流转的都是本村土地，全部采用书面合同的形式，且都是固定年限为3年，到期后再签订3年合同，而企业则表示一次性签订20年的合同最为合适。陕西省杨凌示范区农业高科技发展股份有限公司主要是向农户销售种子，收购农户生产的产品进行销售，并没有对所经营的土地进行整治。张建平之所以选择进行农业生产，是因为他对经营农业很有信心，愿意带动周围农户致富。

（二）生产成本与收入

通过计算，2015年整个企业的农业销售收入约为1500万元，支出为1300万元，其中工资支出为200万元。企业150亩土地作为示范种植，生产的产品并不进行销售，主要是通过代销的方式获利，其中，2015年销售甜菜种子18万斤，平均销售价格为每斤35元；销售小麦种子300万斤，平均销售价格为每斤1.5元；销售玉米种子50万斤，平均销售价格为每斤5元；销售蔬菜种子10万斤，白菜种子平均销售价格为每斤60元，番茄种子平均销售价格为每斤200元，全部销售给代理商。企业生产成本分为劳动力成本、农业生产资料投入和土地流转承包成本。其中在农业劳动力成本方面：雇用 5 名行政管理人员，工资为每年 5 万元；雇用 2 名财务人员，工资为每年 5 万元。150 亩土地在作业环节需要雇短工 15 人，累计 375 工日；日常环节需要雇短工 5 人，累计 750 工日；物流环节需要长工 7 人，累计 3000 工日。男性短工一天 80 元，女性短工一天 50 元。在农业生产资料成本方面：150 亩土地化肥投入成本总共约为 4 万元；共打药 8 次，总费用为 4000 元；租赁作业费 3 万元；聘请技术专家每年工资为 7 万元。土地流转承包成本方面：每年的土地流转费用为 8.3 万元。

（三）固定资产

该公司于 2013 年出资 1000 万元建立厂房，花费 30 万元建立蔬菜大棚。在农机具方面，于 2013 年以 50 万元购置了拖拉机，同年以 5 万元购置农用运输车辆。

（四）农业社会化服务

该企业仅仅接受过技术服务和作业服务，能够提供技术服务、农资服务和销售服务，其中技术服务户数为 500 户，农资服务户数为 500 户，销售服务户数为 500 户，提供的社会化服务均不收费，接受服务的农户来自本乡镇。该企业所提供的社会化服务金额为 10 万元，能够有效降低农民成本 10%。该企业获得过国家政府的现金补贴 10 万元，主要是新品种培育奖励；还获得过政府示范性推广项目资金 10 万元，主要用于油菜新品种栽培技术。而且和张建平交流中也发现，企业愿意进一步扩大规模，实现规模化经营。张建平的亲戚朋友中，对企业帮助最大的是乡镇以上的政府官员、商贩、私营企业主和村干部，其社会关系网络广泛。

三、主要问题

农业企业是一种重要的现代农业微观经济组织,是解放生产力、推进现代农业的有效途径。该农业企业整体上做得不错,但是还存在着以下几点问题。第一,企业自身种植规模较小,150亩的土地经营无法有效实现规模经济;第二,社会化服务接受程度较弱,无法提升农业企业的经济实力,提供的社会化服务也较少,带动农户增收的作用较弱;第三,该企业流转土地期限较短,3年一签不便于进行生产投资。

E18 陕西白水县盛隆果业有限责任公司：一位成功商人的启示

在商场搏斗并做到极致，要么有天马行空的创意，有把创意变为现实的勇气与能力；要么有温文儒雅的人格魅力，可以处理好方方面面的关系；要么十年如一日，埋头钻研终出成果一鸣惊人。前者如马云，中者如王健林，后者如任正非。农业生产经营领域也不乏这样的商人，陕西白水盛隆果业有限责任公司的董事长就是典型的例子。

一、基本情况

白水县盛隆果业有限责任公司地处白水县城雷公工业园区，成立于2008年，注册资金1000万元。公司产品于2014年被工信部中科院评为"中国西部优质苹果"。公司坚持"以诚信为本，以市场为导向，以发展为宗旨"的企业理念，努力打造盛隆有机品牌，主要经营果品购销、冷库贮藏、果品包装、进出口贸易等。

2016年公司总资产已达5000多万元，共有员工150名，其中高级管理人员20名，大专、本科学历者10名。现拥有库容量为1万吨保鲜冷库3座，年产值约1.2亿元，建设外贸基地2万余亩，规划现代农业生态园区1万多亩。2013年外贸出口创汇额达1000多万美元，居全省鲜果出口第三；国内贸易销售8000万元，居全市国内鲜果贸易第一。

目前公司投资创业、业务经营逐步走上正轨，形成基础设施规模有序、团队建设日益增强、经营范围日趋合理、服务"三农"功能显著提高的新局面。在农业社会化服务方面，盛隆公司接受了当地科研机构的技术服务以及政府在农资、物流、金融方面的支持，并给予公司附近同样种植苹果的农户们以技术、销售、质量和作业方面的扶持，两者共利共赢。

盛隆每年都会以企业名义向当地商业银行贷款3000余万元，用于鲜果收购，在厂房初加工后销往世界各地，这也是公司利润的一大来源。也许它本身3000吨左右的鲜果年产量并不能在当地众多产销大户中排名前列，但是其巧妙利用资本优势以及完整先进的销售链同样赢得了市场先机。公司的发展离不开董事长的贡献。

二、企业领导者的力量

盛隆果业有限责任公司董事长侯保智原先只是当地一名村干部，在2008年的时候，他还是一个30多岁、有着大学学历与远大抱负的年轻人，他不愿意像他的父辈一样庸庸碌碌地度过一生，于是就在那一年，他租入了村子周围的1000亩农地，将其改造成了苹果园，并创建了盛隆有限责任公司，开始了创业的第一步。

侯保智的身上已经没有多少属于农村、属于农民的痕迹，倒更像是一位来自城里的成功商人，脸上一直挂着微笑，从容不迫地看待身边的一切。公司成立之初困难重重，没有资金时跑遍一家家银行争取贷款，没有销路时在田头呆呆地看着苹果腐烂。不过，这一切终究是熬过来了，现在他有一个美满的家庭，一家蒸蒸日上的企业，还有个人在事业上的满足。

侯保智是一个善于打交道的人，尤其是和当地政府，他们始终维持着亲密而互惠的关系。他的企业前前后后获得过近百万元的补贴或奖励，包括现金、轿车等，这是不寻常的。2015年，侯保智还跟随着当地白水县领导出访了非洲，当时总共签下了数十亿元的苹果合同，他也分担了一些，显然这对于一直不容易处理的残次果销路是个巨大的补充，可以想到盛隆公司因为这个单子又可以有多大的利润空间。

销售苹果本身并不需要很高的技术含量，更不是所谓的高新产业、朝阳产业，它只是需要在各种各样的竞争中把握住有利于自己的那一面，在其中无限放大自己未来的成长空间。

侯保智的成功可以归结于以下几点。擅长使用资本的力量：不钻营于眼前的小利，而放眼于未来；善于使用社会资源，创造有利于自身发展的空间。当别人还在小心翼翼种植自家一亩三分地的时候，他就敢于向银行贷款收购附近农户的苹果，转手大卖而攫取了第一桶金；当别人还在陕西这一早已饱和的市场试图低价贱卖手里的好苹果却无人问津时，他已经借钱开办了生产线，包装加工后销往全国，并卖到欧洲、美洲；当别人还苦恼于当地行政环境不佳，对企业支持力度不足时，他就已经是各个部门领导的座上宾，这当然也意味着更多的机会，更全面、更丰富的战略。

E19 陕西白水县圣源果业有限公司：企业参与特色农业产业的模式与经验

一、基本情况

陕西白水圣源果业有限公司创建于2006年，基地位于享有"中国苹果之乡"美誉的白水县。公司占地面积11000平方米，下设控股白水县农民开元苹果专业合作社，现有社员800多户，是一家集果品生产、收购、加工、冷藏、销售、出口为一体的省级龙头企业。公司现有冷库7座，贮藏量6500吨，加工车间5000平方米，有自动化选果生产线3条，技术力量雄厚，硬件设施到位，可提供一流的果皮贮藏、外贸加工、出口贸易等优质服务，并且创建了"百年圣源"果品品牌，不断开拓电商等新兴销售领域，为公司发展提供新思路。

公司在生产上，采用"公司+专业合作社+基地+农户"的产业化扶贫模式带动全镇农民走产业化道路；而在土地经营模式上则采取"公司自种+半托管+全托管"相结合的方法，共计管理土地约800亩。所谓半托管模式意指土地经营权仍属于农民，由农民经营，但生产环节的各项条件与技术服务由企业提供，按照公司的生产目标，采取标准化的生产方式，统一生产，最后由公司统一收购；而全托管模式则是，土地经营权仍属于农民，但签订合同后，生产全部由公司负责，农民不用参与生产经营环节，最后按照公司产量与利润来获得收益。公司也通过流转获得了100亩土地，期限为30年，用于生产与新技术的培育试验。因公司拥有自己成套的苹果生产技术与生产体系，因此盈利能力要好于一般经营主体，每亩地可实现利润1万元，2015年果业经营收入达到约7000万元，支出合计1000万元。因其省级龙头企业的生产优势，可获得政府提供的贴息、扶持资金等支持，累计达100万元；农资、农机具等实物支持达20万元，一系列的政策优势也为企业扩大生产提供了条件。

公司采用的"公司+专业合作社+基地+农户"的模式，加强了公司与农户之间的关系，使得公司为农户提供服务更加便利。首先，公司为农户提供技术指导与培训，苹果的质量检测与监督，农户苹果的产量可以提高20%；其次，农资的供应与购买，疫病的监测与防治可以降低农户的生产成本达40%，极大地释放了利润空间；最后，苹果的收购与代销，运输与包装以及为农户解决资金困难而提供贷款和担保等服务帮助农户解决了后顾之忧，农户可放心生产并以优于市场价格的条件将苹果卖给收购公司，对收入的促进作用为15%~20%。由此便体现出公司从事农业生产的优势，并带动了周边农户的发展。

二、主要经验

（一）前期经营，贮藏优势

圣源果业公司成立初期主要进行评估贮藏与加工业务，拥有冷库与贮藏条件和加工分选线，为后期的大规模生产收购埋下了伏笔，也丰富了经营内容。

（二）规模扩张，成片经营

该公司以形成规模化生产基地为前提，坚持连片集中开发，通过半托管与托管的土地管理模式不断扩大经营规模，并采用平整土地、改善水利、改良土壤等方式提高生产条件。

（三）响应号召，联合生产

该公司通过一系列的社会化服务，为农户提供苗木与农资，免费定期技术指导，高于市场价收购，统一品牌，统一销售，带动当地农户参与苹果生产，实现公司与农户的双盈利。

（四）产业延伸，丰富内容

圣源果业有限公司下设高鸿果业加工公司、进出口公司与贸易公司，可将生产收购的苹果远销至俄罗斯、东南亚、西亚等20多个国家和地区，解决了大批量的销售问题，苹果产品的加工也增加了产品附加值。当前，电子商务平台成为业务开拓的重点，产业链的不断延伸使得优势不断集聚，相辅相成。

三、发展规划

公司在发展过程中面临一系列问题与困境，要实现如此大的产业规模必定少不了资金的支持。即便该公司在发展初期拥有子公司的资金支持，也少不了向信用联社、邮政银行贷款，而一系列政策的优惠与支持使得公司能够度过资金困难时期。发展至今，公司的最大困难则是人才的缺失，无论是生产环节还是经营管理，对专业人才的需求不断增加，在留住人才方面，如何实现环境留人、待遇留人、感情留人以及如何实现与高校人才的对接成为公司下一步必须要思考的问题。

（一）技术的不断扩散与推广

在新时期现代农业的背景下，原有的农业科技推广体系已不适应市场经济发展的需要。把农业科技送进千家万户，提高广大农民的科学文化素质，促进科技成果转化，构建适应新形势的新型农业科技推广服务体系是重点内容。

（二）农业生产的发展需要公司资本的注入

新时代农村的建设与发展，仅仅依靠国家财政支持是无法满足其巨大资金需求的，公司资本进入农村可以为农村经济的发展带来生机与活力。政府应鼓励这样的资本进入并规范标准，公司凭借其自身资金、体系，管理和经营规模的优势可以达到政府和公司的双赢。

（三）公司不能盲目进入农村生产

因公司巨大的资金流动，盲目进入农村生产可能会带来负效用。公司应依托当地优势产业，有良好的战略定位、清晰的经营思路、正确的营销渠道、严格的制度和规范的管理，不断延伸产业链，丰富经营内容，提高农民收入，提升公司赢利空间，促进当地产业的壮大与发展。

E20 吉林公主岭恒昌农业开发有限公司：全产业链经营下的利弊权衡

吉林省恒昌农业开发有限公司（以下简称恒昌公司），成立于2004年9月9日，注册资本5000万元，是一家民营企业。2009年以前主营玉米收储、物流、销售，2009年开始增加经营项目。2009年注资100万元成立了吉林省恒久粮食收储有限公司，2011年2月10日注资20万元成立了四平恒昌商务咨询有限公司，2011年7月11日注资200万元成立了吉林省恒昌种植专业合作社，2011年9月6日注资200万元办起了吉林省恒昌机械化种植专业合作社，2011年9月10日又注资500万元兴办了肥业公司，2011年9月29日注资50万元成立了公主岭农业科技园区谷沃峰种植有限公司，2011年9月30日与广西粮食发展有限公司联合注资500万元成立了恒桂粮食收储有限公司。截至2016年，恒昌公司注册资本累计达6670多万元，由单一经销粮食变为集粮食收储、物流、销售、种子研发、生产、加工、化肥生产、机械化种植、农产品加工为一体的综合性开发企业，共有员工300人左右。

一、是合作社还是公司

从2009年开始，恒昌公司开始延长自己的产业链，前向延伸到种子研发、化肥生产、粮食种植，甚至领头办起了两个专业种植合作社；后向延伸到农产品加工与销售环节，并且开始打造自己的特色农产品品牌。

在恒昌公司的宣传材料中有这样的表述："为保证公司每年都能收上来粮食，让农民愿意把粮食卖给公司，公司总是支付给农民高于市场一般水平的价格。"换言之，恒昌公司领办成立合作社生产粮食，然后恒昌公司再以相对市场较高的价格从合作社收购粮食，从而使农民获得实惠。

据我们的受访对象（恒昌公司办公室主任）的回答，情况却并非如此。事实上，合作社只是从农户那里流转土地，然后每年付给他们固定的租金，此外，会雇用一些农民来从事生产，付给工资。如我们的受访对象所言："所谓的合作社，其实就是恒昌公司的一个生产部门，所以根本谈不上收购价格高低的问题。"

恒昌公司领头成立的这两个合作社，除了生产粮食以外，也不为其他农户提供所谓社会化服务，自己也不需要社会化服务，合作社所需要的一切资金、技术、农机、农资全部由恒昌公司直接提供。换句话说，其实就是恒昌公司在直接经营这两个合作社，其盈亏基本也由恒昌公司自己承担。

不难看出，恒昌公司领办这两个合作社，其目的就是将其作为自己的生产部门，实际经营中也是将其作为自己的生产部门来对待。两个合作社的合作性质较弱，对普通农户的带动和增收作用也比较小。

二、全产业链经营的利与弊

从2009年开始，恒昌公司开始延伸自己的产业链，先是成立了粮食收储公司，后又涉足粮食生产、化肥生产、种子研发、食品加工等行业，几乎包揽了全部产业环节。

这种全产业链经营使得企业规模迅速扩大，逐渐成为当地乃至吉林省的一个重要农业企业。在国家全面扶持农业的战略背景下，这样的企业往往能获得来自政府的大力支持。到2011年底，恒昌公司自有的经营场地面积已经达到19万多平方米，且都是通过土地出让的方式以相对低价获得的，仅就土地而言，这已是一笔巨大的财富。当然，各种各样的政府补贴以及示范推广项目自然不在话下。

此外，从理论上来说，这种全产业链经营的另一个优势在于可以降低各个环节之间的交易成本，从而增强企业在市场中的竞争力。

然而有利必有弊，全产业链的经营方式带给恒昌公司的弊端显然大于优势。过长的产业链意味着巨大的管理成本；生产和收储的规模不断扩大，意味着固定投资的迅速增加；试图依靠食品深加工增加营收，短期内却难以打开市场；此外，诸如化肥生产、种子研发的技术要求太高，对公主岭市这样一个小公司来讲，在市场竞争中几乎没有胜出的可能。

根据受访对象的估计，2015年恒昌公司亏损大概在1000多万元，并且，他认为如果公司的规模继续扩大，亏损还将更为严重。

三、政商关系的微妙之处

在中国独特的政治经济环境下，政府在与企业的关系中扮演着很微妙的角色。一方面，他们是市场竞争的监管者；另一方面，他们也是发展经济的大管家。如何平衡这两种角色考验着当政者的智慧，而企业家在其中的往来应对更是中国特色商业智慧的绝佳表现。

恒昌公司是公主岭市规模较大的农业企业之一，这样的地位就意味着它在与政府的交往中有了一定的话语权。

2014—2016年，恒昌公司就承担了3个大型的"示范推广项目"，2014年是"秸秆还田示范项目"，2015年是"黑土地保护示范项目"，同时，从2014年到2016年一直在做"墨西哥大垄两行密植种植模式示范推广项目"。这样的示范推广项目自然能为企业带来一些资金支持，但是一般而言，盈利甚微。恒昌公司在发展经营中，承担了不少这样的项目，其中一些是主动争取的，另一些则是政府直接指定的。无论怎样，企业都必须为政府干好这些活儿，这是他们与政府建立关系的渠道，也是日后争取政府支持的资本之一。

按照2016年习主席提出的构建新型政商关系，正确处理好企业与政府的关系，将影响企业在市场竞争中的发展。

四、农商关系的矛盾与出路

在我们的访谈中，受访对象抱怨最多的不是市场不景气，也不是政府的支持太少，而是企业与农民之间的关系难以处理。也正是因为这个原因，受访对象对农业前景持非常悲观的态度，企业无法在这样的环境中顺利发展。

农商关系可能比政商关系更难处理，中国的农民世世代代生活在土地上，他们遵循着传统的农业社会的经验规则。新的思维方式、行为模式在农村、农民那里还远未形成。农业企业想要有所作为，处理好农商关系，就必须深刻地了解农民的思维方式，因势利导、对症下药，或许有可以解决的出路。

参 考 文 献

[1] 艾丰.人民日报社.论农业产业化 [N].人民日报,1995-12-11.

[2] 陈超,李寅秋,廖西元.水稻生产环节外包的生产率效应分析——基于江苏省三县的面板数据 [J].中国农村经济,2012 (2):86-96.

[3] 陈浩,王佳.社会资本能促进土地流转吗?——基于中国家庭追踪调查的研究 [J].中南财经政法大学学报,2016 (1):21-29,158-159.

[4] 陈建华,商秋红.建立新型农业社会化服务体系的探讨 [J].中国农学通报,2010,26 (23):403-412.

[5] 陈俊红,王爱玲,周连第.北京农业科技服务体系发展现状及创新模式研究 [J].农业经济,2010 (3):42-45.

[6] 陈锡文.构建新型农业经营体系刻不容缓 [J].求是,2013 (22):38-41.

[7] 陈锡文.加快发展现代农业 [J].求是,2013 (2):38-40.

[8] 陈熹,陈帅.社会资本质量与农户借贷可得性——基于职业声望的分析 [J].江西社会科学,2018,38 (5):218-226.

[9] 陈晓华.大力培育新型农业经营主体——在中国农业经济学会年会上的致辞 [J].农业经济问题,2014,35 (1):4-7.

参考文献

[10] 陈艳莹,夏一平. 社会网络与市场中介组织行为异化——中国省份面板数据的实证研究[J]. 中国工业经济,2011(11):148-157.

[11] 陈园园,安详生,凌日萍. 土地流转对农民生产效率的影响分析——以晋西北地区为例[J]. 干旱区资源与环境,2015,29(3):45-49.

[12] 成德宁,杨敏. 农业劳动力结构转变对粮食生产效率的影响[J]. 西北农林科技大学学报(社会科学版),2015,15(4):19-26.

[13] 程恩江,刘西川. 小额信贷缓解农户正规信贷配给了吗?——来自三个非政府小额信贷项目区的经验证据[J]. 金融研究,2010(12):190-206.

[14] 程萍,周鑫. 土地整治需"多源引水"[J]. 中国土地,2014(7):25-26.

[15] 程郁,韩俊,罗丹. 供给配给与需求压抑交互影响下的正规信贷约束:来自1874户农户金融需求行为考察[J]. 世界经济,2009(5):73-82.

[16] 邓衡山,王文烂. 合作社的本质规定与现实检视——中国到底有没有真正的农民合作社?[J]. 中国农村经济,2014(7):15-26,38.

[17] 邓衡山,徐志刚,应瑞瑶,廖小静. 真正的农民专业合作社为何在中国难寻?——一个框架性解释与经验事实[J]. 中国农村观察,2016(4):72-83,96-97.

[18] 邓伟平. 基于组织场域视角的农村小额信贷组织功能异化问题分析[J]. 南方金融,2014(4):50-53.

[19] 杜志雄,肖卫东. 家庭农场发展的实际状态与政策支持:观照国际经验[J]. 改革,2014(6):39-51.

[20] 范柏乃,邵青,徐巍. 后税费时代村级组织功能异化及其

治理研究 [J]. 浙江大学学报（人文社会科学版），2013，43（3）：177-188.

[21] 冯小. 农民专业合作社制度异化的乡土逻辑——以"合作社包装下乡资本"为例 [J]. 中国农村观察，2014（2）：2-8，17，92.

[22] 高海. 美国家庭农场的认定、组织制度及其启示 [J]. 农业经济问题，2016，37（9）：103-109，112.

[23] 高强，刘同山，孔祥智. 家庭农场的制度解析：特征、发生机制与效应 [J]. 经济学家，2013（6）：48-56.

[24] 高强，周振，孔祥智. 家庭农场的实践界定、资格条件与登记管理——基于政策分析的视角 [J]. 农业经济问题，2014，35（9）：11-18，110.

[25] 高向军，彭爱华，彭志宏，王克强，朱莉萍. 农村土地综合整治存在的问题及对策 [J]. 中国土地科学，2011，25（3）：4-8.

[26] 谷晓坤，范春晓，柴铎，张正峰. 不同类型区农用地整治对农田生产能力的影响 [J]. 自然资源学报，2013，28（5）：745-753.

[27] 顾天竹，纪月清，钟甫宁. 中国农业生产的地块规模经济及其来源分析 [J]. 中国农村经济，2017（2）：30-43.

[28] 郭斐然，孔凡丕. 农业企业与农民合作社联盟是实现小农户与现代农业衔接的有效途径 [J]. 农业经济问题，2018（10）：46-49.

[29] 郭红东，陈敏，韩树春. 农民专业合作社正规信贷可得性及其影响因素分析——基于浙江省农民专业合作社的调查 [J]. 中国农村经济，2011（7）：25-33.

[30] 郭金丰. 乡村振兴战略下的农村土地流转：市场特征、利益动因与制度改进——以江西为例 [J]. 求实，2018（3）：79-97，112.

[31] 郭庆海. 新型农业经营主体功能定位及成长的制度供给 [J]. 中国农村经济，2013（4）：4-11.

[32] 郭熙保, 冯玲玲. 家庭农场规模的决定因素分析: 理论与实证 [J]. 中国农村经济, 2015 (5): 82-95.

[33] 韩长赋. 构建新型农业经营体系应研究把握的三个问题 [J]. 农村工作通讯, 2013 (15): 7-9.

[34] 韩朝华. 个体农户和农业规模化经营: 家庭农场理论评述 [J]. 经济研究, 2017, 52 (7): 184-199.

[35] 韩苗苗, 乐永海, 孙剑. 我国农业社会化服务服务水平测评与制约因素解构 [J]. 统计与决策, 2013 (3): 142-146.

[36] 韩旭东, 杨慧莲, 郑风田. 乡村振兴背景下新型农业经营主体的信息化发展 [J]. 改革, 2018 (10): 120-130.

[37] 韩振国, 胥潇, 汪力斌. 关系型社会资本与家庭农场发展研究 [J]. 北京农业职业学院学报, 2015, 29 (6): 30-35.

[38] 郝宇彪, 管智超. 中国农村土地流转价格形成机制的比较分析 [J]. 区域经济评论, 2018 (6): 105-113.

[39] 何军, 王恺, 陈文婷. 中国农业经营方式演变的社区逻辑——基于山西省汾阳市两个农村社区的案例分析 [J]. 中国农村观察, 2017 (2): 107-116.

[40] 洪名勇. 信任与农地租赁制度实施的实验经济研究 [J]. 贵州大学学报 (社会科学版), 2007 (6): 27-34.

[41] 洪炜杰, 罗必良. 地权稳定能激励农户对农地的长期投资吗 [J]. 学术研究, 2018 (9): 78-86, 177.

[42] 侯英, 陈希敏. 声誉、借贷可得性、经济及个体特征与农户借贷行为——基于结构方程模型 (SEM) 的实证研究 [J]. 农业技术经济, 2014 (9): 61-71.

[43] 胡必亮. 村庄信任与标会 [J]. 经济研究, 2004 (10): 115-125.

[44] 胡业翠,郑新奇,徐劲原,郑云梅.中国土地整治新增耕地面积的区域差异[J].农业工程学报,2012,28(2):1-6.

[45] 胡俞越,曹立杰,徐振宇.论家庭农场的本质是家庭经营——基于国内外经验证据[J].商业经济研究,2016(12):166-168.

[46] 黄惠春,徐章星,祁艳.农地流转与规模化经营缓解了农户信贷约束吗?——来自江苏的经验证据[J].南京农业大学学报(社会科学版),2016,16(6):109-120,155.

[47] 黄季焜,冀县卿.农地使用权确权与农户对农地的长期投资[J].管理世界,2012(9):76-81,99,187-188.

[48] 黄映晖,孙世民,史亚军.北京都市型现代农业社会化服务体系创新模式研究[J].中国农学通报,2010,26(20):444-447.

[49] 黄宗智."家庭农场"是中国农业的发展出路吗?[J].开放时代,2014(2):9,176-194.

[50] 黄祖辉,陈龙.新型农业经营主体与政策研究[M].浙江:浙江大学出版社,2010.

[51] 黄祖辉,傅琳琳.新型农业经营体系的内涵与建构[J].学术月刊,2015,47(7):50-56.

[52] 黄祖辉,俞宁.新型农业经营主体:现状、约束与发展思路——以浙江省为例的分析[J].中国农村经济,2010(10):16-26,56.

[53] 黄祖辉.科学辨析家庭农业、家庭农场与农业规模经营[J].中国农民合作社,2014(4):47-48.

[54] 纪月清,胡杨,杨宗耀.单独抑或联合:地块规模与农户土地投资决策[J].南京农业大学学报(社会科学版),2017,17(6):59-70,163.

[55] 江激宇，张士云，李博伟，丁志超．种粮大户扩大农地规模意愿存在盲目性吗？[J]．中国人口·资源与环境，2016，26（8）：97－104．

[56] 姜长云．支持新型农业经营主体要有新思路[J]．中国发展观察，2014（9）：61－65．

[57] 姜丽丽，仝爱华．家庭农场信贷需求及信贷约束影响因素的实证分析——基于宿迁市宿城区306家家庭农场的调查[J]．农村金融研究，2017（7）：72－76．

[58] 姜启超，葛孚桥．新型农业经营主体规模化经营中土地流入行为分析——基于2016年广州市的调查[J]．南方农村，2017，33（3）：35－40．

[59] 金俐．关于信任的经济学分析[J]．社会科学，2002（11）：17－20，62．

[60] 金烨，李宏彬．非正规金融与农户借贷行为[J]．金融研究，2009（4）：63－79．

[61] 孔祥智，楼栋，何安华．建立新型农业社会化服务体系：必要性、模式选择和对策建议[J]．教学与研究，2012（1）：39－46．

[62] 孔祥智，徐珍源，史冰清．当前我国农业社会化服务体系的现状、问题和对策研究[J]．江汉论坛，2009（5）：13－18．

[63] 孔祥智，徐珍源．农业社会化服务供求研究——基于供给主体与需求强度的农户数据分析[J]．广西社会科学，2010（3）：120－125．

[64] 孔祥智．新型农业经营主体的地位和顶层设计[J]．改革，2014（5）：32－34．

[65] 兰勇，熊彬雁，易朝辉．家庭农场土地经营权流转的动力机制[J]．农业现代化研究，2018，39（4）：610－616．

[66] 兰勇, 周孟亮, 易朝辉. 我国家庭农场金融支持研究 [J]. 农业技术经济, 2015 (6): 48-56.

[67] 李春海. 新型农业社会化服务体系框架及其运行机理 [J]. 改革, 2011 (10): 79-84.

[68] 李广平, 司文涛. 劳务派遣用工市场异化: 源起、辨析及路径推演 [J]. 理论学刊, 2018 (6): 66-72.

[69] 李琳琳. 我国本土合作社的现实图景——对合作社"制度变异说"的反思与讨论 [J]. 农业经济问题, 2017, 38 (7): 24-32, 110.

[70] 李庆海, 吕小锋, 李锐, 孙光林. 社会资本能够缓解农户的正规和非正规信贷约束吗？基于四元 Probit 模型的实证分析 [J]. 南开经济研究, 2017 (5): 77-98.

[71] 李锐, 李宁辉. 农户借贷行为及其福利效果分析 [J]. 经济研究, 2004 (12): 96-104.

[72] 李少帅, 郧文聚. 高标准基本农田建设存在的问题及对策 [J]. 资源与产业, 2012, 14 (3): 189-193.

[73] 李世茂. 新型农业经营主体培育下农户土地流转意愿实证研究 [J]. 知识经济, 2015 (14): 10, 12.

[74] 李中. 农村土地流转与农民收入——基于湖南邵阳市跟踪调研数据的研究 [J]. 经济地理, 2013, 33 (5): 144-149.

[75] 林坚, 马彦丽. 农业合作社和投资者所有企业的边界——基于交易费用和组织成本角度的分析 [J]. 农业经济问题, 2006 (3): 16-20, 79.

[76] 林毅夫, 孙希芳. 信息、非正规金融与中小企业融资 [J]. 经济研究, 2005 (7): 35-44.

[77] 林毅夫. 新结构经济学、自生能力与新的理论见解 [J]. 武

汉大学学报（哲学社会科学版），2017，70（6）：5-15.

[78] 林毅夫. 制度、技术与中国农业发展 [M]. 上海：上海三联书店，1992.

[79] 林玉蕊. 农业投入产出生产函数及其应用研究 [J]. 数学的实践与认识，2007（13）：102-108.

[80] 刘凤芹. 不完全合约与履约障碍——以订单农业为例 [J]. 经济研究，2003（4）：22-30，92.

[81] 刘俊杰，张龙耀，王梦珺，许玉韫. 农村土地产权制度改革对农民收入的影响——来自山东枣庄的初步证据 [J]. 农业经济问题，2015，36（6）：51-58，111.

[82] 刘丽，吕杰. 土地流转契约选择及其稳定性 [J]. 山东社会科学，2017（11）：153-158.

[83] 刘升. 成本视角下的家庭农场雇工研究——以河北省N村为例 [J]. 农业部管理干部学院学报，2014（2）：41-45.

[84] 刘西川，黄祖辉，程恩江. 贫困地区农户的正规信贷需求：直接识别与经验分析 [J]. 金融研究，2009（4）：36-51.

[85] 刘西川，徐建奎. 再论"中国到底有没有真正的农民合作社"——对《合作社的本质规定与现实检视》一文的评论 [J]. 中国农村经济，2017（7）：72-84.

[86] 刘西川，杨奇明，陈立辉. 农户信贷市场的正规部门与非正规部门：替代还是互补？[J]. 经济研究，2014，49（11）：145-158，188.

[87] 刘西川. 贫困地区农户的信贷需求与信贷约束 [D]. 杭州：浙江大学，2007.

[88] 刘志成. 要素市场化配置的主要障碍与改革对策 [J]. 经济纵横，2019（3）：93-101.

[89] 楼栋, 孔祥智. 新型农业经营主体的多维发展形式和现实观照 [J]. 改革, 2013 (2): 65-77.

[90] 鲁钊阳. 新型农业经营主体发展的福利效应研究 [J]. 数量经济技术经济研究, 2016, 33 (6): 41-58.

[91] 鹿心社. 论中国土地整理的总体方略 [J]. 农业工程学报, 2002 (1): 1-5, 14.

[92] 罗攀柱. 林业专业合作社异化: 类型、形成要因及其机制——以H省为例 [J]. 农业经济问题, 2015, 36 (2): 40-46, 111.

[93] 马九杰, 吴本健. 利率浮动政策、差别定价策略与金融机构对农户的信贷配给 [J]. 金融研究, 2012 (4): 155-168.

[94] 马九杰, 徐雪高. 市场结构与订单农业的履约分析 [J]. 农业经济问题, 2008 (3): 35-41.

[95] 马九杰. 农村金融风险管理与信贷约束问题研究 [M]. 北京: 中国经济出版社, 2004.

[96] 马小勇, 白永秀. 农户个体特征与信贷约束: 对两类信贷市场的比较分析 [J]. 软科学, 2011, 25 (2): 94-98, 115.

[97] 马燕妮, 霍学喜. 专业大户借贷行为分析——基于全国245户苹果专业户微观数据的统计分析 [J]. 农村经济, 2017 (4): 56-62.

[98] 冒佩华, 徐骥. 农地制度、土地经营权流转与农民收入增长 [J]. 管理世界, 2015 (5): 63-74, 88.

[99] 孟丽, 钟永玲, 李楠. 我国新型农业经营主体功能定位及结构演变研究 [J]. 农业现代化研究, 2015, 36 (1): 41-45.

[100] 米运生, 罗必良. 契约资本非对称性、交易形式反串与价值链的收益分配: 以"公司+农户"的温氏模式为例 [J]. 中国农村经济, 2009 (8): 12-23.

[101] 闵继胜. 新型经营主体经营模式创新分析——基于黑龙江仁发合作社的案例分析 [J]. 农业经济问题, 2018 (10): 50-59.

[102] 聂辉华. 最优农业契约与中国农业产业化模式 [J]. 经济学 (季刊), 2013, 12 (1): 313-330.

[103] 牛荣, 张珩, 罗剑朝. 产权抵押贷款下的农户信贷约束分析 [J]. 农业经济问题, 2016, 37 (1): 76-83, 111-112.

[104] 潘劲. 中国农民专业合作社: 数据背后的解读 [J]. 中国农村观察, 2011 (6): 2-11, 94.

[105] 潘璐, 周雪. 资本农场中的农业雇工: 剥夺与异化——对四川葛村资本农场的实地研究 [J]. 中国农业大学学报 (社会科学版), 2016, 33 (2): 15-24.

[106] 潘文卿. 中国农业剩余劳动力转移现状及转移效益分析 [J]. 农业技术经济, 2001 (3): 33-38.

[107] 庞晓鹏. 农业社会化服务供求结构差异的比较与分析——基于农业社会化服务供求现状的调查与思考 [J]. 农业技术经济, 2006 (4): 35-40.

[108] 钱克明, 彭廷军. 关于现代农业经营主体的调研报告 [J]. 农业经济问题, 2013, 34 (6): 4-7, 110.

[109] 钱龙, 钱文荣. 外出务工对农户农业生产投资的影响——基于中国家庭动态跟踪调查的实证分析 [J]. 南京农业大学学报 (社会科学版), 2018, 18 (5): 109-121, 158.

[110] 秦愚. 农业合作社的资本问题——基于相关理论与实践的思考 [J]. 农业经济问题, 2015, 36 (7): 60-72, 111.

[111] 尚旭东, 朱守银. 家庭农场和专业农户大规模农地的"非家庭经营": 行为逻辑、经营成效与政策偏离 [J]. 中国农村经济, 2015 (12): 4-13, 30.

[112] 石弘华, 杨英. 雇工自营制与农户行为效率分析——以湖南省邵阳地区为例 [J]. 中国农村经济, 2005 (8): 17-20.

[113] 石峡, 朱道林, 张军连, 韩德军. 土地整治农民需求层次特征及影响因素研究 [J]. 农业工程学报, 2015, 31 (3): 304-311.

[114] 税尚楠. 农业经营模式的选择: 资本农场或合作经营 [J]. 农业经济问题, 2013, 34 (8): 32-36, 111.

[115] 宋洪远. 新型农业社会化服务体系建设研究 [J]. 中国流通经济, 2010, 24 (6): 35-38.

[116] 孙新华. 农业经营主体: 类型比较与路径选择——以全员生产效率为中心 [J]. 经济与管理研究, 2013 (12): 59-66.

[117] 孙中华. 大力培育新型农业经营主体 夯实建设现代农业的微观基础 [J]. 农村经营管理, 2012 (1): 1.

[118] 谭洪业. 新型农业经营主体信贷约束行为路径解析——基于金融排斥视角 [J]. 农村金融研究, 2018 (7): 54-58.

[119] 谭燕芝, 彭千芮. 贷款利率、农户特征与正规信贷约束 [J]. 湘潭大学学报 (哲学社会科学版), 2016, 40 (6): 56-61.

[120] 谭智心, 孔祥智. 新时期农业产业化龙头企业提供农业社会化服务的现状、问题及对策研究 [J]. 学习论坛, 2009, 25 (11): 59-63.

[121] 唐文娟, 谭燕芝. 基于家庭资产结构视角的农户借贷可得性研究 [J]. 湘潭大学学报 (哲学社会科学版), 2017, 41 (4): 69-75.

[122] 汪发元, 吴学兵, 孙文学. 新型农业经营者特征对其经营规模的影响研究 [J]. 华东经济管理, 2016, 30 (5): 61-64.

[123] 汪发元. 新型农业经营主体成长面临的问题与化解对策 [J]. 经济纵横, 2015 (2): 31-35.

[124] 汪发元. 中外新型农业经营主体发展现状比较及政策建议 [J]. 农业经济问题, 2014, 35 (10): 26-32, 110.

[125] 汪萍, 汪文雄, 杨海霞, 杨钢桥. 农民有效参与对农地整治项目绩效的影响效应研究——基于项目管理行为的中介效应分析 [J]. 资源科学, 2016, 38 (3): 395-406.

[126] 汪文雄, 李敏, 余利红, 杨帆, 杨钢桥. 农地整治项目农民有效参与的测度及其诊断——以湖北省为例 [J]. 资源科学, 2015, 37 (4): 671-679.

[127] 王彩霞. 工商资本下乡与农业规模化生产稳定性研究 [J]. 宏观经济研究, 2017 (11): 157-162, 187.

[128] 王德福. 农村产权交易市场的运行困境与完善路径 [J]. 中州学刊, 2015 (11): 49-53.

[129] 王国敏, 翟坤周. 确权赋能、结构优化与新型农业经营主体培育 [J]. 改革, 2014 (7): 150-159.

[130] 王海娟. 资本下乡的政治逻辑与治理逻辑 [J]. 西南大学学报 (社会科学版), 2015, 41 (4): 47-54.

[131] 王浩军. 当前我国农民专业合作社绩效优势及异化现象分析 [J]. 湖北农业科学, 2011, 50 (8): 1701-1704.

[132] 王慧敏, 龙文军. 新型农业经营主体的多元发展形式和制度供给 [J]. 中国农村金融, 2014 (1): 25-27.

[133] 王吉鹏, 肖琴, 李建平. 新型农业经营主体融资: 困境、成因及对策——基于131个农业综合开发产业化发展贷款贴息项目的调查 [J]. 农业经济问题, 2018 (2): 71-77.

[134] 王建, 陈刚, 马意翀. 农业新型经营主体何以"毁约退地" [J]. 农村经营管理, 2016 (11): 24-25.

[135] 王建洪, 冉光和, 孟坤. 农户收入结构对农户投资的影响

问题研究 [J]. 农业技术经济, 2009 (1): 92-97.

[136] 王晶. 农村市场化、社会资本与农民家庭收入机制 [J]. 社会学研究, 2013, 28 (3): 119-144, 244.

[137] 王娟, 李锐. 农户消费信贷约束及其影响——来自10省的样本 [J]. 系统工程理论与实践, 2016, 36 (6): 1372-1381.

[138] 王生叶, 薛兴利. 农民专业合作社政策支持影响因素分析——基于山东省蔬菜专业合作社的问卷调查 [J]. 农村经济, 2013 (9): 122-126.

[139] 王文龙. 中国农业经营主体培育政策反思及其调整建议 [J]. 经济学家, 2017 (1): 55-61.

[140] 王志刚, 申红芳, 廖西元. 农业规模经营: 从生产环节外包开始——以水稻为例 [J]. 中国农村经济, 2011 (9): 4-12.

[141] 温涛, 冉光和, 熊德平. 中国金融发展与农民收入增长 [J]. 经济研究, 2005 (9): 30-43.

[142] 温涛, 王小华, 董文杰. 金融发展、人力资本投入与缩小城乡收入差距——基于中国西部地区40个区县的经验研究 [J]. 吉林大学社会科学学报, 2014, 54 (2): 27-36, 171-172.

[143] 吴成颂. 企业集团内部资本市场异化对公司治理的影响 [J]. 经济管理, 2011, 33 (5): 159-164.

[144] 吴玉鸣. 中国区域农业生产要素的投入产出弹性测算——基于空间计量经济模型的实证 [J]. 中国农村经济, 2010 (6): 25-37, 48.

[145] 伍山林. 农业劳动力流动对中国经济增长的贡献 [J]. 经济研究, 2016, 51 (2): 97-110.

[146] 肖红军, 阳镇. 中国企业社会责任40年: 历史演进、逻辑演化与未来展望 [J]. 经济学家, 2018 (11): 22-31.

[147] 辛翔飞, 秦富. 影响农户投资行为因素的实证分析 [J]. 农业经济问题, 2005 (10): 36-39, 81.

[148] 徐雯, 赵微. 农地整治项目的治理机制研究——以湖北省和山东省的调查为例 [J]. 中国土地科学, 2018, 32 (3): 21-27.

[149] 徐霄枭, 项晓敏, 金晓斌, 周寅康. 土地整治项目社会经济影响的系统动力学分析——方法与实证 [J]. 中国土地科学, 2015, 29 (8): 73-80.

[150] 徐旭初, 吴彬. 异化抑或创新?——对中国农民合作社特殊性的理论思考 [J]. 中国农村经济, 2017 (12): 2-17.

[151] 徐旭初. 农民专业合作社发展辨析: 一个基于国内文献的讨论 [J]. 中国农村观察, 2012 (5): 2-12, 94.

[152] 许庆, 章元. 土地调整、地权稳定性与农民长期投资激励 [J]. 经济研究, 2005 (10): 59-69.

[153] 许艳芳, 张伟华, 文旷宇. 系族企业内部资本市场功能异化及其经济后果——基于明天科技的案例研究 [J]. 管理世界, 2009 (S1): 103-109, 133.

[154] 严金明, 夏方舟, 马梅. 中国土地整治转型发展战略导向研究 [J]. 中国土地科学, 2016, 30 (2): 3-10.

[155] 严瑞珍. 农业产业化是我国农村经济现代化的必由之路 [J]. 经济研究, 1997 (10): 74-79.

[156] 严若森. 中国非营利组织的政府性异化及其适应性治理 [J]. 管理世界, 2010 (7): 167-168.

[157] 杨汝岱, 陈斌开, 朱诗娥. 基于社会网络视角的农户民间借贷需求行为研究 [J]. 经济研究, 2011, 46 (11): 116-129.

[158] 杨涛, 辛涛, 杨婷婷. 试题难度的主观预估方法 [J]. 中国考试, 2014 (2): 3-9.

[159] 杨卫忠. 农村土地经营权流转中的农户羊群行为——来自浙江省嘉兴市农户的调查数据 [J]. 中国农村经济, 2015 (2): 38-51, 82.

[160] 叶剑平, 丰雷, 蒋妍, 郎昱, 罗伊·普罗斯特曼. 2016年中国农村土地使用权调查研究——17省份调查结果及政策建议 [J]. 管理世界, 2018, 34 (3): 98-108.

[161] 易行健, 张波, 杨汝岱, 杨碧云. 家庭社会网络与农户储蓄行为: 基于中国农村的实证研究 [J]. 管理世界, 2012 (5): 43-51, 187.

[162] 殷浩栋, 汪三贵, 王彩玲. 农户非正规金融信贷与正规金融信贷的替代效应——基于资本禀赋和交易成本的再审视 [J]. 经济与管理研究, 2017, 38 (9): 64-73.

[163] 殷秀萍, 王洋, 郭翔宇. 构建新型农业社会化服务体系的影响因素及解决对策 [J]. 学术交流, 2013 (5): 146-149.

[164] 应瑞瑶, 何在中, 周南, 张龙耀. 农地确权、产权状态与农业长期投资——基于新一轮确权改革的再检验 [J]. 中国农村观察, 2018 (3): 110-127.

[165] 应瑞瑶. 合作社的异化与异化的合作社——兼论中国农业合作社的定位 [J]. 江海学刊, 2002 (6): 69-75.

[166] 于亢亢, 朱信凯, 王浩. 现代农业经营主体的变化趋势与动因——基于全国范围县级问卷调查的分析 [J]. 中国农村经济, 2012 (10): 78-90.

[167] 于丽红, 王晓庆, 张欣, 兰庆高. 粮食主产区种粮大户正规信贷约束实证考察——以辽宁省为例 [J]. 江苏农业科学, 2017, 45 (14): 262-267.

[168] 余泉生, 周亚虹. 信贷约束强度与农户福祉损失——基于

中国农村金融调查截面数据的实证分析［J］．中国农村经济，2014（3）：36-47．

［169］於忠祥．创新土地管理体制机制，扶持发展新型农业经营主体［J］．团结，2014（2）：45-47．

［170］袁梦，易小燕，陈印军，赵鲲，吴晓佳，杨霞，刘磊，王琦琪．我国家庭农场发展的现状、问题及培育建议——基于农业部专项调查34.3万个样本数据［J］．中国农业资源与区划，2017，38（6）：184-188．

［171］郧文聚，杨华珂．土地整理为农村土地流转搭建基础平台——浙江省慈溪市土地流转调查与思考［J］．资源与产业，2010，12（6）：58-61．

［172］郧文聚，杨晓艳，石英．土地整理概念的科学界定［J］．资源与产业，2008（5）：1-2．

［173］张海鹏，曲婷婷．农地经营权流转与新型农业经营主体发展［J］．南京农业大学学报（社会科学版），2014，14（5）：70-75，83．

［174］张红宇，寇广增，李琳，李巧巧．我国普通农户的未来方向——美国家庭农场考察情况与启示［J］．农村经营管理，2017（9）：19-24．

［175］张红宇．深入实施培育新型农业经营主体重大战略［J］．农村经营管理，2016（9）：6-7．

［176］张红宇．新型农业经营主体发展趋势研究［J］．经济与管理评论，2015，31（1）：104-109．

［177］张爽，陆铭，章元．社会资本的作用随市场化进程减弱还是加强？——来自中国农村贫困的实证研究［J］．经济学（季刊），2007（2）：539-560．

[178] 张维迎, 柯荣住. 信任及其解释: 来自中国的跨省调查分析 [J]. 经济研究, 2002 (10): 59-70, 96.

[179] 张晓山. 创新农业基本经营制度 发展现代农业 [J]. 农业经济问题, 2006 (8): 4-9, 79.

[180] 张扬. 试论我国新型农业经营主体形成的条件与路径——基于农业要素集聚的视角分析 [J]. 当代经济科学, 2014, 36 (3): 112-117, 128.

[181] 张颖熙, 夏杰长. 农业社会化服务体系创新的动力机制与路径选择 [J]. 宏观经济研究, 2010 (8): 12-17.

[182] 张云华, 郭铖. 农业经营体制创新的江苏个案: 土地股份合作与生产专业承包 [J]. 改革, 2013 (2): 151-158.

[183] 张照新, 赵海. 新型农业经营主体的困境摆脱及其体制机制创新 [J]. 改革, 2013 (2): 78-87.

[184] 张正峰, 陈百明. 土地整理的效益分析 [J]. 农业工程学报, 2003 (2): 210-213.

[185] 张忠明, 钱文荣. 不同兼业程度下的农户土地流转意愿研究——基于浙江的调查与实证 [J]. 农业经济问题, 2014, 35 (3): 19-24, 110.

[186] 赵捷, 祝宏辉. 金融意识能够缓解农户的信贷约束吗?——基于四省微观农户数据的经验研究 [J]. 暨南学报 (哲学社会科学版), 2016, 38 (8): 100-110, 132.

[187] 赵伟峰, 刘菊, 王海涛. 新型农业经营主体培育的安徽样本: 发展实践与政策启示 [J]. 当代经济研究, 2016 (5): 81-87.

[188] 郑风田, 焦万慧. 前提设定、农民权益与中国新型农业经营体系的"新四化" [J]. 改革, 2013 (3): 103-113.

[189] 郑风田, 张璟, 乔慧, 普莫喆. 我国新型经营主体发展现

状、问题与对策——来自山东省496个调查样本分析 [J]. 农业经济与管理, 2016 (1): 28-35.

[190] 钟甫宁, 纪月清. 土地产权、非农就业机会与农户农业生产投资 [J]. 经济研究, 2009, 44 (12): 43-51.

[191] 钟甫宁, 陆五一, 徐志刚. 农村劳动力外出务工不利于粮食生产吗?——对农户要素替代与种植结构调整行为及约束条件的解析 [J]. 中国农村经济, 2016 (7): 36-47.

[192] 钟真, 孔祥智. 经济新常态下的中国农业政策转型 [J]. 教学与研究, 2015 (5): 5-13.

[193] 钟真, 孔祥智. 着力完善新型农业社会化服务体系 [N]. 农民日报, 2015-01-07.

[194] 钟真, 谭玥琳, 穆娜娜. 新型农业经营主体的社会化服务功能研究——基于京郊农村的调查 [J]. 中国软科学, 2014 (8): 38-48.

[195] 钟真. 改革开放以来中国新型农业经营主体: 成长、演化与走向 [J]. 中国人民大学学报, 2018, 32 (4): 43-55.

[196] 周春梅. 国有上市公司投资行为异化: 投资过度抑或投资不足——基于政府干预角度的实证研究 [J]. 宏观经济研究, 2011 (11): 57-62, 104.

[197] 周立群, 曹利群. 农村经济组织形态的演变与创新——山东省莱阳市农业产业化调查报告 [J]. 经济研究, 2001 (1): 69-75, 83-94.

[198] 周立群, 曹利群. 商品契约优于要素契约——以农业产业化经营中的契约选择为例 [J]. 经济研究, 2002 (1): 14-19, 93.

[199] 周晔馨. 社会资本是穷人的资本吗?——基于中国农户收入的经验证据 [J]. 管理世界, 2012 (7): 83-95.

［200］周晔馨．社会资本在农户收入中的作用——基于中国家计调查（CHIPS 2002）的证据［J］．经济评论，2013（4）：47-57．

［201］周应恒，胡凌啸，严斌剑．农业经营主体和经营规模演化的国际经验分析［J］．中国农村经济，2015（9）：80-95．

［202］周应恒．新型农业经营主体发展中的土地流转问题［J］．江苏农村经济，2015（8）：24．

［203］周振，张琛，彭超，孔祥智．农业机械化与农民收入：来自农机具购置补贴政策的证据［J］．中国农村经济，2016（2）：68-82．

［204］朱启臻，胡鹏辉，许汉泽．论家庭农场：优势、条件与规模［J］．农业经济问题，2014，35（7）：11-17，110．

［205］朱喜，李子奈．我国农村正式金融机构对农户的信贷配给——一个联立离散选择模型的实证分析［J］．数量经济技术经济研究，2006（3）：37-49．

［206］朱信凯，刘刚．二元金融体制与农户消费信贷选择——对合会的解释与分析［J］．经济研究，2009，44（2）：43-55．

［207］邹宝玲，罗必良．农地流转的差序格局及其决定——基于农地转出契约特征的考察［J］．财经问题研究，2016（11）：97-105．

［208］邹建国．基于结构方程模型的农户信贷约束研究［J］．湖南科技大学学报（社会科学版），2018，21（4）：125-131．

［209］Adamopoulos, T., Brandt, L., Leight, J., et al. Misallocation, Selection and Productivity: A Quantitative Analysis with Panel Data from China［J］. Social Science Electronic Publishing, 2017.

［210］Barrett, C. B., Bellemare, M. F., Hou, J. Y. Reconsidering Conventional Explanations of the Inverse Productivity - Size Relationship［J］. Social Science Electronic Publishing, 2010, 38（1）：88-97.

[211] Boucher, S. R., Guirkinger, C. C. Risk Rationing and Wealth Effects in Credit Markets: Theory and Implications for Agricultural Development [J]. American Journal of Agricultural Economics, 2008, 90 (2): 409 – 423.

[212] Brookfield, H. Family Farms Are Still Around: Time to Invert the Old Agrarian Question [J]. Geography Compass, 2008, 2 (1): 108 – 126.

[213] Carter, M. R., Maluccio, J. A. Social Capital and Coping with Economic Shocks: An Analysis of Stunting of South African Children [J]. World Development, 2003, 31 (7): 1147 – 1163.

[214] Chang, T. H., Peter, J. K. Misallocation and manufacturing TFP in China and India [J]. MPRA Paper, 2007, 124 (4): 1403 – 1448.

[215] Dean, D. G. Alienation: Its Meaning and Measurement [J]. American Sociological Review, 1961, 26 (5): 753 – 758.

[216] Dipietro, R. B., Pizam, A. Employee Alienation in the Quick Service Restaurant Industry [J]. Journal of Hospitality & Tourism Research, 2008, 32 (1): 22 – 39.

[217] Fafchamps, M., Gubert, F. The formation of risk sharing networks [J]. Journal of Development Economics, 2007, 83 (2): 0 – 350.

[218] Feder, G., Lau, L. J., Luo, L. X. The Determinants of Farm Investment and Residential Construction in Post – Reform China [J]. Economic Development and Cultural Change, 1992, 41 (1): 1 – 26.

[219] Fukuyama, F. Social Capital and Civil Society [J]. Imf Working Papers, 2000 (74).

[220] Gaski, J. F., Ray, N. M. Measurement and Modeling of Alienation in the Distribution Channel: Implications for Supplier – Reseller Rela-

tions [J]. Industrial Marketing Management, 2001, 30 (2): 207 – 225.

[221] Grootaert, C. Does social capital help the poor? – a synthesis of findings from the local level institutions studies in Bolivia, Burkina Faso, and Indonesia [Z]. Local Level Institutions Working Paper, Washington DC: World Bank, 2001 (10).

[222] Grootaert, C. Social capital, houshold welfare, and poverty in Indonesia [C]. The World Bank, 1999.

[223] Hage, A. J. Organizational Alienation: A Comparative Analysis [J]. American Sociological Review, 1966, 31 (4): 497 – 507.

[224] Haley, S. L. Capital accumulation and the growth of aggregate agricultural production [J]. Agricultural Economics, 1991, 6 (2): 129 – 157.

[225] Halpern, D. Moral Values, Social Trust and Inequality: Can Values Explain Crime? [J]. British Journal of Criminology, 2001, 41 (2): 236 – 251.

[226] Healy, T., Cote, S. The Well – Being of Nations: The Role of Human and Social Capital. Education and Skills. [J]. Sourceoecd Employment, 2001 (2): 1 – 122.

[227] Jacoby, H. G., Li, G., Rozelle, S. Hazards of Expropriation: Tenure Insecurity and Investment in Rural China [J]. American Economic Review, 2002, 92 (5): 1420 – 1447.

[228] James, B. H. S., Sykuta, M. E. Property Right and Organizational Characteristics of Producer – owned Firms and Organizational Trust [J]. Annals of Public and Cooperative Economics, 2005, 76 (4): 545 – 580.

[229] Kelemen, M., Nair, N., Vohra, N. The concept of alienation: towards conceptual clarity [J]. International Journal of Organizational

Analysis, 2012, 20 (1): 25-50.

[230] Kinnan, C., Townsend, R. Kinship and Financial Networks, Formal Financial Access, and Risk Reduction [J]. American Economic Review, 2012, 102 (3): 289-293.

[231] Kochar, A. An empirical investigation of rationing constraints in rural credit markets in India [J]. Journal of Development Economics, 1997, 53 (2): 339-371.

[232] Meyer, J. W., Rowan, B. Institutionalized Organizations: Formal Structure as Myth and Ceremony [J]. American Journal of Sociology, 1977, 83 (2): 340-363.

[233] Montgomery, J. D. Social Networks And Labor-Market Outcomes: Toward An Economic Analysis [J]. American Economic Review, 1991, 81 (5): 1407-1418.

[234] Munshi, K., Rosenzweig, M. Traditional Institutions Meet the Modern World: Caste, Gender, and Schooling Choice in a Globalizing Economy [J]. American Economic Review, 2006, 96 (4): 1225-1252.

[235] Munshi, K., Rosenzweig, M. Why is Mobility in India so Low? Social Insurance, Inequality, and Growth [J]. Nber Working Papers, 2009.

[236] Narayan, D., Pritchett, L. Cents and Sociability: Household Income and Social Capital in Rural Tanzania [J]. Economic Development and Cultural Change, 1999, 47 (4): 871-897.

[237] Nguyen, C. H. Access to Credit and Borrowing Behaviour of Rural Households in a Transition Economy [R]. Working Paper, 2007.

[238] Paxton, P. Social Capital and Democracy: An Independent Relationship [J]. American Sociological Review, 2002, 67 (2): 254-277.

［239］Petrick, M. A microeconometric analysis of credit rationing in the Polish farm sector ［J］. European Review of Agriculture Economics, 2004, 31 (1): 77 – 101.

［240］Putnam, R. D. The prosperous community-social capital and public life ［J］. American Prospect, 1993 (13): 35 – 42.

［241］Seeman, M. On The Meaning of Alienation ［J］. American Sociological Review, 1959, 24 (6): 783 – 791.

［242］Tummers, L. Policy Alienation of Public Professionals: The Construct and Its Measurement ［J］. Public Administration Review, 2012, 72 (4): 516 – 525.

［243］Williamson, O. E. Comparative Economic Organization: The Analysis of Discrete Structural Alternatives ［J］. Administrative Science Quarterly, 1991, 36 (2): 269 – 296.

［244］Zucker, L. G. Institutional structure and organizational processes: The role of evaluation units in schools ［J］. Accountability, 1982: 38.

后　记

千百年来，小农户一直是中国农业经营的绝对主力。在历次重大经济和社会危机中，数量庞大的小农户使农业、农村发挥了"稳定器"和"蓄水池"的作用，关键时刻甚至"挽救"了中国宏观经济和社会稳定。但是也正是因为小农户是中国农业的基本面，我国的农业现代化水平长期滞后于世界主要大国。近20多年来，随着市场化条件下农业企业、农民合作社、家庭农场等新型农业经营主体的快速崛起，传统意义上的"小农经济"正在发生着深刻的变化。在这样的背景下，对于新型农业经营主体的关注和研究就显得日益重要。为此，我在参加工作后不久便将新型农业经营体系这一主题作为自己最重要的研究课题。近10年来，我在这一领域的研究涉及新型农业经营主体发展、农业社会化服务体系建设、小农户生产经营行为演化等多个方面。目前，在本人主持的国家自然科学基金项目（71773134）、北京市社科基金项目（12JGC097、19GLB023）、中央农办农业农村部乡村振兴专家咨询委员会软科学课题（rkx2019002A）、中国人民大学"中央高校建设世界一流大学（学科）和特色发展引导专项资金"项目（15XNLG004），以及本人作为主要参与人的北京市社科基金（13JGA001）、教育部人文社会科学重点研究基地重大项目（14JJD790030）等资源的支持下，开展了不少针对新型农业经营主体的实地调研，发表了若干学术文章，并出版了《北京市都市型现代农业新型经营主体发展研究》（中国农业出版社，2017）。这些工作为本书的形成打下了良好的基础。

实事求是地讲，本书的完成并非完全由我一人之力能够实现的。它所依托的调查资料是课题组同学共同努力获得的，他们有的是我指导的学生，有的是其他老师指导，很多已经毕业；书中个别章节也与相关学生以合作者的名义在期刊上公开发表过。但所有的合作者和参与者都十分慷慨地同意我将这些成果以我个人的名义汇集到这本专著中。在此，衷心感谢这些同学！

本书涉及百余个具体的新型农业经营主体案例，由于篇幅和"商业机密"等原因，案例字数不多，但不少都直接公开了主体名称和负责人姓名。对此，我们在实地调查时或在后期资料整理过程中都与相关人员说明了情况并征得了他们的同意。此外，我所在的单位——中国人民大学农业与农村发展学院所设立的这套书系为本书的出版提供了良好的平台和机会。经济科学出版社申先菊女士的"督促"也为克服我自己的"拖延症"而让本书能够尽早面世起到了积极作用。在此，一并对他们表示诚挚的谢意！

不少农经界的前辈和同事曾"劝"我，在现在的学术环境下，依托现有较权威的大样本数据库或者把实地调研外包给专业的调查机构来获取数据，然后全力写文章发表才是"性价比"最高的科研途径，而没有必要花费大量的精力亲自去实地调研，并且出书相对于发文章而言也是一个吃力不讨好的事情，何苦来哉？！对于这样的建议，我一般都不去做价值评判，每个人都有自己的初心。在我看来，文章很重要，但"实感"也很重要，两者与写书并不矛盾。所以，本书的出版权当是过去几年自己对这一领域研究积累的一个记录吧。我想以后类似的记录还会增加……

2019年是中华人民共和国成立70周年，今天的朋友圈也被成群结队地参加国庆阅兵彩排的各型号飞机划过帝都天空而刷屏，衷心祝愿我们的祖国繁荣昌盛！

  谨以此书献给伟大的祖国，向为了实现中国特色农业农村现代化付出汗水的中国农民和农业农村工作者致敬！

钟真

于京津城际复兴号返京途中

2019 年 9 月 22 日